TEATRO
LITERATURA
PESSOAS

SERVIÇO SOCIAL DO COMÉRCIO
Administração Regional no Estado de São Paulo

Presidente do Conselho Regional
Abram Szajman
Diretor Regional
Danilo Santos de Miranda

Conselho Editorial
Ivan Giannini
Joel Naimayer Padula
Luiz Deoclécio Massaro Galina
Sérgio José Battistelli

Edições Sesc São Paulo
Gerente Iã Paulo Ribeiro
Gerente adjunta Isabel M. M. Alexandre
Coordenação editorial Clívia Ramiro, Cristianne Lameirinha, Francis Manzoni
Produção editorial Bruno Salerno Rodrigues
Coordenação gráfica Katia Verissimo
Produção gráfica Fabio Pinotti
Coordenação de comunicação Bruna Zarnoviec Daniel

Coleção Sesc Críticas
Coordenação Marta Colabone

TEATRO
JEFFERSON
LITERATURA
DEL RIOS
PESSOAS

© Jefferson Del Rios, 2010 e 2019

As críticas (pp. 13–44, 47–82, 83–121, 126–130, 131–3 e 136–200) da presente edição foram previamente publicadas nas obras *Crítica teatral: críticas de Jefferson Del Rios*, volumes I e II, da Coleção Aplauso Teatro Brasil.

© Imprensa Oficial, 2010

© Edições Sesc São Paulo, 2019

Todos os direitos reservados

Preparação Sílvia Balderama

Revisão Elba Elisa, Rosane Albert

Projeto gráfico Ricardo van Steen / TempoDesign

Diagramação Kaike Simões

Dados Internacionais de Catalogação na Publicação (CIP)

D387t

Del Rios, Jefferson

       Teatro, Literatura, Pessoas / Jefferson Del Rios. – São Paulo: Edições Sesc São Paulo, 2019. – (Sesc Críticas).

       512 p.

       Bibliografia

       978-85-9493-164-1

       1. Teatro. 2. Literatura. 3. Brasil. 4. Crítica. 5. Entrevistas. 6. Perfis. I. Título. II. Rios, Jefferson Del. III. Sesc Críticas.

                                CDD 792.981

Edições Sesc São Paulo

Rua Serra da Bocaina, 570 – 11° andar

03174-000 – São Paulo SP Brasil

Tel. 55 11 2607-9400

edicoes@edicoes.sescsp.org.br

sescsp.org.br/edicoes

 /edicoessescsp

SUMÁRIO

6 Apresentação
9 Introdução

11 Críticas

363 Outros escritos
364   Artigos e resenhas
402   Entrevistas
452   Perfis

500 Índice cronológico (críticas)
506 Índice alfabético (críticas)
510 Índice (outros escritos)

APRESENTAÇÃO

Todo grande poeta [...] é um grande crítico,
ao menos na perspectiva [...],
como todo grande crítico é um poeta,
ou em perspectiva ou em ação.

Alceu Amoroso Lima

O papel da crítica, no âmbito das expressões artísticas, é de fundamental importância por criar parâmetros de fruição e de execução das obras que chegam ao público. Independentemente do campo em que atua, a crítica é uma das formas mais contundentes de manter e elevar o padrão dos que fazem e dos que elaboram as mais diversas formas de arte.

Num voo raso pela história da arte, podemos perceber que a crítica toma corpo e é difundida nas sociedades no momento em que as artes passam a fazer parte não somente de uma elite social, mas também da vida daqueles que, embora não pertencendo à chamada "alta cultura", passam a ter contato direto com elas.

Com a Modernidade e o advento de uma abertura do fazer e do gozar artísticos, a crítica passa a se fazer necessária, já que a quantidade de obras toma um vulto nunca antes visto.

Como um bem elitizado, para os poucos que, com tempo livre e poder aquisitivo, dela usufruíam, a cultura já serviu de oposição à barbárie que, segundo a elite da época, poderia se sobrepor à sua condição elevada de civilização. Supor que o caminho da crítica se abriu para que os "mais civilizados" (termos que hoje não fazem sentido e carregam forte tom de uma pretensa arrogância de superioridade) pudessem conduzir o que seriam os moldes de uma ou de outra expressão artística não diminuiu em nada seu valor; ele somente aponta os poderes sociais dirigindo, moldando, formando aqueles que começaram a enveredar pelo fazer artístico numa relação mais profissional, dentro de um amplo terreno demarcado pelas transações mercantis, como até hoje acontece.

As expressões artísticas, porém, começaram a tomar outros caminhos, a andar por vontades alheias a esses poderes e a se disseminar por todos os cantos. Nesta época de pós-modernidade, cuja venalidade real pode ser apontada, avaliada e chancelada para os produtos mais subjetivos, nesta época de capitalismo avançado, as artes eclodiram com força total. Não se trata mais de ver a crítica como balizadora de conceitos, ideologias, como um objeto que cerca e protege uma civilidade de poucos. Por mais que as diferenças socioeconômicas ainda estejam presentes, na arte elas passam a não ser mais elementos de descarte desta ou daquela obra.

Com as expressões artísticas em constante procura por sensações e elementos novos, o certo é que a crítica continua tendo relevância para a evolução dos movimentos que surgem a todo instante. A crítica, no caso, não faz um papel do embasamento teórico, histórico e prático, que faz do crítico um elemento necessário, um ponto de referência ao desenvolvimento das artes.

O Sesc São Paulo reconhece na função do crítico sua relevância para formar públicos e refletir a respeito do papel da arte na sociedade. Vê em seu trabalho um modo de fixar e apontar a história para que possamos enxergar o que há de repetições travestidas de inovações nos meios artísticos. Se a crítica pode ser vista como a construção de barreiras a emperrar uma passagem, seu significado toma mais força no instante em que propõe que tais obstáculos sejam transpostos.

É nessa perspectiva que apresentamos a Coleção Sesc Críticas, agora trazendo à luz parte significativa das críticas teatrais de Jefferson Del Rios.

DANILO SANTOS DE MIRANDA
Diretor Regional do Sesc São Paulo

Para Edla van Steen.

INTRODUÇÃO

Este volume reúne, na primeira parte, uma seleção de críticas publicadas sobretudo nos jornais *Folha de S.Paulo, O Estado de S. Paulo* e na revista *Bravo!*, agora incluídas no resgate da crítica brasileira empreendido pelas Edições Sesc.

A segunda parte contém entrevistas, perfis e textos opinativos relacionados ao teatro e à literatura; criadores brilhantes que entrevistei para as revistas *Vogue* e *Nova*, além de para a *Bravo!* e os jornais citados. A parte teatral pretende revelar essa atividade em São Paulo para eventuais futuros pesquisadores. Não será difícil ao leitor observar o subtexto político nacional em que muitas dessas matérias jornalísticas foram escritas – época de censura a espetáculos que, de um modo ou de outro, se opunham à ditadura no Brasil (1964-85).

Está, pois, aqui agrupada uma face de 46 anos na crítica, afora outras áreas do jornalismo cultural, sobretudo literatura. Esta segunda parte é abertamente afetiva (porque a crítica a sério exige o máximo de isenção). É o momento de subjetividades, porque o autor está diante de artistas, alguns amigos, que falam de suas vidas, de caminhos percorridos, convicções, lutas e surpresas.

A crítica teatral, ofício historicamente cercado de polêmicas, é a tarefa de abranger, o máximo possível, as múltiplas tendências, os gêneros e as experiências cênicas. Uma ação a quente de ambos os lados. Discordâncias entre nós serão sempre inevitáveis. Para esclarecer, valho-me de colegas que respeito e cuja integridade conheço.

Sábato Magaldi: "A primeira função da crítica é detectar a proposta do espetáculo, esclarecendo-a, se preciso, pelo veículo de comunicação – jornal, revista, rádio e TV. Em seguida, cabe-lhe ajuizar o equilíbrio do conjunto". João Apolinário, intelectual português que escreveu no extinto jornal *Última Hora*: "Toda e qualquer opinião sobre determinada peça tem de ser necessariamente uma opinião, e qualquer tentativa de ocultá-la não irá assegurar maior justiça".

Quanto a um certo clima tenso que a crítica pode estabelecer com um elenco, ou um intérprete, ou diretor, o ensaísta Georges Banu, professor da Universidade Paris-Sorbonne, é direto: "Falar aos artistas dos seus próprios espetáculos é mais difícil, sobretudo porque eles têm um sexto sentido que capta imediatamente se você gostou ou não. Ainda estão sob o efeito do seu espetáculo e são resistentes à menor reserva. É somente com o tempo que eles podem aceitar um discurso mais nuançado, mas aí já não é mais crítica, mas história do teatro"[1].

Elogios, pois, ao comprador deste livro. Sabe ver teatro de vários ângulos. Em todo caso, permito-me indicar *A função da crítica*, com os depoimentos de Bárbara Heliodora, Sábato Magaldi e o meu[2]. Com o tempo, espero, se redescobrirá o crítico e animador teatral Athos Abramo (1905–68), a quem homenageio.

Aproveito a oportunidade para agradecer não apenas à equipe das Edições Sesc, que me acolhe pela segunda vez depois de publicarmos *O teatro de Victor Garcia*, mas também aos jornais, às revistas e à Imprensa Oficial (editora de um compêndio das minhas críticas de 1969 a 2009), que liberaram vários textos para este livro.

Um agradecimento bastante pessoal à jornalista Beatriz Albuquerque, parceira de sempre, que, com agudo senso de pesquisa e paciência admiráveis, teve um papel fundamental no resgate de textos extraviados e em toda a sua organização, além de oferecer observações pertinentes quanto ao conteúdo deste balanço-documento.

JEFFERSON DEL RIOS

NOTA DO EDITOR

A organização dos escritos aqui apresentados seguiu alguns critérios, conforme o tipo de texto. As críticas estão em ordem cronológica de publicação, tendo as seguintes informações no cabeço: título da peça, mês e ano da publicação e, na linha de baixo, título do texto jornalístico (quando havia outro título na publicação original). Já os artigos, entrevistas e perfis estão encabeçados da seguinte maneira: título do artigo, mês e ano e abaixo, ocasionalmente, linha fina.

Cabe mencionar aqui, também, os meios de comunicação onde os textos foram publicados originalmente.

Críticas

As críticas de 1969 a 1983 foram veiculadas na *Folha de S.Paulo*; aquelas redigidas entre 1988 e 2015 tiveram sua divulgação feita pelo *Caderno 2* do jornal *O Estado de S. Paulo*.

Outros escritos

Foram publicados no *Caderno 2*, com exceção da lista a seguir:

Artigos. *Bravo!*: Consuelo de Castro e Geração 1970, Fernando Arrabal, Jerzy Grotowski, Julio Cortázar, Walmor Chagas. *Catálogo da APCA 2016-7*: Athos Abramo. *Folha de S. Paulo*: Oduvaldo Vianna Filho. **Entrevistas**. *Bravo!*: António Lobo Antunes, José Saramago, Pedro Juan Gutiérrez. *Nova*: Fernanda Montenegro, Raul Cortez. **Perfis**. *aParte*, revista do Tusp: Maria Thereza Vargas. *Bravo!*: Paulo Autran. *Folha de S. Paulo*: Cacilda Becker (junho de 1979), Pedro Nava. *Nova*: Gianfrancesco Guarnieri, Sônia Braga. Livro *O teatro de Timochenco Wehbi* (São Paulo: Terceira Margem, 2013, p. 291): Timochenco Wehbi. *Vogue*: Marilia Pêra.

Boa leitura!

---

[1] Trecho extraído de conversa entre Georges Banu e o autor.

[2] Barbara Heliodora, Jefferson Del Rios e Sabato Magaldi, *A função da crítica*, São Paulo: Giostri, 2014.

Críticas

Críticas 1969

FALA BAIXO SENÃO EU GRITO AGOSTO DE 1969

Fala baixo senão eu grito é um doloroso mergulho na alma humana, em impiedosa vertical, rasgando defesas, tabus, preconceitos e ilusões. Sobre o palco, resta, no final, a patética nudez do pobre mundo de uma mulher típica da sociedade em que vivemos.

Leilah Assumpção utiliza uma situação aparentemente absurda para demonstrar, peça por peça, o universo de uma solteirona de boa família, sólidos princípios morais, que num rompante de orgulho brada: "Minha família. Os laços do sangue. A voz do sangue". Ela vive aplicando toda uma infinidade de princípios que aprendeu desde a infância, sem jamais pensar em questioná-los. Trancada num emaranhado de ilusões, assim se deixa ficar, sufocando sua potencialidade. Um pobre ser humano mediocrizado nos estreitos limites da mentalidade que herdou. Nunca sonhou em assumir os benefícios e os riscos da liberdade absoluta. Nem sequer tem consciência da possibilidade dessa opção. Seu mundo de tradições está bem representado pelo velho relógio herdado do pai.

Solitária em seu apartamento, funcionária pontual de uma repartição qualquer, vive rigorosamente em obediência à ordem estabelecida, pensando, apenas, na prestação do apartamento – sinal de garantia para a velhice –, na prestação do Mappin etc. Aos domingos, a evasão com o programa da Hebe. Leilah retalha essa vida descolorida e inútil com um misto de ódio e de piedade. E, o que é importante, revela a injusta condição feminina em nossa sociedade, sem pretensões de imprimir à peça um tom marcante de análise sociopolítica. A ação se desencadeia quando surge no quarto de Mariazinha – a solteirona – um ladrão em dia de folga. Esse elemento de comportamento divergente se dedica ao jogo, quase sádico, de anular a falsa segurança de Mariazinha, de reduzir ao ridículo suas convicções, sua fé na validade da rotina empoeirada. Ele é o anjo da anarquia que oferece uma viagem onírica pelos domínios dos desejos recalcados, a conquista da liberdade e a procura da plenitude da vida. Isolados no quarto, ambos se entregam a uma dança irresistível sobre os compromissos e os valores estabelecidos. O dia seguinte não importa mais, será o dia branco, o dia livre.

Mas o chamado da realidade é muito mais forte. Quando a noite termina, alguém bate à porta, avisando que está na hora de se levantar para o trabalho. Essa voz, em síntese, é uma ordem, uma convocação do *status quo*, e Mariazinha cede. A ilusão se desfez num segundo e, aos gritos de socorro, ela se enquadra novamente na falsa tranquilidade.

O valor do texto de Leilah Assumpção está no domínio técnico da autora, que conserva a tensão sempre no limite máximo. Os dias logo caminham gradativamente para o clima de desespero e, ao mesmo tempo, oscilam surpreendentemente entre o grotesto, o patético e momentos de intensa poesia. *Fala baixo senão eu grito*, além de suas qualidades como texto, apresenta grande impacto como espetáculo. Marília Pêra, que, de início, dá a impressão de que vai se fixar numa composição caricatural da personagem, enriquece sua criação com o aceleramento da ação e atinge uma das maiores interpretações que já se viu em São Paulo nos últimos tempos. Paulo Villaça escapa à tentação de estereotipar o tipo do marginal e tem um desempenho sóbrio e de grande efeito. Clovis Bueno é uma revelação de diretor. Sem grandes voos criativos, assenta seu trabalho na própria qualidade da peça com a segurança de um veterano. Bom o seu cenário, que usa bem o espetáculo cênico e dá uma ideia exata do pequeno refúgio de Mariazinha.

Fala baixo senão eu grito é uma das melhores surpresas da temporada. A ex--manequim Leilah ingressa no teatro brasileiro com uma nova e importante contribuição que a coloca ao lado de Antonio Bivar e José Vicente de Paula, as maiores revelações da dramaturgia nacional desde Plínio Marcos.

OS CONVALESCENTES AGOSTO DE 1969

É preciso sintonia com a realidade da América Latina para ser tocado pelo réquiem político que José Vicente de Paula faz em *Os convalescentes*. Teatro que não transige e não gratifica facilmente. Os acomodados e as consciências cínicas estão dispensados do espetáculo. José Vicente coloca em cena quatro pessoas insatisfeitas com o ambiente de opressão e repressão em que vivem. O mais velho é o liberal típico, professor universitário que influenciou muitos pelo modelo pacifista. Sua mulher, rica, vive sem esperanças de superar os limites de classe e formação. Ao final, tenta romper o círculo de ferro com um gesto corajoso e inútil. O terceiro elemento desse inventário político-existencial é o anarquista que se debate na frustração de não conseguir novos instrumentos de luta. O quadro se completa com a jovem na luta armada. A ação é acelerada pelo fato de o marido dela estar preso e ela pretender resgatá-lo. O desalentador na situação de todos é a constatação de que seu romantismo está condenado ao fracasso. Não interfere concretamente nos acontecimentos. Convalescentes da festa que acabou giram em círculos; e José Vicente tem a coragem de se situar entre eles. É uma das peças mais honestas do teatro brasileiro dos últimos tempos. Não se pode concordar com o seu pessimismo, pois as opções que apresenta não são as únicas. De qualquer modo, sua aflição deixa a impressão de que ele não se perderá no desânimo. *Os convalescentes* extravasa linguagem barroca, lirismo e caos de uma imaginação sem freios. O dramaturgo faz do antiteatro o seu grande teatro. Teoricamente, é difícil um texto sem progressão dramática e ritmo preciso nos diálogos. Cada fala é um discurso dolorido. Os personagens divagam sobre o que está acontecendo. Um autor menor estaria liquidado, mas José Vicente fez assim e ninguém poderá ignorá-lo. O enredo de *Os convalescentes* está aí, mostrando a crise de gente em uma terra em transe. O ambiente em que as pessoas se debatem é eloquentemente expresso pela cenografia de Marcos Flaksman, uma casa-gaiola que sugere prisão. A diretora Gilda Grillo estreia bem uma encenação direta, seca. Seu maior mérito está no trabalho com os atores. Norma Bengell é um caso de procura do melhor como desempenho. Comove pela interiorização e a total compreensão do personagem. Lorival Pariz, ator sóbrio que trabalha muito o que faz, deveria ser mais natural nos movimentos em cena. Ewerton de Castro é um bom ator em amadurecimento. Nervoso com a extensão do papel e, possivelmente, com a responsabilidade de substituir em São Paulo Emilio Di Biasi (que esteve na temporada do Rio de Janeiro), Ewerton se contrai a ponto de perder o fôlego, mas demonstra sinceridade. Rose Lacreta (substituindo Renata Sorrah) não conseguiu ainda insuflar à sua personagem toda a veemência necessária. *Os convalescentes* não tem previsão de ficar muito tempo em cartaz. É preciso ver este espetáculo situado no ponto avançado do teatro brasileiro e que aponta José Vicente como o poeta maior de sua geração.

NA SELVA DAS CIDADES SETEMBRO DE 1969

"Os senhores estão em Chicago, ano de 1912. E assistem à inexorável luta entre dois homens, à ruína de uma família vinda do campo para a selva de uma grande cidade. Não quebrem suas cabeças para compreender os motivos desta disputa: procurem, antes, participar dos conflitos, julguem com imparcialidade os métodos utilizados pelos adversários e reservem todo o interesse para o *round* final." Com esse prólogo, Bertolt Brecht inicia *Na selva das cidades*, que escreveu em 1921, aos 23 anos.
O tema é a luta entre dois homens, uma disputa terrível, sem motivação de caráter pessoal, encenada em um ringue, onde os adversários se defrontam numa sucessão de *rounds*. Ao escrevê-la, Brecht estava interessado nos esportes, principalmente o boxe, onde percebia um espetáculo de sentido coletivo, dramático. Queria que o espectador observasse atentamente os golpes dos lutadores. "*Na selva das cidades* é uma luta sem outra causa que não fosse o divertimento e sem outro fim que não fosse a definição do homem melhor",

escreveu. Mas a partir dessa premissa aparentemente simples desenvolve seu raciocínio político numa longa peça abstrata e difícil de ser penetrada. Brecht confessa: "Eu me movia sem saber que, quando um lutador disputa os bens do outro, é muito próximo da luta verdadeira que estava se travando e que eu somente idealizava: a luta de classes".

Usando simbolicamente o ringue, o autor pretende dizer que, no regime de livre concorrência, vale tudo. É um sistema que tem como característica fundamental de sua mecânica o esmagamento do mais fraco pelo mais forte, uma guerra sem piedade pela sobrevivência. E, assim, construiu uma obra sufocante, caótica, agressiva, esgotando o espectador embora o próprio autor, de início, recomende que não se quebre a cabeça com isso.

Uma das qualidades de Brecht é o não dogmatismo. Nunca considerou seus trabalhos acabados e intocáveis. A vida inteira reformulou escritos, adequando-os de acordo com sua evolução ideológica, artística e estética, e definia muitos deles como ensaios, dado o seu caráter experimental. Ele se entregou furiosamente ao enredo, insistindo em imagens complexas que – apesar de toda a densidade e força poética –, em vários momentos, são impenetráveis. Resultou do esforço criador uma fusão de caos e genialidade que desafia a crítica. Provavelmente acharíamos o atual espetáculo do Oficina sem muito interesse, não fosse a direção de José Celso Martinez Corrêa. Não há dúvida de que estamos diante do maior diretor do teatro brasileiro. Um homem vivendo uma aventura intelectual em seu limite extremo. José Celso joga tudo na tentativa de provar que o teatro pode dizer sempre algo de novo, de decisivo, contribuindo para esclarecer. É provável que se interrogue, permanentemente, se o que foi feito valeu a pena, se o que está em execução vale a pena e se o que se pretende fazer valerá a pena. Saindo de *Galileu Galilei*, que, apesar de todas as inovações, obedecia a um método racional e conhecido de fazer teatro, atira-se, agora, na sofrida, selvagem e desesperada montagem atual. O vigor e a honestidade de quem não se permite a menor concessão é impressionante, sem paralelo no teatro brasileiro.

O desejo de ir às últimas consequências é a qualidade e, paradoxalmente, o defeito de seu trabalho. José Celso disse que pretendia fundir a cuca do espectador e verificar até quando ele terá coragem de fazer um teatro assim e, ainda, até quando o público estaria disposto a aturar uma arte nesses moldes. É duvidosa a eficiência do teste. O público, que ele pretende confundir, não vai entender nada. Voltará para casa cansado e, talvez, irritado com o dinheiro gasto, sem perceber que sua estrutura foi exposta cruamente no palco, com todos os seus vícios. Por outro lado, a faixa de espectadores realmente interessados em teatro, cientes de sua função etc., ficará esgotada acompanhando a exposição hermética de fatos e ideias que já conhece. A extensão e o ritmo às vezes claudicante da peça deixam embotados o raciocínio e a capacidade sensorial da plateia. Ninguém negará a criatividade de José Celso, o impacto de sua alucinatória concepção cênica, culminando com a destruição do cenário, onde dois homens cavam o chão buscando o passado do ser humano. Ao final, entretanto, persiste a desagradável impressão de que o espetáculo ficou tão fechado, que fala a pouca gente, embora o teatro brasileiro saia enriquecido por uma experiência arrojada, principalmente no aspecto formal.

José Celso em seu trabalho conta com companheiros dispostos a acompanhá-lo em todos os riscos. O elenco tem uma garra admirável e a exata noção do que está fazendo, sem temer o exagero e o ridículo. Renato Borghi irradia magnetismo, aquela subjetiva e tão verdadeira chama interior que move o bom ator, independentemente da técnica, e explora todos os contornos do personagem. Othon Bastos chega a perturbar com a força avassaladora que impõe ao seu Shlink. Ítala Nandi comove pelo desprendimento, pela disposição de oferecer tudo de si ao papel. Sempre que a vemos, somos tentados a dizer: "Maravilhosa Ítala!". Muito bom o trabalho de Valkíria Mamberti, numa pequena, mas difícil composição. O restante do elenco é homogêneo e se mantém em nível satisfatório.

Com todos os defeitos, *Na selva das cidades* deve ser vista. É um Brecht difícil nas mãos de um diretor disposto a não o simplificar, e que ainda nos ameaça com as publicações culturais em fascículos "se não destamparmos a cuca". Contudo, mesmo radicalizando suas posições e incorrendo em erros, ele nos dá a certeza de que, dentro do teatro brasileiro, é quem está mais próximo do caminho certo.

AS MOÇAS OUTUBRO DE 1969

Com a apresentação de *As moças*, de Isabel Câmara, vai terminando a grande temporada dos novos autores nacionais revelados em 1969, faltando apenas *À flor da pele*, de Consuelo de Castro. Embora a própria Isabel se rebele um pouco contra o termo confessional, usado, frequentemente, para definir a tendência da dramaturgia nacional nos últimos anos, essa é, por enquanto, a melhor maneira de estabelecer uma diferença entre o teatro de agora do que se fazia antes. Confessional é a atitude dos autores sofridos que se apresentam inteiros em suas obras, testemunhos implacáveis dos tempos em que vivem. Isabel Câmara encontrou no palco um meio para despejar, à vista de todos, uma dolorosa carga de frustrações pessoais. Uma das qualidades do que ela revela está na possibilidade da imediata identificação de suas personagens com centenas de pessoas que estão ao nosso lado. Lidando com um material rico, Isabel, entretanto, construiu uma obra dramaticamente irrealizada. A peça tem, potencialmente, uma força arrasadora que não se expande em cena e não consegue dominar o público. *As moças* se propõe a contar a história de duas jovens, Ana e Tereza, que moram juntas em um apartamento. Duas pessoas de temperamentos opostos, carregadas de tensões e recalques, que não resistem ao menor choque. Vivem sobre um fio de navalha emocional, no precário equilíbrio que vem abaixo quando uma delas desencadeia um processo de agressões revelador de misérias íntimas. O diálogo inicial, desencontrado e ilógico, é o ponto de partida para o rompimento contra uma vida estéril. O tema deveria ser desenvolvido numa progressão dramática desesperante, chegando-se ao ponto de saturação e à consequente explosão de sentimentos sufocados. Tudo, no entrecho da peça, faz esperar que, da luta entre a triste verdade de cada uma e a tentativa neurótica de manterem as aparências, surja um clímax que *As moças* não tem. Isabel ensaia esses momentos para esvaziá-los logo depois, justamente quando se espera mais. É claro que nem toda peça deve, obrigatoriamente, ser assim. Tchekhov consegue ser terrível enquanto suas personagens tomam chá e conversam amenidades. Mas, em um texto como esse, os diálogos não podem chegar apenas a meio caminho do momento crítico e se retrair, em seguida, para a conversação fria, quase bate-papo. É preciso registrar que a autora confessa estar iniciando agora a revelação de mundos interiores, escondidos na memória e nas hesitações. A honestidade que demonstra é a garantia de que voltará outras vezes, mais amadurecida e manejando plenamente seu meio de expressão. *As moças*, talvez, causasse outra impressão se não fosse a direção um tanto imprecisa de Maurice Vaneau, que se excede no uso da meia-luz e deslocou a ação para o campo do onírico e do pesadelo, enquanto a linguagem da peça favorece uma encenação realista. A linha de interpretação de Selma Caronezzi se desvia para um tom desnecessariamente exagerado, quase histérico, formando um contraste com o trabalho de Célia Helena que vai muito além das diferenças existentes entre as personagens. Célia se mantém equilibrada, preenchendo, em contínua intensidade, todos os contornos de seu papel. *As moças*, apesar das imperfeições, é uma peça seca e corajosa, e Isabel Câmara fica comprometida com o teatro brasileiro, beneficiado com sua participação.

Críticas 1970

A VINDA DO MESSIAS ABRIL DE 1970

Em Timochenco Wehbi coexistem o sociólogo e o sentimental quase exagerado. De um lado, temos o arguto observador de fenômenos sociais e, de outro, o emotivo que se comove com uma história dramalhônica, uma música dor de cotovelo. O homem crítico e o pierrô se encontram e se complementam na personalidade deste dramaturgo que estreia com *A vinda do Messias*, em que vamos encontrar, exatamente, estas características da sua maneira de ser. A personagem, Rosa Aparecida dos Santos, é uma mulher do interior, com os valores e tabus inerentes a uma formação quase rural. Os azares da vida acabam por lançá-la em São Paulo, o centro neurótico e destruidor da industrialização, da competição individual exacerbada e da especialização. Sabendo apenas costurar, atividade artesanal deslocada em um meio de produção em massa, e violentada por um mundo que não entende, ela perde o chão de realidade e mergulha na fantasia. O sonho, a espera de um ser ilusório, passa a formar o imaginário dessa comovedora figura feminina. A brutal carência afetiva que marca sua existência vai obrigá-la a idealizar o amante maravilhoso: Messias, o esperado que nunca chegará. A trajetória dessa mulher ao longo de dez anos, vividos em um acanhado apartamento, em cima da máquina de costura, esperando um homem inexistente, constitui o entrecho da peça. Timochenco Wehbi, vivendo sempre esta aparente contradição de ser o analista frio e o romântico incorrigível ao mesmo tempo, construiu um monólogo que se alterna entre o patético e o ridículo, formando ao final um painel único, onde está a marca da crítica a uma sociedade que vive da destruição dos valores humanos. A tangibilidade de Rosa e de suas atitudes nasce do poder de observação do autor, da sua capacidade de fixar com perfeição os costumes, as manias, o linguajar e as superstições de uma mulher originária do meio de onde Rosa procede e as suas reações diante do processo de massificação a que é submetida. O espetáculo tem causado um impacto sobre o público, que identifica nesta tragédia de solidão a face cruel desta cidade desencantada, desta vida sonhada por milhões de pessoas do Brasil inteiro. A peça foi desdobrada em dez cenas ligadas por músicas que se integram ao texto como um comentário à ação. Aqui está a chave que impede o envolvimento total do espectador, a catarse que o levaria ao choro e ao consequente alívio. Cada cena é seguida de música e uma queda de luz. Basta essa interrupção de segundos para o público se livrar da emoção que supera o raciocínio e levá-lo a considerações sobre a engrenagem em movimento contra Rosa Aparecida dos Santos. O diretor Emilio Di Biasi orientou seu trabalho justamente no sentido de explorar este distanciamento, de pegar o espectador e levá-lo quase às lágrimas e, em seguida, trazê-lo à objetividade dos fatos. Uma encenação perfeita que o coloca entre os mais criativos diretores brasileiros do momento. O espetáculo tem ritmo preciso e desenvolvimento equilibrado entre o drama puro e simples e a crítica social, sublinhando sempre a literatura de Timochenco. A direção captou e valorizou certo toque de magia, de nostalgia que permeia a peça inteira, uma saudade mal contida do interior. Rosa é uma mulher simples e tem o lirismo que extravasa, na intimidade com o luar, por exemplo. A lua é um elemento importante de poesia e tristeza na vida dessa mulher sofrida, que espera o amor. Rosa Aparecida dos Santos, no palco, é a extraordinária Berta Zemel. Mesmo que, por um absurdo qualquer, nada valesse no espetáculo, restaria o grande talento desta atriz. Berta Zemel tem a máscara, a voz, a autoridade cênica que a coloca entre as maiores intérpretes do teatro brasileiro. E o seu desempenho é extremamente difícil, pois sofre interrupções (as cenas). Ela não pode seguir uma linha crescente de emoção até chegar à explosão total dos sentimentos. Cada cena tem seu desenvolvimento separado da seguinte. E Berta Zemel cria, em seus mínimos detalhes, a figura, a personalidade de Rosa, com uma força interior, uma verdade e uma segurança impressionantes. *A vinda do Messias* anuncia um dramaturgo de talento (Timochenco tem outras peças em preparo) e confirma as qualidades de Emilio Di Biasi e Berta Zemel. Um espetáculo importante.

CORDÃO UMBILICAL MAIO DE 1970

Abrindo um hiato de descontração e bom humor no clima tenso que caracteriza a nova dramaturgia brasileira, Mário Alberto Prata oferece, em *Cordão umbilical*, a espontaneidade e irreverência de uma juventude que está aí para o que der e vier, apanhando a vida pelas pontas e dando o testemunho do seu tempo. Dono de uma linguagem fluente, viva, carregada de uma vibração que extravasa em contínuos trocadilhos e achados humorísticos, o autor faz um primeiro ato de risadas, mostrando sua gente, cinco criaturas – quatro adultos e um feto que se manifesta apenas no fim, inesperadamente, dando um tranco violento na plateia. Introduzidos na simpática desorganização de um apartamento de solteiro, participamos do cotidiano de um estudante de medicina, uma prostituta grávida, um escritor e uma atriz iniciantes. O que pensam, o que fazem, o que sonham e o que sofrem estão nos diálogos irresponsáveis, pequenos atritos e na permanente confraternização final. O estudante é quadrado e persegue os mais rançosos objetivos da classe média. O escritor tenta sair de uma crise de opção e firmar sua própria vontade. A atriz faz tristes concessões em busca da fama, e a prostituta enfrenta a sua vida como ela é, sem considerações metafísicas, cedendo à emoção só quando pensa nos filhos. O ato se encerra com a voz do feto expondo suas primeiras considerações sobre um mundo que compra sua mãe por 30 dinheiros.

A segunda parte da história se desenvolve em dois planos. O escritor escreve uma trama sobre a vida das pessoas que vivem naquele apartamento. É a técnica da peça dentro da peça, uma das características da obra de Pirandello. Na versão original, Mário Alberto Prata se perdia um pouco em diálogos aparentemente profundos (na peça do escritor), mas a revisão final, em companhia do diretor, deu mais consistência ao texto. O segundo ato é dedicado a soluções ideais dos personagens, suas racionalizações quase em termos de chavões etc. Tudo representado, pois o menor toque da realidade desfaz a convenção e cada um reassume sua verdadeira personalidade. Mário Alberto Prata deixou um ponto vulnerável em sua obra ao dar apenas o testemunho do seu tempo sem uma aresta de agressividade, uma marca de discordância (embora ela esteja implícita em vários momentos). De um modo geral, quando o espetáculo termina, há uma leve sensação de não se saber direito o que ele quis dizer. Não lhe faria mal um pouco mais de engajamento, justamente o que, às vezes, põe a perder o trabalho de um artista. São restrições mínimas diante da criatividade deste autêntico escritor, que em sua estreia construiu uma história com quatro personagens, fugindo ao esquema de duas pessoas em conflito e sabendo caracterizá-las com habilidade de bom observador. Se Pirandello já fez o mesmo, com a perfeição do gênio, não faz mal, e Prata não tem nada com isso. Que o Prêmio Nobel descanse em paz e os novos dramaturgos do Brasil escrevam o seu teatro do jeito que o sentem. *Cordão umbilical* revela, ainda, em José Rubens Siqueira, um diretor de imaginação, que ajudou o autor a apurar a teatralidade do texto e lhe deu o tratamento ágil e malicioso que atrai a cumplicidade da plateia. Deveria, apenas, ter evitado certas gratuidades e concessões em busca do riso (e cena de cama no escuro etc.). A gravação da história infantil também não enriquece o espetáculo a ponto de justificá-la. José Rubens confirma sua competência com o ótimo rendimento do elenco. Cacilda Lanuza realiza uma das mais vigorosas, cativantes e humanas interpretações do teatro paulista na atual temporada. Ela é dona da cena, da personagem, conquistando a simpatia geral do público. Carlos Augusto Strazzer é um dos melhores atores de sua geração, um artista que se impõe pela espontaneidade e força interior que irradia a cada gesto. Ênio Carvalho faz o seu melhor trabalho nos últimos tempos, na composição precisa do estudante. Júlia Miranda explora seriamente um papel delicado por ser o menos delineado e colorido neste conjunto de personalidades fortes.

Os cenários e figurinos de Maria Helena Grembecki fornecem o suporte que a direção necessita para o desenvolvimento da ação. *Cordão umbilical* é explosão de vitalidade, esta densa, ainda imperfeita e entusiasmante vitalidade que se derrama sobre o teatro brasileiro. Deve ser visto.

Críticas 1971

PEER GYNT MAIO DE 1971

A máscara dramática de Ariclê Perez, a energia de Stênio Garcia, a harmonia de talentos florescentes, o mistério dos sinos, os sorrisos, a fumaça. Henrik Ibsen: *Peer Gynt*. Por que *Peer Gynt*? Nas enchentes e vazantes das experiências e ousadias, o teatro brasileiro (o paulista em particular) conheceu, nos últimos tempos, extremos incontroláveis que o levaram a grandes momentos e muitas aberrações, de uma vanguarda mal assimilada, que pretendia o primado do sensorial e distorcidas ritualizações copiadas de Artaud, Living Theatre etc. O público, saturado, tentava entender o que se passava. Massacrado auditiva e visualmente, não sabia distinguir mais uma proposta séria de renovação de linguagem cênica do irritante bater de ferros/guitarras/desfiles de sungas/gritos/etc., um pobre festim supostamente orgíaco que não conduzia a nada e, muitas vezes, era burro e reacionário. O contraponto não tardou; qualquer historiazinha bem falada hoje faz fortuna. A maravilhosa experiência de ouvir e entender a voz humana ainda é uma motivação irresistível. E foi, justamente, pela carência desse velhíssimo meio de contato entre inteligências que se abriram facilmente portas às futilidades bem rotuladas da Broadway. Antunes Filho – após dois anos de afastamento – retorna e colabora para a alteração desse panorama medíocre (salvo as exceções de praxe) com um ótimo texto, uma ótima montagem e um ótimo elenco. Retoma a atividade cênica e a recoloca, novamente, à altura da capacidade artística do teatro brasileiro. Coerente com sua linha de arrojo (com acertos e erros), Antunes Filho se propôs um desafio: a encenação de um texto, que, na íntegra, quase ultrapassa o realizável, com personagens distribuídos em cinco atos e diversos cenários. Esse sonho ibseniano é imaterializável em um palco convencional e num único espetáculo. Sem o temor mediocrizante, mas, também, sem deformar a obra-prima, reduziu-a às proporções compatíveis com a atualidade da ideia central que pretendia transmitir. Abrindo mão do aspecto folclórico e onírico da história (manteve apenas uma cena de duendes), preocupou-se com a essência humana do personagem, aproximando do público esta controvertida figura que concentra em si, ambivalentemente, o germe da vitalidade irrefreada e, numa visão crítica, a alienação total. A direção procura uma conotação entre as aventuras de Peer Gynt e as soluções e atitudes escapistas que caracterizam uma parcela do mundo atual. Ele é o símbolo do viver tudo e viver já, sem compromisso sequer com o semelhante mais próximo. Peer Gynt redivivo possivelmente bradaria, inconsequentemente, "estou na minha". A intenção é elogiável. Não teria sentido a reconstituição arqueológica de um clássico pelo simples prazer artesanal da cena bem-feita. Mas será a proposta atualizante assimilável pelo público? A riqueza poética, a densidade dos fatos, a multiplicidade das ideias do texto justificam o temor de que a maioria, talvez, fique presa ao fascínio da aventura. *Peer Gynt* e alienação moderna é uma ligação rápida demais e só indicada acentuadamente na frase em que o personagem oferece um fuminho a alguém, possível alusão à maconha que a plateia capta de imediato. De qualquer forma, a montagem tem esse propósito e, globalmente, encaminhou-se para esse lado.

O espetáculo apresentado é belo e correto como poucos nos últimos anos, Antunes Filho não esconde uma linha de Ibsen. A montagem tem a vibração e – simultaneamente – o equilíbrio que permite o entendimento completo do texto e o envolvimento sensorial. Cenas extensas, rumorosas e repletas de personagens se desenvolvem com precisão calculada, gesto por gesto, fala por fala. Sem favor algum, um dos melhores diretores de atores do Brasil, Antunes Filho (assessorado por Eugênio Kusnet) transforma um elenco predominantemente jovem em um grupo de intérpretes maduros. Ao protagonista, Stênio Garcia – o mais experiente de todos –, traz a oportunidade de se firmar, definitivamente, como um dos grandes atores brasileiros. Seu desempenho revela um raro apuro de técnica e talento: energia e sensibilidade fluem na composição perfeita de um homem em três estágios de sua vida. Entre os mais novos, o critério de avaliação é o do progresso apresentado em relação aos trabalhos anteriores. Ariclê Perez brilha, então, admirável talento. Esta atriz demonstra um poder de interiorização e de emoção digno de uma boa veterana. Ewerton de Castro, preciso, seguro e convincente em todos os momentos. Jonas Bloch avança mais em sua carreira compondo com imaginação personagens opostos. Paulo Hesse retribui com juros o prêmio de Revelação do Ano, de 1970. Sereno e inteligente, explora o que pode em cada intervenção. Isadora de Faria – uma beleza aristocrática que marca – é um talento visível que se insinua e ainda renderá mais. Hiara Nunes é uma figura envolvente pela candidez, mas se ressente de experiência e, principalmente, apuro vocal. O elenco numeroso torna inevitável a generalização nos papéis menores. Cada um, no entanto, foi minuciosamente trabalhado e é vivido com sinceridade. Maria Bonomi criou, com amor, figurinos que extravasam bom gosto e alegria de cores. Trabalho que se casa com o despojamento providencial e invertido de Leonte Klavoa (bons adereços de Leo Leoni). A música discreta de Diogo Pacheco, quando incide sobre a cena, aumenta-lhe o clima de fantasia e mistério. *Peer Gynt* não é um monumento pretensioso de direção. É um espetáculo vivo, oportuno, lindo. Vê-lo é crer no teatro que fala à inteligência, sem ambiguidades e falsas aparências.

Críticas 1977

TORRE DE BABEL JUNHO DE 1977

Torre de Babel – do espanhol Fernando Arrabal – é teatro político apesar de possíveis aparências em contrário. Não confundir poses literário-existenciais do autor, ou modismos enjoativos que o cercam, com o essencial. Trata-se de uma obra dramática, em que a fantasia erótica convive com a dor dos presos e torturados. Ou, ainda, com a exaltação dos revolucionários. Em tempo: Arrabal não é comunista, nem libertino. É mais um poeta, franco-atirador do surrealismo, com acentuadas preocupações políticas. O bastante para os fascistas não gostarem dele. Ainda é proibido em sua terra. Esta peça saiu da imaginação de um banido. Os franquistas dividiram-lhe a família, liquidaram o pai e obrigaram-no ao exílio. Não é pouco e, talvez, seja este o motivo para seu texto trazer o comovente subtítulo: *Oye, patria, mi aflicción* (Ouça, pátria, minha aflição). Alguns espectadores ficam aturdidos com a linguagem contundente e as imagens caóticas que o dramaturgo lança ao público. Outros indagam o motivo de tanta simbologia sexual. Dizer que é questão de estilo é pouco; vale a pena aprofundar a questão. Arrabal segue uma longa e ilustre tradição do grotesco nas artes espanholas. Um exemplo bastante conhecido é Buñuel. Qualquer de seus filmes apresenta loucos, aleijados ou burgueses ridículos. Recentemente, tomou-se conhecimento do cinema de Carlos Saura, o último talento espanhol a conquistar a Europa. Basta ver, por exemplo, *Ana e os lobos*. É a continuação do absurdo e do grotesco que vêm de muito mais longe (o fantástico na pintura de Goya), passa por Buñuel e segue adiante. Arrabal é desta raça. Os artistas espanhóis – os que contam – trazem a herança de séculos de religiosidade fanática e violências sociais e políticas. A Inquisição foi particularmente aterrorizante e deixou marcas indeléveis na consciência nacional. E quando o século XX parecia uma realidade, a guerra civil (1936-39) arrastou novamente o país para a Idade Média, que se prolongaria por três décadas de franquismo. A repetição desses traumas históricos passou pelo registro das artes. Arrabal é um (mais um) retratista da anormalidade social instaurada por Franco, Millán-Astray, Moscardó, Mola e outros generais. A morte (*viva la muerte!*) dominou em Madri. Nesse ambiente de supliciadores e revoltados cresceu o poeta.

Torre de Babel é uma alegoria sobre a Espanha que resistiu em todos os tempos: da fogueira inquisitorial ao garrote vil de Franco. Em cena, uma condessa cega, Latídia, defende seu castelo em ruínas dos assaltos de um bando de nobres corruptos. Ela encarna os valores da nacionalidade que geraram guerreiros, artistas e mártires, exaltando El Cid, Cervantes, Picasso e políticos contemporâneos. Com estes nomes luminosos, espera reunir os bravos para a resistência. Apresentam-se apenas ladrões, bêbados e prostitutas. Os lumpemproletários transfiguram-se em guerreiros. É bonito, embora evidencie o anarquismo romântico do autor. Arrabal omite a tradição de luta do operariado espanhol ao não colocar trabalhadores no conflito. O que não impede, em todo caso, que paire no ar um clima de resistência popular. Arrabal é um escritor fascinante que consegue dar uma sensação de pureza e poesia mesmo ao falar em vísceras, excremento e sangue. Na abjeção, seus personagens conservam uma indevassável candura quase infantil. No fundo, a imagem que o autor faz de si próprio. É preciso cuidado para captar a dimensão poética dessa linguagem dura. A tradução brasileira não conseguiu. Prevalece o aspecto exterior da grosseria dos diálogos. Arrabal vai mais longe.

O espetáculo do diretor Luís Carlos Ripper é envolvente, embora traga uma assinatura conhecida. Reproduz alguns efeitos que fizeram o sucesso de *O balcão*, de Jean Genet, na versão de Victor García. Ripper quer impacto e consegue. O espectador será conduzido a grandes emoções visuais perante um cenário suntuoso e que reconstrói o interior do castelo. É preciso não se deixar seduzir por esta engenhosidade que prejudica a compreensão do texto. Afinal, estamos diante de um teatro político, não de uma noite de luz e som. A técnica ilusionista da direção pode impedir que se tenha a verdadeira noção do sentido de instantes como quando – para exemplificar – a condessa brada: "A justiça neste país é uma farsa sangrenta e absurda". É algo sério. Não se vai ao teatro, desta vez ao menos, para ouvir Haendel em altíssimo volume. A direção, com seus fogos de artifício virtuosistas, parece esquecer que está lidando com a pátria, *mi afflicción*, de Arrabal. Pátria que interessa a outras pessoas. O esforço exigido na criação geral levou também o diretor a não cuidar do elenco. A representação está numa linha circence. Sobra pouco para a fantasia delicada de Arrabal. Ruth Escobar é a brilhante exceção porque ama a personagem e entende o seu real significado político. O seu trabalho emocional, mas lúcido, confere dimensão atual à condessa. Latídia/Ruth não é apenas espanhola. Está mais perto. Os reparos feitos são observações de quem gosta de *Torre de Babel*. É um teatro cortante e sanguíneo sobre certa resistência. Convenhamos, não é um tema fora de moda.

ESPERANDO GODOT JULHO DE 1977

Samuel Beckett já foi definido como o dramaturgo da solidão humana. A justeza de definição pode, uma vez mais, ser avaliada através de sua obra-prima *Esperando Godot* (Teatro da Fundação Armando Álvares Penteado/Faap). Nesta peça em que nada acontece e os personagens sofrem de permanente ansiedade, dois vagabundos (ou palhaços) aguardam interminavelmente a chegada de um misterioso personagem chamado Godot. Enquanto esperam, discutem, agridem-se, filosofam e recebem estranhas visitas. Escreveu-se muito sobre os múltiplos significados de Godot, sendo uma das hipóteses mais conhecidas a que estabelece relação entre Godot e *God* – Deus em inglês. O autor jamais confirmou ou desautorizou nenhuma dessas teorias. Godot pode ser, então, o que a imaginação ou a sensibilidade do espectador desejar: a morte, a esperança, a revolução, a liberdade etc., ou nada mesmo. Justamente por isso a peça é atraente. Beckett é um intelectual europeu pessimista, formado entre duas guerras e com vivências em todos os ismos (surrealismo, dadaísmo). Um irlandês que se autoexilou em Paris, onde passou a produzir uma literatura amarga e estilisticamente impecável! É preciso situar Beckett nesse contexto para que não se perca em admirações incondicionais e injustas. Sua obra irradia total descrença no destino do homem, ao qual não restaria nenhuma perspectiva de salvação em qualquer sentido, conforto e/ou felicidade. Beckett nega, de certa maneira, o progresso humano novamente em todos os sentidos, negando assim o próprio homem.

E, apesar de tudo, estamos diante de um grande escritor, um talento raro para inquietar as pessoas, obrigá-las a reagir quando se sentem tocadas em sua subjetividade e temores íntimos. Esperando Godot tem um encanto misterioso que se confirma em todas as montagens, até mesmo numa experimental para presidiários, nos Estados Unidos, que ficaram impressionados com a obra. Como Godot é uma criação que permite diferentes interpretações literárias e cênicas, o diretor teatral pode escolher o seu caminho: referendando o tom abstrato inerente ao texto ou procurando uma definição mais clara para o impasse dos personagens. A cena pode abrir-se tanto para a inutilidade da condição humana como para alusões sociais e políticas. Por este último ângulo, o inquietante desconhecido que não chega, mas ameaça, poderia ser o Estado totalitário, a guerra ou a repressão policial. Na atual versão, o diretor Antunes Filho rejeita o pessimismo estéril do autor e sobrepõe à sua linguagem absurda outra mais política. Ao difuso mundo aterrorizado de Beckett, acrescentou contornos mais precisos. No espetáculo, sirenes e discursos nazifascistas apontam um universo concreto e sempre possível. Observa-se uma luta entre o texto do escritor, que tem um mecanismo particular e rejeita acréscimos, e a encenação que insiste em interpretá-lo racionalmente. Beckett e Antunes não se rendem e conseguem não se anular mutuamente. O texto exige intérpretes de boa envergadura para lidarem com duelos verbais e intrincados monólogos sem emoção aparente nem ação lógica. Desafio tranquilamente enfrentado por Eva Wilma, Lilian Lemmertz, Lélia Abramo e Maria Yuma – Eva e Lilian com técnica e emoções dosadas e amadurecidas, e Lélia reafirmando o seu fortíssimo temperamento dramático numa composição baseada no grotesco. A surpresa maior é oferecida por uma jovem e quase estreante atriz: Maria Yuma, responsável pelo maior instante do espetáculo, um longo e violento monólogo que, a partir de frases aparentemente ininteligíveis, arrasta a plateia a uma profunda emoção. Vera Lyma, discretamente, encarrega-se bem do seu pequeno papel. *Esperando Godot* chega a São Paulo após longa excursão pelo Brasil. Por onde andou, Godot não veio, mas o público sim. Espera-se que o mesmo aconteça agora.

A MORTE DO CAIXEIRO-VIAJANTE AGOSTO DE 1977

Estes são os últimos dias para se assistir a *A morte do caixeiro-viajante*, de Arthur Miller. O certo seria dizer que são as últimas oportunidades para ver o extraordinário drama de Miller e o comovente desempenho de Paulo Autran. Não é todo dia que se tem na praça uma literatura dramática do nível desta peça nem é sempre que um ator consegue transcender-se como intérprete e compor à nossa frente um magnífico instante da arte de representar. A obra de Miller dispensa maiores apresentações. Aqui, o dramaturgo mostra um americano médio que incorporou todas as crenças do *american way of life* e toda a ideologia da livre-iniciativa. Um pequeno vendedor que se julga em condições de vencer financeiramente no núcleo central do capitalismo e que falha penosamente, embora sempre tentando crer que o amanhã será melhor, recusando-se a enfrentar as evidências. É a tragédia que não envelheceu uma linha, ao contrário, São Paulo está aí – para não dizer o Brasil –, comprovando a validade do texto de Arthur Miller. Se o espectador preferir apenas o lado sentimental das coisas, não será decepcionado. O autor é um competentíssimo contador de história, um mestre do realismo. Desfilam no palco o caixeiro-viajante envelhecido, sua mulher aflita, os filhos que seguem outros caminhos e sentem dificuldades em dialogar com o pai. E mais, parentes e amigos que tiveram sorte e se fizeram na vida. Não é um melodrama porque, ao invés do padrão global das oito horas, estamos diante de um escritor da maior dignidade. Se, ao contrário, o espectador tem sensibilidade para observar a aguda crítica social contida na obra, verá como um criador de talento ultrapassa o mero panfleto e constrói uma obra-prima da literatura mundial. É bonito e fascinante ouvir a sonoridade e a seriedade dos diálogos do dramaturgo. Talvez parte do teatro, atualmente, esteja na obrigação de apresentar os clássicos para não parecer que desistiu de participar da vida social ao encenar textos mais recentes e, se possível, brasileiros. É provável, mas não se pode negar as qualidades imutáveis da peça e a presença de Paulo Autran. Ao texto devemos a lembrança de que o teatro não é necessariamente o amontoado de idiotices que frequentemente são impingidas ao público a pretexto de diversão. A Paulo Autran, a lição de que não será qualquer nudismo pseudogrotowskiano que anulará o bom ator. Pena que o encontro Autran/Miller não seja valorizado em nenhum instante pelo resto da encenação. Ambos transitam solitariamente por um espetáculo maldirigido por Flávio Rangel e pessimamente cenografado por Túlio Costa. Se chegam brilhantemente ao final é porque estamos tratando com Arthur Miller e Paulo Autran. Tem-se a impressão de que o diretor ensaiou o espetáculo em ritmo acelerado, por cenas isoladas, confiando na possibilidade de cada um resolver-se por si. Não se nota um elaborado trabalho sobre o elenco. Prova-o a atuação de Lorival Pariz, intérprete sabidamente competente e que, no papel do filho do caixeiro, não consegue apreender inteiramente o personagem. Quando se imagina que ele finalmente vai mergulhar na ação, alguma coisa desliga no seu desempenho. São constantes meios-voos. A direção também não ousou cortar toda a coleção de clichês de Nathalia Timberg, aqueles olhares e expressões numeradas de televisão ou o choro que se interrompe repentinamente para que o diálogo prossiga sem nenhum sinal de interferência emocional na voz. Quando Nathalia Timberg surge como se estivesse no capítulo número tal de uma telenovela, e Lorival Pariz não chama atenção, não se pode deixar de indagar onde está o diretor. Flávio Rangel afirma, no programa do espetáculo, que recebeu todo o apoio dos produtores. Conclui-se, então, que aceitou de boa vontade o cenário de teatro amador que não sugere jamais o clima nova-iorquino, capitalista e esmagador em que o caixeiro-viajante vive. Há, por exemplo, uma cena importantíssima em que o protagonista é mal recebido pelo jovem executivo da empresa onde passou toda a sua vida. Quer dizer: estamos no escritório de uma firma de certo porte, nos Estados Unidos. Nem precisaria ser em Nova York, pois o espectador sabe perfeitamente como são as salas envidraçadas e o delírio de metal cromado da avenida Paulista. No entanto, esta cena foi arranjada de qualquer jeito no canto do palco, como se fosse um boteco. Não é uma questão de estética, mas da destruição, pela direção, de toda a sugestão social e política do autor. Não desanimemos, Paulo Autran está lá. O drama de Willy Loman (o caixeiro) toca fundo o ator. Ultimamente Paulo Autran vinha atuando de modo mais técnico do que emotivo. Um artista tarimbado desenvolve certos mecanismos gestuais e vocais que o dispensam de maiores empenhos nervosos. Basta seguir determinado plano e tudo corre naturalmente bem. Desta vez, Paulo Autran desligou o piloto automático e atracou-se ao personagem. Há anos não víamos dois olhos marejados com tanta credibilidade. Fisicamente, ator/personagem se confundem, a voz se altera e os olhos dizem o resto. O maravilhoso encontro do intérprete com a figura que deve encarnar.

ESCUTA, ZÉ! SETEMBRO DE 1977

O espetáculo *Escuta, Zé* (Teatro Galpão) pretende representar e dançar uma espécie de síntese do pensamento do psiquiatra austríaco Wilhelm Reich sobre o efeito liberador do orgasmo ou da plenitude da vida sexual. Reich – das inteligências vitais do século XX – levou mais longe que ninguém os estudos e as propostas a respeito dos bloqueios da vida sexual e as maneiras de rompê-los. Foi um instigante, um provocador científico. Graças à sua ação, a psiquiatria foi alargada a ponto de integrar-se no domínio do social e político. O sexo, e sua manipulação, passou a ser visto em associação com o poder, as estratificações sociais e o próprio Estado. Um assunto dessa magnitude e uma personalidade com essas dimensões representam enorme desafio para os que se propõem a apreendê-los em uma representação cênica. A dançarina e atriz Marilena Ansaldi tentou a façanha, tomando como base um pequeno trabalho de Reich que, na tradução portuguesa, chama-se *Escuta, Zé Ninguém*. Resumidamente, pode-se dizer que, neste panfleto, Reich denuncia a utilização do indivíduo como massa de manobra de movimentos ou sistemas políticos que acabariam por destituí-lo de qualquer possibilidade de expressão pessoal, de existência como homem integral. A castração se processaria em todos os limites, inclusive o sensorial. O homem-massa desconheceria o prazer adormecido dentro de si mesmo. A capacidade para o amor e o sexo seria nula em pessoas reduzidas a essas condições. É preciso dar melhor nome às coisas. Wilhelm Reich não foi jamais apolítico, como o espetáculo acaba por insinuar. Mais precisamente, esteve em nítidas posições de esquerda e até ligado aos comunistas alemães. Mas um intelecto poderoso como o seu entraria fatalmente em choque com a ortodoxia marxista, com as necessidades implacáveis da revolução. Reich oferecia alternativas existenciais quase anárquicas em comparação com o enquadramento marxista-leninista da sociedade. Há algo de magnífico e simultaneamente utópico em sua teoria sobre a libertação pelo sexo. Reich acabou tomando distância do novo Estado socialista criado na Rússia. Certamente não lhe passou despercebido, por exemplo, que o próprio Lênin foi contra os planos de Alexandra Kollontai, uma das mais brilhantes mulheres ligadas aos bolcheviques, quando se propôs a levar a revolução aos domínios dos costumes, relações sexo-conjugais e da vida feminina. Lênin achava que havia outras prioridades. Depois veio Stálin, o que acabou por incompatibilizar homens como Reich com o que se passava na já então União Soviética.

A cisão entre o pensamento reichiano e o stalinismo não autoriza a conclusão de que o psiquiatra se teria, posteriormente, omitido perante a temática social e política. Continuou a estudar as interligações entre a repressão sexual e o Estado, a família e a religião. É bastante conhecida, por exemplo, sua análise do fascismo. Reich, como era de se esperar, incomodou a direita, o *establishment* científico e as ligas de decência. Acabou preso nos Estados Unidos, onde se refugiara do nazismo, acusado de charlatanismo, comunismo e incapacidade mental. Suas obras foram interditadas durante anos, e o mundo conservador pretendeu reduzi-lo à insignificância. Não conseguiu. Hoje Reich é lido e rediscutido com as avançadas e generosas teorias que lançou na tentativa de abrir ao homem as portas da liberdade e da alegria. Um cientista que procurou tirar os semelhantes das amarras dos medos atávicos e de todos os condicionalismos impostos pela sociedade organizada. Um revolucionário. Marilena Ansaldi, na estimulante pesquisa que empreende para eliminar a divisão entre a dança e o teatro dramático, tentou expor em cena um fragmento das ideias de Reich, centralizando o enfoque de maneira perigosamente simplificada: a ascendência pelo sensorial *Escuta, Zé* é, em resumo, a apologia do orgasmo.

O texto/roteiro de Marilena abstraiu qualquer consideração política mais profunda. Surge perante o público o clichê do Reich delirante e aprisionado. Todos os lugares-comuns em torno do amor, da paz e do sexo usados e mistificados há vinte anos pelas gerações *beatnik* e *hippie* ou os pseudomovimentos religiosos centrados em Cristo ou no zen-budismo. O nirvana através do sexo. Do ponto de vista exclusivamente teatral, faz lembrar o Living Theatre, hoje tão velho. Quer dizer: no gravíssimo momento histórico brasileiro, em que a política está mais do que nunca em dramático primeiro plano, *Escuta, Zé* propõe a revolução individual, a descoberta da paz olhando o umbigo. O texto, da maneira como foi elaborado, rejeita implicitamente o mundo político real e palpável em que o espectador vive, mal coloca os pés na rua. O teatro brasileiro felizmente superou essa fase há alguns anos. Não se sabe o porquê desse inesperado passo atrás. Se Marilena Ansaldi, como autora, desviou-se para o escapismo, o diretor Celso Nunes fez pior: criou um espetáculo de uma alienação alarmante, porque, se pende para algum lado, é para a direita. Essa tendência está evidente em alguns elementos do cenário (de Márcio Tadeu) que a direção acatou. Para ilustrar a dominação do homem por forças opressivas, foram alinhadas a um canto várias bandeiras. E com a maior sem-cerimônia a bandeira tricolor da França foi colocada em pé de igualdade com a bandeira nazista, com a cruz gamada. O diretor e o cenógrafo nivelam por baixo, jogando no lixo a própria história. A bandeira que simboliza a Revolução Francesa, um inequívoco avanço histórico, é comparada a outra criada pelos nazistas. O espetáculo pretende assim dizer que ideologias, governos e movimentos populares são todos iguais e só servem para escravizar o homem. Há tempos não surge em cena em São Paulo algo que evidencie tanto a total insensibilidade política de alguns setores artísticos. É a arte comprazendo-se com a autocurtição do seu astral muito particular e instituições dissociadas do cotidiano. Depois do festival de bandeiras, nada mais resta ao diretor do que aprimorar o belo. Com competência artesanal, constrói uma encenação. Atraente no aspecto visual, o espetáculo inicia-se com uma cena estática que tanto pode ser um momento inspirado nas longas criações do diretor norte-americano Bob Wilson como a reprodução aproximada da tela de um surrealista belga ou, quem sabe, a cópia de alguma cena do polonês Tadeusz Kantor. Essa beleza continuará na plástica dos intérpretes e no encanto da dança de Marilena Ansaldi. A presença dramático-coreográfica da bailarina é irrepreensível. Marilena Ansaldi consegue convencer que alguém naquele palco empenhou emoção e todos os nervos para tocar o público. Parece que chegou o momento de encontrar o diretor que aperfeiçoe e conduza esse potencial dramático. Um diretor de ator, o que não é o caso de Celso Nunes, para fazer de Marilena uma atriz com maior controle das nuances de uma representação dramática. Assim, a bailarina impecável encontrará a atriz nascente. *Escuta, Zé* é um espetáculo de dois gumes. Esta crítica, além do seu compromisso com o leitor, espera poder servir como elemento de reflexão política aos artistas envolvidos. Principalmente Marilena Ansaldi, que, além de ser uma profissional da mais alta respeitabilidade, surge como responsável por um movimento (teatro/dança) no panorama teatral paulista.

O SANTO INQUÉRITO SETEMBRO DE 1977

O *santo inquérito*, de Dias Gomes, justifica sua representação a partir de uma frase de dolorida lucidez: "Há um mínimo de dignidade que o homem não pode negociar. Nem mesmo em troca da liberdade. Nem mesmo em troca do sol". A dramaturgia de Dias Gomes é daquelas que se baseiam no bom conhecimento do artesanato teatral, na técnica das ações encadeadas com precisão e no jogo correto dos personagens. O fato apresentado neste inquérito é o drama de uma jovem brasileira da Paraíba acusada pela Inquisição, em 1750, de heresia e subversão da verdade e, como tal, julgada para ser salva das garras do demônio. Os crimes dessa moça bonita são fatais, segundo o visitador do Santo Ofício: tomar banho nua no rio, manter em casa livros condenados e ter ideias especiais sobre a fé ao dizer, "Eu sinto a presença de Deus em todas as coisas que dão prazer". Seu pai, Simão Dias, por não a ter denunciado, será levado ao cárcere, à tortura, cuja finalidade é apenas a obtenção da verdade. É uma obra violenta e simultaneamente poética na linguagem, revelando uma juventude apaixonada e valente nos ideais. Torna-se nítida a separação entre moços e a máquina do poder, religioso ou temporal. Ao fazer poesia da liberdade, Dias Gomes retira possíveis datas, e o problema levantado não se restringe mais a um período histórico. Como a Igreja é colocada em questão, o cenógrafo José de Anchieta teve a habilidade de indicar (através de objetos e cores) que nem toda ela responde pelas acusações de intolerância, mas apenas seus segmentos mais impermeáveis. O *santo inquérito* é uma montagem útil, mas não traz muitas contribuições formais para o teatro brasileiro. O texto foi escrito bem antes de o autor dedicar-se inteiramente à rentável atividade de criador de telenovelas. Desde então, tudo que produziu foram longas justificativas desta atitude, tentando provar que o que vai ao ar para milhões de telespectadores não é totalmente alienante graças aos seus esforços. O diretor Flávio Rangel também não procurou nenhum invento cênico, limitando-se ao que, no seu caso, poderia ser chamado de trivial sofisticado. Encenador tarimbado, com noção de ritmo e efeitos visuais, oferece um trabalho fluente – quase cinematográfico. Desta vez, porém, nota-se mais emoção do que em realizações anteriores. O melhor dentro do padrão Flávio Rangel. O desempenho do elenco masculino é eficiente, principalmente Tácito Rocha, o pai; Umberto Magnani, o noivo; e Zanoni Ferrite, o padre, uma forte presença de ator/personagem. Onde, então, a novidade? Na magnífica intervenção de Regina Duarte. O crítico sente-se à vontade para elogiá-la por ser a primeira vez que o faz incondicionalmente. À beleza de juventude de Branca Dias,

Regina empresta a sua beleza e coragem. Não entra em cena: invade o palco e atraca-se ao papel queimando de intensidade. É um instante novo, porque se vê uma atriz transcender-se e saltar além de tudo que fizera anteriormente. Regina, se continuar assim, terá ultrapassado os limites entre o estrelato de TV e o prestígio que se confere às intérpretes de alta qualidade. Assisti-la no generoso desempenho de Branca Dias é emocionante e faz crer com mais impacto que realmente o ódio não converte ninguém.

Críticas 1978

INVESTIGAÇÃO NA CLASSE DOMINANTE MARÇO DE 1978

Na noite do casamento da filha de um industrial rico com um jovem igualmente rico e de família tradicional, um estranho interrompe a festa. Houve uma morte, e o visitante, que se diz investigador, tem algumas perguntas a fazer. E assim começa a intriga e o suspense da peça teatral inglesa *An Inspector Calls* (já apresentada há anos, no Brasil, com o título *Está lá fora um inspetor*), agora com o título de *Investigação na classe dominante*. A obra de J. B. Priestley tem múltiplos pontos de interesse, a começar pela engenhosidade da sua construção, que prende o espectador como toda boa novela policial. Priestley faz ainda algumas críticas ao contexto social inglês que podem ser transpostas para diferentes locais e situações. Mas o diretor Flávio Rangel, ao pensar na encenação, foi muito além: transformou o texto original numa das primeiras peças que tratam da burguesia brasileira beneficiada pela atual situação econômica, política e social do país. É, portanto, uma criação integral de Flávio Rangel (texto/encenação), uma vez que o socialismo fabiano de Priestley casa-se à perfeição com suas posições liberais. O espetáculo tem tudo para agradar: o enredo é emocionante, devido às suas características melodramáticas; a montagem é intensa e absorve a plateia; por fim, o elenco está, de modo geral, adequado aos papéis. Como protagonista, Juca de Oliveira agrada pela contenção e segurança, quando, por vários motivos, poderia ter caído na tentação de forçar um destaque em cena.

Investigação tem o mérito adicional de provocar novas considerações. Uma delas é a de que Flávio Rangel tomou a iniciativa de discutir (embora com certa ênfase caricatural) no teatro a classe dominante brasileira pós-64. Ao fazê-lo, adota uma posição, que pode não ser a de todos, mas tem o mérito de estar claramente assumida. E ela revela uma postura liberal, reformista, atribuindo aos capitalistas defeitos mais de ordem humana e moral e, consequentemente, passíveis de arrependimento e correção. Os personagens são criaturas com pecados de ambição e insensibilidade e sujeitas ao remorso. O espetáculo espera dar ao capitalismo brasileiro o sentimento de culpa. O inspetor, ao se retirar da festa, faz uma preleção a respeito dos sentimentos humanos. A ênfase é de tal ordem moral que o prenúncio do desastre pelo ferro, fogo e angústias para os burgueses chega a parecer uma maldição bíblica, quando o encenador quer na realidade insinuar um fato histórico com data precisa. O capitalismo não é, em *Investigação*, o sistema econômico com regras que transcendem as considerações individuais. É um estado de coisas que, melhorado, cabe na vida do homem. Flávio Rangel defende com total convicção o seu ponto de vista, atacando com veemência a falta de liberdade sindical, a política emasculada, o princípio desumano dos custos baixos e lucros altos e o total abandono em que se encontra o operariado. É uma posição emocionada e, por isso mesmo, parece tocar o público. Considerando-se que grande parte dos espectadores se verá refletida no palco, o diretor conseguiu inverter um dilema teatral: representar para a burguesia, quando a intenção é ser popular. Desta vez, os burgueses pagam para ser incomodados no seu ponto mais fraco, os meios pelos quais extraem os lucros. Um melodrama político bate à porta do milagre econômico. Flávio Rangel foi feliz ao abrir uma alternativa para o teatro local em termos de conteúdo. Em face dos problemas de censura e consequente impossibilidade de lançamento de certos textos, preferiu reescrever uma obra consagrada a repetir o velho esquema de montar um clássico para não ficar sem dizer nada. *Investigações* não se contenta com alegorias e aproximações, apresenta fatos e personagens em situações concretas. É um caminho, enquanto não surgem melhores.

BODAS DE PAPEL JULHO DE 1978

O teatro (ou a dramaturgia) saiu da cama, onde parecia preocupado somente com a liberdade sexual, e foi ocupar sua tribuna de debates no palco da Aliança Francesa. Abrindo um alentador parêntese nos microcosmos neuróticos que pareciam tomar conta da dramaturgia nacional, Maria Adelaide do Amaral oferece à temporada a peça *Bodas de papel*, retrato sem retoques de uma quase raça de executivos que se formou à sombra do capitalismo selvagem brasileiro. A obra se abre sobre uma festa de aniversário de casamento. O encontro é pretexto para negócios, sugestões de empréstimos e jogadas audaciosas. A galeria humana presente é exemplar de uma época em que a razão do lucro se impôs sobre as considerações sociais e humanas. São tipos que estão à vista de todos, recebendo com naturalidade salários acima de 100 mil cruzeiros e que fazem funcionar um esquema baseado na exploração das massas assalariadas. Homens de um tempo em que relações pessoais calculistas e amoralidade se conjugam porque o arrivismo não tem fronteiras e é sancionado implicitamente pelo sistema. São, por outro lado, meras peças do jogo econômico, e não os verdadeiros donos. Como mandatários do poder, vivem aparentemente grandes vidas numa ilusão de onipotência que se esvai logo que perdem o emprego ou falham no salto das operações financeiras. Por isso mesmo, são figuras dramáticas ideais para o teatro. A autora aproveita o material de que dispõe para criar uma atmosfera de tensão e de denúncias, o que resulta em um teatro sólido tanto como espetáculo, que é envolvente, como nas intenções críticas. Maria Adelaide joga com situações extremas ao colocar juntos na festa de aniversário alguns executivos realizados em confronto com um deles, ex-alto funcionário de um banco que perdeu o emprego e, em consequência, a própria estrutura de vida. A discussão dos homens entre si e de cada um com sua mulher destroça todas as aparências. Não resta nada a não ser a realidade nítida das ambições pessoais e a inteira ausência de densidade humana dos envolvidos. A peça tem a habilidade de não cair no moralismo, o que aconteceria se todos os personagens fossem, em última instância, desajustados e infelizes. Mas um deles não está mal consigo. Representa o pragmatismo responsável e aceita as regras do meio. Cabe a ele lecionar aos demais sobre o cinismo das situações e como aceitá-las por ser a única via para o sucesso que pretendem. As mulheres não representam nada além de figuras decorativas. Maria Adelaide registra o fato, embora, talvez, de um modo enfático demais. Imaginar as esposas de executivos como malcasadas e frustradas é uma simplificação que não corresponde à realidade. O oportunismo satisfeito, presume-se, não tem sexo. As brigas de casais, no melhor estilo do teatro realista norte-americano (Virginia Woolf é o exemplo clássico), foram associadas precipitadamente às situações locais expostas em *Bodas de papel*. O teatro de Maria Adelaide do Amaral, entretanto, revela fôlego suficiente para superar as eventuais fragilidades. A escritora tem o que dizer, e com convicção, o que confere consistência ao conjunto da peça. O espetáculo de Cecil Thiré ostenta a qualidade fundamental de viabilizar aos olhos do espectador tudo o que o texto propõe. A direção transmite ao que se passa no palco a agilidade e a crispação angustiada da obra. Cecil foi particularmente feliz na escolha e na direção dos intérpretes, adequados ao papel – tanto no físico como no temperamento. Se algo mais lhe fosse pedido, seria a criação de cenas de maior impacto, alguma inventividade, além da feitura correta de uma encenação. Correr algum risco. Os atores (Luís Carlos Morais, Lourival Pariz, Jonas Mello e Luís Parreiras) e as atrizes (Regina Braga, Jandira Martini e Ileana Kwasinski) dominam os papéis. A constatação não é óbvia porque nem sempre tem acontecido em outros espetáculos. A ação é fluente e forte graças a essa adequação de talentos. A plateia reconhece as pessoas que circulam no apartamento artificialmente sofisticado de *Bodas*, um cenário de Flávio Phebo que materializa, nas cores e nos objetos, a dimensão psicológica do grupo focalizado. *Bodas de papel* repõe a literatura dramática brasileira no caminho de problemas e inquietações que afetam, direta ou indiretamente, a todos. Levanta o olhar do teatro, que estava no umbigo, para apreender, mais além, um instante feroz do coletivo.

MURRO EM PONTA DE FACA AGOSTO DE 1978

A estreia de *Murro em ponta de faca*, de Augusto Boal, coincide com o lançamento do livro *Memórias do exílio*, coletânea de depoimentos de exilados brasileiros. Esta obra, editada de início em Portugal, procura, e consegue, oferecer o panorama concreto da realidade a que estão submetidas pessoas das mais diversas tendências ideológicas e origens sociais, unidas pelo infortúnio de não poderem regressar. Boal retoma o assunto através de uma peça que marca a entrada do teatro brasileiro na questão do exílio e, em decorrência, da anistia. O seu testemunho tem a credibilidade da experiência pessoal que já dura sete anos, durante os quais o ex-diretor do teatro de Arena, com mulher e filhos, percorreu parte da América Latina, Estados Unidos e Europa. Criada em um contexto de debate político sobre a anistia, a obra de Boal não pede uma discussão literária a respeito das suas eventuais qualidades. Não vem muito ao caso indagar se ela resistirá ao tempo ou se representa avanço para a dramaturgia nacional. A questão mais simples é saber até que ponto apreende e transmite ao espectador o mundo do exílio. Sabemos da existência de centenas de exilados, e os seus dramas começam a chegar aos jornais. A muralha de silêncio que separou esta gente do país está sendo rompida e, aos poucos, toma-se consciência do problema. Tantos anos se passaram que hoje, infelizmente, são vários os tipos de exilados: os que ainda caminham perdidos de um canto para o outro e os que se estabeleceram em algum país mais acolhedor, conseguiram casa, trabalho etc. Outros casaram-se e tiveram filhos, enquanto um número também considerável assistiu à dissolução de suas famílias em meio a pressões psicológicas e dificuldades materiais. *Murro* apresenta três casais em andanças sem endereço fixo, condições de subsistência ou o mínimo de conforto. Cidadãos prensados entre os sobressaltos políticos ocorridos no Chile e na Argentina, vivendo os perigos do golpe de Estado contra Salvador Allende e a fuga desesperada para embaixadas superlotadas. Consequentemente, são homens e mulheres no limite da resistência. A pequena comunidade congrega temperamentos contrastantes, o que facilita o agravamento das divergências de cunho ideológico. Diferentes, mas nivelados no risco e no medo, agridem-se, fazem cobranças recíprocas e se juntam solidários a cada nova ameaça. Ao longo da peça despontam os choques de ideias e visões de mundo, quase sempre com consequências no campo afetivo. O exílio é uma espera no escuro, um círculo vicioso de chegadas e partidas. Uma vida provisória, ameaçada pela sensação de impotência ou pela tentação de desistir das convicções, da solidariedade, até mesmo do amor. Boal quer expor tudo isso e, ainda, a esperança. Para tentar uma imagem aproximada de uma situação altamente complexa, juntou, um tanto esquematicamente, alguns representantes da massa de exilados, o intelectual frustrado em suas deduções teóricas, a mulher fútil que acompanhou o marido perseguido, mas não resiste à tentação de culpá-lo por todas as vicissitudes, o militante culturalmente limitado, porém de convicções seguras, uma jovem traumatizada pela lembrança dos seus mortos, o exilado que sofre a saudade, mas não se dobra, não pede perdão e não volta porque é contra e prefere continuar dando murro em ponta de faca. O quadro é amplo e Boal tentou traçá-lo com emoção e ironia. Parte da peça é dedicada às pequenas lembranças que os brasileiros carregam da terra distante (feijoada, música, objetos pessoais, a calma de uma casa estável). Alguns momentos são engraçados, como o da preocupação com a mudança da gíria no Brasil (quando eu voltar, sou capaz de dizer coisas fora de moda como sossega-leão). Outros instantes são extremamente patéticos, como o da constatação de que nunca se sabe onde se estará pisando amanhã (eu acho que os meus sapatos são tristes). Boal preferiu contar a história dos exilados que não se ajeitaram em nenhum lugar. É uma escolha inconveniente em termos teatrais porque dilui a concentração dramática e, às vezes, esconde a tensão, uma das características mais cruéis do exílio. O excesso de deslocamento dos personagens chega, por momentos, a dar uma noção vagamente cômica de situações que, na realidade, foram terríveis. Contribui para esses desvios de enfoque certo gosto do autor pelo caricato (que o diretor Paulo José sublinhou), que não tem muito a ver com as dificuldades de uma diáspora, como lembra um personagem. São defeitos que incomodam, mas não comprometem decisivamente a intenção do autor. Boal não pode fixar a gravidade total do exílio, mas revela o suficiente para que ninguém permaneça desinformado. O diretor Paulo José assumiu a montagem nas últimas semanas, por desistência do primeiro encenador, e procurou conduzir o espetáculo com simplicidade. Abriu mão, ao que parece, de grandes invenções para que o texto fale por si, confiando na sensibilidade do excelente elenco. O único reparo a se fazer ao seu trabalho é o de ter acentuado aspectos supostamente cômicos da peça (como a sequência do confinamento em uma embaixada, fato verídico e sabidamente trágico, descrito no livro *Memórias do exílio* pelo jornalista José Maria Rabelo). A representação visual da instabilidade a que estão condenados inúmeros exilados foi bem solucionada pelo cenógrafo Gianni Ratto com a utilização de grandes malas, volumes que virtualmente aprisionam os personagens. Todos os intérpretes estão irmanados numa intensa e comovedora sinceridade. Não vem ao caso especificar quem está melhor quando se nota que a dignidade do espetáculo repousa grandemente na atuação emocional exata da equipe formada por Renato

Borghi, Thaia Perez, Othon Bastos, Marta Overbeck, Francisco Milani e Bethy Caruso. *Murro em ponta de faca* não é um convite ao sofrimento ou ao revanchismo. É teatro com preocupações políticas e humanas sérias. Sobre brasileiros que se desavieram com o regime e não querem ser ignorados. Um espetáculo que não está pedindo nada – e aí sua grandeza – além do direito de avivar a memória da plateia. As conclusões e atitudes posteriores ficam por conta da consciência de cada um.

O GRANDE AMOR DE NOSSAS VIDAS OUTUBRO DE 1978

Após denunciar a fragilidade moral e as concessões ideológicas de setores da classe média em *À flor da pele* e *O caminho de volta*, Consuelo de Castro volta-se, agora, em *O grande amor de nossas vidas*, com ódio redobrado contra as misérias humanas da classe média baixa. Poucas peças brasileiras foram escritas nos últimos anos com o mesmo grau de exaltação. A autora sai desta vez dos ambientes universitários e da publicidade, abordados nas primeiras obras, e desce às ruas melancólicas da Mooca, penetrando nas casas de homens fracos, derrotados e dispostos às piores covardias e abdicações em troca da sobrevivência. A peça recolhe esse cotidiano medíocre com muita violência e nenhuma piedade através de uma galeria humana que inclui um pai opressor, filhos perdidos em vidas obscuras fora de casa e uma mãe refugiada na religiosidade escapista, todos unidos em mesquinhas tentativas de fuga dessa realidade. Os pais planejam um casamento de conveniência para a filha mais nova, que resiste, e o processo de avidez e cumplicidade estabelecido em torno do fato conduz todas as demais desgraças domésticas. Consuelo de Castro avançou decidida na linha temática de Nelson Rodrigues, repleta de adultérios, prostituição e uma visão mórbida da sexualidade. Exagerou, entretanto, o quadro com todas as tintas do grotesco – e do ridículo. O mau gosto intencional atinge tamanha amplitude que acaba por se tornar uma linguagem teatral coerente e eficaz dentro das propostas críticas da autora. Consuelo foge por outros lados da mera lembrança de Nelson Rodrigues, porque introduz o elemento político na questão. Os fracassados suburbanos retratados fazem constantes referências ao parente mais jovem, que saiu de casa e anda metido em complicações estudantis, protestos de rua não muito bem esclarecidos, que pressupõem uma revolta pessoal e algo desorganizada contra tanta opressão. O seu destino final representa uma nota mínima de resistência que impede que a história se encerre no clima fatalista e folhetinesco. A autora percorre um caminho perigoso ao trabalhar temas exaustivamente utilizados pelo teatro e dentro de uma chave literária que sugere, por vezes, repetição de coisas já vistas. A obra somente escapa ao naturalismo envelhecido graças à agressividade dos diálogos e à coragem de Consuelo em abusar de imagens distorcidas, quase um delírio verbal que apanha o espectador de surpresa. O diretor Gianni Ratto acertou plenamente ao fazer com a peça algo semelhante ao que o cineasta Arnaldo Jabor fez no cinema com uma peça e uma novela de Nelson Rodrigues, aumentando ainda mais o grau de exagero do texto numa perspectiva irônica e, em alguns momentos, antirrealista. O recurso de quase brincar com a trama, patente na cena de sonhos de uma das filhas, altera o peso do melodrama e passa a funcionar como crítica. Gianni conseguiu construir uma encenação forte, que corre no mesmo diapasão da escritora. Obteve, por outro lado, uma bela unidade interpretativa com todo o elenco. Miriam Mehler impressiona pelo tom de sincera indignação e pela máscara de dor e solidão nos instantes mais patéticos. Wilma de Aguiar oferece a ideia nítida da mulher submissa e ao mesmo tempo intolerante. Vera Lima, em um papel de maior oportunidade, segura com intensidade a sua parte no entrecho. Mauro Almeida reproduz a desagradável personalidade do homem fraco e bajulador. O espetáculo oferece a atração adicional da presença de Leonardo Villar, um dos últimos atores formados pelo Teatro Brasileiro de Comédia. Seis anos ausente dos palcos paulistas, Leonardo regressa com domínio absoluto do seu talento em uma criação que justifica o seu prestígio. Gianni Ratto não teve oportunidade de elaborar um cenário além dos habituais achados realistas porque toda sua atenção esteve evidentemente concentrada na representação. Como é o resultado final que conta, *O grande amor* pode ser considerado uma montagem bem-sucedida no seu objetivo de fazer reportagem, ficção e denúncia social com o ardor dos inconformados.

MACUNAÍMA OUTUBRO DE 1978

Esclarecimento inicial para quem estiver interessado no belíssimo espetáculo *Macunaíma* (Teatro São Pedro): seria interessante, mas não fundamental, ter lido antes a obra-prima de Mário de Andrade. O espectador entende a montagem e, seguramente, sai do teatro com vontade de ler o livro.
É bom fazer a ressalva porque certas obras são muito conhecidas e geralmente pouco lidas. E acabam assustando após décadas de louvações, análises e a progressiva entronização nos domínios dos tesouros literários intocáveis. Então, não vamos nos amedrontar com a monumentalidade, real, da criação de Mário de Andrade, um artista dotado de um generoso e honesto sentido do

que é verdadeiramente popular. *Macunaíma* foi escrito, entre outras coisas, para divertir.

O espetáculo em cartaz existe unicamente graças ao mérito do escritor, mas é resultado do magistral trabalho do diretor Antunes Filho e dos atores e atrizes do Grupo Pau Brasil. Foi necessário quase um ano de trabalho duro para dar vida e movimento a uma maratona cênica de quatro horas com todos os fogos da fantasia. Trata-se de um desses acontecimentos artísticos que não se encontram facilmente nos melhores centros teatrais do mundo (e o recente Festival Mundial de Teatro, patrocinado pela Unesco, em Caracas, com a presença de trinta montagens de doze países, só reforça a afirmação).

A grandeza do espetáculo atual é resultado do talento inquieto de Antunes para orquestrar a criatividade e a corajosa dedicação de dezenove atores, do cenógrafo, figurinista e diretor de arte Naum Alves de Souza e do músico Murilo Alvarenga.

Macunaíma, como se sabe, é a contribuição de Mário de Andrade à discussão sobre a cultura brasileira: origens, destinos e dificuldades. Mas um debate com bom humor, sem chatear ninguém com densas e indigeríveis colocações teóricas. Nada melhor do que a própria introdução do autor para colocar o leitor-espectador em contato com a fascinante e endiabrada figura em questão: "No fundo do mato-virgem nasceu Macunaíma, herói de nossa gente. Era preto retinto e filho do medo da noite. Houve um momento em que o silêncio foi tão grande escutando o murmurejo do Uraricoera, que a índia tapanhumas pariu uma criança feia. Essa criança é que chamaram de Macunaíma. Já na meninice fez coisas de sarapantar. De primeiro passou mais de seis anos não falando. Se o incitavam a falar exclamava: – Ai, que preguiça!".

O resto é polêmica e brincadeira. No livro e no teatro.

O REINO DA FANTASIA

Macunaíma foi concebido no palco como uma festa plástica, algo extremamente colorido e, ao mesmo tempo, simples. Uma comparação razoável seria com a pintura ou o cinema, pelo que contém de cores e movimentos elegantes e precisos. Mas é muito mais do que isso, porque traz o impacto insubstituível da presença física do ator.

O espetáculo está dividido em quadros expositivos das peripécias de Macunaíma, seus amigos, mulheres e adversários. Para reconstituir todo o universo poético do autor, com a complexidade de paisagens, gentes e animais da selva, seria necessário, numa montagem convencional, o aparato digno de uma ópera. Batalhões de figurantes e recursos cenográficos complicadíssimos.

Antunes fez exatamente o contrário, tirou tudo de cena. O público, ao entrar na sala, nota que o palco já está aberto e inteiramente vazio. Um espaço limpo e pintado de azul. Primeira surpresa.

O resto resume-se em: vitalidade, imaginação teatral, colorido adequado, objetos cênicos expressivos e iluminação sóbria, mas de efeitos inesperados. Alguns exemplos: dois homens entram em ação, seminus, com uma folha de jornal enfiada pela cabeça, que lhes cai no peito e nas costas. Trazem dois elmos e portam pistolas antigas. Entram solenes, ameaçadores e tem-se a impressão de estar diante de um exército conquistador da metrópole portuguesa.

As atrizes transfiguram um longo e rústico pano branco em rio, cabana, floresta, no que quiserem. A imaginação do espectador é estimulada a empreender a viagem, riscos e aventuras de *Macunaíma* dispensando o recurso exclusivamente ilusionista baseado em efeitos técnicos e materiais. Restam para os olhos e a sensibilidade a poesia contínua de Mário de Andrade e o poema visual que Antunes, Naum, Murilo e os intérpretes criam com gestos que obedecem a uma linguagem corporal rigorosa, mas essencialmente apoiada no sentimento. A longa, tediosa e inútil discussão sobre a validade, ou não, do nu no teatro é inteiramente superada porque todos estão quase sempre nus, ou com um mínimo de vestimentas, e tudo é bonito. A delicadeza das imagens ganha a partida, e considerações morais, no caso, seriam simplesmente tolas. O espetáculo reitera o direito de a arte desfazer pela inteligência o peso das convenções.

Macunaíma não é uma obra de devaneios abstratos. Mário de Andrade, ao rediscutir as origens, os descaminhos e possibilidades da cultura brasileira, manteve-se numa posição crítica. O país está representado na plenitude da sua força natural (a mata, o sentido cósmico das crenças indígenas) e das contradições da civilização urbana (a luta de classes, o arrivismo social, as distorções da organização citadina, a dependência cultural diante do estrangeiro etc.). Mas o poeta Mário não pretendia uma tribuna vociferante. Seu canto lúcido desejou o espaço flexível da literatura, e Antunes Filho deu-lhe existência visual.

Macunaíma é um invento teatral para ensinar, mas também e prioritariamente fascinar. A transformação da consciência do público passa pela exploração das suas reservas de fantasia. É um teatro para brincar sem iludir. O espetáculo foi imaginado para incentivar a alegria e os melhores impulsos de todas as gentes. Contra o negativismo passivo e reacionário, contra a morte e a desesperança. Foi feito para brilhar mostrando a força dos índios, dos artistas jovens e de um teatro nacional que não morre apesar de todas as perseguições sofridas.

Mário de Andrade lutou contra a literatura de salão, burguesa e alienada. Recusou a gramática de academia e saiu em busca da linguagem das esquinas, a sonoridade verbal que, nas ruas, desafiava a cultura das elites dominantes. O espetáculo por sua vez foge do teatro de sempre, daquela perfeição comercial precocemente envelhecida e sem a potência do novo. Um encontro maravilhoso, *Macunaíma* termina com os gritos dramáticos dos habitantes das matas. Quase trágico, mas arrebentando de vitalidade, como o jovem ator Carlos Augusto Carvalho[1], intérprete de Macunaíma (a beleza da sua interpretação é um espetáculo dentro do espetáculo).

Macunaíma é um encontro magnífico, um baile das artes, mágica do teatro paulista e de seus artistas, também heróis da nossa gente. Com gênio e caráter. Alguém vai perder a festa?

TRATE-ME LEÃO OUTUBRO DE 1978

O grupo carioca Asdrúbal Trouxe o Trombone está em São Paulo para mostrar como se faz um espetáculo rugindo de juventude e vitalidade: *Trate-me Leão*. Não é pouco. Estão escasseando os artistas dispostos a serem fiéis à sua mocidade e a correr riscos numa época em que setores do teatro tornam-se gradativamente empresariais enquanto exalam um bom senso suspeito. Se a arte cênica deve ser um lugar de coragem e alegria, para quebrar o estabelecido e despertar os homens para algo mais do que risadinhas ou cultura do bom-tom, então é preciso gostar dos asdrúbais. Não são os primeiros nem necessariamente os únicos, mas estão entre os melhores e mais competentes entre os que fazem teatro no sul do Brasil. O que não exclui a existência de erros, alguns graves, no trabalho atual.

Trate-me Leão pretende mostrar com toda a sinceridade, de modo confessional, a postura de larga parcela da juventude em face do mundo: família, trabalho, amor, futuro e a sociedade de modo geral. Contar como um jovem acorda de manhã e às vezes não sabe absolutamente o que fazer da vida, embora não lhe faltem toneladas de exemplos edificantes a serem seguidos, conselhos, admoestações ou, pura e simplesmente, ameaças. Como o contexto observado é o brasileiro e, implicitamente, todos pertencem à geração posterior aos grandes traumas políticos vividos pelo país (morte de Getúlio, renúncia de Jânio, queda

---

[1] O ator é mais conhecido hoje como Cacá Carvalho. [N.E.]

de Goulart e até mesmo o AI-5), seus personagens refletem o vácuo social e existencial em que ficou a juventude urbana de classe média. Esses moços nasceram e cresceram em um tempo em que a sua opinião e/ou participação foi sendo cada vez menos solicitada. Cercados por um sistema educacional mediocrizante e repressivo e uma sociedade de consumo selvagem, eles incorporaram o isolamento a que foram submetidos e passaram a correr por fora, aos trancos e barrancos. *Trate-me Leão* é engraçadíssimo como espetáculo, mas não esconde o desespero subjacente a esse impasse juvenil. Afinal, o Brasil é jovem, mas dominado por uma mentalidade oficial velhíssima e que não admite diálogo (basta citar o exemplo da repressão nas universidades). Então, o jeito é ganhar a mesada dos velhos e sair por aí tateando, errando e sofrendo. O espetáculo revela, em cenas aparentemente isoladas, os entrechoques de uma comunidade subterrânea, embora circulando nas praias ensolaradas e nos bares agitados, com o meio ambiente hostil. Observamos como eles procuram o amor, tentam fazer o que gostam e resistem aos apelos-pressão escolares e familiares. A peça é construída na linguagem reduzida da população alegre/triste que se expressa com apenas um punhado de vocábulos repetidos à exaustão ("tamos aí", "podes crer" etc.). A graça e a emoção da montagem residem na sua intenção quase documental. Os intérpretes não precisaram elaborar teorias, mas somente contar suas vidas. Os asdrúbais não interpretam papéis porque eles são os personagens. Quando tudo termina, explicam que pretendem continuar juntos com a possível adesão de mais gente (quem sabe a plateia), porque o negócio é atiçar a fera. Para tratar de gente confusa e sem muita vontade, o grupo agiu de modo contrário: com enorme vontade de trabalhar e convicção ao proclamar suas verdades. O espetáculo é extremamente bem-feito, o que se nota de saída diante da rigorosa expressão corporal. O texto final, assinado por Hamilton Vaz Pereira, também responsável pela direção, foi levantado pacientemente ao longo de nove meses, tempo de fazer uma criança, como eles mesmos dizem. *Trate-me Leão* discute, ou fotografa, instantes de alienação, e aí surge o seu único ponto fraco. Os asdrúbais não definem uma fronteira entre a crítica a um determinado estado de coisas e a sua aceitação. Não fica claro se pretendem mudar o panorama com uma proposta que supere a boa vontade abstrata ou só lutar com feras não delineadas. O espetáculo termina com um discurso emocional, mas limitado ao "tamos aí". Existem, porém, milhares de jovens que já se cansaram de "podes crer" e batalham em frentes precisas. O grupo aparenta ignorar essas pessoas da mesma geração que assimilaram a inevitabilidade do problema político. Jovens iguais, que brigam com os pais e com a escola, mas estão, simultaneamente, organizando a União Nacional dos Estudantes, votando na oposição e querendo saber o que está nos jornais. É claro que a existência do grupo Asdrúbal pressupõe uma posição de resistência no estrangulado ambiente cultural brasileiro. Só que a palavra final ecoa frágil em um momento histórico marcado por atitudes crescentemente definidas e claras da mocidade. Os asdrúbais são uma presença naturalmente progressista no teatro desde que começaram a romper com as falsas aparências artísticas. Trazem a dúvida e a alegria, são contraditórios, mas brilhantes, o que é patente nas interpretações de todo o elenco e, em especial, na linha de comicidade de Regina Casé e Luís Fernando Guimarães, um ator que praticamente inventa uma linguagem de expressões e pausas humorísticas.

A VIDA É SONHO NOVEMBRO DE 1978

O espetáculo *A vida é sonho*, de Calderón de la Barca (Teatro Faap), oferece ao espectador o prazer do grande texto literário. O esplendor da poesia e a monumentalidade das ideias expostas pelo gênio espanhol são suficientemente fortes para sensibilizar o público, porque sintetizam um momento expressivo da cultura ocidental. Muitas vezes o peso da tradição literária torna quase obrigatório admirar criações artísticas que, na realidade, chegam esmaecidas ao homem moderno. O grande teatro do mundo de Calderón tem, entretanto, a vitalidade das obras-primas que atendem às solicitações do imaginário, às fantasias e às inquietações humanas de todos os tempos. O poeta madrilenho, ao escrever, em 1635, a história do rei Basílio, da Polônia, que aprisiona o filho para testar as suas qualidades e defeitos naturais, e a posterior ascensão do encarcerado ao poder, apreendeu, de uma só vez, alguns pontos-chave do drama eterno do homem. Ao longo das ações surgem as questões filosóficas sobre a aparência enganosa, dos fatos e das coisas, as limitações e a finitude da vida e a fragilidade da riqueza e da glória. Calderón faz, ainda, uma reflexão a respeito do poder que a passagem do tempo não desmentiu. Quatrocentos anos se passaram desde o dia em que fixou a cena do povo sendo reprimido após ter participado de uma revolução de caráter inicialmente renovador e dificilmente se poderá contestá-lo hoje.

O poeta trata de muitos assuntos sem perder a leveza, o sopro poético e o sentido de entretenimento. A montagem é mais um trabalho do grupo Pessoal do Victor, atualmente integrando o Centro de Teatro do Instituto das Artes, da Universidade de Campinas. A companhia reafirma, assim, uma posição de pesquisa e não comercialismo que merece todo o apoio e respeito. Espera-se que a possibilidade aberta à área universitária tenha duração e possibilite experiências bem-sucedidas. O problema do espetáculo reside na pouca força do elenco para sustentá-lo integralmente. A grandeza da linguagem do autor, a solenidade dos diálogos e situações não aceitam interpretações lineares por parte de intérpretes não acostumados a tarefas tão difíceis. O direito de tentar é legítimo, como é, ao mesmo tempo, inegável que há uma idade e um grau de amadurecimento para determinados empreendimentos artísticos. Raramente um ator ou atriz salta incólume de um período relativamente pequeno de trabalho para papéis que representam pontos supremos da dramaturgia universal. Na maioria das vezes, o nível cai e o resultado do espetáculo é afetado. Todos provavelmente se lembram da dificuldade passada, há alguns anos, pelo diretor José Celso Martinez Corrêa para encontrar o ator com adequação física, talento e experiência para viver Galileu Galilei, ocasião em que surgiu Cláudio Corrêa e Castro. O diretor Celso Nunes arriscou e ganhou só parcialmente. O seu espetáculo é bonito e bem realizado como um todo, mas novamente é visível o pouco cuidado dispensado ao trabalho de ator. Vale a pena tratar caso por caso para que a questão fique clara. O desempenho mais acabado é o de Adilson Barros com a cuidadosa composição do rei Basílio, interpretação densa e acompanhada de correta postura corporal, voz, pausas e olhares que ajudam a construir a figura pretendida. Em seguida está Márcio Tadeu, ator capaz de estabelecer rapidamente uma relação de simpatia com o público dentro de uma permanente atitude de quem está brincando com o papel. A utilização de certas expressões como máscaras é perfeita, embora ameaçada pelo excesso. Márcio Tadeu só tem proveito a tirar desse humor (e dessa leve semelhança com Peter Ustinov), desde que não se permita cair no imobilismo dos estereótipos. Eliane Giardini tem o que falta a várias atrizes jovens, uma voz dramática e poderosa. Faltou-lhe orientação para que juntasse essa voz à interpretação completa. Ela não extravasa todas as emoções que o personagem sugere. Mesmo assim, tem instantes convincentes que atestam suas potencialidades à espera de uma explosão no palco. Marcília Rosário recebeu os cuidados do figurinista, mas é visível que não existe, ou não aparece, a linha do personagem. Entra e sai de cena, diz e faz coisas sem transmitir exatamente a ideia do autor. Reinaldo Santiago tem o tipo do personagem e o explora, mas com a dimensão vocal aquém da figura retratada. Paulo Betti foi sacrificado em função do físico desembaraçado e da juventude. O seu príncipe Segismundo não consegue acompanhar a criação de Calderón de la Barca. Paulo tem garra, mas lhe falta profundidade. A sonoridade dos pronunciamentos do príncipe está prejudicada por uma representação quase toda gritada que diminui um personagem de múltiplas facetas. Antônio Francisco Chaves, um rosto expressivo, tem pequena participação, que deveria ter sido mais valorizada. Sua composição reflete a oscilação de estilo dentro do espetáculo, porque parece mais um camponês nordestino (o que até seria interessante, desde que intencional e dentro de uma visão nova da peça). Não se nota cuidado com a verbalização, as palavras saem displicentes e em tom meramente realista, como se o texto fosse um drama médio da literatura brasileira. O grande desperdício da montagem é o do tipo de Waterloo Gregório. Há um abismo entre a sua figura magra e agressiva e o tom infantil da interpretação. Usa uma voz desnecessariamente ingênua quando não é nada disso que se espera. A longa observação em torno dos desempenhos não deve sugerir desestímulo aos espectadores. *A vida é sonho* tem um resultado final positivo, que justifica o interesse. Celso Nunes continua dispensando atraente tratamento visual às encenações que realiza, no que foi especialmente auxiliado por Márcio Tadeu, que, além de atuar, foi responsável pelos belos e inventivos cenários e figurinos. O trabalho de Márcio, usando cores significativas e achando boas soluções para os volumes, moderniza, em parte, o mundo de Calderón de la Barca. O espetáculo tem cor e fantasia (principalmente na parte musical, com temas espanhóis). *A vida é sonho* é um soberbo texto literário e o Pessoal do Victor quase sucumbe diante do desafio de mostrá-lo. Ousadia perigosa, mas apesar de tudo simpática, porque a ela devemos algo de realmente importante na temporada.

Críticas 1979

ORAÇÃO PARA UM PÉ DE CHINELO JULHO DE 1979

Com um lamentável atraso de dez anos, *Oração para um pé de chinelo*, de Plínio Marcos, chega, enfim, ao conhecimento do público. O fato deve ser registrado para, uma vez mais, ficar reiterado o caráter nocivo da ação censória sobre o teatro e, também, demonstrar como o arbítrio prejudica a análise do conjunto da obra de Plínio Marcos. Suas peças nunca foram escritas e encenadas em sequência normal. Umas ficaram pelo caminho, debaixo de proibições, enquanto outras tiveram temporadas curtíssimas antes da interdição. Chegamos, então, à esdrúxula situação de não se saber – pelo teste do palco – como se processou a evolução do escritor. Salvo engano, o último, ou um dos últimos textos de Plínio, é *Abajur lilás*, proibido às vésperas da estreia. Agora, damos um salto para trás para o encontro com esta *Oração*, escrita em 1969, mais ou menos na mesma época de *Dois perdidos numa noite suja* e *Navalha na carne*, obras-primas de Plínio Marcos. É necessário, portanto, observar *Oração* tendo-se a perspectiva do tempo e da carreira do autor para não se ter a impressão de que ele repete hoje o que fazia há uma década. A peça em cartaz no TBC tem algumas semelhanças com *Dois perdidos* e *Navalha*: ação concentrada em torno de situações dramáticas-limite, personagens representantes da marginalidade e/ou lumpemproletariado e desfecho violento. Novamente Plínio Marcos vale-se de um conflito único que vai desgastando os nervos dos personagens, atirando-os uns contra os outros dentro de um jogo crescentemente agressivo de vontade e contravontade. Mas há uma diferença importante: *Oração* aborda o caso dos extermínios provocados pelo Esquadrão da Morte. Os personagens não estão somente em choque mútuo dentro de um universo miserável, mas, desta vez, ameaçados por outras forças, que não aparecem em cena, mas que pesam decisivamente na história. O mundo fechado dos mendigos, prostitutas e marginais é rompido pelas sirenas e tiros do Esquadrão. A cena final é a evidente denúncia da força repressora secreta e impune que atua no país a pretexto de combater o crime. Não é difícil compreender, consequentemente, o motivo da proibição da peça. *Oração para um pé de chinelo* tem algumas das melhores qualidades do autor (linguagem contundente e original, figuras marcantes); revela, ao mesmo tempo, o seu principal defeito: a repetição. O núcleo da trama é simples: um homem acossado pelo Esquadrão refugia-se em um barraco habitado por uma prostituta e um velho revendedor de objetos roubados. Tudo se resume à necessidade do fugitivo de permanecer no local e à urgência dos moradores em atirá-lo à rua antes que a polícia chegue. O embate de objetivos inconciliáveis propicia normalmente o aumento de tensão, mas, no caso, surgem trechos monótonos e antidramáticos quando os três retornam incansavelmente aos mesmos argumentos. O foragido demonstra valentia e, finalmente, medo; o dono do barraco não cessa de explicar que está doente e que tudo vai acabar mal; a prostituta ostenta a disposição de pôr um fim a uma existência sofrida e sem sentido. Os avanços dramáticos rumo ao desenlace são lentos, e a monotonia, inevitável. A situação só é salva pela capacidade do autor em construir um final impressionante. Talvez seja este o maior desafio enfrentado pelo dramaturgo: equilibrar histórias simples, pequenas lutas e manter acesa a tensão. Plínio Marcos responde simultaneamente pela direção do espetáculo. Um trabalho bastante sóbrio dentro da linha realista proposta. O diretor, nota-se, está preocupado em manter a clareza do texto e extrair o melhor rendimento possível dos intérpretes. Maurício Nabuco resolve bem o seu papel, salvo quando excede nas expressões carregadas e em gestos mecânicos (passar a mão no rosto para simular cansaço ou abatimento etc.). Agildo Filho tem a responsabilidade de não agravar o tom repetitivo do personagem. Sua tentação em carregar no detalhe da gagueira e em cair na super-representação pode prejudicar o conjunto da encenação. Ângela Falcão, quando não cede ao estereótipo dos olhos arregalados para simular espanto e terror, interpreta convincentemente e, às vezes, com sincera emoção. *Oração* é uma montagem modesta a serviço de uma peça forte, embora irregular. Um texto perseguido que, dez anos depois, mantém a eficiência da reportagem corajosa. Plínio Marcos diz que o teatro que faz é atual porque o Brasil não evoluiu socialmente. É verdade. Mas é preciso registrar que, além disso, existe uma dramaturgia que resiste porque foi criada com inegável talento.

NA CARRERA DO DIVINO SETEMBRO DE 1979

Na carrera do divino é um espetáculo sobre caipiras. Não o personagem rural semi-idiotizado na versão preconceituosa das capitais, o que se nota claramente nas falsas festas juninas de *shopping center* e escolinhas particulares de classe média. A montagem do Pessoal do Victor faz a belíssima reconstituição de um tipo de camponês brasileiro e da sua cultura em extinção. O texto elaborado por Carlos Alberto Soffredini baseia-se principalmente na obra já clássica de Antonio Candido. *Os parceiros do rio Bonito* – estudo minucioso a respeito da cultura caipira, que se situa na chamada região velha do estado de São Paulo e inclui cidades como Tatuí, Bofete, Torre de Pedra e outras. Terras cortadas pelo pequeno rio Bonito, que por sua vez cruza hoje a rodovia Castelo Branco quase sem ser notado. Todo um povo, um modo de ser, uma linguagem com características e sonoridades do dialeto foram fixados por Antonio Candido e, agora, são redimensionados no palco em termos dramáticos e musicais. O espetáculo observa uma família de caipiras a partir do instante em que abre a clareira no mato para dar início ao roçado e à vida nova. De permeio a essa labuta, a singeleza dos pequenos costumes, as vicissitudes e alegrias domésticas de um cotidiano extremamente pobre. O efeito emocional causado sobre o espectador atencioso surge da descoberta de que uma gente diluída no "ouvi dizer", aparentemente distante, são brasileiros que vivem, os remanescentes, a menos de 200 quilômetros de São Paulo. O texto e a encenação, após oferecerem a visão panorâmica deste peculiaríssimo homem do campo, temperando o quadro com fatos engraçados e uma boa dose de cantorias e repiques de viola, centralizam o assunto nos aspectos mais graves: a agonia de um universo riquíssimo a partir da exploração capitalista do campo que abala e, por fim, destrói a economia de subsistência do caipira. Sem pretensões agressivas, o espetáculo mostra, com forte conteúdo crítico, como os personagens são liquidados quando a terra selvagem passa a ser propriedade e a objetivar um tipo de lucro. Ao caipira restará a condição de empregado ou o êxodo para a cidade onde, confrontado com os valores urbanos, sofrerá a última derrota. Por trás do quadro humano expressivo de *Na carrera do divino* é possível antever os demais problemas sociais do campo (boias-frias, lutas de posseiros, grilagens de terra, o latifúndio etc.). O Pessoal do Victor encontra na atual iniciativa um dos seus momentos de maior lucidez e maturidade artística. O espetáculo é belo e digno, da primeira fala caipira à última nota musical. Há um seguro esforço de equipe na amarração geral das cenas (cenários e figurinos simples e claramente ilustrativos de Márcio Tadeu; músicas de Wanderley Martins, que ajudam o clima da peça). A direção de Paulo Betti quase se poderia chamar de caipira pela capacidade de se expressar eloquentemente com poucos detalhes. Há, por fim, o desempenho magnífico de um elenco comprometido até o fim com os personagens. Todos os intérpretes que, por um motivo ou outro, tiveram problemas na peça anterior do grupo, desta vez estão convincentes (Marcília Rosário é um bom exemplo). O Pessoal do Victor teve ainda a sorte de receber de volta Maria Elisa Martins, que andou em outras atividades e fez falta. *Na carrera do divino* é, finalmente, o grande instante na carreira de Adilson Barros: ele sozinho vale por quase todos os astros de todos os horários nobres de todas as besteiras que se fazem em todas as televisões do Brasil. Vê-lo é sentir o intérprete na grandeza de uma emoção integralmente dedicada ao teatro. Adilson confunde-se com o caipira, canta, chora e grita com ele. Sem fronteiras. *Na carrera* (Teatro Eugênio Kusnet) é, por tudo isso, um acontecimento. E uma alegria.

ÓPERA DO MALANDRO NOVEMBRO DE 1979

A *Ópera do malandro* – texto e espetáculo – seria apenas mais um empreendimento artístico malsucedido se o autor não se chamasse Chico Buarque de Hollanda. Tratando-se da obra de um compositor extraordinariamente bem-dotado, criou-se imensa expectativa. Parece haver uma quase impossibilidade psicológica em aceitar que, desta vez, o trabalho de Chico não deu certo. Ocorre, evidentemente, um exagero. Qualquer autor de renome que se tome ao acaso, de Shakespeare a Brecht (sem esquecer Nelson Rodrigues), um dia escreveu uma peça menor. *Calabar*, a primeira experiência teatral de Chico Buarque, não teve a oportunidade do teste do palco e aguarda uma breve remontagem em nova versão. *Gota d'água* foi uma boa surpresa e, apesar de alguns defeitos, agradou. Finalmente chegamos a esta *Ópera* que não funciona. O texto pretende recriar o submundo de crime, prostituição e exploração humana nos estertores do Estado Novo de Getúlio Vargas. Um empresário de prostitutas financia a atividade das mulheres alugando a alto preço os acessórios da profissão (roupas, plumas, maquiagem etc.). O explorador tem uma filha inocente e bela que, por sua vez, se apaixona por um jovem e sedutor rei do crime. Temos aí uma versão romanesco-satírico-crítico-musical do capitalismo voraz em um país subdesenvolvido. Chico Buarque baseou a peça na *Ópera dos mendigos*, do inglês John Gay, 1728, autor que inspiraria a maravilhosa *Ópera dos três vinténs*, de Bertold Brecht (1928), uma das criações teatrais supremas do século XX. O tema, portanto, é fascinante, e Chico sentiu-se no direito de usá-lo. O problema é que a *Ópera do malandro*, excetuando-se algumas músicas bonitas, não tem força dramática, poder satírico ou capacidade de envolvimento humorístico-musical. Todas as situações, piadas, correrias, palavrões e surpresas repetem o que foi visto com maior ou menor felicidade em outras peças brasileiras e estrangeiras. A história é longa demais, os personagens dialogam cansativamente e o humor não rende. O golpe definitivo ocorre, porém, na encenação. A peça só teria oportunidade se todo o elenco fosse absolutamente brilhante, com intérpretes dotados de autêntica veia cômica, temperamento histriônico capaz de estabelecer imediata empatia com a plateia, além da qualidade adicional, importantíssima, de saberem cantar e dançar. Mas, como está, impossível aguentar os dois atos. Ao terminar a primeira parte é visível que o esforço da equipe não consegue levantar o espetáculo. Ele não brilha, não voa e não conquista. Mesmo que Cláudio Mamberti faça o possível para encher o palco de malandragens, ou Tânia Alves empenhe graça e sensualidade no seu papel, ou que outros artistas elogiados em atuações anteriores (Abraão Farc, Walter Breda) se dediquem ao máximo. A *Ópera* se arrasta naqueles cenários pesados e pouco funcionais que não formam uma linguagem visual voltada para a leveza ou a graça rude do musical. O diretor Luís Antônio Martinez Corrêa, embora tenha reduzido o espetáculo (bem maior na versão carioca), não superou o seu defeito básico: ausência de calor e agitação animada. Uma montagem se define e se impõe até a metade do primeiro ato ou pouco se pode fazer. O teatro, malandro ou de protesto (ou ambas as coisas ao mesmo tempo), tem que sambar, pegar fogo e arrastar o espectador, incendiar corações e cabeças, perdurar na memória como uma lembrança quente e fortíssima. A *Ópera* não passa por esses caminhos.

FÁBRICA DE CHOCOLATE DEZEMBRO DE 1979

Salvo engano, *Fábrica de chocolate*, de Mário Prata, já é um texto/espetáculo histórico, porque é o primeiro teatro sem metáforas inúteis que se apresenta no país após anos de mordaça. A obra não esconde um só instante que está focalizando os subterrâneos da repressão no Brasil. Nem é preciso dizer explicitamente o nome de pessoas e locais para que tudo seja integralmente claro. É ali o inferno brasileiro recente e – como todos sabemos – apenas momentaneamente desativado. Os palcos viveram durante muito tempo de migalhas de realidade, uma intrincada rede de subentendidos, meias palavras e alusões oblíquas que, em alguns casos, se transformavam em uma espécie de código ao alcance do elenco e de uns tantos e isolados espectadores. A nação sangrava e a boca de cena emitia só um arremedo do verdadeiro grito que deveria varar a consciência das pessoas. Mais não era possível.

Fábrica de chocolate mostra por dentro, em diabólica rotina, o aparelho policial-militar encarregado de anular qualquer cidadão suspeito de incompatibilidade ativa com o regime. O autor construiu a peça a partir de um dado: um homem morreu durante a tortura e o órgão repressor precisa simular um acidente. Que não se assustem os sensíveis, não há violência direta em cena. Tudo já aconteceu e a ação consiste nos preparativos para provar que o morto, operário de uma fábrica de chocolate, suicidou-se. Já ouvimos essa história em algum lugar, não é mesmo? Ou em vários. Mário Prata recolhe na memória geral uma das inúmeras tragédias políticas que vivemos ou de que tomamos conhecimento, acompanhamos e choramos nas pequenas notícias, conversas semissigilosas, por meio de fatos verdadeiros, mas difíceis de provar. E nos protestos que aumentaram à medida que a sociedade civil pôde articular um mínimo de resistência ao arbítrio. Generosa contribuição da dramaturgia ao esforço geral de coragem e desentorpecimento. O escritor quis retratar o brasileiro que tortura o semelhante como alguém que tem família, se confunde na rua com a multidão e gosta de futebol. O burocrata da morte. A peça registra diversos níveis do aparato repressivo, do carcereiro-torturador, passando pelas chefias intermediárias, aos escalões superiores (não se vai, claro, às grandes eminências. Que condições?). Mário Prata passou por um fio do tratamento psicologizante e bom-mocista do tema. Por um triz não tratou esses criminosos em nome da lei como quase vítimas de uma engrenagem (em Nuremberg todos também disseram cumprir ordens) ou como psicopatas necessitando de tratamento. A versão final da obra chega, felizmente, à mostragem verossímil dos grupos encarregados de lidar com presos políticos. A peça evidencia em Prata a capacidade de concisão literária, cortes bem-feitos na ação, humor no momento adequado e traços seguros na construção dos personagens. Um trabalho do qual, por todos os motivos, pode-se orgulhar. A gravidade do assunto, e porque sempre se espera mais do teatro, pedia um espetáculo com grandeza e total homogeneidade na concepção cênica e interpretativa. Ruy Guerra realiza uma montagem sóbria, eficiente de certa forma, mas necessitando de um forte toque final, da severidade orgânica e devastadora que o tema propicia e que se notava, por exemplo, em O *interrogatório*, de Peter Weiss/Celso Nunes, para lembrar de assunto semelhante. Nem todo o elenco está adequado aos papéis, e Ruth Escobar sublinha demais o caráter pérfido da personagem incorrendo em ditames direta e desnecessariamente atirados à plateia. João José Pompeo é o ator que encarna perfeitamente o tipo humano pretendido, o policial, tal como o encontramos frequentemente por aí: aquela dosagem ambígua de cafajestice e tensão interior, o território psicológico onde o bom humor e a violência não têm fronteira definida. Pompeo transmite esse clima a partir do porte físico, olhar carregado e, fundamentalmente, pela maneira de se deslocar em cena. *Fábrica de chocolate* é, em todo o caso, um espetáculo de Ruy Guerra, artista com a compreensão social e política do mundo, um nome que garante a seriedade do empreendimento. As pequenas falhas apontadas (e outras) talvez sejam corrigidas pelo diretor. Como a cena inicial, com Rolando Boldrin ao telefone, importantíssima, mas quase inaudível dada a marcação desfavorável. Mas é, com grandes acertos e pequenos defeitos, uma encenação importante, que resgata a dignidade duramente atingida do teatro e a memória de tantas vítimas.

Críticas 1980

OH! CAROL JANEIRO DE 1980

O espetáculo ia ao meio quando me veio uma impressão e uma certeza: o autor disto tudo é um louco varrido e, seguramente, um mineiro. Acertei. É mineiro. Acertei, é um louco varrido (isto é um elogio), embora não o conheça pessoalmente. Mineiro enquanto escritor e louco enquanto encenador. Uma loucura poética, quero dizer: a capacidade extrema de soltar a imaginação sem medo do ridículo, sem conveniências de estilo. Se o teatro pode ser definido como o domínio da fantasia, *Oh! Carol* é uma beleza, pois se trata de um espetáculo que arrasta o público. Ou melhor, seduz a plateia. Quebra resistências de quem pede sempre objetividade e coerência nas coisas, fatos, ideias. A mágica da representação é suficiente para propor a todos alguns momentos de desequilíbrio e devaneio. Há um protesto no ar: um protesto maluco, mas possível. Alguém parece convidá-lo: tire a roupa e saia por aí para ver o que acontece. E se você tirar? Toda esta coleção de truques e surpresas é de autoria/invenção de José Antônio de Souza. Ele escreveu e dirigiu a história de uma mãe e uma filha em um ambiente de total paranoia, trocando confissões, insultos, cobranças e inesperados gestos de carinho enquanto um estranho mensageiro interrompe a conversa com entregas misteriosas. O desconhecido, que se apresenta com roupas e atitudes diferentes a cada intervenção, inunda a casa de enormes pacotes de onde sai, por exemplo, uma perna de manequim. O que será isso? O atraente da peça é justamente sua transposição cênica. José Antônio de Souza monta situações completamente delirantes, visualmente doidas e lindas. A sala de visitas da casa e as roupas dos personagens garantem metade da impressão causada por *Oh! Carol* (excelente trabalho de cenografia e figurinos de Waldir Gunther e Murilo Sola). E o diretor soube segurar os tempos dramáticos, as pausas, explorar o ângulo pictórico deste mundo ensandecido onde uma mãe range os dentes de ódio da família do marido morto enquanto mergulha na desgastante e patética relação amor/ódio com a filha. O chato de *Oh! Carol* é a mineiridade literalmente óbvia. Ah, as velhas famílias! Ah, os acertos de contas com os antepassados! Ah, a necessidade de matar o passado! Ah, quantos romances, novelas, contos, poemas, peças (todas mineiras) já foram escritas tentando dizer algo além de *Os bens e o sangue*, de Carlos Drummond de Andrade! Difícil. Não se consegue todos os dias uma *Ópera dos mortos*. *Oh! Carol* é um chavão do tamanho das Alterosas. O autor, José Antônio de Souza, parece crer que a obra tem um sentido político-metafórico. Se bem entendi suas entrevistas, a peça sofreu as agruras do período Médici. Porque, diz ele, naquela época ou a peça tinha um discurso político fotográfico e, naturalmente, seria censurada, ou não tinha esse discurso político declarado e você era patrulhado pela esquerda. "Por isso escrevi essa peça como um protesto contra a intolerância. Contra as duas intolerâncias." Como? Vocês ouviram: duas intolerâncias? Sabiam? Médici e o pessoal que não gosta de certos tipos teatrais no mesmo nível. Seria melhor promover a peça de modo mais tranquilo: dizer que escreveu assim porque pensa assim, ou pensou assim, ou quer ter o direito de pensar assim. Transar umas de loucura. É meio fora de hora vir com explicações político-ideológicas e dar a entender que o personagem tal tem altos propósitos libertário-despistadores quando manda abrir as janelas. A peça é antiga/superada como tema, embora o problema nela tratado exista. O que interessa é constatar que, mesmo assim, o dramaturgo tem boas ideias, sequências curiosas, um diálogo contundente – sabe escrever e pronto –, e que o diretor José Antônio de Souza soube fazer um belo, sonhador e emotivo espetáculo. Não fosse a direção, aquele bate-boca familiar teria o peso do chumbo e morreríamos todos de sono. Então, como ficamos? Os leitores querem saber: vamos ou não vamos ao teatro? Pois vamos. Quem sabe a sua mãe, o seu pai e a sua filha estarão em cena? E você é o suicida ausente e sempre comentado? Ou, por fim, existe um entregador na sua porta, e você não está sabendo de nada? Mais ainda: não é sempre que o fogo está à solta no palco: Wanda Stefânia, Beth Goulart, Paulo Guarnieri. Eles farejaram que os papos eram bons. Sentiram a hora e se jogaram. O ano mal começa e Wanda Stefânia já está na corrida para melhor atriz. Ela, aquela expressão transfigurada, olhos brilhando e todas as roupas que lhe caem por cima: ela está inesquecível. Uma atriz e seu momento: o salto tríplice, o desempenho decisivo. Beth Goulart, subindo firme, amadurecendo por fora e por dentro. Um rosto tão bonito e a garra evidente. Poucos trabalhos e uma intérprete quase pronta. Quando as duas se encontram, o duelo é brilhante. Paulo Guarnieri: temperamento agitado em fase de afinação. Destoa aqui, acerta mais adiante. Muita vontade e a urgência de ter certa disciplina. É difícil ser exaltado/apoplético/caótico/engraçado etc. com autocontrole. Mas Paulo tem pique e, afinando, afinando, chegará lá. *Oh! Carol*, peça discutível, espetáculo quentíssimo, capaz de iluminar o estreito, minúsculo teatrinho no porão do TBC. Tem fantasia e gente boa. O que mais que vocês querem?

CALABAR MAIO DE 1980

A cena inicial de *Calabar* já revela a chave do espetáculo que se seguirá. Uma multidão de atores anda pelo palco e, pelas roupas, gestos e expressões, o espectador tem a imaginação estimulada: são piratas, taberneiros, mendigos, prostitutas, militares aventureiros de toda espécie. O limite entre história e romance torna-se tênue. Temos assim a fantasia total do teatro: acordes dissonantes, risadas, exclamações, figuras atraentes cruzando a cena. Vai começar a função. Luzes. *Calabar.* Este é o trunfo maior da obra e sua encenação: transportar o público para o centro de ideias importantes, mas dentro do particularíssimo mundo da representação. *Calabar* é ação, traição e reflexão. Vamos lá. Como se sabe, Chico Buarque e Ruy Guerra, com suas vivências ideológicas lusotropicais, pretendem discutir a relatividade da traição em determinadas circunstâncias. O pretexto utilizado encontra-se nas façanhas, prisão e morte de Domingos Fernandes Calabar, que, durante a invasão holandesa do século XVII, passou para o lado holandês. Em um país colonizado e ainda destituído de consciência nacional, Calabar julgou mais conveniente ao interesse brasileiro a tutela de Amsterdã, não a de Lisboa. Mas os holandeses perderam. Calabar foi enforcado e esquartejado como exemplo de iniquidade para todo o sempre. Como a história sempre prima pelos arranjos convenientes às elites dominantes, e como atualmente, mais do que nunca, se pratica no Brasil a execração dos dissidentes como método de governo, os dramaturgos ousaram debater a questão Calabar a fundo. Chico certamente tinha nos ouvidos o maniqueísmo oficial: bandidos e mocinhos, patriotas e subversivos. Ruy Guerra, moçambicano de nascimento, sabia, por seu lado, que os feitos legendários de um Mousinho de Albuquerque, o conquistador de Moçambique, não foram assim tão gloriosos se observados do ponto de vista africano. É esta consciência da duplicidade histórica que orienta o pensamento dos autores da peça. Como, mais do que historiadores, Chico e Ruy são artistas, permitiram-se contar as verdades com os acréscimos da imaginação poética. Cronologia e verossimilhança não foram necessariamente obedecidas. Personagens reais e fictícios transitam no território comum do teatro. Os acontecimentos se multiplicam numa sucessão de *flashes* cinematográficos, cenas soltas e aparentemente descosidas. Um vasto e ruidoso painel histórico, repleto de personagens e emoções intensas. Uma confusão monumental internacional. O diretor Fernando Peixoto juntou todo esse material pulsante, algo caótico, e o lançou em cena em um espetáculo colorido e impulsivo. E aqui principiam os problemas (contornáveis) de *Calabar*. Há um descompasso entre o texto abundante em excesso e o seu andamento teatral. Todas as possibilidades de exaltação cênica, da pura arte de representar, ficam às vezes amarradas ao extenso palavrório. A direção deveria ter em conta os dois eixos básicos da obra: 1) duvidar do conceito linear de heroísmo e traição e discuti-lo; 2) conduzir o assunto abordado com rasgos literariamente brilhantes, bem articulados e poéticos. Portanto, o que não for celeuma ou poesia é sobrecarga. É perfeitamente possível um corte de, no mínimo, trinta minutos. Não para que a realização se torne um produto cultural bem-comportado e dentro do costume artístico burguês. Trata-se de tirar do palco as bocejantes repetições, os discursos mornos, marcações complicantes e tudo o mais que não servir para levantar o cerne da ação e levá-la adiante. Fernando Peixoto e companheiros deveriam desatravancar a história para realçar a contribuição mais valiosa de Chico e Ruy à dramaturgia nacional que é, justamente, a capacidade de raciocínio político-histórico dialético. Eles que não dominam ainda os mecanismos da literatura teatral sabem, em compensação, trabalhar um tema com colocações superiores ao mero enfoque realista... É urgente também eliminar o imenso equívoco de tentar fazer uma revista musical. O texto é sério, apesar de irreverente, não pede deboche, além do que já está expresso. A cena do Fado Tropical, por exemplo, uma letra que vale a pena ser gravada na memória, é inteiramente desperdiçada porque se tenta fazer brincadeira enquanto Othon Bastos declama. Um espetáculo mais desimpedido trará, seguramente, outras oportunidades para o voo livre das interpretações. *Calabar* tem um potencial de representação realmente entusiasmante. A presença de Othon Bastos é meio espetáculo: ele vibra e se transfigura, tomado de paixão e pleno de técnica. E com ele Renato Borghi e sua ironia agressiva (especialmente ao discutir a guerra e a traição); Gésio Amadeu, engraçadíssimo, valorizando os pequenos detalhes de sua presença; Miguel Ramos, usando (e abusando) dos efeitos da caricatura; Sérgio Mamberti, sempre bom, embora fazendo uma composição que lhe exige pouco (é visível que o diretor não pediu mais); Osmar Di Pieri, alternando com sutileza a comédia e a truculência. *Calabar* tem duas mulheres marcantes: Bárbara (Tânia Alves) e Ana de Amsterdã (Marta Overbeck). Elas fazem o contraponto afetivo às aventuras masculinas. Marta, pela força do temperamento, tipo físico e colorido das vestes, tem uma presença convincente. Tânia, a única intérprete afinada do elenco (ao lado de Gésio Amadeu), constrói seu papel com desprendimento, jogando-se na ação, embora numa linha de sensualidade sem nuanças. Imagina-se (imagino) uma Bárbara bem mais forte e intensa como pessoa do que a brejeirice ofendida demonstrada pela atriz. *Calabar* é um espetáculo com requintes técnicos e artísticos.

O cenário e os figurinos de Hélio Eichbauer preenchem os espaços com uma linguagem visual expressiva e complementa a representação. Marcus Vinícius, na direção musical, providenciou arranjos mais próximos das possibilidades vocais do elenco e com toques inovadores sobre músicas conhecidas. Zdenek Hampi, dentro de uma concepção contida de utilização dos personagens, foi feliz na coreografia. Somente a iluminação não andou bem (pelo menos nas primeiras sessões), com zonas escuras no palco. Há uma polêmica armada em torno da peça/espetáculo. Sim, sim. Tudo poderia ser melhor, quem sabe perfeito. Sim, poderíamos ter um texto com a precisão de Peter Weiss. Sim, os artistas brasileiros poderiam saber cantar no teatro. Sim. Mas este espetáculo tem uma insolência inteligente que estimula. No momento em que um líder sindical como Lula é preso (agora solto), apontado como traidor da paz social e indigno de comandar o sindicato dos metalúrgicos, e tais acusações partem de bocas oficiais, então Calabar é uma arte desmistificadora.

PATÉTICA MAIO DE 1980

Ao escrever *Patética*, seu autor, João Ribeiro Chaves Neto, criou um circo em fase de extinção, que, na última sessão, representa a verdadeira história de um homem chamado Glauco Horowitz. Portanto, senhoras e senhores, distinto público, vamos dar início à função. Como os caros espectadores logo perceberão, o circo imaginário do dramaturgo naturalmente não existe. E Glauco Horowitz, na realidade, é/foi Vladimir Herzog. A peça se propõe a narrar, exatamente, a vida e a morte do jornalista. Creio ser desnecessário detalhar os fatos que, infelizmente, o tornaram uma pessoa conhecida em todo o país. Ou ainda esclarecer por que existe notável diferença entre a versão oficial da sua morte no DOI-Codi e a opinião da maioria da nação. A crítica teatral não precisa, no caso, reavivar lembranças para reiterar o que já é indignação unânime e busca constante de justiça. Resta o dever de constatar a transposição da tragédia de Vlado em termos artísticos eficientes. João Ribeiro Chaves Neto faz denúncia sem perder a noção de que sua matéria-prima é histórico-jornalística, sociopolítica, mas o meio de expressão utilizado é a ficção, o espetáculo. Não temam, portanto, senhoras e senhores: *Patética* é dura, mas psicologicamente suportável; e mais: permite-se terminar com palavras de esperança. Tocante e serena esperança; ou calma e férrea determinação: o estabelecimento das culpas. É preciso ver o espetáculo para que cada um sinta sua parte de responsabilidade e envolvimento no sacrifício de Vlado. Para que pressinta quanto lhe diz respeito, mesmo que a distância (será?), o terror repressivo que destruiu um homem pacífico e indefeso. Dileta e excelsa assistência: o circo chama-se Albuquerque e os artistas que o integram trazem nomes vistosos como convém ao reino que vai do palco ao picadeiro. Venham: lá encontrarão figuras mágicas só encontráveis no elástico mundo de lona e serragem. Venham conhecer suas graças e proezas – nada foi esquecido. Tem palhaço e drama; desta vez não se trata de um clássico, lacrimoso como O *céu uniu dois corações*. É dia de *Patética*, peregrinação verídica de uma família iugoslava/judaica, desde a fuga dos nazistas na Europa até a morte do filho em São Paulo. A morte de Glauco Horowitz, ou Vladimir Herzog.

O circo Albuquerque mora em todos os corações, mas o seu espetáculo acontece no Auditório Augusta por força da arte de um grupo de atores e atrizes guiados com mãos de mestre pelo diretor Celso Nunes. Guardem seus nomes e rostos, são dignos de admiração: Ewerton de Castro, Lilian Lemmertz, Antônio Petrin, Regina Braga, Vicente Tutuilmondo e o palhaço Cebolinha. Fazem a peça com firmeza e dignidade, como com firmeza e dignidade Celso Nunes dirigiu, há dez anos, O *interrogatório*, de Peter Weiss. Tema: nazismo. Dez anos depois o diretor volta a ter em mãos uma história não muito diferente. É possível uma crítica isenta? Não. A obra e sua representação são contundentes demais, imprescindíveis demais para que se tenha a tranquila possibilidade de discutir detalhes. No máximo se pode pedir maior contenção (menos gestos e mais tensão) em alguns diálogos (por exemplo: entre Regina Braga e Tutuilmondo). O que importa desta vez são os bons momentos de interpretação, a límpida emoção de Ewerton, um olhar de Petrin (o pai de Glauco/Vlado contemplando o novo país ainda na amurada do navio); a simplicidade e malícia de Regina Braga como a anônima atriz de circo concedendo uma entrevista à TV; a maravilhosa humanidade do desempenho de Lilian Lemmertz. Ela encarna a dor da peça e de todos nós. Importa a expressividade da cenografia de Flávio Império: uma cortina vermelha caindo sobre um fundo verde-amarelo, e tudo está dito. Importa, enfim, que *Patética* resgata a memória de Vladimir Herzog e a grandeza do teatro. Talvez esta não seja – tecnicamente – uma crítica. É difícil falar do amigo morto em tais circunstâncias. Espera-se que valha como testemunho e recomendação: *Patética* está em cena e justifica-se porque é preciso lembrar.

DIVINAS PALAVRAS AGOSTO DE 1980

O mais belo espetáculo de 1980, até o momento, chama-se *Divinas palavras* – de Valle-Inclán – e termina, infelizmente, sua curtíssima temporada no domingo (Teatro João Caetano). Corram imediatamente, atropelem-se na porta, lotem o teatro. Apenas 60 cruzeiros (40, meia) por duas horas inesquecíveis. O surpreendente é que não se trata de montagem profissional: são alunos do 3º ano do curso de interpretação da Escola de Arte Dramática (EAD) em um dos seus últimos exames públicos (alguns papéis, porém, foram entregues a alunos do 1º e 2º anos). Eles superam a barreira da idade, da pouca experiência, da inibição natural em fazer um clássico da literatura dramática do século XX, e promovem a explosão da mais pura alegria de representar. Não creio estar incorrendo em exageros. O exercício da crítica me levou, no primeiro semestre, a assistir a mais de quarenta espetáculos e em nenhum deles (embora vários excelentes) fui envolvido de modo tão intenso e gratificante. Por trás da vitória destes moços a um semestre da formatura, a presença de quatro profissionais: Iacov Hillel (direção e iluminação), Marisa Rebollo (cenografia e figurinos), Roseli Silva (assistência de direção) e Wanderley Martins (música). Para se ter ideia da façanha (ou do risco) que *Divinas palavras* representa, é preciso salientar que Valle-Inclán é caso de genialidade. Alguém que sintetiza séculos de cultura espanhola: o chamado século de ouro no teatro, o barroco, as pinturas de Goya e Jerônimo Bosch, a Inquisição e a premonição do futuro. Valle-Inclán é irmão artístico de Buñuel e Salvador Dalí, pai de Fernando Arrabal e do cineasta Carlos Saura. Um visionário. *Divinas palavras* está nos sonhos de qualquer diretor/ator/atriz que se preze. Foi encenada, na Suécia, por Ingmar Bergman; na Espanha, por Victor García. Entre seus intérpretes estão Maria Casarès e Núria Espert. É preciso dizer mais? (sim: grandes nomes do teatro brasileiro tinham a peça na cabeça). Iacov Hillel – da novíssima geração de encenadores –, em um rasgo de audácia, que poderia arrasá-lo, mas, ao contrário, o amadureceu e confirmou definitivamente para o palco, saiu na frente junto com o pessoal da EAD. Venceram. Quase inacreditável, mas venceram. A história de *Divinas palavras* se passa na região da Galícia, Espanha, numa época imprecisa, e se inicia com a morte de uma mulher que deixa como herança a carreta onde transportava o filho, anão retardado e hidrocéfalo, em busca da caridade. O ser disforme é algo sinistro e, simultaneamente, valioso: rende esmolas. A disputa e a exploração da herança por caminhos, feiras de aldeias e portas de igrejas, envolvendo os dois irmãos da morta, são o eixo em torno do qual os personagens se movimentam. Vagabundos, ambulantes, ladrões, mendigos, aldeões e miseráveis de toda espécie atracam-se na luta pela carreta. Ela simboliza a possibilidade, a única, de ludibriar a miséria. Ramón José Simón María del Valle-Inclán y Montenegro (1866-1936) criou um teatro de emoções violentas, baseadas na avareza, na luxúria e na morte que se fundem no cotidiano dos personagens. *Divinas palavras* tem um sentido misterioso de superstições, paixões e perversidades. A galeria humana preferida do autor inclui (nas peças de caráter campestre) pessoas rústicas e próximas das forças sobrenaturais de uma igreja de caráter medieval (com anjos, demônios e infernos incandescentes). Teatro refletindo em espelhos deformadores a grande cerimônia natural da miséria humana. Juan Guerrero Zamora observou em sua *Historia del teatro contemporáneo* que a raça de homens que Valle-Inclán põe de pé é de santos ou demônios, mas nunca de fracos. Iacov Hillel, lidando com mais de trinta personagens, construiu uma encenação com beleza visual e vigoroso clima de representação. Plasticamente, *Divinas palavras* consegue ser, realmente, Bosch e Goya ao vivo graças à iluminação perfeita na exploração de cores, sombras e efeitos de claro-escuro com luz branca; e ainda à bela, inventiva e, ao mesmo tempo, simples cenografia de Marisa Rebollo, que soube fazer de um palco quase vazio um mundo encantado.

O toque final está na música de Wanderley Martins, discreta, mas certeira quando solicitada a sublinhar ou comentar a ação. O diretor por outro lado tem a seu crédito o complicado trabalho com os atores e atrizes, uma vez que dispôs de elenco heterogêneo e numeroso diante da tarefa de penetrar no universo complexo de Valle-Inclán, autor de atuações cambiantes ou inesperadas não só nos gêneros literários (farsa, drama etc.), como também no estilo, utilizando-se de expressões dialetais e populares de permeio com frases poéticas e eruditas (aqui mais um bom trabalho de Renata Pallottini como tradutora). Os puristas poderiam argumentar que *Divinas palavras* não é adequada a intérpretes sem maturidade – cronológica e artística – para a peça. Eles são mesmo novos e algum detalhe, vez ou outra, transparece. Mas compensam com garra e paixão de representar (e o diretor garante a qualidade geral do projeto). Acho perigoso (quem sabe injusto) fazer destaques quando uma crítica se refere a estudantes de interpretação. Mas, entre tantos talentos em fase de sedimentação, dois chamam a atenção desde agora: Evaldo Brito (voz, porte, autoridade cênica) e a ótima Lília Cabral, que carrega consigo a beleza e o magnetismo de quem nasceu para atriz. *Divinas palavras*, título premonitório, marca de obra-prima. Só um mestre do desequilíbrio da mente humana e das imagens de duplo sentido conseguiria tornar um tema pesado algo igualmente poético. Que ninguém se assuste, pois, com a história do anão dos mendigos. Valle-Inclán foi claro e sincero: "Eu não aspiro a ensinar, mas a divertir. Toda a minha doutrina está em uma só frase. Viva a bagatela. Para mim a maior conquista da humanidade foi haver aprendido a sorrir". Duas observações: 1) Um espetáculo da qualidade de *Divinas palavras* não deveria terminar sua carreira discretamente. Merece uma noite ao menos no Theatro Municipal, a preços populares. Ou percorrer os demais teatros da prefeitura em fins de semana. Ser mostrado em cidades do interior. Não se apaga assim de repente uma obra luminosa. 2) Os responsáveis pela encenação tiveram a elogiável iniciativa de preparar para o público um programa com bom material informativo sobre a obra e o autor (texto final de Maria Isabel Setti, que não vacilei em utilizar parcialmente nesta crítica).

O SENHOR GALÍNDEZ AGOSTO DE 1980

O espetáculo *O senhor Galíndez* desmente uma ideia que começa a se formar nos meios artísticos: a de que ninguém mais suporta falar em repressão política. O problema não é de saturação: mas de talento. Porque é preciso continuar falando, mas com clareza e sem esquecer que teatro como arte tem meios especiais de se comunicar. É preciso emoção, despertar em cada um na penumbra da plateia o sentimento de indignação e de solidariedade humana. Como Peter Weiss em *O interrogatório* (reconstituindo os crimes nazistas). Como o médico psicanalista e homem de teatro argentino Eduardo Pavlovsky consegue nesta peça que os brasileiros do Grupo Circo 20, do Rio Grande do Sul, souberam encenar.

Fundo de delegacia, um subterrâneo qualquer da repressão. Personagens: dois profissionais do interrogatório, tortura e, de vez em quando, morte. Em parte seres comuns, em parte psicopatas, mas tudo de modo suficientemente ambíguo para que se tenha certeza de que os carrascos das ditaduras não são obrigatoriamente monstros detectáveis a distância (um deles fala carinhosamente com a filha ao telefone). O detalhe humano de anormalidade normal é dado pela servente encarregada da limpeza do local, trazer comida etc., totalmente acostumada aos óbvios instrumentos e sessões de interrogatório. Há um novato, o rapaz tímido na história (veremos depois aonde chegará). Veio receber treinamento intensivo. Descobriram-lhe potencialidades durante o serviço militar. E pairando por cima e/ou por trás de tudo o invisível, mas onipresente, Senhor Galíndez, instância superior, o cérebro do terror oficial. Enquanto os veteranos preparam, com pequenas brutalidades (mais em nível verbal/psicológico), o recruta da tortura, duas prostitutas são enviadas de presente para diversão da equipe. Mas, subitamente, um contato suspende a brincadeira-treino. O senhor Galíndez telefona com uma ordem nova e inesperada. Paulo Medeiros de Albuquerque – que São Paulo já conhecia pela direção de *Jogos na hora da sesta* – tem uma excelente qualidade como diretor: senso de ritmo e do aspecto ritual do teatro. Consegue fazer no palco algo parecido com os cortes cinematográficos em filmes de tensão e aventura. Os excessos são eliminados: nenhum gesto supérfluo. A concisão dramática é manipulada com extrema habilidade. O objeto que cai, a batida de porta ou o tapa sobre a mesa ganham dimensões ampliadas. A cena adquire contornos de ritual ou de jogo de armar que se faz ao vivo perante espectadores, peça por peça, como a câmera lenta em cinema. A direção, por suas características, exige o máximo dos intérpretes. Uma linguagem gestual que chega a ter semelhança com ritos orientais não permite exageros ou atitudes frouxas. Cada ator está sempre em posição de felino (ou lutador de caratê). Imaginemos essa postura em um texto abordando a violência dos aparelhos policiais ou paramilitares para se ter ideia do clima conseguido (destaque para o belo trabalho do ator Luiz Damasceno). Espetáculo impecável, afora um ou outro descuido (como, por exemplo, deixar a atriz Thereza Freitas construir o personagem com clichês faciais, tiques de boca etc.). Uma encenação que assume as dificuldades impostas pela obra e sabe resolvê-las.

O senhor Galíndez é a competente teatralização de fatos que sabemos e sofremos, e que continuam a se repetir. Não resta mais dúvida quanto à existência de uma irmandade militar-policial funcionando nos países do chamado Cone Sul da América Latina. Tivemos o caso dos uruguaios sequestrados em Porto Alegre. Recentemente, três argentinos foram caçados dentro de Lima, carregados através do território peruano, passando pela Bolívia em direção ao pesadelo ditatorial argentino. Detalhe macabro: uma das vítimas, uma mulher, apareceu morta em Madri. Portanto, o horror, a morte, o nazifascismo sobrevivem com nomes e motivações (aparentemente) diferentes; *Galíndez* é a porta entreaberta deste universo sinistro. Evidentemente o teatro não mobiliza massas contra o governo (embora as ditaduras sempre pensem em contrário). Sua função é esclarecer – pela lógica e pela emoção. Se o espetáculo atual tocar as pessoas, no mínimo para que fiquem alertas quanto aos acontecimentos trágicos envolvendo exilados e perseguidos políticos latino-americanos e locais, já terá feito muito. Desejar mais seria ver o espectador saindo do teatro disposto a auxiliar entidades que cuidam dessas vítimas (Comitê Brasileiro pela Anistia; Comissão Justiça e Paz; *Jornal Clamor*, ligado à Igreja). *O senhor Galíndez* está nas ruas.

GENI OUTUBRO DE 1980

Marilena Ansaldi acertou novamente em *Geni*. É mais um desdobramento do destino que decidiu se dar como atriz/bailarina: transmitir uma ânsia quase selvagem de liberdade e afirmação pessoal como mulher e artista. Uma liberdade que centra sua preocupação no domínio do corpo e do prazer. A essa postura, soma-se a atração pelo aspecto místico da existência (evidente em *Um sopro de vida*, espetáculo anterior baseado em Clarice Lispector). Um aparente paradoxo, mas ela sabe resolvê-lo. Resulta de tais posições que Marilena Ansaldi hoje tem um projeto artístico em execução. Pode ocasionalmente não dar certo, pode até mesmo ser contestado; mas tem coerência interna. Se terá longa vida, isso é outro problema. Numa época difusa e de apatia nos palcos, ela é presença forte. Esta mulher que odeia a crítica que a contradiz, que joga alto e arrisca bastante, encontrou o diretor capaz de materializar suas fantasias e angústias: José Possi Neto, esteta, vocação elitista, mas um profissional criativo. A prova se repete em *Geni* (Possi também fez *Um sopro de vida*). Ambos se entendem. *Geni* é a mistura de tragédia grega e Nelson Rodrigues da conhecida música de Chico Buarque. Uma visão desestabilizadora: Geni ameaça a moral burguesa através da liberdade instintiva. Desvia moças de casa e operários da produção. Incomoda o lucro, a ordem, os princípios. Rainha da anarquia sexual. É preciso liquidá-la: mas surge um zepelim. Só Geni pode salvar a cidade se ceder aos caprichos do invasor. E aqui a história muda: ao contrário da música, não basta jogar pedra na Geni. O tema é levado em dois níveis: o da poesia e o da violência, ambos por Marilena Ansaldi. É bonito. O problema é que a protagonista já provou que pode aceitar desafios e vencê-los. É preciso então avançar. O que significa abolir o esquema de primeira bailarina que prevalece em suas realizações. Deixar de circular sozinha entre coadjuvantes. Assumir a palavra, não como monólogo, mas diálogo. Aprender a contracenar, olhos nos olhos, conflito de vontades dramatizadas, jogo cênico. Marilena dança, interpreta perfeitamente como solista, ousa cantar, audácia perigosa. Geni é um trabalho com alma. Não precisa da desastrada cena inicial, virtuosismo teatral sem nada a dizer. O que conta é Geni. O resto é detalhe (os atores e atrizes envolvidos não têm culpa, são manobrados em função da figura central). Se esta irmandade talentosa – Marilena, Possi, o excelente cenógrafo Felipe Crescenti, Paulo Herculano (música), Victor Navarro (coreografia), Umberto Silva (figurinos) – reavaliar o que foi feito, e se as opiniões externas contarem, o grupo terá descobertas maravilhosas pela frente. Marilena Ansaldi, suplementarmente, tem o mérito de empresariar suas loucuras artísticas.

Apostou uma fortuna na montagem altamente profissional, o que se nota pela qualidade do material usado em cena (parabéns, novamente, Débora Annenberg, produtora/assessora competente). Gastou o suficiente para falir se *Geni* não acontecer. Mas vai.

RASGA CORAÇÃO OUTUBRO DE 1980

Enfim, *Rasga coração*. A importância histórica do texto – talvez a mais consistente contribuição à dramaturgia política do Brasil – e os lastimáveis atos que o envolveram (proibição pela censura, morte prematura do autor) colocam a obra numa perspectiva especial embora não intocável – para o público e a crítica. Numa palavra: é impossível deixar de ver o testamento político, artístico e humano de Oduvaldo Vianna Filho (1936-74). Tem-se enfatizado o aspecto ideológico da peça, efetivamente o eixo que movimenta os conflitos mais absorventes, mesmo quando se manifestam juntamente ao choque de gerações. Vianninha mergulha em quarenta anos de vida pública do Brasil, reapresentando ficcionalmente detalhes vitais: Revolução de 1930, integralismo, atuação do Partido Comunista, Estado Novo e a presença de Vargas. Simultânea e/ou paralelamente, a ação transporta-se com frequência para 1972 ao focalizar um velho militante comunista e sua família: a mulher queixosa, o filho manifestando o inconformismo de parte de sua geração por gestos e atitudes que negam os valores e convicções do pai. Mas Oduvaldo Vianna Filho não insiste exclusivamente no tom ideológico. Preocupou-se, apaixonadamente, em captar o ângulo humano das relações que inventou: a poesia e o patético do cotidiano, a saudade. *Rasga coração* é, também, uma delicada história de amor e amizade entre as pessoas. O caráter parcialmente evocativo do enredo (com descrições do Rio antigo) proporciona momentos de envolvente poesia. Convivem, no tempo e na memória, referências ao camarada Stálin e à valsa *Fascinação*, cantada na Rádio Cajuti, citadíssima em depoimentos de cantores da velha guarda. O tom cambiante de ideias e sentimentos confere a *Rasga coração* interesse para todas as plateias: Oduvaldo Vianna Filho, ao se propor o registro de tantas emoções e dados verídicos, construiu um drama formalmente sofisticado de evidente competência artesanal, pouco comum na dramaturgia brasileira posterior a Nelson Rodrigues, em que predomina a linearidade convencional. Utilizou o sistema de ação fragmentada, diálogos simultâneos, uma parte no presente e outra no passado, o tempo avançando e recuando. A disposição dos personagens em planos diferentes dentro do palco e pequenos efeitos de luz organizam essa trajetória – coletiva e individual –, repleta de incidentes. O autor movimenta mais de uma dezena de figuras sem perder o controle sobre elas. O que se poderia discutir na obra é a visão do dramaturgo ao mostrar o homem de ideias libertárias dentro de um círculo pessoal excessivamente medíocre. Ao fazê-lo, Vianninha pretendeu homenagear o lutador anônimo, que crê em Marx sem poder se afastar do cotidiano da repartição pública, do dinheiro trocado para o ônibus e das contas da feira. O objetivo é generoso e racionalmente compreensível, mas o personagem acaba bem pouco invejável, com militância política vagamente professoral, algo quase triste uma vez passada a mocidade. Na realidade, o imponderável da literatura apanhou Vianninha de surpresa (ele não viveu para saber como ficaria a peça representada). As criaturas escaparam ao criador, como é comum. Maksim Górki, ao escrever *Pequenos burgueses*, incluiu um comunista operário que deveria ressaltar o novo, o futuro etc. Mas só nos lembramos carinhosamente do bêbado irreverente e niilista que não luta por nada. Em *Rasga coração*, o herói, ou anti-herói digno, é o militante Manguari Pistolão e, mesmo assim, divide as atenções com o marcante Lorde Bundinha, seu amigo boêmio, tuberculoso e viciado em morfina, a negação total do engajamento político. *Rasga coração* merecia uma encenação perfeita, elenco homogêneo, vozes claras, articulações limpas. Não é o que acontece. O diretor José Renato, possivelmente às voltas com a multiplicidade das cenas a orquestrar, não aprofundou o trabalho de ator e deixou passar oportunidades de soluções engenhosas para determinadas sequências. Ficou no trivial aparatoso. O que permite a infiltração da monotonia ao meio da representação, quando se torna gritante a pouca experiência de uns e a voz precária de outros. Felizmente, o espetáculo sobe nos minutos finais – principalmente graças a Raul Cortez, Sônia Guedes e João José Pompeo – e as melhores qualidades da montagem se impõem. *Rasga coração* é bonito e emocionante porque traz em cada diálogo as angústias e esperanças de três gerações. Oduvaldo Vianna Filho tenta ser isento e consegue parcialmente, embora conceda, ao fim, sua solidariedade mais íntima ao alquebrado e rotineiro comunista classe média. O que faz imaginar a provável persistência do autor – se a morte não o levasse – numa espécie de teatro que hoje tem sua eficiência discutida (realismo de cunho ideológico, pragmatismo de esquerda que nem todos avalizam mais, assuntos delicados como se vê. E o autor está morto). Desta vez, contudo, desta implacável última vez, prevalece o Vianninha poeta, e o resultado é uma obra-prima.

EL DÍA QUE ME QUIERAS NOVEMBRO DE 1980

El *día que me quieras* é mais que nome de música, é a própria imagem de certa América Latina romântica (ou romantizada). Este título antigo e inesquecível evoca, imediatamente, Carlos Gardel. Nada mais teatral que a figura cintilante, os cabelos lisos e engomados, o sorriso cristalino, a legenda que atravessa gerações. Pois é deste Gardel, do ano distante de 1935 e do camarada Josef Stálin que o dramaturgo venezuelano José Ignacio Cabrujas está falando na peça El *día que me quieras*, transformada em um dos mais belos e sensíveis espetáculos da temporada brasileira de 1980. Cabrujas é o Tchekhov das pequenas fantasias, de todas as frustrações e ridículos de uma Venezuela provinciana. Capta com comovente ternura os gestos que morrem no ar e os sonhos condenados a quatro paredes. Seus personagens são mulheres roubadas no amor, artistas sem possibilidades, mocinhas à espera do cavaleiro mágico, viúvas, funcionários públicos inconformados com a mediocridade inescapável do cotidiano. O tom de Cabrujas consegue ser leve, sentimental e, ao mesmo tempo, sempre irônico ao fixar a realidade objetiva e o delírio dessa gente. Em 1935 Carlos Gardel passa triunfalmente por Caracas. Arrasta multidões, provoca distúrbios, paralisa corações. Uma família inteira está mobilizada para vê-lo. O impacto causado pelo cantor é visto por Cabrujas do interior da relativamente modesta família classe média composta por uma servidora dos Correios e Telégrafos que teve o marido seduzido pelos encantos de uma negra das Antilhas, uma irmã jovem e ardente, apesar do recato imposto pela época, um irmão boêmio, inofensivo e engraçado como convém igualmente ao clima doméstico retratado; e dois outros personagens especiais, uma terceira irmã com 38 anos, dos quais dez foram gastos no noivado com o exaltado comunista típico dos anos 1930, quando Stálin se erguia perante os seus adeptos como o guia genial dos povos, o homem de ferro, o paizinho. Espécie de divindade ideológica que somente após sua morte seria apontado como ditador. O militante comunista e sua noiva cultivam a expectativa de uma vida nova na Ucrânia, livres da ditadura de Gomez, que infelicita a Venezuela naquele ano de 1935. Livres para plantarem beterraba nas planícies coletivizadas ucranianas. Mas chega Carlos Gardel na cidade e tudo se congela e se adia por horas. O cantor tem o encantador costume de visitar inesperadamente a casa de algum admirador e, por simples coincidência, entra justamente na residência desses anônimos descendentes de um velho general/herói da independência.

Imaginemos o confronto entre o magnetismo de Carlos Gardel e a admiração respeitosa provocada pelo camarada Stálin; imaginemos uma noite impossível acontecendo para moças quase fenecidas; imaginemos tudo isso e teremos *El día que me quieras*. A peça de Cabrujas é obra de poeta. Poeta crítico e político à sua maneira, observador agudo da sociedade venezuelana, perfeitamente semelhante à nossa. Para reconstituir em cena a poesia dramática do autor é necessário, portanto, identificação poética, quase a mesma sensibilidade do escritor. Qualidade que o diretor e cenógrafo Luís Carlos Ripper demonstra durante todo o espetáculo. A montagem não ignora nenhuma das possibilidades e sugestões explícitas ou implícitas no texto. É bonita como um cartão-postal, nostálgica como um disco em 78 rotações. Tem a cor e o clima de folhinhas ou de rótulo de perfume antigo. Ripper (apoiado nos figurinos delicados de Chico Ozanan) faz de *El día que me quieras* o concerto de representações impecáveis em que cada intérprete tem solos perfeitos. A grandeza do ato de representar com talento está presente nos gestos medidos; na angústia tímida expressa por Yara Amaral (ela tem momentos magníficos sem dizer uma só palavra); na exuberância de Ada Chaseliov (sabe fazer graça com inteligência, um mínimo de clichês para o máximo de garra); na finura cômica de Pedro Veras (ator de empatia direta, capaz de ganhar a plateia com uma frase bem inflexionada); na tensão e na dor recalcada de Nildo Parente (ator caloroso mesmo em silêncio); na capacidade de Thais Moniz Portinho em resumir o ridículo e o desamparo; na pequena e precisa intervenção de Chico Ozanan; e na convincente presença de Heleno Prestes, responsável pela difícil personificação de Gardel. Todos bons. Um elenco irmão dos seus personagens.

Críticas 1981

TAMBORES NA NOITE JANEIRO DE 1981

No dia seguinte à estreia de *Tambores na noite*, em Munique (29 de setembro de 1922), o crítico Herbert Ihering escrevia: "Em uma noite Bertolt Brecht, um poeta de 24 anos, mudou a face da poesia alemã. Com Bertolt Brecht, é um tom novo, uma nova melodia, uma nova maneira de ver que surge". Quase sessenta anos depois, a obra vai novamente à cena em São Paulo, com a mesma força poética e dramática que encantou a Alemanha e conferiu ao autor, um novato semidesconhecido, o Prêmio Kleist. Mesmo sendo apenas um exercício teatral em comparação às grandes obras da maturidade de Brecht, *Tambores na noite* contém apelo emocional e contundências políticas, apesar de não ser um texto claro quanto aos fatos históricos que expõe (o que o próprio Brecht admitiu posteriormente). Essa história de burgueses, lumpens e revolucionários traz nas dobras de cada cena um certo mistério que facilita ao bom encenador acender a magia da representação. *Tambores* focaliza uma noite de inverno em Berlim, em 1918, ao final da Primeira Guerra Mundial. A situação social, econômica e militar é caótica. Enquanto levas de soldados derrotados voltam em farrapos para casa, a situação interna alemã caminha para violentos confrontos entre a burguesia e as massas deserdadas. Rosa Luxemburgo e outros revolucionários lideram o movimento espartaquista (há um ano Lênin tomara o poder na Rússia). Nesta noite inquieta celebra-se o noivado de uma jovem de família de negociantes, interesses financeiros rodando entre brindes e valsas. A moça esperou inutilmente quatro anos pelo namorado que partira para a guerra; pressionada pela família, está em vias de se casar com outro, um pequeno industrial estabilizado. Mas o amor antigo retorna repentinamente. Com uma situação aparentemente folhetinesca, Brecht constrói a peça em dois planos alternados: a vida, amores e interesses das elites alemãs e a revolta espartaquista nas ruas gélidas. O contraponto entre os que sofrem o conflito bélico e os que deles se beneficiam é colocado de jeito simples e cortante. O restante gira em torno das opções do soldado reaparecido em relação ao seu destino pessoal/doméstico (a noiva etc.) e aos reclamos do momento político (a revolta espartaquista). *Tambores na noite* tem uma qualidade básica: é obra de tese (ou ideias) com tema bem desenvolvido, com lances dramáticos envolventes. O espetáculo paulista criado pelo diretor Mário Masetti, com o grupo Bando da Lua Vermelha, contém ambos os elementos na medida exata, e expostos com inventividade. Masetti parte do humor naturalmente cáustico de Brecht, da insolência que tem raízes no expressionismo alemão, mas segue a linha da comédia brasileira, do jeito irreverente/malicioso do intérprete nacional.

O recurso evita que a peça fique excessivamente datada e dependente do estilo alemão brechtiano. Brilhante invenção cênica que mantém, entretanto, estrita fidelidade ao autor. Masetti e companheiros conseguem assim unir polêmica e diversão. Existem só dois problemas não resolvidos. O primeiro: a direção não encontrou o meio de conferir às presenças femininas o mesmo impacto dos personagens masculinos, principalmente o soldado e o pai da noiva. Embora sejam boas atrizes, permanecem numa participação discreta. Parte da culpa cabe ao autor, que assim as construiu, mas a direção poderia corrigir o ponto fraco com alguns achados pessoais. O segundo problema: a forma difusa como a revolta espartaquista aparece. Para o público alemão da época, tudo estava evidentemente claro; hoje, porém, é necessário um artigo explicativo no programa do espetáculo situando Rosa Luxemburgo, os espartaquistas, a derrota dos rebeldes, o assassinato da revolucionária marxista e a consolidação dos social-democratas no poder com o regime de Ebert. O que se passa nas ruas de Berlim é mencionado em conversas entrecortadas de vários personagens ou visto de maneira mais direta pelo soldado que toma posição contrária aos espartaquistas. Brecht admitiu a falha: "Eu não consegui mostrar a revolução de outra maneira a não ser pelos olhos de Kragler (o soldado)". *Tambores na noite* é espetáculo de cores e movimentos vibrantes, ritmos precisos em tom de caricatura. Todo o elenco está ajustado aos papéis (apesar das ressalvas). Como polos da trama, a dupla masculina – Cláudio Mamberti e Cacá Rosset – está perfeita, ambos têm o temperamento físico e gestos adequados aos fortíssimos tipos humanos criados por Brecht. Mas até as pequenas intervenções (entre elas a de Masetti estreando à vontade e convincente) são eficientes. O quinteto feminino garante momentos de sensualidade, poesia e deboche. São mulheres bonitas e atrizes vigorosas: Dulce Muniz, Edith Siqueira, Júlia Pascale, Alzira Andrade, Cecília Camargo. Fariam mais se solicitadas. Um trabalho de primeira: direção, elenco, cenários, figurinos, iluminação, música; estreado no Natal passado, encerrou esperançosamente a temporada e já é o primeiro grande espetáculo de 1981.

A AURORA DA MINHA VIDA AGOSTO DE 1981

Aprofundando sua particular visão da vida e das relações humanas, em que predominam a solidão e a fragilidade emocional das pessoas, Naum Alves de Souza, depois do sucesso de *No Natal a gente vem te buscar*, recua aos tempos da infância-adolescência em *A aurora da minha vida*. As atenções do autor se voltam agora para o período escolar, rico em imagens indeléveis de uma época em que se criam alegrias ou traumas fundamentais para a personalidade do futuro adulto. Um mundo regido por aparente humanismo e boa vontade, mas que, na realidade, cristaliza de forma exemplar os sentimentos de classe e os mais irredutíveis preconceitos morais, religiosos e ideológicos. Não é nenhuma novidade – a não ser para os cínicos ou conservadores totais – que uma escola (um sistema de ensino) pode ser agradável ou torturante. Em *Aurora*, Naum resgata lembranças pessoais em forma de recordação comum à plateia (cuja reação confirma o escritor). O pretexto para o acerto de contas com o tempo perdido está na visita de um homem à velha escola. O toque que abre as portas do passado para um mergulho nostálgico e às vezes dolorido, através de oito alunos representativos da galeria humana inevitável em qualquer sala de aula. Naum vai expondo a crueldade de muitas brincadeiras infantojuvenis. O despotismo dos professores (pobres-diabos, funcionários públicos frustrados, mas incorporando os valores das elites e do poder), os clarões repentinos de calor humano, as fantasias e esperanças daquela comunidade estudantil. O autor não esquece o aluno retardado, a mocinha gorda, o filho de alguém importante, a jovem que defende os colegas, as gêmeas antipáticas, e outros. Como não deixou de incluir uma variedade de comportamentos dos professores, representantes da autoridade além-família. Naum Alves de Souza tem a qualidade visível da sinceridade. Como um pintor primitivo, recria determinado mundo segundo sua sensibilidade e indiferente às demais implicações sociais ou ideológicas. Aparenta não visar nada além da suave, se possível poética e teatral, reminiscência. A ausência de sentido crítico abrangente já estava presente em *No Natal*, em que o tema é a velhice e o desencontro afetivo entre parentes. Afora a ênfase psicológica, há também o gosto simples pela fantasia cênica. Teatro visto pelo autor (e diretor) como brincadeira e basta. Não lhe importa – aparentemente – que sejamos hoje adultos face a novas exigências: no cotidiano e no palco. O projeto artístico em andamento dedica-se ao particular e ao subjetivo: uma maneira de viver e fazer arte. O traço infantil é visível na obra de outro criador do teatro. O espanhol Fernando Arrabal reveste o comportamento dos personagens de um tipo de candura que os deixa alheios às violências que presenciam ou cometem. Há em sua técnica de ficcionista a capacidade de fazer justamente dessa inocência o espelho esmagador da maldade dos mais velhos. Arrabal chegou à perfeição (fora de cena) ao escrever o romance *Viva la muerte*, em que, com linguagem, ênfase e observações infantis, monta um dos mais devastadores libelos contra o franquismo que se conhece. O ficcionista transcende a fotografia e o jogo terapêutico, para chegar ao político. Tudo sem prejuízo da poesia e da teatralidade (ou do equilíbrio romanesco). O cinema de Carlos Saura atinge o mesmo resultado. Naum, ao contrário, conforma-se com uma espécie de queixa delicada, alfinetada na consciência. Como responsável pela encenação de A *aurora da minha vida*, o dramaturgo obtém bela uniformidade cênica e interpretativa. O espetáculo é coeso no visual e na representação. Nada melhor do que um elenco convencido da parte que lhe cabe. Sinceridade aliada à emoção fazem uma parceria de primeira ao longo da peça. Ninguém destoa porque, afinal, quem não reconheceria as situações expostas em Sorocaba, Pirajuí, no Des Oiseaux, em Ourinhos ou no Jardim da Luz? Bons intérpretes, direção segura, cenografia e figurinos expressivos na capacidade de remeter a imaginação do espectador a um ambiente preciso, o espetáculo só é afetado pelo texto extenso e reiterativo. O autor repassa demais os fatos e incidentes. O que prejudica os melhores achados, como a presença do garoto retardado (que Paulo Betti faz impecavelmente) que se dilui ao ser sublinhada (idem o aluno arrogante que sofre de doença incurável). Um trabalho teatral curioso, uma linha de pensamento. Confesso, quase me desculpando, não ser o meu jeito de pensar ou sentir. Diferenças de temperamento, quem sabe. Mas convicção é artigo que anda escasso nas artes hoje em dia. E A *aurora da minha vida* foi feita (texto e montagem) por quem acredita no que escreve, dirige e interpreta.

HAPPY END AGOSTO DE 1981

Há um bar clandestino no primeiro andar do Teatro Brasileiro de Comédia. Não sei se deveria dizê-lo: mas que *hay*, *hay*. Serve vinho razoável e a preço módico. Nota-se, é verdade, umas pessoas um tanto suspeitas andando de um lado para o outro (seriam gângsteres?). Mas nada se comprova completamente porque – de uma cortina ao fundo – poderão surgir, uniformizados, membros do Exército da Salvação. Estranho realmente, mas o que se vai fazer? O local parece ser refúgio de aventureiros e ponto de encontro de piedosos salvadores da alma alheia! Como? Não estão entendendo nada? (Que diabo de língua estamos falando?) Comecemos novamente: o TBC abriga um bar clandestino que, para disfarçar, apresenta o espetáculo *Happy End*, com canções realmente admiráveis. Você escolhe o tipo de motivação que o levará àquele antro de diversões, pecados e – creiam – fé. Ou se vai pelos negócios escusos (falaram outro dia em assaltar um banco), ou pelo vinho, ou pelo simpático e inteligente *show*, ou até para cantar aleluias ao Senhor. O autor intelectual do crime é Bertolt Brecht (alemão, dizem, de esquerda, dizem. Ainda bem que já morreu, dizem). Mas quem comanda diretamente as operações é Paulo Reis, diretor de *Happy End*. Como? Não entenderam? Sejamos pacientemente didáticos (música de fundo, maestro, por favor). *Happy End* é a última invenção carioca do grupo Despertar da Primavera, uma das mais criativas e artisticamente amadurecidas equipes de teatro não comercial (não empresarial, alternativo ou *off*-Tijuca). Eles conquistaram Rio e São Paulo, em 1979, com a peça de Frank Wedekind, que hoje dá nome ao grupo. Numa época carente de trabalho artístico em profundidade, em busca de uma linha estética/ideológica no profissionalismo teatral, Paulo Reis e companheiros do Despertar demonstram coerência, talento e competência em criações vigorosas e apaixonadas (a falta de paixão é atualmente o mais grave mal do teatro brasileiro). *Happy End* é isto. Todavia, para que não se alegue ignorância ou deliberada intenção do crítico em ser pouco claro, não custa registrar informações adicionais. O texto foi escrito por Elizabeth Hauptmann, colaboradora de Brecht, a partir do argumento proposto pelo dramaturgo (que escreveria as letras das canções magistralmente musicadas por Kurt Weill). Brecht posteriormente teria retirado a assinatura do texto, o que permite discussões (Martin Esslin, um dos seus biógrafos, atribui a ele a autoria). Paulo Reis, observando que Frau Hauptmann não é conhecida na praça, desempatou a favor de Brecht (não disse que no bar do TBC ocorrem fatos no mínimo curiosos?) *Happy End* narra as façanhas de uma quadrilha de bandidos numa hipotética Chicago dos anos 1920. Gente braba sob o comando de Bill Cracker. Só que de nada adianta a valentia dos rapazes quando se misturam com os angelicais e assépticos membros do Exército da Salvação. Ninguém se converte a nada, mas Bill Cracker se apaixona por Lillian Holiday, frágil, loura e discretamente sensual integrante da entidade caritativa-salvadora. Quem interpreta Lillian é Maria Padilha. E quem não gosta de Maria Padilha? Dentro do elenco coeso, jovem na irreverência e postura cênica, ela brilha com uma predestinação de estrela. Todos se rendem ao desempenho de Maria/Lillian. Nessas alturas, o enredo está completamente enovelado: assaltantes e devotos metidos em tiros e cantigas puristas. Brecht/ Hauptmann, maquiavélicos inventores da cilada, solucionam o caso juntando bons e maus na tarefa de fundar um banco. Aqui, uma vez mais, o toque crítico do teatro brechtiano: o capitalismo não comporta amadores e/ou artesãos. Só compensa o crime organizado e oficial. O banco é a solução. Como a bondade voluntarista não salva nem o homem nem o mundo, os pequenos marginais acabam mal. A peça cai como luva na realidade brasileira. Pairando sobre o entrecho nem sempre brilhante (existem trechos banais e desinteressantes), reina a música límpida de Kurt Weill, um prazer antecipadamente garantido ao espectador. São belas, misteriosas e sublinham à perfeição o sarcasmo do letrista. O que faz de *Happy End* um *happy end* teatral. Há um bar clandestino no TBC...

39 SETEMBRO DE 1981

Um bonito musical: 39. Escrito por Gretchen Cryer (o que significa Broadway), mas talvez seja mais correto atribuir integralmente o espetáculo brasileiro a Flávio Rangel. Porque ele consegue superar a quase fatal dificuldade em se fazer musical no país e constrói um espetáculo elegante, divertido e visualmente envolvente. O diretor criou uma bela iluminação, conseguiu o melhor rendimento do conjunto musical Cai na Real e teve a habilidade de encontrar duas ótimas atrizes/cantoras para o suporte músico-dramático da protagonista Clarisse Abujamra. A criatividade da direção supera velhos entraves ao se fazer este gênero de encenação. Ocupou o espaço cênico com um número relativamente pequeno de intérpretes, estabeleceu o clima de fantasia e ajudou o elenco a se entrosar dentro de um equilíbrio de apoio mútuo. O resultado é o divertimento com a história da cantora que, ao completar 39 anos, decide repensar a vida e mostrar durante o novo *show* as vivências marcantes pelas quais passou. O produtor opõe-se à experiência, um risco comercial, já que o público poderá rejeitar a sinceridade da imagem real da artista. O confronto dos pontos de vista divergentes entre pessoas que se conhecem e se estimam de longa data faz o centro do enredo. O que não é tudo: a peça incorpora na trama os detalhes da vida particular da cantora, já divorciada, e da crise conjugal extremada que afeta o produtor. À medida que a ação se desenvolve, temos, então: a preparação de um musical e atritos entre dois personagens que acabam provocando a terceira discussão sobre o relacionamento homem-mulher, expectativa e frustrações do relacionamento a dois. Essa última parte na verdade está longe de alçar voo além da psicologia de algibeira ao gosto do *Reader's Digest*. É a velha fórmula cinematográfica/teatral norte-americana de passar pela superfície das coisas dentro do princípio comercial do divertimento leve. Pode ser. E, assim, a cantora vai até o fim na disposição de assumir publicamente, sob os refletores, os inevitáveis 39 anos. A dupla central está aos cuidados entusiásticos de Clarisse Abujamra e Francarlos Reis. A ela deve-se prestar homenagem pela audácia em correr o risco do papel acima de sua tarimba profissional e domínio vocal. Parece que a atriz optou por saltar etapas, entrando definitivamente na área dos grandes papéis em qualquer estilo. Aposta perigosa, pois a prática manda o artista ir se afinando aos poucos até o ponto exato. Uma vez, porém, que o jogo está feito, constata-se que ela tem garra e charme pessoal para cobrir o que lhe falta em termos de voz e da luminosidade especial das estrelas do musical (de Liza Minnelli a Marília Pêra). Clarisse vai à luta e atinge o objetivo, no que é grandemente ajudada por Regina Machado e Dadá Cirino, ambas jovens exuberantes, sensuais e cantoras dotadas. Francarlos Reis, dentro de um processo de amadurecimento crescente como intérprete, domina facilmente o papel. Talvez falte uma certa dose de humor ao meio da representação, apenas o suficiente para quebrar a linearidade na repetição do nervosismo. Francarlos tem autoridade cênica, o que facilita eventuais variações para colorir a atuação. *39* tem o acréscimo da iluminação poética, cenários e figurinos (Eleonora Drummond) de uma simplicidade que vai do bom gosto ao requinte, coreografia despojada e alegre de Lúcia Aratanha e, arrematando tudo, a conhecida competência de Paulo Herculano na direção musical. Flávio Rangel preside a festa. Acho que todos vão gostar.

LUA DE CETIM OUTUBRO DE 1981
Um 1900 interiorano com paixão e coragem

O teatro pode justificar-se com uma cena ou um desempenho. *Lua de cetim*, que já traz no nome uma predestinação poética, tem várias dessas cenas, o que lhe confere validade e interesse. Mas tem mais. Tem o grande e maravilhoso encontro de um ator com seu personagem: Umberto Magnani, de longe uma das melhores interpretações do ano. Ele e o papel se encontram, se identificam e se abraçam comovedoramente, arrastando junto o coração do público.
O motivo desencadeador de tanto brilho e poesia está numa descoberta do autor, Alcides Nogueira Pinto, que também se viu diante da sua hora e sua vez ao reconstituir uma parcela do universo interiorano paulista-brasileiro através de duas figuras-chave, perfeitas e representativas do meio social retratado: um casal aparentemente sem nada a mais do que asfixiante banalidade. Só que o dramaturgo consegue descobrir-lhe outra dimensão: a da fantasia e da capacidade de superar, ainda que momentaneamente, a mediocridade do cotidiano. O homem, pequeno e malsucedido comerciante de tecidos, espera o dia improvável em que terá uma cadeia de lojas; a mulher vive em casa e para a casa, comentando, observando e sofrendo o que se passa na família e no mundo exterior.
Os dois têm um filho que, das malcriações infantis, passará para as opções radicais da mocidade justamente no período em que o país conhece o trauma da guerrilha urbana. Os contrapontos entre as diferenças de temperamento e objetivos dentro do casal e o confronto com as opções do filho completam a teia de pequenos incidentes. É no detalhe e no contraste que incide o olhar do autor. Alcides Nogueira tem a virtude de não temer o lado melodramático, ou até piegas, de sua literatura. O que é, em parte, louvável porque desta liberdade é que

poderá sair a futura maturidade da obra a que se propôs ("tentar documentar o meu tempo, a trajetória dos que seguem comigo pelo mesmo pedaço de chão e na mesma esteira do tempo"). Com o que ele não pode mais se conformar é com a repetição de falhas na escrita teatral. A começar pela ausência de um conflito central bem definido (teatro é ação, inevitável princípio do qual não se escapa). Os conflitos de *Lua de cetim* são paralelos, laterais, oblíquos, mas jamais se caracterizam como absorvente luta de vontades.

Outro problema é a pretensão de um painel histórico e social demasiadamente vasto para os limites da peça (a ação vai do governo Jânio aos dias atuais). O seu 1900 interiorano (referência ao filme de Bertolucci) esbarra em personagens mal definidos, em generalizações de fatos graves, como a guerrilha, e no tom discursivo em várias sequências.

Alcides, porém, acerta em cheio ao apresentar o casal. Desta gente que ele entende, e aí a verdade aflora. Já o mesmo não acontece nos nebulosos problemas políticos e sentimentais do filho. Existe em todo caso o sincero retrato de um tempo. Se uma parte do quadro é inconclusa, a outra é calorosa e nítida.

O espetáculo *Lua de cetim* é apaixonado, e a paixão supera as dificuldades. Teatro vivo.

O diretor Marcio Aurelio foi buscar no elenco a força maior da encenação. Além do sentimental Umberto Magnani, o esquema familiar é enriquecido pela forte personalidade de Denise Del Vecchio assumindo a infelicidade da dona de casa. Elias Andreato e Julia Pascale ressentem-se da fragilidade, sempre falante, dos personagens mais jovens.

Paixão e coragem é o que se pede em cena; e é o que *Lua de cetim* tem a oferecer. É bastante.

PEGUE E NÃO PAGUE OUTUBRO DE 1981

Coerente com toda uma linha estética e política que sempre defendeu para o teatro, Gianfrancesco Guarnieri volta ao palco para interpretar e dirigir *Pegue e não pague*, texto do italiano Dario Fo, que, por sua vez, também representa na Europa o que há de melhor em termos de teatro engajado, no sentido amplíssimo do termo. O registro vale porque Guarnieri faz parte do grupo de artistas brasileiros que retoma o trabalho no ponto em que conhecidas e recentes dificuldades político-institucionais embargaram projetos artísticos que tinham como objetivo a discussão do homem na sociedade.

Pegue e não pague, sendo, portanto, teatro de luta, traz, entretanto, uma boa novidade: é um espetáculo extremamente divertido, dentro da melhor tradição do teatro popular italiano, maneira farsesca, circense e poética de encarar o cotidiano. Ninguém vai ao teatro para receber uma carga esmagadora de fatos e ideias difíceis, sofridos e, às vezes, depressivos. Ao contrário, o riso largo e a gargalhada total dominam sem que a essência sociopolítica da obra esteja ausente um só instante. Dario Fo – ator, autor, diretor, animador cultural e militante político – delineia em *Pegue e não pague* (*Não se paga, não se paga*, no original) o amplo painel das contradições agudas que afligem a sociedade italiana (e onde não são difíceis as semelhanças com o Brasil): a atuação do Partido Comunista em busca de um "compromisso histórico" com forças sociais representativas da Itália ainda que conservadoras, o esquerdismo de determinados segmentos da população, a religiosidade onipresente e manifestações espontaneístas de revolta popular. Em *Pegue e não pague* a ação tem início com um grupo de mulheres retirando o que necessitam do supermercado, mas pagando exclusivamente o preço que consideram justo. Ignorando remarcações, especulação etc. Diante da resistência da loja, elas acabam levando tudo embora sem pagar nada. Uma delas é casada com um severo comunista que mantém alguns princípios éticos, espécie de moralismo burguês dentro da militância de esquerda. Seriedade de princípios nascida da mais pura moderação política. Para o veterano comunista, as ações espontâneas revelam apenas anarquismo, provocação e novos pretextos para a repressão oficial. A mulher (e mais uma amiga), sabendo da posição do marido, tenta esconder a mercadoria roubada. Tem início, então, o imbróglio, monumental confusão envolvendo vizinhos, policiais (um deles mais à esquerda do que o comunista), casos de falsa gravidez, gente morta e caixão de defunto dentro de armário. Pandemônio onde se misturam finalmente os dois famosos Marx: Karl e Groucho. Certamente haverá polêmica. Dario Fo situa-se à esquerda do Partido Comunista Italiano, que ironiza abertamente. A posição do operário comunista é a do reformista completo, de uma paciência negociadora que incomoda os que não creem em compromissos históricos e na moderação dos chamados partidos eurocomunistas. Dario Fo tenta deixar o comunista vagamente ridículo, ainda que, ao final, providencie uma apaziguadora cena de confraternização e esperança com sabor levemente melodramático. Os possíveis defeitos apontados fazem, curiosamente, a peça simpática. Ela reflete o choque de opiniões e o convívio nem sempre fácil da ideologia com os apelos da realidade imediata. Para o público brasileiro, acostumado a ver comédia tratando de temas escapistas, preconceituosos, ensopados da estreita mentalidade pequeno-burguesa, o espetáculo atual é um raro prazer. Em cena está o teatro sonhado por poetas e revolucionários: combativo, risonho e incorporado à sensibilidade popular. *Pegue e não pague* não pode ser imaginado sem um ótimo elenco, o que felizmente acontece. A começar pela maravilhosa comicidade de um Gianfrancesco Guarnieri, na plenitude do talento como intérprete e da sua inventividade enquanto encenador. A direção explora o enredo nas mínimas nuances e o distribui equilibradamente pelo espaço cênico, deixando o elenco com liberdade para criar. Guarnieri tem o raro dom de estabelecer inevitável e definitiva cumplicidade com a plateia, o que lhe permite uma infinidade de variações dentro do papel, como o músico capaz de grandes solos, sem comprometer o conjunto. Intervenção que tem contraponto exato numa surpreendente Regina Viana, ausente há anos de São Paulo, que retoma segura como atriz de personalidade calorosa. A ela devemos a bela humanidade da mulher do povo, da Itália ou de qualquer lugar do mundo. O trio final dessa equipe de primeira é formado pelo sempre agressivamente irônico Renato Borghi e pela dupla Bete Mendes e Hérson Capri, ambos sinceros em papéis de menor profundidade. O espetáculo tem uma atraente ambientação latina dada pelos cenários e figurinos de Irênio Maia. Criação visual que tanto pode sugerir Nápoles como o antigo Bixiga. Logo, não há como não gostar.

ANTI-NELSON RODRIGUES NOVEMBRO DE 1981

Um espetáculo bonito é a melhor homenagem que se poderia prestar a Nelson Rodrigues, recentemente falecido. Ele certamente gostaria de ver *Anti-Nelson Rodrigues*, realização fidelíssima ao espírito da obra do dramaturgo, mas – ao mesmo tempo – permitindo-se um tipo de criatividade que de modo geral incomodava o autor ("tenho pavor de diretor inteligente"; "o bom ator é o canastrão" etc.). O encenador Paulo Betti felizmente cometeu o pecado da inteligência, o que se pode tomar como uma segunda homenagem ao público. A peça é a penúltima do escritor, escrita em 1974, graças à insistência da atriz Neila Tavares. Tem um único e rápido ato com a concisão dramática, a justaposição e o encadeamento de diálogo, o poder verbal traduzido em imagens fortes, e a poesia que só mesmo Nelson Rodrigues conseguia extrair das situações grotescas, banais ou odiosas que imaginava. O texto é a reiteração obsessiva da temática desse moralista e conservador que paradoxalmente revolucionou o teatro: uma moça virgem, puríssima, suburbana e pobre assediada por um rapaz rico, canalha e prepotente. Ela tem um pai amoroso, exaltado, naturalmente conservador. Ele tem pais infelizes, incompatibilizados, de caráter duvidoso e, naturalmente, conservadores. O choque de almas danadas, mas nostálgicas de pureza, compõe o entrecho melodramático com toda a coleção de exageros, frases feitas e preconceitos que caracterizam Nelson Rodrigues. Um mestre do ofício encanta. Nelson Rodrigues teve o privilegiado dom do texto final. Suas histórias são definitivas, não há uma linha a mais ou a menos. Além dele, pouquíssimos atingiram a perfeição de dizer logo a que vieram. A maioria dos autores novos é prolixa e mal consegue armar o arcabouço dramático das peças. Paulo Betti – apoiado pelo cenógrafo Felipe Crescenti, que consegue efeitos visuais surpreendentes sobre o palco – aceitou literalmente o universo maníaco do dramaturgo. O resultado é uma montagem clara que prende rapidamente a atenção sem virtuosismos supérfluos. Uma hora e meia de emoção, humor e sentimentalismo (a peça, ao contrário de toda a obra restante do escritor, tem a novidade de um final feliz). Betti trabalhou bem e com gente sensível, ainda que nem todos com os recursos dramáticos ou a adequação física que Nelson Rodrigues requer. Há esforço sincero do elenco, mas só os intérpretes com o temperamento próximo ao mundo radicalmente operístico-folhetinesco de Nelson atingem pleno rendimento. Renato Consorte sozinho assegura o prazer do espetáculo. Questão de tipo e intensidade emocional. Belo reencontro de um ator com sua arte após três anos de ausência. Guilherme Corrêa também se afina com a realidade especial da obra ao compor com segurança um dos exasperados personagens, tudo ao gosto do dramaturgo. Luís Guilherme, com uma boa combinação físico-voz, tem o tom exato do mau-caráter que povoa o teatro de Nelson Rodrigues. Sônia Loureiro, Cecília Rabelo e Manolo Fernandes, mais contidos numa linearidade em que se antevê menos as características básicas dos personagens: ingenuidade e sedução; infelicidade e rancor; fraqueza moral. Maria Helena Steiner, discreta, como empregada, tem rápida e ótima aparição como mulata sensacional. O conjunto de intervenções acaba sendo harmônico, e o espetáculo, fluente. Ninguém, desde que admirador de Nelson Rodrigues, poderá deixar de gostar. E Paulo Betti tem assegurado o direito natural de encenar *A serpente*, última peça de Nelson Rodrigues.

EM DEFESA DO COMPANHEIRO GIGI DAMIANI NOVEMBRO DE 1981

Um espetáculo sério nas intenções, irônico na apreciação dos fatos e apaixonado pela tarefa assumida resgata para o interesse do público atual – ainda que em tênues pinceladas – a imagem e as lutas do militante anarquista italiano Gigi Damiani, que viveu 24 anos no Brasil até ser deportado em 1919 por razões políticas. Partindo de uma pesquisa meticulosa, as atrizes Eliana Rocha e Jandira Martini montaram um texto de concisa teatralidade, que a direção inventiva de Jandira transformou na montagem *Em defesa do companheiro Gigi Damiani*.

O entrecho proposto abrange, em inúmeros *flashes*, a greve geral de 1917, marco histórico no processo de formação da consciência social do proletariado brasileiro. E é justamente nesse amplo movimento de massas que surge a figura de Luigi (Gigi) Damiani, invulgar combinação de trabalhador de muitos ofícios simples e intelectual engajado. Pintor de teatros (especializado em telões de cenários e panos-reclame de boca de cena, com anúncios comerciais) e jornalista atuante, Damiani foi convenientemente apagado da história oficial do país. Que de resto prima por sonegar ao conhecimento contemporâneo a real situação da classe operária no Brasil. Gigi Damiani tem o perfil certo do personagem teatral de impacto: coragem política, ideias originais e obstinação total (e o teatro vive da luta de vontades). Damiani participou das greves, empenhou-se no jornalismo libertário, pregando, nos comícios e na imprensa, seus princípios anarquistas. A elite dominante paulista, na esteira da repressão ao surto grevista, não perderia a oportunidade de se livrar do estrangeiro inconveniente. Texto e espetáculo reproduzem – ou descrevem – o que se passou nas ruas e no cotidiano das pessoas envolvidas nos fatos (comícios, reuniões sindicais e de associações patronais). O enfoque especial, no entanto, é dado a Damiani e sua companheira Emma Ballerini. O espectador tem assim uma visão dupla: o tumulto coletivo e seus reflexos no cotidiano do casal. Do ponto de vista da linguagem cênica, Jandira Martini criou sequências bonitas e expressivas. O rigor dos figurinos (Irineu Chamiso), a precisão e a arte da iluminação e o desempenho sincero do elenco fazem de *Em defesa* uma encenação plena de credibilidade. Como o teatro não detém as possibilidades técnicas do cinema, o painel exposto não atinge evidentemente as mesmas dimensões de, por exemplo, *Os companheiros*, de Mario Monicelli, ou *1900*, de Bertolucci. Compensa isso, porém, com a concentração dramática que a presença física do intérprete proporciona. É justamente aqui que se notam problemas da obra e sua representação: Gigi Damiani parece um tanto frágil e calmo demais, quase um gentil cavalheiro (quando as próprias autoras reconhecem que ele foi inquietante). Não se pede o estereótipo do anarquista trovejante e ameaçador, mas igualmente não se pode ficar no revolucionário esmaecido sob risco de apagá-lo. A presença de Damiani foi seguramente mais agressiva, como atestam os estudiosos da época. Ademais, ele foi um importante jornalista político, detalhe apenas mencionado na peça, que confere maior ênfase ao pintor de teatros. São reparos inevitáveis, mas que não afetam a impressão favorável deixada pelo espetáculo. Opinião compartilhada por Paulo Sérgio Pinheiro, autor, juntamente com Michael M. Hall, de *A classe operária no Brasil*, que ofereceu subsídios às autoras na fase inicial do projeto artístico. *Em defesa do companheiro Gigi Damiani* é visivelmente um belo e digno teatro de emoções e reflexão. Com recursos mínimos, direção e elenco atingem resultados quase inimagináveis no precário palco do Teatro de Arte. De onde se conclui que ali existe verdade. Jandira Martini revela-se competente diretora de atores. Há homogeneidade e vibração nas intervenções. Paulo Herculano, Zécarlos de Andrade e Luís Roberto Galizia formam um trio de burgueses ou um conjunto de operários em inteligentes traços gerais. Eliana Rocha e Noemi Gerbelli, poucos gestos, diálogos curtos, refazem as aflições domésticas e políticas das mulheres proletárias. Walter Breda confere existência a Gigi Damiani, evitando o recurso fácil do clichê revolucionário. O que ainda não se percebe bem é densidade interior, a real força psicológica e ideológica do homem retratado. Carência provavelmente advinda da linha branda seguida pela direção e da juventude do ator. Por sorte, Walter Breda tem garra e jamais abandona o papel. Numa rápida e delicada aparição, Juliana Ferrite emociona particularmente a nós, envolvidos profissionalmente com o teatro. Juliana é filha da atriz Bri Fiocca e do ator Zanoni Ferrite, falecido no esplendor de seu talento.

A SENHORITA DE TACNA NOVEMBRO DE 1981

O espetáculo *A senhorita de Tacna*, de Mário Vargas Llosa, desenvolve-se em um espaço onde os recursos cenográficos são mínimos. Uma mesa e meia dúzia de cadeiras ocupam estrategicamente o tablado. Quando a representação tem início, os personagens entram em cena de uma só vez. Surgem dos fundos do teatro, falando todos ao mesmo tempo, enquanto caminham entre os espectadores. A iluminação da sala é de uma cor oscilante entre róseo e sépia, deixando o pequeno agrupamento humano numa espécie de penumbra. Vultos contrastantes com a luz baça do aposento. Isso tudo não dura mais do que dois minutos. O suficiente para que o espetáculo imponha um dos elementos básicos do fenômeno teatral: a poesia. *A senhorita de Tacna* é um dos mais bonitos acontecimentos teatrais do Rio de Janeiro. Texto extremamente bem construído (bela tradução de Millôr Fernandes), que proporcionou ao diretor Sérgio Britto seu melhor instante de criação nos últimos anos. Por fim, um elenco sem falhas, em que brilha o talento de Tereza Rachel. O tema de Llosa comporta diversas interpretações, embora sendo aparentemente simples tentativa de ilusão poética. A senhorita em questão está muito velha, encostada em casas de parentes, dizendo coisas pela metade, mas geralmente reveladoras do passado familiar. Quem vai tirá-la da memória (porque a ação não passa de uma grande lembrança) é o seu parente escritor, disposto a transformar tantas evocações familiares numa história romântica. Ocorre que o plano é alterado pela força incontrolável dos fatos. O tema é mais do que um caso de amor. Trata-se de saga familiar que pode ser vista como alusão à própria América Latina. Elvira, a senhorita de Tacna, ao rememorar as figuras dos bisavós, revela ainda uma cidade (Tacna, Peru) e um estilo de vida cheio de requintes. Essa gente compõe a elite dominante, senhores de terras e de altos negócios. Cotidiano de luxo visível nos cristais e objetos importados. Mas o tempo corrói a grandeza, e a grande estirpe decai, da aristocracia para a realidade medíocre da classe média em apertos. Elvira – que fora moça bela e disputada – recusou-se a casar com um militar chileno ao descobrir-lhe a amante. Há aqui dois movimentos delicados. Peru e Chile mantiveram durante anos grave litígio de fronteiras. Tacna foi ocupada pelos chilenos de 1883 a 1929. Ao noivar com um oficial do Exército adversário, a jovem cometeu uma audácia só possível nos amores grandiosos. Pois apostou e perdeu; e desde então escolheu a lenta solidão de solteira, testemunhando a crônica familiar, do fastígio ao fim da raça. Belisário, seu descendente, deixou a advocacia para ser escritor (talvez fracassado; Llosa, sutilmente, não esclarece). Quer escrever sobre a derrota cotidiana no fim de uma sólida família. Sérgio Britto argumenta, entretanto, e com razão, que, se quisermos ser mais abrangentes, Belisário fala de uma vida num continente que não nasceu, que não teve ainda oportunidade de viver. Essa decadência e essa morte são dois valores importados, aqueles que vieram de fora e têm sufocado o verdadeiro respirar desta América Latina. Sempre é uma imagem mais positiva: quem não nasceu pode nascer um dia. O espetáculo é sustentado por artistas de primeira linha. Tereza Rachel, com a precisão do gesto de tirar ou pôr o véu, faz simultaneamente a senhorita viçosa e casadoura e a anciã nos limites da senilidade. Em segundos, a atriz vai de um polo ao outro com emocionante grandeza dramática. Ela tem, por outro lado, a convincente companhia de Luís de Lima, Regina Rodrigues, Marcos Wainberg, Ana Lúcia Torre, Tamara Taxman, Pedro Veras, Dema Marques e Sérgio Britto (substituindo Walmor Chagas no papel de Belisário). A maior homenagem que se presta à direção de Sérgio Britto é a de constatar que está à altura da obra, mas com plena autonomia teatral. A montagem – em cartaz no Teatro de Arena – consegue exatamente transmitir a sensação pretendida por Vargas Llosa. Sempre pensei que o ideal seria que a encenação de *A senhorita de Tacna* reproduzisse este processo ambíguo, vago, de uma extraordinária liberdade, maravilhoso, que acompanha a leitura de uma história.

Críticas 1983

UM DIBUK PARA DUAS PESSOAS JULHO DE 1983

O espetáculo *Um dibuk para duas pessoas* apresenta uma importante variante da função teatral: além de envolver o espectador com determinado fato/enredo – e isso é o teatro puro e simples –, leva-o a uma curiosidade sobre esse mesmo fato e o desejo de conhecê-lo mais fora de cena. No caso, trata-se do universo místico judaico. O texto em cartaz, uma adaptação para dois atores de *O dibuk*, de An-Ski, obra-prima da arte cênica, com mais de vinte personagens, é a versão ultrassintética de uma história de amor contrariado: o par romântico se desfaz porque o pai da moça contrata outro casamento por interesse financeiro. Essa paixão dilacerante acabará em morte. Até aqui, tudo dentro de uma certa tradição romântica ocidental, o que já não seria pouco, uma vez que se trata de obra construída com excepcional densidade poética. Mas o fantástico de *Um dibuk* é a sua riqueza religiosa e sociocultural. A trágica banalização do conflito árabe-judaico faz esquecer a grandeza mais verdadeira e mais profunda desses povos. E An-Ski (pseudônimo de Shoimo Rapoport, 1863-1920) fala de um judaísmo místico que teve uma das suas fortes vertentes no movimento chamado hassidismo, que, fundado por Israel Baai Schem Tov, espraiou-se no século XVIII pela Europa Oriental. Anatol Rosenfeld, em ensaio publicado em 1965, no lançamento da peça pela Brasiliense, observava que o hassidismo exprime, em termos religiosos, um veemente protesto social das massas judaicas dos guetos do Leste Europeu, principalmente da Polônia. Na sua parte romanesca, no enredo, aproxima-se da literatura de Issac Bashevis Singer, felizmente traduzido no Brasil, e com sucesso. Já o espetáculo de Iacov Hillel, baseado numa adaptação de *O dibuk* por Bruce Myers, parece buscar o efeito plástico da pintura (talvez do também judeu Marc Chagall) e a delicadeza musical de uma sonata. Dois intérpretes de origem judaica, George Schlesinger, completamente assumido e apaixonado enquanto artista e personagem, e Isa Kopelman, mais cerebral e, quem sabe, cética face ao entrecho, recontam e refazem a velha e fascinante canção de amor. Espetáculo bonito, culturalmente. Em cartaz no TBC graças à inquietação do brasileiro de origem árabe Antônio Abujamra, diretor do teatro. Será apenas sentimentalismo registrar o fato?

Críticas 1988

SOLNESS, O CONSTRUTOR SETEMBRO DE 1988

Embora tenha sido um burguês de vastas suíças e olhar compenetrado, Henrik Ibsen, com um espírito compulsivamente insubmisso, foi, na literatura, algo parecido com o pensador revolucionário que desejou arrombar as portas do céu. Depois de enfrentar, em muitas peças, estruturas sociais e estratificações de comportamento de ordem psicoculturais, esse gênio poético norueguês (1828-1906) se dedicou em *Solness, o construtor* a registrar a própria luta do homem com Deus, o que nos remete à *Bíblia* e à mitologia grega. A grandeza da obra justifica plenamente a definição que lhe deram: uma catedral, com tiradas sombrias, místicas, que ressoam como os acordes de um órgão. O que encanta em Ibsen, desde a primeira frase, é a contemporaneidade do texto ou, melhor, a atemporalidade. *Solness* é o protótipo da ganância absoluta. Construtor imobiliário bem-sucedido, visto com inveja e temor, encastela-se na fortuna e no renome sem dar oportunidade a ninguém. Com a vida familiar reduzida ao rancor frígido da mulher, apavorado pela lembrança dos filhos mortos, impedindo a ascensão do jovem assistente, Solness é a encarnação viva e trágica disso que se aponta como a solidão do poder. Uma leitura imediatista do enredo levaria a paralelismos com o universo dos tecnocratas capitalistas (ou um Stálin ou um Ceausescu). Mas é pouco: Ibsen antecipa-se a Freud e acompanha os teólogos nas cogitações sobre a imortalidade, o medo da morte, a fascinação vampiresca do velho pelo novo. Solness, preso na ambiguidade existencial, encontrará o anjo vingador na figura de uma jovem sensual. A peça, mosaico de sugestões simbolistas, chega aos espectadores com a integridade poética preservada, graças à tradução de Edla van Steen, que jogou no trabalho a sua boa voz interior de escritora. Sobre uma base tão sólida, Eduardo Tolentino levanta uma encenação sóbria do ponto de vista formal, como se continuasse a se afinar pacientemente no ofício antes de audácias (como a de Antunes Filho em *Peer Gynt*). Há todo um segundo ato perigosamente asséptico, mas a realização se impõe pela solidez do trabalho de Tolentino com os atores. São impecáveis os solos de João José Pompeo, Karin Rodrigues e Abrahão Farc (sua melhor atuação nos últimos tempos). Denise Weinberg – a jovem e desagregadora paixão outonal de Solness – tem uma presença cênica composta de charme e um certo mistério. É um trunfo a ser consolidado com maior profundidade por quem precisa dominar as pausas e subentendidos. Para a vastidão dramática de Ibsen, o espetáculo oferece a plenitude de Paulo Autran. Existe nele uma irresistível combinação de técnica e pulsação viva do momento. Paulo Autran sempre surpreende com uma repentina interiorização expressa no olhar pungente ou no silêncio carregado de tensão ou dor. Ao contrário de Solness, o poder do seu talento é generoso e comovente. E, assim, se faz uma noite de teatro com o que Ibsen mesmo chamaria de aristocracia do espírito.

Críticas 1989

O PREÇO ABRIL DE 1989

Um corte transversal no cerne do capitalismo americano, nos instantes de crise e crueldade, e uma prospecção psicológica, de forte densidade poética. Talvez seja essa a melhor maneira de entender o teatro de Arthur Miller, que, embora tenha sua parte mais rica produzida entre as décadas de 1940 e 1960, ou seja, hoje com uma considerável idade, não perde o impacto. Desde 1949, com A *morte do caixeiro-viajante*, até 1968, com O *preço*, Miller ocupa o quase solitário papel de fazer em cena a dissecação do lado sombrio do *american way of life*, da mesma maneira que Sinclair Lewis, John dos Passos e John Steinbeck o fizeram no romance. Miller, que, na realidade, é um compassivo reformista, e não o comunista que a idiotia macartista viu nele, pega fundo na alma do espectador, porque tem um texto conciso e, com duas ou três cenas, consegue expor o drama humano com pungência. Como na pintura de Edward Hooper, ele trabalha com os espaços desertos das metrópoles norte-americanas; só que Miller mostra, além da paisagem hostil da cidade, o vazio existencial de gente que pensou estar segura na vida ao crer que a América é justa e sempre haverá um *New Deal* roosveltiano para insuflar esperanças. Arthur Miller fala justamente de esperanças traídas. Tudo isso está em O *preço*, em que dois irmãos se defrontam ao vender os últimos móveis e objetos da casa dos pais, falecidos. Um deles venceu na vida, é o precursor daquele tipo que seria um dia chamado de *yuppie*; o outro escorregou pela trilha do fracasso e não passa de um policial sem graduação. Por que um deles achou o caminho do sucesso e o outro não, eis a matéria-prima dramática da peça. A conversa dos irmãos – o empobrecido acompanhado pela mulher também frustrada – tem um crescendo de agressividade e ressentimento revelador do preço de uma vitória ou de uma derrota no coração do capitalismo. Como contraponto irônico ou tristemente cético, o dramaturgo introduz na ação um judeu octogenário, comprador dos móveis, que observa a humanidade com a sabedoria desencantada de quem conhece todos os desastres. A obra vale pela universalidade de questões que desafiam os tempos e os horizontes, mas não deixa de ser impressionante o paralelismo que se pode estabelecer entre os personagens de Miller e uma vasta parcela da classe média brasileira. O velho judeu Salomon tem uma frase extraordinária que vale por toda uma sociologia sobre São Paulo: "A principal coisa hoje em dia é comprar. Antigamente, quando uma pessoa se sentia infeliz, não sabia o que fazer de si mesma, ia para a igreja, iniciava uma revolução, qualquer coisa. Hoje você se sente infeliz? Vá fazer compras. Se fechassem as lojas neste país por seis meses, ia haver massacre".

Com uma dramaturgia assim, não foi difícil para Bibi Ferreira erguer um espetáculo bem-feito numa produção que respeita o público até na qualidade informativa do programa da peça (hoje em dia, um exagero narcisista na maioria dos teatros, com frases tolas e fotos do elenco). A direção assumiu, do início ao fim, os cânones do realismo teatral, não pretendendo nenhum experimentalismo. A montagem, dentro dessa premissa, é de grande competência, principalmente pela força do elenco. Paulo Gracindo, hoje lendário pela composição de Salomon, repete a façanha vinte anos após a primeira encenação (com ele, Jardel Filho, Leonardo Villar e Maria Fernanda). É o ator sábio no ofício, que surpreende por se conter quando o impulso à super-representação é visível. O espetáculo deve muito do seu apelo dramático também aos empenhos emocionados de Eva Wilma, Carlos Zara e Rogério Fróes. É neles que flui a maior torrente emotiva de O *preço*. Descontados eventuais derrames teatralescos momentâneos, Zara e Fróes se enfrentam com paixão e fúria, enquanto Eva incorpora a impotência feminina, clássica em tais circunstâncias familiares e sociais; teatro, enfim, com alma, sobre ilusões e fracassos.

PARAÍSO ZONA NORTE MAIO DE 1989

O dr. Caligari na zona Norte do Rio ou uma tragédia carioca na esfumaçada sala do Café Havelka, em Viena, são duas possibilidades plausíveis para o espetáculo. Do butô à *art nouveau*, o diretor Antunes Filho continua sua releitura de Nelson Rodrigues, distanciando-se cada vez mais do aspecto mais visível, vulgar-moralista e suburbano do dramaturgo, para dele extrair linhas gerais, planos arquetípicos dos desvãos da psique humana. A montagem transcorre em um ambiente de gare ferroviária francesa, enquanto intérpretes se movimentam com uma linguagem corporal marcada pelo gestual do teatro japonês e/ou do expressionismo cinematográfico alemão. São possibilidades, hipóteses de uma viagem artística em que o encenador procura a transcendência do folhetim, do deliberado melodrama provocador do dramaturgo. Duas peças e um só painel humano e social. Em A *falecida*, a obsessão de uma mulher pela morte e, por trás disso, o inferno interior do adultério; em Os *sete gatinhos* – que Nelson Rodrigues chama, em intencional rasgo de absurdo, de divina comédia –, o mergulho na abjeção moral, uma família inteira se decompondo na prostituição. O olho poético do escritor procura o caos: a insolvência absoluta da normalidade pequeno-burguesa; e dele consegue retirar uma estranha poesia. Nelson Rodrigues já pertence, mesmo que fragmentariamente, ao anedotário popular, enquanto permanece, imbatível, o melhor texto dramático do teatro brasileiro. Se não houvesse outros méritos, ele se imporia pelo ritmo de uma linguagem que se apropria da radionovela, da fabulação barata, teoricamente inverossímil com o despudor, a coragem do transgressor nato e talentoso. O espectador tem escândalo, emoção, espanto e – quando sensível – revelações.

Antunes Filho devolve ao palco a noção do grande teatro, que se vale de recursos pictóricos, operísticos, cinematográficos para criar a magia absoluta. Em *A falecida* a montagem é nova em todas as propostas. A direção poderia, no entanto, rever o efeito fácil da cena final de *Os sete gatinhos*, em que a exacerbação *kitsch* na possessão espírito-umbandista (ou demoníaca) está abaixo do clima geral. A direção consegue novamente estabelecer um nível consistente de interpretações fortes, com um elenco novo (apesar de deficiências vocais em alguns casos), em que Luís Melo e Flávia Pucci são destaques evidentes. É por tudo isso um momento superior de arte teatral nessa zona norte, que não está mais no Rio, mas na alma do mundo.

O ÚLTIMO ENCONTRO JUNHO DE 1989

Bastaram quarenta páginas de conciso dramatismo para, de saída, a romancista Edla van Steen oferecer uma contribuição valiosa ao teatro brasileiro: o enriquecimento dos componentes subjetivos dos personagens. *O último encontro* tem convergências e semelhanças com vertentes da literatura realista e psicológica norte-americana e europeia e com parte do romance brasileiro, mas é um exemplar um tanto raro na dramaturgia nacional (Jorge Andrade e Nelson Rodrigues à parte) por expor, com riqueza de detalhes, sentimentos, fantasias, desejos recônditos, abstrações, enfim, a sua pequena humanidade em conflito. O texto é enxuto; a ação, deliberadamente contida; e o confronto, restrito a um longo diálogo entre dois irmãos. A estrutura da peça e o mecanismo que a movimenta contribuem para que a força da memória predomine no enredo. A autora utiliza o recurso da ação simultânea e do entrelaçamento entre presente e passado para apresentar uma série de outros personagens, num jogo de infância e velhice, vivos e mortos, real e imaginário, compondo assim um quadro doméstico e social, na época, com dramas íntimos precisos. Com forte personalidade literária própria, Edla van Steen traz ao palco as preocupações já manifestadas em romance e no conto, que a colocam na linhagem de Cyro dos Anjos, Cornélio Penna, Clarice Lispector e, talvez principalmente, Lúcio Cardoso. *O último encontro* é a compassiva sonata do lento desmoronar de uma família de origem alemã em Santa Catarina. A esse painel, aparentemente destinado somente à melancolia, Edla van Steen incorpora uma incandescente carga de incesto, adultério e homossexualidade. Desejos reprimidos, amores impossíveis, traições intramuros, mágoas e crimes surgem na penumbra de uma austera condição burguesa de província. Os personagens difusos ou quase fantasmagóricos de um passado recente circulam em torno do casal de irmãos em clima bergmaniano. Edla não parece estar preocupada com revelações ou comprovações de fundo sociológico. Ela trabalha no território da poesia com os irmãos reunidos em uma casa prestes a ser liquidada com o fim de inventário, que, juntos, derrubam as fronteiras do tempo. Um mundo de meios-tons, dissonâncias emocionais, inesperados traços de ódio ou paixão – o compacto universo passional e germânico da autora recebeu um tratamento cênico fiel às suas intenções. Silney Siqueira é um diretor delicado, ao tratar de temas evocativos. O espetáculo, no entanto, ressente-se ainda das limitações físicas do palco. A cenografia não transmite ideia de antiguidade ao casarão em que transcorre a ação. A montagem ganharia também mais força com uma iluminação mais marcante na definição da passagem do tempo. Não há necessidade de os mortos serem fantasmagóricos, mas a sua aparição debaixo da luz chapada do tempo presente dificulta que se sinta um toque de magia e mistério no palco. Há um emocionante combate de temperamentos entre Edith Siqueira e Kito Junqueira como centralizadores catalisadores da história. Edith tem o tipo sedutor, com um toque de tristeza que o papel exige. Kito Junqueira passa o seu temperamento nervoso e a ideia de agressividade contida. O que não se ajusta ao perfil do personagem magoado é a exteriorização simplificadora desse ressentimento (imitar gestos femininos, pisar nos móveis etc.). Kito Junqueira talvez fosse mais longe com um comportamento gestual elaborado, diferente do típico desajustado que o cinema norte-americano consagrou na postura e no vestuário. O elenco complementar tem um quarteto marcante com Liana Duval, Homero Kossak, Petê Marchetti e Octávio Mendes. *O último encontro*, enfim, é uma cena aberta, embora sujeita a acertos, que desvenda e oferece algo de novo ao teatro paulista.

UMA RELAÇÃO TÃO DELICADA OUTUBRO DE 1989

O diretor William Pereira fez de *Uma relação tão delicada*, de Loleh Bellon, um ótimo espetáculo com o talento de Irene Ravache e Regina Braga. *Uma relação tão delicada* trata exatamente de uma relação muito delicada entre mãe e filha ao longo de uma vida; é a história de duas mulheres sentindo o tempo passar. Com um tema frequentemente repetido e sempre inesgotável, a francesa Loleh Bellon vai mexer com as emoções profundas dos espectadores. Não adianta subestimar a questão, tentar banalizar o problema. Ele bate fundo, e o público se retira silencioso e comovido. Afetos totais e ao mesmo tempo ambivalentes, como no casamento e na ligação entre pais e filhos, são uma porta aberta para o infinito dramático. No cinema, por exemplo, Ingmar Bergman fez *Sonata de outono* e *Fanny e Alexander* lidando com o assunto no ponto mais extremamente cruel das opressões e dos acertos de contas implacáveis. Loleh Bellon é mais doce. Não quer provar nada, além do já sabido, mas que é bom relembrar: os papéis um dia se invertem, e os pais se tornam filhos! E mais: como uma mulher lida com os ciclos da vida. Com a perda do poder de sedução, da beleza, da mocidade, enfim, a autora teve a originalidade de pedir que mãe e filha sejam atrizes da mesma idade, para que fique claro o caráter de investigação interior dos personagens. O jogo não realista é, portanto, um dado fundamental da peça, que, por sua vez, exige intérpretes de alta qualidade. O belo espetáculo de William Pereira, um diretor que irrompe brilhante na cena paulista, tem duas esplêndidas atrizes, duas grandes mulheres plenas de delicadeza e emoção no instante exato de suas carreiras (e, quem sabe?, de suas vidas) para o denso mergulho no tempo e na memória. O diretor projetou uma encenação que desliza discretamente como um álbum de família em tom sépia, deixando campo livre para o talento de Irene Ravache e Regina Braga – Irene, representando a maturidade para a velhice; Regina, com a excelente preparação corporal que recebeu de Vivien Buckup – realizar maravilhas dramáticas com pequenos gestos em certo andar, olhares de impaciência, sentimentos comuns, mas difíceis de transportar para o palco: medo, solidão e, principalmente, culpa. Nenhum instante do espetáculo é grandiloquente ou deliberadamente impactante. Ele se impõe no conjunto, independentemente de alguns empecilhos. Não há, por exemplo, um papel masculino bem delineado, apenas um esboço, o que deixa Roberto Arduin numa situação difícil. *Uma relação tão delicada* é, assim, o teatro do cotidiano prosaico e inelutável. A dramatização sutil do que nos cerca e, às vezes, nos escapa. Serve como lembrança ou advertência carinhosa. Sem melodrama, mas sem temer as lágrimas.

Críticas 1990

KELBILIM, O CÃO DA DIVINDADE JANEIRO DE 1990

Um mestre de cerimônias conduz delicadamente pela mão os poucos espectadores de Kelbilim. São poucos, porque o espaço é pequeno e aparentemente é intencional que esse ato teatral tenha uma característica cerimonial restrita. O público também será convidado a não se manifestar com aplausos, quando a representação terminar. O lugar é extremamente propício para esse tipo de proposta: as salas, corredores escuros e um espaço semiaberto da Pinacoteca do Estado. Silêncio, sombras, as badaladas ao longe da capela do Museu de Arte Sacra. A encenação-solo no espaço circular (ou talvez octogonal) é totalmente conduzida por um ator, Carlos Simioni, que demonstrará um meticuloso e impressionante trabalho de expressão corporal fundado na hipertensão muscular – para desencadear o surgimento de novos movimentos e emoções. Durante exatos cinquenta minutos, o ator, através de contrações, descontrações faciais, emissão de sons viscerais e trechos de obras da poetisa Hilda Hilst, tentará se referir a Kelbilim. O personagem histórico é remoto para a sensibilidade contemporânea, mas serve aos propósitos da montagem. Kelbilim foi um intelectual berbere do antigo reino da Numídia, atual Argélia e parte da Mauritânia, no norte da África. Sua vida, uma sucessão de escolhas religiosas, filosóficas e comportamentais que o levariam ao ensino da retórica, aos estudos dos grandes filósofos clássicos e ao fundamental encontro com o cristianismo. O espetáculo é envolvido em cantos pré-gregorianos pesquisados por Denise Garcia. Na realidade, o que está em questão não é Kelbilim, mas uma aprofundada pesquisa do ator e seu corpo, ator e sua comunicação. O diretor Luís Otávio Burnier é claro: os métodos utilizados para a elaboração da montagem teatral são novos para nós. Não seguem os padrões normais do teatro. Perfeito como intenção. Essa é a missão-desafio a que se propôs o Lume, um núcleo interdisciplinar de pesquisas do Instituto de Artes da Universidade de Campinas. Ele não tem vínculos, obrigações, interesses e, quem sabe, nem simpatias pelo teatro dito formal. Pode-se identificar pelo menos uma fonte de inspiração para o grupo. O polonês Jerzy Grotowski e o Teatro Laboratório apresentaram em Paris, em novembro de 1973, o seu *Apocalypsis cum figuris*, com citações extraídas da *Bíblia*, de Dostoiévski, Eliot e da mística francesa Simone Weil. Grotowski também acolhia à porta os oitenta privilegiados que conseguiam acesso à lindíssima Sainte-Chapelle. Os atores tinham um extraordinário domínio físico, havia uma ansiosa, musculosa e quase angustiante manifestação corporal. Não se pode dizer (não posso dizer) que tenha sido um momento de grande transcendência. Havia um ponto de frieza, um toque conventual monótono dentro da mística acrobático-respiratória. E havia também prepotência naquele hermetismo. O grupo Lume corre o mesmo risco, embora realize uma pesquisa importante para abrir novos caminhos teatrais (pode parecer contraditório, mas o espetáculo é recomendável). Carlos Simioni é um intérprete diferente e impactante. Luís Otávio Burnier mostra-se inquieto no rumo da invenção cênica. Falta, então, romper a armadilha da impenetrabilidade, para que o subjetivo e o emocional sejam leves e transparentes.

VEM BUSCAR-ME QUE AINDA SOU TEU OUTUBRO DE 1990

Quando Vicente Celestino faleceu, deram seu nome a uma pracinha quase incógnita na Barra Funda. Anos depois, construiu-se nas imediações o Memorial da América Latina, e todo o vasto espaço diante do centro artístico e cultural agora se chama Vicente Celestino, numa involuntária fusão do modernismo de Niemeyer com o ébrio Celestino, herói cantante latino-americano como Jorge Negrete, José Mojica, Pedro Vargas e, em outra escala, Gardel. Talvez seja uma coincidência semelhante, reunindo artistas de origens diferentes, a responsável pela magia de *Vem buscar-me que ainda sou teu*, peça do santista Carlos Alberto Soffredini, dirigida pelo mineiro Gabriel Villela, com cariocas, uma paranaense, paulistas e outros, comandados pela grande Laura Cardoso. O espetáculo da Companhia Melodramática Brasileira, um nome para não deixar dúvidas, deseja recuperar a tradição do circo-teatro que Mário de Andrade definiu como a Era do Brasil. O veículo para essa recuperação é uma espécie de história dentro da história. Um circo decadente apresenta o drama *Coração materno* enquanto, internamente, há uma luta pela sua posse. Aí ambos os enredos, autor e diretor procuram as conexões com a comédia grega, repleta de matricídios e parricídios. É, ainda, e sobretudo, um jogo de humor *kitsch* despudorado e uma metáfora sobre a arte do circo-teatro. O clima é absolutamente farsesco e delirante. Mãe lutadora mantém o circo, enquanto o filho apaixonado e fraco cai nos braços da bailarina má, falsa argentina, que engendra o plano para se apossar da companhia. Para tanto, vai manipular o pretendente para o crime fatal e sangrento; puro Fellini, puro Celestino, Saura, folhetim e rádio Tamoio. Um caso feliz de intenções que se realizam. O espetáculo contém todos os códigos e desequilíbrios da arte circense, mas com requintes técnicos e uma visão nada ingênua da realidade. Tropelias sentimentais, mas críticas (efeito parecido se conseguiu no cinema com *Bye bye Brasil*). A representação enfrenta um período difícil logo no início, quando há excesso de diálogos entre a dona do circo e uma admiradora e, em seguida, com uma atriz especializada em papéis delicados. Quando o espetáculo finalmente decola, o encontro vai até o fim. Gabriel Villela é um diretor ousado que sabe desenhar cenas de belos efeitos visuais. A marca da direção está presente nos menores gestos, em cada intervenção, e o elenco é comovente. Intérpretes com voz, adequação física e gestual (um bom trabalho de preparação corporal e coreografia de Vivien Buckup), e com energia. Atores e atrizes recentes na profissão fazem meticulosas composições caricatas ou melodramático-expressionistas por assim dizer: Álvaro Gomes (o apaixonado), Paulo Ivo, Luiz Santos (vigarista-bailarino), Lúcia Barroso (admiradora) e Roseli Silva (atriz). Em um universo de cores desmaiadas, Cláudio Fontana traz um instante de cor e melancolia na máscara do palhaço. Laura Cardoso e Xuxa Lopes – duas personalidades fortes, uma soma de vontades e experiências – fazem um combate determinante, na grandeza da montagem. As duas e os outros, todos juntos, aquecem *Vem buscar-me que ainda sou teu* numa alquimia teatralmente encantadora.

PANTALEÃO E AS VISITADORAS NOVEMBRO DE 1990

Mário Vargas Llosa, como o mundo sabe e a divulgação do espetáculo *Pantaleão e as visitadoras* salienta, é um grande contador de histórias. Só esse mérito bastaria para que a sua glória fosse justa; mas ele é mais, é um recriador da arte do romance, dotado de sofisticada técnica, que lhe permite transgredir as convenções de tempo e lugar, usar superposições e cortes narrativos, enriquecer, enfim, o seu enredo com recursos surpreendentes. O que significa ao mesmo tempo densidade e nuanças a cada página e em cada personagem. O que Llosa transmite é repleto de climas, sutilezas de humor e nostalgia. Sua crítica social e política não está exposta com obviedade, ela se passa por estados de espírito e crises individuais. É assim que o ficcionista faz uma literatura sobre e a favor do Peru e, em decorrência, de boa parcela da América Andina; sua primeira experiência teatral, com *A senhorita de Tacna*, resultou no Brasil em uma linda encenação realizada em 1981, no Rio, por Sérgio Britto, com Tereza Rachel e Walmor Chagas. Com tanta humanidade, tanto humor e ironia, era de se esperar uma montagem centrada exatamente nos subentendidos e no que está só implícito. O trabalho com o deboche, o grotesco e o ridículo, supõe-se, teria alguma semelhança com o sorriso do escritor, que é aberto, mas sem esconder a seriedade final da expressão. Esses dois movimentos traduzem muito da essência de *Pantaleão*. Ocorre que o diretor Ulysses Cruz aprofunda cada vez mais o seu lado de diretor de espetáculo, principalmente no aspecto visual, esquecendo a sonoridade do texto e as possibilidades do elenco. O talento do encenador está mergulhando no tipo de esforço que os carnavalescos fazem para arquitetar um desfile. A grandiosidade da forma não foi posta a serviço de pessoas-intérpretes e de uma ideia poética verbalizada, mas, ao contrário, trabalha para uma espécie de síndrome de Spielberg: tirar o fôlego do espectador a todo custo. *Pantaleão* tem um enredo simples: um militar peruano é destacado para providenciar, disfarçadamente, o envio de prostitutas, ou visitadoras, para acalmar a indocilidade de tropas perdidas nos altiplanos ou nas bordas das selvas amazônicas. Tarefa vulgar e absurda, que se pode resumir rapidamente. O que interessa, no entanto, é a maneira de narrar o fato. O diretor não considerou os meios-tons e partiu para a chanchada apoteótica. É tudo previsível, porque se resume em exterioridades. A alma da escrita de Vargas Llosa não está ali. Prevalece o deslumbramento de inventar truques sem conteúdo. Apenas um exemplo: o radialista do original foi transformado em um agressivo disc-jóquei em um estúdio-jaula. Só que o ator não tem técnica vocal para impor o personagem (o mesmo acontece com os militares da história). O espetáculo geral, sobretudo a cenografia, é o que conta. Não houve tempo para os artistas. Mesmo assim, Luís Henrique, continuando uma linha caricata que inventou há tempos, compõe figuras convincentes; e Mara Carvalho tem beleza e sensualidade, importantes para o papel, e se entrega com energia à representação. São iluminações dentro de uma maratona *high-tech* com intenções cômicas, distante do mundo caloroso e paroquial imaginado por Llosa.

Críticas 1991

SHIRLEY VALENTINE JUNHO DE 1991

Renata Sorrah é uma boa atriz desde quando, ainda muito jovem, fez *Os convalescentes*, de José Vicente de Paula (1969). O texto é uma falsa polêmica em torno de seus desempenhos em telenovelas. Ela tem um tipo de intensidade emocional que até pode se prestar a equívocos, mas, quando está em sintonia fina com o papel, sabe ser grande. Willy Russell, o autor de *Shirley Valentine*, não é nenhum Michel Déon descrevendo as ilhas gregas em *O encontro de Patmos*, mas tem algo de concreto a dizer sobre a dor humana na banalidade do cotidiano; e a intérprete está integralmente solidária com a pequena revolução pessoal de uma mulher que se descobre durante uma intempestiva viagem à Grécia. Essa é toda a alquimia do espetáculo que desafia a enormidade sinistra do Teatro Sérgio Cardoso e se impõe. *Shirley Valentine*, na recente e bem-sucedida versão cinematográfica, tinha o filtro do contido senso de humor inglês. As coisas estavam catastróficas naquele rotineiro subúrbio londrino, onde chuva e tédio conjugal faziam um dueto constante. Nada, porém, se derramava para além do arquear de sobrancelhas e de um único gesto explícito de agressividade masculina. A patética cena do prato de ovos com fritas atirado ao colo da mulher. Ela pega as malas e viaja para o impossível. Era previsível demais, mas, em nenhum momento, se podia contestar a veracidade daquele dramazinho simplório. O filme agradou e comoveu. Renata Sorrah enfrentou o risco de competir com as últimas imagens da fita e sem ter os recursos do cinema: as cores, tomadas externas, os bons coadjuvantes e outros encantos da tela. Sem mares gregos e sem Tom Conti travestido de marinheiro-taberneiro sedutor, só lhe restam o cenário acanhado e impróprio para o espaço cênico e as noites frias da cidade. Mesmo assim, mesmo sendo tudo resumido a um monólogo, a atriz está tomada de emoção e no melhor amadurecimento técnico. Ela enche o teatro. Abandonando a contenção britânica, mas sempre evitando cair em algum exagerado desvio napolitano, faz uma recriação à flor da pele de Shirley Valentine. Buscou um pouco de abandono fragilizado de Mia Farrow, o que se nota no corte de cabelo e nos estampados das roupas, mas a garra é toda de Renata Sorrah. A sua primeira façanha é fazer a plateia esquecer que se trata de um monólogo. Com um jogo preciso de mudanças faciais e domínio vocal, descreve e imita os personagens ausentes. A magia se estabelece, e eles estão todos por ali – as amigas, o marido, a filha e o conquistador grego. Pode ser um teatro de fórmulas convencionais, mas tem um dado de pungência real, nada melodramático e com observações sutis, como o caso do embrutecimento dos filhos adolescentes, que hoje já é alvo de atenção de intelectuais do porte de Christopher Lasch. Uma peça simples, com o talento de Renata Sorrah.

A VIDA É SONHO OUTUBRO DE 1991

Regina Duarte forma, com Ileana Kwasinski e Mariana Muniz, um trio radioso, na montagem de Gabriel Villela, em que o pictórico é mais refinado do que o vocal. A cortina se abre para uma nave de igreja ou sala do trono. Um clima medieval em que as cores púrpura e dourado se fundem na penumbra. O ambiente religioso e palaciano do espanhol Pedro Calderón de la Barca (1600-81) é, também, o universo místico de Carmo do Rio Claro, Minas Gerais, terra natal e inspiradora do encenador Gabriel Villela. Trezentos anos se passaram, e a peça *A vida é sonho* mantém inalterado um tipo de poesia de fundo filosófico que soa como música, numa época de imagens eletrônicas sem conteúdo e explosão da linguagem. Calderón de la Barca tem uma obra enorme dividida em comédias, autos sacramentais e peças dramáticas com temas tremendos, que se referem à honra e à vingança, sem mencionar a conhecida *A Devoção da Cruz*. As comédias de Calderón de la Barca não são bem comédias, são situações risíveis e distorcidas; e as peças de ressonância religiosa são indagações sobre o bem e o mal e, sobretudo, o livre-arbítrio. Em *A vida é sonho*, o enredo básico se resume no caso do príncipe mantido em cativeiro pelo próprio pai, que viu no herdeiro o portador de malefícios desde o nascimento. O desenrolar das situações numa Polônia imaginária dará ao prisioneiro a oportunidade de navegar da maldição para a plenitude humana, quando descobre que tudo é vão, é passageiro, é sonho. Existem duas versões da peça, a trágica (ou sacramental) e a comédia. Gabriel Villela tentou uma síntese, e o resultado não é equilibrado. São forças muito definidas, que se opõem inexoravelmente. O espetáculo tem, então, bons momentos de uma e de outra, com incômodas zonas intermediárias em que só existe ação mecânica, sem poesia. O que vale e predomina, no entanto, é a força emotiva e filosófica de Calderón de la Barca (bem traduzida por Renata Pallottini, poetisa e conhecedora da cultura espanhola). O diretor Gabriel Villela está numa encruzilhada. Ele é hoje um dos melhores encenadores brasileiros, enquanto imaginação visual. O seu dilema é definir quando o artista plástico – evitando a armadilha do maneirismo – deixará o artista do palco predominar. Villela faz pinturas cênicas, mas não procurou para o preparo vocal um equivalente ao figurinista Romero de Andrade Lima. Parte do elenco, com exceção do coro, não sustenta os tesouros verbais de Calderón de la Barca. O espetáculo encontra um tom majestoso só quando Ileana Kwasinski aparece e mostra o que é uma atriz com domínio do ofício. Ela, Regina Duarte e

Mariana Muniz compõem um trio com credibilidade e força. Regina Duarte é, inevitavelmente, um caso à parte, pela expectativa que provoca na plateia. De início, ela não se define bem como personagem (a transição do mal para o bem), mas, a partir de certo momento, entra em sintonia com o papel e brilha. Na sequência final, todo o seu temperamento dramático e sua comunicabilidade se manifestam integrais, e é bonito de se ver. São essas magias todas que asseguram, mesmo com oscilações, um generoso momento de teatro.

Críticas 1992

THE FLASH AND CRASH DAYS JANEIRO DE 1992

Fernanda Montenegro e sua filha Fernanda Torres fazem um espetáculo de lutas e delírios e conseguem dar um toque mais caloroso ao teatro seco de Gerald Thomas. O espetáculo de estreia termina e, nos agradecimentos, Fernanda Montenegro beija delicadamente a mão da filha e companheira Fernanda Torres que, levemente surpresa com o gesto, vacila um pouco e retribui. As duas, então, se abraçam. Uma corrente emocional passa do palco para a plateia, que aplaude mais intensamente uma cena familiar e histórica simultaneamente. Não é um fato cultural, por assim dizer, mas simbólico e profundo no universo artístico brasileiro. São décadas do melhor teatro nacional que se juntam e continuam. O público sente que Fernanda Montenegro, a atriz superior, tem uma descendente e continuadora com a chama e o porte de quem vai prosseguir uma linhagem que inclui Cacilda Becker, Fernanda e Marília Pêra. Inspirado distantemente na ópera O anel dos nibelungos, de Wagner, The Flash and Crash Days (tempestade e fúria) é uma sucessão de combates metafísicos, reais, fantasiosos ou delirantes entre personagens de tempos imemoriais (ou, quem sabe, só da memória de cada espectador). Germanos da Antiguidade, celtas invasores ou pesadelos psicanalíticos com fantasmas beckettianos, ou tudo isso concentrado no encontro entre duas mulheres, mãe e filha. Fernanda e Fernanda. Há sede e ímpetos de luta entre elas, querem sangue, água, estrangulamento. Não há lógica, linearidade ou clareza. É uma proposta, uma ideia do encenador Gerald Thomas, em que o abstrato está sempre presente, mesmo que não seja a intenção original dele. Há instantes em que toda a arte resulta em fenômenos independentes do que autores e intérpretes parecem desejar (Erik Satie achava que estava fazendo humor com suas estranhas composições. Julgava engraçados os sons lunares de Novas peças frias, Desespero agradável ou Six Gnossiennes). É possível que o autor-diretor tenha realizado um esforço de leveza bem-humorada, mas ele se manifesta numa frequência druídico-judaica em que prevalece a estridência, a fragmentação abrasiva na fronteira saturniana com o nada. Não é fácil nem sempre simpático: o achado provocativo percorre o fio de navalha do tédio. E nesse túnel do tempo, nessa arena de imagens iluminadas com magnificência, Fernanda Montenegro e Fernanda Torres (acompanhadas por Luiz Damasceno e Ludoval Campos na difícil tarefa de executar sombras ou aparições com eficiência) travam uma guerra com tempestade e fúria. A leitura mais tentadoramente fácil do que ocorre é que se trata de uma disputa entre gerações (ou entre pais e filhos). São energias diferentes que se testam numa ânsia de expansão e de predomínio, que transparece no confronto físico ou num jogo infantil e mefistofélico de cartas. É totalmente caótico e totalmente Fernandas. Não se escapa de valquírias feiticeiras.

DOIS PERDIDOS NUMA NOITE SUJA MAIO DE 1992

A remontagem de *Dois perdidos numa noite suja*, de Plínio Marcos, sob a direção de Emilio Di Biasi, confirma a força dramática e transformadora da peça de 1967. Plínio Marcos, com a habitual contundência, disse, várias vezes, que se tornaria um clássico da dramaturgia não por suas qualidades, mas porque o cruel e desesperançado cotidiano brasileiro que expõe no que escreve não se altera ou, se algo muda, é para pior. A remontagem de *Dois perdidos numa noite suja*, 25 anos depois da estreia no antigo Teatro de Arena, serve para mostrar que, felizmente, Plínio exagerou. O texto resistiu não apenas por ser a reportagem de um tempo mau, mas porque tem a força transformadora de um poeta do teatro. Se os tempos realmente pioraram nas últimas décadas, pior para todos nós, mas não é a isso que se devem creditar os méritos da peça. O indignado Plínio Marcos de *Dois perdidos* faz lembrar o caso de Edward Albee (hoje com 64 anos), que, numa madrugada, escrevendo sem parar, produziu, numa cozinha de apartamento nova-iorquino, *A história do zoológico*, um dos mais impressionantes retratos da solidão humana no coração da riqueza capitalista. *Dois perdidos* se reduz ao convívio forçado de homens que vivem de subemprego como carregadores diaristas no Mercado Municipal. Um deles é interiorano e tem esperança de se arrumar na vida; o segundo sabe que perdeu a parada e canaliza a derrota para uma espécie de sadismo provocador. Quer sangue e morte. A disputa por um par de calçados desencadeia a explosão final. Na versão original, falava-se em sapatos; agora já é um simples tênis, objeto de roubos e crimes envolvendo crianças nos dias correntes. A pequena diferença criada pelo diretor Emilio Di Biasi e pelo autor indica que os dois perdidos desceram mais na escala social. Antes o drama se desenrolava numa pensão de segunda; agora é na lama de um terreno baldio ou debaixo de uma ponte. Um rinque, um esgoto, o inferno. O espetáculo de Emilio Di Biasi é consistente na concepção geral, no clima e no ritmo das interpretações. Marco Ricca tem um cinismo agressivo na linha de Nelson Xavier, mas com um tom alucinado mais forte; Petrônio Gontijo tem energia dramática, mas terá de lutar a sério com a voz. Às vezes é incompreensível. Sociologia e crise brasileira à parte, é bom constatar que Plínio Marcos não é o escritor de fatos e momentos delimitados. Ele criou um teatro original e abriu caminho para toda uma geração de autores. O seu assunto base é a ausência de compaixão, o colapso da solidariedade, o ser humano na sua expressão mais brutal. Plínio, um espiritualista confesso, mostra o homem como um animal perigoso. Está na companhia de Samuel Beckett, Jean Genet e Nelson Rodrigues. É contraditório, mas é justamente no paradoxo que se instala a poesia e – quem sabe – alguma esperança.

TRONO DE SANGUE MAIO DE 1992

Macbeth, para Eça de Queiroz, é o mal-fantasma. Ele não é daqueles lobos que andam, pela noite da história, dilacerando as liberdades e as pátrias. Não. É uma energia inconsciente e fatal. Um pouco mais mergulhado na sombra, seria o igual de Satã. Na sombria história medieval do general escocês que usurpa o trono de sua terra numa sucessão de assassinatos instigados por sua mulher, Lady Macbeth, há todo um tratado dramático da ambição e da violência humanas. O diretor Antunes Filho disse reiteradamente que o seu interesse maior está nessa violência. Eu penso que o drama do personagem é sobretudo a forma de lidar com seus propósitos, de conciliar sua porção civilizada com o seu lado selvagem.

Talvez se possa dizer que o encenador pensou menos em Maquiavel e Thomas Hobbes e mais em Carl Jung. O texto comporta essa e muitas outras leituras. Não é gratuita, embora grandiloquente, a definição de Alexandre Dumas: Shakespeare é o poeta que mais criou depois de Deus. A ação da peça, agora chamada de *Trono de sangue*, concentra-se na sequência em que Macbeth, depois de servir Duncan, rei da Escócia, mata o soberano e, a seguir, Banquo, seu companheiro de armas, mas possível rival. Os crimes provocam nos autores (Macbeth e sua Lady) a clara sensação de serem os portadores do horror absoluto. O polonês Jan Kott, um dos maiores estudiosos da produção shakespeariana, resume a questão em poucas linhas: No mundo de *Macbeth*, o mais obsessivo dos mundos criados por Shakespeare, o assassínio, a ideia e o medo do assassínio invadem tudo. É do núcleo mais obscuro do ser humano que fala o poeta e que Antunes Filho, com problemas, pretendeu ressaltar. O diretor sempre entrou no mundo shakespeariano com a audácia dos personagens fortes de Shakespeare (Antunes jamais será um Hamlet do teatro), numa espécie de tira-teima em que ele nem sempre foi vitorioso. De *Megera domada*, na década de 1960, com Coca-Cola em cena, ao memorável insucesso de *Júlio César*, agora evocado como um sucesso às avessas, Antunes exercita seu talento de inventor teatral. *Macbeth* não é um instante de fulguração criativa. O texto resiste à mocidade e inexperiência dos protagonistas tentando provocar uma ideia de profundidade maléfica com arroubos vocais. Ademais, uma ideia pode ser sedutora, mas nem sempre se materializa. Colocar personagens movimentando-se encostados nas paredes, quer dizer, deslocados do centro do palco, é um projeto conceitualmente curioso (teatro centrífugo), mas de baixo rendimento dramático. Bastaria, e seria uma façanha importante, a marcação de sempre, mas com o elenco desembaraçado do naturalismo e com intensidade interpretativa impactante. Há correrias interrompidas, caminhadas quebradiças, em ritmo japonês, mas os grandes sentimentos têm dificuldade em adquirir peso verbal. Antunes, que já desvendara todas as possibilidades do palco vazio, agora volta ao cenário construído, aos objetos cênicos e às soluções mecânicas (uma parede que gira sobre um eixo) sem acrescentar muito ao projeto de fazer a parede sugerir conspiração e falta de saída. A iluminação escura não cria também sensação de opressão, mas de incômodo visual. E, no entanto, alguma força passa entre o palco e a plateia. É o *Macbeth* rústico e quase convencional com a assinatura identificável para se gostar ou não. Tem personalidade; Antunes anunciou o seu trabalho em tom polêmico e desafiador, o que pode gerar expectativas ou desejo de comparações. Não é o caso para tanto ruído. É Macbeth, e o resto deve, ou deveria, ser silêncio.

PROCURA-SE UM TENOR SETEMBRO DE 1992

Uma comédia que pode derrubar o espectador da cadeira de tanto rir é uma felicidade. *Procura-se um tenor* tem dessas coisas. Ao autor, Ken Ludwig, o público só fica devendo a boa ideia de uma situação absurda em que um tenor italiano é impedido de se apresentar na estreia e o empresário inventa um substituto. No mais, o texto é, só, pretexto para Juca de Oliveira, Fúlvio Stefanini e Cassiano Ricardo fazerem o diabo em cena com a ajuda, sempre engraçada, de Francarlos Reis. Se a peça exige duas mulheres sedutoras como *vamps* da *art déco* e elas estão presentes e convincentes, Suzy Rêgo e Nina de Pádua, então não falta mais nada. Ou melhor, o que eventualmente faltar para as últimas trapalhadas, as experientes Analy Alvarez e Débora Duarte se encarregam de providenciar na correria certa. O teatro de divertimento é modesto nas pretensões e generoso na retribuição. Não tem tese fundamental sobre coisa alguma, mas pode ser um excelente observador de épocas, pessoas e costumes. Quando está despido do ingrediente conservador já clássico, que são as situações de adultério que favorecem o homem, é uma arte que conserva um leve sopro do improviso e da liberdade circenses. A plateia ri porque o cotidiano é alterado por fatos corriqueiros que se aceleram. É a magia banal do tombo na casca de banana. *Procura-se um tenor* tem a sua chave na troca de identidades, outro recurso infalível. Numa São Paulo da década de 1930, o tenor italiano, depois de criar todos os problemas a que um astro se permite, é trocado por um tímido cantor principiante, namorado da filha do empresário capaz de qualquer desatino para evitar o fiasco do recital. O tenor é Fúlvio Stefanini, que tem tipo, verve e um sobrenome que já diz tudo.

Juca de Oliveira é o empresário com bigodinho de Ugo Tognazzi e a cabeleira branca do ministro Paulo Brossard. Eles entram em cena e o teatro explode em comicidade. Mas, ainda, tem mais. Cassiano Ricardo, que aparece como um Clark Kent desengonçado, incorpora uma versão caricata de Robert de Niro e faz do seu candomblé histriônico uma revelação. Em dado momento, são dois tenores vestidos de Otelo, um sem saber do outro, batendo portas e entrando em armários. O texto vacila nos momentos em que o excesso de episódios dispersa a atenção, mas não incomoda. Trata-se de obra que não viveria sem um elenco de primeira. A montagem paulista tem um grande elenco e a assinatura firme da diretora Bibi Ferreira. Até Beniamino Gigli e Tito Schipa, tenores de antanho, achariam divertido.

Críticas 1993

MEDEAMATERIAL JANEIRO DE 1993

Há traços de ligação entre gregos e africanos, ou afro-brasileiros, que podem ser trabalhados poeticamente. A ideia de misturar as águas do Egeu com o mar da Bahia conquistou o encenador Márcio Meirelles e o Bando Teatro de Olodum, de Salvador. Arte de misturas e complementações transporta o tema de *Medeia*, a tragédia de Eurípides, para o caminho do imaginário dos negros. Além da audácia da proposta histórico-antropológica, a montagem demonstra invenção cênica. O resultado é colorido, emotivo. E, também, irregular. Medeia é a mulher que, ao se ver traída e rejeitada pelo antigo amor, provoca uma desgraça familiar que a torna o arquétipo da fúria feminina. São mitos e símbolos milenares reelaborados em *Medeamaterial* pelo dramaturgo e poeta alemão Heiner Müller, com uma visão contemporânea pessimista. A esta combinação um tanto complexa, o Olodum acrescentou africanidade. Nem tudo deu certo. O texto de Müller apresenta imagens fragmentadas de um mundo caótico – possivelmente a Europa/Alemanha em crise. Necessitam de equilíbrio cênico para ser compreendidas. Um jogo de interpretações mais elaborado. A encenação confia, e em parte se esgota, no forte apelo visual. São muitas linguagens, vários códigos de cena e, no centro de tudo e de forma nem sempre clara, a vingança de Medeia. Berlim atrapalha. Um prólogo exaltado, mas sem transcendência atrapalha. O ator Guilherme Leme, atuando ausente, em câmara lenta, estabelece falsa expectativa.

Mas há o desempenho de Vera Holtz e a magia aparece. Inteiramente tomada pela personagem, criando com a voz e os gestos um clima de grandeza, ela instaura a força da tragédia grega. O que antes poderia ser mero efeito ou equívoco atinge, finalmente, dimensões de cerimonial transcendente. Vera Holtz e os meninos atores e percussionistas do Olodum fazem a poesia do espetáculo.

RANCOR ABRIL DE 1993

Apesar da erudição que permeia seu entrecho, *O nome da rosa*, de Umberto Eco, também é um romance de mistério e intrigas. Sem qualquer outra comparação, a observação vale para os que se tenham apegado demais às notícias de que *Rancor*, de Otávio Frias Filho, foi inspirada numa tese do crítico literário norte-americano Harold Bloom sobre a angústia da influência que acomete os poetas, que sentem a necessidade de superar os seus modelos. A sofisticação da ideia inicial do dramaturgo não impede que a peça seja vista como uma luta entre vaidades, com assassinatos simbólicos, envolvendo intelectuais. Há um substrato culto e, quem sabe, cifrado no texto, mas ele avança mais. Mergulha na compulsão da implacabilidade com o deslize alheio e na amargura de pessoas que sofrem a vida em lugar de vivê-la. Há uma trama, um confronto justificando o tema neste teatro de grande agressividade verbal para retratar mundos interiores onde inteligência e mesquinharia se confundem. A chave de acesso ao que se passará (ou já se passou) está na fala inicial da história, quando Leon, o jovem crítico, revela-se o anjo do rancor. A ação envolve disputas entre dois críticos de gerações diferentes, um poeta depressivo, um jornalista sem escrúpulos e uma jovem fútil, um tanto cínica (personagem vaga e não delineada com verossimilhança). Um mar de ressentimentos acadêmicos e oportunismos jornalísticos. O autor tem uma visão dura desse meio, apresentado de um ângulo farsesco. Como tem o toque da transcendência, evita a polêmica menor. Chega sempre perto de possíveis situações verídicas, mas não o suficiente para que se caia no anedótico de vislumbrar os modelos das máscaras ficcionais. É um dramaturgo que resiste fora da imagem que criou na imprensa. A montagem de Jayme Compri tem, no todo, a crispação do original, embora sofra do que se poderia chamar de ansiedade de estilo. De Tadeusz Kantor ao expressionismo alemão, há um pouco de tudo na encenação. Nota-se a tendência um tanto gratuita para os efeitos soturnos, os climas estranhos, um limbo atemporal numa terra de ninguém. O diretor deixou o elenco consagrado fazer bem o que sempre soube fazer enquanto se descuidou dos intérpretes inexperientes e sem técnica. O espetáculo está no talento excepcional de Sérgio Mamberti e Renato Borghi, sábios, plenos de sutilezas e até divertidos. Bete Coelho é um caso atípico: impressiona apesar de não contracenar e repetir peças anteriores, parodiando Peter Lorre. É um encontro quase impossível de três temperamentos fortes, o que permite ao público o prazer de assistir à transfiguração poética de tanta depressão e rancor.

AUTO DA PAIXÃO JULHO DE 1993

O projeto armorial brasileiro de Ariano Suassuna, que propõe um olhar erudito sobre o imaginário popular, já se realizou literariamente no grande romance *A pedra do reino*. A tradução cênica da mesma visão de mundo surge agora, ainda nos primeiros passos, no teatro de Romero de Andrade Lima, sobrinho de Ariano. Escultor, cenógrafo e figurinista, ele havia revelado suas formas e cores em espetáculos de Gabriel Villela, em que as tonalidades da pintura medieval e renascentista se transfiguravam nos frangalhos circenses das festas de rua, herdeiras exuberantes dos autos religiosos e da própria Commedia dell'Arte.

Desta vez, o que era arte plástica ganhou movimento quando, ao expor uma coleção de esculturas ligada ao tema bíblico da paixão, Romero concebeu uma volta ao auto medieval, mas com musicalidade leiga e o acento pagão do cordel. O público segue os passos da paixão como sempre se fez, ou se fazia, nas procissões da Semana Santa. Doze atrizes e o próprio Romero como narrador apresentam este teatro necessariamente arcaico ao preservar entre paredes, ou em espaços especiais, o que já foi espontâneo, popular e sem dono. Há um clima de delicadeza quando as pastoras – todas com trajes diáfanos (mais uma prova de talento da figurinista Luciana Buarque) – se misturam aos espectadores levando candelabros e impondo simbologias a objetos inesperados (um coro, por exemplo, representa a fertilidade dos patriarcas do Velho Testamento). Em certos momentos, o clima se perde por falta de elaboração vocal de algumas intérpretes e, principalmente, de Romero, que tem figura marcante, mas uma fala tímida e sem nuances. A coesão do elenco se manifesta no aspecto gestual e na musicalidade dos muitos sons que produz com instrumentos e vozes. Uma atriz pronta, Lígia Veiga, dá o tom ao espetáculo, que é um auto e a invenção de um teatro na perspectiva do mundo mítico de Suassuna.

GRUPO SOBREVENTO AGOSTO DE 1993

O teatro de bonecos está geralmente associado ao humorismo, mesmo em sua versão asiática. O boneco comunica-se em qualquer circunstância. Ao mesmo tempo, dado seu mistério natural (são seres inanimados, quase abstratos), eles podem se prestar a uma visão do mundo tensa ou introspectiva. Bergman usa esta duplicidade magistralmente em *Da vida das marionetes*. Esse também parece ser o projeto do Grupo Sobrevento, do Rio, com o espetáculo composto de três quadros extraídos de peças de Samuel Beckett, dramaturgo que usou a palavra com extrema economia para demonstrar a incomunicabilidade humana. Beckett fez do pessimismo seco (ao contrário de Cioran, dono de uma eloquência soturna) uma forma singular de afirmação poética que requer, em termos cênicos, a sábia e difícil utilização do silêncio e das pausas. O Sobrevento vai ao limite de tirar quase todo o texto para representar pequenas cenas de pouca ação e sentido linear, duas delas com bonecos e a última com pessoas. A maestria dos atores/manipuladores é evidente nos mínimos detalhes (cada boneco é manipulado por três deles, que se mostram no palco com roupas negras de filme expressionista ou policial *noir*) e os bonecos, que não têm traços marcados, sugerem um clima sombrio de onde, por efeito de contrastes e acontecimentos inesperados, surge a comicidade.

No primeiro quadro, o boneco tenta sem êxito alcançar um objeto, o que o obriga a esforços absurdos. No segundo, duas figurinhas caricatas (uma delas próxima do teatro infantil) cumprem uma rotina de pequenas trapalhadas. Por fim, dois homens em um bar. Um tenta ler algo para um companheiro agressivamente indiferente. Não é criação muito fácil. Existe a possibilidade do tédio, e a cena falada tem um hermetismo deslocado que beira a afetação artística. O grupo, que também apresenta *Mozart Moments*, historietas sobre o compositor (em vesperais de fim de semana), corre os riscos de todas as experiências. São bonecos em situações não convencionais do marionetismo, mas sempre mágicos bonecos.

A CONFISSÃO DE LEONTINA SETEMBRO DE 1993

A prosa de Lygia Fagundes Telles chega ao teatro de forma inesperada em *A confissão de Leontina*. Um ator representa Leontina, mulher submetida a provações materiais e afetivas. O texto, extraído do livro *A estrutura da bolha de sabão*, é um conto em que a personagem faz o retrospecto de sua vida desde a infância. A obra de Lygia é rica nesses retratos humanos em que, ao lado da descrição psicológica detalhada, há sensibilidade no registro dos usos, costumes e falas do meio interiorano e rural. O contato privilegiado e desde muito cedo com as velhas fazendas paulistas fez dela a solidária observadora dos servos da terra e da casa grande, mundo em que a mistura de hábitos faz o patrão assumir alguns comportamentos do empregado. Crendices caseiras e suavidade opressora que já renderam vasta sociologia, só que vistas desta vez pelo olhar da literatura. A brutalidade da pobreza pegou Leontina desde criança. Orfandade, fome, responsabilidades, um quadro social que não muda. É na reconstituição do território verbal da personagem que Lygia Fagundes Telles posiciona-se a seu favor. Compaixão pela linguagem.

A história resultou em espetáculo de grande força a partir de uma ideia perigosa que, facilmente, poderia levar ao maneirismo da travesti. Olair Coan faz Leontina, atuando na tradição teatral que, da Grécia ao Japão, passando pelo teatro elisabetano, atribui papéis femininos aos homens. O desempenho de Olair é apaixonado, além de se sustentar na precisão dos gestos e da reconstituição do sotaque caipira paulista. Em determinados momentos, ele quebra a representação de Leontina e reassume voz e postura masculinas, o que provoca um efeito crítico distanciador. Não há margem para facilidades graciosas. A montagem, dirigida por Oswaldo Boaretto Jr., evidencia pesquisa corporal e de interpretação. Ator e diretor, que passaram por espetáculos de Antunes Filho, demonstram o lado rigoroso do ofício artístico. Boaretto cuidou tanto da interpretação que a concepção geral do trabalho tem problemas de marcações repetitivas, cenografia e iluminação precárias. Mas o que conta ao final é o tom das palavras de Lygia e a ação comovida de Olair Coan como intérprete.

A GUERRA SANTA SETEMBRO DE 1993

A guerra santa é um espetáculo de grande beleza, que estabelece rápida comunicação com o público. Imagens barrocas criam uma atmosfera onírica para simbolizar o mistério do homem no universo e, de forma mais concreta, o instante em que ele – pelo seu lado escuro e terrível – cria o que certo cristianismo define como o inferno. A montagem tenta expor a dualidade entre o lado poético e o abismo da condição humana. O ponto de partida da viagem teatral é a peça de Luís Alberto de Abreu usando livremente o tema da descida aos infernos de *A divina comédia*, de Dante Alighieri, para uma incursão metafórica aos renovados círculos da tragédia social brasileira. Interferem na ação figuras da história e da ficção, como o próprio Dante e a sua Beatriz, o poeta Virgílio e uma galeria de personagens populares, reais ou imaginárias, como os peregrinos, a cantora, uma nega maluca, gente de circo e outros. Humanidade que caminha entre destroços, sofrimentos e névoas, atritando-se uns com os outros enquanto divagam sobre seus vilões e motivações metafísicas. Vez ou outra a palavra ou detalhe da cena revela que o lugar dos conflitos e crises é o Brasil. Há duas realidades artísticas superpostas em *A guerra santa*. De um lado, o teatro do diretor Gabriel Villela em um ponto superior de afinação estética. Do outro, o texto sofisticado de Luís Alberto pretendendo revelar o transe do país sem os mecanismos do realismo engajado. O autor prefere o lamento poético com um fundo de esperança anarquista. Villela, por sua vez, traz para a cena um apurado sentido plástico nordestino e mineiro na recuperação das festas e rituais religiosos. Do circo à missa antiga, usa elementos de constante teatralidade em uma direção apaixonada. A dificuldade de o texto e a encenação traduzirem de forma idêntica o tema é de certo modo constatada pelo autor em nota no programa do espetáculo. Percebem-se somente traços do Brasil real em meio a apelos visuais e subjetivos fortes, em que nada fica inteiramente claro do ponto de vista racional. A fantasia é poderosa e conduzida por intérpretes com grandeza – de Beatriz Segall e Umberto Magnani a um grupo de novos que surpreendem, como Cristina Guiçá. Tanta beleza não ilustra necessariamente uma ideia ou tese. Flutua e fascina como um sonho inexplicável.

VEREDA DA SALVAÇÃO DEZEMBRO DE 1993

O que psicanálise, antropologia e história observam no plano coletivo ou individual, o encenador Antunes Filho incorpora ao seu teatro. Felizmente, também há nele o imponderável da intuição. Impulso presente em *Vereda da salvação*, de Jorge Andrade. Voltando a uma peça brasileira sobre fanatismo religioso no campo, Antunes liga-a a um drama universal. Fatos ocorridos nos confins de Minas repetem-se do Atlântico ao Índico, entre árabes. O ensaísta egípcio-norte-americano Edward Said, autor de *Orientalismo* (1978), adverte que o violento fundamentalismo muçulmano é a reação dos miseráveis à insensibilidade social dos regimes árabes semifeudais. Sertanejos e guerrilheiros da *jihad* islâmica estão próximos. O brasileiro Rui Facó escreveu o mesmo em *Cangaceiros e fanáticos* (1965). *Vereda* apresenta um surto de messianismo entre lavradores. O fato põe em conflito dois homens: um, devoto, tem a sexualidade sublimada; o outro é objetivo e viril. O desenlace virá pela repressão externa. Jorge Andrade tem uma visão compassiva dessa humanidade bruta. Não contradiz, e até aceita, todo desvario. Limite ideológico de uma solidariedade. O espetáculo, ao contrário, aparenta alguma crítica à história. Expõe a devoção extrema em reações físicas grotescas. A pregação do início da peça é caricata. O transe místico pode ser apenas epiléptico, histérico ou simulação de um demagogo. O adendo mais ou menos cômico instaura uma incômoda tensão com o texto. *Vereda* é realista e tem consistência literária. Resiste às intervenções. A montagem tem melhores comentários adicionais na abertura, que se refere ao recente massacre de camponeses, e na música final, de um falso Brasil rural. Antunes valoriza o efeito dos movimentos coletivos. Por outro lado, as passagens psicológicas isoladas dos personagens que aderem à exasperação são abruptas demais. Falta também, no terreno dramático, o confronto ideológico revelador entre homens diferentes. Manoel, o opositor de Joaquim, interpretado com melancolia por Valter Portella. Esperava-se um contraste mais duro com vibração de Luís Melo. Portella é sóbrio, e Melo, um alucinado santo-guerreiro de ícone ou gravura japonesa. Quem encarna magistralmente a contradição de tudo é Laura Cardoso, a mãe. São arestas que cabem no espetáculo. Antunes Filho, o elenco e o cenógrafo J. C. Serroni realizam mais uma experimentação de linguagem cênica. Algumas vezes surgem falhas. Mas, no fim, a fulguração do grande teatro predomina. Soma da compaixão de Andrade com a raiva de Torquato Neto (*Aqui é o fim do mundo*). Não há possibilidade de indiferença.

Críticas 1999

O PODER DO HÁBITO AGOSTO DE 1999

Thomas Bernhard foi a extremos no ataque a um mundo de aparências

Embora Thomas Bernhard tenha afinidades com Samuel Beckett e se possam vislumbrar traços de *Esperando Godot* em O *poder do hábito*, a apreensão de sua obra passa pela música de vanguarda que ele estudou. O dramaturgo elege um tema e passa a trabalhar suas variações com precisão cerebral. Toda eventual força dramática decorre desse sistema, o que é um desafio para o tradutor. Não há lógica aparente nos diálogos porque os personagens estão falando consigo mesmos e só ocasionalmente se comunicam em um fugidio contato afetivo. A peça tem sequências em versos brancos em que o ritmo é o que conta, porque é dele que nasce o interesse e a explicação geral do que está acontecendo.

Há histórias estranhas envolvendo as relações conflitivas de Bernhard e sua Áustria. Ele ostentou ódio explícito a esse país de cartão-postal a ponto de proibir a edição e representação ali de seus romances e peças. Mas não emigrou: preferiu combatê-lo por dentro. O problema, no fundo, é mais complexo e envolve alguns dos melhores autores contemporâneos de língua alemã. Deixando-se Brecht à parte – por envolver toda uma discussão paralela –, é o caso de Max Frisch, Friedrich Dürrenmatt, Peter Weiss, Heiner Müller, Botto Strauss, Trankred Dorst e Peter Handke. Fiéis legatários do grotesco, da virulência paródica e de um certo tom sombrio germânico e centro-europeu presente nos expressionistas, eles traduzem no palco o que Otto Dix e Georg Grosz, entre tantos, fizeram na pintura e na caricatura. É difícil ser artista em um país que saiu do delírio militar-racional para uma divisão esquizofrênica e o enriquecimento agressivo (Alemanha); a neutralidade ambígua e usuária da Suíça ou a bonomia de fachada da Áustria, cabeça de um império de trezentos anos que terminou na torta Sacher, nas temporadas líricas e no conservadorismo pequeno-burguês inabalável. Sintomaticamente, esses artistas tomam como referência as marionetes. Nelas, os gestos automáticos, a impassibilidade irreal e a crueldade das historietas de fantoches são transpostos para os ritos sociais. São conhecedores agressivos do lugar onde nasceram, alguns por pagarem pessoalmente um preço alto. Dors, nascido em 1925, foi convocado para a Wehrmacht alemã aos 17 anos – ou seja, em 1942, no pior da guerra. Devolveu o trauma em *Grande imprecação diante dos muros da cidade*, em que uma mulher procura o marido levado pelo Exército. Bem mais jovem, Botto Strauss, de 1944, tornou-se o poeta da solidão, da frieza desolada da Berlim dos anos 1960 em diante. Ainda entre os mais antigos, três casos exemplares: o alemão Peter Weiss (1916-82) e os suíços Max Frisch (1911-91) e Friedrich

Dürrenmatt (1921-90). Descendente de judeus, Weiss retratou as consequências do estilhaçamento da história em peças impressionantes – e bem encenadas em São Paulo: *Marat-Sade* (loucura e revolução) e *O interrogatório* (a Segunda Guerra e o Tribunal de Nuremberg). Frisch, amigo de Brecht, mas do qual se diferencia por valorizar a subjetividade, lutou contra a covardia moral e as imagens falsas que criam bodes expiatórios (o judeu de *Andorra*, memorável espetáculo do Teatro Oficina) e a ilusão passiva diante da opressão (*Biedermann e os incendiários*). Dürrenmat, definido como o especialista em sátiras que provocam o riso amarelo ao apontar a barbárie que simula civilização, desmonta, sem nomear diretamente, a imagem de relógio cuco de sua terra em *Frank V: ópera de um banco*.

Nessa linhagem, com originalidade a toda prova e feroz individualismo, Thomas Bernhard (1931-89) partiu dos seus muito admirados Antonin Artaud e Beckett (escreveu um estudo sobre os dois) para criar uma literatura (teatro e romance) sem apriorismo político e ideológico, baseando-se exclusivamente em observações e conclusões pessoais da realidade. Sempre evitando a linearidade dos enredos ("Odeio as histórias. Sou um destruidor de histórias"). Opção complicada por resultar num teatro que pode resvalar para a opacidade verbal na reiteração de frases ou atitudes obsessivas, desafio para Sérgio Britto no papel do diretor de circo com seus artistas-fantoches (sempre as marionetes; nessa dramaturgia quase ninguém é bem humano). O autor não está, portanto, demolindo apenas e especificamente a falsidade austríaca – embora tenha criado um escândalo em 1989, o ano de sua morte, com a peça *A praça dos heróis* (*Heldenplatz*), referência ao local onde Hitler foi aclamado por milhares de vienenses. Bernhard registra a mesquinhez humana reduzida a frases desconexas, monólogos interrompidos, frases soltas e incomunicabilidade. Panorama desalentador (há uma vertente crítica que viu nele uma arrogância ou um viés autoritário), mas é inegável que uma poesia misteriosa sobrevoa a criação artística de Bernhard. Ela pode ser resumida em versos do seu poema "Biografia de uma dor": "Meu coração/ que anuncia a caída das almas". Foi no que acreditou e realizou com corajosa firmeza o dramaturgo de *O poder do hábito* e o romancista de *O náufrago*. Se em Beckett ao menos se espera Godot, em Thomas Bernhard não se espera ninguém.

Críticas 2002

TARSILA JULHO DE 2002

Tarsila do Amaral e Esther Góes, atriz de teatro, cinema e televisão, estão em São Paulo. As duas são a mesma pessoa e os admiradores de Nicole Kidman precisam saber disso. Há vários anos, quando passou em São Paulo *A sra. Dalloway*, com Vanessa Redgrave, o filme, seja pelo título seja por Vanessa não estar em evidência, fez carreira média. Agora, é preciso entrar na fila das locadoras para ver a mesmíssima obra em vídeo. Tudo porque a arquiestrela Nicole Kidman está nas telas em *As horas* ao lado de Meryl Streep e Julianne Moore. O filme faz referência ao romance *Mrs. Dalloway*, de Virginia Woolf. A romancista de *Orlando* e outras obras-primas ficou importante até para os ruminantes (os que comem pipocas e abrem latas de refrigerante no silêncio do cinema). Menos mal.

A curiosidade é saber se haverá duas mãos nessa história. Estreia hoje em São Paulo o espetáculo *Tarsila*, de Maria Adelaide Amaral, com Esther Góes no papel da pintora que foi casada com o escritor Oswald de Andrade. Pelo enredo passam ainda o poeta Mário de Andrade e a pintora Anita Malfatti. É o melhor da vanguarda paulistana, que nasceu para a história depois da ruidosa Semana de Arte Moderna de 1922. Não se sabe se haverá aumento de leitura das obras dos Andrades ou de qualquer outro modernista relegado ao limbo das estantes (os poetas Cassiano Ricardo, Raul Bopp, Menotti Del Picchia). Em todo caso, há a esperança despertada pelo sucesso da recente exposição, na Faap, do melhor das artes plásticas modernistas. Nada que se compare ao agito desencadeado por Nicole Kidman, que – distante do lixo das fofocas hollywoodianas – mostra qualidades em um forte desempenho como Virginia Woolf. Mas a luz do filme está com Julianne Moore como uma dona de casa mal realizada. Meryl Streep não tem muito o que fazer. Mas sonhemos com Tarsila. O espetáculo, dirigido por Sérgio Ferrara, mostra um grupo de rapazes e moças cultivados, de boas famílias endinheiradas, que ia e voltava de Paris para espantar o tédio provinciano. A exceção era Mário de Andrade, mulato, sem recursos e, de longe, o mais culto de todos. Ficou por aqui, viajando pelo país e animando novos talentos com suas famosas cartas. Oswald era herdeiro, perdulário, desaforado e carismático. Nas revoadas europeias, Oswald, Tarsila e Anita conheceram Picasso, Fernand Léger, o compositor Satie, o poeta franco-suíço Blaise Cendrars (que veio ao Brasil), absorveram as novas estéticas e decidiram usá-las antropofagicamente como pregava Oswald. Explodiram o academismo, o verso com rima, o realismo dos romances e a arte figurativa, mas com temas e cores brasileiras (os esplêndidos tons de rosa e azul caipiras de Tarsila). O espetáculo conta tudo isso a partir do romance Tarsila-Oswald, dos bons momentos à ruptura com a aparição de Patrícia Galvão, a irresistível Pagu, moderna, audaciosa e comunista. Em outro eixo, gira a amizade com travos de competição entre Mário e Oswald. Acabaram rompidos por discussões teóricas e, principalmente, pelas maledicências de Oswald, famoso pelo odioso defeito de perder um amigo, mas não a piada. Atacou Mário em suas intimidades, o que o autor de *Macunaíma* e *Pauliceia desvairada* jamais perdoou – e morreu aos 51 anos, para desespero culpado do criador de *O rei da vela* (peça que, ao ser redescoberta em 1967 pelo Teatro Oficina, tirou Oswald do ostracismo). A encenação tem um pouco de tudo isso nas interpretações de Esther (que tem a beleza e os traços de Tarsila). Luciano Chirolli, ator alto, descendente de italianos, que representa a elegância de Mário, que se sentia feio ("Sou um canhão", disse a uma jovem e linda Lygia Fagundes Telles). José Rubens Chachá, que tem semelhança de rosto com Oswald, e Agnes Zuliani, que defende o ingrato papel de Anita Malfatti. A pintora tinha um defeito na mão e – consta – não se recuperou de uma crítica de Monteiro Lobato à sua arte (Lobato foi devastador na sua pergunta "paranoia ou mistificação?"). Mas Anita ficou um tanto reduzida na história, o que não é toda a realidade. Ambas – personagem e atriz - seriam mais interessantes se vistas de outros ângulos. É um bonito espetáculo, que restaura os tempos dos salões literários da dama paulistana Olívia Guedes Penteado, quando Oswald de Andrade torrava dinheiro vendendo seus terrenos (hoje a Vila Buarque) e andava de Cadillac verde. Morreu quebrado e nas mãos dos agiotas. Vale a pena reler seus melhores livros, de *Memórias sentimentais de João Miramar* e *Serafim Ponte Grande* ao menos valorizado, mas bom, romance *Os condenados*. Seria bom, aliás, que uma brisa Nicole Kidman tocasse as obras de todos os modernistas. A prefeitura (Secretaria de Cultura) poderia fazer a sua parte ao resolver o caso de Antonieta Rudge, uma das maiores pianistas do Brasil, casada com Menotti Del Picchia. A residência do poeta na avenida Brasil – com gaiolas na varanda – foi transformada em imobiliária ou loja. Nada a fazer, mas o busto em bronze de Antonieta, que estava logo ao lado, na praça Portugal, desapareceu. Resta só o pedestal de granito rosa.

ALMOÇO NA CASA DO SR. LUDWIG OUTUBRO DE 2002

Dinheiro é o tema da peça *Almoço na casa do sr. Ludwig*, de Thomas Bernhard. Não é a moeda circulante que gera fatos novos, mas a outra, a da herança inercial e corrosiva que faz fins de raça entediados e impotentes. Evidentemente, o autor austríaco Thomas Bernhard envolve essa fortuna paralisada em um enredo digno do seu conterrâneo Freud. O espetáculo vale, pois, como uma novela de família e um breve tratado sobre a fortuna perversa. Nenhum executivo ou empresário, se assisti-la, poderá dizer que perdeu tempo em assuntos alheios aos seus negócios. A propósito, a encenação tem o patrocínio da Brasil Telecom e apoio da porcelana Vista Alegre. Se, em *A morte dos banqueiros*, Ron Chernow[2] descreve o declínio das grandes dinastias financeiras e o triunfo do pequeno investidor, o texto de Bernhard mostra como fortunas amortalhadas em tradições costumam gerar malucos dilapidadores. O almoço em questão reúne um filósofo brilhante, mas sujeito a distúrbios mentais cíclicos, e suas duas irmãs, atrizes com o talento baseado mais no fato de serem detentoras de 51% do capital de uma companhia de teatro. Há louças raras e receitas antigas sobre a mesa, mas a conversa desanda em um feroz desmascaramento de ritos e convenções de classe que dá gosto de ver e ouvir, se é que cabe o termo. Livremente inspirada na vida do brilhante filósofo Ludwig Wittgenstein (1889-1951), o enredo lança sobre os espectadores os desatinos de três pessoas que cultivam uma relação de competitividade, ressentimentos e cobranças de tremer os lustres e a consciência da plateia. Os austríacos rebeldes são ótimos nesses acertos de contas. Além de Freud, que horrorizou Viena com suas ideias sobre a pulsão sexual, mas que, afinal, era um cientista, os artistas locais adoram explodir o secular minueto de convenções e interesses em salões dourados naquela felicidade postiça dos aristocratas, financistas e agentes do aparelho de Estado. Antes de Thomas Bernhard, houve Arthur Schnitzler (1862-1931), que chegou ao grande público recentemente por ter uma história filmada por um Stanley Kubrick no ocaso e que resultou no gélido *De olhos bem fechados*. Dele, melhor ler, em português, *Contos da vida e da morte* e *O retorno de Casanova*. Pois o dr. Arthur – o escritor também era médico, e Freud via nele

---

[2] São Paulo: Makron Books, 1999, 134 páginas.

uma espécie de seu duplo – dedicou-se a escrever peças e romances que são uma espécie de autópsia do Império Austro-Húngaro que submergiu na Primeira Guerra. Thomas Bernhard (1931-89) já é filho da Áustria moderna, capitalista e diplomática (Opep e outras entidades), que ele se dedicou a odiar com uma persistência que seria apenas caricata se não fosse ele um grande escritor. Uma de suas peças, por exemplo, *Praça dos heróis*, dedica-se a relembrar a festiva recepção de Viena a Hitler. Era um homem bonito, de saúde frágil, que dominava plenamente a língua alemã. Escrevia como se lhe faltasse fôlego (e faltava, sofria de problemas pulmonares/cardíacos). O espetáculo, safra boa do teatro gaúcho, dirigido por Luciano Alabarse, faz justiça a todo esse tormento social e psicológico. O excelente ator Luiz Paulo Vasconcellos e as atrizes Ida Celina e Sandra Dani impõem ao público todo um pesadelo familiar que, no cinema, Bergman expressa bem. O espetáculo, que termina a temporada no domingo, é algo a não se perder. Como se faz com o dinheiro.

CAFÉ COM QUEIJO E INTERIOR OUTUBRO DE 2002

O Brasil rural ou provinciano continua existindo apesar do neon das modernas avenidas. Dois bons espetáculos falam dessa velha realidade com atenção. *Café com queijo* (no Sesc Belenzinho) e *Interior* (no Tusp). Eles demonstram que não é preciso fazer anedota folclorizante quando se mostram vidas simples. O professor Antonio Candido já o demonstrou em *Parceiros do rio Bonito*, estudo clássico sobre a cultura caipira no estado de São Paulo. Violas e luares, mas sem esconder que o caboclo tem o sonho faminto de comer carne de vaca, produto raríssimo na sua vida. A cena paulistana mostra agora a mesma realidade com uma ternura melancólica que comprova a tese do economista José Ely da Veiga: a maioria da população brasileira ainda vive ou tem vínculos com o campo. Certos critérios estatísticos e termos sociológicos fora de lugar acabaram por nos colocar todos na cidade. Na verdade, as periferias selvagens são bem pouco urbanas. É disso que, com humor e simpatia, o palco está falando. Da força dos fracos que acaba por deixar marcas na cultura de uma nação. *Café com queijo* é a bonita criação do Lume, núcleo de pesquisas teatrais criado na Universidade de Campinas e já com 14 anos de existência. O grupo procura a criação artística pela reconstituição detalhista das ações, físicas e vocais, de pessoas, animais e até de fotos e gravuras. O resultado do esforço restaura, de modo sofisticado como criação, a rude humanidade dos campos de Goiás, Minas, Amazônia e São Paulo. Crenças, hábitos alimentares e fantasias reaparecem em episódios ora curiosos, ora engraçados, numa fala quase dialetal. O elenco vai a fundo na experiência mostrada no ambiente acolhedor delimitado por paredes de panos coloridos. O segundo espetáculo, *Interior*, partiu da experiência do grupo com suas raízes familiares em vários estados e cidades do interior. No processo, o que poderia ser fantasia de traço sociológico terminou por receber um forte componente subjetivo e confessional. Em episódios breves, a memória também segue a geografia do afeto numa espécie de dramatização do poema "Viagem na família", de Carlos Drummond de Andrade ("Pisando livros e cartas,/ viajamos na família./ Casamentos; hipotecas;/ os primos tuberculosos;/ a tia louca [...]"). Os intérpretes dirigidos por Abílio Tavares trabalharam 18 meses o duplo sentido de interior (o físico e o emotivo) numa caminhada em direção à terra revirada no interior de cada um. Sem superstição de serem 13 em cena, formam o elenco intenso de uma montagem calorosa.

FRANKENSTEINS OUTUBRO DE 2002
Jô e os sonhos de papel

Frankensteins, de Eduardo Manet, é um espetáculo que tem um fino humor literário que prescinde de *gags* e quiproquós para divertir. Há mesmo nele traços de melancolia e drama. O pastelão é um gênero ótimo, mas nunca foi a linha do diretor. Usando-se o *jazz* como comparação, pode-se dizer que Jô Soares sempre traz ao palco a vibração de Illinois Jacquet temperada pela delicadeza de Sidney Bechet. O texto de Manet, cubano radicado na França, com um elenco sensacional, brinca com a alta literatura de um jeito amoroso não isento de certa indagação filosófica.

Dois grandes personagens de ficção, o gigante do dr. Frankenstein, segundo a imaginação de Mary Shelley (1797-1851), e Jane Eyre, a heroína de Charlotte Brontë (1816-55), escapam dos romances e se rebelam contra seus criadores. O ser inventado pelo cientista não suporta ser chamado de monstro, e Jane não quer ser a mulher valente só nos limites da vida convencional. Ambos estão plenos de razão ao desejarem outras vidas ou opções existenciais.

As autoras, por sua vez, têm problemas pessoais e argumentos estéticos, o que faz do encontro dos quatro um belo exercício de fantasia, com surpresas e momentos muito engraçados.

Há sequências brilhantes, como o momento em que Frankenstein, sem mencionar Boris Karloff, prova ser tão sensível e refinado quanto esse ator culto, mas prisioneiro de um papel, como Lon Chaney, Bela Lugosi, Peter Lorre e o Nosferatu Max Schreck. Ou quando Jane argumenta não ter nascido para um retilíneo lar comportado. As mulheres protagonizam, assim, um duelo de vontades, enquanto "a criatura" masculina toma um pileque anárquico e liberador. Sim, diverte-se, mas há em tudo um dado psicanalítico interessante, quem sabe, bem sério.

Talvez com saudade de reler Mary Shelley e Jane Eyre, Jô Soares afina o melhor de três atrizes fortes. Clara Carvalho, Mika Lins e Bete Coelho usam beleza expressiva e características dramáticas de forma complementar no conjunto das cenas. Não há o menor ruído numa representação com o irresistível contraponto de Paulo Gorgulho na caracterização frankensteiniana. Todos consolidam e ampliam suas ainda jovens carreiras.

É um prazer vê-los ao lado de um diretor com criatividade para, se quiser, enfrentar um texto como *Travesties*, de Tom Stoppard, em que os personagens são Lenine, Tristan Tzara e James Joyce. Conduzindo a cena de fora, Jô confirma a qualidade do ator já notada, em 1961, pelo crítico Décio de Almeida Prado: inteligência e um extraordinário senso cômico.

BLADE RUNNER NOS BECOS DA CIDADE NOVEMBRO DE 2002

Uma parte do teatro paulista expõe a onda de miséria e marginalidade que chega às suas portas e ruas adjacentes. Praticamente todas as boas salas do centro estão ilhadas pelo lixo material e ruínas humanas. Os espectadores se esgueiram, constrangidos e assustados, do estacionamento para a bilheteria. Recentemente o governo estadual determinou ao policiamento que se mantenha alerta nesses locais até o fim do espetáculo. Melhor que nada, mas o problema permanece. É uma questão séria e os artistas querem ajudar a solucioná-la. O grupo Folias D'Arte, por exemplo, com um bom teatro na malcuidada rua Ana Cintra, que cruza a avenida São João, tem um bonito projeto, do arquiteto e cenógrafo J. C. Serroni, para revitalizar um trecho de Santa Cecília. É só a prefeitura e empresas particulares se manifestarem. O Folias – equipe afinada com Plínio Marcos e que acaba de mostrar uma retrospectiva de seus melhores trabalhos – quer ser ouvido e apoiado. Pouco mais adiante, o Pessoal do Faroeste, em parceria com o Centro Cultural Capobianco (privado), começa a animar um casarão da rua Álvaro de Carvalho, parte do velho São Paulo junto à histórica Ladeira da Memória, mas que, à noite, não é muito encorajador. Na praça Roosevelt, que teve seus dias de glória musical, boêmia e gastronomia, dois simpáticos teatrinhos também resistem: Os Satyros e o Cenarte. São vizinhos do poderoso Cultura Artística... igualmente nas mesmas circunstâncias. Mas há uma diferença. Se o Municipal, o Cultura e a Sala São Paulo (estação Júlio

Prestes) estão voltados para uma programação musical de concerto e com um público que tem como pagar, e se cuidar, as demais salas estão voltadas para plateias mais jovens, ou curiosas, e oferecem uma programação que reflete o que o dramaturgo alemão Bertolt Brecht definiu numa peça memorável como a "selva das cidades". No Folias, um dos destaques foi *Babilônia*, de Reinaldo Maia, com direção de Marco Antonio Rodrigues. Título revelador. Personagens: mendigos. Outra peça, *Pavilhão 5*, dispensa detalhes. No Satyros, um espaço pequeno, mas bem cuidado, fala-se mais da marginalidade existencial dos poetas malditos, como Oscar Wilde, personagem de *De profundis*, que relata sua vida na prisão. Por fim, o Faroeste mostra um espetáculo duro chamado *Re-Bentos*, ambientado em um dos cortiços que proliferam na capital (mais de 600 mil pessoas nesses locais. São dados oficiais). O texto de Paulo Faria (que assina a direção com Edgar Castro) expõe as agruras de um grupo de pessoas em um pardieiro úmido e sujo. Galeria humana que inclui drogados, prostitutas, idosos senis e até gente normal, como se usa dizer. O enredo pesado é um tanto confuso ao tentar a metalinguagem (o teatro dentro do teatro) com lances de histórias em quadrinhos e novela policial. O elenco desigual incorre com frequência no incômodo equívoco de tentar emoção no grito. Os desempenhos mais equilibrados estão com Sílvia Borges, Bri Fiocca e Beto Magnani. Mas isso é a estética, e o grupo deve se afinar. Do ponto de vista social e político, a experiência deles está ligada a movimentos como a Ação Local Ladeira da Memória, Ação Local Conde de São Joaquim, Fórum dos Cortiços da Cidade, Ocupação Prestes Maia, Viva o Centro e outros. A arte dessas companhias está em andamento sob cuidadosa observação dos próprios elencos e amigos. É uma aposta difícil na medida em que atua sobre a realidade concreta, sem a fantasia de cinema. A São Paulo desse teatro é igual ao filme *Blade Runner*. Só que aqui não há Harrison Ford e o encanto ambíguo de Daryl Hannah. No palco, e fora dele, estão artistas e mendigos. Todos reais. Quem se propõe a ver?

A HORA EM QUE NÃO SABÍAMOS NADA
UNS DOS OUTROS NOVEMBRO DE 2002

Uma multidão de anônimos invade o pátio interno do Instituto Goethe, em Pinheiros, São Paulo. Na realidade são 15 intérpretes que se desdobram em trezentas pessoas que transitam por uma cidade grande. Espetáculo baseado na peça *A hora em que não sabíamos nada uns dos outros*, do austríaco Peter Handke, um desses escritores da desolação existencial europeia. Dito assim, pode parecer retórico ou exagerado. Não é. O continente europeu – sobretudo os países mais ricos do norte – paga seu preço pela grande prosperidade. São sociedades que funcionam bem debaixo de um controle social rígido, o das leis e o da cultura. Enfim, a ética protestante e o espírito do capitalismo, como analisou Max Weber. O frio na natureza acaba por entrar na vida. É o que dizem os romances de Thomas Bernhard, outro austríaco, e o holandês Cees Nooteboom em *Dia de Finados*, que se passa na nova Berlim reunificada. Mas, afinal, as metrópoles são mesmo territórios da impessoalidade e do anonimato, o que até tem seu lado interessante. Como se sabe, o olho controlador da província, onde todos se conhecem, pode ser opressor. O diretor Marcelo Lazzaratto fez uma interpretação original do texto. Suprimiu-o por completo num gesto radical que combina com o dramaturgo que costuma jogar pesado nos enredos e nas atitudes políticas. A encenação ilustra, só com gestos, risos, gritos e interjeições, a vida real de qualquer centro populoso. Passam homens e mulheres, sós ou em grupos, com atitudes neutras, engraçadas, tristes, patéticas ou enigmáticas. Gente com profissão definida pela roupa, religiosos, estudantes, excêntricos, namorados e solitários. O jovem elenco da Cia. Elevador de Teatro Panorâmico entrega-se ao jogo com espontaneidade a partir do rapaz, completamente nu, que atravessa a cena correndo, uma transgressão dos anos 1970 hoje adotada em protestos políticos. A direção quer saber até se pode prescindir da palavra. Já se sabe que sim, e a resposta já foi dada pelo teatro-dança e os ritos em câmara lenta do americano Bob Wilson. A questão que fica no ar é se é bom pedir a artistas iniciantes mais acrobacia que interpretação.

A hora em que não sabíamos nada uns dos outros só perde o vigor com a insistência na aparição de colegiais infantilizados, no maluquinho risonho e quando quase se esquece de terminar e entra em repetições. Em todo caso, pode ser a impressão de uma noite fria, porque o insólito da movimentação na veloz troca de figurinos é atraente. Handke & Lazzaratto conseguem fazer o espectador imaginar-se no espelho do cotidiano a refletir banalidade, alguma graça, absurdo e solidão.

Críticas 2003

OS SERTÕES: A TERRA JANEIRO DE 2003

Massacre e exaltação – Quando não se limita à provocação, Os sertões: a terra, *do Teatro Oficina, transforma o texto espinhoso de Euclides da Cunha em uma festiva síntese da nacionalidade afro-brasileira*

O espetáculo Os sertões: a terra é, nas palavras do diretor do Teatro Oficina, José Celso Martinez Corrêa, mais uma tentativa de fazer da cena uma usina – ou terreiro eletrônico – de novas linguagens. Seu objetivo principal é de recontar a história do país e de sua gente em termos rituais e libertários. Baseado na primeira parte da obra de Euclides da Cunha, o encenador passa pelo estilo seco do escritor em busca daquelas imagens caudalosas que já estavam presentes em O rei da vela (1967), de Oswald de Andrade, Roda viva (1968), de Chico Buarque, e, mais recentemente, Cacilda! (1998), de sua autoria. O realismo original de Os sertões, que culmina com a morte de Antonio Conselheiro e o massacre da população insurgente e messiânica de Canudos, na Bahia, foi substituído pela exaltação desse passado trágico e irredento com a intenção de iluminar o presente. Quase não se veem derrotados no palco, mas a síntese festiva da nacionalidade afro-brasileira, numa sensualidade (sempre agressiva demais no Oficina) de cores fortes e um carnaval sincrético com candomblé e mitos gregos. Os sertões, de Euclides da Cunha, não tem nada disso. É mineral, espinhoso e habitado por descendentes de brancos e índios. Mas José Celso quis inventar o seu sertão. Quase faz outro mundo, sem ignorar Euclides da Cunha, o que é um trunfo de invenção artística.

O tom dito dionisíaco que o Oficina proclama põe nos confins da Bahia uma negritude e mulatice voluptuosa, que só havia na Zona da Mata da cana-de-açúcar e da Casa-grande & senzala na branda sociologia de Gilberto Freyre. Mas se aquele sertão concreto, pobre e áspero pode transfigurar-se nas "demandas novelosas" que Ariano Suassuna descreve, com graça e autoironia, em O romance da pedra do reino e O rei degolado, aqui José Celso deu-se o direito de contar a versão de uma saga ou tragédia popular.

Além de comparações entre a peça e a obra de Euclides, o que está em evidência é um teatro que supõe quebrar tabus ideológicos e culturais e conduzir o espectador a uma nova percepção existencial. O desafio permanente que José Celso enfrenta é o de dar coerência a uma profusão de cenas vivas e aceleradas, em busca da síntese perfeita, que é muito mais difícil de conseguir no teatro do que na literatura.

Os sertões: a terra continua a refletir a insubmissão do diretor ao espetáculo com a duração de praxe, pendência que vem desde Na selva das cidades (1969), de

Bertolt Brecht, quando escreveu no programa que a "peça não cabe nos horários que a estrutura do teatro concedeu para o que se chama uma peça de teatro". Talvez valesse a pena esquecer um pouco algo que já parece uma atitude teimosa, e só. O alongamento da representação – na estreia, com quase quatro horas de duração – esvaziou momentos importantes. Luciana Domschke, uma atriz de impacto, depois de uma cena envolvendo sexo e lama, fica inerte no chão por longos e vazios minutos. De outra parte, o canto que permeia o espetáculo ecoa a fala silabada do diretor. Não enleva. E mais uma vez a força plástica e emocional do candomblé resistiu ao enquadramento teatral. Soa anedótico com a presença pouco expressiva de alguns índios.

Mas *Os sertões: a terra* é um espetáculo a ser considerado a sério. Um momento mais suave do Oficina. Assim como não basta chorar Canudos, este teatro atrai as boas energias dos ritos gregários, quando não é só confronto provocativo.

LONGA JORNADA DE UM DIA NOITE ADENTRO FEVEREIRO DE 2003

Longa jornada de um dia noite adentro, de Eugene O'Neill, termina sua temporada neste fim de semana de carnaval. Ver o espetáculo com Cleyde Yáconis, Sérgio Britto, Genézio de Barros, Marco Antonio Pâmio e Flávia Guedes é como se despedir de um monumento. A montagem anterior da peça é de 1958. Não se faz todo dia uma produção dessa envergadura. Depois, só as versões cinematográficas em vídeo, a mais antiga com Katherine Hepburn e Frederic March. A obra mostra o dia de uma família de um consagrado, mas decadente, ator de teatro, sua mulher viciada em morfina, um filho tuberculoso e outro alcoólatra. Só mesmo O'Neill (1888-1953) para segurar em plano elevado um enredo de canção tão *miserere nobis*. Ele é o pai teatral de Nelson Rodrigues. A diferença fundamental é que Nelson tem humor dentro das loucuras que mostra. Uma ironia que foi buscar em Eça de Queirós. Já O'Neill é a cinza do purgatório da culpa católica. O'Neill, alcoólatra, genial e atormentado, Prêmio Nobel de Literatura de 1936, despediu-se do teatro com esta obra-prima de fundo claramente autobiográfico. Era também filho de ator famoso que desperdiçou o talento na lucrativa representação do melodrama *O Conde de Monte Cristo*. Como um dos seus personagens, ele esteve na marinha mercante, que o levou pelas Américas até Buenos Aires. Tudo nele é assim, atípico. Até no fato de ter sido sogro de Charles Chaplin – que se casou com sua filha, Oona O'Neill. A peça é um lento desmoronar de aparências familiares. O casal alimenta velhas decepções. Os filhos afundam em ressentimentos e culpam o pai e a vida. Tudo numa aparência de normalidade – e até momentos de bom humor. O que impressiona é justamente essa simulação de rotina que encobre tragédias (um filho que morreu). No meio de uma amável conversa, algo sai do trilho. Entre o melodrama e a tragédia grega, O'Neill chora pelas pessoas comuns e por todas as almas sensíveis. É a grandeza do artista superior. Concentrar na poesia o que a cultura grega clássica, Marx, Freud teorizam. Embora a ação esteja situada em 1912 e pareça distante, guarda paralelos com o autor (que tinha 24 anos nesse ano) e detalhes relevantes (a tuberculose era fatal; a penicilina injetável só apareceria nos anos 1940). No mesmo período, curiosidade ou intenção de O'Neill, a família Barrymore oferecia ao mundo intérpretes de vida tumultuada – Lionel, Ethel e, sobretudo, John Barrymore, talentoso e bêbado, como o filho John Jr. (pai da jovem Drew Barrymore, que agora volta ao cinema depois de quase afundar a carreira no álcool). Ou seja, ecoa na peça algo dessas sagas malditas dos reis ingleses e que, na América, parece ser quase um padrão histórico e social (os Rockefeller, os Kennedy).

O diretor Naum Alves de Souza foi cerimonioso com o texto. Sem querer ele está no meio de um debate. Até quando segurar os alicerces de uma literatura de bases europeias para um público que foge do frio nos teatros? Ele poderia enxugar o original sem perda do essencial e evitar o realismo excessivo da cenografia. No palco apertado do CCBB, parece um antiquário popular. A representação começa oscilante até Genézio de Barros (o filho Jamie) dizer que "isso que ele tem não é resfriado, não", ao se referir ao irmão. Quinze minutos se passam para apresentar a trama. De outra parte, Naum foi mestre com os atores. Como, de certa forma, não há quase nada a ensinar ou determinar a Cleyde e Sérgio, dois temperamentos, duas biografias com cinquenta anos de teatro cada um, o encenador conseguiu fazer a ligação com a outra geração representada por Genézio, Marco Antonio Pâmio e Flávia Guedes. Tirou o melhor dos mais novos e juntou com a crispação nervosa de Cleyde e a ironia melancólica de Sérgio. Há momentos brilhantes de todos, ou porque está no texto (o autodesnudamento moral de Jamie), ou o intérprete sabe fazer a sua hora (Flávia Guedes). Pesado? O *Requiem* de Mozart, a *Missa de São Sebastião* de Villa-Lobos e o *Officium* do padre José Maurício também são.

ÂNSIA MARÇO DE 2003

Quatro personagens diante da plateia é o começo do espetáculo *Ânsia*, peça de Sarah Kane dirigida por Rubens Rusche. Pode ser um auditório ou uma sala de terapia. Com mudança de luz (focos verticais), elas ficam isoladas como numa cabine telefônica. O que dizem é uma sequência de repetições obsessivas, ideias circulares, *flashes* verbais. Como se a música minimalista de Steve Reich estivesse em velocidade maximalista. Falam do desespero que sentem, sentiram e sentirão. O palco ecoa mentes quase em colapso final. Gente de um grande centro não nominado, onde se processa a solidão contemporânea. Sarah Kane é a jovem autora inglesa que delineia o que o diretor Rusche define como os contornos das mais sombrias e implacáveis paisagens interiores: paisagem de violação, solidão, poder, colapso mental e, de modo consistente, a paisagem do amor. Há antecedentes na literatura em prosa e dramática, de Arthur Schnitzler a Edward Albee (*Zoo Story*), mas são autores realistas. Kane usa o realismo como uma marreta, um pé de cabra ou – bem a propósito – um soco-inglês. Não explica em linha reta. Lança fragmentos de memória e fiapos de história, como Janis Joplin cantava. Alguém dirá que é coisa de maluco. Certo. Pintar o céu amarelo como Van Gogh também é. Sarah Kane era depressiva grave, suicidou-se aos 28 anos (1999). O gesto não lhe tira um grama de pertinência. O espetáculo dá continuidade ao trabalho de Rusche em torno do teatro do silêncio. Em termos gerais, é algo como usar a linguagem para pôr em xeque as próprias palavras. Talvez seja ele o artista indicado para ler, tentar decifrar e, quem sabe, encenar o que José Vicente de Paula, o melhor dramaturgo dos anos 1970, escreve no silêncio dado como problema psicológico (antes de deixar a cena, escreveu o estranho romance *Os reis da terra*, a ser relido com atenção). O silêncio pode ser a eloquência dos subentendidos. Por exemplo, o dos maltrapilhos que ficam esperando Godot na obra-prima de Beckett – que suscitou interpretações que vão da metafísica à acusação de niilismo conservador. Na pavorosa cultura ocidental do ruído histérico, qualquer pausa indagadora será generosa poesia. O espetáculo tem o suporte fundamental da cenografia de Sylvia Moreira e da iluminação de Marcelo Gonzáles para dar a geografia e o clima dessa perturbação. O elenco nem sempre tem tarimba e técnica para o poema sujo na noite veloz de Sarah Kane, mas está claro que Laerte Mello, Nádia De Lion, Solânia Queiroz e Bruno Costa sentem e entendem o que realizam. Só no final alguma energia se perde entre a música intimista em longa penumbra, o que gera dúvidas se o espetáculo terminou (e o texto ajuda na ambiguidade) e se haverá agradecimentos. No mais, *Ânsia* está colada à sua frase: "Eu não tenho música, como eu queria ter música, mas tudo que tenho são palavras".

MIRE E VEJA ABRIL DE 2003

A metrópole, ou, mais claramente, São Paulo, como o Eldorado sofrido e falso no qual se teima em crer, é o cerne do espetáculo *Mire e veja*, baseado em um livro forte de Luiz Ruffato, premiado pela Associação Paulista de Críticos de Arte (APCA) como o melhor romance de 2001. De novo, volta-se ao panorama paulistano que há mais de trinta anos Tom Zé sintetizou no verso "aglomerada solidão" da sua música "São Paulo, meu amor", vencedora de um dos festivais de MPB dos anos 1970. De lá para cá, tudo só fez piorar. O consolo mínimo é que há boa literatura e bons teatro e cinema para registrar o caos que assola as ruas dessa nova Babel, como se pode observar nos livros de Fernando Bonassi e Marçal de Aquino, que resultaram, respectivamente, nos filmes *Um céu de estrelas* e *O invasor*. Nesse grupo inclui-se a ficção de Ruffato que a Companhia do Feijão traduz em um espetáculo inventivo e intenso. Com um mínimo de recursos, um elenco jovem consegue transformar o pequeno espaço do Teatro de Arena Eugênio Kusnet no deserto de asfalto da selva da cidade. Há instantes em que o espetáculo se distancia do original no uso do humor. Ruffato joga mais pesado, ou mais coerente, com os seus temas. A encenação induz, às vezes, ao riso pela caricatura daquilo que é essencialmente dramático. Mas é só um leve desequilíbrio, porque, no geral, *Mire e veja* retrata São Paulo em todas as suas contradições e na crueza no trato com os pequenos, pobres e solitários. A Companhia do Feijão subiu de qualidade artística e mostra os efeitos dessa maturidade.

A PAIXÃO SEGUNDO G.H. ABRIL DE 2003

A paixão segundo G.H. é o espetáculo de Enrique Díaz para a paixão de Mariana Lima, baseado em Clarice Lispector. A realidade física da montagem e a presença de Mariana, levitando sobre o real, criam outra obra. Clarice – talvez seja bom deixar claro – nunca teve aceitação geral. O crítico literário Álvaro Lins teria dito que não entendera nada de um texto dela. Não era um insensível, ao contrário. Os devaneios – lunares? – de Clarice podem mesmo impedir a adesão geral, o que não lhe tira um dedal de grandeza literária. Essa mulher sedutora e solitária inventou a sua literatura. Em português, no momento, só tem uma companhia, a da portuguesa Gabriela Llansol, que o Brasil se dá ao luxo de desconhecer. Clarice reelabora os reflexos da realidade no seu temperamento introspectivo. Como viver não é relatável, ela se pôs a criar o que lhe aconteceu. É muito lembrado também seu pendor para metáforas poéticas, mas o fundamental foi desvendado pelo dramaturgo e diretor Fauzi Arap, para quem o texto de Clarice reflete uma experiência com LSD. Desde Audous Huxley, que usou mescalina, é notório que artistas indiscutíveis buscaram os estados alterados de consciência. A banalização escapista das drogas cria constrangimentos para que se fale do tema, mas Clarice paira muito acima do banal, como Fauzi Arap, que escreveu um livro esclarecedor, *Mare nostrum: sonhos, viagens e outros caminhos* (Editora Senac).

G.H. é uma viagem lisérgica, e o espetáculo, a viagem dentro dessa viagem. Se na escrita cintila Clarice Lispector, em cena cintila Mariana Lima como Clarice. Ou, quem sabe, Mariana transformada na Mariana que incorpora Clarice. O espetáculo começa em um quarto de vestir onde a escritora conversa com o público. Instaura-se uma atraente dubiedade (é Mariana ou a personagem que nos olha, sorri, faz sinais?). Em seguida, a ação é deslocada para um quarto de empregada onde A Mulher encontrou a barata desencadeadora de um abismo de revelações existenciais. Se Franz Kafka usa o realismo para descrever a metamorfose de Gregor Samsa em inseto, Clarice narra em fluxos de consciência os clarões da personagem. Não há neologismos, ou montagem de frases, só o relato do insondável da mente. Mariana Lima faz esse percurso de modo extraordinário em cerca de uma hora e quinze minutos. Consegue até mesmo reproduzir a fala especial de Clarice (nascida na Ucrânia, crescida no Recife até os 12 anos, depois residente no Rio de Janeiro). Consegue ou torna-se até menos bela do que é à medida que viaja no vazio cósmico da mulher com o ar ausente e olhar asiático de Clarice. O espetáculo reflete o entendimento da intérprete com gosto pelo teatro experimental com um diretor empenhado em novos caminhos cênicos. Coroando esse entendimento, os vídeos de Carolina Jabor ampliam as visões da Mulher. Há um ponto da representação, que pode ser apenas impressão, em que o público não acompanha o xadrez metafísico de Clarice, mas continua com a atriz e com o espetáculo. Como se absorvesse a curiosidade do diretor Díaz. Como se fala do nada? Como é que se fala da vida? Como é que se fala? O espetáculo é isso. É Clarice Lispector dizendo: Eu sou mansa, mas a minha função de viver é feroz.

EXECUTIVOS MAIO DE 2003

O espetáculo *Executivos* talvez seja, hoje, o teatro mais próximo dos leitores do jornal *DCI* porque fala dos mecanismos ferozes de competição das grandes indústrias e das lutas internas entre seus executivos. O retrato é cruel, com traços de folhetim e ecos de Shakespeare, mas no chamado mundo dos negócios se usa o termo guerra com frequência. No caso, ela é travada entre firmas francesas e inglesas na disputa do mercado de armas sofisticadas. Os personagens são executivos da França, de onde vem a peça de Daniel Besse, premiada como a melhor da temporada parisiense do ano 2000. O núcleo do enredo é a cultura da traição e o ritual de poder numa fictícia Delta Espace (a megaindústria aeronáutica do país chamava-se então Aérospatiale), onde o presidente se permite um ritual de Luís XIV para saborear vinhos e testar a subserviência da equipe. Um almoço quase sádico é a consumação da rede de medo e intrigas em todos os escalões. Nela cabem guerreiros frios e espíritos frágeis, cálculos gelados e os deslizes fatais. É um universo que não prescinde de esnobismos em campos de golfe e de sexo oportunista, e o espetáculo de Eduardo Tolentino acentua essas encenações perversas *à la* teatro de Jean Genet (sobretudo *As criadas*). A antropofagia social segue dois níveis, um da estilização completa e outro com nuances realistas/psicológicas. O gestual, a máscara do riso e outras reações do presidente da companhia – interpretado com brilhante e fria virulência por Zé Carlos Machado – lembram uma supermarionete versada em Maquiavel e Hobbes (a guerra de todos contra todos). No minueto de cobiças há espaço para uma figura um tanto patética do chefe que assedia secretárias, o que permite a Norival Rizzo um bom desempenho, próximo de um conhecido cafajestismo brasileiro. Besse, apesar do prêmio, não é um escritor de alto fôlego. Usa a tradição do melodrama e copia de Shakespeare o conspirador maligno na pele do executivo médio que planeja golpes que o levem para cima. Ele é a cópia de Iago (*Otelo*) e Cássio (*Júlio César*), mas com tinturas rocambolescas dignas do folhetinista Ponson du Terrail. Os personagens shakespearianos constroem ardis mais consistentes, enquanto o traidor francês espalha mentiras absurdas sobre a sanidade mental de um colega, e nada é descoberto. Esse vilão de fancaria que leva o ator Hélio Cícero a um maneirismo esquisito, como se ainda estivesse em um personagem anterior ou quisesse insinuar uma ambiguidade sexual que não vem ao caso. Os demais intérpretes têm intervenções incidentais dentro do rigor interpretativo que o Grupo Tapa procura manter em suas produções. Há ironias do original que não fazem sentido para o público local. Os personagens, por exemplo, têm nomes de bairros, metrôs que geralmente se referem às batalhas napoleônicas ou outras guerras francesas. O conspirador principal, Denfert, leva o nome da praça que homenageia o militar Denfert Rochereau. Como se o autor insinuasse que a guerra clássica era mais digna. Perde-se ainda em português o formalismo pronominal distanciador em um país onde até as crianças se tratam na segunda pessoa do plural. Independentemente disso, o espetáculo chega bem perto de fatos vividos no Brasil. Não há nada na peça que não aconteça aqui. Em todo caso, quando o Tapa tiver um bom texto e condições, digamos, políticas para um espetáculo com cores locais, terá completado seu projeto de discutir o comportamento das elites.

A PEÇA SOBRE O BEBÊ MAIO DE 2003

É fundamental a leitura do programa (bem-feito e gratuito) de *A peça sobre o bebê*, de Edward Albee. O que se vai assistir difere muito do realismo habitual nas artes cênicas. O texto explica que Albee apresenta a lógica da poesia e dos sonhos. Para isso, deve o espectador estar alerta, desde o início, de forma a não se espantar com sua dificuldade em compreender algumas passagens, pois mesmo assim elas estarão perpassando sua consciência e sendo absorvidas em outro local de sua mente. O dramaturgo quer falar do medo do vazio, dos limites da realidade, do significado da existência em cada um de nós e da angústia do ser humano para expressar sua identidade. Vale lembrar que se trata do autor de *Quem tem medo de Virginia Woolf*, que tem uma versão cinematográfica com Elisabeth Taylor e Richard Burton. Lá está a súmula desse teatro sobre o absurdo e a crueldade escondidos no cotidiano. O núcleo final da peça é o filho de um casal em crise. Filho como metáfora de qualquer ilusão. Albee volta a ela agora, e com toda impiedade, em um espetáculo provocativo de Aderbal Freire Filho, diretor em ótima fase. Os personagens são dois belos recém-casados e seu bebezinho e dois estranhos, um homem e uma mulher mais velhos. Os inoportunos visitantes desaparecem com o bebê e fazem uma espécie de convencimento hipnótico (ou lavagem cerebral) no casalzinho, dizendo que o bebê não lhes pertence ou talvez nem mesmo tenha existido. Ou seja, se você tem um bebê (uma esperança, um sonho, uma ligação com a beleza e com a juventude), coisas espantosas vão acontecer com você. O espetáculo quer ensinar isso à plateia mais deslumbrada com celebridades. É o jeito estúpido de o teatro amar certas pessoas. Mas, já que tudo é ambiguidade, não custa lembrar certas coisas. Edward Franklin Albee, nascido em 1928, é o mais importante dramaturgo americano do século XX, ao lado de Arthur Miller, o autor de, entre outras, *Um panorama visto da ponte* e *A morte do caixeiro-viajante*. Os dois e Tennessee Williams, de *À margem da vida*, *Gata em teto de zinco quente* e *Um bonde chamado desejo* (todas encontráveis em vídeo), são artistas magníficos dentro de suas ideias e obsessões. A obsessão de Albee, no entanto, começa a pesar. Ele é homossexual, foi adotado aos dois meses de idade e não foi feliz com seus ricos pais adotivos. Faz um teatro de acerto de contas com as famílias supostamente bem estruturadas e nesse processo usa a paternidade/maternidade como um dado violento. Não é politicamente correto fazer reparos aos homossexuais, nem é bem o caso, mas parece que Albee tem algo irresolvido nessa equação filho adotivo, adulto homossexual sem descendentes. Dessa vez ele, embora demonstre brilhante arquitetura literária, parece ter dado um passo da amargura para o cinismo. Aos 75 anos, Albee tem uma expressão dura (o sorriso que o programa mostra é uma raridade). Ao querer ensinar a crueza da realidade, agora escorrega no pessimismo reiterativo. O que tinha a dizer já foi dito em *Virginia Woolf*, sua obra-prima. Mas, de qualquer forma, sua voz perturbada vale ainda a pena ser ouvida. E vamos à curiosidade geral. Sim, Marília Gabriela tem personalidade dramática e presença imponente. Reynaldo Gianecchini é um ator em processo, convincente, necessitado de *coloratura* verbal e acertar a expressão corporal. Simone Spoladore retoma a vitalidade de bailarina-atriz-emotiva. E temos o Fúlvio Stefanini, senhor de seu papel. Intérprete experiente, retoma Albee com segurança (fez *Virginia Woolf* com Cacilda Becker, Walmor Chagas e Lílian Lemmertz). Dentro da grande dúvida que o dramaturgo quer estabelecer, é Fúlvio – até pelo calor humano – quem indica ao público que ele, de fato, está sendo desafiado, mas não menosprezado. *A peça sobre o bebê* é uma charada, pode-se dizer. Quebra-cabeças e xadrez abrem as cabeças.

VESTIR O PAI JUNHO DE 2003

Quando Karin Rodrigues lança seu olhar azul escandinavo para algum lugar do mundo interior de Alzira, a personagem de *Vestir o pai*, de Mário Viana, tem-se a impressão de ouvir um sorriso discreto que só poderia ser de Paulo Autran, o diretor do espetáculo, que estava na plateia. Ele sabia que, dali em diante, aquela mulher iria subir a serra, como se dizia tempos atrás. Ou seja, soltaria todos os cachorros existenciais, toda uma longa frustração feminina e conjugal. É o que ela faz, e Karin Rodrigues está sensacional. São dois momentos superpostos: o da personagem que muda de vida e o da atriz que sente o seu momento e se deixa levar (mas também o conduz).

Essa mulher com o marido agonizante e filhos oportunistas, brasileira como uma tela de Aldo Bonadei, é a irmã que faltava para *Cordélia Brasil*, de Antonio Bivar, e Amélia, de *Roda cor de roda*, de Leilah Assumpção, com Irene Ravache. Em 1968, quando a prostituta Cordélia é acometida por uma explosão de ódio feminino contra o gigolô que havia fumado o seu único cigarro, o Teatro de Arena tremia com os aplausos à cena memorável de Norma Bengell. Sete anos mais tarde, em 1975, no Teatro Itália, uma quadra abaixo, Irene faria o mesmo, mas como uma dona de casa. Agora, a quase viúva, mulher traída e mãe decepcionada imaginada por Mário Viana chega ao mesmo ponto de encontro emocional na dramaturgia brasileira contemporânea. O curioso é que o dramaturgo passa próximo da inverossimilhança, esbarra no melodrama e na farsa, mas sai incólume, porque a matriarca tem uma verdade final que está além da implausibilidade do seu giro existencial transformador. Da mesma forma, os filhos, extraídos do manual de maldades da classe média baixa, têm um traço de real banalidade que os faz dignos de atenção. Resta ainda a voz espectral do homem-que-morre, o vilão (os mais atentos notarão que é a voz de Paulo Autran em um lance de Grand Guignol). Nesse eterno retorno *à la* Nelson Rodrigues só faltaram Os Mutantes tropicalistas cantando o refrão de "Panis et Circensis" (Caetano/Gil): "Mas as pessoas/ na sala de jantar/ são ocupadas em nascer... e morrer". O autor tem uma irritação intuitiva, uma vontade de matar a família e ir ao cinema que coincide com o temperamento sardônico do diretor. O elenco percebeu, assimilou e tomou conta do enredo. É admirável como Leona Cavalli, atriz formada na contracultura, assume uma jovem tolamente oportunista no seu *tailleur* de aeromoça/bancária. É preciso disciplina e talento para crer em um ser humano tão raso psicologicamente. O Júnior de Otávio Martins é concreto, quase inspirando pena como a versão masculina da indiferença filial. E Karin Rodrigues sabe que tem um grande papel. Assim, na conjunção do já sabido, o que se quer saber e o que nunca se saberá totalmente sobre a família, *Vestir o pai* atinge o seu objetivo de desnudar a crueldade com ironia. Pode parecer estranho, mas a coesão autor-diretor--elenco confere inesperada humanidade a essas pessoas que se perderam na sala de jantar.

Críticas 2007

O MANIFESTO MAIO DE 2007

O general prussiano Carl von Clausewitz (1780-1831) descreveu a guerra como uma continuação da política por outros meios. É uma definição célebre, e sua obra é um clássico sobre o tema. O casal da peça O *manifesto*, do inglês Brian Clark, no entanto, age ao contrário. Faz da política de mútua tolerância a continuação amenizada de uma guerra conjugal, aliás expressão consagrada, título de um livro de Dalton Trevisan filmado por Joaquim Pedro de Andrade. Mas, neste espetáculo, as coisas são mais graves e mais sutis. O dramaturgo, embora em território conhecido do teatro ocidental, dos gregos a Edward Albee (*Quem tem medo de Virginia Woolf*), passando por Strindberg, Ibsen e Tchekhov, faz uma radiografia de classe da sociedade inglesa contemporânea, o que até poderá ser indiferente a nós, mas atinge a todos quando se refere ao amor e seus limites e à morte. O que temos então é outra vez a defesa da compaixão, mesmo que o tempo desgaste relações em qualquer nível. A citação de Clausewitz vem a propósito do marido que em O *manifesto* é militar e tem da carreira a certeza monolítica que se encontra quase apenas no Exército e nas religiões. A começar pela disciplina vertical indiscutível, a noção do dever a qualquer custo – mesmo dos laços familiares – e a total dificuldade em aceitar a divergência. A mulher seria a clássica senhora elegante na rotina de aceitação do comando masculino; mas supera essa convenção ao assinar um documento contra a ocupação do Iraque. Seria um gesto pacifista comum, não fosse ela uma *Lady* de um general do país que mais se atrelou à política externa dos Estados Unidos, e se esta tomada de posição não tivesse sido publicada no jornal *The Times*, instituição nacional britânica. O manifesto desencadeia a batalha interna entre os dois. Quase não muito diferente do que se vê no teatro e no cinema, mas reforçado por dois acontecimentos graves entre pessoas juntas há cinquenta anos. Um deles é pressentido pelo público logo que *Lady* sente uma pontada de dor, mas o segundo – para continuar no jargão bélico – é bomba de efeito retardado. Este é o trunfo de Brian Clark que, sem ser um dramaturgo inovador (o texto continua seu carro-chefe), executa bem o que se propôs: a função de uma peça não é ensaiar argumentos políticos e, sim, atingir o âmago da psique humana, para encontrar as fontes de ação que animam nossas vidas como indivíduos e nações. Um tanto retórico, mas a parte humana está bem resolvida, sobretudo quanto à perspectiva do declínio da vida, da solidão. Aqui, Clausewitz cede lugar a Freud. O original contém sutilezas cifradas para nós. Ao contrário do Brasil, a carreira militar na Europa é mais destinada às elites. O marido é filho de marechal – o píncaro glorioso da carreira –, mas se aposentou apenas como general de brigada, o menor grau do generalato (que, em ascendência, inclui general de divisão e de exército). Ela é *Lady,* e não é qualquer inglesa que pode ser tratada como tal. Há frustrações conjugais e também de classe em questão. Ser fiel ao trono, ter o título de *Sir,* ser criado na memória do Império Britânico, isso tudo é tão forte quanto as aparências em caso de adultério ou o acesso aos exclusivos e esnobes clubes masculinos, outra instituição inglesa imbatível. É uma peça para intérpretes superiores, e aí o elegante espetáculo do diretor Flávio Marinho está com a nobreza do teatro brasileiro: Eva Wilma e Othon Bastos. Ela comove desde o começo porque sua personagem, de certa forma, tem mais memória emotiva a ser explorada. É seguramente um dos seus melhores desempenhos. Othon Bastos – como os grandes jogadores, seja de xadrez, seja de algum esporte físico – tem um terço da peça para impor seu personagem, virar o jogo. De início, Othon parece usar sua reserva técnica de artista com gestos e entonações de voz. Contudo, quando, enfim, o general abandona a postura blindada e as noções de estratégia militar entre as quatro paredes do lar e atira sua granada, aí estamos face ao soberbo ator. O tremendo general Clausewitz aplaudiria (e como a vida é irônica, seu tratado *Da Guerra* foi publicado só depois da sua morte, pela viúva). Belo paradoxo. No momento dramático da paz entre as figuras de ficção é que os intérpretes travam um duelo memorável. Ao fim, trocam continências com ironia e esperança. E o público troca salva de canhões por salva de palmas.

A JAVANESA JUNHO DE 2007

O amor acaba. A constatação está salva do lugar-comum graças ao cronista Paulo Mendes Campos, que assim batizou um de seus escritos e um livro. Mas o espetáculo *A javanesa* só resvala nesse discutível fatalismo e segue outro caminho entre o filme *Último tango em Paris* e os versos de Tom Jobim: "Como um brilhante que partindo a luz explode em sete cores/revelando então os sete mil amores". Não é fácil escrever uma peça com antecedentes literários tão fortes, mas assim arriscou o autor Alcides Nogueira em nome das evocações dos anos 1970 – uma década de extremos e que corresponde à sua juventude. A obra, portanto, não está datada. Apenas volta ao círculo inevitável dos encontros e despedidas, fantasia e desencanto, amor e desamor. Por que não? Não fosse o apelo desse eterno retorno, não existiria metade do teatro, literatura, cinema e a música popular de Cole Porter a Chico Buarque. O mérito de *A javanesa* é jogar bem com o tempo e a duplicidade dos personagens. A ação ocorre em dois tempos, com trinta anos de diferença entre eles. Quando os futuros amantes se encontram ao acaso, têm 25 anos, e quando repensam o acontecido estão com 55 anos. Ambos são representados por Leopoldo Pacheco. Como pano de fundo, um apartamento decorado com um biombo de papel-arroz dividido em retângulos de bambu, o que insinua um pouco Rita Hayworth multiplicada ao infinito na sala de espelhos do clássico *A dama de Xangai*, filme de Orson Welles. O título exótico vem da canção francesa de Serge Gainsburg que a mulher canta sempre a ponto de se tornar seu codinome. O enredo flerta com o cinema, sobretudo com o pacto amoroso e erótico de *Último tango*, de 1972, de Bernardo Bertolucci, emblemático dessa década (no Brasil do tempo da ditadura, que proibiu o filme). Os apaixonados não são bem definidos como tipos sociais, não dizem seus nomes – mas na peça, ao contrário de *Tango*, é ela quem não deixa pistas. Há algo de repetido e talvez irreal no enredo, mas a sensibilidade de Alcides Nogueira faz a diferença ao infiltrar nos atos e gestos dos protagonistas bonitas palavras, delicados gestos e uma difusa nostalgia a partir do detalhe de a mulher gostar da flor chamada saudade. Há sempre um guarda-chuva amarelo, uma chuva que cai numa furtiva sugestão parisiense. As frases são curtas, os argumentos ágeis, numa ansiedade que paira sobre essa dupla que não se sabe de onde veio nem para onde vai. O que importa é o acaso, o imponderável dos sentimentos, a eterna necessidade de uma parte se sentir livre e de a outra querer mais envolvimento. Não é revelar nenhum segredo excepcional dizer que, tanto na vida quanto na ficção, são desejos que raramente acabam bem. Nessa fímbria de claro-escuro, nessa pequena rachadura do cristal, o diretor Marcio Aurelio instala o espetáculo. Autor e diretor se completam nos subentendidos, contando com a memória de cada espectador que tenha vivido algo semelhante. O restante é a maestria de Leopoldo Pacheco. Representar duas pessoas ou duas épocas sempre foi desafio e uma tentação aos intérpretes de todos os tempos. Na obra-prima teatral *A senhorita de Tacna*, de Vargas Llosa, Tereza Rachel, com um jogo de mantilha, passava da juventude para a meia-idade, da jovem apaixonada para a solteirona amarga. Leopoldo Pacheco jamais cai no travestismo. Basta-lhe o figurino oriental sutilmente masculino/feminino de Leda Senise e um contido e brilhante jogo de expressões para Leopoldo se transmudar do homem apaixonado para a mulher que se dilui na multidão sem deixar traços. Esse confronto se acentua no final com velocidade e tensão até que a realidade final se imponha como uma explosão, algo como um tiro. Não é, porém, a bala que mata, mas a exaustão humana, o tempo que cobra sua parte. *A javanesa* é uma linda canção fora de moda e as flores murcham. Por coincidência, ou ironia, a flor saudade, com seu bonito tom lilás desmaiado, é também conhecida popularmente por viúva.

SALMO 91 JULHO DE 2007

Salmo 91 é um espetáculo de dureza total que consegue ser compassivo. Quando a luz do palco se acende em azul tênue e a voz dolorida de Elza Soares inicia "O meu guri", de Chico Buarque, algo começa a prender a atenção do público; e assim será até o fim. O tema é uma volta ao cotidiano do Carandiru e ao massacre de 111 detentos. O livro do médico e escritor Drauzio Varella e o filme de Hector Babenco pareciam ter quase esgotado o assunto. O dramaturgo Dib Carneiro Neto intuiu que não, e estava certo. Se o presídio foi implodido, sua metáfora trágica continua intacta. Porque hoje, aparentemente, não cabe mais o conceito de que o homem é produto do meio. Os recentes atos de banditismo e barbárie no mundo mostram que a violência por mera perversidade está se alastrando. O Carandiru está à solta e não mais em decorrência exclusiva da miséria. É o que faz a peça *Salmo 91* ir além de teorias econômico-sociológicas, sair do específico (o presídio paulistano) e pensar mais amplo. Diante do grande impacto das obras anteriores (de Varella e Babenco), só uma escrita sensível, com idêntica reprodução cênica, poderia trazer algo de novo ao que varre o universo.

Além do que se passa na maior cidade da América Latina, ódio e violência geram um inferno real em toda parte. Dois livros contundentes falam disso: *Muito longe de casa – Memórias de um menino-soldado*, relato sobre crianças aprendendo a matar na guerra civil de Serra Leoa (Ediouro), de Ishmael Beah, que foi um desses garotos (quem chora pela África?), e o romance *Abril vermelho*, de Santiago Roncagliolo (Alfaguara), sobre o Sendero Luminoso, a guerrilha alucinada do Peru, que já se começa a esquecer. Um dos pontos em comum entre esses testemunhos e a obra de Dib é a religião, ou fragmentos de crença mesmo em circunstâncias abjetas. A peça se chama *Salmo 91*, alusão ao Velho Testamento (salmos seriam orações do rei Davi ao povo hebreu). Em face de evidências místicas e reais tão poderosas (já levadas ao livro e ao cinema), Dib Carneiro escolheu o que o budismo define como o caminho do meio, o rumo alternativo aos extremos. O resultado traz uma espiral para que se possa meditar sobre o homem dentro do seu mistério. São dez monólogos, dez situações, dez des-humanidades. O espetáculo não começa: explode pelo talento de Pascoal da Conceição que, amarrado e imóvel, descreve o que foi o massacre e, furioso com o salmo pregado pela mãe, abre as portas do desespero de outros personagens. Assassinos de vários graus que absorveram os códigos da lei não escrita dentro das muralhas com milhares de homens encurralados. Há crimes a granel, crimes monstruosos, gestos inexplicáveis e um desfilar de temperamentos que vai do assassino orgulhoso ao que chora escondido temendo ver o filho na mesma situação. Há os que manipulam a realidade externa (mulheres, drogas, quadrilhas). Nessa arena exalando virilidade brutal (ser homem é ter um pé atrás e matar para se impor), os homossexuais são representados por dois tipos distintos: o frágil e assustado e o tão audacioso e violento quanto os machos ostensivos. Neste ponto, a peça, sem alardes, mostra como a libido reprimida oferece surpresas. Por uma feliz contradição, foi no enredo de prisão que o diretor, cenógrafo e figurinista Gabriel Villela se libertou da tendência à encenação barroca que caminhava para a superabundância ornamental. Na transição, fez um cenário até precário (celas frágeis, muito recuadas e painéis com as conhecidas ilustrações de *A divina comédia*, de Dante). Sua montagem ecoa a versatilidade madura de Dib (o autor recente do afetivo *Adivinhe quem vem para rezar*), escritor que incorpora jornalismo factual ao imaginário, para só editar o essencial. O equilíbrio com tensão contagia um elenco exemplar.

Alternando os monólogos com Pascoal da Conceição, os atores Pedro Henrique Moutinho, Rodolfo Vaz (Grupo Galpão), Rodrigo Fregnan e Ando Camargo são, no momento, parte do melhor da nova geração dos palcos. Criam um clima de fornalha com uma brecha para a autocrítica da plateia. Serão apenas aqueles indivíduos os únicos cruéis? Detalhe sutil: numa terra de intensa negritude, Pascoal (amarrado no início da encenação) surge ao final ostentando os colares preto e vermelho, salvo engano, de Exu, orixá erroneamente associado ao diabo. Trata-se de uma entidade mais complexa do candomblé. Gosta do ar livre. Rimando: Exu é o Anticarandiru. *Salmo 91*, teatro de fundo meditativo, parece indagar para onde está indo a criatura que aprendemos ser a imagem e semelhança de Deus. Coerentemente, a ação termina com *Requiem*, a missa fúnebre de Mozart.

NO RETROVISOR AGOSTO DE 2007

Se o tempo é uma abstração humana, a memória nem tanto. Einstein pode parecer longínquo, mas Proust está *No retrovisor* até dos que não o leram. Esse é o título da peça de Marcelo Rubens Paiva, que uma interpretação apaixonada transformou em algo que inquieta, arrasta o espectador para dentro do seu espelho íntimo. Dois amigos se reencontram e se redescobrem quase antípodas. A linguagem comum que lhes resta é a da ironia pesada e das cobranças dentro do sentimento de culpa. Mas nem por isso deixam de extravasar um humor devastadoramente engraçado e – estranho – muito dolorido.

Tudo vale, menos autopiedade, e aí está a grandeza da obra e sua realização teatral. Se o encanto de Paris transformou em charme a geração perdida (Scott Fitzgerald e outros bêbados talentosos), a realidade aqui embaixo é menos venturosa. *No retrovisor* sintetiza uma geração, uma época (anos 1980) e uma faixa social que o autor conhece bem: a classe média com veleidades de transformação sem saber exatamente do quê. Antes dela – ou se confundindo com ela – estiveram os *hippies* e os "malucos beleza" que cruzaram com os esquerdistas dos anos 1970 – um povo que morreu de susto, bala ou vício (Caetano em *Soy loco por ti, América*). Juventude de extração universitária pagando caro por suas fantasias. Parte se equivocou nas opções existenciais, muitos desapareceram entre as areias de Arembepe, as dunas da Gal (pontos dos alternativos, desbundados e bichos-grilos em geral – seja lá o que isso queira dizer) e os porões da repressão ditatorial. Por outras palavras, *No retrovisor* deixa de lado ilusões românticas e encara – sempre temos de encarar – o que resta entre a realidade e o projeto existencial. É aí que mora o perigo: neurose, desespero e a raiva. Ou, ao contrário: paz. No reencontro dos velhos camaradas, um abismo se desvela. Um ficou cego no acidente em que ambos se meteram quando eram belos, farristas e esperançosos. O resumo pode soar simplista – mas aqui entra a maestria literária e coragem pessoal de Marcelo Rubens Paiva (há um substrato autobiográfico na ação). A peça não prova nada – a favor ou contra –, mas assume o preço da juventude sem o choro lindo, mas antigo, de "Esses moços" (Lupicínio Rodrigues). Há uma parte de vontade pessoal e uma parte do imponderável. Há aceitação e desesperança, e é nas medidas bem calculadas de um e outro desses componentes que a vida/ficção acontece. O cego ostenta um fatalismo desarmante. O sobrevivente do desastre gira nos círculos dos LPs de *rock* pauleira. Tem olhos, um apartamento sujo, um filho de colo e uma mulher distante. Boa questão indagar qual vida é a melhor. Tudo isso pode já ter sido contado, mas não é toda hora que se tem uma parceria artística como a de Otávio Müller e Marcelo Serrado. O dueto resulta em um acontecimento emocional todo feito de contrastes. Müller está solto para uma verdadeira *performance* – um Joe Cooker bêbado (como o próprio se apresentou em São Paulo há trinta anos), um Tom Waits calculadamente amalucado – diante de Marcelo Serrado de óculos escuros e bengala branca. Uma figura de Beckett. Só dois parceiros leais e talentosos estabelecem um diálogo dramático tão pungente e inacreditavelmente cômico. Ao diretor, Mauro Mendonça Filho, o mérito de assegurar o equilíbrio e a seriedade interna do caos bastante sério em sua aparente loucura. Espetáculo vital que aquece um teatro lotado no frio da cidade.

UM DIA, NO VERÃO OUTUBRO DE 2007

Um dia, no verão é uma peça teatral da Noruega, tendo como principal intérprete Renata Sorrah. São dados essenciais para se observar o espetáculo dirigido por Monique Gardenberg, embora fale do atemporal sentimento da perda. Da sua não superação.

A Noruega tem um litoral estranho, recortado por baías ou enseadas profundas que chegam ao coração do país (os fiordes), o que moldou a existência de um povo descendente dos *vikings*, os quais assustaram a Europa por trezentos anos a partir do século VIII. Na grande cultura, é a pátria do dramaturgo Henrik Ibsen, do compositor Edvard Grieg e, hoje, de Jon Fosse, autor teatral afobadamente chamado de o novo Ibsen, o que ele mesmo desautorizou em entrevista a Ubiratan Brasil, do *Caderno 2*. O mar do Norte é frio e hostil. O contato com ele nada tem a ver com a nossa maneira tropical de viver. Influi na psicologia dos personagens. Nele se pesca bacalhau, baleia, se guerreia e se morre. A mulher de *Um dia, no verão* está isolada diante dessas brumas e ondas agressivas que tanto atraíam o marido. O homem que, subitamente, saiu de sua vida. A opção dela em continuar no mesmo local é derrota assumida, e sua presença constante diante da janela irradia a tristeza das telas de Edward Hooper. Esse é o estado de espírito que o temperamento dramático de Renata Sorrah sabe encarnar como poucas atrizes do teatro brasileiro. Desde sua maneira apressada de entrar em cena à respiração e entonação de voz, ela já carrega um clima de tensão. Sempre foi assim, talentosamente assim. Sua marca. O problema é haver elenco para acompanhá-la. A perda afetiva, seja por desamor, desaparecimento ou morte, é um dos pesadelos do ser humano. A cicatriz que não fecha. É preciso cuidado com ela para chegar acima do melodrama. Desta vez, a diretora Monique Gardenberg aparenta não ter se dedicado à encenação da forma autoral que já provou saber. A falha mais visível está na ausência de equalização dos intérpretes. Eles entram e saem, giram soltos dentro da ação (Fernando Eiras consegue impor um tipo). Em consequência, ficam coadjuvantes de Renata Sorrah, à exceção de Silvia Buarque, que demonstra sincera introspecção quando, em silêncio, uma lágrima rola lentamente pelo seu rosto. Há um ponto especialmente problemático com o marido. O autor está interessado é na atitude existencial da mulher. É sutil ou enigmático ao deixar no ar se aquele homem que se vai está entediado consigo mesmo ou com a vida conjugal. Aparece pouco, daí a dificuldade de apreendê-lo. Gabriel Braga Nunes não precisa ser um filósofo Soren Kierkegaard, mas vagar pela sala desalinhando os cabelos e com a fala marcada por um s sibilado o torna pouco convincente. Falta ao marido exatamente a densidade do silêncio. O espetáculo sublinha os climas emocionais com músicas norte-americanas. Um pouco de pesquisa acharia os excelentes compositores do Báltico, sobretudo Georgs Pelecis, do intenso e dolorido *Nevertheless*, um concerto para piano, violino (Gidon Kremer, apenas) e orquestra. O curioso é que a cantora sueca Monica Zetterlund gravou um disco em que inclui "Tack Gode Gud för Musikanter" (que vem a ser "O bêbado e a equilibrista"). Ao final, enfim, um achado com "Movimento dos barcos" como contraponto ao enredo (pena que não seja na interpretação pungente de Jards Macalé). E, no entanto, o espetáculo resiste, apoiado no cenário do mestre Hélio Eichbauer que, embora deixe de lado a típica arquitetura em madeira escandinava, insinua opressão nas portas giratórias que dão para o vento e o nada. O nada que Jon Fosse buscou e que subsiste na máscara dramática de Renata Sorrah.

HOMEM SEM RUMO NOVEMBRO DE 2007

Homem sem rumo acontece em um quadrilátero recoberto de cascalho negro, tendo à direita um tronco de árvore. Paisagem vulcânica e uma referência à onipresente árvore seca de *Esperando Godot*, de Beckett, a peça da suprema desolação humana. Mas há a possibilidade de esse descampado ser – por que não? – o lado escuro da mente humana. No enredo, dois homens travam uma luta sem sentido. Três mulheres e uma terceira figura masculina estarão nesse combate vazio, apesar de algumas indicações de caráter econômico. É exatamente na abstração que reside o interesse maior da obra. A insinuação de uma suposta denúncia contra a predominância do dinheiro etc. só a mediocrizaria. O assunto já foi muito mais bem tratado pelo suíço Friedrich Dürrenmatt em *Frank V* (grande encenação de Fernando Peixoto, em 1973, que espera uma remontagem). Para não falar em Brecht. Diante desses criadores, o norueguês Arne Lygre é peso leve. Em todo caso, o diretor Roberto Alvim soube introduzir mistério e encanto no seu espetáculo, elementos difíceis de serem somados. A cena intriga exatamente pelo tom entre o sinistro e o psicanalítico, típico de uma parte do teatro europeu, de August Strindberg a Dürrenmatt e Peter Weiss. Ou, por outras palavras, basta rever *A hora do lobo*, de Ingmar Bergman, para entender esse realismo sobrenatural das sociedades velhas e do cinismo frio de paraísos fiscais, como Liechtenstein, que nem se localiza direito no mapa. Nessa história, um investidor quer construir uma cidade moderna com o apoio do irmão serviçal, com o qual mantém uma relação de ódio e atração. No topo do empreendimento imobiliário, não se constrói um prédio grandioso, mas um hospital com ares de hospício. O dramaturgo Lygre prefere deixar subentendido o motivo de tal fato insólito. Enquanto isso, mulheres irrompem com cobranças, denúncias e até afeto (ex-esposa, filha, irmã. Fantasmas). Como não há geografia precisa, pode-se dizer que vieram de lugar nenhum. Talvez da memória do protagonista, de seus pesadelos de culpa. Nesse território morto estão as bases do grupo Club Noir, que se apresenta como uma companhia criada com o objetivo de encenar espetáculos contundentes e provocativos que lidem diretamente com questões da atualidade. A atualidade é ampla demais para frase tão pequena. Mas Alvim sabe estabelecer climas tensos dentro de uma teatralidade cerimonial. Domina os andamentos do enredo, os silêncios banhados por uma luz cênica que tanto pode ser de subterrâneos assustadores como filtrada por vitrais. Há em todo caso a possibilidade de tudo não ser mais claro, porque a língua norueguesa é difícil e reflete uma cultura de mitos seculares que subsistem na próspera Noruega atual, protestante e expoente de um capitalismo de bem-estar. Aliás, embora nenhuma literatura deva ser posta de lado, é meio intrigante a onda escandinava no teatro brasileiro: de repente estamos meio *vikings* com *Roxo*, *Um dia, no verão*, ambas de Jon Fosse, e, agora, *Homem sem rumo*. Todas importadas de Oslo (ou de algum sucesso mais fácil em versão inglesa). Fenômeno só válido para o palco. O romance *Fome*, por exemplo, de Knut Hamsun (Nobel de 1920), uma das obras-primas do século XX, foi editado no Brasil em 1977 (tradução de Carlos Drummond de Andrade) e caiu no esquecimento. A escritora Sigrid Undset (Nobel de 1928) não é editada aqui desde os anos 1950. No último Oscar, concorreu um filme baseado em uma obra dela, e a televisão a anunciou como a escritora. Só a editora Globo ousou lançar – finalmente – a majestosa saga *Gente independente*, do islandês Halldór Laxness (Nobel de 1955). Não chegou a ser um sucesso. Então, se não for só modismo, que se lembre de Eemil Sillanpää, da Finlândia (Nobel de 1939). O espetáculo atual é sobretudo um belo jogo de intérpretes. Marat Descartes, sutilmente diabólico no papel do capitalista, tem um parceiro à altura em Milhem Cortaz que, enfim, se liberta da imagem do musculoso agressivo e tatuado para compor uma figura cinzenta, tipo kafkiano. O trio masculino se fecha com a atuação quase obrigatoriamente discreta de Ge Viana – o autor não lhe concede muito mais, nem tampouco à filha, o que a inexperiência de Ligia Yamaguti acentua. Juliana Galdino tem menos oportunidade por falta de interlocução. É quase um símbolo, um discurso com uma composição sem muita clareza, embora mantenha sua autoridade cênica. Lavínia Pannunzio causa impacto numa personagem de cor clara, algo camponês e místico ao mesmo tempo, e pode contracenar diretamente com Milhem. Seu olhar amoroso e assustado é toda uma comovida situação dramática. Na soma, *Homem sem rumo* é teatro de inquietação e perguntas. Nele há ofício, convicção e procura. Locais e seres estranhos de uma vaga Escandinávia. Não por acaso, o labiríntico Jorge Luis Borges dedicou um poema à vizinha Islândia, representada no solo negro desta encenação.

Críticas 2008

O CÉU CINCO MINUTOS ANTES DA TEMPESTADE FEVEREIRO DE 2008

Silvia Gomez, a autora de O *céu cinco minutos antes da tempestade*, antecipa-se à curiosidade do espectador. Com o título-indagação "O que você quer entender?", responde no programa do espetáculo: "Queria dizer alguma coisa importante, mas só tenho perguntas. Escrevo por isso – deve ser uma mistura de um pouco de raiva e um bocado de perplexidade. Amo o teatro [...] e acho incrível e promissor que o mundo comporte pessoas como você, que está aqui lendo este programa [...] e talvez também esteja à procura de alguma resposta. E, por isso, eu te saúdo". Declaração forte numa estreante. A mineira Silvia Gomez, de 30 anos, parece buscar um ponto de apoio dentro de situações ambíguas. Muita indagação dentro de um texto curto evidenciando pressa. Por outras palavras, este é um teatro de questões sem respostas automáticas, um espetáculo despojado de adornos. A ação concentra-se num ambiente hospitalar com paciente, a enfermeira, uma visita sem identificação e um mascarado espectral, espécie de mordomo sem lógica no contexto (daí parte do seu interesse). A doente, prostrada na cama, discursa de forma desconexa e furiosa contra a segunda, que simula fazer palavras cruzadas. Há ali um jogo de poder, um dado de sadismo ou uma loucura geral a que a presença masculina parece oferecer uma vaga insinuação do mundo exterior. Trata-se de uma situação atemporal e solta no espaço. O pouco que se sabe são os nomes das estranhas figuras. É inevitável pensar em Kafka. Aliás, seja que artista for, este é o desafio para esclarecer os meandros e subtextos da encenação. Porque um Centro de Pesquisas Teatrais não está mesmo se obrigando a expor estruturas codificadas. Existe como laboratório de novas gramáticas cênicas numa superposição de conhecimentos, uns mais absorvidos, outros menos. O público que procura alguma resposta merece, mesmo assim, ser informado de que os integrantes do CPT, conduzido por Antunes Filho, trabalham com um arsenal de referências de alto nível. O elenco assiste aos filmes e documentários raros sobre trabalhos dos maiores encenadores contemporâneos e cumpre um ritmo de leituras exigidas com rigor, afora todas as ideias, vivências e obras do próprio Antunes. Em O *céu cinco minutos antes da tempestade*, reflete o teatro oriental (máscaras, gestos, maquiagens, intenções) e – bastante – o do polonês Tadeusz Kantor, figura basilar do palco no século XX. Os intérpretes são bastante jovens, como, provavelmente, o diretor Eric Lenate que, no entanto, não diz nada (o programa, curiosamente, traz apenas o seu *e-mail*). Faz falta sua palavra, embora demonstre segurança no ofício. O resultado é um espetáculo labiríntico, o outro lado do espelho, como em *Alice no país das maravilhas*, de Lewis Carroll, que tem um trecho citado no mesmo programa. O diálogo entre a menina e o gato pode ser a melhor pista para o público. Ela pergunta ao gato como sair de onde está. Depende muito do lugar para onde você quer ir, disse ele. Alice replica: "Não me importa muito onde", ao que o gato treplica: "Nesse caso, não importa muito por onde você vá".

Há apenas dois dados incômodos no espetáculo: a estridência das vozes femininas, em contraste com a tensão precisa de Carlos Morelli, e a máscara que esconde Adriano Petermann. Teria sido bom, quem sabe, se sua atuação fosse como a de Erich Von Stroheim em *Crepúsculo dos deuses*. O grande cineasta, ao aceitar o pequeno, mas crucial, papel de mordomo de Gloria Swanson, conferiu um toque a mais de estranheza ao filme. De volta ao começo: o que você quer entender? Silvia Gomez e Eric Lenate podem não ter a intenção, mas chegam perto de Lacan: toda palavra tem sempre um mais além, sustenta muitas funções, envolve muitos sentidos. Atrás do que diz um discurso, há o que ele quer dizer e, atrás do quer dizer, há ainda um outro querer dizer. O que está em cartaz depende, enfim, da disposição – ou não – de quem vê algo poético em duas paralelas no infinito. Ou no mistério do céu cinco minutos antes da tempestade.

MEU ABAJUR DE INJEÇÃO MARÇO DE 2008

Arbustos simples e uma ânfora de argila enfeitam o túmulo, em granito rosa, de Cacilda Becker no cemitério do Araçá, enquanto Luciana Carnielli a homenageia no palco em *Meu abajur de injeção* (título incompreensível e nada atraente). Espetáculo solo em que a vida pública e pessoal da atriz lendária (1921-69) passa pelo crivo de uma colega-personagem que pretende nos devolver Cacilda em um jogo de memória. Luciana, que escreveu a peça, não tentou imitar seu modelo inspirador, que provavelmente não conheceu. O espetáculo dirigido por Georgette Fadel elimina a sacralização do mito. O espectador passa a conhecer a jovem talentosa que se jogou por inteiro para ser – e foi – a maior atriz do país enquanto esteve em cena (seria tolo julgar que não haverá outra Cacilda). Impôs sua presença em um tempo em que Maria Della Costa, Tônia Carrero e Eliane Lage (no cinema), belíssimas, estavam no estrelato. Por justiça, seria preciso lembrar – na mesma geração – Glauce Rocha e Wanda Lacerda, mas a glória nem sempre é justa. Luciana é magra, loira, ágil e ostenta um ar insolente e quase irritado como parece supor ter sido o temperamento de Cacilda (a diferença é que Cacilda tinha cabelos pretos e não era arrogante). Seu trunfo é o domínio das pausas, as interiorizações, aquele não dizer antes de dizer. Luciana convence ao assumir a *persona* da mulher que teve noção do seu talento e do alto custo para vencer. Agiu em consequência, mesmo que, se necessário, tenha exercido alguma dureza de atitude. Ser instintivo, absorvia o que estava acontecendo à sua volta, o que lhe deu capacidade de escolher bem o repertório e indignação para afrontar o regime militar (ocasião da sua grande frase "todo teatro é meu teatro"). Ao mesmo tempo foi o que Clarice Lispector definiu como "Eu sou mansa, mas minha função de viver é feroz". Não escondeu dores de amor e até os contraditórios sentimentos sobre a maternidade. O espetáculo assume o lado competitivo de Cacilda, insinua inimizades célebres, disputas cênicas, mas mostra quanto foi devotada aos amigos e à família. Podia, sim, ser difícil às vezes, mas nunca praticou a maldade deliberada, expressão de Tennessee Williams e autor que encenou (*A noite do iguana*). Apesar das lacunas, Luciana Carnielli tem o mérito de expor o lado agressivo e inseguro da atriz. Fala do primeiro casamento, assunto diluído no tempo, mas salta sobre brasas no segundo, com Walmor Chagas, ator maior e personalidade nacional. É compreensível. É bom que se fale dos artistas superiores com um olhar crítico. Como é necessário recordar que não se fala o mesmo de suas contemporâneas: Glauce Rocha (felizmente homenageada no documentário *Estudo de um rosto*, do cineasta Joel Pizzini), Margarida Rey, Madalena Nicol, Wanda Lacerda, Lélia Abramo e Henriette Morineau (que viveu seus últimos dias no Retiro dos Artistas, no Rio). A morte involuntariamente teatral de Cacilda (um derrame durante a representação de *Esperando Godot*) e seu indiscutível carisma conferiram-lhe uma aura, mas não seria mal pensar nessas outras intérpretes, e nas que vieram depois, como Isabel Ribeiro, morta precocemente. *Meu Abajur de injeção* é um canto à capela para uma força de vontade inquebrantável. Escorrega no lugar-comum ao juntar poetas, santos como iguais aos devassos e prostitutas (Santo Agostinho e Henry Miller deixaram a chamada má conduta ao se encontrarem na transcendência). Se prostituta fosse algo interessante, as atrizes não teriam lutado tanto contra essa pecha que lhes foi imposta pela polícia e pela moral de uma época. Com seu título vago, a montagem se faz com um mínimo de recursos cênicos e na apaixonada atuação de Luciana Carnielli. Espetáculo intenso e direto de Georgette Fadel sobre Cacilda Becker, a artista e o ser humano no labirinto de espelhos do camarim e da existência.

O HOMEM INESPERADO MARÇO DE 2008

Há dois instantes em que o casamento interessa ao teatro contemporâneo: ou na crise ou na aceitação do outro, durante o tempo que passa, com as mútuas diferenças entre os parceiros. No primeiro caso, *Quem tem medo de Virginia Woolf*, de Edward Albee, é uma obra que ficará. O segundo é um filão das comédias de costumes. Basta uma autora habilidosa como Yasmina Reza, de *O homem inesperado*, para a emoção surgir fácil, sobretudo se o casal de intérpretes é simpático. Quanto a esse detalhe, o espetáculo é uma festa. Nicette Bruno e Paulo Goulart já estão na história dos palcos nacionais não só pela extensa lista de boas interpretações, como também por formar um dos mais queridos e carismáticos casais em cena. É justo que um público chamado convencional, não novidadeiro, possa ver seus artistas da vida inteira. O homem inesperado em questão é um escritor que em um trem entre Paris e Frankfurt se senta em frente a uma leitora de longa data. As composições europeias, no geral, são cabines fechadas, provocando convivência forçada entre desconhecidos, o que pode gerar amizades ou silêncios de pedra. Quer o acaso que nesta peça apenas os dois fiquem um diante do outro. Grande parte da peça é feita de monólogos interiores: o escritor pensando em seus problemas, e a mulher, ansiosa, procurando a maneira de conversar com aquele homem que preencheu seus dias com tantos romances. Yasmina Reza nasceu em Paris e, para usar um galicismo, o seu charme está no nome exótico da filha de um russo-iraniano e uma húngara. Embora seus pais tenham um histórico pessoal difícil (deixaram ditaduras do Leste Europeu), Yasmina pôde estudar teatro e sociologia na Universidade de Nanterre e teve uma carreira de sucesso fulminante com seu humor crítico. Ela sabe encadear os fatos com ritmo, despreocupada de questões ideológicas complexas. A admiradora do escritor, por exemplo, não tem biografia e origem definida. É uma senhora de *tailleur*, vistosa, e pronto. Ele é um prolífico homem das letras, mas sentindo que sua criatividade está em declínio. Vamos todos nos divertir com as fantasias de ambos, como no já longínquo ano de 1969 nos encantamos com os jovens Dustin Hoffman e Mia Farrow no filme *John and Mary*, uma dupla de namorados pensando em silêncio coisas que só o público ouve. Como se vê, a fórmula de Yasmina não nasceu ontem. Ela se permite até um sutil jogo literário com o nome dos personagens. A mulher se chama Marta (como em Virginia Woolf), e ele, Paul Brodsky, nome que faz lembrar o poeta russo exilado Joseph Brodsky, talvez uma homenagem à mãe violinista que abandonou a então Hungria comunista. O que é meio estranho em Yasmina é sua antipatia pelos homens. Chega a baixar o nível da linguagem para fazer do escritor um ser amargo, mal-humorado, que fala em intestinos e próstata. Um artista nem sempre é uma flor de pessoa, mas este literato é absolutamente esperado na sua banal visão do envelhecimento como algo desastroso. Um medo compreensível que transforma em xingamentos, alguns engraçados a primeira vez, depois mera repetição. Em nenhum instante está à altura do verdadeiro Brodsky, Nobel de 1987, expulso de sua terra aos 32 anos, morto aos 56, e que nos legou o verso "A morte é o infinito das planícies e a vida a fuga das colinas". O rabugento do trem deve seu interesse ao talento e imensa simpatia de Paulo Goulart que, mesmo gripado e depois de uma semana estafante de gravações de telenovela, no Rio, toma o avião e vem mostrar o que é um ator de verdade. Como Yasmina é mais interessada na mulher, e ela é representada por Nicette Bruno, a grande atriz constrói um jogo de pensamentos, dúvidas e malícias femininas culminadas com um emocionante discurso, agora diretamente ao escritor, pleno de sabedoria e coragem, o que arranca aplauso em cena aberta. Se Yasmina é previsível, Paulo surpreende sempre e Nicette sabe fazer uma mulher inesperada.

SENHORA DOS AFOGADOS ABRIL DE 2008

O espetáculo de Antunes Filho tem momentos divertidos. Em sendo Nelson Rodrigues, pode parecer equívoco. Não é. No prefácio a *Beijo no asfalto*, o poeta Valmir Ayala escreveu que Nelson Rodrigues continua sendo "motivo do meu mais vivo espanto". Antunes enfrenta há décadas a tarefa de transformar esse espanto em racionalidade poética. De início, tirou o dramaturgo do gueto da crônica suburbana onde, durante anos, esteve confinado e lhe deu dimensão arquetípica entre a tragédia grega e a história e filosofia das religiões do romeno Mircea Eliade. O projeto de grande envergadura resultou numa série de montagens históricas. Agora – depois de andar por outros caminhos (Shakespeare, Eurípides, Ariano Suassuna) –, voltou-se para o ângulo caricato e irônico do escritor. Enfim, um dia seria necessário enfrentar os subtítulos desconcertantes de suas peças que vão desde tragédia carioca (*Beijo no asfalto*, *A falecida*) à sucinta tragédia (*Álbum de família*). Fiel à sua vocação de provocador, fez subtítulos jocosos, como *uma farsa irresponsável* (*Doroteia*) e a estranha brincadeira de mau gosto de *Bonitinha, mas ordinária ou Otto Lara Rezende*, escritor mineiro de temáticas densas. Se existem vários Nelson Rodrigues, Antunes Filho fez em *Senhora dos afogados* (tragédia no original) o humor entre o sinistro e referências à peça *Macbeth* (o horror das mãos manchadas de sangue). Está no texto, mas é exemplar ver quando o encenador usa seu arsenal de conhecimentos e sensibilidades. Há mesmo um toque de Brecht em *A ópera dos três vinténs* na cena cantada – uma rapsódia bufa brilhante de Pedro Abduhull (diretor musical e ator) que inclui, como rima, um palavrão, o que inexiste em toda a produção rodriguiana. A vingança e o incesto da tragédia grega estão na essência de *Senhora* e são realçados por Antunes numa encruzilhada de estilos, em que a invasão de vizinhos malévolos revela que o transcendente e o grotesco unem mortais e semideuses. Esses seres de horizonte pequeno têm sua imagem refletida tanto em Nelson Rodrigues como em poetas de extração popular (lembremos o verso de Ataulfo Alves: "A maldade dessa gente é uma arte"). São pontadas da vida como ela é, desferidas por Geraldo Mário, veterano do Grupo Macunaíma (à espera do seu grande papel). Nelson quase faz psicobiologia, se o termo faz sentido. Essa subumanidade enclausurada no círculo de mesquinhez lembra a jararaca-ilhoa das Ilhas Queimadas, no litoral paulista. Isoladas do continente por algum fator geológico antiquíssimo, as serpentes, ao se entrecruzarem, transformaram-se nas mais mortíferas da espécie. O equilíbrio entre o trágico e o absurdo, o farsesco com base no real e um humor cruel e distanciado para ser crítico faz do espetáculo um passo adiante na caminhada de Antunes Filho em busca da função humanista do teatro. Essa trajetória inclui a formação de um ator diferente. Nos ensaios de meses afloram talentos que cintilam além do mero virtuosismo. Eles vão além em seus desempenhos e chegam ao mistério da simplicidade. O efeito naturalmente é mais visível nos responsáveis diretos pelo enredo: Lee Thalor, confirmando a boa impressão causada em *A pedra do reino*; Angélica di Paula, fazendo do mínimo o máximo na contenção espectral da filha incestuosa; Marcos de Andrade em papéis pontuais, mas determinantes; e Valentina Lattuada, que, com sua beleza de traços *art déco*, infunde dúvida e medo com uma presença forte e ao mesmo tempo ausente. Promessa de grande atriz (ela é italiana, razão do seu leve sotaque). E assim penetramos no mar abstrato do subconsciente ou no espelho do homem comum, em que parece estar escrita a profecia do poeta T. S. Eliot: "Entre meia-noite e a aurora, quando o passado é apenas fraude".

LOUCOS POR AMOR MAIO DE 2008

Loucos por amor, de Sam Shepard, guarda alguma similitude com *Onde os fracos não têm vez*, recente sucesso no cinema. Shepard é da linhagem de Cormac McCarthy, do conto *No Country for Old Man*, que inspirou o filme. Ambos são escritores fascinados pelo Oeste americano, não mais em sua fase mítica, mas no oposto, o da crise deflagrada pela contemporaneidade urbana que torna as cidades da região locais arcaicos e degradados. Quando, em 1988, a primeira montagem brasileira da peça estreou em São Paulo, com direção de Hector Babenco, a crítica do *Estado* referiu-se a ela como um eco de temas bíblicos – grandes pecados, grandes danações em locais descampados ou o ambiente claustrofóbico dos *trailers* e motéis de beira de estrada. Sexo, rancor e violência fazem o resto, dizia. O cerne dos acontecimentos – dois meios-irmãos numa rede neurótica de amor e paternidade – tem um fundamento bíblico, como em Abel e Caim (tema de John Steinbeck em *A leste do Éden*, de 1952, que no cinema resultou em *Vidas amargas*, com James Dean). Outro pilar da história é o *western*, gênero pouco intelectual, mas nos grandes filmes é enraizado na tragédia grega com o herói que se perde por não mudar de atitude. Como os gregos, o faroeste é conciso no enredo e nos diálogos. O fundamental é insinuado nos subentendidos e nos silêncios. Gary Cooper, Henry Fonda e John Wayne falam pouco. Shepard gosta desse mundo, ciente de que ele está em declínio (vive em uma fazenda com a atriz Jessica Lange). É um território e um tempo que se desfazem na fumaça dos gigantescos caminhões de carga pesada. O crime de antes – por terra, sobrevivência e honra – agora deu lugar a drogas e contrabandos – o tema de McCarthy usado pelos cineastas Joel e Ethan Cohen em *Onde os fracos* (ou os homens velhos) *não têm vez*. Enfim, chegamos ao espetáculo atual e às indagações que deixa no ar. Reviver um texto forte? Dar a novos intérpretes a oportunidade de aprender com um ator experiente e talentoso (Umberto Magnani)? Não há profissão, ofício ou arte que fiquem sem perigo quando se baixa a guarda da excelência. Nesse vacilo da pressa, até os melhores podem derrapar. Aconteceu. O espetáculo em cartaz, em jargão universitário, seria um estudo de caso. Porque nele se misturam um tipo de cenografia desconexa, elenco jovem sem condições de levar o teor dramático do texto e direção sem rédeas firmes. Os móveis cênicos só existem em cortiços. Nenhum motel (seja no sentido original de pousada, nos Estados Unidos, ou de encontros amorosos, no brasileiro) tem esse aspecto. Ao mesmo tempo, as paredes, numa busca do moderno, são traves presas por fixadores metálicos. O experimento resulta em um espaço frio, em termos dramáticos, pela clara desconsideração ao original (uma desculpa provável é a de que a peça não tem, nesta versão, uma localização precisa). Teatro, inevitável redundância, exige experiência, treino. Lançar nas costas de artistas jovens uma obra de tal complexidade é temerário. Falta a eles técnica e densidade emocional para cobrir os silêncios plenos de significados. Intérprete inseguro sempre grita demais (mas Paulo de Almeida consegue defender-se como o namorado perplexo). Pode ser excesso de zelo ou pura mania do observador, mas, quando se nota que o palco não foi bem varrido, o espetáculo está em perigo. A encenação deixou, no caso, de transmitir a vibração que Sam Shepard expressou em um poema em prosa: "Do mesmo jeito que um tubarão não pode deixar de se movimentar senão morre/ Assim é você pelo chão. Dorme nadando de costas/ Cuspindo teus dentes/ Deslizando como assombração/ Não posso fazer nada por você, a não ser que se levante/ O que você precisa é de um bolso cheio de grilos/ Para te trazer de volta à terra".

Nesse impasse despontam duas evidências. O diretor Francisco Medeiros, um profissional criativo e ágil, parece que se deixou levar pelo excesso de trabalhos – ou não esteve tão atento; com isso o ator Umberto Magnani foi convidado para a festa apressada dos seus belos quarenta anos de teatro. Ele merece, mas esqueceram os grilos.

MEMÓRIA DO MUNDO MAIO DE 2008

Entrar na literatura de Jorge Luis Borges é como jogar xadrez (intuição e cálculo) ou dados (o acaso dos números). Nela, o sonho incorpora a matemática, e a realidade se dissolve no acaso. Como a figura de Borges é já uma efígie – o homem idoso de olhar enevoado, roupa formal, segurando a bengala –, é complicado para um ator jovem representá-lo. Em *Memória do mundo*, João Paulo Lorenzon assumiu o desafio a partir da adesão sincera a esta ficção enigmática ao ler, adolescente, *As ruínas circulares*, e achar no final a anotação de sua avó em letra azul: lindíssimo. Portanto, Lorenzon começou a entender Borges pelo alto. O notável crítico literário Otto Maria Carpeaux mencionou a obsessão dos labirintos em Borges, acrescentando que *As ruínas circulares* parecem sonho fantástico ou pesadelo matemático. Existe, assim, fora nossa realidade observada, a geometria não euclidiana, na qual duas paralelas chegam a encontrar-se no infinito. [...] São sistemas de mundos absurdos; mas coerentes. Exigem, quase, que sejam encarnados em mundos poéticos. E Borges os criou. Difícil para o leitor? Se houver curiosidade, descobrirá que há muitos Borges. O mais próximo narra sagas gaúchas repletas de punhais e milongas, que é para o campo o que o tango significa para as cidades. Um outro Borges conquistou renome internacional em contos fantásticos, em que predominam os labirintos, os paradoxos verbais, as paisagens que são o avesso do espelho. Por fim, este grão-senhor menciona a própria cegueira que o castigou, mas sem lamentos, numa aceitação filosófica e até poética, o que é o máximo da resignação. É justamente este Borges mergulhando nas sombras que aparece no espetáculo *Memória do mundo*. O que está em cartaz é uma realização de relativa simplicidade visual, mas inevitavelmente complexa para quem não tem intimidade com o escritor. Há nele divagações subjetivas ao lado de outras de beleza evidente, como a descrição do amarelo dos olhos do tigre. É a cor que mais tempo ficou visível, fiel, ao artista que caminhava cada vez mais para o território do cinza e do negro. Nas suas *Primeiras poesias*, com o subtítulo *Fervor de Buenos Aires*, ele escreveu: "Esta cidade que pensei ser meu passado/ é meu futuro, meu presente;/ os anos que vivi na Europa são ilusórios,/ eu sempre estive (e estarei) em Buenos Aires".

É esta a aposta de risco que João Paulo Lorenzon bancou sob a direção discreta, mas firme, de Élcio Nogueira Seixas e o imprescindível apoio de Davi Arrigucci Júnior, um dos mais sólidos críticos literários do Brasil. O ator tem sua intensidade dramática reforçada pela forte introspecção fundamental ao papel; e domínio vocal visível na cena de um longo uivo, aboio ou clamor onomatopaico que exige fôlego. Fica sem solução a questão do figurino. A imagem de Borges será para sempre a do portenho de terno e gravata, impecavelmente barbeado. Quase se pode sentir a lavanda tipicamente hispânica exalando de suas fotografias. Lorenzon está no palco como um rapaz urbano em mangas de camisa. Aparenta aceitar a imensa diferença de tipo físico e idade entre ambos, optando então por ser apenas a voz de Borges. É uma possibilidade, mas há perda de clima. Não foi possível recriar um certo mistério que cercava um autor-personagem. A cenografia, de Márcia Moon, ratifica o universo fechado desta escrita que se multiplica em saídas enganadoras, representado-a como uma caixa negra com o chão coberto de pedriscos de jardim japonês. Solução razoável, porque qualquer opção figurativa pediria algo como a estranha pintura de Zdravko Ducmelic, iugoslavo (croata) radicado na Argentina e que ilustrou uma das obras de Borges, que o admirava. Um privilégio de Jorge Luis Borges é o de ser quase inesgotável. Pode-se voltar a ele de muitíssimas maneiras. Como acontece com seu conterrâneo Julio Cortázar. Parecia impossível levar ao palco *O jogo da amarelinha* (*Rayuela*), mas o diretor Jaime Kogan iluminou a temporada de Buenos Aires de 1994 com uma comovente adaptação do romance. Kogan era um veterano, enquanto Lorenzon e o diretor Elcio Nogueira Seixas são novos. Deram um primeiro passo, e acertaram.

CADELA DE VISON JUNHO DE 2008

Renato Borghi é um ator extrovertido dentro e fora do palco. Um sentimental por trás da *persona* irônica que se fixou definitivamente, sobretudo a partir do papel de Abelardo, em *O rei da vela*, de Oswald de Andrade, autor que o influencia como dramaturgo de frases de efeito e desaforos retumbantes. Quando fez 60 anos, Renato comemorou, feliz e comovido, no Aeroanta, casa de espetáculos que marcou época. Anos antes ele já havia iniciado a revisão da carreira e vida pessoal, plena de conquistas e vivências radicais, que expôs na peça *O lobo de ray-ban*. Ator de larga experiência com um lugar na história da cena nacional como um dos fundadores e líderes do Teatro Oficina, Renato voltou de novo sobre seus passos em *Borghi em revista*, espetáculo tão bom quanto importante por aliar o confessional com uma aula sobre a profissão. Não é raro um criador tomar-se como motivo de sua obra, seja na primeira pessoa, casos de Henry Miller e Jean Genet, ou incluindo-se em um painel histórico e social como Pedro Nava. Nenhum deles se perde pelo narcisismo, ao contrário. Nava, que foi médico a vida inteira, ao se aposentar, revelou-se um estilista límpido e um observador perfeito do meio em que viveu, da culinária doméstica a fatos políticos relevantes. Escreveu seis volumes que iluminam um homem e seu tempo. Borghi mais uma vez volta-se sobre si mesmo, agora em *Cadela de vison*, recorrendo ao *alter ego*, Sandro, um ator no túnel do tempo e de ambivalências de caráter afetivo e sexual. O hibridismo, a dualidade do homem diante das influências do feminino, aflora de forma não realista. Como diz o próprio autor, o clima caminha para uma fantasia poética desenfreada. Sandro e Mona passarão do mundo sólido ao líquido, e daí por diante, até que a matéria se dissolva num sonho.

Mona, no caso, é uma mulher voluptuosa e uma aparição, visto que morreu há muito tempo.

Intencionalmente, não é explicado como isso é possível, mas o artifício convence. Ele é um veterano em via de perder seu teatro, ela foi a cantora que embalou sua adolescência; e assim iniciam um diálogo que envereda pelo absurdo, pelo espanto e pelo humor negro. O espetáculo pode ser visto de duas maneiras. Como metáfora sobre a dualidade de sexos, o que deixou de ser novidade para quase chegar ao enfadonho. Renato diz que seu ponto de partida foi um autorretrato de Edvard Munch que o pintor norueguês batizou de *A cantora*. Ismael Nery fez o mesmo e com alguns traços femininos. Só tem, portanto, força artística a obra que revele uma real inquietação íntima para além da mera autorreferência. Por outro lado, se for uma alusão à vida e carreira de Borghi, a escrita é por demais cifrada para quem não o conhece desde seus tempos de Oficina. Poucos se lembrarão, por exemplo, que a divertida cena de matar o crítico talvez se refira à sua polêmica violentíssima com um crítico tão talentoso e respeitável quanto ele, o que anula a briga, até porque Renato não só aceitou como ostenta orgulhoso seus prêmios de toda crítica morta a tiros de festim. É engraçado. Em dado momento, a peça fica preciosista e meio cópia da irreverência oswaldiana. Por sorte, o danado do autor escreve bem e não se deixa afundar na misericórdia, nem no protesto óbvio ou na anarquia sem rumo. Há um ponto de chegada para esses seres que conheceram a glória e o fracasso e se olham com aceitação pacífica, como se tudo tivesse sido realmente sonho bom, apesar de todas as misérias ao longo do caminho. A ambientação claro-escura desse crepúsculo dos deuses está perfeitamente dosada pela direção de Elcio Nogueira Seixas, auxiliado por uma cenografia de forte simbolismo de Márcia Moon (o palco tomado por imensa coroa fúnebre que é, ao mesmo tempo, labirinto e álbum de retratos). Renato Borghi evidentemente é dono absoluto do papel – ou seja, de si mesmo –, na companhia bonita e intensa de Luciana Borghi, sua sobrinha na vida real. *Cadela de vison* comemora cinquenta anos de carreira desse intérprete inquieto e irreverente o suficiente para se achar um fora do tempo e uma celebridade. Como se vê, Renato é ainda um garoto abusado e talentoso.

HAMLET JULHO DE 2008

No início do espetáculo, o público é surpreendido com a entrada de Wagner Moura, a pessoa, não Hamlet. Sorri, diz boa-noite e uma evidência se impõe: estamos diante de um dos mais talentosos e simpáticos atores da atualidade, e da mais fina estampa. Ele faz rápida explicação sobre a divisão da peça em dois atos etc., para deixar claro que não se trata de teatro ilusionista. É simulação, jogo. A já mítica obra de William Shakespeare (1564-1616) passará por um processo de construção e desconstrução, assim como o encenador inglês Peter Brook reduziu *Hamlet* quase exclusivamente à atuação do protagonista, um ator negro. Houve polêmica, mas dessacralizar os clássicos evita a museologia. Em seguida, Wagner Moura assume a armadura medieval e, numa fração de segundo, assume o personagem. O enredo, que na superfície é a saga do príncipe que vinga a morte do pai, rei da Dinamarca, tem um labirinto de tramas sinistras, idas e vindas e aparições fantasmagóricas até o desfecho trágico. Das inúmeras revisões da peça, desde sua estreia, a mais benéfica foi a de tirar o ar ensimesmado que o romantismo colou em Hamlet. O nobre, por esse prisma, sofria longamente a dúvida do ser ou não ser antes de assumir a política na crua verdade da violência física e direta. O teatro brasileiro registra a revelação de Sérgio Cardoso, aos 22 anos, com uma chama pessoal superior ao estilo impostado da época (1948). A menção histórica eleva os méritos de Wagner Moura, que sucede intérpretes da grandeza de Sérgio Cardoso, Walmor Chagas e outros. Ele cumpre o que o diretor Aderbal Freire-Filho disse ao *Estado*: "O fascinante de Hamlet é sua força de atração. Mesmo quem não conhece nada da peça fica tomado por ele". Acrescentou ainda, com elegante ironia, estar recuperando, presunçosamente, certos detalhes que parte da crítica não entende. De fato, as pessoas frequentemente não entendem muitas coisas. Gente de alto intelecto incorre, sim, às vezes, em besteiras oceânicas. O poeta T. S. Eliot, por exemplo, escreveu que *Hamlet* é artisticamente um fracasso. Imaginem só, um mestre da mesma língua de Shakespeare, um Prêmio Nobel, dizer uma coisa dessas. O mundo esteve fora dos eixos. Em amigável ironia podemos adiantar que Aderbal entrou em ação para consertá-lo. Está em boa companhia. O ensaísta Harold Bloom dissecou o dramaturgo peça por peça em 896 páginas de *Shakespeare – A invenção do humano* e foi ao ponto ao defender que *Hamlet* não é, na verdade, a tragédia de vingança que finge ser. É o teatro do mundo, como a *Divina comédia*, *Paraíso perdido*, *Fausto*, *Ulisses* ou *Em busca do tempo perdido* (europeísta, Bloom deixou de lado *Grande sertão: veredas*, com a mesma amplidão). *Hamlet* tem o seu lado aventuresco. Shakespeare dirigia-se a uma plateia popular ávida de emoções fortes. Alguns captaram tudo, outros não, mas os pensamentos de Hamlet são iluminações de inteligência crítica. Enfim, chegamos ao espetáculo atual. A complexa visão shakespeariana da humanidade é mostrada em frases que, garante Aderbal, mesmo quem não conhece nada da peça fica tomado por ela. O problema é que a direção não valorizou essas passagens. Não levou nenhum intérprete a dar a elas a densidade que nos pegasse mais fundo (pausa, melhor dicção, olhar, algo assim). Palavras imortais são ditas de lado, de costas, ou meio que atiradas ao acaso. Paulo Francis relembrou que Lawrence Olivier, em *Ricardo III*, quando o rei se vê derrotado, emitia o grito tremendo da raposa com a pata dilacerada pela armadilha de ferro. Inglês entende de raposa, e Shakespeare não fez essa rubrica. Olivier inventou o efeito. A montagem é vital, mas com esquisitices. O enredo é localizado em ambiente nobre, mas eis que surgem uns toques proletários com atores de gorro, camisetas apertadas na barriga, e umas falas moles ao jeito "mano de periferia". Não é heresia, mas desafina a orquestração geral, assim como vestir Hamlet *à la grunge* (as calças amassadas, caídas e sanfonadas do "doce príncipe"). Ou se muda tudo, como no filme ambientado em Nova York das multinacionais (com Bill Murray e Sam Shepard), ou fiquemos nas brumas nórdicas. Teria sido melhor investir na interpretação da bela e jovem Georgiana Góes (Ofélia) ou diminuir um pouco a linha dada ao bom Gillray Coutinho, que chega perto dos trejeitos do ator inglês Donald Pleasence (basta conferir em *Armadilha do destino*, de Polanski). Questão de medida. Ao mesmo tempo, talvez por haver mais coisa entre o céu e a terra do que sonha nossa vã filosofia, a representação deriva para uma linha semiacrobática agitadíssima. Wagner Moura quase faz sozinho o espetáculo. Se o Hamlet original simula loucura, aqui ele a leva a extremos com piruetas e tiradas em falsete. Mas é um esplêndido ator. Quando ódio e/ ou dor são necessários, seu rosto se transfigura numa máscara de total intensidade. Quis um belo acaso que, dias atrás, a realidade mudasse a fantasia. Ao final do espetáculo, foi anunciado o aniversário de Wagner Moura. Entre aplausos e flores colocaram uma criança de um ano em seus braços. Pois é mesmo o filho dele. De repente, Hamlet (que não se casa com Ofélia e morre) está caminhando para o camarim, vivíssimo e um pai feliz. Shakespeare certamente aprovaria tão belo desfecho do Hamlet-Moura.

A NOITE DOS PALHAÇOS MUDOS JULHO DE 2008

A noite dos palhaços mudos, fenômeno de público, tem sua última apresentação hoje. O espetáculo da Cia. La Mínima, com tema do cartunista Laerte e direção de Álvaro Assad, esteve sempre lotado com uma divulgação praticamente só boca a boca. O mais engraçado é a redundância de ser apenas espetáculo engraçado sobre palhaços. Como dezenas de outros que o espectador deve ter visto na vida. Ou, pensando bem, talvez seja um dos poucos que ele viu ao vivo, fora da televisão. E o curioso é que se trata de uma encenação simples. O circo nas últimas décadas sofreu uma evolução – ou deformação – que o levou aos megaespetáculos com canhões de luz, números manipulados por computador, animais (o que, felizmente, começa a ser proibido) e apresentação de artistas alheios ao universo da lona. A pequena montagem em cartaz no Espaço dos Parlapatões coincide com o lançamento (só em DVD) de *Palhaços* (*I clowns*), de Federico Fellini, de 1971, e ignorado até agora no Brasil. O filme poderia ser chamado *I pagliacci*, em italiano, mas o cineasta evitou confusão com a ópera do mesmo nome composta por Giacomo Puccini. O acaso – filme, peça – traz uma aula dessa arte que tem subdivisões. O palhaço nosso conhecido é aquele do pastelão, tropelias, tapas na cara. Já os *clowns* são bem europeus, usam mímica e se dividem em brancos, lentos ou melancólicos (pierrôs), especialistas em pantomimas de gestos suaves, contrastando com os augustos de nariz vermelho, sapatos enormes e sempre em trapalhadas. É uma divisão sutil, porém histórica (a dupla O Gordo e O Magro tem essa separação). Os palhaços brasileiros são de latinidade aparatosa. Não há quase espaço para os brancos, que no mundo da ficção podem até ser vagamente ameaçadores (serão tristes ou dissimulados?), como o carnaval de Veneza e suas máscaras sinistras. Nos anos 1950, Hollywood lançou *O maior espetáculo da terra*, superprodução ambientada no famoso circo Ringling Bros. and Barnum & Bailey Circus, onde a polícia procurava um foragido da Justiça. No elenco estelar, encabeçado por Charlton Heston e as belas Dorothy Lamour e Betty Hutton, havia um astro que não se consegue identificar até o fim, quando o FBI encontra o culpado. É simplesmente James Stewart disfarçado como o simpático palhaço Button. Foi um impacto, porque o *clown* é o último dos suspeitos, assim como Stewart era ator de papéis românticos. O acaso faz escritores satíricos ou ligados ao teatro do absurdo parecerem, eles mesmos, palhaços de rosto lavado, caso de Eugène Ionesco, com seu nariz de batatinha (e realmente um homem afável, ao contrário do misterioso Samuel Beckett com seu perfil aquilino). O paradoxo visível em *A noite dos palhaços mudos* é que essa arte, tida como hilariante, algumas vezes pode assustar. Fellini aparece diretamente em *I clowns* dizendo que a primeira vez que foi levado ao circo chorou ao ver homens pintados trocando sopapos. O crítico viveu essa experiência, embora em seguida tenha se encantado com o palhaço Linguiça, do Circo América, e o tenha procurado por mais de vinte anos (está sepultado em Araraquara). O texto de Laerte na realidade é um enredo, tema, ponto de partida. Uma figura malvado-divertida (tipo Coringa de *Batman*) corta o nariz postiço de um palhaço. A lógica manda que ele arrume outro, mas aqui é um caso gravíssimo. Aquele pedacinho de plástico vermelho é o ponto de equilíbrio do comediante (e se o vilão cortou o nariz de verdade?). Todo o resto é o que sabemos, e mesmo assim tem graça (numa sessão, uma jovem ria tanto que parte da plateia ria por causa dela). O elenco tem noção de ritmo cômico. Domingos Montagner, Fábio Espósito e Fernando Sampaio sabem lidar com essa relojoaria imponderável do riso, que a direção de Álvaro Assad conduz.

Então, é isso: último dia para um reencontro com o velho circo que, no momento, merece uma bela exposição na Galeria Olido, da Secretaria Municipal da Cultura. O circo tem o seu mistério. O escritor Henry Miller, tão transgressivo, fez um texto-poema para ele: "Um Sorriso ao Pé da Escada", que talvez um dos "parlapatões" venha a encenar. Atrás do carmim e do alvaiade está o homem que mereceu versos de Paschoal Carlos Magno – um dos patronos do teatro brasileiro: "Arranca a máscara da face, Pierrô/ para sorrir do amor/ que passou". Joubert de Carvalho musicou e Silvio Caldas gravou. Antigo? Não. Está na praça Roosevelt apenas hoje.

OS POSSESSOS JULHO DE 2008

Os possessos, o espetáculo, a partir de Dostoiévski, é uma sucessão de revoluções perdidas em desordem moral, assassinatos, perversões aristocráticas e ações erráticas de multidões. É também uma revolução pessoal do encenador Antônio Abujamra. Se nada deu certo na Rússia, a vitória acontece no Teatro da Funarte que Abujamra transformou no seu Instituto Smolny (QG da Revolução de Outubro comandada por Lênin em 1917). Convidado pela Fundação Nacional das Artes, deu início ao Centro de Aperfeiçoamento Teatral, reunindo praticantes de artes cênicas de todo o país escolhidos por seleção. Mais de cinquenta aprovados entre centenas de inscritos receberam bolsas da instituição. O grupo atual acolhe intérpretes de Santa Maria, no Rio Grande do Sul, a Pernambuco, Alagoas e Ceará. Em outras circunstâncias, seria difícil a esses profissionais vencerem as distâncias e as dificuldades financeiras que os separam dos seus estados de origem e o que se faz entre São Paulo e o Rio de Janeiro. O projeto – que inclui também paulistas e cariocas – visa aperfeiçoar intérpretes, cenógrafos, figurinistas, iluminadores, autores de trilhas sonoras e sonoplastas e produtores teatrais. Espera-se que sejam multiplicadores desses conhecimentos nas cidades de onde vieram. As apresentações são gratuitas. Dentro do seu sistema de quebrar fantasias inócuas para transmitir cinquenta anos de conhecimento de vida teatral, Abujamra usou o anticlímax artístico e existencial para desmontar ilusões românticas, devaneios de glória e vaidades sem nexo que podem estragar um artista. Ele parece gostar do lema de Alfred Jarry: "Não haveremos demolido tudo se não demolirmos inclusive as ruínas". Em entrevista recente, disse: "Fizemos um trabalho com esta garotada fundamentalmente no sentido de ter uma crítica do país e da vida. A maior dificuldade foi fazê-los ter disciplina interior". A primeira prova desse esforço nota-se na fala dos participantes com a eliminação dos sotaques regionais. Essa visão do mundo está na sua adaptação de *Os possessos*, de Dostoiévski, obra que intercambia indignação social com metafísica. Abujamra não teve dúvidas em interferir no original com citações de Bertolt Brecht, Nietzsche e dele mesmo. A representação é acelerada como se o comandante, ao exigir tanto dos comandados, tenha concedido algo à pressa da juventude. O elenco é sólido e coeso. São bons profissionais. Personagem de si mesmo, Fiodor

Dostoiévski viveu tragicamente tal qual seu país. Tem uma biografia paralela à da Rússia do século XIX, pré-industrial e com estruturas econômicas e mentalidade medievais. A vastidão do território correspondia à da miséria da maioria da população e à prepotência da aristocracia suicida, que abriria caminho para os bolcheviques implantarem um regime ditatorial de setenta anos, falsamente comunista no sentido igualitário. É fácil notar semelhanças entre aqueles acontecimentos e as veias abertas da América Latina. A Rússia de Dostoiévski e, em seguida, a União Soviética sempre estiveram debaixo do chicote. A nobreza abusava do seu privilégio total de classe e, no comunismo, a verdade e o mando emanavam, a ferro e fogo, do núcleo dirigente encastelado no Kremlin. Com habilidade para não ser panfletário, Abujamra faz sutil alusão à atualidade brasileira. *Os possessos* têm uma aparente contradição. Os personagens são sórdidos, derrotados, conspiradores que traem, mas na montagem são jovens, e a direção deu-lhes um toque de simpatia. Nada é realmente sombrio e demoníaco. Algo brilha neles, nos figurinos e nos deslocamentos cênicos precisos. O espectador atento notará, contudo, que do fundo dessa loucura humana e histórica cintila o olhar de um Dostoiévski dividido entre ideais do socialismo utópico aprendido com os franceses que admirava, como Victor Hugo, e sua religiosidade difusa. O escritor sacrificou parte de sua vida em militância política acreditando que o povo, por si só, é bom, o que lhe custou nove anos em prisões, uma delas nas desumanas condições de vida na Sibéria descritas em *Recordação da casa dos mortos*. O espetáculo, numa outra encantadora contradição, flagra Abujamra entre o subjetivo e o combatente. O painel dominante no cenário é um quadro de Marc Chagall, que participou da administração soviética como comissário do povo para belas-artes, mas, em 1922, ao pressentir algo errado no regime, mudou-se para Paris. Estava certo (foi o mesmo ano em que Lênin teve o derrame que o levaria à morte e Stálin, ao poder). Quem ficou, como Meyerhold, um gigante do teatro moderno, foi morto. O espetáculo termina com a "Internacional", o belíssimo hino de todas as revoluções. Ironia ou esperança, o que está no palco mostra que o cético Abujamra ganhou a sua.

IMPERADOR E GALILEU AGOSTO DE 2008

Dias atrás, houve uma cena significativa em *Imperador e Galileu*, de Henrik Ibsen. O personagem central está exausto. Caco Ciocler também, e um fio de coriza corre do seu nariz. O ambiente geral é de fadiga, mas o espetáculo é intenso. Chegou-se ao topo do enredo que expõe Juliano, o césar que ousou destituir o cristianismo como religião oficial do Império Romano, instituída pelo antecessor, Constantino. Caco é Juliano e durante meses se desdobrou nos ensaios da peça e em uma filmagem. Dormiu quatro horas por noite, o que se nota na voz e no resfriado ou alergia. É difícil um desempenho integral em meio a tanto esforço físico, mas Caco Ciocler convence. Talvez estivesse melhor, mas a sorte está lançada, como disse Júlio César em outro momento grave. O protagonista tem bom tipo físico e, sobretudo, a expressão melancólica adequada às circunstâncias. O paradoxo é que se Juliano está por terra, Carlos Alberto (Caco) Ciocler está no poder artístico (teatro, cinema e televisão). Que o guarde bem para que dure. Antes de ser ator, foi aluno da Escola Politécnica da USP e deve entender de resistência dos materiais. Nem todo ator, aos 37 anos, pode encarnar esse personagem de uma peça que, praticamente, não se representa na íntegra, por ser um momento de clara autossuficiência literária do autor (o original é imenso). A encenação é um risco quase delirante do diretor Sérgio Ferrara, que nunca se contenta com pouco. Constantino I efetivou o cristianismo incipiente como religião de Estado, quando Roma era o mundo do Atlântico à Ásia (Bizâncio-Constantinopla, hoje Istambul). Lançou Cristo (o Galileu) diante de um mosaico de crenças primevas com centenas de deuses e semideuses e seus ritos; mas há indícios de que ele mesmo não tenha se convertido totalmente. Juliano, sobrevivente de uma série de matanças palacianas após a morte de Constantino, tornou-se o césar proclamando: "Fica declarada a liberdade de religião". Seguiu seu ímpeto de mandatário guerreiro até cair, aos 32 anos, morto por um agente dos cristãos (a fé raramente é pacífica). Governou apenas dois anos, mas seu legado motivou Ibsen a discuti-lo em tons apaixonados e metafísicos. Esse artista dinamarquês de aspecto severo, vaidoso, na opinião do ensaísta norte-americano Robert Brustein, tinha fantasias febris de um anarquista ou de um marxista-utópico. Juliano recupera o paganismo, acusa deslizes dos cristãos, mas não tem perspicácia para conciliar forças antagônicas. Perde-se entre as profecias de Máximo, seu vidente-conselheiro, e o magnetismo de Cristo, contrariando ao mesmo tempo cristãos e correntes pagãs. Nesse instante, o espetáculo não é claro. Seria preciso maior precisão ao transpor cenicamente a escrita caudalosa do escritor. As contradições devem ser dos personagens, não da montagem. Afinal, Ibsen é o homem que disse: "Fui acusado de ser pessimista. E é isso que sou na medida em que não acredito na natureza absoluta dos ideais humanos. Mas sou, ao mesmo tempo, otimista na capacidade de propagação e desenvolvimento de ideais. [...] Creio que os ideais do nosso tempo, ao morrerem, tendem para aquilo que no meu drama *Imperador e Galileu* chamei, a título de experiência, o Terceiro Milênio".

Não é fácil mostrar o confronto entre um poder absoluto e Jesus da Galileia. O próprio Ibsen (1828-1906), depois de ir tão longe, se voltou para peças do seu tempo (*Um inimigo do povo, Hedda Gabler, O pato selvagem, O construtor*). Nessa montagem de fatos e ideias graves, o elenco se qualifica pela sobriedade. Caco Ciocler não se deslumbra com o papel e contracena bem com os mestres veteranos Sylvio Zilber, sereno e introspectivo, e Abrahão Farc, com uma imponente voz de *shofar* judaico ou trombeta bíblica. Do mesmo modo, há espaço para intervenções curtas e reveladoras de Júlio Machado, Joaz Campos e demais intérpretes. *Imperador e Galileu* – com o apoio da Embaixada da Noruega – é um bonito combate de paixões e certezas em um cenário austero, quase neutro. O teatro também é feito de poetas exaltados e imperfeições sinceras.

CIDADANIA SETEMBRO DE 2008

Desde o advento da psicanálise e da biologia comportamental, sabe-se que a bondade infantil é uma fantasia católica mantida no romantismo e pelos ingênuos incuráveis. O mesmo vale para a adolescência, período em que o viço muscular e pujança dos hormônios se confrontam com insegurança e angústia. *Cidadania*, de Mark Ravenhill, trata disso sob o ângulo do sexo. Considerando-se que até a metade do século passado o erotismo era vedado às mulheres e exercício livre, mas subterrâneo, para os homens, o que veio depois dos míticos anos 1960 (feminismo, a pílula e novos costumes em geral) foi um avanço em termos de liberdades públicas e individuais. Constatação válida apenas para democracias sólidas e abastadas, porque o primitivismo continua no restante do mundo, do prato de comida ao que se faz na cama. O inglês Mark Ravenhill nasceu em 1966 – na metade dessa década de mudanças – e chamou a atenção com *Shopping and Fucking*. Seu teatro, como o *rap*, absorve a vulgaridade, a incultura e pobreza verbal, na crença de estar agredindo a ordem estabelecida. Há quem goste. O que ele quer contar sobre juventude começou a ser mostrado na Inglaterra em *Deep End*, filme de Jerzy Skolimowski (1971) ambientado em Londres. Em outra direção, acaba de sair *O encontro*, romance tenso da irlandesa Anne Enright (edição Alfaguara) com jovens e seus problemas. A diferença é que ela reflete, tem sofisticação verbal e inclui os adultos. Ravenhill flagra certa juventude urbana afundada no tédio e promiscuidade sexual, tendo a ação basicamente centralizada em Tom, que sonha estar beijando alguém de rosto difuso, que pode ser de um homem. Há uma namorada chata rodeada de amigas igualmente banais e entediantes. E amigos mais interessantes, sobretudo Gabriel, de quem é próximo. Nessa ambígua divisão, entre simpáticos e antipáticos, o autor entrega de que lado está. É inegável o valor de um espetáculo de temática juvenil, mesmo que sem nenhuma referência geográfica ou social. Os personagens são de qualquer lugar, menos, claro, da periferia, seja de que país for. O entorno familiar está igualmente descartado. Restam, portanto, componentes de uma faixa etária e, dentro dela, o protagonista que parece não saber direito qual sua tendência erótica. O impasse não chega a ser doloroso pelo tom humorístico de algumas situações e porque o autor empurra logo o jovem numa direção. O final não deixa dúvidas, embora teoricamente seja uma obra sobre a incerteza. A indiferença desse rapaz, pai involuntário que não olha uma única vez para o filho recém-nascido, indica que o diretor Tuna Serzedello também sabe o que ele prefere. O espetáculo da Cia. Artur Arnaldo, equipe interessada em temas sociais, tem uma simpática simplicidade, apesar dos tropeços da tradução (ninguém diz em português coloquial "vou fazer meu melhor") e do desnível do elenco. As marcações e deslocamentos cênicos são elementares como uma lousa escolar. As atrizes têm aparições incidentais, com exceção da amiga quase namorada que Julia Novaes interpreta em um tom agudo e dicção a ser melhorada. *Cidadania* basicamente se sustenta nos desempenhos de Fabio Lucindo (Tom) e Guto Nogueira (Gabriel). O mesmo grupo apresenta, aos domingos, *Bate-papo*, do irlandês Enda Walsh. Enredo: navegando pelas salas de conversa da internet, cinco adolescentes encontram um alvo especial para o *bullying* (humilhação) digital. A vítima, um garoto retraído de 16 anos, é incentivado ao suicídio pelos atacantes juvenis. Infelizmente, não é só ficção. A Associação Brasileira Multiprofissional de Proteção à Infância e à Adolescência (Abrapia) informa que, em uma pesquisa com 5 mil alunos de 5ª a 8ª série de 11 escolas públicas e particulares do Rio de Janeiro, mais de 40,5% assumiram ter praticado ou sido vítimas de *bullying*. Ou seja, Alex, o psicopata do filme *Laranja mecânica*, está de volta.

LENYA OUTUBRO DE 2008

Se você ouviu "Speak Low" com Marisa Monte e gostou, então ponha o espetáculo *Lenya* na agenda. Idem para todos os que conhecem Frank Sinatra em "September Song". São obras de Kurt Weill, o compositor alemão de quase todas as músicas do teatro de Bertolt Brecht. Antes de ganharem o mundo, elas foram cantadas por Lotte Lenya, casada com Kurt, atriz de Brecht e uma das personalidades femininas europeias relevantes nas artes do século passado, da estirpe de Marlene Dietrich. A peça de Amir Labaki é a delicada rememoração dessa existência moldada em aventuras e vicissitudes. Lotte (1898-1981), no centro da vanguarda teatral e cinematográfica alemã do entreguerras, viu a ascensão do nazismo que a obrigou ao exílio, teve amores, venceu na América, onde se fixou, e deixou uma certa lenda em torno de si. Apesar de todo esse passado quase exigir um enredo épico, Amir escolheu o caminho da delicadeza. Mostra um ser humano corajoso, mas afetivamente vulnerável. Superou a Segunda Guerra, esteve nos luminosos dos teatros europeus e americanos, mas, por ironia, veio mesmo a ter algum sucesso popular aos 65 anos, como a vilã de um filme de James Bond (*Moscou contra 007*). Na vida real, admitia candidamente não ser uma mulher de ficar sem um homem. Conseguiu não se amargar. Sua última foto conhecida é a de uma senhora com certo ar insolente, cigarro na boca, que parece olhar o futuro sem medo. A peça é um monólogo enriquecido por recursos cinematográficos e a presença de um pianista que situam Lenya na voragem do tempo, transitando entre homens talentosos e muito egoístas, tentando não se deixar sugar por eles, arriscando a carreira e a própria vida em tempos sombrios (Weill era judeu). Expõe intimidades e canta memoráveis canções que deram maior intensidade à *Ascensão e queda de Mahagonny* e *A ópera dos três vinténs* e a outras peças da dupla Brecht/Weill. Como não é uma biografia psicologizante, o espectador tem acesso ao cotidiano da Alemanha entreguerras, onde, apesar da crise política, desemprego, hiperinflação, florescia uma arte brilhante. O caos se alastrava enquanto Max Reinhardt, Erwin Piscator e Brecht abriam novos rumos para a cena. O mesmo acontecia no cinema, com Georg Pabst e Fritz Lang; nas artes plásticas, um Otto Dix, para ficar só em um grande nome; na literatura, Alfred Döblin, de *Berlin Alexanderplatz*. A capital alemã fervilhava de artistas, aventureiros e bandidos, enquanto a massa operária se debatia por comida. Dias exaltados, criativos e o instante em que a história enlouqueceu abrindo caminho para Hitler. Época que o hoje esquecido escritor Georg Fink resumiu no romance *Tenho fome*. A Lotte Lenya de Amir Labaki tem um temperamento entre o cético e o melancólico, é condescendente com deslizes alheios, até de gente menor a quem se entregou por nada. Eterna sobrevivente (Weill e Brecht morreram em 1950 e 1956, respectivamente), ela chegou à década de 1980. O olhar compassivo do autor permeia o espetáculo de Regina Galdino, que aderiu a essa fluência contida do texto, abrindo mão de efeitos estridentes de cena. Os fatos se passam de modo coloquial, protegidos do tumulto das ruas – embora sintamos seu eco. Um pianista discreto, mas que se faz notar (Demian Pinto), iluminação ora forte, ora de abajur, e a interpretação de Mônica Guimarães, que consegue ser ela mesma, embora tenha de representar um quase mito. Curiosamente, Mônica tem um tipo de rosto e cabelo que lembram a enigmática Louise Brooks, americana que atingiu o estrelato filmando na Alemanha no mesmo período (a hoje familiar figura-símbolo da Pandora Filmes). Ela tem um jeito simples e sincero de se colocar na ação. Seu canto é seguro e convence sem a necessidade de comparação com a Lenya original. Respira bem, domina pausas e tem olhares ricos de subentendidos. Todo o espetáculo tem a calma introspectiva de um *lied* (canto) alemão. Um texto político e existencial, que traz para o teatro Amir Labaki, intelectual de cinema que vem fazer companhia ao irmão Aimar, autor consolidado. Enfim, em dias de guerra, a ternura do falar manso. *Speak low.*

MÉNAGE NOVEMBRO DE 2008

Intérpretes talentosos, textos inteligentes e direção precisa. Com essa alquimia apurada se faz um espetáculo divertido. Pausa: divertido é pouco. Há uma epidemia chamada *stand up comedy* (o pessoal não deixa por menos, é direto em inglês. Expressão para definir solos ou esquetes que o veterano José Vasconcellos já fazia, e muito bem, há mais de quarenta anos). *Ménage* é um espetáculo de três episódios de fundo cômico aproximado ao teatro do absurdo, sobretudo o de Eugène Ionesco, este romeno que olhou o mundo com ironia e ceticismo. A encenação mostra situações cotidianas e conjugais naquele momento em que um grão de areia se infiltra na paz e harmonia de viver. Microscópica poeira que faz até um relógio Patek Philippe parar. O título é sutilmente ambíguo: *ménage*, literalmente, é a rotina da casa. Já *ménage à trois* muda tudo de figura, nem é preciso explicar. Mas aqui estamos diante do homem e da mulher, já casados ou tentando uma aproximação. O achado dos textos – dos norte-americanos Joe Pintauro e David Ives e dos brasileiros Ivo Müller e Guilherme Solari – consiste em traduzir questões existenciais de um jeito leve e sem perda de conteúdo (enquanto a *stand up comedy* tem a validade de uma piada). Esses autores mostram que a supermodernidade em si, sem rumo, resulta em anomalias sociais e na cultura do Prozac. *Ménage* revela também como a diretora Marina Person, acostumada ao universo televisivo jovem/*pop* – no qual tudo é muito gracinha ou doidão –, tem visão crítica das coisas. O começo, com Rex, de Joe Pintauro, é digno de *As cadeiras*, de Ionesco. Um casal discute o que comer e como comer, pois são vegetarianos, mas surge um faisão nessa convivência robótica e aí se instala a paranoia bem norte-americana diante do politicamente correto e dos direitos individuais. Em seguida temos *Fogo*, de Solari e Müller, em que a fantasia sexual adquire uma dimensão ridícula, ou patética, como o casal maduro e corrompido de *Ligações perigosas*, de Choderlos de Laclos. A diferença é que a clássica peça francesa espelha a imensa alienação de uma aristocracia na véspera da revolução que levaria seus desmandos à guilhotina. Já em *Fogo* o que desponta é a infantilização de jovens atuais, cansados de tudo antes mesmo de começarem qualquer coisa, até o sexo. É brincadeira e também não é. Nessa brecha mínima, o espectador pode pressentir um abismo em que estão todos os supermoderninhos de fachada. Finalmente *Tudo bem*, de David Ives, faz um miniestudo de não comunicação entre dois jovens que se encontram casualmente. É a obra mais próxima do realismo porque, afinal, abordagens amorosas acontecem todo dia. A comicidade surge da sequência de lugares-comuns que aflora quando se quer nervosamente aparentar profundidade; ou das pequenas manias de cada um. A mentira total pode ter bom efeito, enquanto a verdade desmonta a conversa, e vice-versa. Para que esse castelo de cartas se mantenha em pé entre a tristeza e o riso, são necessários intérpretes em completa identificação e ritmo, como dançarinos. Um se atira, o outro segura e devolve em um jogo com silêncios calculados. Porque o riso pelo riso é o pastelão, enquanto *Ménage* quer ilustrar uma frase de *Cenas de um casamento*, de Ingmar Bergman: "Às vezes, parece que um casal fala em linhas telefônicas cruzadas. Às vezes, parece que estamos ouvindo dois gravadores programados".

Domingas Person e Ivo Müller chegam a essa química exata. Ela tem uma beleza imponente, economia sutil de gestos e um olhar em que se pode pressentir melancolia em meio a tanto riso. Müller segue a mesma contenção com um traço de sarcasmo agressivo, vagamente ameaçador. Nessa linha tensa, o espetáculo segue como um trapezista no salto triplo. Só o fundo musical com ópera não funciona, seja como contraste, seja como comentário. Marina Person reafirma no palco a criatividade que demonstrou em curtas-metragens e no recente documentário *Person*, sobre o cineasta Luiz Sérgio Person, seu pai e de Domingas. Com essas qualidades, *Ménage* vai além do modismo da *stand up comedy*. Voltando a Ionesco, pode-se dizer que cada personagem saiu de um romance do dramaturgo do absurdo: *O solitário*.

RAINHA(S) NOVEMBRO DE 2008
Duas atrizes em busca de um coração

Rainha(s), na realidade, são três princesas do teatro paulista. Juntas, elas criaram o espetáculo com trechos da peça *Mary Stuart*, de Schiller, e invenções da diretora Cibele Forjaz e das atrizes Isabel Teixeira e Georgette Fadel. Há uma margem de risco na proposta. Algo áspero, imperfeito, diamante bruto, mas com a cintilação do brilhante já aparecendo. Teatro vital pode ter desses desequilíbrios, deve tê-los, dizia Victor García, o inesquecível diretor de *Cemitério de automóveis*, de Arrabal, e *O balcão*, de Jean Genet, espetáculos que arrebataram São Paulo naquele tempo, nos anos 1970. A linha histórica da montagem refere-se às primas Mary Stuart, rainha da Escócia (1542-87), e Elizabeth I, da Inglaterra (1533-1603), quando, no século XVI, essas regiões do atual Reino Unido eram ainda separadas, embora formando a mesma ilha. Por razões políticas, estratégias de Estado e disputas religiosas, essas mulheres se enfrentaram por vinte cruentos anos. A história, majoritariamente, é feita por homens, muitas vezes violentos. É uma visão de mundo tão enraizada que nos espantamos quando se constata que o feminino pode ser igualmente implacável. Catarina da Rússia não é um exemplo isolado. Séculos mais tarde, a partir de 1944, a Cortina de Ferro baixou sobre o Leste Europeu e a Romênia conheceu a mão pesada de Ana Pauker (1893-1960), vice-primeira-ministra e fiel servidora de Stálin. Sem falar muito de Margaret Thatcher e dessa enigmática Condoleezza Rice, que negociou com o mundo em nome do império norte-americano. O poeta e dramaturgo alemão Friedrich Schiller fez da rivalidade humana e política uma obra de enorme carga dramática, reproduzida periodicamente desde sua aparição, em 1800. Uma de suas versões, na Inglaterra, colocou frente a frente as excepcionais Vanessa Redgrave (Mary) e Glenda Jackson (Elizabeth). No Brasil, em 1955, foi um dos momentos altos do Teatro Brasileiro de Comédia (TBC), com as irmãs Cacilda Becker e Cleyde Yáconis, dirigidas por Ziembinski. Façanha repetida, em 1997, por Renata Sorrah e Xuxa Lopes, dirigidas por Gabriel Villela, e agora por Isabel e Georgette. Esse espetáculo é uma inovação e – vale repetir – um risco. É teatro dentro do teatro, para nele incluir temas femininos e artísticos gerais e as próprias vidas das intérpretes. Com fita-crepe, criaram no meio do palco um círculo, labirinto ou – quem sabe – uma roda de candomblé, e nele elas circulam com suas fantasias e insolências de artistas e mulheres. O fio do original (Schiller) e da história (as rainhas) frequentemente é rompido com momentos de divagações banais e opções estéticas discutíveis (trajes *grunge*, super-representação, citações não claras). Mas tudo com energia contagiante, a peça correndo dentro da noite veloz. Subitamente, porém, Schiller impõe um tom de cerimonial imponente. Em minutos, o espectador transita de um espaço da avenida Paulista para o Castelo de Fotheringhay, onde Mary Stuart foi decapitada. Não é um jogo fácil, mas Cibele Forjaz juntou o infinito com o imediato dentro da cenografia de Simone Mina, em que um lustre pode ser coroa de luzes ou cárcere iluminado. Georgette Fadel, uma vez mais, confirma seu temperamento impulsivo, sobretudo quando assume por inteiro Elizabeth I, a soberana da dinastia Tudor que transforma a Inglaterra em potência marítima. Rainha com seu mando tão sutil quanto implacável. Como atriz, tem algo de loba em um laranjal paulista. Doce e feroz. Para Isabel Teixeira, chegou sua hora e sua vez. Já dera sinais de talento e, agora, voa mais alto, mostrando ser a sobrinha-neta de Margarida Rey (1922-83), dama do teatro brasileiro. Circulando entre ambas, delicada presença no arrumar as cenas, Elisete Jeremias faz o público lembrar-se de que tudo é verdade, mas é tudo teatro. Não um teatro da tradição cultural do Ocidente, a arte bem-feita segundo os cânones, mas outro, inquieto, imperfeito aqui e ali, e denso. Parece que dentro de *Rainha(s)* há uma mãe de santo definindo a narrativa com versos de Paulo Celan, outro poeta de língua alemã: "Um dique de palavras, vulcânico, afogado pelo rugir do mar".

O AMANTE DE LADY CHATTERLEY DEZEMBRO DE 2008

Insolência é a palavra para definir como a obra foi recebida em 1928. Em sua curta vida, David Herbert Lawrence (1885-1930) incomodou o capitalismo industrial inglês e as boas maneiras do reinado de Eduardo VII. O escritor, que assinava D. H. Lawrence, era polido, mas teimoso. Não quis notar o que aconteceu a Oscar Wilde. Ambos cometeram o mesmo engano que, em termos de estratégia militar, significa abrir duas frentes de combate ao mesmo tempo. Wilde é sempre visto como o homem que se arruinou em escândalo homossexual. Pouco se menciona sua simpatia pelos socialistas da época, que preconizavam reformas mesmo que sem o teor revolucionário dos marxistas. D. H. Lawrence tinha a mesma posição; Wilde foi para a prisão, enquanto Lawrence morreu pouco depois de ter sido publicado na Inglaterra seu *O amante de Lady Chatterley*, romance em que Constance, nobre casada com um inválido, entrega-se a Mellors, empregado do seu castelo. O autor gostava de polêmica, e tinha talento. Vejamos detalhes das brigas que comprou. A social, quando o amante plebeu se manifesta: "Viver para outra coisa. Que o nosso fim não seja unicamente ganhar dinheiro, nem para nós mesmos, nem para o que quer que seja. Somos hoje forçados a isso. A ganhar um pouco para nós e muito para os patrões".

Agora, a parte psicológica, dos costumes, na relação de Lady e Mellors: "Ao fogo da investida fálica do homem ela pôde alcançar o coração da floresta do seu ser. Constance sentiu que atingiu o embasamento de rocha de si mesma, e que a vergonha não existe. Tornou-se ela mesma quando se libertou da vergonha. Oh! Era assim? A vida, a vida!".

Foi um pandemônio. Tremeram as xícaras do chá das cinco na Londres de 1928 diante de tamanha insolência. Para piorar, Lawrence tinha o que se chama de maus antecedentes. Em 1920 escrevera *Mulheres apaixonadas* (*Women in Love*) com uma cena de luta entre dois homens nus com evidente sugestão sexual. Gente da alta classe, um deles patrão, capaz de atiçar cães ferozes contra os empregados mineiros (cena brutal, no livro e no filme, com Alan Bates e Oliver Reed). Em 1923, no conto "Raposas" ("The Fox"), explicitou a pulsão sexual ligando duas mulheres. Numa comparação com Wilde, tais ousadias custaram menos a Lawrence, que continuou a produzir incansavelmente romances, contos, poesias, teatro e ensaios. Os tempos mudaram (aí estão o príncipe Charles e Camila Parker Bowles) e *O amante de Lady Chatterley* permanece como uma das obras-primas da ficção do século XX. O estilo impecável e a verdade intrínseca do enredo sobrevivem gloriosos às cinzas do conservadorismo. O espetáculo de Rubens Ewald Filho, conhecido jornalista cinematográfico, é a homenagem dele ao reino dos filmes enquanto pisa o terreno do teatro. A adaptação de Germano Pereira une informações sobre Lawrence com o entrecho amoroso. Há equilíbrio – bons cortes e edição – nessa escolha que introduz um novo personagem, o artista, diante dos cânones da estratificada sociedade inglesa, um mundo de diferenças desde o manejo da linguagem aos hábitos ancestrais (o empregado é um guarda-caça, função que a nós parece distante). A relação do marido com o subalterno é uma aula de sociologia pela literatura. O primeiro é, à sua maneira, um cidadão de caráter forte. Feriu-se pela pátria na Primeira Guerra Mundial, mas olha a humanidade de cima; o empregado aparenta seguir as regras, mas quer um mundo novo. Rubens Ewald fez questão de excluir elegantemente a obviedade do sexo e nudez. Ignorou o facilitário tolo de mostrar tudo. Com a decisiva participação da diretora de arte Nadine Stambouli Trzmielina, transformou a explosão do desejo em uma dança estilizada; um tango erótico e dramático. Os intérpretes são jovens, bonitos, as palavras de Lawrence são claras, e é o que basta para levar o espetáculo a um nível superior. Há total adequação física de Germano Pereira, sólido, ruivo como tantos ingleses; mas tem o segundo trunfo de também representar, comovido, o escritor atacado que defende sua arte. Nesse pêndulo de frustrações e sonhos femininos, Ana Carolina de Lima ilumina a outra metade do jogo. Atriz bela e de sóbria presença, ganhará apostando sempre na representação, porque não lhe faltarão elogios ao rosto e olhos que lembram de Gene Tierney às brasileiras Marlene França e Selma Egrei em início de carreira. No delicado papel de Clifford, o marido de vida mutilada, Ailton Guedes convence quando mostra o tremor interno da impotência e o ressentimento afetado. Como Rubens Ewald é – apaixonadamente – um homem do cinema, termina o espetáculo com a projeção de um texto na tela. Talvez ficasse melhor se feito um pouco antes, durante a dança do casal. Porque assim o espetáculo terminaria totalmente dentro do teatro nessa realização enriquecida por sutilezas de figurinos, iluminação e a trilha sonora de Marcelo Amalfi e Ivam Cabral.

D. H. Lawrence tem a homenagem que merece.

CALÍGULA DEZEMBRO DE 2008

Albert Camus disse saber dos defeitos de *Calígula*, mas não via sua peça como filosófica, como apontara a crítica francesa na estreia, em 1946. Se não citou as falhas, disse algo que interessa ao espectador de hoje. A primeira é que ao escrevê-la tinha 25 anos, idade em que se duvida de tudo, menos de si próprio. A seguir, acrescenta ser essa mais uma peça de ator e diretor do que de autor. E que fique bem entendido: "Ela se inspira nas inquietações que eu tinha naquela época". É preciso levar esses fatos em consideração diante de um texto majestoso e sua atual versão cênica, com brilhos e sombras, altos e baixos. Ciclotímica como Calígula, o imperador de Roma entre os anos 37 e 41 d.C. O homem que em sua pouca existência de 29 anos transformou a vida de todos em horror. Um dos defeitos que Camus (1913-60) não quis apontar em sua criação talvez decorra, exatamente, da pretensão do então jovem autor em fazer, sim, filosofia ao longo de quatro atos. Escreveu ao sol da Argélia, onde nasceu, mas dentro da mais pura tradição retórica francesa. Demasiadamente verbal, sem silêncio, sem subentendidos. Sem respiro. A vida se passa lá fora enquanto os personagens falam, falam e, novamente, falam. Nascem pensando na Comédie-Française. A linha de reflexão do texto insinua que Calígula (na realidade um reles psicopata), ao sentir que o mundo não lhe é satisfatório, nega o que é humano. Torna-se um monstro ao ignorar que não se pode destruir tudo sem a própria destruição. Um milênio mais tarde, um alucinado Jean-Bedel Bokassa faria quase o mesmo na República Centro-Africana, país que quase ninguém sabe que existe. Ao se autoproclamar rei, montou uma imitação grotesca da corte de Versalhes em meio ao deserto e à miséria absoluta. Quando derrubado, ao fim de uma tirania que foi de 1977 a 1979, encontraram cadáveres esquartejados no *freezer* do palácio. Bokassa teve o apoio da França e todas as suas luzes. Quando se fala em Camus, poucos se lembram quanto ele conheceu da barbárie da África e dos colonizadores. De qualquer forma, a obra tem uma boa premissa filosófica e teológica. Sartre alargaria a mesma trilha ao constatar que a frustração se instala na diferença, desfavorável, entre nosso projeto existencial e o seu resultado. Cabe ao homem assumir sua escolha e agir em consequência, o que Sartre considera uma atitude humanista, ao contrário de Calígula e todos os déspotas (agora mesmo há um no Zimbábue, Robert Mugabe, mas sem o antiprestígio, o apelo maléfico, de Stálin. Não dá teatro. Quem se lembra de Idi Amin? Catástrofes, só as ocidentais e de pele branca). Mas os defeitos de *Calígula* são parcialmente redimidos pelo seu esplendor verbal. Camus faz jorrar aforismos, parábolas e prédicas. Cada um por si só é tema para outra peça. Frasista brilhante, é, também, um tribuno. Que cada um o siga "nas inquietações que eu tinha naquela época".

Quem sabe seja por isso que ele tenha oferecido coautoria ao diretor e ao intérprete do original, agora traduzido com bom ritmo e senso poético por Dib Carneiro Neto (enfim, alguém que ainda se preocupa com o francês). O espetáculo, dirigido por Gabriel Villela, é, antes de tudo, apaixonado. Resultado do esforço para levantar uma obra da qual os patrocinadores tendem a fugir (história de um rei tarado e assassino). O mau cineasta italiano Tinto Brass fez o desserviço de lançar um filme grosseiro, semipornográfico, que piorou sua fama. Felizmente, o Sesc não pensa assim. Há dois movimentos visíveis neste *Calígula*: o despojamento cênico, como o do encenador Antunes Filho, e a adesão ao teatro não ilusionista. É o que se observa desde o momento em que o ator sai do papel e anuncia a passagem dos atos. O distanciamento da ilusão continua no uso de objetos contemporâneos, às vezes de forma exagerada (uma bolsa Nike simboliza o tesouro de Roma). O que resulta menos proveitoso, senão prejudicial, é a infantilização cômica de várias sequências e um leve jeito afetado e feminino nas atuações. O homoerotismo fez parte da cultura greco-romana, mas, no caso, isso não está em questão. O teatro francês discursivo é o maior problema deste *Calígula*, em que nem todos adéquam voz ao conteúdo (como o faz Pascoal da Conceição no personagem--chave que liquida o imperador). Thiago Lacerda, com um físico privilegiado e intensidade cênica, tem pela frente a luta para melhorar a dicção sibilada e a articulação. Passagens caricatas ou a mistura de gêneros (de circo a marionetes) dificultam alguns desempenhos. Mesmo assim, Ando Camargo e Jorge

Emil chegam a momentos de acerto. Provavelmente por ter uma personagem incidental, sem continuidade interna, Magali Biff parece meio perdida nessa Roma de papel e tecidos do excelente cenário de J. C. Serroni. De volta ao começo: se não é possível captar tudo do filósofo incipiente, escutemos quando ele grita, com beleza e angústia, que ninguém pode ser livre à custa dos outros.

Críticas 2009

LIZ MAIO DE 2009

Em uma foto de 1976, Fidel Castro, imponente aos 50 anos, segura nos braços o filho de Pierre Trudeau, então primeiro-ministro do Canadá, país que não aderiu ao embargo a Cuba imposto pelos Estados Unidos. Hoje sabemos como ele está depois de mais de quarenta anos de poder. A Rainha Elizabeth I da Inglaterra (1533-1603) governou por exatos 45 anos. Fidel liquidou com uma ditadura, Elizabeth abriu o país para o comércio internacional e o transformou em uma potência (a Bolsa de Londres opera desde 1506). Em linhas gerais, pode-se dizer que ambos se aproximam na obstinação quase mística pelo poder ao se verem como garantidores da existência nacional. O reverso dessa imagem portentosa é o exercício da violência e a solidão. Nesse fio de história e espada transita a peça *Liz*, do cubano Reinaldo Montero, encenada por Rodolfo García Vázquez com Os Satyros. É mais uma das audaciosas criações do grupo que completa vinte anos com energia e inquietação, qualidades maiores que os possíveis enganos cometidos. O teatro pode errar porque mobilidade e risco são da sua natureza; o palco não mata ninguém. Já trono e as revoluções (sobretudo quando envelhecem) oprimem e matam por certezas salvacionistas e a presunção de serem insubstituíveis. Elizabeth teve grandezas e crueldades. Foi a soberana de uma ilha como Cuba, e Montero sublinha essa similaridade no enredo que trata da proximidade do artista com o poder. O texto prolixo acumula fatos históricos em sequência acelerada que não se apreende de imediato (as relações entre Inglaterra e Espanha no século XVI, as sangrentas questões político-religiosas entre católicos e protestantes dos dois países e entre a Inglaterra e a Escócia governada por Mary Stuart, prima de Elizabeth). Entre beneficiários e vítimas desses embates estão Walter Raleigh, o predileto da rainha, mistura de empreendedor e oportunista, e o dramaturgo Christopher Marlowe, que integrou a rede de espionagem real, sendo morto de forma nebulosa. Há várias possibilidades de aproximação desses fatos à história mais recente. No Brasil, estranhou-se a amizade do poeta Manuel Bandeira com o general Castelo Branco e a de Nelson Rodrigues com o general Médici. Em Cuba há casos parecidos e opostos, como o do romancista Miguel Barnet, benquisto pelo regime, e o doloroso exílio de Guillermo Cabrera Infante, que morreu na Londres de Elizabeth, longe da terra que é o cerne de sua grande obra. Fidel não pôde ou não quis ter um gesto de concórdia em relação ao ex-companheiro, o autor de *Três tristes tigres*, *Havana para um infante defunto* e *Mea Cuba*. O mesmo sedutor Fidel da foto com uma criança. É perigoso ao artista se deixar levar por tais seduções (Marlowe), como é conveniente aos ávidos de poder (Raleigh). É por aí que vai a alegoria de *Liz*, com cenas de impacto, outras vagas. O espetáculo navega entre o circo, a paródia e certa provocação. Pela primeira vez, salvo engano, cenários e figurinos atrapalham Os Satyros. A saturação de cores e panos sob uma iluminação precária dá a impressão de mau acabamento. Não chegam a ser *patchwork* inglês nem têm as magníficas cores e formas barrocas do pintor cubano René Portocarrero. Se deixados de lado os envelhecidos gestos sexuais transgressivos, a representação é vibrante. Cléo de Páris (Elizabeth) tem beleza e ímpeto. Cresce nos momentos de alta tensão, enquanto deixa escapar a nuança nos momentos coloquiais. Ela ainda precisa domar os momentos de voz incolor. Mas Cléo é um temperamento dramaticamente forte, aqui em parceria com a presença cênica irônica e audaciosa de Germano Pereira (Raleigh). Ivam Cabral, ator símbolo do grupo, dessa vez cede espaço aos colegas, mas sempre se impõe. Há elegância e força em Brigida Menegatti (Mary Stuart), simpatia na versatilidade de Fábio Penna. Enfim, elenco nunca foi problema para Os Satyros, agora em uma produção exterior à sua sede na praça Roosevelt, o que é um passo adiante na sua aventura de duas décadas. Se nada é muito claro em *Liz*, isso pode ser o reflexo da Inglaterra de antes e da Cuba de agora.

VESTIDO DE NOIVA MAIO DE 2009

Nelson Rodrigues certamente se espantaria com os segredos de Minas Gerais do diretor Gabriel Villela. Já que o dramaturgo quer nos assombrar com os delírios nervosos dos subúrbios greco-cariocas, onde Sófocles e Ésquilo se cruzam em bordéis do Méier, o mineiro Gabriel traz também seus segredos. Se *Vestido de noiva* é, no limite, um combate de morte entre duas irmãs pelo mesmo homem, disputa levada a uma exasperação operística e freudiana, ele não precisa ser contado de modo cinzento. O espetáculo em cartaz tem cores que evocam bordados e rendas de antigas famílias das Gerais ou estampas do sabonete Araxá. Figurinista de rica imaginação e repertório ancestral, Gabriel vestiu seus personagens com a exuberância que vai do branco nupcial aos tons furta-cor. Tudo para exibir mulheres bonitas, elegantes e fascinantemente loucas: a noiva, a irmã concorrente, uma mitológica cafetina assassinada por um adolescente; e homens cínicos ou confusos. Todos deslizando em uma espécie de coreografia nervosa (criada por Rosely Fiorelli). Um acidente de carro aciona o enredo que se passa na cabeça da vítima, entre memória e alucinação, enquanto fervilha o plano do real. Nunca será demais repetir ser uma obra magistral com aquele sopro de irrealidade dos relatos mineiros, como o romance *Crônica da casa assassinada*, de Lúcio Cardoso, e *Os reis da terra*, a dolorida (e quase desconhecida) autobiografia de José Vicente de Paula, figura maior da dramaturgia brasileira. Essas ventanias da mente nunca foram estranhas a Villela, que delas fez o amálgama da montagem. As três mulheres que comandam a ação se fecham em quarteto na figura paradigmática da mãe alienada e *mater dolorosa*. Os homens oscilam entre o frágil e o patético, salvo o noivo, o pivô da tragédia, misto de anjo calculista e corréu. Na transfiguração operada pelo palco, essa humanidade convulsa e paradoxalmente banal, cotidiana, é transformada em espectros, ou estereótipos (mitos gregos e Freud ao fundo). Para acolhê-la com força visual, é preciso um cenário que evoque um universo fechado com saídas enganosas, como o espelho, por exemplo. A maestria do cenógrafo J. C. Serroni constrói esse labirinto no fundo atraente que se completa com a iluminação, de Domingos Quintiliano, e som (música, efeitos) de Daniel Maia. Um dos trunfos de Gabriel Villela é assumir o melodrama, o aspecto folhetinesco de Nelson Rodrigues. Há um toque humorístico implícito quando a ação é sublinhada por velhos boleros, primos pobres, mas não menos dignos, do *bel canto*. Enquanto as interpretações femininas são densas, há um toque caricato na ala masculina e essa combinação do dramático com o *kitsch* é o componente poético de *Vestido de noiva*. No entanto, a quase calma melancólica do conjunto às vezes dispersa seu veio nervoso. Em alguns momentos a representação parece ficar com pressão baixa na espera dos golpes de teatro do autor. Há, por fim, o essencial equilíbrio de um elenco com a presença de celebridades da televisão. Leandra Leal luta para chegar a uma personagem complexa (a noiva) para a qual não tem experiência de palco; mas luta com o empenho louvado pelo diretor. Marcello Antony conquista exatamente por estar desligado da galante imagem televisiva. Empunhando seu violão quebrado, Antony confere ao noivo um vago mistério de pierrô pintado por Ismael Nery. Como todos os papéis masculinos estão com atores competentes, os que se revezam em intervenções incidentais, algo sempre difícil, sabem se fazer notar (Pedro Henrique Moutinho, Rodrigo Fregman, Flávio Tolezani, Cacá Toledo). O mesmo brilho caracteriza as atrizes. Nesta linha de frente feminina de primeira, vale uma homenagem a Maria do Carmo Soares, calorosa presença no teatro paulista, mergulhada na voragem rodriguiana na muito boa companhia de Vera Zimmermann, Luciana Carnieli, ferozmente convincentes ao noivo, e Helô Cintra, bela figura de melindrosa. Nelson Rodrigues gostava de dizer que o verdadeiro diretor é o que só obedece ao texto e não se faz notar. O atual *Vestido de noiva* mostra que não é bem assim. Felizmente.

MEDIANO JUNHO DE 2009

O título *Mediano* é acertado, mas o espetáculo poderia ser chamado de Superior graças ao ímpeto cômico-dramático do ator Marco Antônio Pâmio. Estamos diante de um desses casos em que o intérprete conduz a encenação para um plano artístico maior. Pâmio impõe ao realismo do enredo um oportuno tom de absurdo para o que se tem de ouvir. Complementa em chave delirante o texto de Otávio Martins, autor que surpreende com novidades no cansado tema da crise nacional. A situação do país é tão pastosa que pode arrastar ao vácuo qualquer crítica que se lhe faça. Otávio, porém, arma uma sequência de *flashes* certeiros, golpes exatos ao montar uma visão panorâmica de trinta anos de história *Brasilis* em que tudo é dito sem lamúria ou prolongamentos além do sabido. É preciso uma estratégia hábil de escrita quando se vai narrar o que a cidade/capital, Brasília, acolhe, esconde e promove. A saber: a falência do ideal da coisa pública (*res publica*) e o aviltamento do sistema parlamentar. Pior – irradia a tentação das soluções extremas como revolução errática, bonapartismo ou a odiosa tutela militar. Política está tão associada a descalabro que hoje se lê mais rapidamente o jornal. Esse sentimento está se disseminando, alerta o historiador Boris Fausto na seção "Espaço Aberto", de *O Estado* (31 de maio de 2009): "Acredito que muitos leitores deste jornal façam como eu. Leio os títulos da primeira página e vou direto às matérias internacionais e algumas outras, mas apenas passo os olhos nos textos que tratam da política nacional. Irrelevância do tema? De modo algum. Essa leitura reflete um sentimento de cansaço, decorrente da repetição de eternos problemas quase nunca solucionados". O historiador conclui que a crise das instituições é um obstáculo para que o país se torne, sem ilusões, uma democracia madura. O fato é que a opinião pública atual tem baixo efeito. Acabou-se a ilusão literária do *ridendo castigat mores* – a divisa latina, adotada por Molière, de castigar os maus costumes pelo riso. Os comediógrafos que se cuidem. São sutilmente ignorados, glosados ou docemente assimilados. Enquanto dramaturgo, Otávio Martins escapa, ainda, da cilada óbvia ao introduzir a questão existencial na história. As pessoas em geral se perguntam se suas vidas valem/valeram alguma coisa ou se tudo é/foi apenas vasto nada. Mediano coloca em cena um homem fruto da mentalidade social parasitária que prevê a faculdade, mesmo contra a vontade, buscar um emprego público, e se encostar. O resultado é a vida como na canção "Panis et Circensis", de Caetano Veloso: "Mas as pessoas na sala de jantar/ são ocupadas em nascer e morrer". O personagem até teme semelhante destino, mas faz uma opção torpe. Transforma o tédio em cinismo e escala o chamado sistema. Acaba serviçal de político duvidoso, o homem da mala, e lobista em Brasília. Calhorda movido a pó e limítrofe entre o suicida e o absoluto psicopata. O autor conta, assim, o ultrassabido, mas acrescentando o laivo de loucura diferente da sátira superficial. Há pontos discutíveis, como usar o homossexual, eterno bode expiatório, como um dos sinais de família em crise. Mesmo que involuntariamente, há algo conservador por aí. Também não faz sentido um oportunista venal e protegido dar um tímido passo atrás e se casar com a mocinha que rejeitara. Cacoetes de certa tradição cômica que não afetam o apanhado geral da trama. A força do espetáculo resulta dos bons elementos que o compõem. É perceptível a mão de mestre do diretor Naum Alves de Souza, também o conhecido dramaturgo dos desajustes no interior da doce tirania familiar. A música bonita e calma faz contraste com os momentos de fúria e exasperação. Pâmio revela maestria em dosar impulsividade e desalento ao encarnar diversos papéis: membros da família, chefes, mulheres e, no fundo e finalmente, o mediano. Lamentável zé-ninguém que, via corrupção, ajuda a contaminar o presente e o futuro de um país. Comemora desta maneira seus 25 anos de respeitável carreira em um crescendo de emoção que ilumina *Mediano*.

A ÚLTIMA GRAVAÇÃO JUNHO DE 2009

A última gravação de Krapp é, sobretudo, a interpretação de Sérgio Britto. A obra de Samuel Beckett tem esta bela contradição de ser interpretada por um dos príncipes do teatro brasileiro. O personagem é um escritor decrépito que escuta gravações que fez ao longo de sua vida. Um fracassado cuja última obra vendeu 17 volumes. Pois este senhor entre o patético e o tragicômico é interpretado pelo vitorioso Sérgio, que brinca com o passar dos anos como ator, diretor, professor e memorialista. Se o personagem encarna o vazio da vida, Sérgio, ao contrário, tem bastante o que fazer. No entanto, a dupla Beckett e Britto desvela suas afinidades. A cultura mesclada de particular ironia, por exemplo. Se o autor irlandês escreveu, na sua novela *Molloy*, "às vezes sorrio como se já estivesse morto", Sérgio aqui passa ao espectador malícia e risada aberta nos segredos de cada frase. Estamos diante de uma obra singular, de alta invenção e catalogada como Teatro do Absurdo, definição avalizada por ensaístas de peso. Um deles, o inglês Martins Esslin, resume o projeto literário de Beckett (1906-89) como sendo a arte de usar o palco para reduzir a diferença entre a limitação da linguagem e a condição humana, o que ele tenta expressar apesar da sua convicção de que as palavras são insuficientes. Aliás, em outra novela sua, *Malone morre*, se lê: "Tenho de falar, seja lá o que isso quer dizer. Não tenho nada a dizer, tenho de falar".

É algo que toca os domínios da filosofia e da poesia e – eis um encanto de Beckett: o humor reflexivo. Este artista esguio, esquivo, de certa maneira bonito com seu perfil de águia de olhos penetrantes (e míopes), ele também teve algo de raposa, animal ardiloso e furtivo. Curiosamente, nasceu em um lugar chamado, em tradução livre, pedra da raposa (Foxrock), arredores de Dublin. Seu teatro inquieta há mais de meio século, mesmo depois de ter sido chamado, entre outras coisas, de derrotista e alienado (batalha perdida dos acusadores marxistas). *A última gravação* é uma obra de menor tamanho e repercussão que *Esperando Godot*, um monumento, mas nem por isso deixa de ser uma preciosidade. Nela o dramaturgo, de novo, vai a extremos. Em primeiro lugar, deixa nítido o uso do silêncio terrível ou com graça. Há desertos nos seus subentendidos. A diretora Isabel Cavalcanti informa que o ponto de partida do texto foi a doença e morte de um amor de juventude. Beckett apegou-se ao efeito impactante de um gravador antigo e rolos de fitas com a gravação de várias épocas deste cidadão chamado Krapp. Fragmentos da infância, sua autoindulgência nos tempos passados, palavras que não consegue mais captar o sentido. Inventário sonoro que, ao reouvir, ele comenta com irritação, riso, acréscimos. Ouvir a própria voz em determinadas circunstâncias pode ser uma experiência inquietante, como achar um diário renegado. O enredo contém elementos autobiográficos esparsos, sobretudo os de caráter familiar e amoroso. Beckett disse uma vez que Krapp tem carinho pelas figuras femininas, afirmação que diz respeito indiretamente às suas ligações, sobretudo duas mulheres com o mesmo nome (sua prima Peggy Sinclair e a excêntrica milionária americana Peggy Guggenheim). Romances findos, o que prevalece é o sentimento de finitude, o vislumbre da ampulheta escorrendo o tempo. Em seu minimalismo de silêncios eloquentes, é um espetáculo para grandes atores. Se Beckett observa o tédio, a última coisa que pretende é aborrecer o espectador. São Paulo teve recentemente uma versão com Antônio Petrin, intérprete de outra geração e temperamento, e o resultado foi sólido. Sérgio Britto, que atuou em boa parte do melhor do teatro ocidental, faz agora uma terceira notável incursão a Beckett e com a nobreza de dizer: "Eu, ator, na minha solidão, aos 85 anos, tenho Beckett, tenho Krapp". Para qualquer diretor, contar com Sérgio Britto é, em princípio, ter a encenação ganha, porque ele tem uma máscara dramática sempre convincente, mas Isabel quis mais de si e do intérprete, numa montagem tão simples quanto rigorosa em termos de cenário, iluminação e música. Assim, o enigma beckettiano se impõe. O espetáculo tem uma segunda parte, o curto "Ato sem palavras", breve brincadeira deste irlandês que correu o mundo e escolheu a França para viver, no idioma e na cidade de Paris. Fiel à sua *persona* de solitário, ao ganhar o Prêmio Nobel de Literatura, em

1969, não foi encontrado em sua casa no Boulevard Saint-Jacques. Viajava pela Tunísia com a mulher Suzanne. Quando, enfim, o fotografaram, lá estava ele: caminhando no deserto.

A NOITE MAIS FRIA DO ANO JULHO DE 2009

A noite mais fria do ano, uma história de casais, amores e desamores, contém parte do realismo peculiar de Marcelo Rubens Paiva. Nos seus livros e crônicas, ele parece avançar em linha reta, decidido a não desviar da pedrada, da flechada cruel que vem em sentido contrário. Porque ele sabe que é difícil – ou impossível – viver com a mente quieta. Isso desde o começo, quando expôs sua história em *Feliz ano velho* (vamos partir da ideia de que o livro, peça e filme não precisam ser explicados). Como é uma pessoa que decidiu viver contra a derrota e contra a amargura, armou-se de um humor autoirônico, manso-feroz, e vai em frente. Escritor na chapa quente, na cinza das horas, da graça possível e do olhar contínuo sobre o amor na contramão. É o que ele oferece nesta peça, em que o caos nas relações humanas é quase regra, embora, como sempre, paire no ar a esperança de algo melhor. Desanimador? Não. É aí que mora a força da sua dramaturgia. Poesia, sim, crenças vãs, não. Em cena estão homens disputando a mesma mulher; ou, no avesso, uma mulher tentando se achar entre dois homens. Essa conversa, quando se descuida, escorrega no "esse papo já tá qualquer coisa". Só que Marcelo não é de andar em círculos e seu humor agridoce mantém o enredo sob pressão. Tudo o que já se viu numa relação a dois parece estar sendo contado de um jeito meio ao contrário. E está. Deixa a impressão de história psicológica que tem nas dobras alguma observação social. E tem.

Na primeira sequência, o diálogo ocorre entre publicitários, ou jornalistas, em acerto de contas quanto ao trabalho. De repente a coisa é outra, um assunto sexual que se desenrola com um toque de grotesco (hora em que a mão do autor pesa em gosto duvidoso). A conhecida árvore nua de *Esperando Godot* – a única testemunha do nada na peça de Beckett – aqui se transmuda, prosaica e divertidamente, em uma barraca de coco. O vendedor parece meio ausente (mas só meio, e isso faz diferença). Da conversa sobre a profissão, os rivais passam para a batalha do ciúme, traição ou, quem sabe, uma simulação. Aliás, a falsa aparência, o autoengano e o erro de cálculo são possíveis em *A noite mais fria do ano*, que trata de um tempo em que o amor pode ser real ou virtual. A paixão continua idealizadamente a mesma, mas o próprio dramaturgo avisa que os afetos estão cada vez mais flexíveis, alimentando a insegurança. É disso que Marcelo Rubens Paiva entende e coloca no seu teatro em forma de pergunta: "Se hoje vivemos em redes virtuais, que aproximam e afastam as pessoas, somos capazes de manter laços fortes?".

O espetáculo é o retrato dessa fugacidade, ou um lamento. Afinal, se tudo parece hoje mais justo no amor sem as condicionantes sociais e familiares de antes, por outro lado o não compromisso e a facilidade das trocas insinuam algo meio android, um sadomasoquismo *light*. Marcelo não teoriza, mas suas frases são carregadas de significados paralelos à ficção. *A noite mais fria do ano* é uma tentativa de teatro dentro do teatro. Ou seja, na segunda parte é revelado que tudo o que aconteceu é o ensaio de uma peça. O que não impede o óbvio de os artistas também serem passíveis das mesmas desditas e erros do personagem. O jogo poderia ser mais interessante, mas se dilui um pouco, porque o elenco se esquece de que ali todos continuam artistas mesmo quando em atitudes de atores fora dos papéis. O foco narrativo perde a força, recuperada, felizmente, a seguir. Todos os intérpretes estão inteiros em diálogos pontiagudos em alta velocidade, numa economia de gestos de histórias em quadrinhos. É um bom momento de Hugo Possolo, Alex Gruli, Mário Bortolotto e Paula Cohen. Como diretor estreante (com o apoio da atriz Fernanda D'Umbra), Marcelo começa bem. E quando a luz se apaga, uma evidência se acende. Se antes (foi ontem) os compromissos conjugais poderiam criar o tédio, a imensa liberdade atual aparentemente atual traz o vazio. A temperatura da vida abaixa. Em algum lugar alguém estará cantando Lobão ("Chove lá fora/ e aqui tá tanto frio/ Me dá vontade de saber/ Aonde está você?"). Marcelo Rubens Paiva é outro poeta desta velha vida nova.

ROMEU E JULIETA JULHO DE 2009
Do fogo e lágrimas de um amor eterno

A atual encenação de *Romeu e Julieta* devolve a esta tragédia lírica a sua pungente verdade e o frescor original que a repetição arqueológica pode roubar. Harold Bloom no ensaio *Shakespeare: a invenção do humano* lamenta quando vê mais uma montagem inepta da peça que, no seu entender, é a mais convincente celebração do amor romântico da literatura ocidental. Em meio a alguns tropeços, o espetáculo, com direção do inventivo Marcelo Lazzaratto, reúne um elenco bonito e caloroso em um casarão com diferentes espaços (internos e a céu aberto), cenário confeccionado e vegetação real. A própria rua e os sons da cidade estão incorporados aos acontecimentos. Não é pouca façanha se forem lembradas as versões de Antunes Filho (1984), do Grupo Galpão, de Belo Horizonte, direção de Gabriel Villela (1991) e, antes, a de Jô Soares com Regina Duarte (1969). A que está em cartaz realça a juventude dos personagens, ao introduzir música e pequenas atualizações de linguagem, e reequilibra as duas partes do tema. Com certa frequência, o aspecto mais célebre da obra – a paixão dos adolescentes – obscurece o lado político e social relacionado às cidades-Estado do século XVI governadas por clãs de mercadores e dinastias com príncipes, duques e cardeais, aqui transfigurados nos inimigos Montecchio e Capuleto. Shakespeare é sucinto, mas claro para expor o confronto de duas famílias poderosas de Verona (hoje Itália) e delinear, assim, as guerras, intrigas e crimes palacianos na contraditória Europa de grandeza e horror em que o dramaturgo viveu (1564-1616). Mundo onde o amor sincero é anomalia a ser combatida por interesses financeiros e de títulos para os quais o casamento vale como moeda de troca. O espetáculo de Lazzaratto retoma a parceria iniciada em 1999, quando ele fez a primeira experiência, no Teatro Escola Célia Helena, para a formatura de Raoni Carneiro (Romeu) e Maria Laura Nogueira (Julieta). A ideia central é a de ampliar as possibilidades de ambientes alternativos para a representação e, ao mesmo tempo, fugir aos clichês que podem terminar em melodrama. A montagem é fiel a essa busca, e as instalações do Centro Cultural Rio Verde possibilitam os desdobramentos da peça em três locais. Espectador entusiasmado, o pintor Sérgio Sister – importante artista contemporâneo envolvido com novos caminhos nas artes – gostou, por exemplo, das sequências que adquirem a densidade de telas (o encenador inglês Peter Brook, em uma fase de sua carreira, reproduzia bastante este efeito). As imagens, porém, seriam de pouca valia sem a vivacidade, o ardor do elenco. Há nele até certo exagero que a direção pode minimizar: menos gritos, menor duração das lutas. Diminuir o derramamento emocional de alguns monólogos dos protagonistas. É possível dizer coisas poéticas ou terríveis à meia-voz. Não é necessário muito barulho. Mais complicada de solucionar é a extemporânea e insustentável afetação amaneirada de alguns personagens, sobretudo Mercúcio, símbolo da amizade viril entre rapazes. O papel vem abaixo com o enfoque caricato dado a ele (e Guto Nogueira demonstra ter outros recursos como ator). Felizmente, o conjunto é superior. *Romeu e Julieta*, da música ao vivo à integração dos participantes com a plateia no pequeno intervalo, traz um eco elisabetano, aquele tempo de William Shakespeare em que histórias tremendas se passavam diante de assistentes ruidosos tomando cerveja. A adequação de tipos e temperamentos da dupla central é comovedora. Arrastam e ganham nossas emoções a cada olhar, súplica e beijo mordido. Maria Laura Nogueira será lembrada, sempre, por sua Julieta de puro ímpeto e delicadeza. Ela e Romeu, que Raoni Carneiro faz com brilho passional, são o fogo no coração de uma peça de tons noturnos. Soma-se a eles a sólida presença de Ana Liz

Fernandes desdobrando-se em dois papéis. Há mais e não se conseguirá aqui a completa justiça a todos, de Alessandra Lia (ama), Mauro Chames e Eduardo Okamoto à sutil presença do violonista e cantor Gustavo Gallo. São os donos de uma criação feliz da qual se pode cobrar muito, porque é um dos espetáculos vitais da temporada.

PEDREIRA DAS ALMAS AGOSTO DE 2009

Em *Pedreira das almas*, uma cidade resiste a uma ocupação policial-militar enquanto uma família honra seu morto a todo custo. Jorge Andrade, o autor, quis escrever uma peça com os contornos da tragédia grega, e conseguiu. Vale o registro, porque muitos afundaram na empreitada, o que confirma as qualidades do notável dramaturgo paulista (1922-84) que o Grupo das Dores do Teatro, de alguma forma descendente do Tapa, e fiel à sua sólida linha estética, foi resgatar de um semiostracismo desconcertante e desafiador. Ainda vai se estudar a resistência do público teatral, urbano por definição, aos temas rurais. No cinema, de *Pagador de promessas* a *Baile perfumado*, o assunto passa. No palco, não (afora exceções bem específicas, algum regionalismo gracioso/ musical, poético e/ou picaresco.) Nesta obra o enredo abrange duas vertentes: a da insubmissão política de regiões brasileiras, em épocas diversas, ao Segundo Império. No caso, a quizília, em 1842, envolvia posições e interesses dos dois partidos dominantes: o Conservador e o Liberal. Divergência de elites de São Paulo e Minas Gerais, tendo como massa de manobra alguns bem-intencionados de sempre e povo miúdo e, abaixo dele, os negros escravos. Embora envolva nomes muito citados, como padre Diogo Feijó, Teófilo Otoni e Caxias, pensando bem, quem se lembra disso? A desmemória nacional mataria o texto de Jorge Andrade no nascedouro não fosse ele um forte painel humano com elementos trágicos. O poeta falou mais alto, sobretudo na segunda vertente da peça: a do esgotamento do ciclo de ouro e diamante em Minas Gerais. No declínio econômico do minério está uma das origens da expansão e do apogeu cafeeiro de São Paulo, que teve em Andrade seu melhor artista (como, antes, Jorge Amado no ciclo do cacau, Bahia; e José Lins do Rêgo, no da cana--de-açúcar, Paraíba). Foram os pioneiros vindos da região de Alfenas, desde o século XIX, que criaram municípios paulistas como, exatamente, Mineiros do Tietê. A ação de Pedreira das Almas condensa, portanto, duas linhas de força: a guerra civil, política, e a de temperamentos, psicológica. O comandante do Império, com ordem de achar um foragido mesmo que reprima a população que o esconde, e a fortaleza moral, com seu viés autoritário, de uma matriarca com traços de Bernarda Alba, de Lorca. As filhas, familiares e outras mulheres compõem o coro que ecoa e comenta os acontecimentos. Teatro solene do título aos diálogos que parecem cânticos de igreja (música de Fernanda Maia) e pronunciamentos históricos, o que exige maleabilidade e perícia do encenador e do elenco. Brian Penido Ross, além de ser um dos atores fundamentais do Tapa, tornou-se um diretor seguro dentro dos mesmos parâmetros estéticos exigentes estabelecidos neste núcleo artístico por Eduardo Tolentino de Araújo. São 25 intérpretes em afinada sincronia de movimentos e coesão dramática. Em algum breve momento, no entanto, há certa confusão no quem é quem quando os papéis se alternam (soldados/moradores). Duas atrizes carregam as maiores responsabilidades. Zeza Mota, que usa sua experiência para compor Urbana, a líder da comunidade, e Paloma Galasso, um bonito talento que se afirma como a filha apaixonada pelo homem perseguido pelo governo. Assim, com impulso e nitidez, a poética cênica de Jorge Andrade volta a luzir nas vozes e na vontade de jovens criadores do teatro surgido recentemente na Universidade Anhembi Morumbi e que chegam ao profissionalismo.

MARIA STUART SETEMBRO DE 2009

Maria Stuart é, sobretudo, um dueto das excelentes atrizes Julia Lemmertz e Lígia Cortez como rainhas naqueles instantes que o historiador inglês Eric Hobsbawm define como ironias da história. Na realidade, foi bem mais. Trata-se de uma disputa sangrenta pelo poder, no coração do século XVI, transformada por Friedrich Schiller em um drama de grandes conflitos individuais inseridos num fundo social, segundo observou o poeta Manuel Bandeira, autor da tradução. Como não teve a intenção de fazer registro episódico detalhista, tomou liberdades na abordagem dos fatos transcorridos entre 1558 e 1603. A opção é favorável ao espectador atual, sobretudo o não europeu. Certos enredos, como os de Shakespeare e Schiller exigem quase um compêndio com as genealogias e infinidades de acontecimentos. Sofreriam o desgaste com o passar dos anos não fossem eles poetas empenhados nos sentimentos humanos atemporais. Schiller atira na voragem da ambição as jovens Maria Stuart e Elizabeth I, respectivamente soberanas da Escócia e da Inglaterra (o Reino Unido, tal como conhecemos hoje, é resultado posterior de engenharia política, depois de muita violência de parte a parte. Menos cruel na construção deste Estado foi a inclusão do País de Gales, em 1536). Sangue azul nos embates de geopolítica opondo a Escócia, católica e sob a influência da França e Espanha e do papa, à Inglaterra, protestante e na onda da Contrarreforma de Martinho Lutero. Não foram dias amáveis. Ambas se sentiam legítimas soberanas dos dois reinos, e se digladiaram em conspirações, acordos secretos, traições e mortes, muitas mortes. O medo rondava os palácios frios (Maria sofreu artrite apesar da rica tapeçaria para minimizar a umidade das paredes). O horror, por sua vez, atingia a população pobre e os soldados, dizimados aos milhares. O dia da Batalha de Pinkie, por exemplo, entre escoceses e ingleses (1547), ficou conhecido como Sábado Negro. Um clima de ódio e ameaça perpassa a peça de Schiller, que concentrou a tensão dramática em Maria e Elizabeth. Cada uma tem eloquentes argumentos, expressos por personalidades femininas forjadas no senso da autoridade absoluta. O escritor, ainda tributário do romantismo, leva sentimentos íntimos ao limite do melodrama. É uma maneira de estabelecer painéis históricos. Estilos à parte, recurso parecido acaba de ser usado pelo inglês Simon Montefiore no poderoso romance *Sashenka* (Objetiva), dolorosa saga política de mulheres na Rússia, da Revolução Bolchevique ao terror stalinista e o fim da União Soviética. O espetáculo de Antonio Gilberto segue o extenso original. Dramaturgia que por sua exacerbação pede equilíbrio cênico geral e intérpretes que a sustentem. O diretor, que tem respeitável currículo, lançou-se em um projeto temerário e alterna arroubos com sequências diluídas. Parte do elenco masculino está deslocada nos papéis, faltando-lhe inclusive coerência gestual. Cenas entre nobres e militares se passam com atores em posição física distante da circunstância. Os soldados não são convincentes quando aparecem. Enfim, o ambiente palaciano não se estabelece em um cenário estilizado demais, materialmente precário e com iluminação que deixa de conferir relevo ao que se passa. Mesmo assim, Alexandre Cruz, André Corrêa e Mario Borges conseguem impor figuras masculinas importantes na intriga. O espetáculo se sustenta na grandeza da representação de Lígia Cortez e Julia Lemmertz. Temperamentos e tipos que se complementam na vibração emocional, são ora majestosas, ora vulneráveis ou tomadas de fúria. Elas continuam, com magnificência, uma alta linhagem teatral, filhas que são de Lilian Lemmertz e Lineu Dias e de Célia Helena e Raul Cortez. Se, no passado, uma rainha matou a outra, estas aristocratas do palco são, agora, vencedoras em pé de igualdade. Asseguram a força de Schiller ao oferecer um clarão da presença feminina através da história.

BRUTAL OUTUBRO DE 2009

O autor e diretor Mário Bortolotto alerta em Brutal *para a violência da alienação*

Em *Brutal*, o dramaturgo Mário Bortolotto define sua dramaturgia na frase "pessoas vazias podem ser muito perigosas". Embora faça um teatro existencial, ele, à sua maneira, chega, assim, a temas sociais. Se, de um lado, lança no palco personagens desajustados e com algum viés autodestrutivo, mas basicamente inofensivos, por outro introduz gente que explora psiques indefesas e, em casos extremos, espalha a morte. São os curandeiros de subseitas evangélicas, os executantes de magias sangrentas e a ralé neonazista. Eles sempre dão as caras. Um dia, em São Paulo, no espancamento e morte de um homossexual por *skinheads*; no outro dia, no ritual satanista com vítima fatal (recentemente, no sul do país). O fenômeno é mundial e com as mesmas características: são psicopatas manipulando quem está vazio. Por esse caminho, Mário Bortolotto faz um discurso ideológico relevante dentro de uma trama de impacto. Quando o texto/espetáculo tem início, os envolvidos em um crime já estão presos e respondem ao interrogatório policial (voz, em *off*, de Paulo Cesar Pereio). À medida que se explicam, desvendam carências de afeto, falta de rumo na vida, imensa alienação, enfim. Daí surge o embrutecimento. Cinco mocinhas cooptadas por um guru que prega a transcendência pelo sexo promíscuo e o racismo assassino. O que impressiona é a mediocridade delas, seu desconhecimento de regras morais elementares. A desumanidade, o nada de mentes embotadas. A vigilância interna dos integrantes da seita é exercida pela amante predileta do líder e um guarda-costas selvagem. É tudo bastante pesado. Como Bortolotto aborda com frequência o submundo, é possível imaginar outro retrato naturalista da marginalidade. Não é. A peça converge para indagações bem claras, colocadas no texto. O próprio Bortolotto acrescenta pessoalmente aonde quer chegar: "Todo o processo de violência que a peça acaba por desencadear provém do fato de estarmos lidando com personagens de personalidade extremamente frágil. Se existissem pessoas com personalidade própria e com destino, toda violência poderia ter sido evitada. O que eu quero que a plateia pergunte é: 'Por que essas garotas estão seguindo esse cara? O que ele tem de especial?'".

O espetáculo poderá receber o rótulo simplificador de alternativo quando, na verdade, é uma produção cuidadosa, bancada por parte do elenco, e que espera pauta em outros teatros. Uma significativa prova do seu alcance se deu na recente Mostra de Artes Cênicas de Ourinhos quando uma plateia jovem o assistiu em absoluto silêncio, seguido de aplauso. Trabalho com poucos recursos, mas sem abrir mão de cuidadoso acabamento, sobretudo da iluminação e trilha sonora,

Brutal tem sua força ampliada por um elenco primoroso. A dupla masculina tem seus extremos na violência. A primeira, dissimulada, do pregador encarnado por Laerte Mello (em atuação um pouco ausente. O perfil do delinquente pressupõe mais sordidez e tensão); e a outra, aberta e abjeta, do capanga criado de forma inquietante por Walter Figueiredo. O universo feminino em desagregação irrompe com exemplar força dramática nas composições de cinco atrizes jovens, bonitas e talentosas: Maria Manoella, Luciana Caruso, Érica Puga, Carolina Manica, Helena Cerello. Da psicopatologia direta à rebeldia confusa ou reações de pânico, a coesão delas é um dos méritos da direção de Bortolotto, não por encenar sua obra, mas por saber afinar cada intervenção. O espetáculo é todo feito de pausas, olhares eloquentes e a calculada semiobscuridade que traduz um lado sombrio de seres banais e assustadores. Anarquista de certa forma, insolente e corajoso, o dramaturgo surpreende uma vez mais pelo olhar atento e a capacidade de captar rápido onde a vida está feia e sangrando. Se Brecht escreveu que é infeliz o povo que precisa de heróis (frase sonora, mas discutível), é certo que há perigo quando proliferam messias, exorcistas, milícias e justiceiros. Alguma coisa sem controle que o espetáculo estampa. Algo brutal que o artista quer mudar.

O FANTÁSTICO REPARADOR DE FERIDAS OUTUBRO DE 2009

Leon Uris, ao final de *Trindade*, comovente romance sobre o povo irlandês, vaticina que naquela terra trágica não há futuro. Há apenas o passado que se repete indefinidamente. Felizmente o escritor se enganou. A República da Irlanda saiu de um subdesenvolvimento secular para, nas últimas décadas, estar entre os países europeus com os maiores índices de avanço econômico. Sua face moderna, industrializada e urbana cresce a cada dia. Se nessa ilha dividida existem problemas na Irlanda do Norte, ligada à Inglaterra, ao sul há um lindo país que procura superar o passado referido por Uris. O que não impede que se lembre dele ainda como uma terra de encantamentos e assombros, temas do dramaturgo Brian Friel, que aos 80 anos continua o depositário e cantor de histórias como a da peça *O fantástico reparador de feridas* (*Faith Healer*, no original). Entre o seu passado mitológico celta e as sangrentas lutas pela independência há um veio de fantasias que chega ao teatro nas obras de grandes autores, como Isabella Gregory (1852-1932); John Synge (1871-1909); Sean O'Casey (1880-1964); Brendan Behan (1923-64) e Friel (1929). Sem esquecer que a Irlanda é a pátria de Jonathan Swift, Oscar Wilde, Bernard Shaw, James Joyce e Samuel Beckett, que, mesmo com uma difícil relação com a terra natal, são profundamente irlandeses. Essa notável galeria lidou com personagens que transitam entre o real, a superstição e o delírio da bebida. Gente simples e provinciana, apegada a antiquíssimas crenças mescladas ao catolicismo igualmente arcaico. Frank, o reparador de mazelas físicas, é um charlatão que vende curas improváveis em aldeias perdidas na névoa e na carência de conforto material. Ele e seus clientes são fantasmas da Grande Fome que marca o imaginário irlandês, período entre 1845 e 1849 em que, ano após ano, em um país predominantemente agrário, uma praga dizimou toda a produção de batata. Uma das consequências foi a emigração maciça para os Estados Unidos (os Fitzgerald, a família materna de John Kennedy, entre eles). Um século mais tarde, esse homem ardiloso e patético engana os pobres, a própria mulher, e se deixa explorar por um empresário de terceira. Só que tudo pode ser desvario da memória, bebedeira e desespero. Os acontecimentos são narrados em quatro monólogos misteriosos. Nos três primeiros, cada um expõe sua hipotética verdade. No quarto movimento, volta o milagreiro, quando se percebe a violência final de toda a intriga. Se a Irlanda campestre propicia filmes nostálgicos como a *Filha de Ryan*, é também o cenário de brutalidades de pessoas rudes e das cruentas lutas independentistas entre 1916 e 1921, temas de *Trindade*, *Uris* e dos filmes *Traídos pelo desejo* e *Michael Collins*, ambos de Neil Jordan. Ao usar monólogos, Brian Friel constrói uma peça tradicional na forma, o que não a diminui, porque sobra nela o encanto das imagens e da poesia. Estamos de volta ao exigente teatro da palavra que pede encenação e intérpretes consistentes. O diretor Domingos Nunez, que fez doutorado em dramaturgia irlandesa contemporânea na Universidade Nacional da Irlanda, concilia formação acadêmica com talento para o palco. Discreto quanto a cenário, figurinos e iluminação, o espetáculo é baseado no bonito trabalho de ator. O texto ressoa no que é dito e nas pausas significativas de três gerações teatrais. Walter Breda reafirma uma presença intensa, que se faz notar rapidamente, acrescentando ao desempenho introspecção e melancolia ao criar o ilusionista que não resolve a própria vida. Na mesma linha, Mariana Muniz abranda sua imponência natural de atriz/bailarina para explorar o desalento feminino. Rubens Caribé usa seu tom, em geral impetuoso, para uma composição mais complexa e sutil. Uma canção de Fred Astaire faz dele presença apenas sugerida embora fácil de imaginar (curiosamente, é o ator de *O táxi roxo*, de Ives Boisset, belo filme ambientado na Irlanda). Não custa ressaltar que *O fantástico reparador de feridas* está longe de ser uma obra regionalista. Naqueles verdes vales da Irlanda, terra evangelizada por São Patrício, padroeiro nacional, Santa Brígida e São Columba, há um sentimento cósmico imemorial que se reflete por vias transversas nesta narrativa ancorada na solidão.

Críticas 2010

PIEDADE e CARTAS A UM JOVEM POETA MARÇO DE 2010

Separados no espaço e pelo idioma, Euclides da Cunha e o poeta Rainer Maria Rilke estão nos espetáculos *Piedade* e *Cartas a um jovem poeta*. Eles foram contemporâneos. Se Euclides (1866-1909) com *Os sertões* criou uma das bases da compreensão do Brasil arcaico, Rilke (1875-1926), nascido na mesma Praga de Kafka e, como ele, educado na língua alemã, é um dos poetas do século XX. Homens de biografias turbulentas, que o teatro acolhe de formas distintas. Em *Piedade*, de Antonio Rogério Toscano, surge o Euclides de ficção a partir de fatos reais.

Já em *Cartas* é o próprio autor que expressa, com lirismo e introspecção, uma visão da arte e da vida. Caminhos que se ligam indiretamente por graves fatos históricos. Euclides atuou no Segundo Império e nas primeiras décadas da República; Rilke presenciou a Primeira Guerra Mundial. O primeiro, a convite do jornal *O Estado de S. Paulo*, esteve na Guerra de Canudos, Bahia, conflito de fundo messiânico acusado de insurreição antirrepublicana, e ali colheu material para sua obra-prima; o segundo refletiu na melancolia o declínio do universo geopolítico e cultural do Império Austro-Húngaro. Os imponderáveis do amor estão na história dos dois. Rilke foi amante de Lou Andreas Salomé, intelectual sedutora (encantou Nietzsche e Freud), numa relação exaltada que gerou belos poemas. Euclides teve um casamento com uma mulher que não se resignou à submissa posição caseira, o que resultaria em tragédia.

Dramatizar o emaranhado do episódio brasileiro foi o desafio que Antonio Rogério Toscano teve de enfrentar. Soube-se apenas, e depois de muito tempo, o que aconteceu entre Euclides, sua mulher Ana Emília e o amante dela, um jovem tenente. Por envolver o ambiente militar, e dado o prestígio de Euclides, o ocorrido passou anos na penumbra. Homem ocupado em longas viagens pelo país, o escritor abriu caminho para um rival. Sua reação de início até surpreende porque, aparentemente, houve um demorado e sabido triângulo amoroso (Ana teve dois filhos do tenente Dilermando de Assis).

Em dado momento, porém, ele se exasperou e procurou o desafeto para "matar ou morrer", como teria dito. Morreu e, anos depois, um filho teve o mesmo fim ao tentar vingar o pai. *Piedade* é licença poética para tirar os personagens desse quadro sangrento e lhes dar mais humanidade. A peça transmite o que teriam sido os anseios de Ana, as razões do amante e as divagações existenciais de Euclides da Cunha. Neste enredo de subúrbio carioca não teria havido frieza, premeditação nem a maldade deliberada de ninguém. *Piedade* – no duplo sentido: o sentimento e porque é o nome do bairro desse doloroso desencontro (apesar do tentador clichê de colocar todos como vítimas da sempre alegada hipocrisia, mediocridade e conservadorismo dos costumes do começo do século XX etc.).

O espetáculo de Johana Albuquerque baseia-se na força do tema e no elenco. Só não se consegue entender a cenografia, precária no material e pouco ilustrativa na forma. Leopoldo Pacheco (Euclides) é ator de sólida presença mesmo que, desta vez, com dificuldade em dividir corretamente determinadas falas. Daniel Alvim (Dilermando) tem o tipo para o papel e se mantém sóbrio na interpretação. Jacqueline Obrigon compõe a veemência desta Ana idealizadamente reivindicativa e ardente.

Em contexto totalmente diferente, Rilke escreve a um pretendente às letras com lições sobre os percalços e melhores caminhos da arte. *Cartas a um jovem poeta* faz a defesa da solidão, não como martírio, mas opção filosófica e caminho para a transcendência. A densidade delas é tarefa árdua para um ator. Ivo Müller tem vibração interior, o olhar agudo, o temperamento e físico exatos, tenso e frágil ao mesmo tempo. Sua voz apresenta certo timbre metálico e pouco volume, mas a respiração e a articulação das palavras adequadas estão a favor da clareza. Há um clima de afeto e premonição nas recomendações do missivista. Traduzidas em espetáculo, elas confirmam Cecília Meireles, que viu em Rilke o oráculo que se consulta e em que se crê.

AS MENINAS ABRIL DE 2010

Maitê Proença, ao pensar *As meninas*, que escreveria a quatro mãos com Luiz Carlos Góes, partiu de uma dura experiência pessoal para transfigurá-la em algo que está em um verso de *Todo sentimento*, de Chico Buarque. Ou seja, escreveu dentro de um "tempo que refaz o que desfez". No enredo centrado no velório de uma mulher assassinada, a filha e sua melhor amiga observam as nem sempre compreensíveis relações dos adultos.

Não houve morte natural e o clima deveria ser o de tragédia. Maitê Proença não quis, não pôde, ou ambas as coisas, seguir este caminho. A alternativa, junto com Góes, é mais tranquila. Quase sempre se chega a bons resultados quando o cotidiano de uma família, com suas várias camadas afetivas submersas e máscaras sociais, é visto pelo olhar direto das crianças. Elas podem ter reações inesperadas de perplexidade e sublimação diante do primeiro contato com o irremediável.

Peça e encenação seguem entre fantasia e realidade, distanciando-se dos trajes negros, choro e desfalecimentos. Os pequenos olham o luto com perplexidade desarmada igual à dos irlandeses rudes do teatro de John Synge e Brendan Behan, em que dor, música e bebedeira se confundem. É nesse espaço entre o sonho e o concreto que a literatura faz sua intervenção. O resto é psicanálise ou religião. Toda a abertura do romance *Trindade*, de Leon Uris, mostra o garoto de 11 anos, novamente na Irlanda, que ouve um grito e alguém lhe sussurra que o avô morrera; e ele observa "com a maior clareza o primeiro grande choque da minha vida. As crianças estavam boquiabertas de susto".

As meninas de agora participam do cerimonial com o mesmo espanto temeroso, mas, ao mesmo tempo, mergulham em um clima onírico que torna naturalmente possível a presença da falecida que expõe suas razões e verdades. É um "assim é se lhe parece", porque os vivos têm opiniões distintas a respeito dela e do assassino. Nada é muito claro, a não ser a imaginação das já adolescentes que, à sua maneira e alcance, meditam sobre os chamados mistérios da existência.

Há um tom de graça e delicadeza indicadores de uma opção branda para um fato grave. Embora o texto em dupla não ajude a distinguir os estilos, é possível perceber sinais da vivência interiorana de Maitê Proença. Certos hábitos e costumes afloram em agrupamentos humanos ligados a ritos e/ou tradições que se diluem nos grandes centros, o que inclui velórios em casa. Dentro dessa suspensão poética do real, faz sentido a inclusão de músicas alusivas ao tema, como *Fita amarela*, de Noel Rosa.

O espetáculo de Amir Haddad mostra que, na memória do diretor do grupo carioca Tá na Rua, ressoa algo do seu passado juvenil em Rancharia, com festas e pequenos dramas de família.

No entanto, a leveza dada à obra e a sua encenação (sobretudo a cena final) incorre na idealização, ou fuga, do luto e dos traumas que um crime provocaria. Um traço qualquer a mais de tensão não estaria deslocado. A peça *Fica comigo esta noite*, de Flávio de Souza, com assunto parecido, demonstra que essa dualidade é possível.

Outro trunfo do espetáculo é o talento e simpatia das atrizes, adequadas aos papéis e tirando deles seu instante de brilho maior. Os contornos de três deles facilitam as divertidas criações de Clarice Derzié Luz (várias pessoas), Sara Antunes (filha) e Patrícia Pinho (a garota amiga) e o romantismo sensual de Vanessa Gerbelli (a mãe). Se a caricata peruca loira de Analu Prestes desaparecer será um favor à atriz e à encenação.

Como ocorre na dramaturgia de Naum Alves de Souza, outro autor afetuoso com a transição infância-adolescência, os papéis de *Meninas* permitem o jogo de idades. O tempo se embaralha na brincadeira de avó ou princesa. Este universo pode ser terrível (os filmes de Bergman), mas aqui predomina algo acetinado e leve graças à cenografia de Cristina Novaes, figurinos de Beth Filipecki e iluminação de Paulo César Medeiros. O tom de magia abdica de enfrentar o lado escuro dos fatos. Opção convincente porque Góes tem experiência com humor, e Maitê Proença conseguiu ser intensa e serena nesta difícil jornada passado adentro.

POLICARPO QUARESMA ABRIL DE 2010

As grandes cenas de *Policarpo Quaresma*, adaptado da obra de Lima Barreto, lembram as tomadas gerais e os planos-sequência de cinema. Como, por exemplo, a do majestoso baile de *O leopardo*, de Luchino Visconti. Pode-se evocar igualmente Glauber Rocha, Joaquim Pedro de Andrade e Fellini, porque Antunes Filho é um encenador de palco com sensibilidade de cineasta e de artista plástico. A montagem dá continuidade à estética iniciada com *Peer Gynt*, de Ibsen (1971), consolidada com *Macunaíma*, de Mário de Andrade (1978), e os ciclos Nelson Rodrigues, tragédias gregas e o universo de Ariano Suassuna (*A pedra do reino*). Sem esquecer os bons efeitos plásticos conseguidos com Shakespeare, Guimarães Rosa, Jorge Andrade.

O resultado é emotivo e espetacular mesmo sem transmitir por inteiro o sabor da escrita descritiva e colorida do original (*O triste fim de Policarpo Quaresma*). O escritor, amoroso retratista do Rio de Janeiro do início do século XX e criador de tipos formidáveis, exigiria, talvez, horas de representação. O espetáculo está mais direcionado para os focos ideológicos do romance; este é o objetivo de Antunes. São Paulo novamente faz justiça a Afonso Henriques de Lima Barreto (1881-1922), que prossegue subestimado, embora, paradoxalmente, se lhe confira a estatura de Machado de Assis. Em 1956, a editora Brasiliense editou as obras completas (volumes bem-acabados, com capas do pintor gaúcho Edgar Koetz). Agora, o Centro de Pesquisas Teatrais (CPT) tira uma vez mais do silêncio o "mestiço neto de Gógol", na descrição do crítico Agrippino Grieco, que o nomeou "o maior e mais brasileiro dos nossos romancistas, o nosso primeiro criador de almas. Ele sentiu a tristeza e o humor que cabem na vida do pobre. Todo o Rio está na sua obra. Outros romancistas podem inspirar-nos maior admiração; nenhum outro pode inspirar-nos tamanho amor".

O combativo Grieco sentiu em Lima Barreto o "sarcasta comovido e áspero" (também uma possível definição para José Alves Antunes Filho). Tais características estão evidentes no enredo caricato e acusador em que o major Policarpo Quaresma é o nacionalista excêntrico e deslocado no tempo. Defende o tupi e a modinha como língua e música legítimas e oficiais, e tem uma ideia irreal da agricultura. Preconiza, de certa forma, o nacionalismo de uma ala do movimento modernista da qual fez parte Plínio Salgado, o idealizador do integralismo.

Essas fantasias nativistas esbarram na truculência do início militar da República, sobretudo no governo do marechal Floriano Peixoto.

Por motivos afetivos e familiares, Lima Barreto não se entusiasmou com a queda da monarquia. Escapou, porém, da nostalgia conservadora ao se preocupar com o viés autoritário do pensamento positivista vigente nos quartéis. Com a brutalidade da repressão armada aos movimentos oposicionistas ou o ímpeto patrimonialista das elites e a corrupção na máquina administrativa. Sua ficção teve ressonância na busca de Antunes por retratos/sínteses do Brasil, e o resultado está no atual Policarpo em forma de libelo ilustrado por imagens fortes. A linguagem do espetáculo é a brilhante fusão de comédias antigas de cinema, musical, melodrama radiofônico e circo. Paira sobre a ação um clima de tango e charge humorística. A ironia chega ao auge no número de sapateado do "Hino Nacional", momento de inevitável força simbólica. Os personagens têm intervenções rápidas, exceto o major, bem interpretado por Lee Thalor, o que não impede aos demais participantes precisos lances criativos, caso de Geraldo Mário, que se faz notar na encenação baseada no coletivo.

A imagem emblemática do drama nacional emerge no desamparo do sonhador iludido, na derrota de Policarpo Quaresma. O espetáculo fixa aí o Brasil do ranço burocrático e da odiosa divisão da sociedade em "estamentos", como apontaria Raymundo Faoro em *Os donos do poder*. Numa espécie de fulguração, os caminhos de Lima Barreto e de Antunes Filho se cruzam no patético com poesia; e tudo está dito.

CINEMA MAIO DE 2010

Um tipo rústico aponta a espingarda para o outro e atira à queima-roupa. O agredido, também um sujeito rude, fica coberto de vermelho e se apalpa em pânico. Parece mortalmente baleado. Quando, porém, a câmara se afasta, revela que o tiro apenas espatifou um vidro de geleia de morango na prateleira da pequena sala de madeira de uma estação ferroviária perdida no nada. A cena está em *O homem da linha*, divertido e ao mesmo tempo sombrio filme holandês de Jos Stellig, que tem algo a ver com o clima insólito de *Cinema*, de Felipe Hirsch e parceiros da Sutil Companhia de Teatro. O absurdo patético é a viga de sustentação deste espetáculo que tangencia vanguardas recentes, polêmicas naturalmente. Nesse absurdo reside, no fundo, o interesse contínuo do diretor pelo cinema, as artes plásticas, os quadrinhos, a pintura, como a de Edward Hooper, e a dança.

A ação está concentrada numa plateia de cinema instalada no palco com as poltronas viradas para os espectadores. Os intérpretes olham a tela imaginária sobre a plateia, e o foco da máquina de projeção completa a ilusão. Interessante, mas não um bicho de sete cabeças. Na chamada arte conceitual, as "instalações" há décadas diluíram as provocações. O que se vê é mais um recurso técnico a serviço de uma ideia artística. Os personagens assistem a filmes dos quais se ouvem os diálogos originais. Para quem gosta, é um jogo de adivinhações. Se fosse, digamos, uma "obra interativa", o cinéfilo militante poderia sugerir outros títulos mais difíceis (por exemplo, o brasileiro Mário Sérgio em *Luz apagada*).

A graça e certo mistério estão nas reações dos frequentadores de verdade (na vida real só há a idiotia da pipoca e do barulhinho da lata de refrigerante). A atitude de quem não se imagina observado é tema recorrente nas artes, e o diferente neste caso é o embalo alucinado das atitudes, a virulência possível de cada vulto que se esgueira entre as poltronas da sala semivazia. Patético misturado com "comédia dramática" e/ou de humor negro dos filmes B. No anonimato entre as poltronas circulam sonhadores embevecidos com a fita, malucos, bêbados, casais em sexo apressado. O isolamento, não de todos, é um dado concreto (o cinema como metáfora da solidão em *Rosa púrpura do Cairo*, de Woody Allen). São enfatizadas as situações fisicamente exageradas do elenco treinado por Wilson Sagai, especialista em postura e respiração. Os diálogos ou falas aleatórias, decisivos, estiveram sob orientação de Babaya, professora de canto e técnica vocal. Os encontrões, quedas, sugestões de ataque ao vizinho e alterações de fala fazem parte do encanto da sala de projeções de Daniela Thomas, cenógrafa que, entre a estética e a eficiência, acrescenta algo novo à representação com o apoio da iluminação de Luiz Roberto Bruel.

A trajetória de Felipe Hirsch segue a vertente teatral norte-americana e inglesa e a cultura de massa. Em parte, é algo geracional e em parte opção. O curioso é que a graça deste espetáculo faz lembrar as encenações do franco-argentino Jerome Savary e seu anárquico *Magic Circus* (estiveram no Brasil) e Copi (Raul Damonte, outro argentino), dramaturgo e intérprete da delirante *O homossexual ou a dificuldade de se exprimir*. O desafio para Hirsch é o de continuar inventivo no ritmo de trabalho em alta velocidade que assumiu. Por enquanto, parece seguro e até se dispensa de explicações (está ausente do programa do espetáculo). Quem sabe existam intenções complexas por trás de tudo, mas, pensando bem, a leveza intrínseca do projeto indica uma breve lanterna mágica ao som de George Gershwin. Numa espécie de fusão de teatro e dança contemporânea, como a de Deborah Colker, Hirsch dirige cuidadosamente um grupo de intérpretes talentosos e jovens. Isabel Wilker, por exemplo, em um bonito jogo sobre coisas engraçadas ou misteriosas no escurinho do cinema.

O GRANDE CERIMONIAL MAIO DE 2010

Um homem cercado de bonecas do tamanho de mulheres adultas realiza com elas rituais de sedução e massacre. O corcunda Cavanosa, que se imagina horrível, as ama e as odeia ao mesmo tempo, e planeja matá-las por serem projeções de sua mãe tirânica. Só o amor de uma jovem, que desconhece o mal e a feiura, poderá redimi-lo; e ela vai aparecer.

Essa história pode ser um delírio psicótico ou um episódio sexual. *O grande cerimonial*, de Fernando Arrabal, pelo Teatro Kaus, dirigido por Reginaldo Nascimento, oferece ambas as possibilidades e algo mais. Se parece assunto improvável, recorde-se de que o autor, um dos últimos surrealistas influenciados diretamente por André Breton, não teme o contraditório e permanece fiel às fantasias de amor e ódio entre mãe e filho e à expiação desses sentimentos.

Vamos ouvi-lo: "Creio que, quando se vê uma cerimônia no teatro – grotesca ou não –, ela ilumina nossos tesouros mais secretos. Seremos felizes se pudermos achar belo o que é obscuro, porque nesse instante o destruiremos. É a maior tomada de consciência. É preciso dizer o que não se ousa dizer".

Por um caminho bem particular, Arrabal junta suas antevisões freudianas à tradição espanhola do grotesco artístico. Pode-se assistir à peça só desse ângulo, embora seja oportuno conhecer o substrato político e cultural que a motivou. O artista fez dos traumas que a ditadura do general Franco (1939-75) e a intolerância de um catolicismo medieval lhe impuseram o tema de um acerto de contas com as várias formas, dissimuladas ou explícitas, de opressão familiar, religiosa e ideológica. Com um estilo desarmado, como um lamento infantil, constrói tramas que ecoam a perversidade latente nas pregações salvacionistas, seja da sua mãe real, obcecada na fé, seja do general Millán-Astray, que teria bradado "Viva la muerte!" em defesa do fascismo que sufocou a Espanha (e matou o pai do dramaturgo, preso e desaparecido em episódio nebuloso).

O período histórico negro passou, mas o tempo emocional continua a latejar neste teatro. Mesmo consagrado, com novos horizontes e interesses, quando Arrabal retoma a escrita os velhos fantasmas estão lá: em 1986 escreveu o romance *A virgem vermelha*, sobre a mulher que decide ter um filho de pai ocasional. Anos mais tarde será morta a tiros pelo rebento. A seguir, em 1999, lançou *Cartas de amor*, monólogo da senhora que relembra, tardiamente emocionada, a correspondência com o filho distante, o que pode ser apenas sua imaginação. Na atual versão de *O grande cerimonial*, Reginaldo Nascimento trata os personagens como marionetes de gestos mecânicos e fragmentados, o que evita a abordagem realista e psicológica da peça. Há sequências que lembram balé e os giros lentos das figuras de caixinhas de música. Há uma misteriosa expressividade nessas cenas que se congelam.

Percebem-se ali as linhas gerais do expressionismo cinematográfico alemão, sobretudo no desempenho de Peter Lorre em M (ou *Vampiro de Dusseldorf*), no Cavanosa que Alessandro Hernandez interpreta com brilhantes nuances de angústia e solidão.

Em sentido oposto, está a ternura frágil que Amália Pereira confere à donzela redentora com aqueles olhares de Giulietta Masina em *Noites de Cabíria*, de Fellini. Esse mundo sombrio é completado pela mãe voraz, à qual Deborah Scavone, com voz potente, confere um misto de caricatura e agressividade, e o amante, papel mais episódico, que Alessandro Hanel consegue realçar em breves intervenções. O cinema é apenas referência, porque a marca autoral do diretor é firme na valorização da dramaturgia latino-americana e ibérica desde a fundação do Kaus em 1989. Resultado de persistência e amadurecimento, *O grande cerimonial* terá melhores resultados em um espaço mais favorável aos intérpretes, cenário e iluminação. Fernando Arrabal, que esteve em São Paulo em agosto de 2009, em apoio ao grupo, certamente aprovaria esse gesto de fantasia e imaginação sem medo.

SIDE MAN JUNHO DE 2010

Um solo de trompete e o tempo que passou: montagem de Side Man *mostra o declínio da fase de ouro do* jazz

O trompetista Bix Beiderbecke foi o primeiro grande músico branco do *jazz*. Filho de uma abastada família alemã, matou-se de beber aos 28 anos (1903-31). Sua interpretação de "Singin' the blues" é uma pequena maravilha melancólica. O ímpeto autodestrutivo parece seguir o instrumento, de Charlie Parker a Chet Baker, vítimas da heroína. Miles Davis safou-se a tempo. Já Louis Armstrong (1901-71) levou uma vida regrada e tornou-se a lenda sorridente e bonachona que conhecemos. Todos geniais. Esses artistas viveram um tempo que parece irreal, e foi quase ontem. *Side Man* conta um pouco dessas vidas e da época das grandes orquestras de *jazz* e dança, algo que não sobreviveu à Segunda Guerra, aos novos costumes e à voracidade novidadeira da indústria de entretenimento. A peça não é necessariamente para amantes de *jazz*. Diz mais aos apreciadores do teatro realista norte-americano, com seus enredos psicológicos. A questão social ecoa em surdina, permeando dramas familiares: pai boêmio e ausente, filho sensível e deslocado, mãe depressiva e bêbada. Em uma escrita desafinada, resultaria em teatro menor, mas o autor, Warren Leight, homenageia Tennessee Williams ao refazer de certa maneira sua obra

À *margem da vida* (*The Glass Menagerie*). No original, *Side Man* provavelmente conta mais do período em que as chamadas *big bands* eram uma trupe numerosa. Só alguns exemplos: o lendário Benny Goodman entrava em cena com 14 músicos; dois outros monstros sagrados iam além – Duke Ellington tocava com 15 e Count Basie, com 18. No Brasil não se ficava por menos, com Severino Araújo e sua Orquestra Tabajara, Luis de Arruda Pais e os conjuntos de Walter Wanderley, e o onipresente Waldir Calmon, que dominou salões e bailinhos com sua série de discos *Feito para dançar*. Parece a pré-história, mas são fatos entre os anos 1940 e 1960 (a Tabajara resiste).

O protagonista de *Side Man* (pena manterem o título, expressão idiomática, pois aqui não diz nada) é o trompetista incapaz de pensar em algo além do instrumento e das noitadas com os amigos. Nem é mau sujeito, apenas um anjo torto e o *pop rock* acabou com sua profissão. Papel que Otávio Martins constrói com sutileza emocional e precisa composição de gestos. Ao seu lado, no extremo oposto, Sandra Corveloni impõe consistência interior ao passionalismo da mulher que perdeu os sonhos – sonhos que ainda acalentam a garçonete que Gabriela Durlo faz com discrição. O filho observa a derrocada dos pais com sentimento ambíguo de rejeição e piedade. Quer bater a porta e dar o fora. É difícil. Todos envelhecem, os empregos somem, mas os artistas fingem que voltarão aos dias gloriosos do trompetista Woody Herman, que morreu em 1987. Warren Leight delineia carinhosamente os tipos humanos, sabe captar a tristeza um pouco abaixo da pose e do choro. Não existe mensagem, só o retrato desbotado a oferecer. Há referências específicas ao contexto norte-americano (expressões em ídiche, a menção ao general MacArthur) que se diluem na versão brasileira. Resta, então, a partitura para um espetáculo sóbrio sobre gente embriagada e belos solos de interpretação. O diretor José Henrique de Paula criou sequências inspiradas na pintura de Edward Hooper e Norman Rockwell. Um clima de ruídos externos para vazios íntimos. Homens e mulheres na fronteira entre o real e a fantasia, o que proporciona desempenhos caricatos, pungentes e sempre intensos de Eric Lenate, Luciano Schwab e Daniel Costa. Narrador e partícipe desse crepúsculo existencial, o filho é desempenhado por Alexandre Slaviero, substituído ocasionalmente, com brilho, por Marco Aurélio Campos (a sessão vista pelo crítico). A encenação é, assim, a rememoração da força de uma música extraordinária e a aceitação das fraquezas de seus criadores. O historiador Eric Hobsbawm – um curioso marxista apaixonado pelo gênero – anotou que a essência do *jazz* é não ser padronizado. Não se ajusta à indústria moderna porque é "o símbolo do movimento que traz a liberdade pessoal, um símbolo do fluxo da vida e, portanto, do destino". *Side Man* procura dizer o mesmo por outras palavras.

AS FOLHAS DO CEDRO AGOSTO DE 2010

Magia, palavra fácil, mas é a que ocorre quando o elenco de *As folhas do cedro* deixa lentamente o palco. No curto espaço da representação, o tempo se alonga para acolher a imigração libanesa ao Brasil que, em 2010, comemora 130 anos, e, dentro dela, o destino de uma família. Se a hipótese da presença de fenícios na Amazônia antes dos portugueses e espanhóis não está confirmada, ela serve como *"maktub"*, expressão árabe para "está escrito". Porque, séculos mais tarde, os habitantes da mesma região no Oriente Médio chegariam ao local em condições dramáticas. Não eram navegantes, mas pequenos artesãos, agricultores e vendedores no geral.

Sempre espanta que grupos humanos de culturas tão diferentes como as do Oriente tenham se fixado ali, e vencido, em circunstâncias tão desafiadoras. Em Tomé-Açu, Pará, por exemplo, viveu nos anos 1930 o menino japonês Flávio Shiró, hoje um pintor brasileiro de expressão internacional. O texto de Yazbek e sua tradução cênica prestam tributo aos que se afastaram da terra natal e, no caminho, se desgarraram dos seus e de si mesmos. Guardaram sempre a nostalgia da paisagem antiga, dos usos e costumes do Líbano dos cedros milenares. A imigração é sempre um acontecimento grave, um certo trauma aos que a ela recorrem. Os sinais ficam, e é deles que a peça fala.

Um libanês deixa a família em São Paulo e se embrenha nos confins brasileiros onde o regime militar construía a rodovia Transamazônica, projeto incompleto desde os anos 1970. O local propicia negócios duvidosos, dinheiro suspeito, prostituição e violência. Esse homem, banal, mas enigmático ao mesmo tempo, gosta da existência ou a toma como pretexto para abandonar a mulher e as filhas. Mas o passado manda notícias. Ele terá pela frente a esposa repudiada a cobrar sonhos e tradições que se despedaçaram desde a saída de uma aldeia no Líbano.

Filho de libaneses, Samir Yazbek embaralha o jogo ao mostrar dados pessoais e ficção a partir da imigração. Há, de um lado, a crônica familiar na dramatização de vidas anônimas e, de outro, a observação do desenraizamento, choques culturais e *flashes* da história recente (a ditadura militar). O enredo, ao pretender um painel amplo – um épico sem heróis –, dilui os personagens e deixa forçada a informação sobre a repressão militar (a Guerrilha do Araguaia deu-se no Pará). Não se sabe qual a profissão e a psicologia do protagonista. Se é um negociante ou um técnico que crê na rodovia. Igualmente fica no ar se é apenas um colecionador de mulheres ou alguém atormentado por horizontes impossíveis. Dramaticamente, o melhor dele é a angústia subtendida.

Nesse momento, a dramaturgia de Yazbek tem um verdadeiro achado ao introduzir como narradora a filha que nunca conviveu com o pai. Nas suas intervenções explicativas e nos diálogos imaginários com o grande ausente, a obra atinge pungência e força poética.

Seguro da escrita e dos sentimentos a transmitir, o dramaturgo, ele mesmo, coloca sua obra no palco, e o resultado é excelente. Detalhes sutis do imaginário libanês são introduzidos em cena através dos sotaques, expressões árabes, cores, objetos e a bela música de Marcello Amalfi que remetem ao Oriente e à Amazônia. A cena de chuva é a síntese eloquente de um espetáculo emotivo, com um elenco exato. Os papéis episódicos ou fragmentados, difíceis de conduzir, estão bem delineados por Rafaella Puopolo, Douglas Simon e Mariza Virgolino. Especial encanto é dado pela menina Marina Flores simbolizando a infância entre adultos contraditórios.

Já a carga dramática profunda está em boas mãos. Hélio Cícero empresta ao imigrante contraditório sua autoridade cênica e adequação física. Um ator a se respeitar. Daniela Duarte vence o desafio de ser a estrangeira a falar português com dificuldade e uma mulher que luta mesmo em total desvantagem. Gabriela Flores, com porte altivo e contida emoção, traça o círculo da memória e do afeto. Sugere ao público a compreensão e o agradecimento que devemos aos libaneses e a todos os imigrantes que o bonito espetáculo homenageia.

MENTE MENTIRA SETEMBRO DE 2010

Um dos personagens de *Mente mentira* caça alces embora não goste da sua carne. Mata-os porque é a temporada e pelos chifres como troféus. A tradição está enraizada nele, e o gesto brutal e gratuito funciona como metáfora para as relações agressivas do enredo e, quem sabe, nos Estados Unidos como um todo. Na soma de explosões individuais, o dramaturgo Sam Shepard, ao narrar episódios isolados, registra a violência que seria "tão americana quanto a torta de maçã", segundo Rap Brown, o ativista do movimento negro nos anos 1960.

O espetáculo se mantém entre o realismo psicológico e a ilustração da América mítica. Existe a família desorganizada, de um lado, e o individualismo autoritário, de outro. Em meio a tudo isso, o autor persiste na ilusão poética e nos voos de memória junto a conflitos de casais e entre irmãos com sensualidade mal contida. A ruptura surpreende e desestabiliza como um tiro ao acaso. Essa ficção vem desde os anos 1930, com os camponeses rudes de *A estrada do tabaco*, de Erskine Caldwell, passa por John Steinbeck e hoje está nos romances de Cormac McCarthy e, parcialmente, Shepard. Há nos dois últimos a nostalgia e aceitação do fim de uma era. Cormac reconstrói o sentido épico dos desbravadores; Shepard olha um pouco para os motéis e bares de beira de estrada cheios de pessoas sem rumo definido. Em *A lua do falcão*, de Shepard, há um trecho eloquente: "Um *trailer* fantasma circula por trás dos quintais. Foi tomado por bandidos, putas mexicanas e cães. O motorista puxa o *trailer* com uma perua Ford 56, de meia tonelada, com vestígios de sua pintura azul metálica". Outro: "Em Old Oraibi, no planalto do Arizona, a povoação mais antiga do hemisfério ocidental, um Buick para, um turista e sua mulher saltam dele e vão até uma pequena loja caindo aos pedaços". Eis o roteirista de *Paris*, *Texas* (Wim Wenders, 1984).

A encenação de Paulo de Moraes tenta reconstituir em *Mente mentira* um panorama desolador com uma cenografia que, no entanto, desvia a atenção com seus mecanismos (alçapões, cadeiras que se deslocam, portas corrediças), enquanto a representação masculina é exterior, feita aos gritos. Estranho, porque o diretor tem sólidas realizações baseadas nos intérpretes. O tema adquire credibilidade com o elenco feminino. Na metade da peça, mãe (Malu Valle) e filha (Keli Freitas) se entregam, enfim, a um diálogo revelador. O mesmo efeito se dá quando a mulher Meg (Roza Grobman) diz verdades ao marido prepotente. O que destoa é a estilização gestual que dilui os contornos psicológicos da vítima principal, a garota Beth (Fernanda Machado), espancada pelo marido Jake (Malvino Salvador). É um instante delicado porque, como o título insinua, a verdade dela e a dos demais comportam nuances e fantasias. O contraponto subjetivo no íntimo da família é bem sublinhado pela música de Ricco Viana e a iluminação de Maneco Quinderé. De qualquer forma, ao longo da representação, estão presentes os desencontros, incomunicabilidade, a ânsia de fuga. Shepard, à sua maneira, é o *cowboy* tardio que aprendeu o rumo de Hollywood, onde fez carreira. O norte-americano alto, magro, aparentemente silencioso na sua *persona cool*, mas que escreveu versos sobre uma corrida com o pai, que ganhou ("Naquela noite fui para a cama/ E sonhei com o poder de um trem"). O acontecido é recontado na peça em termos cruéis. Não se sabe quanto de verdade e de mentira todos contam. Daí, o interesse.

MIRADA SETEMBRO DE 2010

A ovação ao espetáculo *La razón blindada*, do Equador, sábado passado, confirmou a pertinência do Mirada – Festival Ibero-Americano de Artes Cênicas de Santos, promovido pelo Sesc – em suprir a carência de vínculos artísticos em um território de vasto passado e escasso presente. Na mesma noite, colheram aplausos os brasileiros de *O idiota*, encenação paulistana da Mundana

Companhia a partir de Dostoiévski, os chilenos de *La fiesta*, os colombianos de *Los santos inocentes* e os bolivianos do Teatro de los Andes com *La Odisea*, adaptação do poema-saga de Homero.

Encanto e perplexidade vieram da constatação óbvia de que países vizinhos, às vezes reduzidos a estereótipos (drogas, convulsão social), são culturalmente ricos. De 2 a 11 de setembro foi possível assistir a 31 espetáculos da América Latina, Portugal e Espanha. *La razón blindada* tocou o público com um diálogo repleto de fantasia e humor absurdos entre dois presos políticos. O texto evoca diretamente *Dom Quixote*, de Cervantes, mas tem traços de *O arquiteto e o Imperador da Assíria*, do espanhol Fernando Arrabal, e *O beijo da mulher aranha*, do argentino Manuel Puig. O espetáculo, linear em termos de cenário, iluminação, música e figurinos, é sustentado por dois excelentes atores. Quando se descobre o motivo final da extravagante conversação, há um impacto suplementar.

À exceção das representações de São Paulo, Espanha e Peru, foi um festival sem maiores inovações formais. *Policarpo Quaresma* e *O idiota* estão em temporada, mas os visitantes já partiram. Mirada teve salas repletas, filas de espera, encontros de artistas em seminários enriquecedores. Os palcos revelaram coisas lindas, cruas, violentas, divertidas ou até pontualmente tediosas. O país homenageado foi a Argentina, que, apesar de sua poderosa tradição cênica, teve vigorosa concorrência. Madri desembarcou com *Urtain*, relato da ascensão e queda de um popular boxeador basco-espanhol elevado à condição de herói da ditadura franquista. Representado em um ringue pelo brilhante ator Roberto Álamo, *Urtain* levou os espectadores ao silêncio absoluto. Do outro lado da cidade, em um edifício do século XIX imerso na penumbra, a criação do grupo Yuyachkani refez determinada fantasmagoria da realidade peruana nos moldes dos romances de Manoel Scorza. O mistério e a complexidade dos Andes estiveram igualmente presentes na versão atual da *Odisseia* (*La Odisea*), que conduz Ulisses não mais à guerra de Troia, mas às fronteiras onde imigrantes clandestinos são caçados, roubados e mortos. Com sequências simplórias ao lado de achados de direção, ali estavam os valentes bolivianos (com a brasileira gaúcha Alice Guimarães no elenco). A Bolívia faz hoje importantes festivais em La Paz e aqui ao lado de Mato Grosso, em Santa Cruz de la Sierra. O diretor do Festival de Cádiz, Espanha, Pepe Bablé, se confessou admirado com eles.

A Argentina veio com sete espetáculos, três deles de autoria e direção de Daniel Veronese. A produção do dramaturgo, que tem gosto por paródias e autorreferências teatrais, dessa vez não chegou a ser propriamente contagiante com suas reescrituras de clássicos da dramaturgia ocidental como *Casa de bonecas* e *Hedda*

Gabler, de Ibsen, e *Tio Vânia*, de Tchekhov. Mais provocante esteve *Lote 77*, texto e direção de Marcelo Mininno, um rito de masculinidade competitiva e traumas juvenis transcorrido em um curral e/ou matadouro.

O balanço é favorável ao conceito do festival enquanto viagem transcultural ao imaginário ibero-americano. O tempo e o espaço se estenderam na acolhida de idiomas aparentados. Sabe-se que tais mostras exigem cuidado no seu aperfeiçoamento e, em seguida, na fuga ao desgaste. Desta vez houve interesse por temas político-existenciais e fez falta a investigação estética. Mirada, contudo, é uma aposta do Sesc nas descobertas das artes, e o simbolismo de Santos como porto indica que sempre é possível outra navegação.

A RELIGIOSA SETEMBRO DE 2010

Como texto, *A religiosa*, de Denis Diderot, reafirma o desencontro entre as estruturas religiosas e os movimentos da psique. O afeto real *versus* hierarquia. Igrejas, seitas e "messias" não gostam disso. Seria fácil relembrar os casos de pedofilias católicas, os apedrejamentos islâmicos e extremismos judaicos. Vale mais, contudo, olhar o plano histórico geral.

A obra de Diderot (1713-84) já tem séculos e continua a ensinar que dogmas não são bons e pioram se entrelaçados ao poder. No caso, a vítima é Suzanne, jovem francesa do século XVI, encarcerada em conventos por conveniências familiares. Em cinema, há trabalhos célebres sobre fatos assemelhados. Um dos mais impressionantes é o filme polonês *Madre Joana dos Anjos*, do polonês Jerzy Kawalerowicz. Outro: *Os demônios*, do inglês Ken Russel, excessivo no grotesco *kitsch*, mas com os grandes Vanessa Redgrave e Oliver Reed. Os motivos de cada cineasta são diferentes (o da Polônia era a ditadura stalinista), mas o consenso se faz na visão da tirania afetando o ser humano em sua individualidade.

Como espetáculo, *A religiosa* é outro esforço de expansão da linguagem cênica com a incorporação de artes visuais. No papel da vítima, a atriz Symone Strobel toma aparência de escultura em movimento enquanto a iluminação cria efeitos de pintura em claro-escuro. Há uma coincidência entre esta encenação da companhia Hospedaria, do Rio de Janeiro, criação de João Marcelo Pallottino, e *Roberto Zucco*, de Bernard Koltès, do grupo Os Satyros, concepção de Rodolfo García Vázquez. Os protagonistas de um e outro enredo são pessoas desesperadas por liberdade, seja por motivo concreto (a noviça prisioneira) ou o delírio de um assassino (Zucco).

Pallotino e Rodolfo reorganizaram o espaço convencional de representação e dominam esta "caixa negra" onde, para o encenador argentino Victor García, "a vida não pode se desenvolver". É radical a tese de Victor, o visionário que, em 1970, reinventou a peça O balcão, de Jean Genet, façanha histórica patrocinada por Ruth Escobar. Existem nuances, felizmente, e os talentosos jovens diretores operam através delas. Enquanto em Zucco a pequena sala é transformada em jogo de armar com as poltronas que se deslocam, em A religiosa a janela do claustro é iluminada como cela de cadeia ou imaginados labirintos da mente.

Diderot, o enciclopedista francês que concedeu às artes a mesma atenção dispensada à filosofia, escreveu um melodrama anticlerical. Os exageros do gênero estão a serviço da denúncia das ilegalidades e preconceitos de classe praticados com o aval da religião. Com melancólica poesia, expõe a sexualidade que brota entre orações, solidão, penitências e crueldades beatas.

O trabalho de dramaturgia de Maria da Luz conduz o original como um monólogo centrado na perseguição de uma mulher indefesa. Sobre esse relevo dramático, o diretor Pallottino construiu sua representação evocando vitrais, esculturas ou espectros de Gustave Doré em A divina comédia.

O efeito causa impacto, embora diminua as sutilezas interpretativas e a força de Symone Strobel. Numa estética experimental há perda quando não se pode usar o olhar, as mutações faciais ou a voz está alterada pelo microfone. Mesmo assim, houve um ganho estético.

O clima se completa com trilha sonora pertinente, porém, às vezes, com excesso. Se houvesse algum silêncio, seria mais eloquente. A intenção final de oferecer beleza formal e protesto é nítida, e aí o grupo Hospedaria demonstra méritos. Há algo sempre respeitável na ânsia inovadora e seus inevitáveis desequilíbrios. A religiosa tem a transcendência de Diderot e o apelo das experiências em andamento.

HELL E O VISITANTE OUTUBRO DE 2010

A arrebatadora interpretação de Bárbara Paz é em si um espetáculo dentro da poderosa encenação que Hector Babenco fez de Hell, de Lolita Pille. Com juventude, beleza e paixão, Bárbara recria um texto. Em polo oposto, com intensidade subterrânea, O visitante, de Hilda Hilst, traz a surpresa da Cia. Ruminar, de Curitiba, com direção de João Petry, que já integrou o Centro de Pesquisas Teatrais (CPT) de Antunes Filho.

Hell situa-se entre a ficção e o depoimento ao revelar o cotidiano de uma francesa de Paris acostumada ao circuito do luxo, desperdício e tédio mortal. Uma gente de certa maneira irreal. A França é um país de classe média (a Europa é assim) e não se vê tanta ostentação em Montparnasse e Saint-Germain-des-Prés, onde mora a inteligência, a boemia e a polêmica. As ruas silenciosas e os edifícios dos bairros "16" e Neully e da *avenue* Foch são fantasmagorias. A humanidade comum ouve dizer que "eles" estão lá.

O interesse da obra, porém, não é mostrar determinado lugar. *Hell* está ao nosso lado. Só que, no caso, uma "pobre menina rica" resolve escrachar a cena do crime (ou *crème de la crème*). Sua contundência fez da obra um sucesso de vendas e elevou Lolita Pille a uma prematura condição de a nova Françoise Sagan de *Bonjour, Tristesse*. Em meio a litros de vodca, lotes de cocaína e grifes famosas, uma bomba – ou uma metáfora – explode na região chamada "triângulo de ouro" parisiense (aliás, é lá que fica a Ambassade du Brésil). No torpor do dia seguinte, a personagem constata: "Nós estamos todos mortos na explosão". Conversa delirante, claro. A vida continua, mas o retrato crítico está traçado. Porque ela, a jovem embriagada de tudo, não tem para onde ir, nem para a hipótese filosófica do suicídio aventada por Albert Camus, nem para a ironia criativa estrangeira de Henry Miller que, nos anos 1930, passou dias de dor e ressurreição na Paris que descreveu em *Trópico de Câncer*, em que, por outras razões, escreveu frase similar: "Estamos completamente sozinhos aqui e estamos mortos". Exagero poético. Miller estava vagabundeando à procura de si mesmo, como Hector Babenco faria mais tarde no circuito Paris-Amsterdã-Madri antes de se tornar cineasta. A anti-heroína de *Hell* só atinge alguma humanidade no seu convulso romantismo final. Bárbara Paz agarra o enredo de Pille e produz um incêndio emocional. Temperamento forte, inteligência artística, técnica física e vocal, ela faz da peça um momento vital de teatro ao lado de Ricardo Tozzi, que se impõe como o namorado em ruínas. Babenco armou uma requintada partitura cênica visual, sobretudo a iluminação, e a trilha sonora. Rigoroso artista do cinema e do palco.

Do outro lado desse naufrágio humano – ecoando ao seu jeito os tormentos de *Hell* –, a Cia. Ruminar faz de *O visitante* o cerimonial sobre os interstícios das relações conjugais e filiais. A dramaturgia enigmática de Hilda Hilst é carregada de alusões bíblicas, lampejos de tragédia grega e de García Lorca. Em um impreciso e noturno ambiente doméstico, pode ter acontecido um adultério. Sugestão de algo real ou meia verdade, talvez desejo de vingança. Com um elenco coeso na introspecção, pausas, falas exatas e apenas sete lâmpadas dicroicas na iluminação em claro-escuro, o encenador João Petry oferece algo como música para o quinteto formado por Kassandra Speltri, Lia Machado, Gerson Delliano, Orlando Brasil e a violoncelista Luciana Rosa. Curta temporada para um espetáculo de primeira, que lembra também os romances de Cornélio Penna e Lúcio Cardoso, mas com a marca original de Hilda Hilst.

Críticas 2011

BIELSKI FEVEREIRO DE 2011

Existiu um quilombo judeu nas florestas da Bielorrússia durante a Segunda Guerra Mundial. O paralelismo entre os negros fugidos do cativeiro brasileiro e essa comunidade é tentador. Se a maior parte dos africanos rebeldes acabou derrotada – e Palmares é o caso exemplar –, os desesperados mas aguerridos judeus dessa região encravada entre a Rússia, Polônia e Ucrânia sobreviveram à caçada nazista em uma página de grande heroísmo relativamente esquecida. Seus comandantes foram os irmãos Bielski (Túvia, Asael e Zus). As circunstâncias em que agiram determinaram que a história deles tivesse ficado menos conhecida. Porque não contém um componente de sacrifício absoluto. Esses judeus venceram dissidências internas, vacilações perigosas entre irmãos de sangue e crença, até que se forjou uma unidade por vezes cruel. Em meio ao horror e ao frio de 30 graus abaixo de zero, foi, sim, preciso matar. Não é uma história impecável, embora compreensível. Eles ficaram dois anos na mata, atravessando pântanos, improvisando soluções de vida a partir do nada. Conseguiram chegar ao fim da jornada com 1.200 pessoas entre idosos e crianças. O espetáculo *Bielski*, da Cia. Levante, pretende sintetizar tal luta em termos factuais e de metáfora. Aposta audaciosa que deixa de lado (e nem haveria outro jeito) o filme *Um ato de liberdade*, de Edward Zwick, com Daniel Craig, que narra a mesma saga com os recursos espetaculares do cinema, sobretudo os de locação. O dramaturgo e encenador Antonio Rogério Toscano quis reiterar a força da ação coletiva, acrescentando a ela um toque simbólico e ao mesmo tempo crítico às façanhas dos irmãos Bielski, sobretudo Túvia, o mais destacado deles, inclusive na brutalidade, como uma espécie de "desconstrução do herói". Ao mesmo tempo, Toscano aparenta buscar algo de místico nesse homem, como se ele tivesse visões. Um guerreiro "tomado", como o pai de santo "recebe" seu Orixá. Temos assim um bielorrusso Zumbi, profeta guerrilheiro, com um gestual de pintura expressionista que sugere crucificação e êxtase. O clima é reforçado pela música executada em cena com instrumentos de sopro e de percussão, o que une a doçura da flauta à vibração afro-militar do tambor. O projeto cênico encontra obstáculos na precariedade do espaço de representação e no tom didático que diminui a força dramática. Não há uma fusão harmoniosa entre a direção de movimento e a da interpretação. O hibridismo de linguagem dispersa a prometida "contundência" de *Bielski*. O elenco, pequeno para um painel histórico amplo, tem sequências com menos interiorização. Mesmo assim, consegue instantes de fluxo emocional quando o melhor de cada intérprete independe do peso de conceitos expressos no programa ("um núcleo de pesquisa teatral pautado pelo estudo do jogo do ator no espaço vazio 'brookiano'. Nesse espaço desejante que precisa ser completado, preenchido por significações derivadas da presença do ator 'em estado criativo'").

O espectador, com a melhor boa vontade, não é obrigado a saber o que vem a ser um espaço "brookiano", neologismo forjado com o nome do encenador inglês Peter Brook. Aí, complica. Como não ajudam as redundâncias do texto (citando de memória): "terrível morticínio" e "metralhadas até morrer".

O programa informa em seguida que foram usados textos de Peter Dufy, Nechama Tec, Paul Celan, Heiner Müller, Bertolt Brecht e Kurt Yoos. Historiadores fundamentais de *Bielski*, Nechama Tec e Dufy cedem lugar ao recado ideológico de Brecht. Já que é assim, talvez fosse interessante alusão ao estudo *O antissemitismo na era Vargas*, de Maria Luiza Tucci Carneiro (Perspectiva). Porque houve paralelismos entre a "taiga, as florestas até 'limpas' da Europa do Norte e o intricado 'mato sujo' dos trópicos".

A Cia. Levante reúne artistas sérios e os percalços, aqui e ali, do projeto não lhe tira o mérito intrínseco. Ao longo do espetáculo, é possível se pressentir Paul Celan, o poeta romeno de família judia que passou por campos de concentração. Ele escreveu que "Verde-mofo é a casa do esquecimento" e "O leite negro da aurora nós o bebemos à tarde".

Sensível e alquebrado, Celan acabou por se suicidar. Os Bielski sobreviveram.

DECIFRA-TE OU ME DEVORA MARÇO DE 2011

Decifra-te ou me devora trata das relações virtuais e, quem sabe, um convite à heresia de admitirmos a banalidade da letra de "La Vie en rose". A canção da mulher submissa e ingênua correu o mundo na voz de Edith Piaf, e não cessa de ser regravada por outros artistas. Uma hipótese para o sucesso é a envolvente música de Louis Gugliemi, francês de origem italiana. O resto é Piaf e porque em 1946, quando foi lançada, as dores da guerra recente pediam bálsamos sonhadores. Mas todo o gaúcho Lupicínio Rodrigues é melhor. Passaram-se décadas e a busca da "vida rósea" lança agora as pessoas nas redes dos contatos através de *blogs*, torpedos, Facebook, *e-mails* etc.; lanternas dos afogados (curioso: "torpedo" é nome de uma bomba submarina, artefato destrutivo).

Não se sabe exatamente se os responsáveis pelo roteiro (Elias Andreato, Helô Cintra e João Paulo Lorenzon) preocupam-se com as carências afetivas ou se, ancorados em autores de renome (citados na peça), mostram como até eles, se apresentados fragmentariamente, soam como literatice. Mas, e daí? Fernando Pessoa já ensinou que "todas as cartas de amor são ridículas". Algumas, pelo menos, têm estilo. Já os fissurados por truques virtuais nem sempre desfrutam de intimidade com a palavra. Emitem espasmos verbais pelo teclado (no espetáculo, o personagem masculino simula o uivo do lobo. Realmente é mais bonito do que o palavrório vazio).

De qualquer forma, o texto e sua encenação não explicam o que nem a neurociência ainda conseguiu saber, ou seja: o motivo do fascínio ancestral indígena pelo espelho ser repetido na compulsão atual pelo celular; no fotografar por fotografar; e no falar por falar. Diante da não resposta, fica o jogo de palavras do título para cada espectador decifrar o indecifrável à sua maneira enquanto acompanha a irresolvida viagem amorosa dessa dupla. Se há lampejos de esperança, às vezes o casal aparenta se arrastar no interior de versos de W. H. Auden: "É hora de apagar as estrelas – são molestas –/ guardar a lua, desmontar o sol brilhante,/ de despejar o mar, jogar fora as florestas,/ pois nada mais há de dar certo doravante".

A montagem não é uma tese, mas um retrato batido com o celular. Sustentada por lances de boa interpretação e apurados recursos técnicos e artísticos (vídeos, iluminação, figurino, cenário e a estilização dos gestos). A dupla de intérpretes, agarrada a aparelhos ultramodernos, gira no território antigo-arcaico do teatro, o que é um simpático paradoxo. Amor e desejo improváveis e simultaneamente reais estão simbolizados pelo passionalismo de Helô Cintra e sua sensualidade vestida de seda/cetim. Ela encarna o ímpeto feminino crédulo. É bela e prende nossa atenção com a angústia das suas expressões e a voz eloquente. Alta tecnologia não acalma sua personagem, não resolve seu impasse existencial. Eis aí uma das pontas do enigma. João Paulo Lorenzon, bom ator, ao sustentar linearmente a clássica atitude masculina entre o tédio e a contenção, corre o risco de parecer menos empenhado. O espetáculo dirigido por Elias Andreato é sofisticado justamente ao dar a impressão de despretensioso. Na realidade, é elegante. Deixa no ar um toque de dúvida em tempos em que o grafite pode ser arte ou vandalismo, o YouTube, poesia ou chantagem. Pouca "vie en rose" quando se faz muito contato e pouca comunicação.

O GRANDE GRITO ABRIL DE 2011

Um dos méritos de O grande grito é colocar Exu em cena. O imaginário mal informado associa essa entidade africano-brasileira (Orixá) do Candomblé ao diabo da iconografia cristã conservadora. Só que, como as figuras da mitologia grega, ele revela méritos. A autora Gabriela Rabelo teve a bonita ideia de juntar Exu, Mário de Andrade e Macunaíma no porão onde parte do acervo literário, documentos e material de pesquisa folclórica do poeta estavam relegados ao mofo, à poeira e às traças. Por sorte esse tesouro acabou salvo, mas a peça faz do ocorrido um alerta a respeito dos descuidos e agressões frequentemente cometidos contra o patrimônio cultural da *Terrae Brasilis*. É o melhor ângulo da peça escrita com humor crítico e toques de poesia. Acontecimentos paralelos completam o enredo.

Mário de Andrade esteve à frente do Departamento de Cultura da cidade de São Paulo na gestão do prefeito Fábio Prado (1934-8), quando no governo do estado estava Armando de Salles Oliveira, o criador da Universidade de São Paulo. O departamento, uma iniciativa inovadora de grande alcance, teve entre seus formuladores personalidades de destaque como, entre outros, Paulo Duarte, Fernando Azevedo, Luís Anhaia Melo (um dos fundadores da Faculdade de Arquitetura da USP) e os jornalistas Júlio de Mesquita Filho e Plínio Barreto, diretores do jornal O *Estado de S. Paulo*. Sua estrutura continha cinco divisões: Expansão Cultural, Bibliotecas, Educação e Recreio, Documentação Histórica e Social, Turismo e Divertimentos Públicos.

Para tais cargos constituiu-se uma equipe de alto nível (alguns nomes: Sérgio Milliet e Rubens Borba de Moraes). Em um ambiente municipal modesto em arte e cultura, Mário de Andrade abriu outros horizontes para a capital e o Estado. A iniciativa seria seriamente prejudicada pelo golpe de 1937 e a imposição do chamado Estado Novo por Getúlio Vargas. Mesmo assim, ainda foi possível levar ao Nordeste uma excursão de pesquisas folclóricas que levantou material para 179 discos e 1.300 fonogramas. Com a saída de Fábio Prado da administração, Mário de Andrade acabou afastado do Departamento de Cultura.

O *grande grito* é a rememoração do período, traumático para o escritor, e a exaltação do incansável animador cultural. Pena que esse abalo político-cultural seja reduzido na peça a um ato de vilania de Getúlio Vargas, figura histórica mais complexa. O Estado Novo brasileiro veio na esteira internacional de governos reformistas autoritários amplamente estudados, e Vargas, que não foi apenas um déspota latino-americano, estava com preocupações distantes da vida cultural paulistana. Intrigas e omissões provincianas tiveram peso no acontecido.

O aspecto de maior densidade do texto, curiosamente, é a parte sem base real, ou seja, a conversa do "espírito" de Mário de Andrade com Macunaíma e Exu. Aí a imaginação de Gabriela Rabelo voa em soluções atraentes, e a representação pode ser levada com mais consistência. A segunda linha de interesse concentra-se no esforço anônimo do funcionário público dedicado que, com o auxílio de um amigo abastado, salva o que restou do Departamento de Cultura. O que ralenta o encanto da trama é um terceiro movimento introduzindo dois jovens envolvidos em irregularidades. Eles são esquemáticos e tediosos em suas rebeldias e maus passos. Incomodam por transitarem em um realismo social chapado alheio ao tom fantasioso que cerca Mário de Andrade. Surge o descompasso entre estéticas e há desequilíbrio de rendimento no elenco.

O diretor José Renato, de honrosa biografia artística desde que fundou o Teatro de Arena, soube valorizar o melhor que Gabriela Rabelo se propôs a contar com a preocupação política de quem pertence à geração que resistiu nas ruas ao peso da ditadura de 1964 e tem no currículo, além do Prêmio Molière de atriz, trabalhos em teatro infantil e educacional. *O grande grito* cresce com as convincentes e irônicas interpretações de Augusto Pompeu (Macunaíma) e Adão Filho (Exu). Ao final, o espetáculo repõe Mário de Andrade (1893-1945) na sua verdadeira grandeza. O autor de *Pauliceia desvairada*, se "baixar" na plateia, vai repetir sua conhecida expressão: "Sou um homem feliz".

ESPECTROS MAIO DE 2011
Quando a vida se transforma em um grito mudo

Ao final de *Espectros*, de Henrik Ibsen, há referência ao sol como conforto físico e libertação. Compreensível. Embora seja um recanto encantador da Europa, com verões estáveis e cálidos, o inverno é bem penoso na Escandinávia, Finlândia e Rússia. Além das páginas de Ibsen, as chuvas e ventos são constantes na literatura da região. Surgem no sofrido enredo do romance *Fome*, do seu conterrâneo Knut Hansun, nas sagas islandesas de Halldor Laxness, como *O sino da Islândia* e *Gente independente*, e em *Santa Miséria*, do finlandês Frans Eemil Sillampää. Todos Prêmio Nobel.

Dessas brumas surgem os espectros ibsenianos, do sueco August Strindberg e de filmes de Ingmar Bergman. O nome original da peça é *Gengangere* que, em tradução livre, seria "Aqueles que voltam". Não como os fantasmas das lendas, mas como remorsos e contas afetivas não acertadas. Os sustos da vida não são apenas causados por fatores externos ou a abstração denominada destino. Não. Os personagens respondem por suas próprias falhas, escolhas e omissões.

Ibsen (1828-1906) foi um reformista moral, o pregador contra as hipocrisias da burguesia do século XIX. Previa convulsões sociais embora o assustassem (como o povo nas ruas na Comuna de Paris, em 1870). Sua ideologia seria o socialismo mitigado e pré-marxista. Como força verbal, elevou o teatro do Ocidente a um nível superior de indagações existenciais. Sua divisa era "A vida significa lutar com os fantasmas no próprio cérebro e coração. Poesia significa julgar-se a si próprio".

Em um estudo a ele dedicado, o grande ensaísta e crítico literário Otto Maria Carpeaux fez a análise detalhada de um teatro que desafia o tempo. Depois de classificar de magistral a técnica dramatúrgica do escritor para montar a ação, Carpeaux observou: "Os seus problemas hoje ou são obsoletos (ninguém mais se interessa pela sífilis hereditária) ou foram resolvidos, como a emancipação legal da mulher (tema da sua *Casa de bonecas*, que causou polêmica). Podemos discutir as virtudes e defeitos do norueguês e, meia hora depois de levantado o pano, tudo está esquecido, ficamos presos, impressionados, convencidos".

É o que acontece na encenação de Francisco Medeiros com um elenco em que Clara Carvalho é o sol da interpretação.

Em *Espectros*, o pesadelo da sífilis, mal então incurável, ronda a casa burguesa como doença e metáfora de um universo corroído por casamentos falsos, incesto, cristianismo hipócrita e servilismo transmudado em chantagem. Só a morte e o fogo purificarão tantas falsidades. O original é longo, pesado em algumas partes. O espetáculo baseia-se na adaptação de Bergman, que soube como poucos captar os gritos e sussurros de famílias atormentadas. O texto a que se assiste contorna parcialmente a caudalosa introdução de *Espectros*, quando os conflitos são esboçados: viúva senhorial às voltas com o filho doente e a secreta história do marido, os agregados com atitudes dúbias e um pastor conservador e interesseiro. No segundo movimento, quando as responsabilidades e mentiras afloram, a obra atinge a dimensão que levou Ibsen a ser definido como o Shakespeare burguês.

Com essa trama, Francisco Medeiros levantou com maestria um espetáculo de impactos contínuos impostos por um elenco crispado nos mínimos detalhes, a começar por Clara Carvalho. Ela cresce para além do seu físico delicado em uma composição de completo domínio cênico ao revelar a angústia e revolta de uma mulher em meio a um desastre. A cena com o filho é para se guardar na memória. Por ela e por Flavio Barollo, ator jovem que sabe dosar intensidade e desalento. A galeria humana desse inverno de desesperanças é reforçada pela máscara expressiva de Plínio Soares, o homem pobre que faz da fraqueza uma arma; é visível na sutil mudança de atitudes da criada representada por Patrícia Castilho e na veemência duvidosa do pastor que Nelson Baskerville assume, embora, às vezes, no olhar ausente e expressão distraída ele aparente ver o personagem de fora. Esse quinteto circula em uma ambientação de fim de mundo ou época reforçada pela cenografia de arcos pesados (Márcio Medina), luz ora cortante, ora difusa (Wagner Freire) e música que sugere mistério (Eduardo Agni). Francisco Medeiros e companheiros conseguiram, assim, reproduzir no palco a perplexidade assustada que o também dinamarquês Edvard Munch expressou em uma conhecida pintura. Como nessa tela, a vida pode ser um grito mudo.

A SERPENTE NO JARDIM MAIO DE 2011

Por trás de Fu Manchu pode estar Freud. É o que insinua o dramaturgo Alan Ayckbourn em *A serpente no jardim*. Alan é inglês como Sax Rohmer, criador de Fu Manchu, o gênio do crime. Os britânicos são mestres do gênero, de Arthur Conan Doyle, de Sherlock Holmes, passando por Rohmer até Agatha Christie. Nenhum deles, porém, quis ir além do entretenimento inteligente e bem escrito, enquanto Ayckburn usa o enredo policial como pretexto.

O espectador tanto pode quase morrer de medo, e sair aliviado do teatro, como levar para casa questões psicanalíticas. Na peça, nada é "elementar, meu caro Watson" (suposto bordão de Holmes ao seu assistente). A engrenagem da ação está nas sombras da mente estudadas pelo dr. Sigmund Freud.

O enredo: duas irmãs que se odeiam, uma herança e uma ex-empregada que sabe coisas inconvenientes. Matá-la é tão óbvio como o mordomo ser o assassino, mas o clichê pode ser transformado em uma voz nas trevas. Ayckbourn é claro: "Os fantasmas estão dentro de nós, nascidos de um passado que continua a nos assombrar, memórias reprimidas que viram pesadelos da nossa imaginação, que vagueiam dentro de nossa cabeça quando deitamos no escuro". Aí está todo Alfred Hitchcock, aliás outro inglês (mas atipicamente católico entre protestantes, e de formação jesuíta. O cineasta entendia de sentimento de culpa). Pois culpas e cobranças dominam o texto em meio a ressentimentos e uma centelha de loucura. Se a esse emaranhado de espantos é acrescentada uma dose dupla de humor negro, aí temos algo realmente bom; e é o que Ayckbourn oferece. As irmãs refazem um trajeto familiar em que rejeição paterna e competição infantil se igualam em perfídias. Ao fundo da guerra doméstica despontam um ou outro atrito entre classes sociais. Vale para qualquer tempo e lugar. Nesse aspecto, o espetáculo está mais próximo dos grupos experimentais e distante do mero passatempo comercial. São artistas afinados com as "novas teatralidades" e os "processos colaborativos" (leia-se tentativa de um "novo teatro", por assim dizer) que vicejam ardorosamente nas artes cênicas, mas sem nenhum medo do retorno à tradicional forma do texto consagrado e no palco italiano. Pode-se também inovar com regras e fórmulas antigas.

Na novela policial acontece o mesmo. Depois dos crimes de Fu Manchu, pura imaginação, surgiu o *thriller* ideológico de John Le Carré (*O espião que veio do frio*), a psicopatia sob a normalidade burguesa nas obras-primas de Patricia Highsmith (com o amoral Ripley) e, mais recentemente, o sueco Henning Mankell, que, em *Assassinos sem rosto*, aborda a xenofobia que se infiltra em uma das mais prósperas e democráticas nações europeias. Dá o que pensar.

Nessas tramas, o cinema leva vantagem graças aos recursos dos *closes*, cortes e edição com efeitos especiais. Uma das façanhas do diretor Alexandre Tenório é justamente a de impor ritmo e clima cinematográficos à sua encenação, com uma hábil combinação de sons e luzes em um cenário repleto dos inevitáveis símbolos do suspense e/ou terror (subsolos, alçapões, fumaça). Nada, porém, funcionaria sem um elenco rigorosamente adequado na precisa intensidade entre o histriônico paródico e o realismo feroz. É o que fazem à perfeição Lavínia Pannunzio, Alejandra Sampaio e Cristina Cavalcanti. Beleza de afinação de talentos. Com porte insolente, um jeito nervoso, Lavínia segura o início do espetáculo que parece não querer decolar e, em seguida, se desdobra em atitudes insólitas e divertidas. Alejandra tira inteligentemente o máximo efeito de um papel com aparições intercaladas. Sabe transmitir ameaças. Cristina Cavalcanti é brilhante na composição da mulher que se desmonta lentamente entre a agressividade alcoólica, decadência física e insanidade. As três instauram um clima delirante, o exagero de história em quadrinhos, mas com ironia pesada, que indica haver algo mais intenso e submerso naqueles acontecimentos. Se Freud explica, *A serpente no jardim* complica com divertida crueldade.

LUÍS ANTÔNIO-GABRIELA JUNHO DE 2011
Pazes com o passado doloroso

O recente noticiário em torno de Lea T, modelo transexual, confere novo relevo à temporada de *Luís Antônio-Gabriela*, de Nelson Baskerville. Os dois casos são nuances da sexualidade que contrariam a psicobiologia e as estruturas culturais estabelecidas. Ao mesmo tempo, são situações distintas. Lea T é transexual, o fenômeno da natureza que faz alguém ter a psique feminina em um corpo de homem. O travesti é o homossexual que deliberadamente representa uma mulher. A diferença está nos destinos de cada um. Leandro tornou-se Lea e, apesar das dificuldades enfrentadas, conseguiu criar seu espaço no universo da moda e na vida; Luís Antônio tornou-se Gabriela, teve uma existência em parte festiva e em parte trágica. Nela envolveu seriamente o irmão, o ator e diretor Nelson Baskerville, que só agora exorciza e, na medida do possível, pacifica um passado doloroso.

É dele o argumento que resultou na peça escrita por Verônica Gentilin. Resultou em um espetáculo tenso, mas compassivo. Realiza entre os dois a reconciliação que não houve na prática. Há, claro, escuros entre o que é representado e a memória que Baskerville corajosamente coloca no programa. Em suas palavras: "O Tônio (Luís Antônio) era aquele irmão, oito anos mais velho, que sempre mantive na sombra, só poucos amigos sabiam da sua existência. Aquele que, além de me seduzir e abusar sexualmente, fazia que muitos dedos da cidade de Santos fossem apontados para nós, 'os irmãos da bicha', 'a família do pederasta' e outros nomes. Sou obrigado a confessar que a notícia da morte dele não me abalou nem um pouco".

Como em um enredo digno de Pedro Almodóvar, essa trajetória tem reviravoltas insólitas, momentos cômicos, outros cruéis, e até uma parte que se passa na Espanha, para onde Luís Antônio viaja sem avisar a família. Desaparece intencionalmente. Quando localizado na cidade de Bilbao, já é a travesti Gabriela a viver na nebulosa rota do sexo entre o Brasil-Europa. Por estranha ironia, atualiza uma antiga canção de Nelson Gonçalves: "Dolores Sierra vive em Barcelona/ Na beira do cais/ Não tem castanholas e faz companhia/ A quem lhe der mais". Uma irmã, por fim, vai atrás desse desgarrado, uma vez dado como morto, para preencher trinta anos de silêncio. O final não é fácil. Há evocações penosas, oportunidades perdidas, desencontros, mas Baskerville chega a uma despedida da melhor maneira que conseguiu: "Fiz esse espetáculo".

Colocou para fora o drama familiar do pai viúvo e com seis filhos, o segundo casamento com uma viúva com mais três, a mulher que criou Nelson. O equilíbrio caseiro alterado pelo homossexual/travesti, que leva horríveis surras paternas e que, ao mesmo tempo, tinha o seu lado de molestador de crianças. Subitamente, Luís foge para o exterior onde viverá até a decadência sob os efeitos de silicone, drogas e doença. Nele habitam uma espécie de Jó e do Filho Pródigo que não volta à casa.

A peça não quer provar nada. É relato pessoal. Como anjo caído, o solitário Luís Antônio-Gabriela sai aos poucos de cena através de postais escritos em "portunhol" e dos devaneios do irmão, que lhe estende imaginariamente os braços. Cerimônia de adeus em um espetáculo nervoso na representação do elenco coeso e com soluções visuais (cenário, figurinos e iluminação) que instauram um clima entre o bordel e o hospital. Ao que se assiste é a um painel de meias verdades, a busca do tempo perdido, melodrama e cena quase bíblica. Com talento e sinceridade, Nelson Baskerville consegue, à sua maneira, reconciliar Abel com Caim.

CIRANDA JULHO DE 2011

Ciranda ecoa certo espírito do Cambuci e da Londres dos Beatles. Como? A autora Célia Regina Forte passou parte da infância no bairro paulistano com nome de árvore em tupi-guarani e marcado pela presença dos italianos. Seu avô era vizinho do pintor Alfredo Volpi. Esse caldo de cultura exuberante ao ponto do exagero está na peça. Como está, implicitamente, uma observação de Paul McCartney no livro *Um dia na vida dos Beatles*, ensaio fotográfico de Don McCullin (Cosac Naify). Relembrando 1968, quando os Beatles gravaram o célebre *Álbum branco*[3], Paul observou que eram dias estranhos na Inglaterra e no mundo. Não por acaso, escreve ele, "foi quando surgiu o termo *heavy*".

A palavra, significando "pesado" (seja *rock*, seja situação existencial), fazia bastante sentido no Brasil do Ato Institucional nº 5, dos protestos estudantis, primeiros indícios da luta armada, enquanto uma ala jovem aderia ao chamado movimento *hippie*. Lena, a personagem de *Ciranda*, foi uma dessas doidonas de bata indiana e muito patchuli que, no embalo entre Janis Joplin, maconha e bebidas, deu à filha o nome de "Boina", homenagem ao boné de Guevara. Quando o enredo começa, tudo são lembranças envoltas em um segredo político com uma saraivada de balas. Agora, ela é vegetariana, um tanto bêbada, indignada com a filha que faz questão de ser o seu oposto, ou seja, executiva voraz da tribo dos *yuppies*. Mas, um dia, as coisas se complicam seriamente e as duas enfrentarão mudanças duras, porém redentoras, por assim dizer.

Com escrita ágil nos diálogos de humor inteligente, Célia Forte inventou um enredo folhetinesco com surpresa final que é o trunfo da obra. Outro achado engenhoso dá oportunidade às atrizes de trocarem os papéis na segunda parte da trama que, em parte, incide nos clichês e no inverossímil (uma pessoa some 15 anos, sem enviar uma fotografia, mas diz que nunca deixou de mandar dinheiro à família). Há no texto um eco dos anos do voluntarismo da década de 1960, do "paz e amor" e das anomalias político-sociais, como o Comando de Caça aos Comunistas (CCC). O que resta de tudo, na visão da autora, é a vida sem floreios e rompantes, onde, nas suas palavras, "tudo é tão misturado, tão engraçado, tão piegas, tão colo, tão chão, tão família".

---

[3] Oficialmente intitulado *The Beatles*, o disco duplo de capa branca do conjunto britânico ficou mais conhecido como *Álbum branco*. [N.E.]

Colocar isso no palco com graça e carinho exige elenco sutil e denso, e mão exata na direção. A demanda parece óbvia, mas a proliferação de bobagens como rótulo de comédia avisa que, dessa vez, é diferente. Recordar rósea ou lacrimosamente não chega a nada. A diferença está no substrato psicológico de quem amadurece e quando se narra o que, afinal, se passou em determinada época. Muito do que, abusiva e superficialmente, é apontado como "anos dourados" não passou de equívocos tremendos, na política e nos costumes. Até Guevara na Bolívia foi um equívoco suicida.

Filho do Brás, e sempre cuidadoso com as atrizes, o diretor José Possi Neto entrou seguro na roda das lembranças que, seguramente, lhe são próximas. Construiu uma encenação emocionante para quem se lembra de Sérgio Sampaio (1947-94) cantando "Eu quero é botar meu bloco na rua"; homenageia os que "morreram de susto, bala ou vício" (Caetano Veloso em "Soy loco por ti, América"), sem esquecer a maioria, os que foram adiante sem nada de muito espetacular na biografia.

Duas intérpretes apaixonadas giram nesse caleidoscópio intimista e passional ao mesmo tempo. Tania Bondezan e Daniela Galli estabelecem um jogo de força e fragilidade e, assim, percorrem os claro-escuros do universo feminino. Elas se desdobram em mãe, filha ou neta em fases diferentes. Atrizes altivas, representam, em ritmo de quase comédia e quase drama, um tempo que passa, atuando na linha entre o excesso e a contenção. Risos, às vezes demasiados e incômodos (um pouco de silêncio, maiores pausas e olhares ajudariam o clima pretendido), mas compensados por gestos expressivos, modulados por Vivien Buckup na preparação corporal. Enfim, uma dramaturgia sincera sobre relações delicadas, rastos atrás, rasga coração, assunto de família. Meia página de história brasileira numa peça *"heavy"*, que pede reconciliação em um espetáculo sem autopiedade e sem medo do afeto.

CRUEL E DEUS DA CARNIFICINA JULHO DE 2011
A frágil bondade humana

Um fio de loucura perpassa a ação de *Cruel* e *Deus da carnificina*, duas peças separadas no tempo por quase um século. Nelas estão os ingredientes de distúrbio psicológico e alienação que a humanidade arrasta através dos tempos. Na primeira, do sueco August Strindberg, predomina o cinismo pesado e a agressividade dos conceitos; na segunda, de Yasmine Reza, a paranoia contemporânea já tão assimilada ao cotidiano que até permite um viés caricato. Algumas semelhanças entre as duas permitem reuni-las em uma mesma apreciação crítica.

O título original de Strindberg (1849-1912), *Os credores*, pode soar menos ameaçador, mas o que diz corta como navalha. Ele é um dos pilares do teatro e o pai do cinema de Ingmar Bergman. Genial e rente à insanidade, suas obras apresentam traços bem freudianos e da filosofia de Nietzsche no ângulo pró-masculino, ao enxergar a vida como uma guerra entre os sexos, sendo a mulher, para o misógino Strindberg, um ser entre o vampiro e o homem mal-acabado. Em sua misoginia a descreve como "um menino com seios e que sangra treze vezes ao ano". O norueguês Ibsen, seu rival na construção de uma nova dramaturgia, referia-se ao contemporâneo como "aquele louco ali parado, olhando para mim com seus olhos de doido. O homem fascina-me porque é tão sutil, tão delicadamente louco".

Parte dessa alteração aparece em *Cruel*, acerto de contas de um ex-marido. Não é embate passional de folhetim. Ao contrário. É uma cobrança engendrada para envolver a mulher e o cônjuge atual em uma teia de aranha sem saída. Ao apresentá-la, toda a visão do casal vem à tona, das veleidades de prestígio e conforto aos desejos de criação artística (ela é escritora, ele pintor e escultor). O vingador não chega a ser delineado profissionalmente. Pode-se dizer que expressa Nietzsche quando o filósofo concebeu o amor como "o ódio mortal dos sexos". Sendo um texto do começo do século XX, pode-se imaginar o choque causado pelo autor, que escreveu um relato autobiográfico intitulado significativamente *Inferno*.

O espetáculo atual guarda ainda alguma contundência, mas o desastre emocional está mais atenuado. Porque o tempo passou, talvez, porque estamos todos mais informados e céticos, quem sabe. A versão dirigida por Elias Andreato traz um elenco exato ao enredo que não admite meias interpretações. A preparação corporal, de Vivian Buckup, deixa os gestos e deslocamentos precisos como um minueto ou combate. Reynaldo Gianecchini tem a insolência calculada e o domínio dos subtextos nos olhares inquiridores. Erik Marmo, comovido, sustenta o contrapondo do rival frágil de corpo e alma. Por fim, ela, a mulher, o alvo. A suposta devedora no passado, e agora vítima, encarnada com ardor e raiva por Maria Manoella, um tanto prejudicada por um penteado volumoso que nada acrescenta ao papel, seu talento e beleza. (A concepção plástico-visual como um todo é uma irrealidade. A montagem não situa a ação no tempo e no espaço. Tudo poderia se passar hoje.) Afora esse detalhe, fica no ar a inquietação e certo mistério do escritor.

Essas mesmas cobranças e crueldades, agora em tempos de "redes sociais", *bullying* e o verniz enganador do politicamente correto, irrompem em *Deus da carnificina*, de Yasmina Reza (nasceu em 1959), que expõe as falsas aparências em nome do que é culto ou de bom-tom. Yasmina é francesa, filha de pai iraniano e mãe húngara, ambos judeus, uma mescla de cultura contrastante com o cartesianismo francês. Demonstra um olhar aguçado para a praticidade fria dos executivos e as normas pequeno-burguesas de qualquer lugar.

Isso tudo está às claras quando dois casais dados como amigáveis e felizes se propõem a discutir civilizadamente a briga dos seus filhos na escola (um dos garotos saiu machucado). As maneiras finas rapidamente se transformam em uma "carnificina" psicológica e moral. Os amáveis cidadãos acabam furiosos e, durante os embates, deixam claras as desavenças internas. Yasmina define seu humor como judaico e suas peças como tragédias engraçadas, "mas não comédias no sentido mais puro". Sintomaticamente, a peça vai ser filmada por Roman Polanski, o cineasta de *Lua de fel*. A montagem de Emilio de Mello tem um núcleo ríspido, mas a comédia acaba prevalecendo, o que tira bastante do efeito profundo. No bom elenco, Julia Lemmertz mantém a tensão original em cada gesto contido, frase cortada e muitos subtendidos. Paulo Betti, por ter fácil empatia com o público, corre o risco do excesso, embora seja sempre um ator com noção do contexto. O mesmo, ora mais, ora menos, ocorre com Deborah Evelyn (a tendência à vilã televisiva) e Orã Figueiredo (o grito como recurso interpretativo), mas fazem uma dupla convincente. São desregulagens contornáveis em um espetáculo que também trata de crueldades cotidianas.

Enfim, boas montagens aparentadas. A vingança calculada em Strindberg e o sorriso dissimulador em Yasmina Reza. O homem na hora do lobo.

A IDADE DA AMEIXA AGOSTO DE 2011

A delicadeza do espetáculo *A idade da ameixa* indica que, em conveniente movimento pendular, o teatro pode ser menos corrosivo e afobado por urgências agressivas. Alguém, evitando a pieguice, conseguiu abrir uma caixinha de música e reencontrar camafeus da memória. Sem abrir mão de um subtexto amargo, o argentino Aristides Vargas faz um inventário familiar de mulheres ao longo de três gerações. Há um eco de frustração em cada uma, mas, igualmente, o senso de continuidade e aceitação. A tentação é mencionar Tchekhov, mas fiquemos nas veias abertas da América Latina. A peça, traduzida com senso de oralidade pelo dramaturgo Mario Viana, tem lampejos de *Conjeturas sobre la memória de mi tribu*, relato biográfico do chileno José Donoso (1924-96), ou de *En el país del silencio*, do boliviano Jesús Urzagasti, ambos ainda ignorados pelas editoras brasileiras.

Esse mundo de aflições femininas em torno da beleza que se vai com a juventude, de amores só desejados, casamentos, adultérios e mortes é desfiado por duas irmãs que se desdobram em mães e tias. Embora escritor politicamente engajado, Vargas aqui não faz referências explícitas a fatos históricos, como Vargas Llosa na peça *A senhorita de Tacna*, em que paixão e preconceito de classe estão evidenciados. *A idade da ameixa* instaura um clima ora sonhador, ora delirante, transmitindo a sensação dos anos que passam, amadurecem e secam. Saboreados na hora exata, são bom licor; ou o seu contrário, acaba em bebida avinagrada. Nas sagas de *nuestra* América, os homens estão lá fora se matando em guerras, revoluções, buscando riquezas sangrentas, enquanto as mulheres criam filhos, tecem, sonham aventuras e definham.

Nesse lusco-fusco emocional, o diretor Luiz Valcazaras foi buscar suas lembranças, ou, como diz: "Sempre me encantou a ideia de parar o tempo. Lembro da minha mãe sentada numa cadeira em frente de casa enquanto a noite descia sobre ela como uma manta feita de mormaço. Ali eu ouvia as histórias que meus avós contavam: histórias de cavalos, de ciganos. Ou simplesmente histórias de chuva e vento".

Alguém poderá imaginar uma estética passadista, uma arte com relógio de bolso. Será engano. Luiz Valcazaras nasceu em 1969 e ostenta um sobrenome enraizado em outras culturas e viagens; e mais: nasceu e se criou em Itapeva, São Paulo. Quando o teatro parece ser só o retrato da metrópole e seus desgarrados, é pertinente que se recorde a província, aliás, tão tchekhoviana. O espetáculo tem uma afetuosidade compreensiva – até na crueldade ocasional –, construída por interpretações sutis, iluminação e figurinos diáfanos. Valcazaras realiza, assim, a sua vontade de "comungar mais silêncios noturnos com amigos imaginários, voltar a fazer teatro no quintal". O encenador vai ao encontro de Aristides Vargas, interiorano de Córdoba, que estudou na Universidade de Cuyo, Mendonza (a mesma onde Cortázar lecionou até, em confronto com o governo Perón, se demitir, para o definitivo autoexílio na França). Como artista do teatro, trabalhou em lugares que caprichamos em ignorar (Nicarágua, Costa Rica e Equador, onde atualmente dirige o sólido grupo teatral Malayerba).

Os desempenhos brilhantes de Nathalia Lorda e Gabriela Elias formam uma espécie de rendado verbal. Jogo de entonações que sinaliza, quase imperceptivelmente, mudanças de época, personagens e idades. À maestria de falas, acrescentam gestos indicativos de outras alterações no enredo. Há suavidade e repentinas explosões de vontade e temperamentos nesse território da imaginação. Um palavrão dito duas vezes é o único ruído na conversação. Ao final, quando as luzes do espetáculo caem lentamente, pairam no ar as palavras do autor: "Como eu gostaria de parar o tempo! Como naquele dia em que tínhamos 10 anos e queríamos salvar as mulheres daquela casa dos rigores do abandono e da idade".

O encanto maior fica por conta de um detalhe simples. Tudo o que se viu e ouviu são apenas cartas trocadas. Nessa correspondência cabe toda uma humanidade.

DISNEY KILLER SETEMBRO DE 2011
Vidas na névoa do apocalipse

O céu está sempre escuro em *Disney Killer*, de Philip Ridley. Essa imagem é importante no desenvolvimento da peça. Os melancólicos e contínuos dias de mau tempo das Ilhas Britânicas, e de todo o mar do Norte, são propícios à lareira com uísque, para quem pode, e cerveja aos litros em bares saturados de fumaça. O que muitas vezes acaba em violência nas ruas como válvula de escape das frustrações proletárias e juvenis (desemprego), embora a Inglaterra também seja adorável. Basta não chover e abrir uma mínima luminosidade no céu, e o país inteiro desanda a comentar: *It's a lovely day*.

Os ingleses são céticos e irônicos o suficiente para brincar com a situação.

A ambientação claustrofóbica, fria e úmida (mesmo nos prados verdejantes e ilhas de costas ásperas) é farta matéria de ficção. O que Philip Ridley insinua em *Disney Killer* (*The Pitchfork Disney* no original) o seu conterrâneo William Golding (entre muitos outros) já prenunciara em *O deus das moscas*, obra que lhe abriu a porta do Prêmio Nobel (1983), rendeu dois filmes e uma música da banda de *rock* pesado Iron Maiden. Há, portanto, tradição artística nessas paragens em retratar a trajetória humana pelo ângulo dos conflitos de classe com retalhos psicológicos, a crise existencial numa bruma de loucura. Terreno propício às obras de sátira ou denúncia social e previsões apocalípticas sobre o comportamento das pessoas. Filósofos e sociólogos cuidam do tema com a exatidão possível, mas há igualmente todo o setor subjetivo, de Charles Dickens, no passado, ao romance futurista *Laranja mecânica*, de Anthony Burgess, e sua versão cinematográfica. Ridley tenta o mesmo caminho.

No enredo, um homem e uma mulher, irmãos gêmeos, vivem em um cortiço infestado de baratas e só fazem devorar chocolate e soníferos, escondidos de algo que insinua destruição nuclear. Se o mundo acabou lá fora, ambos são os sobreviventes entregues a ritos infantilizados e cruéis de poder e sedução de parte a parte. O pesadelo se amplia quando surge um inesperado personagem de casaca vermelha de *shows*, acompanhado pelo assistente com jeito de fera mascarada. Resumido assim, pode não ser estimulante, mas, como bom manipulador de imagens, Ridley arma uma espécie de fábula psicanalítica sobre "o mundo em que vivemos". Ou tudo também pode ser visto apenas como um jogo de horror grotesco. São possibilidades compatíveis.

O diretor e intérprete Darson Ribeiro, no entanto, espera que o espectador pressinta no texto uma incursão aos medos individuais e coletivos. Por exemplo: solidão, desamor, velhice, decadência física, sexo frustrado; a lista é imensa. Ao mesmo tempo, acredita mostrar que são medos falsos, assombrações do inconsciente. Que o maior e verdadeiro temor é o de errar e, para tanto, cita William Shakespeare: "O maior erro que você pode cometer é o de ficar o tempo todo com medo de cometer algum".

Disney Killer envolve na ambientação (cenário, iluminação, figurinos, efeitos especiais) e no desempenho do elenco. Imaginem-se paredes e janelas de masmorra: estão lá; personagens com roupas de mendigo: idem. Um sorridente e mefistofélico estranho com um truque com insetos (e se não for truque?). Darson Ribeiro sonhou a montagem como pacificação de fantasias pessoais e nada inglesas. Ao contrário, nascidas no pó vermelho da sua infância no Paraná. Ele se entrega ao desamparo e à alucinação do personagem. Samantha Dalsoglio tem o mesmo empenho na irmã chocólatra e anoréxica (poderia gritar menos. Grito em teatro é problemático). Felipe Folgosi encarna o cinismo ameaçador do *showman* – metáfora da sobrevivênia das baratas. Alexandre Tigano resolve dramaticamente bem a episódica figura do homem monstro.

Disney Killer é um teatro que parece se firmar aos poucos por aqui. Arauto do caos urbano e desalento das pessoas? Trombeta exagerada de hecatombes? Se as ideologias estão em crise e jovens morrem e matam espatifando automóveis, então, sim, o que se vê no palco tem algum sentido. Medo da morte ou o fascínio por ela.

A ILUSÃO CÔMICA SETEMBRO DE 2011
Razões inversas da tragédia e da comédia

A distância no tempo e os caminhos das artes cênicas brasileiras deixaram a obra de Pierre Corneille (1606-84) numa aura de monumentalidade restrita à citação erudita. Em princípio, deveria ser atraente aos palcos nacionais a presença de, pelo menos, *El Cid*, sua obra-prima sobre o indômito guerreiro em confronto com o poder absoluto. Não é o que acontece. Salvo engano, a representação anterior da peça no Brasil ocorreu em 1967, no Theatro Municipal, em excursão da Comédie-Française (alunos da Escola de Arte Dramática – EAD – fizeram a figuração).

Fiel ao seu provocante nome, a Cia. Razões Inversas, nascida no âmbito das artes cênicas da Universidade de Campinas (Unicamp), chega aos 21 anos sob a inspiração do encenador Marcio Aurelio e enfrenta com altivez o desafio de representar Corneille. É o autor que une grandeza de temas à engenhosidade de ideias plenas da habilidade verbal do advogado que também foi. O grupo, que tem consistência artística e cultural, sempre demonstrou curiosidade por textos menos evidentes, como *Senhorita Else*, de Arthur Schnitzler.

Razões Inversas realiza o sonho de Marcio Aurelio de encenar *A ilusão cômica*. A peça oferece peripécias romanescas, intrigas por ascensão social entre lances de magia e a constante moral. Corneille cria uma metáfora sobre o seu tempo (lutas contra o absolutismo, a firmação da burguesia, novas ideias sobre o Homem em sociedade). Traz igualmente a comédia compassiva, novidade em um autor conhecido como trágico. O seu fanfarrão Matamouros que atravessa o enredo é um primor de figura travessa, divertida e, no fundo, frágil e solitária. Lance de brandura no duro retrato dos interesses de classe. Essa é das peças inaugurais do teatro dentro do teatro na dramaturgia ocidental (não se havia inventado ainda o termo "metalinguagem"). Corneille se vale de um truque e/ou ilusão, algo não lógico, para resolver o dilema do pai que procura se reconciliar com o filho. No caso, um enigmático Alcandro desfaz os perigos, mortes e ameaças com um subterfúgio que não se pode contar aqui. Clarão mágico que traz a peça para o presente. Tudo passa a ser agora. Cuidadoso com os intérpretes e iluminador requintado, Marcio Aurelio tem desta vez um elenco com certo desequilíbrio na experiência ou adequação ao papel, embora sejam evidentes o empenho e a coesão da equipe, valorizados pelos desempenhos de Joca Andreazza, admirável no jogo corporal e de voz, e Lavínia Pannunzio, ostentando olhares e subtextos exatos. Julio Machado impõe força a duas intervenções importantes.

Foram – ou são/continuam – 21 anos no caminho de Marcio Aurelio, artista e pedagogo exemplar, e do grupo que começou com ele. Juntos ilustram a ilusão e a certeza de suas "razões inversas". Porque há muitas razões, e o seu contrário, nas máscaras da tragédia e da comédia.

3 CASAS OUTUBRO DE 2011

Peça ambientada na antiga São Paulo recria a literatura de Alfredo Mesquita

O espetáculo *3 casas* espelha o tempo da "cor grená". Essa variação do vermelho, cantada por Carlos Galhardo em uma valsa com referência a "perfume em ninho de amor", e hoje quase só visível na camisa do Fluminense, está na obra de Alfredo Mesquita. Embora tenha sido um nostálgico da juventude e dos costumes anteriores à Segunda Guerra, sobretudo os anos 1930 da "Europa fagueira", ele jamais foi um reacionário diante do novo nem perdeu o senso de observação crítica.

Ao falar bastante de si pela voz de personagens e na construção de situações, retratou uma época paulistana. Cavalheiro afável embora reservado, o dr. Alfredo, como sempre foi conhecido, tinha lances da melhor ironia. Bastava seu olhar e um pequeno sorriso. Exaltado como o criador da Escola de Arte Dramática (EAD), em 1948, hoje integrada à USP, é menos lembrado por uma ficção com o traço de melancolia inteligente de quem constata resignado que certos mundos acabam; e não há mesmo o que fazer por eles. As mudanças não vieram ao acaso e, sim, dos novos ciclos econômicos, da maneira como a riqueza e o poder político e social mudam de mãos. Alfredo Mesquita (1907-86), "um grã--fino na contramão", como o definiu com perspicácia sua biógrafa Marta Góes (editora Terceiro Nome), transfigura em arte esse "fim de raça", severo e correto no que diz. Sua prosa ecoa o título que Paschoal Carlos Magno deu às suas memórias: *Não acuso nem me perdoo*. A bela encenação de *3 casas* registra em tom de despedida um mundo que inspirou aos seus realizadores três peças curtas interligadas pelo mesmo fio dramático: a crise econômica e os desvios de comportamento do "Velho São Paulo dos barões do café", herdeiros, reais ou supostos, de títulos do Império e de um modo de vida entre casarões requintados. Personagens da futura dramaturgia de Jorge Andrade.

A montagem flui como um concerto em três movimentos porque os autores – que assumiram a direção – estão em sintonia e são complementares. Em "Nosso filho", Gabriela Rabelo destaca a miséria humana banhada no humor compassivo. Paulo Faria volta-se para o tom fantástico e a concisão de "O xale roxo"; e Calixto de Inhamuns descobriu que, se Tchekhov guardava mazelas sociais nas gavetas, Alfredo Mesquita as atira sobre a mesa em "A esperança da família". Assim se fez a recriação dos originais em um "Tríptico alfrediano", mas sem a compulsão de se falar em *Antropofagia* de Oswald de Andrade, o que já virou um clichê. O dr. Alfredo provavelmente aprovaria, não sem antes lançar seu bordão: "Sei, Antonia", significando algo como "estou sabendo muito bem do que se trata". Gabriela Rabelo e as coordenadoras do projeto, Bri Fiocca e Cecília Maciel, foram suas alunas.

Para mostrar um universo psicológico complexo, os diretores optaram pela nitidez na representação. Teatro bem-feito soa de repente como heresia em tempos de "novas teatralidades" (tradução para rupturas às vezes afobadas do espaço cênico e a ânsia por trabalhos coletivos). É realmente bem-vinda essa ocupação do tablado sem o medo de parecer "retrô". O elenco (Isadora Ferrite, Luti Angelelli, Davi Reis, Thais Aguiar e Valdir Rivaben) demonstra talento e vigor na apreensão dos papéis, expressividade vocal no conjunto e noção de pausas eloquentes. Prova de conhecimento do que executa, porque "teatro é duro" (outro bordão famoso na EAD). O espectador vê um espetáculo fiel a preceitos de Alfredo Mesquita, que estudou na França e sempre foi um entusiasta dos diretores e atores Charles Dullin, Gaston Baty, Louis Jouvet, Georges Pitoeff e Jacques Copeau, defensores do respeito ao texto e rigor estético na encenação (visível aqui nos belos figurinos de Márcio Tadeu, na iluminação e trilha sonora).

Assim, recortes de vidas em desassossego passam diante do público. O casal que deseja um filho e, na impossibilidade de tê-lo nos limites conjugais, rompe convenções. Em seguida, a compra de um palacete definindo ascensão social e exorcismo de pobrezas mal resolvidas. A mesma casa impõe um final de alcovas pintadas de "grená", luxúrias verdadeiras ou fantasiadas, o fracasso de "uma raça". Com compaixão, mas sem sentimentalismo, um tempo perdido é fugazmente reencontrado com a lucidez e poesia. Privilégio da literatura e do teatro.

CIRCUITO ORDINÁRIO OUTUBRO DE 2011
A profissão de vigiar a vida dos outros

A impressionante interpretação de Denise Del Vecchio como um ser humano incolor até se revelar implacável espiã, tema de *Circuito ordinário*, de Jean-Claude Carrière, faz lembrar que essa foi quase sempre uma atividade masculina. As exceções são romanescas ou decorrem de fatos nebulosos, como o de Mata Hari, acusada de agente da Alemanha e fuzilada na França durante a Primeira Guerra Mundial. O dramaturgo não está interessado em situações implausíveis, mas em Estados policiais que impõem a paranoia no cotidiano das pessoas.

Seu enredo diz respeito tanto à opressão oficial da KGB russa, da Pide, em Portugal, da Stasi (na Alemanha do leste), da CIA no mundo, do nosso SNI (Serviço Nacional de Informações), como também à cooptação de civis propensos, ou coagidos, à delação. Em um âmbito menos político, o francês Carrière pode até ter se inspirado na figura da *concierge*, a zeladora dos prédios, instituição nacional do seu país. A porteira que tudo vê e tudo sabe. Se são ranzinzas no geral, fica insinuado que tédio ou ressentimento gerado por vidas desimportantes podem ser úteis no controle da população.

O dramaturgo veio para dizer que, sim, todos os governos, regimes, movimentos ditos revolucionários e religiões tendem a se intrometer nas nossas vidas. Não importam as proclamadas melhores intenções, artificiosa brandura (até a do "leão" do Imposto de Renda), tiradas patrióticas dos "comitês de defesa da revolução" (Cuba), a vigilância pela pureza partidária ou da religião, o recado é para se manter atento às armadilhas no caminho das liberdades.

No espetáculo dirigido por Otávio Martins, elas afloram na conversa entre a mulher espiã e o seu superior. Ele teria detectado alguma falha no serviço, e ela precisa viabilizar o inexplicável. Ambos são assombrações do universo autoritário que se defrontam em um ambiente carcerário (metais sugerem grades) de alta tecnologia (câmeras, microfones).

O título *Circuito ordinário* em português é vago ou parece xingamento. No original significa comum, rotineiro. Esses funcionários são banais e medonhos em todas as épocas, como os "bufos" (dedos-duros) dos 48 anos de salazarismo em Portugal, muitos "serenos", os guardas-noturnos do regime espanhol de Franco, e todos os olhos do stalinismo encarnados de forma extraordinária pelo ator Ulrich Mühe no filme alemão *A vida dos outros*.

Essa gente miúda da cadeia da repressão carrega fantasias de poder e onipotência. O tiranete da esquina é o centro das atenções de Carrière. O nome vago da obra aqui não impede Otávio Martins de construir um bom espetáculo ao esticar ao máximo a tensão dramática no interior de um aparato cênico inquietante formado pelo cenário, som e iluminação que sintetizam os "porões da ditadura". Nesse minueto de dissimulações e cinismo, dois intérpretes em perfeita adequação estabelecem um clima entre teatro de marionetes ou butô (os gestos de Denise Del Vecchio em um dos seus grandes desempenhos) e a lentidão calculada de Henrique Benjamin.

Em uma hora, eles ilustram como se monta uma polícia política como a Stasi, da extinta Alemanha Oriental, com 97 mil funcionários e 173 mil informantes para uma população de 17 milhões de pessoas, anomalia descrita pela jornalista Anna Funder no livro *Stasilândia*.

É algo próximo embora possa soar distante. Adquire outras caras no cotidiano das repartições públicas ou das empresas. Na pressão das chefias por ascensão a qualquer custo. Não é preciso se ater a um roteiro histórico e geográfico, e a peça não faz mesmo menção a datas e lugares.

Circuito ordinário é o subterrâneo onde circulam verdades e mentiras de burocratas assalariados e dos colaboracionistas. Jean-Claude Carrière deve conhecer a biografia da lendária Coco Chanel, a dama da moda e "agente F-7124" do serviço alemão na Segunda Guerra. Mas texto e espetáculo estão além do acerto de contas. O alvo é a falta de humanidade.

CRÔNICA DA CASA ASSASSINADA OUTUBRO DE 2011

O mal arraigado entre vidas em ruínas

Em dado momento do romance *Crônica da casa assassinada*, de Lúcio Cardoso, a governanta da família decadente retratada anota o clima ruim entre seus membros: "Não havia dúvida de que qualquer coisa parecia prestes a explodir entre eles – quem sabe uma luta, um mal-entendido que se alastrasse pela vida inteira". É o que vai acontecer. O dramaturgo Dib Carneiro transpôs com êxito a essência do original, extenso e complexo, para a linguagem cênica à qual Gabriel Villela imprime o sentido de uma verdadeira *Ópera dos mortos*, apropriado o título de outro romance, este de autoria de Autran Dourado, mais um dos mineiros que, mesmo à beira-mar do Rio de Janeiro, nunca deixaram o chão de ferro das Gerais.

O espetáculo é um réquiem. Não tem a claridade das igrejas de Ouro Preto ou a leveza das pinturas de Guignard. Não. Aqui a vida se passa em roxo e no ofício das trevas. Um personagem avisa: "O mal estava arraigado na ruindade dos Menezes", a gente estranha que povoa o enredo através de cartas, diários, confissões. Narrativas de dias antigos e tempo parado. O clima alucinatório domina o embate de dois irmãos por uma mesma mulher e de ambos com um terceiro que vaga pelo casarão embriagado e com trajes femininos. Vergonha e arauto da ruína de todos.

O interesse e o encanto do espetáculo residem na estrutura levemente arcaica e ao mesmo tempo inovadora. Interesse em observar como num mundo psicológica e materialmente fechado passa a chama que isola e junta simultaneamente o catolicismo das certezas eternas e as teorias freudianas. Lúcio Cardoso (1913-68) surgiu depois da literatura social e antes que se firmasse a vertente da ficção urbana. Período de obras de ênfase na subjetividade de aspecto persecutório, autoexplicativas já nos nomes. Pela esquerda, Dyonélio Machado, com *Os ratos* (1935), e Graciliano Ramos, *Angústia* (1936); pelo ângulo das crises espirituais e do fantástico, Otávio de Faria, de *Os caminhos da vida* (1939), e Cornélio Penna, do impressionante *Menina morta* (1954). Há mais exemplos. O encanto nasce do empenho de Villela em se reencontrar com a Minas de belezas e dores, exaltando as primeiras e não se esquivando das segundas. Ambas estão nas suas origens. Ele traz ao palco cores e formas que somam o barroco à arte espontânea dos panos e objetos cotidianos. Paira uma tensão entre o vínculo à terra natal e a exasperação com o conservadorismo dos costumes, o retraimento do "ferro nas almas" ou a melancolia que perpassa, por exemplo, o romance *O amanuense Belmiro*, de Cyro dos Anjos.

Crônica da casa assassinada leva esta contradição aos extremos da demência branda ou da extinção. Vai até onde não há "nenhum sinal dessa paz que é tão peculiar aos mortos". Com um elenco coeso, com espaço para destaques individuais – Villela encenou sua missa dramática com movimentos que sugerem, no mesmo clima, procissão, ceia pagã e crucificação enquanto mulheres e homens extravasam rancores e desejos. O espetáculo ressente-se quando se afasta do tom velado de Lúcio Cardoso, e o erotismo, furtivo no original, tende para gestos explícitos. Há descompasso ao se mostrar mais o corpo masculino diante do retraimento do esplendor feminino de Nina, alvo de cobiça. Ela consta na história como linda "e uma presença [...]. Não havia apenas beleza, mas toda uma atmosfera concentrada e violenta de sedução". Xuxa Lopes, com tipo imponente e o temperamento adequadamente nervoso para o papel, está semiencoberta por trajes volumosos e uma touca/aplique que esconde os cabelos. Mesmo assim, Xuxa tem lampejos de sensualidade e a fúria dessa personalidade conturbada em um contexto de paixões sombrias. Em incisiva semelhança com sua intervenção, Sérgio Rufino evita a caricatura e expressa eloquentemente o desvario do homem de vestido e salto alto a ostentar a insolência final de quem se sabe derrotado.

Desequilíbrios nos detalhes não tiram a força do espetáculo. Cuidadoso com o discurso e os silêncios, o diretor extrai deles efeitos visuais quentes. Há um fundo compassivo, que parece ser um gesto artístico e delicadamente pessoal de Gabriel Villela: homenagem a Lúcio Cardoso e adeus ao mundo que desperta atração, mas ficou no passado.

TRÍPTICO OUTUBRO DE 2011

Uma lanchonete especializada em hambúrguer, onde os funcionários são enquadrados na impessoalidade dos robôs; a família suburbana petrificada na rotina até que um crime acontece; uma sala de segurança de uma empresa que também pode ser um presídio. Três enredos de aproximadamente quarenta e cinco minutos cada um formam o espetáculo *Tríptico*, do grupo Club Noir, dirigido por Roberto Alvim. É possível assistir às peças isoladamente, mas o conjunto pretende ser o painel da desesperançada condição humana na atualidade. O dramaturgo norte-americano Richard Maxwell procura dizer que tudo vai mal para a vida das pessoas, sem apontar diretamente os motivos ou localizá-los com precisão. A crítica social passa por uma espécie de desolação cósmica em um mundo de trevas pré-*Fiat Lux* do Velho Testamento. Maxwell acende o pálido neon do "Burger King" e anuncia o fim de jogo. Nenhum Godot virá.

Os textos, um deles significativamente intitulado "O fim da realidade", receberam na montagem extremado tratamento anti-ilusionista e antipsicologizante. Estamos diante de metáforas visuais que evitam até mesmo o encanto dos rostos humanos ao vivo, os olhares. Dispensam a poderosa máscara dramática da atriz Juliana Galdino, usando mais sua maestria vocal, o que também acontece com os demais bons intérpretes. As cenas são em negativo, escuras e emolduradas por claridade lateral ou de fundo. Caso se busque referência externa se chegará à pintura surrealista ou aos quadros de Edward Hooper e, muito, às histórias em quadrinhos.

O Club Noir leva seu nome ao limite no projeto estético que privilegia o exercício de estilo. O conteúdo da obra, nesse caso, passa ao segundo plano diante da forma, quando o público precisa decifrar contornos na obscuridade do palco. Recortes com vozes. Pode-se argumentar que é, exatamente, um meio de se reforçar um texto, mas ele se esfria em jogos verbais sincopados, sem nuances, enigmáticos, mas previsíveis a partir de determinado momento. Instaura-se assim a primazia do *game* eletrônico ou *graphic novel*. Geometria humana com falas brancas, gritos súbitos e apagões da cena. Em seguida, tudo recomeça. O elenco tem impecável domínio da verbalização que vai da linearidade do canto gregoriano aos estampidos verbais. É engenhoso, tem maestria, mas o abstrato perde o mistério presente, por exemplo, na aridez de Beckett ou Kafka. A engrenagem cênica substitui a dimensão metafísica e política. A encenação se sobrepõe ao "pesadelo refrigerado", expressão do escritor Henry Miller ao reencontrar a América depois de anos de Europa. É contraditório, porque temos o espetáculo sólido, mas não o que o programa de *Tríptico* oferece como "aspectos terríveis da contemporaneidade", com "personagens e situações que, em tons monótonos e inabaláveis, desdramatizam e desconstroem nossa suposta normalidade, expondo claustrofóbicos mecanismos sociais de controle". Esses elementos estão parcialmente em cena, mas sem provocar uma revelação maior. Talvez valha a pena tomar cuidado com a monotonia de Maxwell ou de qualquer outro monótono. Mesmo assim, algo vibra internamente no espetáculo. As inquietações de Roberto Alvim, Juliana Galdino e companheiros insinuam que eles estão atrás de alguma "estranha beleza" para desequilibrar o teatro previsível. Não custa sonhar que ela venha com mais claridade. Nos seus cinco anos de existência, o Club Noir tem caminhado em meio às tentações da vanguarda como mera atitude. Vale a pena acompanhá-lo.

CABARET STRAVAGANZA NOVEMBRO DE 2011

Nos campos da solidão

Santa Efigênia, que teria nascido na Etiópia e se tornou lenda religiosa a partir do século XIII, ficaria abismada se descobrisse seu nome na rua paulistana que é o pátio dos milagres eletrônicos. Essa religiosa, identificada com a Ordem dos Carmelitas, que tem entre seus princípios o voto de silêncio, hoje é sinônimo de comércio miúdo da comunicação entrópica do "tudo ao mesmo tempo agora já". Hoje a globosfera permite que uma pessoa, sem companhias na vida real, se conecte com milhares de "amigos" virtuais. Se os religiosos carmelitas creem buscar o divino ao se calarem, o espetáculo *Cabaret Stravaganza* fala do seu contrário. Do território de mentes superativadas que a neurociência ainda não sabe decodificar.

Também é a época da mecanização dos corpos, criando mentes/almas de robô. É por esses caminhos que vai a vigorosa criação do grupo Os Satyros que, fiel ao nome, trafega no limite da transgressão comportamental, que sempre contém violência, e, ao mesmo tempo, prega amor e solidariedade. Seu espetáculo multimídia é uma tentativa de relatar o que está acontecendo. Quem é androide e quem é gente, ou tudo ficou mais ou menos igual? O sistema de comunicação do grupo com os espectadores reflete um pouco, talvez, o que se passa. Não há mais, ou ainda (e talvez não haja), o programa em papel com dados da montagem (elenco, ficha técnica) e sua justificativa. As informações estão no *site* da companhia.

O milenar papel traz aqui, então, um resumo do *site* que, entre outros pontos, fala das crianças e dos adolescentes da atualidade que brincam com *videogames* e desconhecem a bicicleta. Apresentam dificuldade maior do que gerações anteriores em distinguir a diferença entre o mundo real e o virtual. Pode-se dizer que, de certa forma, a esquizofrenia ficou "normal". E os adultos que usam celular até em velórios, ou igrejas? Esses neozumbis estão matando o rito teatral com suas telas azuladas onde buscam torpedos que reiteram vidinhas apressadas. O teatro vai ceder? Ouçamos os artistas: "A utilização dos celulares por esses jovens encontra-se, portanto, em um novo lugar do humano, que também é outro lugar teatral: eles não são um signo teatral tradicional como um adereço; ao contrário, fazem parte da própria identidade social desses jovens, participando do cotidiano do ator-adolescente e de sua forma de se comunicar com o mundo. São próteses tecnológicas de uma humanidade cibernética. Os antropólogos, como a norte-americana Amber Case (atenção: nascida em 1987), dizem que vivemos na condição ciborgue toda vez que agimos através de aparatos tecnológicos como celulares, carros e *laptops*. Tanto os espectadores quanto os artistas do novo teatro estarão, portanto, marcados pelo espírito ciborgue".

De novo a questão: o teatro vai ceder a uma ideia de progresso que traz junto a idiotia? Seria estranho se desse aval pleno a um fenômeno recente (a figura de Steve Jobs oscila ainda entre a genialidade e a tirania). Aí teríamos arte destituída de dúvidas. O mesmo texto acrescenta, porém, que "o teatro vive uma relação intensa e contraditória com ele, ora negando suas influências, mantendo-se fiel à sua história e à preservação de ideais anteriores de humanismo, ora incorporando os elementos deste novo tempo e antecipando tendências". Ou seja, esse universo ultratecnológico está em discussão, criticado e repensado.

Como tradução cênica de ideias contraditórias, *Stravaganza* tem beleza e inteligência como imagens e representação. Um cabaré encoberto, cuidadosamente, com um leve manto pós-*punk*. O texto de Maria Shu encadeia cenas poderosas com sequências dispersas e sem força. Escrita impetuosa a pedir melhor organização dramática. Esse "futurismo" sem alegria une os que precisam mudar de sexo, os necessitados de próteses por doenças e deformações aos que se entregam ao esforço de conter o tempo com plásticas e silicones. Dorian Gray, criação de Oscar Wilde, tinha uma filosofia de vida. Suas cópias, nada.

O enredo inclui instantes de igualitarismo quando se esquece um pouco dos que estão fora do chamado bom comportamento, da saga épica dos travestis, para notar o porteiro, simples heterossexual, que se atirou do edifício.

O simpático pendor pelo melodrama resgata Os Satyros da histeria autoritária dos furiosamente modernos, dos "muito loucos" e muito "dionisíacos", os maníacos por Rimbaud e Artaud. Rodolfo García Vázquez torna-se poeta do espaço ao transfigurar em caleidoscópio o cubo negro do teatro (em parceria com o cenógrafo Marcelo Maffei). O elenco reúne talentos emergentes e as marcantes e conhecidas presenças de Ivam Cabral e Cléo de Páris no jogo de luz e sombra do *Cabaret Stravaganza*. Alegoria de um mundo novo, não necessariamente admirável.

PROMETHEUS: A TRAGÉDIA DO FOGO NOVEMBRO DE 2011

Prometheus, *fogo grego na dança dos orixás*

Prometheus: a tragédia do fogo reproduz com encantamento o caráter labiríntico da mitologia grega. É preciso voo de imaginação no emaranhado de personagens e acontecimentos dessa religião politeísta da Grécia antiga (estamos voltando 3 mil anos no tempo). O texto resulta de citações esparsas e trechos de inúmeros autores, desde o historiador Hesíodo até o trágico Ésquilo. No resumo e centro da ação está Prometeu, um dos habitantes do Olimpo, a "morada dos deuses", organizada de forma hierárquica sob o comando de Zeus. O Pai Eterno, maravilhoso e tirânico, atribui a Prometeu e ao seu irmão Epimeteu a tarefa de criar o homem e os animais, mas é tomado de fúria quando Prometeu concede o uso do fogo, logo o uso da vida, à humanidade. Decide acorrentá-lo ao Cáucaso, a cordilheira entre os mares Negro e Cáspio, para uma águia monstruosa devorar-lhe o fígado por tempos sem conta.

Há várias interpretações para a ocorrência e por elas passam antropologia, história da formação dos povos e das religiões, literatura e a psicanálise. Com tais variantes à disposição, a encenadora Maria Thais, o dramaturgo Leonardo Moreira e os intérpretes da Cia. Teatro Balagan construíram um espetáculo brilhante de enredos multifacetados, contraditórios, lacunas, tramas paralelas e entrelaçadas. Fantasia com ritmos e musicalidade abstratos com um tênue fio condutor. Porque, se for para estudar mitologia grega com erudição e racionalidade, há, entre outras fontes, a obra do brasileiro Junito Brandão ou os comentários precisos da *História das religiões*, do italiano Maurilio Adriani. A proposta da Balagan é, porém, o jogo dos búzios – você sabe o que é? –, em que o cerebral e o emotivo se casam na morada dos orixás.

Um ato de justiça cultural porque, se as cosmogonias se assemelham, não deve haver igualdade segundo o poder e a mentalidade de quem olha (político, militar, cultural). Em outras palavras: se mitologia grega branco-europeia é uma joia do Ocidente, o mesmíssimo universo, mas no contexto africano, pode ser rotulado de subcultura de negro "macumbeiro". Ou seja, *Casa-grande & senzala* em escala universal. *Prometheus* termina lindamente com uma dança de candomblé. O espetáculo tem sido acompanhado de um ciclo de estudos sobre mitos, cultura grega e religiosidade, mas estranhamente não se previu uma palestra sobre as crenças afro-brasileiras com um especialista do nível do sociólogo Reginaldo Prandi, hoje um dos principais estudiosos do candomblé. Autor de *Mitologia dos orixás* e *Segredos guardados – Orixás na alma brasileira* (Cia. das Letras), Prandi é professor da Universidade de São Paulo como, antes, na USP, Roger Bastide, que escreveu *As religiões africanas no Brasil*.

A criação do Balagan mostra um Olimpo agitado por paixões idênticas às dos humanos, o avesso do diáfano céu do catolicismo. A culpa judaico-cristã não mora ali. A cena é tomada por seres envoltos em disputas internas ou determinando castigos e vinganças. Zeus (Oxalá?), o pai de todos, envia aos homens a fascinante e temível Pandora (Iansã?), que detém a caixa onde estão guardados todos os males.

Pandora, como Eva bíblica, a serpente e o fruto do conhecimento, a perdição de Adão, favorece extensa gama de interpretações, e uma das mais óbvias tem conotação sexual. A caixa seria o instrumento de sedução de Pandora, o que é dito aos gritos pelo nome vulgar do órgão sexual feminino. Não soa bem, é provocação rude, algo como "feminismo" deslocado. O mito nesse instante perde força em meio a tanta sofisticação artística.

Felizmente, é apenas um ruído numa celebração com trechos em grego, língua musical e na qual os intérpretes demonstram preparo corporal e senso coreográfico, e o palco – invenção cenográfica de Márcio Medina – pode ser dividido por cortinas (ou "caixas" de representação) que realçam detalhes do fluxo narrativo. A larga epopeia é assim pontuada por odes tensas ou sonhadoras. No elenco, é flagrante o talento, imponência e beleza da voz de Gisele Petty (Pandora). O conjunto de acertos elaborados com rigor e paixão prevalece. Maria Thais e a Cia. Balagan fazem de *Prometheus* uma das grandezas da temporada.

TOMO SUAS MÃOS NAS MINHAS NOVEMBRO DE 2011
Mensagens de amor sob o sol e a neve

O dramaturgo Anton Tchekhov e sua mulher, a atriz Olga Knipper, personagens de *Tomo suas mãos nas minhas*, viajaram muito de trem pela Rússia da virada dos séculos XIX e XX. Como se trata de um transporte que hoje praticamente não se usa no Brasil, o detalhe pode minimizar o sacrifício que as viagens significavam. A Rússia é imensa, e as ferrovias da época exigiam dias de deslocamento em uma terra de invernos terríveis. Tchekhov era tuberculoso e precisava do clima mais seco e quente de Ialta, cidade à beira do mar Negro, enquanto Olga cumpria temporadas numa Moscou com 22 graus negativos. Duas décadas mais tarde, o mesmo trajeto seria o começo de uma tragédia política. Quando Lênin morreu, em 1924, seu companheiro Leon Trótski estava adoentado e em repouso na região ("apesar de estarmos em janeiro, o sol queimava", anotou em sua autobiografia). Não houve tempo de regressar à gelada Moscou. Seu rival Stálin assumiu todo o aparatoso cerimonial do sepultamento e, rapidamente, o controle do governo. Trótski acabou confinado em uma ilha do mar Negro, princípio do longo exílio até ser assassinado no México (1939), a mando de Stálin, que estava, enfim, livre para impor uma ditadura que custou a vida de artistas como, entre muitos, o grande teórico e diretor teatral Vsevolod Meyerhold.

O casamento Tchekhov/Olga, naturalmente dramático por doença e separação forçada, gerou quatrocentas cartas do dramaturgo e respostas dela. A peça está baseada nessa correspondência. Algo quase abstrato para a contemporaneidade da comunicação virtual-eletrônica compulsiva. Em consequência, é também a oportuna teatralização da poesia de gestos e palavras em contraste com a pressa pela pressa (uma espectadora passou a sessão consultando recados no celular). O palco que busca o humanismo pode ser inatual quando modismos acríticos forçam a aglomeração ansiosa e a alienada. Artaud, Reich e Grotowski falaram disso, mas é tão fácil esquecer.

O espetáculo é um trem de emoções atravessando a história e a arte. Há referências ao Teatro de Arte de Moscou, de Constantin Stanislavski, e à Guerra Russo-Japonesa (1904-5), que agravou o desgaste do regime czarista semifeudal, abrindo caminho para a Revolução Bolchevique de 1917.

A dramaturgia de Carol Rocamora é o esforço de alinhavar uma comunicação enamorada em meio ao paradoxo apontado por Fernando Pessoa: "Todas as cartas de amor são ridículas, mas só as criaturas que não as escrevem é que são ridículas". Por vezes, Tchekhov parece voluntarioso ou impositivo demais, enquanto Olga ostenta, às vezes, a frivolidade de quem só ouve aplausos e descreve jantares e intrigas de família. O que se impõe, no entanto, é a força psíquica dele em manter a chama criativa enquanto a doença avança. Coragem e resignação que Kafka demonstraria a seguir, vítima da tuberculose que o abateu, em 1924. Olga, por sua vez, também caminha para além da trivialidade e cresce como atriz de talento e companheira devotada. Da tensão conjugal, artística e existencial surge o calor humano da obra, tocada por fatalidade e compaixão. Diante do público está o autor de *As três irmãs*, *Tio Vânia*, *O jardim das cerejeiras*, *A gaivota* e dos contos banhados de ironia e pungência. Um homem frágil que viveu apenas 44 anos (1860-1904) e não viu o nascer da União das Repúblicas Socialistas Soviéticas, das esperanças que afundariam no stalinismo. Olga (1868-1959) sobreviveu à sua perda e ao próprio Stálin (1953).

A encenação de Leila Hipólito é toda sobriedade, da representação à parte visual. Um projeto nascido do empenho da produtora Vittoria Zanotto Duailibi, com a assessoria da crítica Ilka Marinho Zanotto. A contensão emotiva de Roberto Bomtempo e Miriam Freeland evita derramamentos sentimentais. É evidente a afinidade da dupla. Na ficção e na realidade, são um casal entre encontros e despedidas.

Críticas 2012

PALÁCIO DO FIM JANEIRO DE 2012
Mil e uma noites de trevas

Ironia brutal: esse "palácio" foi o DOI-CODI do Iraque de Saddam Hussein; ou a Esma (Escola Superior de Mecânica da Armada) da ditadura argentina (1976-83). Palácios de torturas e mortes de presos políticos. A obra de Judith Thompson resultou no espetáculo contundente de José Wilker, que cita Hussein, mas vai além dele no rastro da barbárie das potências ocidentais, que foram salvar os iraquianos e seu (delas) petróleo. No meio do apocalipse militar, entre seitas religiosas que se digladiam pelo poder, o texto fixa os casos de três pessoas. Tira-as do quadro genérico das batalhas e as mostra desamparadas em meio às dúvidas, misérias e atos de coragem.

Como o mundo do entretenimento tem força e as redes de televisão Fox News e CNN transformam uma guerra em *show* de notícias, parecia arriscado um espetáculo sobre lutas no outro lado do universo cultural ao qual nos habituamos. Nossa desinformação sobre o Oriente ou a África é enorme. Mas, a quem interessar, recomenda-se.

Em *Orientalismo, o Oriente como invenção do ocidente* (Cia. das Letras), Edward Said (1935-2003), intelectual palestino radicado nos EUA, na Universidade Columbia, escreveu: "Se o árabe ocupa bastante atenção, é como um valor negativo". O espetáculo, com um elenco notável, está nesse território repleto de equívocos. Em foco, a jovem militar americana (20 e poucos anos) mostrada ao mundo, sorrindo, a puxar um prisioneiro pela coleira (lembram-se?); o cientista inglês que revelou ser mentira a existência de armas químicas no arsenal do Iraque (para justificar sua invasão) e cuja morte é mistério; e uma vítima direta de Saddam. A mulher da oposição torturada junto com o filho no palácio-masmorra. O enredo cruza as versões reais ou supostas dos personagens em depoimentos devastadores. De início, a mocinha soldada justifica-se em nome da sua América (e dos seus preconceitos) até sucumbir ao peso do que cometeu. O pesquisador medita como a ciência pode servir a projetos oficiais criminosos, sabotagens e assassinatos invisíveis. A peça grita como a iraquiana que teve seu sangue derramado e sofreu a perda irreparável. Ela viu o "fim" do palácio.

Não se encenou um documento realista. Está implícito no texto a filosofia da história, a questão moral, o que fazer, ou recusar, sob pressão. Nesses países belos e devastados há gestos de coragem e discordância (sem carros ou homens-bomba. Não existe todo um povo terrorista). Na Líbia, por exemplo, Ibrahim al-Koni escreveu um romance em que mostra o mundo de Kadafi como um câncer. Acabou exilado na Suíça, e o livro saiu em alemão com o título O *traje do governante*. Esperemos que chegue ao Brasil.

Para José Wilker, *Palácio do fim* é teatro tomado de paixão, som e fúria. Ele assim o quis e cumpriu. Seu trabalho está claro na força da montagem. Nas interpretações de Vera Holtz e Antônio Petrin, que se envolvem no enredo e, sem perda do distanciamento crítico, ilustram o coração das trevas. Petrin, brilhante com seu olhar perplexo e as pausas doloridas, os gestos precisos. Vera magnífica na indignação que faz lembrar a grande Lélia Abramo no filme *O caso dos irmãos Naves*, de Luis Sérgio Person (1967).

Camila Morgado enfrenta as dificuldades do papel fragmentado e da linha interpretativa de gestual excessivo, interjeições e muxoxos que fazem o seu sotaque carioca soar incômodo. Mas, no segundo movimento da peça, Camila delineia convincentemente a ocupante *made in USA* que humilhou o prisioneiro.

Todo esse esforço artístico é um teatro maior que ecoa os versos do iraquiano Salim Al-Shackle: "Através da morte, você vai nascer de novo e, qual ave fênix, vai usar suas duas asas para bater as cinzas da história. E os ventos vão soprar a seu favor".

BALANGANGUERI FEVEREIRO DE 2012
Último riso de fantasmas bêbados

O romance *Trindade*, de Leon Uris, é um épico sobre a Irlanda independente e contemporânea através da saga de três famílias, desde o século XIX até o sangrento levante da Páscoa de 1916, marco das lutas contra o domínio da Inglaterra. País tão belo, a Irlanda tem uma história de batalhas independentistas, períodos de fome e emigração maciça (há uma América irlandesa. John Kennedy era um descendente). Tudo permeado de especificidades culturais, lendas de civilizações antiquíssimas.

A linha trágica da sua constituição social e econômica corre paralela aos cantos e músicas do povo extrovertido e místico, dos ritos pagãos à fidelidade aos santos da terra, São Columbano, Santa Brígida e São Patrício (padroeiro nacional). Há um trecho de *Trindade* que resume o ambiente da peça *Balangangueri*, de Tom Murphy, pela Cia. Ludens, com direção de Domingos Nunez: "O bar estava impregnado de cheiro de fumaça, cerveja e uísque, muitos não estavam mais no seu juízo perfeito".

Eis uma das características do espetáculo: não estar com o juízo no lugar. É preciso curiosidade antropológica ou gosto pela poesia para acompanhar as nuances do comportamento irlandês. Ao comentar o início da encenação de *Balangangueri*, o diretor Domingos Nunez admite que se viu diante de uma escritura demasiadamente densa. Termo correto: tudo é excessivo e errático. Esqueçamos a lógica. O que rege o espetáculo é o delírio. A Irlanda geográfica não é mencionada porque o território ficcional é maior. Nele cabem das fantasmagorias dos celtas, povoadores originários da região, às sugestões psicanalíticas de Ernest Jung. Teatro estranho, muito bem dirigido, que pede ao espectador aceitar o fenômeno cênico no seu aspecto subjetivo, plástico e sonoro. Que não se perturbe com o excesso de gritos que tentam reproduzir um estado mental caótico, sobretudo em um *pub*/botequim (gritaria no palco sempre incomoda).

O enredo é como tricô, esta arte de tecer que é rica na Irlanda. De um novelo de lã se pode criar agasalhos com imagens simples ou plenas de simbolismos. Metaforicamente, o tricô está nas palavras de uma avó, perturbada no sentido clínico, ou, quem sabe, uma sensitiva. Uma druida (sacerdotes conselheiros e pensadores entre os celtas). Ela transita em outro plano. Testemunhou um concurso de risada em um lugarejo batido pelo vento e pela chuva, e viu outras consequências. Houve a disputa que, em si, pode ter sido uma bravata de aldeões, mas resta a possibilidade de ser algo mais. Um encontro com maldições e apelos bíblicos que o álcool acentuou. A memória dessa senhora lembra o dramaturgo Eugene O'Neill (filho de irlandês): "Não há presente, nem futuro – só o passado acontece e torna a acontecer – agora". Sua conversa com as netas reconstitui a noite com homens às gargalhadas excessivas e todo um universo arcaico que a Irlanda moderna atenuou (é hoje um país próspero). Nesse entrecho, fazem sentido as teorias de Jung sobre o inconsciente coletivo.

Por esse caminho, a peça é mesmo saga pré-medieval. Faz até mesmo lembrar histórias de magias e fenômenos astronômicos que se contam nas noites do Alentejo, sul de Portugal, onde existem formações megalíticas, templos de pedra, semelhantes às das Ilhas Britânicas (como Stonehenge, Inglaterra). Os celtas estiveram naquelas paragens. O melhor é entrar no clima com os giros dos dervixes ou do candomblé. A representação não oferece teorias para esse mundo. Apenas abre espaço para o mistério em uma época. Missa de bêbados, solitários, teimosos anônimos, levada por intérpretes poderosos, com destaque para o quarteto Denise Weinberg, Hélio Cícero, Renato Caldas, Mário Borges.

O dramaturgo não pode ser cobrado por nossa provável dificuldade em entrar em um universo cultural e linguístico tão específico. *Balangangueri* é um jogo de impressões vagas, e assim será mais bem apreciado. Se os irlandeses nos parecem distantes, não custa lembrar um acaso histórico e amoroso. José Bonifácio de Andrada e Silva, o político que articulou a Independência do

Brasil, quando estudava em Portugal, conheceu e se casou com a irlandesa Narcisa Emília O'Leary, o que quase não se sabe. Tiveram duas filhas, Carlota Emília e Gabriela Frederica. Um encontro de Narcisa com a também irlandesa Elisa Lynch, a audaciosa mulher de Solano Lopes, o "presidente vitalício" do Paraguai, parece o começo de uma peça da Cia. Ludens.

ISSO É O QUE ELA PENSA MARÇO DE 2012
Quando a ilusão conduz a vida

Há uma voz que define *Isso é o que ela pensa*, texto do inglês Alan Ayckbourn. Antes de o espectador perceber o que, afinal, se passa em cena, a voz e a dona da voz, Denise Weinberg, já constituem um impressionante efeito dramático, acima e além das dúvidas sobre a obra e sua representação. A presença da atriz de olhar cinza-felino e a irradiação do seu talento impõem uma verdade concreta ao que é paradoxalmente subjetivo.

A peça reflete em grande parte a mente de uma mulher. Vai demorar um pouco para se perceber isso, porque o início é longo e sem os recursos de corte e de *close* do cinema. O que deveria ser mistério é apresentado como um quebra-cabeça nem sempre estimulante. Depois, há uma reviravolta, felizmente.

A personagem Susan é alguém entre a esquizofrenia, como a medicina a reconhece, e o teatro do absurdo. Em fase de surto, ela imagina um marido e uma família ideais em contraposição às pessoas que existem; e todos aparecerão no palco: os de verdade e os desejados. Ayckbourn, um cético bem-humorado, nascido em 1939, transita entre o humor negro e a filosofia existencialista.

É de Sartre e outros pensadores a discussão a respeito das escolhas que fazemos e as angústias inerentes aos tropeços nesse caminho. O que a personagem de Denise Weinberg planejou: marido ardoroso, filhos criativos, contraparentes e amigos graciosos, na verdade é apenas uma galeria de tipos banais. Como nada corresponde às escolhas feitas e aos resultados esperados, Susan inventa doces fantasmas. O dramaturgo evita o contorno histórico e social do enredo (se o casamento foi por conveniência ou forçado, questões de classe, profissão e dinheiro etc., elementos presentes em filmes como *Vestígios do dia* e *Albert Nobbs*). Quer memórias e pesadelos abstratos ou, apenas, enviar recados aos seus ingleses.

O que não o impede de ser um artista com ressonância em outras paragens; e, no seu país, de receber o título de *sir*. Algo, porém, se perde nesse estilo literário, porque há subtextos e nuances de cultura. Como não estamos na pequena cidade de Scarborough (ou onde for do Reino Unido), valerá a pena ter cuidado com as palavras e as pausas e, sobretudo, achar o clima próximo ao original, ou, então, transpô-lo para cá. O diretor Alexandre Tenório, que já provou criatividade, e o ator Eduardo Muniz (próximo ao escritor) aderiram sem distanciamento ao mundo de Ayckbourn. Se o texto provoca neles um estado de assombro, seria proveitoso considerar que nem tudo faz sentido ainda sob os refletores.

Por outro lado, o espectador, mesmo o bem informado, não conhece necessariamente *sir* Peter Hall, apesar dos seus méritos. Quando Hall, um diretor de teatro, assegura que a escrita de Ayckbourn mostra o que é viver na segunda metade do século XX, esta é uma frase deslocada, porque diz respeito a outros ambientes e circunstâncias. A propósito: o título de *sir* é um assunto britânico. O contundente ator e dramaturgo Steven Berkoff, que causou impacto em uma edição do Festival Internacional de Teatro de São Paulo, promovido por Ruth Escobar, não é *sir*. Ninguém notou. Avisar também que Ayckbourn escreveu "quase o dobro" de peças do que Shakespeare é uma informação solta no ar.

O espetáculo atinge melhor rendimento quando assume aquele grão de loucura expresso por Denise Weinberg em entrevista ao *Estado*: "A partir de certa idade, estabelecemos uma relação quase esquizofrênica com a proximidade da morte, com essa noção de finitude". Ela conta com a boa companhia de Clara Carvalho, que tira efeitos inteligentes do pequeno papel (como a mania do chá); Mario César Camargo, nas aflições do marido verídico; e Mário Borges, o médico que tenta organizar o caos doméstico.

Ainda que um tanto nervosa ou sem ajuste de ritmo (impressão deixada pelo segundo dia da temporada), *Isso é o que ela pensa* atrai porque traduz a indagação universal sobre a diferença entre a vida que se sonhou e aquela que se fez. O ser humano quer descobrir o que Cecília Meireles condensou em um verso: "Em que espelho ficou perdida a minha face?".

SENHORA DAS IMAGENS MARÇO DE 2012
Senhora dos afetos

A dra. Nise da Silveira, que a alegria e vitalidade da atriz e bailarina Mariana Terra homenageiam em *Senhora das imagens*, com dramaturgia e direção de Daniel Lobo, disse certa vez que "Jesus Cristo e os cães são os únicos seres que perdoam. Eu não perdoo". A frase pronunciada quando se referiu a quem a delatou como comunista e a todos os responsáveis pelo seu período de 18 meses de prisão logo depois do levante do PC em 1935, durante o governo Vargas, movimento rapidamente derrotado e que abriria o caminho para a ditadura designada como Estado Novo (1937-45). Seu companheiro de cadeia era Graciliano Ramos, alagoano como Nise e preso pela mesma razão. O escritor, que deixou testemunho do ocorrido em *Memórias do cárcere* (filmado por Nelson Pereira dos Santos), descreve um encontro rápido com Nise: "Além de uma grade larga, distingui afinal uma senhora pálida e magra, de olhos fixos, arregalados. O rosto moço revelava fadiga, aos cabelos negros misturavam-se alguns fios grisalhos. [...] O que senti foi surpresa, lamentei ver minha conterrânea fora do mundo, longe da profissão, dos seus queridos loucos".

Queridos loucos é a chave para entender Nise da Silveira (1905-99), médica psiquiatra que, se não perdoava aquele regime e seus serviçais, estabeleceu a "terapia pelo afeto" no serviço psiquiátrico carioca e, por reflexo, em várias partes do Brasil. Heresia que lhe custou uma batalha contra os preconceitos e atrasos no sistema nacional de saúde pública que presenciou desde seu início profissional, no Serviço de Assistência a Psicopatas e Profilaxia Mental do Hospital da Praia Vermelha, Rio de Janeiro, e que teve seu marco inovador fundamental no Centro Psiquiátrico Nacional D. Pedro II, no bairro de Engenho Novo.

Ela sempre combateu os tratamentos vigentes, sobretudo os eletrochoques, que considerava cruéis e a anulação de um humano. Para se livrarem da médica valente, os burocratas a deslocaram para o setor de recreação, até então desdenhado como mero paliativo. Mas foi ali que Nise da Silveira ganharia prestígio ao criar ateliês de pintura e modelagem. Os internos passaram a dar vazão a seu imaginário, visões de mundo, percepção das cores, das coisas, de si mesmos. Começava a surgir o Museu de Imagens do Inconsciente, hoje referência internacional registrada em documentário de Leon Hirszman (1987). Nise provou, e o filme mostra, que Van Gogh não era um caso isolado. A arte pode acalmar sofrimentos psíquicos e, se os especialistas analisarem com afeto o complexo mundo interior dos esquizofrênicos, muito ainda poderá ser aperfeiçoado no modo de se lidar com seus males.

O espetáculo bem-humorado de Daniel Lobo é a louvação das teses, experiências e intuições da dra. Nise, que encontrariam respaldo em Carl Gustav Jung, o psicanalista que ela estudou longamente, com quem esteve em contato e, posteriormente, escreveu a biografia de forma didática (*Jung, vida e obra*, Paz e Terra). A encenação usa recursos audiovisuais para mostrar as pinturas dos internados, sobretudo as mandalas às quais Nise fazia conexões com a filosofia e a mística do Oriente. Falta, em parte, maiores explicações sobre os meandros da esquizofrenia e o pioneirismo de Nise em estimular as relações entre pacientes e animais (ela adorava os gatos).

É complicado como narrativa teatral, mas, quem sabe, valha a pena tentar. Os depoimentos gravados não são esclarecedores, e quanto a isso há um grande ausente em *Senhora das imagens*: o dramaturgo e diretor Fauzi Arap, que voluntariamente trabalhou na área de teatro com Nise, experiência que descreveu em *Mare nostrum* (Editora Senac), livro com um subtítulo afinado com o projeto de Daniel Lobo: *sonhos, viagens e outros caminhos*. Seria um dado a mais na cerimônia pela vida que Mariana Terra encarna com beleza e garra e um recado interessante da dra. Nise: "Gente muito normal é chata".

A COLEÇÃO ABRIL DE 2012
Em A coleção, *a arte de alinhavar meias verdades*

Se não fosse a Inquisição, Portugal teria um dramaturgo chamado Haroldo Pinto. Não custa imaginar. Os ancestrais de Harold Pinter, por parte de pai (Jack Haim Pinter), eram judeus sefarditas, morenos como o escritor, predominantes na Península Ibérica, embora biografias citem mais sua mãe, Frances Moskowitz, originária de comunidades *ashkenazi*, judeus aloirados, entre a Polônia e a Ucrânia. A perseguição católica os levou para a Inglaterra, assim como a família do filósofo Bento Spinoza trocou Lisboa pela Holanda. A biografia de Pinter no *site* da Academia Sueca do Nobel – que ele recebeu em 2005 – afirma que "crescendo em Londres teve de ouvir expressões de antissemitismo que, segundo ele próprio indica, foram importantes na sua decisão de tornar-se dramaturgo".

Feita a divagação, caímos no fato de Pinter (1930-2008) ser um inglês absoluto. O artista que entende profundamente os pilares, meandros e idiossincrasias dos britânicos, retratando sua cultura com traços de absurdo. No seu teatro, os personagens travam batalhas psicológicas obscuras usando uma linguagem em que o ritmo das falas, as interrupções inesperadas, os silêncios constituem toda uma teia de subtendidos. Um inglês presumido se diferencia do outro, ou o avalia, por sutilezas de sotaque. É nesse claro-escuro mental que a verdade conveniente e a ilusão neurótica se instalam. É preciso, pois, atenção à violência sob a polidez e a hipocrisia disfarçada de fleuma, essa calma estudada de quem olha de cima. Marca registrada como um produto nacional.

Em *A coleção*, o dramaturgo, na sua primeira fase (anos 1960), está distante das peças que o consagrariam, mas já faz os exercícios de ameaça e dissimulação e de sexualidade difusa que o caracterizam como autor (um estudo sobre sua obra, do francês Daniel Salem, tem o título preciso de *Harold Pinter, dramaturgo da ambiguidade*).

Dois casais, um homossexual, outro heterossexual, criam um jogo de ciúmes/ sexo que tanto pode ter ocorrido como ter sido só imaginado em um meticuloso gosto pela perversão. Os quatro são profissionais da moda (o texto é dos anos 1960, tempos de Mary Quant, a inventora da minissaia, da beleza andrógina da modelo Twiggy e das fotos de adolescentes seminuas de David Hamilton). Uma Londres descrita, em parte, no filme *Blow-up* (1966), de Michelangelo Antonioni. Há nessa fantasia ou ritual erótico um dado inequívoco de poder e divisão de classes. É o que interessa a Pinter. No par masculino, um deles veio do alto extrato social, enquanto o amante saiu "dos cortiços", o que o bem-nascido faz questão de frisar com sentimento de posse.

O outro casal vive o tédio costurado com pequenas e recíprocas indiferenças. Terreno fértil, enfim, para crueldades mentais. Pinter é exímio em situações que, embora em moldura inglesa, são universais. Contudo, não é uma campanha contra a também transgressiva, divertida e criativa Inglaterra dos Beatles e dos Rolling Stones e de refinada alta cultura. O assunto cabe em outros lugares.

O espetáculo capta a parte mais visível, a superfície do tema. Por inexperiência do elenco, talvez, as sombras dos acontecimentos não estão expostas. Prevalecem mais irritações e dúvidas, mesmo com a intervenção de Ariel Borghi, que seria o portador da ameaça, um desagregador ou, também, vítima eventual. O ator tem o tipo apropriado e força interior, mas há dispersão de energia no conjunto da representação, que inclui Amazyles de Almeida, Marcos Suchara e Marcelo Szpector.

A direção de Esther Góes, atriz de talento comprovado em montagens inovadoras e difíceis, delineia dentro do possível o enredo sem atingir o que *A coleção* pretende (se pretende mesmo) nas camadas mais profundas. É problemático quando o cenário aparenta ser apenas a solução visual possível naquele palco e, ao mesmo tempo, a bela trilha sonora fora do contexto dramático distrai a atenção do espectador. O que se assiste tem certa força, embora se pressinta que deve haver algo mais em alguma parte do conflito engendrado por Pinter, o quase português Haroldo Pinto.

MARLENE DIETRICH: AS PERNAS DO SÉCULO ABRIL DE 2012
O eterno mistério do anjo azul

Marlene Dietrich é uma façanha de Sylvia Bandeira, que representa com altivez e classe a atriz original. O subtítulo *as pernas do século* foi um *slogan* do filme alemão *O anjo azul* (1930) e só. As pernas ficaram célebres porque mostradas para multidões no tempo em que os costumes não o permitiam. Era só hábito de lugares suspeitos, mas no incerto mundo entreguerras a frase ganhou tom de verdade. Hoje sua aparição no filme é quase ingênua, assim como a nudez da austríaca Hedy Lamarr em *Êxtase* (1933) está longe de ser incendiária. Marlene, porém, tinha carisma, o que faz toda a diferença. Amanheceu símbolo de uma época. Hedy, realmente bela, não foi muito além do sucesso em *Sansão e Dalila* (1949). Pernas do século, se formos enveredar por esse caminho, foram as da francesa Mistinguett, proibida de mostrá-las quando esteve no Rio, em 1923. Em 1919, elas estavam asseguradas por uma fortuna, lance de *marketing* que fez escola. Dos anos 1940 em diante, reinaram Cid Charise, Eleanor Powell, Rita Hayworth em eletrizantes números de dança. Para não se falar, claro, em Marilyn Monroe com a saia levantada em *O pecado mora ao lado* (1955). Na tela, Marlene é mais que pernas. É uma expressão melancólica e de defensiva ironia, valorizada por um olhar enigmático. Atriz dramática que teve desempenhos convincentes quando ora parece vulnerável, ora provocadora, mas com fundo de medo, o que se nota até em filmes como *Mundana* (título grosseiro em português para *A Foreign Affair*), de Billy Wilder. Vale a pena observá-la oscilando entre o erótico e a perplexidade quando se descobre frágil nas manipulações de espionagem e guerra. Ou seu ar de camponesa, rosto lavado, em *Martin Roumagnac – Mulher perversa*, direção de Georges Lacombe (1946). O crítico e dramaturgo inglês Kenneth Tynan acertou ao resumir sua *persona*: "Era tristeza que Dietrich comunicava, mesmo na sua primeira juventude [...] e havia em sua voz aquele tom de severidade quase militar [...] ela tem sexo, mas nenhum gênero particular. Seus modos são masculinos: as personagens que interpretou amavam o poder e usavam calças [...]. A masculinidade de Dietrich atrai as mulheres e sua sexualidade, os homens".

Essa esfinge de celuloide interessou Sylvia Bandeira, o dramaturgo Aimar Labaki e o diretor William Pereira. A química se fez a partir de um acaso: no musical *Rádio Nacional*, Sylvia Bandeira cantou "Lili Marlene", marca registrada de Dietrich. Aos poucos, eles foram se envolvendo com a biografia de Marie Magdalene Dietrich (1901-92), alçada à fama pela audácia do diretor Josef von Sternberg ao fazer *O anjo azul*; a artista alemã se naturalizou americana ao combater o nazismo e entrou para o panteão das estrelas misteriosas (Garbo é a referência óbvia, mas há Louise Brooks e, de certo modo, Gene Tierney do clássico *Laura*).

O texto tem agilidade, embora padeça de certo didatismo, e a direção é intimista e afetuosa, à exceção do início, quando o jovem que presta um serviço à estrela representa clichê de TV. Não é crível esse comportamento. Quem entrava no apartamento-mansão da atriz na luxuosa *avenue* Foch, Paris, sabia, sim, onde e com quem estava. Em seguida, felizmente, a representação acerta o rumo com delicadeza. Sylvia tem carga emocional para o papel e sabe outros idiomas, o que importa no enredo. Os desafiadores papéis dos que gravitam em torno dessa figura excepcional estão assegurados com força por José Mauro Brant, Marciah Luna Cabral e Silvio Ferrari. Todos cantam acompanhados por Roberto Bahal (piano e direção musical), Jefferson Martins (violoncelo) e Fernando Oliveira (clarineta).

O espetáculo não pretende aguçar melodramaticamente um enigma humano. Nem desvendá-lo como o ator e diretor austríaco Maximilian Shell no documentário *Marlene*, que impressiona porque só se ouve a voz dela atrás de uma porta. A voz pausada corre em *off* enquanto assistimos às imagens da carreira gloriosa. O atual espetáculo fala, sobretudo, do encanto que artistas privilegiados despertam. Um dado pessoal: o crítico viu Marlene Dietrich ao vivo. Esteve a poucos metros dela em um recital no Théâtre Espace Pierre Cardin, Paris. Aos 72 anos, o Anjo Azul sustentou a majestade em um vestido longo e prateado. Um jovem atirou rosas vermelhas aos seus pés. Ela sorriu com a expressão que Kenneth Tynan notara anos atrás: parecia espantada por estar lá, a cada noite, um assombro.

VERMELHO ABRIL DE 2012
O lado negro do vermelho

Mark Rothko é um dos reinventores da pintura. Sob o risco da obviedade, vale repetir que em toda atividade criativa sempre acontece o instante do passo além do que já foi feito, e nessa transformação surgem figuras com vigor e persistência. Van Gogh dizia preferir ganhar 150 francos por mês como pintor do que 1.500 em outra atividade. Para tanto é preciso, como ele mesmo admitia, "a paciência de um boi", autodefinição atribuída a Gustave Doré, celebrizado entre outros motivos por sua ilustração de *A divina comédia*, de Dante Alighieri. Nessa linha de combate em que provavelmente o exemplo maior do século XX seja Pablo Picasso ao explodir a imagem realista e criar o cubismo, nos anos 1950 surgiu o expressionismo abstrato, que privilegia a espontaneidade, o ímpeto do improviso. Rothko está entre eles e sua atuação causou impressão em importantes pintores brasileiros da atualidade, como Sérgio Sister e Paulo Pasta. Sister vê em Rothko a encarnação de um dos momentos altos da pintura em sua grande autonomia em relação aos objetos, às formas, aos temas. Mesmo em relação à geometria. Importa a cor, pulsante, que extrapola os limites da tela. Esses transgressores (Picasso, Rothko, Jackson Pollock, entre tantos) foram muitas vezes difíceis no trato direto, quando não francamente desagradáveis.

Na peça *Vermelho*, o dramaturgo John Logan tenta flagrar as grandezas e contradições de Mark Rothko (1903-70), interpretado por Antônio Fagundes, na relação com o assistente e também aspirante a pintor, desempenhado por Bruno Fagundes. A convivência entre os dois será a repetição psicanalítica de o filho matar simbolicamente o pai, o aluno superar o mestre; é também a evidência de que a arte mais luminosa pode surgir de almas perturbadas.

Rothko trata o auxiliar com prepotência quase doentia. O texto é frágil ao apenas alinhavar seus discursos inteligentes ou mal-humorados, mas sem as nuances de um solitário. Para que o espectador perceba, enfim, o enigma de vidas como, por exemplo, a do genial Caravaggio, que matou um homem numa briga. Havia a possibilidade de *Vermelho* avançar mais, mesmo que indiretamente, na biografia desse lituano judeu, Markus Rothkovics, que chegou à América escapando da pobreza e do antissemitismo. Contar algo das suas relações familiares. Rothko casou-se duas vezes, era um bêbado de saúde frágil e acabou por se suicidar. A dramaturgia de John Logan quer apenas a apoplexia do artista. Perde-se a possibilidade da construção dramática aprofundada, os dados histórico-culturais em favor das frases de efeito e a citação de nomes célebres da pintura, de Matisse, Dalí a Rauschenberg e Warhol. Já que o autor julgou importante tantos nomes, pode-se estranhar a ausência de Barnett Newman, próximo a Rothko inclusive nas origens (Newman era filho de poloneses).

A encenação tem o clima adequado à representação que Antônio Fagundes estratificou ao longo da carreira no palco e que teve momentos brilhantes. Um estilo baseado na superextroversão. Papéis ruidosos em que os arroubos, fúrias e protestos são expressos no estardalhaço de gestos. Mas ele se preserva de aprofundamentos psicológicos. Fala alto, mas não se entrega. É um bloco de certezas, até em entrevista sobre a "inutilidade" da crítica teatral. Rothko é mais divertido quando brada "esse fdp da crítica". Não finge que a ignora. Fagundes está na encruzilhada que o pintor apontava em colegas. A de serem previsíveis. Nessas circunstâncias, a novidade tateante, nervosa, mas simpática, em um jovem profissional, está em Bruno Fagundes. Em três cenas, quando enumera, apaixonado, os tipos de vermelho, narra penosamente a morte do pai e, finalmente, enfrenta a prepotência do patrão, Bruno mostra empenho sem cacoetes histriônicos. O conjunto da encenação de Jorge Takla, sobretudo pelo seu domínio do espaço e sentido plástico, vai além desse muito barulho e convence. Paul Gauguin, em uma carta de 1903, avisou que a solidão não pode ser indicada para todo mundo, "porque você precisa ser forte para aguentá-la". *Vermelho* mostra Rothko fraquejando e na crise final.

PROCESSO DE GIORDANO BRUNO MAIO DE 2012

A liberdade no círculo de fogo

A autoridade cênica de Celso Frateschi faz a diferença em um espetáculo que poderia ser apenas a reiteração das prepotências da Igreja Católica Apostólica Romana. Os interesses políticos do Estado deram origem às Cruzadas, cruentas expedições militares, e à Inquisição. Em nome da fé foram praticadas torturas e execuções públicas dos condenados nas fogueiras.

Entre os brasileiros agarrados pelas "visitações do Santo Ofício" estão o dramaturgo Antônio José da Silva e duas mulheres, Ana Rodrigues e Branca Dias, que inspirou a peça O *santo inquérito*, de Dias Gomes. Período sinistro da história universal e da santa Igreja em estreita ligação com os poderes régios da Europa medieval.

Seria fastidioso relembrar detalhes desses rituais, e o texto do italiano Mario Moretti (1929-2012) quase resvala só na denúncia, quando o tema já rendeu peças como *Vida de Galileu*, de Bertolt Brecht, e estudos pormenorizados, entre os quais figura *Círculo de fogo*, do brasileiro Alberto Dines. O que dá mais interesse ao texto é a eloquência do filósofo Giordano Bruno (1548-1600) na decisão *in extremis* de se entregar à morte.

Em *Processo de Giordano Bruno*, a interpretação de Celso Frateschi transmite o essencial daquilo que Moretti quer ressaltar. A base do confronto é a insistência de Giordano em proclamar que é um filósofo, não um teólogo, e portanto tem o direito à dúvida investigativa, de incorporar aos seus escritos ideias que contradizem o dogma de a Terra ser o centro do universo criado por Deus (dos cristãos). Diante dos inquisidores e de um delator, Giordano Bruno mantém a ironia e o arriscado senso de humor. Homem informado, deixa de lado o que aconteceu com pensadores como o tcheco Jan Huss (1369-1415), levado à fogueira por suas convicções. Galileu Galilei escapou por ser ardiloso e ter aliados.

Há um dado, pouco desenvolvido no enredo, da relação do filósofo com o nobre veneziano Giovanni Mocenigo, que o denunciou à Inquisição. Mocenigo foi figura mais complexa, mais que vilão. O mesmo vale para o cardeal Bellarmino, atuante nos julgamentos de Galileu e Giordano. Segundo biógrafos, ele era afável e caridoso, embora polemista contundente. Teria recusado sua escolha para papa e acabou canonizado por Pio X.

Divergências são teatralmente ricas se bem exploradas: a relação do filósofo Thomas Morus (1478-1535) com Henrique VIII está na peça A *Man for All Seasons*, de Robert Bolt. Foi filmada, e no Brasil teve o título O *homem que não vendeu sua alma*.

O *Processo de Giordano Bruno* sugere montagem contida. Rubens Rusche é um diretor dessa linha, e a cenografia de Sylvia Moreira expressa, na medida, a sobriedade da situação. Provavelmente, se ganharia dramaticamente mais sem os ares mefistofélicos dos inquisidores.

O desempenho de Frateschi, um dos melhores atores de sua geração, alterna tensão e descontração, o que confere ângulos surpreendentes ao papel. O seu Giordano é palpável e compreensível em suas variações de temperamento.

Há uma grandeza natural nesse memorial pelas liberdades quatrocentos anos depois do acontecido. A estátua de Giordano, no centro de Roma, está próxima ao Vaticano. Distância pequena para largas divergências entre a liberdade do saber e as fundamentações religiosas intolerantes ou interesses destituídos de espiritualidade.

NEM UM DIA SE PASSA SEM NOTÍCIAS SUAS MAIO DE 2012

Longa viagem dentro da família

A delicadeza de *Nem um dia se passa sem notícias suas*, de Daniela Pereira de Carvalho, certamente conquistaria Sérgio Porto (1926-68). O cronista de humor, conhecido como Stanislaw Ponte Preta, foi também autor sério, autor de *A casa demolida*, narrativa do seu sentimento ao rever fotografias do lugar onde cresceu. Ao final, ele as rasga em tom de despedida: "Vou atirando os pedacinhos pela janela, como se lá na rua houvesse uma parada, mas onde apenas há o desfile da minha saudade. E os papeizinhos vão saindo a voejar pela janela deste apartamento de quinto andar, num prédio construído onde um dia foi a casa".

Daniela nasceu depois de o livro ser escrito, em 1963, mas é íntima da nostalgia frequente em romances, poemas e memórias. Sua contribuição e marca autoral está no entrecho complexo, mas leve, e no diálogo. Pessoas que já viveram sob o mesmo teto dividindo emoções ora amáveis, ora duras. A peça vai por esses caminhos enquanto dois irmãos desmontam a casa paterna, entre convergências, discordâncias, risos, segredos nem tão secretos e surpresas.

Uma sala em desordem. Aos poucos o passado desponta aqui e ali na forma de objetos (o relógio antigo, uma coleção de discos) e no transbordar do que ficou mal resolvido. A busca do tempo vivido cobra seu preço. Pequenos ou grandes confrontos, a matéria-prima do teatro.

Não há indicações temporais, mas traços de temperamento dos que já se foram e de quem ficou. Em dado momento, a autora desdobra em duas essa mesma família, e o futuro se entrelaça com o passado por um fato grave.

Acontecimento que nenhum riso compassivo pode consertar. Súbito, os irmãos são a repetição de pai e filho. Outra geração, a vida que continuou, embora algo tenha sido bruscamente interrompido.

Um texto em semitons e claro-escuros sugere uma encenação em surdina, que o diretor Gilberto Gawronski faz com a adesão completa de Edson Celulari, sólido, experiente, e Pedro Garcia Netto, inicialmente agitado até achar o ritmo convincente. Executam um dueto de pequenos gestos e subtendidos. Não há conflitos ou lamentos ruidosos, mas ali aconteceu algo doloroso. Seria interessante, talvez, se a cenografia fosse apenas livros, o relógio e a cortina de discos (LPs), com iluminação mais precisa e poética. A cena está atravancada e a luz dispersa para duas interpretações densas neste bonito espetáculo que ecoa, sempre, versos de Drummond: "Este retrato de família/ está um tanto empoeirado./ Já não se vê o rosto do pai [...]. Os meninos, como estão mudados. [...] Percebo apenas/ a estranha ideia de família/ viajando dentro da carne".

A tessitura literária de Daniela Pereira de Carvalho deixa o realismo acentuado em favor da contenção, o que faz de *Nem um dia se passa sem notícias suas* um espetáculo de recatada saudade.

AMANTE JUNHO DE 2012
Amante *no jogo de luz e sombra*

Em *Amante*, texto e direção de sua autoria, livremente adaptada de *A amante inglesa*, de Marguerite Duras, o diretor Roberto Alvim busca recriar os espaços mentais como Fernando Pessoa os descreveu: "Toda vida é um movimento de penumbra. Vivemos num lusco-fusco da consciência". O enredo apresenta uma mulher que teria assassinado e esquartejado a própria empregada. Há conversas esparsas dela com o marido e anotações do escrivão policial. Duras não quis uma novela policial, mas lacunas para o leitor preencher ou se permitir divagações. Uma delas é sobre a verdade e a mentira. A suposta criminosa pode ser um caso de esquizofrenia a partir da total carência de afeto e comunicação com o companheiro e o mundo externo. O assassinato – houve um caso semelhante no interior da França – pode ser obra de outra pessoa, mas ela o assume para existir em seu meio, chamar a atenção.

É uma das possibilidades lançadas por Duras, e Roberto Alvim também declarou seu desejo de dar autonomia de percepção ao espectador, caminhando assim junto com seu colega e contemporâneo carioca Pedro Brício, autor de *Breu*. Ambos trabalham na linha de risco de diminuir o que sempre se considerou fundamental em teatro: o rosto e o olhar dos intérpretes. Há milênios, os gregos calculavam as representações nos seus anfiteatros para que terminassem ao pôr do sol. O uso eventual de máscaras (também no teatro oriental) não anulava o poder de comunicação dos artistas. No caso de Alvin e seu Club Noir e todo o talento de Juliana Galdino, principal atriz da companhia, o procedimento tem equivalentes em fotografia. Se Henri Cartier-Bresson produziu fotos em preto e branco em que há claridade quente nas expressões, um talento de outra geração e outra ideia do cotidiano, o lituano Antana Sutkus (1939) reforça o tom cinza do Báltico. Ignora a poesia das ruas de Bresson, e faz alusão ao cotidiano opaco no regime comunista então em vigor. Jogo de luz e sombra que vem da pintura desde o *chiaroscuro* de Rembrandt, passando por Georges de La Tour (1593-1652) e seus efeitos com o uso de velas em figuras de perfil.

Como ambientação geral, os trabalhos do Club Noir sugerem a tela *Paisagem de inverno*, do francês Maurice de Vlaminck, do acervo do Masp, ou as gravuras do brasileiro Osvaldo Goeldi, onde em ambientes noturnos, becos, transeuntes sem face parecem se esquivar da lua vermelha. O provável excesso de citações aqui feito é um esforço cauteloso em traduzir o que o encenador expôs com hermetismo em entrevista recente: "Os discursos de Duras não se localizam no âmbito da comunicação unívoca, de uma só interpretação possível, mas na instância polissêmica da poesia, em que vários sentidos são aceitos. Sua obra instaura o enigma permanente".

Merece atenção um fato artístico que crê incitar a autonomia de percepção ao espectador durante um curto solo teatral. São quarenta minutos fragmentados, com falas sincopadas de Juliana, com um tremor de voz, choro silencioso, a máscara dramática poderosa, a narrativa de Bruno Ribeiro em um desempenho que pede sutileza para ser notado, o que ele consegue; e as intervenções consistentes de Caco Ciocler, ator que se impõe mesmo em sequências de escuridão. Enfim, uma montagem com um fio de insolência até quando o elenco sai do palco e não retorna para os agradecimentos (a célebre versão de *O rei da vela*, do Teatro Oficina (1967), terminava assim, mas o motivo ficava claro e tinha grande impacto. Baixava um telão com um texto de Oswald de Andrade: "Respeitável público! Não vos pedimos palmas, pedimos bombeiros. Se quiserdes salvar as vossas tradições e a vossa moral, ide chamar os bombeiros ou, se preferirdes, a polícia. Somos como vós mesmos, um imenso cadáver gangrenado! Salvai nossas podridões e talvez vos salvareis da fogueira acesa no mundo!".

Em um volteio acadêmico, digamos, para encerrar, que *Amante* é uma criação à qual se pode anexar a opinião da ensaísta portuguesa Helena Barbas. Diz ela que a obra de Duras "constrói um paradoxo sobre o valor do discurso – verdadeiro ou falso, são ou louco. Questiona-se, indiretamente, a verdade judicial e abertamente a ficcional. A crença nas palavras é "um jogo, que se pode ou não levar a sério". Numa relação desafiadora com o espectador, *Amante* exige que ele enxergue a parcela de vida ainda não sufocada pela tempestade de imagens e barulho do mundo atual.

BOM RETIRO 958 METROS JUNHO DE 2012
Caos e vertigem

A apresentação de *Bom Retiro 958 metros* é o convite do Teatro da Vertigem a 60 espectadores para uma caminhada noturna por uma desolada região do bairro paulistano que fervilha durante o dia. Viagem de descobertas e incertezas. Cada sessão comporta esse número definido de participantes para que a experiência tenha a densidade emocional de um rito. Como imaginou o polonês Jerzy Grotowski ao propor o seu *Teatro pobre* em contraposição ao acontecimento cênico ilusionista.

O enredo forma metáforas para a megalópole. Pede a integração ou a repulsa física de quem anda os 958 metros impregnados da energia concentrada em locais onde a vida está ou esteve submetida a grandes pressões. Em obras anteriores do grupo Vertigem, os ambientes foram, sucessivamente, uma igreja, um hospital, um presídio e o rio Tietê. O espaço urbano como experimentação artística. A proposta atual é fiel à posição do encenador Antônio Araújo de não fugir da cidade, do coração das suas trevas em forma de ruínas humana e material. Do que se deformou ao ponto da não civilização. Antônio Araújo é o artista da violência apesar do temperamento reservado.

O espetáculo se anuncia como investigações sobre o comércio de roupas, característica do local, a imigração e suas tensões e as relações de trabalho nem sempre claras. Cumpre a primeira parte. A região atualmente é um labirinto de vitrines, lotada de compradores em horário comercial. A encenação cria em torno dessa atividade uma fantasmagoria em que manequins e compradoras ansiosas se assemelham. Por muita ironia, a representação tem início na rua Cesare Lombroso, o cientista italiano (1835-1909) conhecido por teorias sobre os indivíduos predispostos ao crime a partir de dados físicos e mentais. Hoje, no Lombroso paulistano existe um "*shopping mal*" (mataram o idioma). Paralelo à rua Aimoré, conhecida via de prostituição pobre no passado.

O que a romaria teatral destaca é a aglomerada solidão dos que nada sabem do bairro, as noivas de verdade e as de plástico, as sacoleiras e o viciado em *crack* que narra de forma caótica o que se passa nos becos. Quando a noite cai, acontece um vampirismo ao contrário. Somem vítimas e dráculas. Fica apenas o vazio mal iluminado e os rangidos dos trens de subúrbio. O espetáculo concentra-se nesse lado do Bom Retiro. Seu valoroso passado italiano, judaico e grego está relegado a referências pontuais. Todo um universo de imigração sofrida em decorrência de duas guerras mundiais e as práticas antissemitas na Europa Central foi ignorado.

Pena porque, além do teatro, o Bom Retiro, que já foi recanto campestre dos ricos de outrora (atenção ao seu nome), é desde o fim do século XIX um sambaqui histórico-cultural com camadas de viagens em terceira classe, pensões de imigrantes, apátridas, foragidos, lenocínio, violência policial, mas igualmente artes e vida universitária (a Escola Politécnica e a Faculdade de Odontologia da USP, hoje Oficina Cultural Oswald de Andrade).

Nas últimas décadas, chegaram os comerciantes coreanos e agora o bairro é o subterrâneo de clandestinos bolivianos e paraguaios. No entanto, as costureiras em cena são quase diáfanas como moças de poema. A verdade do trabalho escravo é bem pior. Há máfias de trabalho escravo por ali e não se fala delas. A maioria judaica do início do século XX instalou-se em pontos melhores da cidade. Mas a memória dos pioneiros flutua nas esquinas, na Sinagoga, nas suas derradeiras lojas, na lembrança do restaurante Buraco da Sara (popular e barato, hoje sofisticado) ou na quase ruína da Casa do Povo, teatro, centro cultural e ideológico (à esquerda da comunidade), onde a caminhada cênica termina com pouca informação relevante sobre o extinto Teatro Israelita-Brasileiro (Taib).

Os manequins atirados nas caçambas de lixo acentuam certa visão cósmica do Vertigem, se é o termo. Uma ideia de calvário. Pratica-se a reiteração de apocalipses no estilo de atuação e na dramaturgia de costuras ou colagens de fatos (dificultando se perceber o que é o original do escritor Joca Reiners Terron). Um teatro de momentos fortes, clarões e gritos. O grupo tem sua força e sua fragilidade no próprio nome. É tudo intenso e pessimista, o que inclui interpretações entrecortadas com iluminação difusa e som inquietante. Vertigem. Em meio à representação, outra realidade paulistana passa nos ônibus do Jardim Fontalis (o leitor sabe onde fica?). Os passageiros com ar cansado observam aquela tentativa de testemunho sobre desenraizamento e alienação na cidade que não tem mais fim.

BREU JUNHO DE 2012

A vida como teatro de sombras

Breu, resina preta para calafetar madeira, utilizada na antiga construção naval, tornou-se sinônimo de escuridão total. Metáfora para o desconhecimento de alguma coisa, beco sem saída. É, de certa forma, o que o espetáculo quer dizer numa espécie de parentesco com o filme *Rashomon*, de Akira Kurosawa, que relata um assassinato segundo quatro testemunhas.

Há detalhes imprecisos em cada narrativa, como pontos cegos ou buraco negro. O texto *Breu*, de Pedro Brício, no entanto é permeado por subentendidos que, de alguma forma, o iluminam. Nele, duas mulheres conversam à luz de velas em uma casa não se sabe onde. Uma vaga claridade do quintal ajuda a se perceber o ambiente, móveis e objetos. O assunto delas aparenta ser banal. A dona, fabricante de salgados, entrevista uma forasteira disposta ao emprego de auxiliar no preparo de cachorro-quente. A patroa é cega e espera telefonemas que envolvem perigo, a empregada também tem segredos. Aos poucos, algo ameaçador surge de modo difuso e fragmentário. O insólito ou possibilidade de violência se instalam no ar enquanto se fala de açúcar no molho de tomate.

A trama faz alusão à política sem especificar se é o Brasil ou outro lugar. Não importa. São recados sombrios. De outra parte, a encenação, quem sabe, é um jogo existencial com lampejos ideológicos. Para Miwa Yanagizawa, diretora em parceria com Maria Silvia Siqueira Campos, a ideia é levar o espectador a outras experiências sensoriais. Ser estimulado a buscar sinais no invisível. Miwa é taxativa ao dizer que pretende contar fatos sem dados visuais evidentes. O pressuposto faz sentido, embora continue difícil em artes cênicas. O palco, desde o anfiteatro grego, é para ser enxergado.

Realmente não há relação humana isenta de fases de imprecisão. As mulheres de *Breu* carregam segredos, temores e necessidades. Precisam desconfiar, mesmo que carentes de afeto. Seja porque há um filho fugindo de perseguição militar, seja por uma busca enigmática. Há expectativas nos gestos, pedidos e recusas enquanto a vida supostamente normal corre lá fora. O dia a dia com cachorro-quente.

Com tais opostos, Pedro Brício constrói um labirinto onde cabe música antiga, clarões de memória e, bem devagar, a conhecida, imemorial e recorrente solidão humana. A escrita enxuta evita adornos sentimentais e clichês do gênero mistério. Se um telefone toca e não é atendido, isso não significa artifício de suspense; e, se é atendido, o pouco que se fala vale por páginas. Porque, pensando bem, o título da peça faz lembrar uma gíria sobre a hora de se atingir o ponto exato: "Pegar no breu". A diferença é que, no caso, ninguém pega em nada.

Já se fez um romance célebre em cima do vazio, *O falcão maltês*, de Dashiel Hammet, mas, aqui, o dramaturgo prefere que o enigma vá além do entretenimento. O mérito do espetáculo está na força dramática só com insinuações. É desafiador conseguir esse efeito e, com ele, se chegar a um clima emocional e enigmático ao mesmo tempo. Exige boa técnica das atrizes, que devem se impor em um ambiente velado. Requer ainda a ausência de vaidade ao representar quase sem mostrar os rostos. Kelzy Ecard e Natalia Gonsales têm esse desprendimento, o que as leva a desempenhos intensos em torno do breu, o particular e o da história.

MACBETH JUNHO DE 2012
Glória manchada de sangue

Em meio aos seus crimes, Macbeth, que matou Duncan, o rei da Escócia, comenta: "De tal modo estou mergulhado no sangue, que, se não for mais adiante, a volta será tão difícil quanto a travessia". A frase do homem que busca o trono sobre cadáveres é o marco sem retorno de qualquer encenação da peça. Se a fala do personagem, nesta metade para o fim do enredo, não causar o impacto arquitetado por William Shakespeare, o espetáculo terá sido apenas uma tentativa. O essencial não aconteceu. Há bibliotecas sobre o escritor que, desde o século XVI, é também personagem de si próprio, tantas são as teorias sobre seu poder de registrar épocas conturbadas e delas retirar reflexões geniais sobre história, filosofia, religião, poesia e o que um dia seria a psicanálise. Realmente, um assombro, considerando-se seus 52 anos de vida (1564-1616), dos quais menos de 25 como artista. Em uma produção dividida entre comédia, fantasias e tragédias, são as últimas que mais impressionam pela força verbal e senso político.

Macbeth encarna um poder no "trono manchado de sangue", título que Akira Kurosawa deu à sua versão cinematográfica. O ensaísta polonês Jan Kott (1914-2001) observa em seu estudo *Shakespeare nosso contemporâneo* que a peça não mostra uma mera agitação social, mas um pesadelo. Se os jogos de interesses humanos são contraditórios, curiosos ou graves, eles tornam-se horríveis quando brotam da deformada vontade pessoal. Diz Kott: "A história em *Macbeth* carece de transparência, como um pesadelo. Uma vez acionado, todos nós estamos mergulhados nele até o pescoço". Essa opinião tem interesse adicional ao vir de um intelectual que viveu o contraditório de sua conciliação inicial com regimes comunistas na Polônia e na URSS, antes de se afastar das tiranias. Para ele, o entrecho está reduzido "a uma única divisão:

entre os que matam e os que são mortos". A obra é tão complexa que induz especialistas a posições diferentes. O protestante Harold Bloom acentua a culpa e o ex-comunista Jan Kott, o assassinato, o sangue, provavelmente pensando no regime de Josef Stálin fuzilando ex-companheiros.

Faltam as dimensões mencionadas por Bloom e Kott à atual encenação de *Macbeth*. Shakespeare não precisa ser um monumento desde que se ofereçam alternativas. O diretor Gabriel Villela consagrou-se e trouxe visibilidade internacional ao grupo O Galpão, de Minas Gerais, ao realizar, em 1992, uma linda versão circense de *Romeu e Julieta,* apresentada na praça da Sé de São Paulo e em mostras e festivais de Montevidéu a Londres. Naquele instante houve inventividade com Shakespeare, agora mostrado na superfície da trama e com momentos caricatos. A opção de alguém ler em cena partes do original para condensar a representação contém riscos, mas é compreensível. O problema é o narrador, vagamente caracterizado como Shakespeare, surgir com aparatoso guarda-sol vermelho e gestos afetados como se a ironizar a própria função. Esta mesma afetação amaneirada vai à gratuidade quando as célebres bruxas aparecem entre trejeitos e risadinhas. Na tradição universal, feiticeiras, videntes, rezadeiras possuem um peso dramático imemorial. Por outro lado, a sobrecarga de referências orientais e à arte popular brasileira tende a perturbar o essencial. O rei Duncan está mais para figura de baralho; vale o que se quiser. Em compensação, a ousadia funciona ao apresentar um ator como Lady Macbeth (na tradição elisabetana e na oriental de teatro, não há atrizes, só homens); aí Villela está à altura de suas encenações.

O emaranhado de maneirismos visuais e interpretativos faz o espetáculo, como *Macbeth*, chegar a um ponto que é difícil voltar ao cerne da obra. Volta parcialmente com a intensidade sóbria de Marcello Antony (Macbeth), a composição de Cláudio Fontana (Lady Macbeth), a sólida presença de Hélio Cícero acima da roupagem e marcações acanhadas. Por fim, na veemência de Marco Antônio Pâmio. Ele deixa claro que estamos diante de uma tragédia mesmo que dessa vez a força simbólica das espadas tenha sido trocada por simples varetas de metal.

FACAS NAS GALINHAS JULHO DE 2012
Amores brutos

O título pouco convidativo *Facas nas galinhas* poderia ser *Lavoura arcaica*, o nome do poderoso romance de Raduan Nassar. São obras que apresentam um universo rural, primitivo, em que homens e animais estão quase na mesma situação. A peça fez sucesso em Portugal, onde as pequenas propriedades são numerosas e nelas a vida foi rústica durante séculos.

A devastadora e rentabilíssima agroindústria brasileira de cana, cítricos, soja e pecuária extensiva está a léguas dessa terra medieval. O mau título do bom texto de David Harrower faz lembrar a ficção de José Riço Direitinho, autor português que infelizmente ainda aqui não chegou. Autor de *Breviário das más inclinações*, em que se revela a existência bruta do campo na descrição do gesto de uma mulher, para evitar a gravidez: "Lavava-se sempre numa infusão de folhas de arruda, apanhadas ao luar, e bebia tisanas com sementes de funcho e de sargacinhas-dos-montes, para que as regras não lhe faltassem". Ou o que acontece em uma aldeia esquecida: "Numa noite de lua [...] os lobos desceram à aldeia e entraram em alguns quintais, matando quase todas as aves dos galinheiros. Rondaram as portas dos estábulos, atraídos pelo cheiro dos cordeiros, enquanto os cães uivavam de susto e de morte". Esse é o terreno escuro de *Facas nas galinhas*, um lugar sem data da Escócia. Nele sobrevivem três pessoas: um casal de agricultores e o dono do único moinho de trigo. O marido é rude e o moleiro (o ofício de moer cereais) tem algo atraente para que um triângulo aconteça.

O sedutor lida com uma máquina da Antiguidade (gregos e romanos usavam moinhos) e tem o dom da escrita. Tudo o que a mulher deseja é exatamente manejar as palavras para definir suas fantasias. Deixa-se envolver porque, além de desconhecer o carinho conjugal, o estranho, visto como explorador da labuta alheia, oferece cordialidade e ainda a ensina a usar papel, tinteiro e caneta de pena. Algo fora de uma rotina doméstica de ordens e monossílabos grosseiros. O enredo se faz nas alusões e subtendidos. O escocês Harrower, nascido em 1966, é claro: "Não uso o realismo. Quero uma linguagem mais pura, mais poética, que significa mais do que aquilo que parece. E descobri isso escrevendo esta peça".

O grupo Barracão Cultural apresenta uma montagem com a expressividade da cenografia de Marco Lima sugerindo grades e a roda de moer grãos, imagem reforçada pela iluminação misteriosa de Marisa Bentivegna. Há, no entanto, um descompasso inicial entre essa parte e a representação. Um marido tosco (Cláudio Queiroz) é mostrado aos gritos, o que acaba por incomodar. Na realidade, ele é apenas mais um trabalhador pobre, não um neurótico ou bêbado opressor. Já o moleiro (Thiago Andreuccetti) excede na face enigmática. Por fim, a mulher (Eloisa Elena) traduz curiosidade com ares e sorrisos simplórios. O experiente diretor Francisco Medeiros consegue, porém, ajustar a representação na segunda parte, quando cada intérprete chega ao nível dramático consistente e o jogo cênico sobe com coerência psicológica e a poesia. Mesmo assim, o elenco pode mais.

O espetáculo traz outras possibilidades em arte dramática. Há no momento uma sofreguidão urbanoide na temporada paulistana. Enchente de casais desajustados de classe média, carregamentos de peças inglesas com gente amalucada por dinheiro e poder, droga, sexo escapista. Um tipo de apocalipse fácil. É tudo verdade, mas com um verniz de modismo e reiteração do óbvio. José Saramago chegou aos brasileiros com o romance *Levantado do chão,* sobre os camponeses da região do Alentejo. Ao apresentar sua história, escreveu que "um escritor é um homem como os outros. Sonha. E o meu sonho foi poder dizer deste livro: isto é o Alentejo". *Facas nas galinhas* parece dizer que são sonhos de gente esquecida.

BOCA DE OURO e A FALECIDA JULHO DE 2012

Nelson ampliado duas vezes

O final do espetáculo *Boca de ouro* mostra o personagem transformado em tema de escola de samba. A cena revela a linha do diretor Marco Antônio Braz para Nelson Rodrigues. No seu mutismo de figura de carro alegórico, Boca sugere uma paródia da carta-testamento de Getúlio Vargas. O lendário bicheiro e criminoso parece dizer: "Nada receio. Serenamente saio da vida para entrar no carnaval". A mesma irreverência dá o tom de *A falecida*.

Faz sentido na medida em que o universo do dramaturgo comporta todas as interpretações. Quando a escritora Edla van Steen perguntou a Nelson: "Mas afinal, você faz ou não humor com as suas peças?", Nelson foi incisivo: "Humor? Faço. O fracasso do Leon Hirszman com *A falecida*, no cinema, foi exatamente a falta de humor". Portanto, as peças que ele denominou de tragédias cariocas guardam um pouco das farsas irresponsáveis, outro rótulo inventado pelo autor; e vice-versa.

Boca de Ouro é o vilão com uma dentadura com o rico metal símbolo de poder. O rei do bicho em Madureira, zona norte, berço das escolas de samba Portela e Império Serrano e do clube Madureira de futebol, tanto faz caridade como mata. Desfaz casamentos e coleciona mulheres, se possível as recatadas, como sublimação por ser filho de uma profissional de cabaré. O enredo entrelaça gestos sádicos, ciúmes ridículos e jornalismo sensacionalista.

Boca é sinistro e absolutamente verossímil. A banalidade do mal como o fato de a liga das escolas de samba do Rio de Janeiro já ter sido dirigida por ex-militar torturador na ditadura. O lado viril caricato de Boca, destacado em montagens anteriores, desta vez recebe novo enquadramento quando Marco Antônio Braz o delineia na área do distúrbio mental. Esse anti-Charles 45, de Jorge Ben, anti-Malvadeza Durão, de Zé Kéti, malandros até simpáticos, tem um olhar de psicopata que Marco Ricca transmite de forma brilhante. Como na composição "Esse cara", de Caetano Veloso, ele chega "Com seus olhinhos infantis/ Como os olhos de um bandido". Troca o estereótipo do cafajeste maneiroso pelo do predador. O mesmo acontece com Zulmira, a falecida da outra peça, que Maria Luísa Mendonça arrasta para além da histeria convencional numa interpretação incendiária com ela agarrada às redes do gol. Com voz poderosa, a atriz vai da suburbana cinzenta à mulher que deseja morrer por vingança familiar. Tem obsessão por um enterro de luxo. Boca e ela não têm limites e não sentem culpa, uma característica dos psicopatas. Os espetáculos adquirem uma dualidade entre o esplendoroso (são coloridos, agitados, há gestos amplos, risos, efeitos visuais atraentes) e a gravidade soturna e subterrânea dos enlouquecidos.

O risco da abordagem de Marco Antônio Braz é o excesso do farsesco. Nelson é especialmente talentoso no jogo entre a frase de efeito e Dostoiévski. A carnavalização, segundo o ensaísta russo Mikhail Bakhtin, é a linguagem simbólica para o confronto entre o oficial, a convenção, e seu contrário. O rompimento com a ordem institucionalizada. Fora isso, resta a estética do cineasta J. B. Tanko, um dos reis das chanchadas cinematográficas da Cia. Atlântida nos anos 1950 e 1960. Braz tem talento e habilidade para encarar o desafio. O resultado é dos melhores.

Há colorido e vitalidade, amargura e o grande achado que é um locutor narrar as rubricas (indicações do autor) nos traços desmesurados. *Boca de ouro* e *A falecida*, mesmo com desníveis ocasionais de interpretação, decorrentes da falta de maior tempo de vivência e trabalho conjunto do elenco, tem protagonistas de alto nível e surpresas como Livia Ziotti, que cresce no papel; assim como os solos bem executados de Rodrigo Fregnan (marcante no final de *Boca*), Lara Cordula, Jackie Obrigon, Claudinei Brandão (engraçado e enigmático), Leo Stefanini e do sempre sólido Gésio Amadeu.

Nelson Rodrigues dizia ter a alma do subúrbio, "um estilo apaixonante de vida". Deixa, porém, como diz o diretor, espaço para se aprender algo que não se sabe exatamente o que é, mas que se aprende.

A DOENÇA DA MORTE E O BOM CANÁRIO JULHO DE 2012

Vidas em câmara lenta: A doença da morte *e* O bom canário *falam do tédio e do vazio nas relações humanas*

O clichê do vazio existencial é o eixo das peças A *doença da morte*, da francesa Marguerite Duras, e de O *bom canário*, do norte-americano Zacharias Helm. Por essa trilha se pode ir a elocubrações tão densas quanto frias. Como o teatro é território da ficção, os dois autores fazem um esforço de cruzar com emoção o deserto dos afetos. Pelo menos tentam. O pêndulo de ambas as histórias oscila entre um homem e uma mulher. O casal em crise: Marguerite Duras (1914-96) teve uma vida acidentada, e tudo o que escreveu tem o lastro do que experimentou, ainda que se esbarre às vezes em um estilo duro e pouco acessível.

Mesmo assim, impõe sua forte personalidade artística. O que diz tem interesse ainda que, eventualmente, o faça de forma incomodamente abstrata. É o que acontece em A *doença da morte*. Durante a Segunda Guerra, viu o primeiro marido, o escritor Robert Antelme (1917-90) ser levado pelos nazistas durante a ocupação da França, em seguida aderiu à Resistência com Dionys Mascolo, então seu amante e companheiro de Partido Comunista. Finalmente, a partir dos anos 1980, passou a viver com Yann Andréa, 38 anos mais novo e bissexual. Não foi uma relação fácil. A peça tem muito a ver com essa derradeira e conflituosa vida conjugal. Para quem recebeu o primeiro marido semimorto do campo de concentração, o tratou com solidariedade (foram casados de 1939 a 1947), mas já sem a chama do amor, andar com Yann Andréa nas noites de Saint-Germain-des-Prés pode ter sido o reconforto possível, talvez sublimação. A *doença da morte* é a tentativa de um homem amar uma mulher. A ação ralentada o coloca a ler anotações dos próprios sentimentos enquanto Duras comenta a estranha situação em que se encontram. Há volteios retóricos para teorizar o relacionamento fracassado apesar das ritualizações sexuais de poucas consequências. Fica evidente que Duras, intelectual brilhante, formada em Ciências Políticas pela Sorbonne, escritora pródiga, aqui não está bem como pessoa nem como artista. Palavras, palavras para uma grande impotência.

Paralisia que desafia Marcio Aurelio, sutil e cuidadoso diretor de luzes e intérpretes. Paula Cohen tem um desempenho quente e prende a atenção por conduzir um papel flexível e enigmático, enquanto Eucir de Souza enfrenta dificuldades em colorir um personagem que é a negação de qualquer energia. Como diz o título de um dos últimos escritos de Duras: *C'est tout* ("É tudo").

Já a energia alterada é o que conduz O *bom canário*, estabelecendo contraparentesco temático com A *doença da morte*. A mulher da trama além de viver em estado semipsicótico, agrava a situação devorando anfetaminas em busca do que julga ser a integridade humana e intelectual diante do mundo que define com uma enxurrada de palavrões. Perturbação que o dramaturgo Zacharias Helm, nascido em 1975, foi, mais ou menos, colher no jornalismo literário de Tom Wolfe, sobretudo em *Radical Chique*, em que esquerdistas de salão, em Nova York, participam de uma festa para ouvir a pregação desaforada do movimento Panteras Negras.

Helm dilui a fonte original em um enredo sobre negócios escusos no meio editorial e o dilema do marido ao se meter com uma pessoa que acha ótimo recusar as regras de civilidade. O lema da contestadora viciada em estimulantes é: "A perspectiva existencial enxerga os bunda-moles como o resultado do fracasso em agir com autenticidade". Se há mais profundidade, foi perdida na tradução e/ou subtextos. O desfecho da obra não se deve contar, paciência. Fiquemos nas duas vigas básicas de tensão. Uma situa o marido empenhado em colocar a mulher na realidade. A imagem do "bom canário" pode vir daí (na natureza, porém, o pássaro tem um lado agressivo. Há rinhas de canários). A outra seria a parte dúbia ou oportunista de cada lado do casamento. O que é inconsciente e o que é manipulação?

Desse caos, o diretor Leonardo Netto levanta um espetáculo tenso graças às boas interpretações de Flávia Zillo, trabalhando o excesso sem caricatura, e Joelson Medeiros, habilidoso ao compor um desamparo que tem o contraponto exato no cinismo agressivo de Leandro Castilho. Em resumo, são espetáculos ecoando uma fala de 1963 do filme *Trinta anos esta noite*, de Louis Malle, menção obrigatória em questões existencialistas: "A vida não passa tão rápido para mim, por isso quero acelerá-la".

ESTAMIRA JULHO DE 2012

Luz perdida em meio ao lixo

"Mãe" é a primeira palavra proferida por Estamira em meio a uma montanha de plástico no maior depósito de lixo a céu aberto da América Latina, o ironicamente chamado "jardim" Gramacho, região de Duque de Caxias, estado do Rio. Tecnicamente rotulado como "aterro sanitário", às margens da baía da Guanabara, dele viviam vinte mil pessoas entre catadores e habitantes da Baixada Fluminense. Mas este não é um caso de economia do Terceiro Mundo, e sim a história de uma mulher, Estamira, conhecida depois do premiado filme de Marcos Prado.

O assunto da peça (e do documentário de Prado) é a visão messiânica do mundo dessa pessoa que carregava, além da pobreza, uma psicose progressiva.

Apesar disso, trabalhou, teve filhos, uma casa organizada, sempre defendendo suas ideias entre o delírio e a realidade. Palavras soltas, recordações concretas, acessos de fúria. Enfim, a verdade dos loucos.

Foi a partir do limbo existencial de Estamira, e de um caso na sua própria família, que a atriz Dani Barros deu início ao texto em parceria com a diretora Beatriz Sayad. As duas foram mostrar que a insanidade de Estamira, como escreveu o cineasta Arnaldo Jabor, é uma linguagem de defesa diante de um mundo mais louco que ela. A sua loucura é narração de uma sabedoria torta, de uma anomalia, que a salva de uma realidade, esta sim, insana.

É fácil saber que há mendigos filósofos nas ruas da cidade e da arte de Artur Bispo do Rosário e o Profeta Gentileza (José Datrino). Distantes do que realmente aconteceu, tomamos nota dos distúrbios mentais de Van Gogh, do sociólogo Max Weber ou do teatrólogo Antonin Artaud. O cinema e o espetáculo teatral, porém, não oferecem solidariedade asséptica. A Estamira do filme é mais concretamente perturbada, enquanto a versão teatral está matizada por uma compreensão próxima à filial.

Com acréscimos de outros autores (Manoel de Barros e Ana Cristina Cesar), surge no palco a luta de uma senhora de 60 anos contra homens rudes e hospitais frios, mas que sabe observar "a magia dos sabiás". Como vários exilados da sociedade, vai navegando em um rio secreto de certezas e lamentos, saudades da mãe e exaltação de parentes apesar dos ruídos que incomodam sua mente. O texto de Beatriz e Dani é diferente da aspereza do filme. Tem mais compaixão e perguntas. Estamira é louca, mas tem queixas precisas do comportamento masculino patriarcal e das instituições públicas. Reitera o brado do poeta-compositor Torquato Neto: "Aqui é o fim do mundo/ Pão seco de cada dia/ Tropical melancolia/ Negra solidão".

Sua existência cênica tem traços da moradora de Gramacho (lixão fluminense finalmente desativado) e bastante das experiências pessoais de quem a trouxe ao palco. Dani Barros em determinado momento sai do papel e fala por si e por Estamira, o que amplia o efeito do que se assiste. A artista não tem idade para ter visto o desempenho de Rubens Corrêa em *Diário de um louco* em 1964. Como Estamira, o humilhado funcionário público desse conto de Nikolai Gógol apela para a mãe: "Salva o teu pobre filho. Derrama-lhe lágrimas sobre a cabeça doente". Rubens (1931-96) era extraordinário, e o voo interpretativo de Dani lembra essas alturas. Há por trás dos seus setenta minutos de atuação uma equipe comandada com sutileza e paixão por Beatriz Sayad, que chamou Georgette Fadel (interpretação), Luciana Oliveira e Marina Considera (voz e canto) e Cristina Wenzen (preparação corporal). Esse esforço cria luz no meio do lixo e transforma a existência de dona Estamira Gomes de Souza, falecida em 2011, em um instante de teatro que olha a loucura com respeito.

A DAMA DO MAR AGOSTO DE 2012
Quando a ilusão vem do mar

Apenas uma sugestão: assistir a *A dama do mar*, de Henrik Ibsen, no excepcional desempenho de Ondina Clais Castilho, como uma lenda da Noruega. As implicações sociais aparecem naturalmente. Uma mulher bela e casada com um viúvo dedicado, já pai de duas jovens, espera em segredo o retorno do seu verdadeiro amor, marinheiro que partiu deixando atrás de si uma história violenta. Impressiona a quantidade de episódios espectrais nas sagas nórdicas, desde as anônimas àquelas transfiguradas por escritores como Halldór Laxness, da Islândia, autor de *Gente independente*, ou Frans Sillanpää, da Finlândia, com a sua *Santa Miséria*. Shakespeare, ao procurar um local misterioso, deixou a Inglaterra para colocar o fantasma de *Hamlet* nas névoas da Dinamarca.

A peça é engenho teatral de alto teor literário nos diálogos e aparentemente linear no encadeamento do entrecho. Ibsen (1828-1906) é um artista do século XIX, embora a intensidade de sua obra permaneça vigorosa independentemente das mudanças literárias. O que se pode estranhar, talvez, é sua preocupação com assuntos hoje resolvidos ou que não podem ser escamoteados por moralismo e outras conveniências. Em um dos melhores estudos sobre ele, o ensaísta Otto Maria Carpeaux notou que o maior dramaturgo do período reflete as qualidades, e defeitos, da época. Preocupa-se não só com as conquistas sociais e as descobertas da ciência para melhorar o mundo, como também com os dilemas que tais progressos acarretam. Para Carpeaux, as peças de Ibsen defendem o desejo de transformar a vida "em máquina que funciona bem".

Transcorridos mais de cem anos, muito do que para ele, um polemista indignado, foram batalhas cívicas, políticas e morais em andamento, agora estão ganhas. Doenças (tuberculose e sífilis com seu componente sexual) têm cura, e a emancipação da mulher é um direito que avança. Enfim, esse utópico do socialismo pré-marxista poderia ser um pregador superado, mas permanece graças ao seu fôlego poético. Carpeaux diz textualmente: "Podemos discutir todas as virtudes e defeitos do norueguês e, meia hora depois de levantado o pano, tudo está esquecido. Ficamos presos, impressionados, convencidos". Porque os preconceitos, costumes, trajes, louçaria e os cristais da cena são detalhes sob os quais pairam as "angústias eternas dos homens como estes sempre foram e sempre serão".

O diretor Sérgio Ferrara captou essa essência e fez de A *dama do mar* um concerto de vidas em busca de algo além do cotidiano. Desejo de transcendência existencial e fuga da rotina nas mulheres, seja pelo grande amor que virá de algum lugar, mesmo que da pura imaginação, seja pelo casamento sem ardor, mas com a possibilidade de diferentes paisagens. Há uma luta surda entre o que está estabelecido, seguro e banal e o que poderá ser venturoso ainda que com perigos. O mar como espaço livre ou naufrágio é a metáfora da peça. É preciso um elenco sutil e consistente para a travessia entre o simbólico e o quase melodrama em Ibsen. Conhecedor do dramaturgo, que encenou em vezes anteriores, Sérgio Ferrara reuniu uma equipe de primeira. Ondina Clais Castilho tem uma providencial beleza nórdica, vibração e técnica vocal para a alucinada dama do mar. O mesmo ocorre com Mariana Hein, a enteada que deseja fugir do labirinto dos fiordes. Há um imponente antagonismo entre as duas. Na ponta final do triângulo feminino, Erika Altimeyer transmite a ambivalência entre o apenas juvenil e a fragilidade psicológica. Não é fácil. Procurando entender esse tumulto de almas, há o quarteto masculino capitaneado por Luiz Damasceno, que praticamente nunca erra um desempenho. Tem experiência a serviço do talento. Papéis entrecortados, sempre difíceis de levar adiante, ganham credibilidade com Luciano Quirino, Alberis Amaral e, sobretudo, Ricardo Gelli, como porta-voz da atitude masculina conservadora. Renato Cruz teria maior impacto se o seu aguardado marinheiro não surgisse em trajes urbanos, descalço e penteado, como num editorial de moda. É algo que se pode corrigir na rota de um espetáculo sobre a luz e a penumbra dos desejos que nos atraem e assombram desde sempre.

AS POLACAS AGOSTO DE 2012
Flores das pedras

O espetáculo As *polacas: flores do lodo*, de João das Neves, tem algo de Noel Rosa. Quando ouvimos do poeta os versos "Palmeira do mangue/ Não vive na areia de Copacabana", de Noel, poucos se dão conta do que esteve por trás dessa geografia física e humana do Rio de Janeiro.

O mangue era um brejo canalizado no Segundo Império para drenar um pântano no centro do Rio antigo. Foram plantadas palmeiras nas suas margens. A realidade, menos poética, fez brotar naquela área uma zona de baixa prostituição, que virou lenda e música em contraponto ao problema social. Nesse mundo, viviam as negras e estrangeiras, o proletariado do sexo que anunciava francesas. Não eram. No arremedo parisiense do mangue estavam pobres judias da Polônia, vítimas da Zwi Migdal, organização criminosa de tráfico de mulheres surgida na Polônia.

De 1867 à Segunda Guerra, esse sistema suplementarmente tenebroso por ser operado por judeus vendendo sua gente funcionou entre a Europa e o Brasil e a Argentina. Custou a vida de pessoas indefesas. Parte delas está no cemitério judaico de Inhaúma, subúrbio do Rio, onde termina a obra escrita e dirigida por João das Neves com um elenco impecável.

A peça coincide com o lançamento do livro *Passagens: literatura judaico-alemã entre gueto e metrópole*, de Luis S. Krausz (Edusp), estudo consistente sobre as errâncias de um povo do qual as polacas são personagens laterais. O tema principal de Krausz é mais abrangente, mas há nele, em comum com essas prostitutas, a situação de trânsito, exílios e tentativas de assimilação no estrangeiro.

O drama real brasileiro das polacas aparece em *Baile de máscaras: mulheres judias e prostituição*, de Beatriz Kushnir (editora Imago). O enredo de João das Neves tem outros caminhos – e Kushnir não o avaliza ao falar da origem e alegria do samba e da mestiçagem. De certa forma, poderia se chamar *Cenas do Rio antigo*, porque, embora seja um artista com preocupações ideológicas, o seu texto evita a polêmica. Está entre a denúncia vaga e a reiteração do espírito carioca mais leve. Como é um espetáculo na fronteira do saudosismo, só faltou incluir os portugueses do Rio, ainda presentes na arquitetura com portais e janelas de granito, na culinária (extinta na São Paulo italiana) e no futebol do Vasco da Gama, o primeiro clube a incluir negros no time.

Assim teríamos um painel amplo, a de revelar o Rio que teria se habituado a fechar os olhos para a violência contra os pobres e a reação dos oprimidos tecendo laços de solidariedade. De qualquer forma, é uma dramaturgia bem encenada, com referências históricas e culturais do mangue ao berço do samba na casa de tia Ciata, cozinheira e mãe de santo, um pedaço da África na então capital do país. As sequências mais fortes mostram prostitutas se organizando para assistência médica e um cemitério judaico. O texto deixa passar em branco um dado gritante: as mulheres escravizadas aceitavam na comunidade e no cemitério os seus algozes, sórdidos gigolôs, porque eram da mesma origem. Mistério cultural ou psicológico com potencial dramático não utilizado.

A democracia "coletiva" de listar os intérpretes sem os papéis que cada um representa impede mencionar os responsáveis pelos melhores desempenhos. Por sorte, o bom nível predomina. Com ares de folhetim, com os *Mistérios do Rio*, de Benjamin Costalatt, exaltando a abnegação das mães de leite, *As polacas* arranha a lenda das francesas e faz justiça às "jovens polacas e batalhões de mulatas pisadas nas pedras pisadas do cais" do poeta Aldir Blanc.

JULIA SETEMBRO DE 2012
Strindberg transposto para cinema e televisão

A quantidade de imagens de *Julia*, espetáculo de August Strindberg, autor da peça *Senhorita Júlia*, atende a um objetivo da Cia. Vértice, do Rio de Janeiro. Em síntese, trata-se de "aprofundar a pesquisa de linguagem que se articule com os procedimentos da contemporaneidade". Imagens e filmagens são usadas para recriar um texto que concentra em grau elevado a luta de classe e o embate erótico com lances de sadomasoquismo físico, crueldade mental, sentimento de culpa, loucura e morte. Strindberg é o pai do cinema de Ingmar Bergman. Estamos de volta à guerra dos sexos com componentes ideológicos e de perversão psíquica. É interessante observar o jargão acadêmico em propostas artísticas. Ficou praxe, por exemplo, dizer que objetos ou abstrações inanimadas "dialogam" uns com os outros. No caso, o projeto é para dar ao velho Strindberg o referido selo de contemporaneidade. Sem isso, parece que seus textos poderosos e estranhos não bastam como foram escritos. Faltaria algo ao seu universo sofrido e visionário, aos seus pesadelos que continuam, sim, contemporâneos apesar de eventuais referências sociológica e historicamente datadas.

Enfim, estamos envolvidos na discussão sobre os rumos das artes cênicas. Surgem nomes-conceitos como "novas teatralidades", "processo colaborativo" ou "teatro expandido". São práticas às vezes exteriores e mal elaboradas junto a outras realmente inventivas no ímpeto de se ter uma câmara na mão e um palco na cabeça. Merecedoras de atenção quando feitas a sério. Mesmo que se discorde aqui e ali, é o caso da Cia. Vértice neste atual trabalho artístico de Christiane Jatahy (roteiro e participação na cenografia) e Marcelo Lipiani (direção de arte e cenário). São criadores na trilha do que começou lá trás com o *Gesamtkunstwerk* – termo do século XIX para "obra de arte total", segundo o compositor Richard Wagner, e que, no início do século XX, tem como figura expressiva o teórico e encenador alemão Erwin Piscator.

Nenhuma das rememorações vai contra *Julia*, da Cia. Vértice. Apenas constatam que foi preciso o aval de August Strindberg (1849-1912) para expor retratos sociais com linguagem cinetelevisiva. Não é também uma atitude de reverência paralisante diante do notável dramaturgo (não custa lembrar que no museu a ele dedicado, na Suécia, seu retrato é vendido como ímã de geladeira).

A viagem "do teatro para o cinema e de volta para o teatro e de volta para o cinema", como diz Jatahy, não é tranquila. O original de Strindberg sai danificado como força dramática, mergulho psicológico e agudeza política. Não basta trocar um círculo de relações dos tempos da nobreza por pinceladas de negritude e favela. Isso, aliás, faz lembrar versos de Paulinho da Viola ("Tá legal/ Eu aceito o argumento/ Mas não me altere tanto o samba assim").

Como fusão de linguagens, na primeira parte de Julia predomina o cinema. Ou, melhor dizendo: o telão. A confirmação de um tempo novo em que se paga acima de 500 reais para ver no telão dos estádios de futebol o *pop star* minúsculo no palco gigante. Enfim, temos teatro na segunda parte e, sobretudo, na sequência final de representação entre a patroa (histérica e um tanto ninfomaníaca na fita) e o empregado submisso, mas ressentido.

Esse teatro sofre um pouco para mostrar a beleza da sua força (arcaica?) e mostrar que os gregos não estavam errados quando o inventaram. É a hora de o lugar comum pedir licença para reiterar o fascínio da presença ao vivo do intérprete, quando se ouve sua respiração, o brilho do olhar ao agradecer o aplauso. Quando se recebe em cheio a energia de Julia Bernat (dias atrás, em um bonito momento, ela saiu do papel e desculpou-se baixinho com um espectador atingido de leve por um sapato jogado em cena). Um talento quente só prejudicado pelos gritos agudos (sempre um horror em teatro).

É igualmente convincente a presença de Rodrigo dos Santos fora do estereótipo do macho brutal de pele escura (o negro potente – caricatura de Nelson Rodrigues). Na parte de cinema, Tatiana Tiburcio é convincente como a empregada que sabe que ricos e pobres, empregados e patrões não se misturam. Enfim, temos lampejos de teatro – o de sempre e esse outro, preocupado em "aprofundar a pesquisa de linguagem" – e intervenções da cinetelenovela com uma cena de sexo que parece querer o efeito de *Último tango em Paris*, mas é apenas um escorregão no grotesco. A síntese trágica e convincente do espetáculo chega nas imagens de água e sangue que lembram o grande filme *O ato final* (*Deep end*, 1970), de Jerzy Skolimowski, que tem algo a ver com a personagem emocional de Julia Bernat.

A BOLA DA VEZ OUTUBRO DE 2012

A bola da vez é um espetáculo localizado na mitologia popular quando o futebol era no chão de terra das várzeas. Hoje a maioria não sabe nem sequer o que significa várzea. Vamos relembrar: é o terreno plano às margens dos rios e ribeirões. A avenida 23 de Maio e seu pesadelo automobilístico cotidiano já foi o vale do Itororó, com um riacho margeado de plantas aquáticas, tábuas de bater roupa das lavadeiras dos bairros Bixiga e Liberdade e campinhos de futebol.

Partidas domingueiras e memoráveis foram travadas ali. Entre os jogadores estava Agostinho dos Santos (1932-73), o cantor de *Balada triste*, e antes dele o lendário garoto Vassourinha (Mário Ramos), sambista maior em seus apenas 19 anos de vida. Paisagem semelhante acolheu na cidade de Santos o nosso Plínio Marcos de Barros, que passou a infância em peladas nos bairros populares. Quase foi jogador antes de se consagrar como dramaturgo. Manteria, no entanto, pela vida afora a paixão esportiva, fiel às cores vermelha e amarela do pequeno e aguerrido Jabaquara Atlético Clube, o "Jabuca" do bairro do Macuco. Plínio (1935-99), que seria também contista e cronista esportivo, daria a esse seu passado futebolístico a mesma áurea das "chuteiras imortais" de Nelson Rodrigues. Sentimento do mundo anterior ao futebol, negócio e ídolos breves. Esse tempo e essa pequena humanidade dos bairros estão no bonito espetáculo *A bola da vez*, texto e direção de Graça Berman. Foi preciso uma mulher para relembrar a várzea e Plínio Marcos, enquanto os cartolas e estrelas momentâneas dos campos se engalfinham por salários bons e negócios paralelos.

Baseado em artigos de Plínio na grande imprensa e nos seus livros *Inútil canto e inútil pranto pelos anjos caídos* e *Histórias das quebradas do mundaréu*, o enredo corre em duas linhas que se cruzam: futebol e infância. A vida familiar e as peripécias do brigador Plínio, dos dias de palhaço de circo à consagração como um dos maiores escritores do teatro brasileiro. O drama dos jogadores anônimos lembra os filmes *Boleiros*, de Ugo Giorgetti, e, mais atrás, *Chapetuba Futebol Club*, de Oduvaldo Vianna Filho. Estranhamente, há pouca arte sobre futebol na "Pátria de Chuteiras". O livro *Maracanã, adeus: onze histórias de futebol*, de Edilberto Coutinho, só é encontrável em casas de livros usados.

Um elenco pequeno da Cia. Letras em Cena (menos que 11 de um time), mas com garra e humor (Décio Pinto, Ana Arcuri, Fabrício Garelli, Gira de Oliveira, Jota Barros, Ricardo Pettine e Tânia Luares), faz o palco do Teatro Maria Della Costa parecer circo de periferia e os bares da boêmia intelectual da Santos de outrora, onde brilhava a inteligência de Patrícia Galvão, a Pagu (1910-62), escritora, militante comunista, incentivadora de teatro e a primeira pessoa a ver em Plínio um criador poderoso. É um entrecho divertido, provocador e pungente (o torcedor que morre de emoção durante o jogo com o arquirrival). *Flashes* de vidas modestas, sonhos irrealizados ou de um circo que já não existe. A trajetória de Plínio, suas ideias e suas glórias. Um cara que não se entregou como artista e como homem. A cenografia e figurinos são mambembes – e isso é um elogio.

A precariedade cenográfica é intencional e inevitável em uma produção levantada na raça, que faz lembrar os romancistas da Baixada Santista Afonso Schmidt, de *Os saltimbancos*, e Ranulpho Prata, de *Navios iluminados*, que falam de teatrinhos improvisados e da labuta pesada no porto. Eles podem render bom teatro.

A *bola da vez* atravessa um tempo em que Pelé tinha só 15 anos e Plínio Marcos treinava no juvenil da Portuguesa Santista. Várzeas da memória.

CABEÇA DE PAPELÃO OUTUBRO DE 2012
O papelão dos bacharéis

Cabeça de Papelão é uma comédia de humor absurdo, com raízes na formação social brasileira e em certa psicologia de classe que vem dos tempos coloniais e se sedimentou na burocracia do Império e na República dos bacharéis. Já foi estudada academicamente (*Raízes do Brasil*, de Sérgio Buarque de Holanda, e *Os donos do poder*, de Raymundo Faoro) e satirizada pelos melhores escritores de todos os tempos. Ana Roxo encontrou um caminho divertido e cortante de expor essa mentalidade parasitária. Um olhar cético sem cair na lamúria conservadora do "esse país não vai para frente". Deixa claro que colocou no mesmo caldeirão o gangsterismo das peças de Brecht e o que Brasília simboliza em termos de acertos duvidosos. É divertido porque ela refaz tudo isso de forma calculadamente exagerada a partir das crônicas e livros de João do Rio (1881-1921) sobre a sociedade carioca no começo do século XX. Por coincidência, ele e Lima Barreto (1881-1922), crítico mais sofrido e talvez por isso mais agressivo diante das mesmas mazelas, nasceram no mesmo ano de 1881. O "cabeça de papelão" do enredo é o cidadão Antenor, que demora em aprender os mecanismos de como se acertar na vida mediante negócios intramuros, casamento arranjado, o anel de doutor e um lugarzinho no serviço público, e assim por diante. Como ele é meio lento, trocam-lhe a cabeça por uma de papel e, assim, em meio à bagunça do "país do sol", tudo se arranja com cordialidade e os brandos costumes. Mas, sempre, algo pode sair ao contrário, e o humor delirante mais um grão de loucura fazem sua parte na obra de Ana Roxo, sob a direção de Kleber Montanheiro conduzindo um ótimo elenco. A comédia a serviço da inteligência, numa indignação desaforada e risonha diante da instabilidade geral em solo pátrio desde que Macunaíma bradou "pouca saúde e muita saúva, os males do Brasil são". Há um sutil tratamento psicológico dado ao entrecho. O plano existencial ganha relevância e alguma abstração está presente (até o jovem e futuro comunista Brecht se valeu dela com maestria). Ana Roxo demonstra um à vontade diante de João do Rio que manifesta o reconhecimento ao original, mas se permite trabalhar na contemporaneidade de sua visão de dramaturgia. O contrário seria algo arqueológico como encenar *Mistérios do Rio*, de Benjamin Costalatt (1897-1961), no clima de uma sociedade que passou por enormes mudanças para o bem e para o mal. O personagem Antenor é mostrado em ritmo de riso solto, porém conservando um fundo de seriedade que é um dos suportes do Teatro do Absurdo (sobretudo em Ionesco e Václav Havel). Encenação que, ao usar habilmente o pouco espaço do Miniteatro, leva o público a uma loja de antiguidades, um café literário ou sótão de casa antiga onde tudo lembra miniatura.

O museu das ilusões do protagonista, o típico exemplar da mentalidade perplexa e mediana até se descobrir um joguete e reagir. Sua cabeça adquire o formato de TV ou *laptop* (tentativa de associá-lo ao jovem agressivo do filme *Laranja mecânica*. Recurso engenhoso, mas não tão convincente). O espetáculo avisa que as mudanças começam sem manifestos exaltados e que a mediocridade cotidiana só será alterada "a partir do nosso pensamento, nossas crenças e nossa posição perante o pequeno mundo que nos cerca". Mas não é nenhum convite ao sofrimento, ao contrário. Ana Roxo, ao fazer a livre incursão ao original de João do Rio, busca a quase esquecida *Revista Musical*; e teve parceiros à altura.

Pena o elenco aparecer no programa sem os respectivos papéis. Não se sabe quem é quem (como, ao contrário, se sabe da direção e que Montanheiro responde também pelos figurinos, cenário e iluminação, assim como a parte musical é de Adilson Rodrigues, Gabriel Hernandes e Nina Hotimsky). São todos bons, embora se consiga registrar apenas a convincente presença de Heloisa Maria. O Miniteatro é um lugar simpático e um projeto artístico inteligente, apesar de o esquema de recepção com uma comanda de despesas (o térreo é um bar) com o alerta ameaçador de taxa elevada em caso de perda do cartão. Seria melhor outra solução, coerente com o bom humor que o palco irradia com bastante talento.

HAMLET OUTUBRO DE 2012
Hamlet com paixão e fúria

Quando o espetáculo começa, há barulho, gente aos brados, ameaças, ecos de fatos graves. No canto esquerdo do palco, percebe-se uma figura silenciosa e encapuzada. Leva minutos até que se manifeste. É o *Hamlet* monumental de Thiago Lacerda. São dois fatos distintos que se encontram. A aparição de um dos mais enigmáticos personagens do teatro e um ator no seu momento maior. Há bibliotecas sobre Shakespeare, suas tramas e linguagem extraordinárias. Estudiosos nem sempre estão de acordo sobre uma invenção dramática, trágico-histórica e romântica que assombra e desafia o mundo, o que liberta o encenador para recriar o príncipe da Dinamarca à sua maneira. No romantismo dos séculos XVIII e XIX, criou-se um Hamlet ensimesmado, a remoer a morte do pai, o rei, crime que contou com a conivência da própria mãe, até se chegar às turbulências, do século XX em diante, que moldaram um nobre menos vacilante. É o que se viu nas versões de Flávio Rangel, com Walmor Chagas (1969); José Celso/Teatro Oficina (2001); e Aderbal Freire-Filho, com Wagner Moura (2008). Do exterior recebemos a produção do inglês Peter Brook, com William Nadylam, ator negro encarnando um nobre dinamarquês (2002).

Hamlet abre comportas de questões existenciais, históricas e filosóficas dentro de uma complexa estrutura política. Focaliza o tempo em que o poder advinha da destruição física dos adversários. Em uma entrevista, Peter Brook, notável conhecedor de Shakespeare, argumentou que a sua época (1564-1616) não conhecia democracia. Só havia o rei bom ou o rei mau e toda sociedade girava ao redor deles, no fundo ditadores, por serem os únicos modelos sociais. Em meio a tantas figuras manchadas de sangue (Ricardo III, Macbeth), Hamlet representa até alguma alternativa ao mecanismo implacável. Ele não mata imediatamente o assassino do pai, confunde os parentes e amigos com atitudes desconexas e simula indiferença à sua amada Ofélia.

Torna-se um estrategista no limite da aparente loucura. Termina, porém, inesquecível. Para Peter Brook, é o homem que fracassa de início, mas consegue tomar consciência de que, em dado momento, a ação é o que importa. O gesto concreto além da reflexão lenta. Então avança ao encontro do seu destino, porque um exemplo dado continua depois da morte, mesmo que termine a luta com a frase imortal: "O resto é silêncio".

O diretor Ron Daniels, filho de ingleses e crescido no Brasil, onde iniciou a carreira artística agora internacional, conhece a tradição britânica das grandes vozes e do texto tal como escrito no século XV e o seu oposto, as tentativas de apresentar uma obra múltipla com sonoridade verbal e imagens cênicas da atualidade.

No primeiro caso, encontra-se a arte dramática arqueológica para o público conservador, e no segundo, o risco da atualização apressada. Na travessia estética e temporal, há acertos e soluções menos felizes no espetáculo de Daniels. A mistura de figurinos numa verdadeira feira de estilos é desconcertante e sem acréscimo à verossimilhança. A lenda remota e a invenção do escritor resistem ao recurso de se colocar o pai de Ofélia e o fantasma do monarca em ternos de hoje. Outros personagens trajam fardas dos anos 1930 (Franco e Mussolini) ou capacetes de motociclistas. As brumas e a dimensão cósmica da narrativa estão sublinhadas com precisão na bela cenografia abstrata de André Cortez.

Por sorte há bons intérpretes que fazem o melhor dentro da linha de direção (Eduardo Semerjian, Roney Facchini, Selma Egrei, Antônio Petrin). Parece que não houve tempo para Ron Daniels afinar o elenco e dar o tom exato ao que projetou. Acontece mesmo em se tratando de um artista tarimbado e audacioso. A voragem subterrânea ou explícita de *Hamlet* está em Thiago Lacerda com as vestes daqueles dias antigos e uma interpretação apaixonada que o eleva como ator à altura da grandeza do texto.

TODA NUDEZ SERÁ CASTIGADA OUTUBRO DE 2012

Toda nudez será castigada pode ser uma tragédia e pode ser, também, um engenhoso folhetim intencionalmente nos limites da provocação escandalosa. Se Nelson Rodrigues cultivou com esmero a imagem de romântico e nostálgico de inocências do paraíso perdido, tirou igualmente bom proveito da imagem de "tarado", simulando sempre perplexidade ofendida. O dramaturgo sabia como ser personagem de si próprio. Nesta obra, temos os extremos de tudo: um viúvo que se quer casto para o resto da vida, um filho histérico com sua homossexualidade latente, várias tias apopléticas com os tabus do sexo e o inevitável parente mau caráter. Em meio a isso, uma prostituta sedutora. Como em todo clichê, é uma esperançosa de amor e redenção. Vai dar tudo errado. Mas, como é Nelson Rodrigues e seu talento, a peça traz simbolismos suficientes para que se encontre nela todo Freud e toda malícia de um anjo pornográfico. Até comédia, paródia, a caricatura grotesca.

O espetáculo de Antunes Filho faz lembrar que ele dirige um Centro de Pesquisas Teatrais (o CPT, do Sesc). Não é apenas um grupo, mas um projeto de estudos e experimentos sobre as artes cênicas, com ênfase na voz e na utilização do corpo. Um desmonte de fórmulas cristalizadas de se compor o papel. O CPT não se obriga a sucessos convencionais e, nesse procedimento, podem acontecer realizações menos resolvidas. Antes de chegar à notável *Medeia*, de Eurípides (2001), o grupo montou um exercício com a tragédia grega em *Fragmentos troianos*, mas que já era teatro de muita força e beleza. Com Nelson Rodrigues, aparentemente, o caminho foi diferente. Elevou o dramaturgo a uma amplitude jamais imaginada e começou a descer para a simplificação. Antunes foi se aproximando dele a partir de *A falecida* (1965), na Escola de Arte Dramática (EAD), trabalho que marcou uma geração de alunos. No contexto da escola e seus padrões cênicos, foi uma novidade. Voltaria a ele em 1974, com *Bonitinha, mas ordinária*, com Miriam Mehler e Fregolente, ainda nos limites de uma estética conhecida. Houve a seguir longa pausa, quando então Antunes aprofundou radicalmente os estudos e práticas do uso de espaço, texto, gesto e fala. Período de leituras de física quântica, filosofia oriental, história das religiões e das teorias analíticas de Carl Jung. Nasce daí a sua abordagem transformadora, uma verdadeira iluminação de Nelson Rodrigues nos espetáculos *O eterno retorno* (1981), *Nelson 2 Rodrigues* (1984) e *Paraíso zona Norte* (1989). O dramaturgo foi levado da moldura suburbana e da polêmica para a dimensão dos arquétipos fundamentais do comportamento humano. Antunes Filho aproximou Nelson Rodrigues da tragédia grega e do Velho Testamento.

Agora, na contramão dos clarins pelo centenário do autor, quebrou a densidade dos espetáculos anteriores. Mostra que, sim, *Toda nudez* paga tributo ao jornalismo sensacionalista, ao voyeurismo patético, ao exagero. Raspou o verniz mítico anterior para dar passagem a um bando de desajustados cotidianos, comuns. Reelaborou a peça no ritmo dos cortes cinematográficos e no tom do noticiário policial de TV, com a valorização dos pontos fortes. Esvaziou a cena, mas houve excesso, porque o palco excessivamente nu paradoxalmente pode dispersar a atenção. O cenógrafo J. C. Serroni faz falta. As mocinhas nuas e diáfanas de encenações anteriores agora estão óbvias e destituídas de poesia. Em um gesto final temerário, estranho mesmo, de quebra de estereótipos, a direção apresenta Geni, a prostituta passional e irresistível, em traje estilizado de monja. O apelo sexual está diluído. Em um ambiente de homens fracos, ela assume um tom masculino. É um achado, mas sua fala muito alta incomoda. Geni causa impacto porque a atriz Ondina Clais Castilho, além da beleza, tem carisma e força dramática. A figura do irmão que engendra conspirações familiares está caricata (mesmo assim o sempre bom Marco de Andrade se faz notar), distante do canalha antológico de Nelson Xavier na versão de Ziembinski com Cleyde Yáconis.

Enfim, chegou-se ao Nelson Rodrigues vapt-vupt, expressão adotada pelo CPT. Pode-se assistir como o experimento de desconstrução do dramaturgo. Fiel às suas inquietações e ao risco, Antunes empreende um "eterno retorno", dessa vez não ao universo mítico de Mircea Eliade, mas ao subúrbio com suas bonitinhas ordinárias, falecidas, viúvas honestas, anjos negros, doroteias e afogadas em clima de tango.

CHORINHO NOVEMBRO DE 2012
Quando o afeto fala baixinho

Uma praça, uma frequentadora habitual e a moradora de rua que se instalou ali. Em carta a Tom Jobim, do porto do Havre, França, em 1964, Vinicius de Morais escreveu: "Estou aqui num quarto de hotel, que dá para uma praça, que dá para toda a solidão do mundo. São 10 horas da noite, e não se vê viv'alma". O desabafo resume a peça *Chorinho*, mas também cabe nela o sentimento do mundo de Drummond e de Fauzi Arap, autor e diretor da peça. Um sentimento voltado às pessoas em sua essência, sem as bandeiras que explicam a vida só como fenômeno ideológico e coletivo. Fauzi escreve sobre os que não estão confortáveis na existência e criam soluções para sobreviver.

Na praça, a mulher de todos os dias preenche um tempo vazio. A outra, que teria deixado voluntariamente a família, acredita ter uma relação pessoal com o lugar e suas plantas. Duas pontas do desamparo feminino. Há o choque inicial da posição defensiva da frequentadora que tem casa e recurso financeiro e daquela que vive a céu aberto. Todo um jogo de aproximação será construído a partir de recusas e afirmações sonhadoras, pequenas certezas e fantasias. A peça segue uma vertente do confronto de opostos que tem precedentes conhecidos nas artes em geral. Nem todos acabam bem. Em teatro, há os casos brasileiros conhecidos, *Dois perdidos numa noite suja*, de Plínio Marcos, e *O assalto*, de José Vicente de Paula, e, recentemente, a dramaturgia de Aimar Labaki expressa em *A boa*. No exterior, o norte-americano Edward Albee com *Estória do zoológico*. Todas com desenlace violento.

Fauzi Arap, no entanto, segue outro caminho, mesmo que de hipotética ou frágil concretude, mas sempre de aposta no sentido maior que a maltratada palavra humanidade carrega. Sentimental sem derramamentos, resume o que escreveu na frase: "A peça trata da vida urbana entre a solidão e a solidariedade". Fauzi lida também com a zona incerta entre a sanidade e o delírio, a vereda do Profeta Gentileza (José Datrino, 1917-96), um paulista do interior que escrevia nas paredes do Rio ("Gentileza gera gentileza"), e do artista plástico sergipano Artur Bispo do Rosário (1909-89). Eis um terreno por onde Fauzi, como na música, sempre "pisou devagarinho" (dona Ivone Lara) em busca de autoconhecimento e equilíbrio. Enredo simples, desarmadamente esperançoso, a ponto de poder ser chamado de *Chorinho*, título que comporta tanto a imagem do mestre Pixinguinha de sorriso manso quanto a doçura de Ernesto Nazaré.

O texto é partitura para atrizes especiais. Denise Fraga transita da comédia ao trágico. Nela, o riso é a camada visível de um talento chapliniano capaz de traduzir o que há de assustado e ofendido no ser humano. Em grande parceria, Cláudia Mello oferece a emoção interior brilhando no olhar, e surpreende sempre com o gesto certeiro. Temperamentos e ritmos diferentes e complementares no humor e na seriedade.

Ao fim, quando se abraçam num gesto de mútua aceitação, entendemos que "uma dor assim pungente não há de ser inutilmente" (Aldir Blanc). O poeta Fauzi acertou. Na praça do final da avenida Paulista (com Consolação) vive uma negra calma e sem casa. É a Luiza. Os parentes não conseguem tirá-la da rua. Ela volta. Seu mistério nos interroga. Em meio aos zumbis drogados, Luiza é a verdade íntima de *Chorinho*.

RAIMUNDA DEZEMBRO DE 2012
Um circo para Regina Duarte

O espetáculo *Raimunda* brota da intensidade interpretativa e do sorriso lindo de Regina Duarte. Ela encarna uma mulher Severina, uma Macabéa, nordestina pobre que vai pelo mundo, cresce e, como a Negra Fulô do poema de Jorge de Lima, de escrava vira dona do sinhô. Uma saga de sobreviventes, desgarrados. Sertanejos teimosos que Regina foi buscar nos contos populares de Francisco Pereira da Silva (1918-85) e lhes deu as luzes e cores que merecem. Depois de obras como *O Cristo proclamado*, que Fernanda Montenegro e um verdadeiro grande elenco dirigido por Gianni Ratto encenaram, no Rio de Janeiro, de *O chão dos penitentes* e das bem-sucedidas adaptações de *Chapéu de sebo*, de Machado de Assis, e *Memórias de um sargento de milícias*, de Manuel Antônio de Almeida, Chico Pereira foi para seu canto de funcionário da Biblioteca Nacional do Rio de Janeiro, onde ficou até a aposentadoria. O seu teatro popular, circense e de engenhosa simplicidade de raiz nordestina caiu em desuso.

É um fato já estabelecido que as plateias urbanas de teatro sejam refratárias a temas regionais de fundo rural. A metrópole hoje determina esmagadoramente os temas do palco. No ano da justa comemoração do centenário de Nelson Rodrigues, os 90 anos de Jorge Andrade mereceram menos atenção. É um dos maiores autores do Brasil. E daí? Com a publicação de um livro e leituras dramáticas, o Teatro da USP (Tusp) foi a entidade mais empenhada em não deixar a data passar em branco. Jorge Andrade é o autor do Ciclo do Café, formador da chamada elite paulista de quatrocentos anos. Na agroindústria/agrotóxico que agora predomina (cana, cítricos, soja), cabe pouco lugar ao teatro, que, no entanto, não é só mato e solidão. Jorge Andrade tem a mesma amplitude sociopsicológica de autores célebres por tratar de decadências e conflitos familiares (no teatro, Eugene O'Neill, Tennessee Williams e, na literatura brasileira, Autran Dourado, Lúcio Cardoso e o enigmático Cornélio Penna).

A fidelidade aos tipos jocosos, ingênuos do sertão e às terras "exóticas" para alguns sulistas mora no gosto dos telespectadores, e Regina foi beneficiária ao criar a exuberante Porcina da telenovela *Roque Santeiro*, de Dias Gomes. É o universo que ela escolheu para comemorar os cinquenta anos de uma belíssima carreira. Opção de certa forma estratégica. Regina hoje tem maturidade artística, autoridade cênica, presença e poder de voz que aperfeiçoou. Poderia escolher um papel dramático que a levasse ao desafio de contracenar com atrizes de igual poder (só para lembrar: Mary Stuart, encenada duas vezes por atrizes de gerações diferentes, a primeira com Renata Sorrah e Xuxa Lopes e depois com Julia Lemmertz e Lígia Cortez). Regina, que no palco já foi Branca Dias de O *santo inquérito*, do mesmo Dias Gomes, tem condições para essas apostas. Mas uma festa não deve correr o risco de uma montagem cara e sujeita a revés. Regina sabe o que lhe custou levantar a produção dispendiosa de A *vida é sonho*, de Calderón de la Barca (1992). Escolheu, então, o terreno seguro, com duas surpresas ao seu público.

Não sabíamos que, embora nascida e criada no interior de São Paulo, Regina é filha de pai cearense daqueles que dizia "eita, diabo", e que ela viveu o tempo dos circos modestos e atemporais (praticamente extintos), com palhaços, malabaristas, mágicos, uma dançarina insinuante. Picadeiro com serragem e uma segunda parte com melodramas tremendos.

É lembrança que fica e Regina começou a carreira, menina ainda, exatamente como um palhaço de Ariano Suassuna. Logo, sua escolha é coerente, visível no à vontade como Raimunda e com as peripécias de cordel. Todos os demais papéis femininos foram resolvidos por travestimentos com bons atores afinados à situação. Há trejeitos amaneirados de sempre para fazer rir porque Raimunda/Regina, muito sabida, não quis saber de concorrência. E ainda assinou a direção vibrante em parceria com Amanda Mendes e apoiada nas bonitas soluções de cenografia (José Dias) e figurinos (Regina Carvalho, Beth Filipecki e Renato Machado). Raimunda recupera com brilho o imaginário das figuras modestas e reais de Chico Pereira, artesão do teatro. Espetáculo para festejar a plenitude do talento de Regina Duarte.

TERRA DE NINGUÉM DEZEMBRO DE 2012
O tempo, o vento e a solidão

Terra de ninguém traz à cena a prosa contida do gaúcho Josué Guimarães, o escritor um tanto esquecido e que Miguel Langone Jr. e Isadora Faria resgatam para o teatro. São três contos que entrelaçam solidão, pobreza e cruentas revoluções gaúchas. Seguidor da linhagem histórico-romanesca de Érico Veríssimo, que tem continuidade em Tabajara Ruas da saga *Os varões assinalados*. Guimarães (1921-86) construiu uma ficção em que cabe a ternura. O primeiro momento mostra uma mocinha (ou um garoto) em situação de fragilidade em face de um ataque masculino. O segundo, a confissão do lavrador que se defendeu com sangue de uma situação injusta; e, por fim, a narrativa de antigas guerras internas do Rio Grande, província que, nos tempos da colonização, se forjou em batalhas contra os vizinhos espanhóis e o próprio império do Brasil (a Guerra dos Farrapos durou dez anos, 1835-45). Seguiram-se desavenças regionais, sobressaltos políticos e familiares que perfazem toda a monumental trilogia do *Tempo e o vento*, de Veríssimo (*O continente, O retrato e O arquipélago*).

A montagem quer apenas ser teatro, mas está em instante estético e ideológico da temporada em que cabem certas questões. Porque oferece uma representação baseada no ator e na palavra na hora em que a arte dos gregos antigos assiste bater em sua porta uma onda de experimentos batizados de "novas teatralidades", "extrateatralidades", "teatro expandido", "teatro híbrido" e outras palavras de ordem. Fórmulas indicadoras da vontade de misturar o palco com o cinema, artes visuais e o ruído da metrópole (representação metade dentro da sala e metade na rua). O intérprete é quase peça de engrenagem em outro tipo de terra de ninguém.

O estranho é que durante trinta anos houve adesão incondicional de parte do teatro brasileiro ao teórico e encenador polonês Jerzy Grotowski (1933-99), resumida no princípio do Teatro Pobre. Em traços gerais, trata-se de uma arte meditativa, que valoriza o silêncio e é desprovida de qualquer artifício ilusionista (cenografia, iluminação e efeitos sonoros). O ator deve voltar-se para seu interior em um processo de introspecção, domínio corporal e de voz. Grotowski chegou a esse resultado depois de pesquisar, entre outros temas, os movimentos místicos e religiões (era sobrinho de um bispo católico da Polônia). Caminho que exige equilíbrio entre intelecto e intuição, racionalidade e emoção.

Grotowski, que esteve mais de uma vez no Brasil, está, quem sabe, na hora de voltar a ser estudado em obras recentes publicadas pela editora Perspectiva: *Palavras praticadas: percurso artístico de Jerzy Grotowski*, de Tatiana Motta Lima, e *O teatro laboratório de Jerzy Grotowski* (textos dele, Ludwik Flaszen e Eugenio Barba). Trata-se de um teatro de alta precisão, que pede plateia reduzida (Grotowski trabalhava com 80 espectadores). Seu ideário adquiriu com o tempo certo ar litúrgico, forte abstração que se pode discutir, e o próprio artista cultivou uma aura de mestre distante. É inegável, porém, que seus processos iniciais de ensaio, escritos e grandes espetáculos, como *Apocalypsis cum figuris*, abriram caminhos para o teatro.

Essas rememorações são pretexto para dizer que um grupo de atores paulistas que esteve anos afastado do ofício agora se decidiu por um recomeço, e assim nasceu a Cia. Teatro Compacto. Não proclamam nenhum teatro pós-moderno e/ou pós-tudo. Também não são grotowskianos. Acedem as luzes e fazem uma boa peça com acertos e pequenos defeitos. A abertura de *Terra de ninguém* (os comentários adicionais ao original), por exemplo, incorre em excesso retórico, e o personagem, um garoto agredido que se vinga (interpretado com intensidade pela atriz Teca Pinkovai), acaba diluído pela fragmentação dramática. Em seguida, Antônio Natal, com domínio requintado de voz e gestos mínimos, oferece o relato impactante do homem que matou porque, de certa maneira, como um anti-herói trágico, era o seu destino. O espetáculo termina com Miguel Langone em sóbria descrição do soldado que jaz morto e encolhido entre pedras, enquanto a devastação da guerra continua. O resultado é um avanço para o grupo que busca afinação. Em parte, é um projeto cauteloso. A ultravanguarda dirá ser convencional. Mas é bom lembrar outra observação de Grotowski: há muita gente querendo salvar o teatro quando deveria salvar a si própria.

Críticas 2013

CRU FEVEREIRO DE 2013
Quando o crime é o castigo

Cru, da Cia. Plágio de Teatro, de Brasília, trata de pistolagem. Assassinatos por encomenda. Chaga social difundida no centro-norte do Brasil por questões de terra e mineração clandestina. Serve também para desavenças pessoais e, atualmente, para o comércio de armas e droga. Aos matadores não faz diferença. São conhecidos alguns pontos onde se encontram esses homens em Goiás e Pará. A peça de Alexandre Ribondi flagra o encontro do contratante e do assassino em um botequim em algum lugar na região de Brasília, dado revelador. O país oficial e o real lado a lado. O enredo tem um tom soturno adicional ao colocar em confronto um evangélico, uma travesti e o pistoleiro. Entre eles tudo é mesmo cru, da conversa à carne servida em fatias. Em algum momento, a narrativa toma contornos passionais e místicos. O crime que o forasteiro com a *Bíblia* na mão quer encomendar não é como o de Itupiranga, Pará, onde, em 2005, um jagunço, por R$ 10 mil, abateu com cinco tiros o líder do sindicato rural da cidade, Domingos Santos da Silva. Também não pretende uma chacina como a de Doverlândia, sul de Goiás, quando sete pessoas foram degoladas em uma fazenda (o detalhe é incômodo, mas tente o leitor imaginar uma degola). O vingador bíblico quer sangue por um motivo íntimo.
É o momento em que Ribondi sai da esfera sociopolítica, embora ela esteja subjacente aos fatos. Seu teatro e seu personagem tentam um rito de expiação. O autor, que se declarou motivado pelo assassinato de um sobrinho, quer expor o enigma da violência, como diz, "plantada dentro da alma". O que é uma alma – um ser humano - se tornar violenta além da injustiça social. A montagem, acrescenta Ribondi, "não trata de questões socioeconômicas". Sua indagação é relevante quando tenta escapar das imagens crescentes do "todos nós somos reféns da violência e do medo urbano", "a insegurança, a incerteza, as balas perdidas, a banalização da vida, a vingança e o ódio social". Há, sim, uma crise, mas também o cacoete retórico de programas de teatro. O dramaturgo está além da queixa. O estilo é seco e a peça tem impacto, embora se feche demais no mistério do que realmente aconteceu com aquela gente. Ribondi traz o mundo rural e primitivo com obscura metafísica e retorcidas visões do destino. Há um precedente no esquecido romance *Memórias de Lázaro*, de Adonias Filho (1952). A montagem tem uma verdade áspera e ameaçadora, ainda que lhe falte equilíbrio entre o realismo e as meias palavras, o subtexto cifrado que indica sombras de religião, sexo e maldade sem cura. O ambiente dos acontecimentos tem excessos. Embora bem interpretada por Vinícius

Ferreira, parece inverossímil uma travesti explícita (maquiagem e bijuteria) em um lugar onde a intolerância é a regra. O pistoleiro de Sérgio Sartório ganharia nitidez sem a verbalização engrolada para indicar deficiência psicofísica ou embriaguez. O enigma ou transcendência da trama está no tipo físico, na voz e expressão gestual de Chico Santana, o contratador da vingança. Poderia haver menos gritos em determinadas sequências, mas o conjunto é sólido. O espetáculo traz mistério existencial e psicológico e, sim, a denúncia ao fazer menção indireta às mortes do seringueiro e ambientalista Chico Mendes, no Acre (1988), e da religiosa Dorothy Stang, no Pará (2005). Ativista pelos direitos dos pequenos agricultores, ao receber seis tiros tinha só uma *Bíblia* na mão. A direção conjunta de Rondi e Sartório é concisa no cenário e na iluminação e dispensa efeitos sonoros. Coerente com o título. *Cru* é a materialização cênica de uma frase de *Grande sertão: veredas*: "Deus mesmo, quando vier, que venha armado".

ENSAIO SOBRE A QUEDA FEVEREIRO DE 2013

De como evitar uma queda: com direção de Marcelo Lazzaratto, Cia. Les Commediens Tropicales encena a crise do homem contemporâneo

Ensaio sobre a queda desafia o espectador ao fragmentar tema, a representação em seu conjunto e cada interpretação. Imagine-se uma peça que vai ao "Apocalipse": "Naqueles dias, os homens buscarão a morte, e não a acharão; e desejarão morrer, e a morte fugirá deles". Ao elenco é exigida alta intensidade no texto em linguagem polifônica que alterna filosofia e estados mentais exaltados. O projeto do dramaturgo Carlos Canhameiro e do diretor Marcelo Lazzaratto força as fronteiras da arte cênica consagrada. Para ambos, viver é uma queda contínua rumo ao nada. Uma vertigem angustiante e trágica porque nunca cessa.

Esse é dos primeiros textos do autor e nele estão os traços da aprendizagem, a tentação das frases contundentes, ecos de leituras eruditas, a ansiedade que faz lembrar uma frase de Albert Camus ("Já reparou que só a morte desperta os nossos sentimentos?"). Alusões literárias estão presentes em todas as cenas, a começar pelo protagonista, Dante, cuja trajetória insinua os círculos do inferno. No topo de um edifício prestes a ser demolido (se for mesmo um edifício), o homem dialoga com ex-amigos e divaga sobre desejos irrealizados, medos, ideias suicidas. É levado a ouvir a mulher que o amou e foi por ele abandonada – a mais bem realizada sequência dramática da obra – e a impaciência irônica de quem observa seu delírio ("tudo tem que morrer comigo").

O diretor Lazzaratto, convidado pela Cia. Les Commédiens Tropicales, está consciente de lidar com um caleidoscópio de imagens vagas e reflexões sociopolíticas. Há aqui quase um paradoxo. *Ensaio sobre a queda* reflete a ansiedade da criação que pretende resumir em um ato as crises contemporâneas. É temerário, mas com energia criativa. O programa do espetáculo traz a defesa desta arte, escrita pelo também autor e diretor Cássio Pires, que enfatiza ser o trabalho de Carlos Castanheiro a compreensão das necessidades de transformação das artes cênicas em qualquer tempo. "Em sua opinião, não se trata de 'impositivismo do novo', mas da forma de relação com o mundo que não cabe nos termos do drama novecentista ou moderno." É sempre bem-vinda a literatura de apoio ao espectador, embora incorra em certa linguagem hermética da comunicação acadêmica. De outra parte, Lazzaratto é um diretor isento de artifícios cenográficos, tem senso estético da iluminação coerente com a narrativa e é meticuloso nas interpretações (conjunto de experiência e sensibilidade explicitada em seu livro *Campo de visão – Exercício de linguagem cênica*). O resultado, como ele mesmo diz, vai além das facilidades de um tempo de compromissos voláteis. As dúvidas, desacertos e o sofrimento deste Dante do século XXI são para se levar em conta. Pode ser clichê, mas, sim, trata-se de espetáculo na contramão de enredos fáceis com elenco de alta qualidade. Tem a estranheza que prende a atenção. Numa sessão recente, à plateia jovem, boa parte na obsessão dos celulares (eis outra ameaça ao teatro), o silêncio aos poucos foi se impondo. Um público atento é uma queda no vazio que se consegue evitar.

O HOMEM FEIO FEVEREIRO DE 2013
Máscaras da solidão

Coquetel Molotov é a definição do diretor André Pink para seu espetáculo *O homem feio*, de Marius von Mayenburg, talento recente do teatro alemão (nasceu em 1972). Vale repetir que o referido coquetel é arma incendiária para combates de rua. Basta uma garrafa de gasolina embrulhada num pano em chamas e atirada contra o alvo. O líquido se espalha e tudo se inflama. Mayenburg tem como alvo principal a neurose da beleza fabricada via operações plásticas sucessivas e anomalias assemelhadas (o rosto de botox etc.).
Evitando o protesto moral de viés conservador, o dramaturgo cria um terror realista com toques de comicidade. Um homem feíssimo tem o seu rosto mudado por um médico meio cientista perverso. Não se precisa mais de corcundas de Notre Dame, nosferatus, fantasmas da ópera. Em nome do ideal de beleza, qualquer pessoa pode

ficar lindamente sinistra. Para além das vaidades distorcidas, essa anomalia tem vínculos com dinheiro, negócios, profissão, família, política, tudo o que se quiser. O pacto de Fausto e o retrato de Dorian Gray - antes situações metafísicas - ficaram fáceis. Deixou de ser demoníaco para ingressar na cultura *fashion*. Nada a ver com os importantes e justos avanços médicos de restauro dos defeitos da face.

Mayenburg esparrama sua bomba crítica na uniformização dos costumes. Na alienação subjacente aos ideais de juventude eterna pela exaltação dos cosméticos. A peça, com virulência e exagero metafórico calculado, fala de um tipo de vida em que ninguém sabe mais quem está na sua cama. É o(a) parceiro(a) real ou a cópia? A linda mulher pode ser Daryl Hannah, e o belo homem, Rutger Hauer, os replicantes.

No fundo aparece o dado triste da solidão. A figura emblemática de Michael Jackson paira no clima da representação. Ele é uma das sombras que se projetam tanto em revistas de celebridades instantâneas como no anonimato da rua com figuras repuxadas, refeitas e distorcidas. André Pink condensa essas fantasmagorias numa representação intensa e concisa. É digno de nota o espetáculo forte, realizado em um simples praticável de madeira, tendo como cenário de fundo um pano branco, quase um lençol. Reverso inteligente da síndrome das "novas teatralidades" com projeções, vídeos, teatro-cinema e outros hibridismos.

No palco estão intérpretes recém-formados pela Escola de Arte Dramática de São Paulo (EAD). Todos bons: Alex Houf, Camilo Schaden, Fernando Hartmann, Fanny Miglioranza, Danilo Gambini. Diretor e elenco pegam "o touro à unha" (expressão universal que Pink por distração atribui aos ingleses). Ou seja: trazem a luz da criação com um mínimo de recursos cênicos e bastante talento. O espetáculo que termina a temporada nesta semana faz parte do projeto Primeiro Sinal, do Sesc, para produções diferenciadas, seja no texto, seja na sua execução. *O homem feio* resulta, assim, em teatro bonito.

A MARCA DA ÁGUA FEVEREIRO DE 2013

Quando navegar é preciso

A força simbólica da água está em todas as culturas e épocas. A *Bíblia* começa com "O espírito de Deus se movia sobre a face das águas" ("Gênesis", 1:2). No espetáculo que comemora os seus 25 fecundos anos de existência, o grupo Armazém Companhia de Teatro junta o imaginário que se perde no tempo aos dados atuais da neurociência. *A marca da água* começa explicando o líquido raquidiano, ou líquor, presente entre o crânio e o cérebro. Substância clara que alimenta os circuitos nervosos e remove impurezas dessa parte do organismo.

Breve explicação realista antes da viagem subjetiva de Laura, a protagonista, que na infância sofreu uma disfunção no interior da cabeça, que, em tese, um dia poderá ser invadida pela parte líquida do mecanismo cerebral. É o momento da peça em que medicina e lenda se tornam o material dramático dos autores, Mauricio Arruda Mendonça e Paulo de Moraes. A mulher passou por operações na infância e decidiu apagar as más lembranças e, com elas, alguns parentes e o afogamento do pai. Subitamente, porém, algo neurologicamente se desorganiza e ela passa a ter visões e a ouvir uma interminável música interior. O marido encara o fato como um caso clínico, mas Laura decide navegar nas águas e sons que só a ela pertencem mesmo que à custa de conflitos com os circunstantes.

Há estudos sobre tais fenômenos, e pesquisadores como o inglês Oliver Sacks e o português António Damásio têm grande audiência com livros que facilitam ao leigo um ramo difícil ou misterioso da vida. Sempre se soube de pessoas que ouvem vozes e foram vistas ora como místicas dignas de respeito, ora como doentes mentais (a francesa Joana D'Arc é ao mesmo tempo figura da Igreja, da história e de teorias psicanalíticas). Laura, no entanto, não tem a dimensão do divino, não se atribui missões e não teme as perturbações da mente que levaram Virginia Woolf ao suicídio.

É uma senhora comum que, nas palavras de Paulo de Moraes, vive numa aparente placidez, uma espécie de tristeza cotidiana que até lembra os versos de Luís Melodia ("Lava a roupa todo dia, que agonia/ [...] Até sonhar de madrugada, uma moça sem mancada./ Uma mulher não deve vacilar"). Pois Laura vacila no sentido de não cumprir bons preceitos de comportamento. Com certo exagero, claro, pode-se dizer que enlouquece docemente a partir do momento em que acredita ter encontrado um peixe no quintal, vindo do nada, e a seguir passa a escutar a sua música particular. Os autores assumem ter construído uma narrativa feita de descontinuidades e com um filtro surrealista. O enredo é mesmo fantasioso, embora ancorado no mote expressivo da livre escolha. Laura quer a profundeza líquida das dores e lembranças antigas. A água como revelação ou redescoberta é recorrente nos escritos referentes ao autoconhecimento, à filosofia da ciência e à valorização de uma cultura. O romancista peruano José María Arguedas, por exemplo, quando escreveu sobre o sofrimento e a solidão da gente dos Andes, deu ao seu romance de cunho social e político o título *Os rios profundos*. Em *A marca da água* a situação de Laura é algo sério. Teria sido melhor, quem sabe, um desfecho mais definido ainda que não linear e que Patrícia Selonk, atriz de múltiplos recursos interpretativos, abrandasse o agudo monocórdio das falas.

Texto e encenação sugerem sombras em uma vida em transformação, mas o que é tenso em certos momentos desvia-se para o absurdo humorístico. Há instantes que soam oportunos e outros, não. Os retalhos de episódios, frases entrecortadas e gestos soltos contêm momentos poéticos ou pungentes, que ganhariam relevo se tivessem um fecho menos esgarçado, a ponto de a cena final apanhar o público desprevenido. Há uma fração de dúvida na plateia antes de se notar que o espetáculo terminou. O aplauso que se segue assegura, contudo, que o essencial da obra foi entendido.

AS ESTRELAS CADENTES DO MEU CÉU
SÃO FEITAS DE BOMBAS DO INIMIGO MARÇO DE 2013
Laços contra a guerra

Depoimento de um ítalo-brasileiro sobre a Segunda Guerra: "Eu tinha 2 anos quando tudo começou e 6 quando Roma sofreu o primeiro bombardeio. Testemunhei o pavor de meu irmão (aos 10 anos), que suava de terror ao ouvir os assovios das bombas caindo e os estrondos das detonações. O bairro atingido foi o de San Lorenzo, não muito distante do nosso. No dia seguinte, eu e ele fomos ver o resultado do bombardeio e lembro-me de um prédio cuja metade desmoronara, deixando à vista um apartamento com um piano e cortinas esvoaçando".

O medo das bombas e a imagem do edifício continuam intactos na lembrança do adulto, jornalista que vive no Brasil desde os 14 anos. A cena poderia estar em *As estrelas cadentes do meu céu são feitas de bombas do inimigo*, espetáculo de Nelson Baskerville para a Cia. Provisório-Definitivo. A peça criada a partir do *Diário de Anne Frank* e, sobretudo, de *Vozes roubadas*, de Zlata Filipović, que viveu o fim sangrento da Iugoslávia, e da poetisa inglesa Melanie Challenger, é um trabalho do diretor em parceria com os intérpretes Carlos Baldim, Paula Arruda, Pedro Guilherme e Thais Medeiros. Resultou em um enredo de brutalidades marcadas de forma indelével na memória infantil.

Meninos e meninas que sobreviveram para contar os atos dos adultos, aprendendo do dia para a noite a escapar ao inominável (fuzilamentos, torturas, estupros, roubos, chacinas de famílias inteiras, incluindo mulheres e idosos). Zlata e Anne Frank atingiram maturidade precoce em meio à barbárie. A garota Zlata tinha 12 anos e escapou, enquanto a holandesa judia Anne morreu aos 15 anos no campo de concentração de Bergen-Belsen, Alemanha. Há tantos documentos sobre a guerra que é difícil contornar a reiteração para se chegar à transcendência e às conexões com o que continua a ocorrer em termos de morticínios.

A encenação trabalha em dois movimentos. O primeiro, uma ideia brilhante, cria um ambiente não realista, fantasmagoria visual em que pessoas, robôs, manequins, enfim, os vivos e os mortos, se igualam.

Cada interpretação é minuciosamente construída debaixo de máscaras de tinta, barro ou fuligem. A cara de quem está na trincheira ou nos subterrâneos de uma cidade ocupada pelo inimigo, como no filme *Kanal*, de Andrzej Wajda, ambientado nos esgotos da Varsóvia tomada pelos nazistas.

O segundo flagra o Brasil das periferias, onde tráfico, adolescência transgressora, balas perdidas e arbitrariedade policial se juntam em um retrato desolador. Opção já facilitada aqui pelo noticiário contínuo sobre o que se passa nas favelas e nos confins das metrópoles. A espetacularização da morte na TV. O país tem milhares de crianças vitimizadas em guerras anônimas, das menores de idade que se prostituem nas beiras das rodovias às sujeitas ao trabalho infernal nas olarias da Amazônia.

A encenação não tem respostas. O que se vê é a dramatização "da guerra de todos contra todos", segundo o filósofo Thomas Hobbes em sua obra *Leviatã*. Será sempre necessário ter o palco como ponto de interrogação diante dos dois conflitos mundiais e das guerras e guerrilhas no Oriente, na África e na América Latina. Em toda parte, o mecanismo que começa na busca do lucro ou poder e termina no assassinato por um tênis.

Baskerville e companheiros recusam a falsa piedade (há uma sequência desmistificadora de crianças retiradas da guerra, mas adotadas com frieza na Inglaterra). *Estrelas cadentes* mostra ao público que, no entanto, os bebês continuam a nascer. Talvez a humanidade não passe disto: infância desfeita, a casa em ruínas e o piano inútil que o menino romano-brasileiro viu. A realização da Cia. Provisório-Definitivo e seus intérpretes impecáveis concretizam, porém, em arte uma recomendação de Freud: "Qualquer coisa que encoraje o crescimento de laços emocionais tem que servir contra as guerras".

SÃO MANUEL BUENO, MÁRTIR MARÇO DE 2013
Unamuno, a redenção pela descrença

Pequenos bonecos rústicos, com abstração necessária ao enredo, estão numa mesa e, sobre ela, terra seca. Quando o pano é retirado, aparece um espelho que reflete os atores, mas pode sugerir um lago ou o avesso do mundo. Dois homens sentados se olham em silêncio enquanto uma mulher caminha em torno deles narrando o que acontece no ambiente de figuras de madeira e mistérios sobre o destino das pessoas. Com esses elementos e a bela música ao vivo, o Grupo Sobrevento, que desde 1986 dedica-se com boa qualidade ao teatro de animação, consegue metafísica com figuras de madeira e as grandes palavras do espanhol Miguel de Unamuno, autor de *São Manuel Bueno, mártir*. Montagem simples com beleza. Não é fácil, porque a peça trabalha com a dúvida humana e o tema da imortalidade segundo Unamuno (1864-1936), dramaturgo--filósofo, ensaísta-pregador. Intelectual de biografia algumas vezes dramática numa Espanha de extremos, seja no conflito de ideias, guerras externas e invasões passadas, o que Goya registrou no quadro *O fuzilamento*, seja na guerra civil simbolizada por Picasso em *Guernica*, que culminou na ditadura de Francisco Franco (1939-75), regime que aplicava o estrangulamento medieval ("garrote vil"). Unamuno destoava ao proclamar "ninguém me convenceu racionalmente da existência de Deus, mas tampouco de sua inexistência; os argumentos dos ateus me parecem de uma superficialidade e futilidade ainda maiores que as de seus contraditores. A vida é dúvida e a fé sem dúvida não é nada senão a morte". Essa é a indagação que move os personagens de *São Manuel*.

O encanto do teatro refaz uma perdida aldeia ibérica com gente pobre, o louco manso que todos conhecem, a jovem religiosa, o irmão que só pensa em emigrar e o padre Miguel Bueno, que não culpa ninguém e se junta aos lavradores. A complexidade desse religioso é a força da peça.

O pároco faz questão de citar por extenso o nome da Santa Igreja Católica Apostólica e Romana, o que soa estranho quando se lembra da Inquisição, do respaldo que ela daria à ditadura de Franco. Histórico pouco louvável, mas o paradoxo de Miguel é a surpresa que Unamuno oferece.

Sua existência especial e o segredo sob a batina insinuam alguma provação secreta e uma revelação inesperada. Na dúvida que carrega, Manuel constrói novas formas de esperança e redenção.

Os bonecos de madeira e os diálogos dos adultos refletem as angústias de como será o outro mundo, a chamada vida eterna (paraíso ou inferno). Estes humildes do campo mostram que Unamuno, escritor e reitor da Universidade de Salamanca, foi o precursor do existencialismo.

Para Miguel, um mártir diferente, é preciso crer mesmo que com descrença e viver o tempo terreno com a alegria possível. O Grupo Sobrevento concilia a delicadeza expressiva das marionetes com as palavras do autor, para quem uma fé que não duvida é uma fé morta. Unamuno, em sua caminhada em espiral como criador e homem de ação, foi antimonarquista, pró-República, atritou-se com ela, esteve perigosamente próximo dos franquistas, mas cedo rompeu com eles, o que lhe custou o cargo de Salamanca. Na ocasião, pronunciou sua célebre advertência: "Vencereis, mas não convencereis". Bonecos e elenco, formado por

Sandra Vargas, Luiz André Querubini, Mauricio Santa e pelos músicos Rafael Brides, Carlos Amaral, William Guedes, Marina Estanislau e Jorge Santos, convencem ao mostrar poeticamente o caminho incerto e difícil da dúvida.

O DESAPARECIMENTO DO ELEFANTE ABRIL DE 2013
Um elefante no caos

Em O *desaparecimento do elefante,* há uma sequência-homenagem ao romance *Ana Karenina,* de Leon Tolstói, a partir do filme inglês com a atriz Keira Knightley. O lance criativo do diretor Joe Wright foi colocar o teatro dentro do cinema e vice-versa em um jogo de alternâncias visuais em que ambas as artes não entram em disputa. Ao contrário, elas se engrandecem mutuamente, sobretudo por terem como apoio uma literatura poderosa.

No espetáculo de Monique Gardenberg e Michele Matalon, uma terceira encenação deve ser creditada às cenógrafas Daniela Thomas e Camila Schmidt, que trazem o filme para dentro do teatro. Trabalho sofisticado que amplia a representação. O ponto vulnerável está no texto de Haruki Murakami, escritor nipo-americano em evidência. Seu lado norte-americano importa. Não se espere um artista no universo cultural do Oriente, mas um criador assumidamente marcado pelo Ocidente. O que não é um defeito. Ele se decidiu pelos Estados Unidos, onde reside.

O problema é que desta vez fica a dever aos ocidentais que o influenciaram: autores voltados para a solidão, desencontros amorosos e o caos nas relações cotidianas. Os personagens de Murakami são: um artista gráfico desempregado que recebe telefonemas insólitos; o funcionário da grande empresa no tédio de responder queixas de clientes; a mulher aborrecida com o casamento e influenciada pelo enredo de Ana Karenina; o casalzinho meio pilantra e um tanto desorientado que decide assaltar uma lanchonete (e a razão não é dinheiro); e, por fim, o homem que narra ter visto um elefante desaparecer. É possível intuir o potencial metafórico do último episódio, mas ele se dilui sem transcendência. Tantos fragmentos de crise existencial podem ser contados como drama ou comédia, e Murakami em seu livro de contos *The Elephant Vanishes* escolheu o absurdo cômico nesses acontecimentos. Alguns são realmente divertidos, mais por mérito do elenco e da direção. Falta ao conjunto um grão de agressividade ou desalento de Tennessee Williams, Scott Fitzgerald ou Paul Auster, de *A trilogia de Nova York.*

O suporte da montagem aparece no acabamento: cuidado visual e habilidade da direção em criar climas que estão além da escrita, o que é visível nos desempenhos, sobretudo os masculinos, como o de Kiko Mascarenhas em um solo aplaudido em cena aberta, e nas composições de tipos excêntricos de Caco Ciocler. Rafael Primot e André Frateschi tiram proveito de intervenções mais curtas. O elenco feminino tem momentos fortes com Maria Luísa Mendonça na transição da dona de casa para Ana Karenina, Marjorie Estiano ao encarnar a garota fantasiada de samurai e Fernanda de Freitas como a jovem que viu o gato desaparecido. As imagens, seja fotografia, cinema ou efeitos de luz de Maneco Quinderé, melhoram a literatura original. Murakami, autor com uma biografia que configura certa *persona* entre o misterioso e alguma pose (e que é melhor em outros romances, como *Norwegian Wood*), explica-se de modo interessante: "Muitas pessoas dizem que não sabem o que sentem quando terminam um livro meu. Porque as histórias são sombrias, complicadas ou estranhas. Mas enquanto estavam lendo, mergulhavam no meu mundo e eram felizes".

Discurso habilidoso de quem pretende adivinhar o leitor. O efeito de *O desaparecimento do elefante* como é mostrado no palco deve mais à imaginação de Monique Gardenberg e Michele Matalon, Daniela Thomas e equipe. Elas suavizam pela estética duas contundentes afirmações. Uma, de Tolstói em *Ana Karenina*, é a famosa: "Todas as famílias felizes são iguais. As infelizes o são cada uma à sua maneira". A outra, a nossa conhecida: "A dor é inevitável. O sofrimento é opcional". Entre tais reflexões, o espetáculo termina com Raul Seixas cantando com irreverência e melancolia o viver com a maluquez misturada com lucidez.

A PRIMEIRA VISTA ABRIL DE 2013
Encontros e despedidas

Como certos mosaicos, pinturas abstratas ou trechos de poemas, o texto de *A primeira vista* é feito de frases soltas, fragmentos de histórias, coisas ditas pela metade. O que está nas entrelinhas é música em surdina (como Paulinho da Viola cantando "Sinal fechado"). O que irrompe, arrebatador desde o primeiro momento, é o lindo dueto de interpretações de Drica Moraes e Mariana Lima. Elas criam o toque de comoção e melancolia quando o espetáculo termina. Grandes atrizes, belas mulheres.

A peça de Daniel MacIvor dirigida por Enrique Díaz tem só aparente simplicidade. Um jogo de acontecimentos banais entre duas jovens que se encontram por acaso, troca de gentilezas desajeitadas. O clássico encontro de tipos diferentes. O autor canadense está longe da densidade dramática e do questionamento existencial da conterrânea Margaret Atwood em romances como *Olho de gato* e *A vida antes do homem,* que um dia, quem sabe, se adaptará para o teatro. Mas, ao seu jeito, MacIvor tece emoções esparsas que se juntam mais à frente em uma coerência que não se pressente logo de início. De repente, elas chegam.

Há no meio do caminho um acontecimento inesperado para as duas, um passo além do previsto. Transgressão e descoberta que é um dos trunfos do autor ao deixar o assunto em aberto. Um tropeço, um caco de vidro, um jeito de ver a vida diferente dali em diante. O que se deve registrar é como moças dizendo aparentes bobagens descobrem carências e emoções imprevistas. A velha solidão que anda por aí. Elas se juntam de forma insólita, separam-se, mas continuarão os reencontros ocasionais que nos informam o que cada uma está fazendo. Colagens de sentimentos guardados, falta do que dizer, súbitas curiosidades ou confidências que marcam tantos relacionamentos transitórios. Não se sabe muito além daí, mas é o bastante. O dramaturgo abre espaços para a imaginação do espectador, e o encenador Enrique Díaz soube usá-los com delicadeza, humor e uma gota de absurdo na poética do espetáculo, acrescentados de um leve toque circense que se nota no figurino chapliniano de Mariana Lima. Com um cenário abstrato, como o fundo infinito de estúdio fotográfico, cadeiras e uma barraca de acampamento como únicos objetos, marcações simples com entradas e saídas pelas laterais, o empenho maior da direção é ter o máximo na representação. Só os diálogos arrevesados do início, uma de costas para outra, atrapalham a fluidez de *A primeira vista.* A seguir a montagem entra nos eixos.

O entendimento malicioso entre as atrizes, o prazer no jogo de contrastes de temperamentos, delas e das personagens, compõe um dueto brilhante. Drica vai do caricato à fragilidade engraçada e distraída de uma cativante Giulieta Massina. Mariana Lima, atriz de temperamento dramático que já interpretou Clarice Lispector, tem um olhar de dúvida e perplexidade divertida. Elas valem o espetáculo porque conseguem ir além dos conhecidos enredos de equívocos e trocas de identidades da comédia óbvia. Até porque MacIvor aparenta outros objetivos. Parece indicar que tantos encontros e despedidas constituem a inarredável vontade humana de relações duradouras. Esperança que se mantém além das ondas comportamentais e do individualismo. É um pouco disso tudo que Enrique Díaz sublinha com as luminosas presenças de Mariana Lima e Drica Morais.

O CASAMENTO MAIO DE 2013
A vida oculta das pessoas da sala de jantar

Casamento pede festa mesmo que fingida. Ao final do espetáculo, quando todo o elenco se junta no grande palco do Tuca em celebração emoldurada pelo cenário de André Cortez, expressivo em sua insinuação de labirinto, a representação ganha a monumentalidade estranha dos desastres. É uma festa de arromba, embora as pessoas na sala de jantar estejam mais "ocupadas em nascer e morrer" (cantam Os Mutantes em "Panis et Circensis"). O tema, que sempre atraiu o dramaturgo Nelson Rodrigues, está no cerne de suas peças, Mas um dia, na sua atividade paralela de folhetinista sob o pseudônimo de Suzana Flag, ele resolveu rasgar a fantasia e, com o próprio nome, jogar no papel todo o seu exagero naturalista, e assim nasceu o romance *O casamento*. A obra causou a polêmica esperada e foi proibida. O programa atual da peça dá ao acontecido um tom vitimista, ao mesmo tempo chama Castelo Branco de presidente e não diz qual ministro da Justiça assinou a proibição. Castelo era chefe do regime militar imposto ao país e teve três ministros da Justiça. Os dois primeiros, políticos liberais, demitiram-se logo do cargo (Milton Campos e Mem de Sá), sendo o jurista Carlos Medeiros, o terceiro, que, no trabalho ideológico "moralizante", impediu o livro.

Arbitrariedade não melhora uma obra. A democracia e o romance voltaram e ninguém mais pensa no ilustre censor. Reparos e elogios ao texto são assuntos de arte e cultura. *O casamento* tem o apelo das frases de efeito, imagens delirantes, ênfase aberta no grotesco e no caricato divertido, opostos que Nelson Rodrigues manipula com maestria não isenta de derrapadas no puro e simples mau gosto. Como sempre, temos uma família impecável até que tudo venha abaixo em incestos e outras pulsões sexuais inesperadas e arroubos morais que são puro verniz. A mocinha e o noivo estão distantes das figurinhas que enfeitam o bolo e os filmes românticos. Canalhas fundamentais gotejam em todos os cantos e uma vingança avassaladora será perpetrada pelo filho surrado metódica e sadicamente pelo pai, que o descobre homossexual. Enfim, um bando de ensandecidos e patéticos ostentando aparências castas entre atos tenebrosos. O espetáculo de Johana Albuquerque, diretora e adaptadora do original, é esforço e risco de elevar a outro patamar o que é subliteratura deliberada. Com um elenco homogêneo que reúne talentos comprovados e novos intérpretes, a representação mantém quase sempre a tensão que capta o público. Os monólogos e diálogos falsamente morais, as confissões improváveis e os óbvios ululantes escorrem em cascatas. A montagem tem instantes de sexo semiexplícito que só podem ser vistos como experiência pouco feliz de lidar com a pornografia ao colocar a nu o que Nelson Rodrigues insinua. Cenas feias e destituídas de consistência dramática. Registre-se a brincadeira, mas, se fosse suprimida, haveria ganho estético e de tempo.

A interpretação de Renato Borghi tem a força de um talento natural para a insolência, embora ele saiba dosá-la com o amargo e o quase trágico. Evita a linearidade debochada de Élcio Nogueira Seixas, presença exuberante, mas com a tentação do maneirismo autocomplacente. Élcio tem mais recursos como ator. A encenação é favorável às intervenções masculinas, mesmo que pontuais (o monsenhor de Mauricio de Barros). Daniel Alvim assegura dois papéis-chave, que provavelmente renderiam melhor sem a violência *pitbull* de um e a afetação ostensiva do outro. Há perda de verossimilhança. As mulheres deste casamento estão estranhas ou, sintomaticamente, secundárias no palco, à exceção convincente de Regina França.

O conjunto de tipos e situações, no entanto, tem coerência mínima, ocasião em que Johana Albuquerque demonstra controle do projeto artístico que reúne os grupos Bendita Trupe e Teatro Promíscuo, nomes tão opostos que parecem mais uma irreverência de Nelson Rodrigues.

ESTA CRIANÇA MAIO DE 2013
Quando a dor da gente não sai no jornal

A desolação existencial está nos personagens de *Esta criança*, de Joël Pommerat. Casais e solteiros, pais e filhos na impossibilidade de comunicação e carinho. Não há o crescendo psicológico do realismo. Só o fim da linha do que sobrou da falta de diálogo, de algum erro sem volta, o afeto rompido, seja a jovem mãe que não sabe o que fazer com a criança do título ou o pai inútil dentro de casa. Pode parecer desanimador como apresentação do espetáculo que na realidade é muito bom na linha de observação humana que se conhece em literatura, teatro e cinema. Por exemplo, o final do filme *Os incompreendidos* (*Les Quatre cents coups*), de François Truffaut (1959), com a comovente cena do menino correndo pela praia fria. Ele vai e volta, olha o mar e encara a câmara, ou seja, nós mesmos. Desorientado, espelha a solidão absoluta, e o doloroso é que sua vida está apenas no começo.

A situação que, em várias idades, se encontra na peça. Os costumes mudaram e, hoje, as liberdades são maiores. A comunicação é fácil a ponto de alguém na plateia atrapalhar a representação com a luzinha sinistra do celular. Falar em compulsão por contato a distância pode ser visto como um raciocínio conservador e, neste caso, a obra de Pommerat seria um arcaísmo. Mas vamos registrar que ele é um autor francês nascido em 1963. Logo, tinha 5 anos quando explodiu o movimento de maio de 1968, que sonhou mudar as relações sociais em um país culto e economicamente poderoso. Nas ruas, uma juventude que pregava o "é proibido proibir" e "a imaginação no poder", ideal que correu o mundo.

O dramaturgo faz a revisão daquele sonho em cenas contundentes, com pessoas aparentemente normais. Volta ao que não foi resolvido nas barricadas de Paris. O entrecho não tem localização geográfica, embora não seja difícil pressentir certo formalismo impessoal europeu. No entanto, vale para qualquer lugar, e o silêncio da plateia de São Paulo é eloquente. O homem continua só ainda que carregado de comunicação virtual, ligando celular em pleno espetáculo.

A Companhia Brasileira de Teatro, de Curitiba, reitera sua inquietação inventiva ao mostrar tudo isso em um cenário despojado em alusão à pintura de Edward Hooper, onde cinco intérpretes se entregam apaixonadamente ao grande paradoxo contemporâneo: o século XXI chegou e as carências afetivas continuam as mesmas e sem data. O filho não ouve o pai e vice-versa. A mãe se desculpa e não é perdoada. Há um simulacro de sociabilidade, mas o desencanto persiste. O autor obviamente não tem a mínima solução. Quer apenas mostrar um incômodo, o vazio. Renata Sorrah com a força dramática que a consagrou impõe parte do magnetismo aos acontecimentos na companhia dos bravos colegas Giovana Soar, Ranieri Gonzalez e Edson Rocha que, embora menos experientes, são talentosos e estão mergulhados em seus papéis. Equilíbrio que ressalta a criatividade e pulso do diretor Marcio Abreu. Apenas os gritos e gargalhadas poderiam ser reduzidos. Os silêncios e claro-escuros são mais eloquentes. *Esta criança* é uma peça que confirma o samba antigo que Chico Buarque relançou: "O lar não mais existe/ Ninguém volta ao que acabou/ [...]/ Ninguém notou/ Ninguém morou na dor que era o seu mal/ A dor da gente não sai no jornal".

A DAMA DO MAR JUNHO DE 2013
As incertezas do mar e dos sonhos

A dama do mar tem início com o estrondo de ondas e gritos de gaivotas. Esse gélido e ameaçador mar europeu não existe no hemisfério Sul, salvo exceções ou épocas do ano. Idem as gaivotas, que aparecem menos em águas tropicais. Se Robert Wilson tivesse observado a costa brasileira, teria notado. A trilha sonora é, porém, parte de algo que de fato ele criou, fruto do seu talento, mas que não é novo. Anunciou-se que o encenador já fez a mesma peça na Itália, Coreia, Polônia e Espanha. O que veio a nós é, salvo engano, a repetição do que existe sob a supervisão de um assistente. Wilson apenas escolhe quem entra na moldura artística preexistente.

Apesar de ele dar retoques no que existe e apesar de o original ter sido resumido por Susan Sontag, ensaísta famosa, o espetáculo somente é interessante na segunda metade porque os intérpretes são bons e o norueguês Ibsen (1828-1906) impõe-se à linguagem de Wilson. É sabido que vários artistas trabalham com assistentes, assim como outros refinam sozinhos suas descobertas, mas o palco é o território do artesão presente. Se ele se transforma em celebridade com múltiplos compromissos, a vantagem pessoal frequentemente afeta sua arte. O pianista canadense Glenn Gold abandonou cachês enormes dos recitais para se recolher ao estúdio e só gravar discos quando poderia, talvez, conciliar seu gênio com plateias internacionais; não quis.

Escrito em 1888, *A dama do mar* aborda os anseios da bela Élida, casada com um médico sem encanto pessoal. Aceitou a situação por orfandade e desamparo, mas continua apegada à paixão pelo marinheiro enigmático, verdadeiro símbolo dos espaços abertos e da liberdade. Uma mulher na província sem horizonte dividida entre a segurança material e social burguesa (estamos no século XIX) e a aventura. Precisa decidir-se. Ibsen está interessado no livre-arbítrio, o que se nota no conjunto de sua literatura. O que diferencia e confere beleza ao drama *A dama do mar*, como antes à saga *Peer Gynt* (um dos triunfos na carreira de Antunes Filho), é a presença do imaginário nórdico, com mitos que se perdem no tempo. No caso, a crença em pessoas que se transformam em focas (em plena Amazônia, o mistério ressurge na forma de boto). A obra representa uma guinada no realismo estrito e prolixo de Ibsen em direção ao simbolismo de pinceladas subjetivas.

Bob Wilson não gosta de Henrik Ibsen e deixou isso claro em entrevista. Gosta de Bob Wilson refazendo Ibsen. Rigoroso e criativo na forma, dono de poderosa imaginação visual, constrói belos universos plásticos, mas pode incorrer em invenções não convincentes. A mais flagrante agora é a diluição de outras estéticas, como por exemplo a japonesa (visível na maquiagem--máscara facial e nos sons de madeira), que pouquíssimo acrescentam à trama e escondem a beleza e a expressividade teatral das ótimas atrizes que representam Élida (Lígia Cortez e Ondina Clais Castilho em revezamento).

Os deslocamentos lentos dos personagens, originais décadas atrás, resvalam aqui para o maneirismo. Idem a sobrecarga de cenas escuras que esfriam o enredo. O sentido de humor, que também existe em Wilson, incorpora a comédia do tipo Mack Sennett, só que o recurso é usado no começo e, sobretudo, nos personagens masculinos, com tiques amaneirados para destituí-los de qualquer verossimilhança enquanto homens de família, sedutores etc. Supostamente é uma ironia ao autor, e os excelentes Luiz Damasceno e Hélio Cícero sabem fazer as caretas de Alfred Neuman, da revista *MAD*, mas é Ibsen quem causa impacto, mesmo que talvez arcaico em conceitos ou no estilo. Bete Coelho consegue tirar proveito do exagero cômico ao lhe dar um traço entre o robô e a loucura. Por fim, em um clima sem poesia, o marinheiro dos sonhos da mulher (Felipe Sacon) reaparece como uma presença musculosa que faz lembrar um índio norte-americano de cinema.

Bob Wilson está entre os renovadores da cena contemporânea, e os artistas nacionais demonstram satisfação com o aprendizado na breve convivência com o mestre da abstração no palco. Merece louvor e atenção desde que sem adesões incondicionais. O mar é incerto.

AOS NOSSOS FILHOS JUNHO DE 2013
O amor sem nome nos dias sem perdão

Homossexualidade, o amor que não ousava dizer seu nome – segundo Oscar Wilde, um homem do século XIX –, começa a ser reconhecido no Ocidente. A questão é ainda ou apenas de direitos civis, o que representa um avanço, mas o anátema cultural continua e as perplexidades humanas que gera não estão resolvidas. Este é o tema de *Aos nossos filhos*, de Laura Castro. Aqui, uma jovem lésbica comunica à mãe que vai ser mãe. Ou seja, a sua parceira está grávida por inseminação artificial. A senhora que sabia bem da vida amorosa e sexual da filha, e fizera o possível para se adaptar ao fato consumado, desta vez rebela-se e parte para o debate aberto. Diz que ser politicamente correto nem sempre é o correto, porque pode ser falso e covarde, e inicia uma sequência de perguntas nada preconceituosas e bastante contundentes.

Questões elementares sobre a prática sexual de duas mulheres: quem é o marido ou o que significa ser o marido ou a mulher. Em seguida, monta os ambientes em que a futura criança viverá: como ela explicará que tem duas mães e nenhum pai, como será vista em uma época de crescente *bullying*. A mãe vai além: se a filha tem amigos homens, é tão impossível ter o filho de algum deles, que até estariam dispostos a colaborar? Por outro lado, se o doador é desconhecido, o que fazer se a criança quiser um dia conhecê-lo? E mais: se a filha quer mesmo ser mãe, por que não engravidou ela, e sim a companheira?

É a hora em que fica inútil tergiversar citando os gregos e romanos da Antiguidade, porque são civilizações extintas ou refeitas pela cultura judaico--cristã há milênios. A peça deixa de lado o panfletarismo para se concentrar nas relações da família em fase de transição, ou melhor, no próprio conceito de família heterossexual por vínculos de sangue. Corre paralelo a essa trama o histórico da futura avó, que foi de esquerda e viveu anos de exílio, primeiro por necessidade de escapar à ditadura brasileira, depois para ajudar povos da África. Nesta altura a peça adquire um viés psicológico e insinua que o lesbianismo seria possível fruto desta gente denodada, que não teve tempo para os próprios filhos. Ou seja: os pregadores de um "futuro melhor" não tiveram tempo para se amar bem. Marxismo pode ser praticado por maus pais? Boa questão. A senhora casou-se três vezes, tendo sido uma mãe ausente. Sua atitude resvala para a da burguesa engajada da peça *Os convalescentes* (1970), de José Vicente de Paula. O problema é que soa assunto de outro texto. A superposição de contradições nesta narrativa atravanca o essencial da linha dramática. Vira um jogo de quebra-cabeça saber qual dos maridos teve mais méritos e quem é mesmo o pai da jovem.

O espetáculo conciso e tenso de João das Neves proporciona uma excepcional demonstração do talento de Maria de Medeiros, que une a técnica mais calculada à emoção absoluta. Atriz portuguesa com trânsito artístico internacional e em vários idiomas, consegue falar à perfeição o "brasileiro". A única diferença é a prosódia que vem do francês que ela domina (vive em Paris). A atuação teria efeito maior sem a peruca que esconde parcialmente sua expressividade e beleza. Laura Castro, a autora, é igualmente atriz e assume o papel da filha com empenho, mas sem pleno domínio do que deve transmitir. Texto e encenação têm um instante perigoso na reconciliação final. A transição do acerto de contas para a entrega maternal é dúbia. Algo não fecha com verossimilhança e confunde o público, que fica na dúvida se o enredo acabou. Falta nuances na iluminação e na cenografia que, ao evitar o realismo, excede na abstração. Reparos que não impedem constatar que estamos perante um teatro que deixa de lado as ruidosas manifestações sexo-comportamentais para ir além. Nada será como antes. Tanto a ditadura política como a dos costumes impõem a travessia dolorida expressa na comovente letra de *Aos nossos filhos*, de Vitor Martins e Ivan Lins, que as duas mulheres cantam. A composição menciona a "'falta de abraço, a falta de espaço, porque os dias eram assim".

Em alguns casos, continuam assim.

SENHORITA JÚLIA JUNHO DE 2013

Gritos e sussurros na hora do desejo e da submissão

Com uma estilização entre a esgrima e o tango, o diretor Eduardo Tolentino e os bons novos intérpretes do grupo Tapa criaram um conciso *Senhorita Júlia,* do sueco August Strindberg (1849-1912), peça sobre o caso amoroso de uma nobre e seu criado. A linha adotada contorna o naturalismo e o tamanho talvez excessivos do original, mas conserva sua essência. No caso, trata-se de combate entre sexos e luta de classes encenados com equilíbrio psicológico e gestos geométricos como um cruzar de floretes.

Não se sabe quanto Strindberg quis usar da história nacional, mas é possível imaginar que o enredo tem ecos da Grande Guerra do Norte (1715), quando o seu país deixa de ser uma grande potência ao perder para uma coligação adversária formada pela Rússia, Dinamarca e Polônia, o que lhe custou entre outros prejuízos o território da atual Finlândia. É apenas uma hipótese, porque Strindberg já é filho da Suécia pacífica e próspera que conhecemos depois do último conflito que resultou na separação da Noruega do trono de Estocolmo. Em todo caso, são lembranças e podem ter sugerido metáforas a um espírito belicoso, influenciado por Darwin e Nietzsche (a sobrevivência dos mais fortes) e atormentado no plano pessoal.

Senhorita Júlia é a guerra dentro de casa. Não uma casa comum, mas o solar de um conde regido pela secular cultura de mando e submissão. Há o visível traço de resignação e ódio a separar como um fio de navalha os de cima e os servidores. Os personagens estão presos às suas hereditariedades e respectivos códigos de classe. A força inconsciente e subversiva que põe em risco esse meio, ainda que por breve instante, é a pulsão sexual.

Há muitas opções para se colocar no palco o pensamento artístico e social do estranho Strindberg, escritor de gênio e paranoico assumido, que se confessa em um livro de título revelador: *Inferno.* Representá-lo na íntegra é complexo, dadas as cenas longas e o elenco numeroso (os fatos ocorrem em uma festa de São João). Tentou-se recentemente preencher esse universo agitado com recursos audiovisuais e não foi a melhor saída. Eduardo Tolentino seguiu o percurso entre Freud, quanto ao comportamento dos personagens, e a pintura flamenga de claro-escuros, para expor visualmente a trama, que é um jogo sadomasoquista de atração e repulsa carnal, pela decadência e abjeção.

Júlia carrega traumas de infância: pai aristocrata casado com uma camponesa, o que gerou um conflito natural e incurável entre eles. A filha testemunha o desastre conjugal e adquire a tendência doentia de submeter e, simultaneamente, vingar-se dos parceiros. O chicote para cavalos é um símbolo forte ao longo da peça. O criado, de ostensiva masculinidade, age como os que precisam escapar ao jugo. Sabe do risco ao invadir sexualmente o território da patroa. É um cálculo. Rústico, mas instintivo, tem a meta de ascender financeiramente ou preservar seu espaço atual.

A jovem (autêntica personalidade bipolar pela psicanálise atual) quer o prazer de viés pervertido. Nestas circunstâncias, o amor romântico é abstração, como informa com objetividade a noiva verdadeira do homem. Peça menor no mecanismo da casa grande, ela assiste a tudo sentada de perfil (como estão com frequência as mulheres na pintura holandesa do século XVII). Na sua aparente passividade, traduz a parte psicoideológica da questão.

O espetáculo de Tolentino mantém o xadrez de Strindberg: desejo *versus* desníveis sociais e uma tintura de melodrama. Encenação requintada e ao mesmo tempo simples, que nunca esquece os intérpretes. Anna Cecília Junqueira tem o tipo de heroína voluntariosa, equilibrando sensualidade pessoal e técnica de representação. Júlia é um papel ardiloso porque, sem uma dimensão trágica, pode ser entendido só como outro irritante exemplar de fim de raça, desses que, "na fina roupa de baixo de sua consciência, sabiam quem eram" (a definição perfeita é de Robert Musil em O *homem sem qualidades*). Na difícil tarefa de se diluir no ambiente e simultaneamente marcar presença, Paloma Galasso mostra a força da fraqueza, algo quase oriental. Augusto Zacchi usa calorosamente o tipo físico e a juventude a serviço do papel. A montagem só vacila no final, quando se define sem impacto o destino da protagonista, enquanto o toque da campainha patronal de chamar criados deveria indicar claramente a servidão como norma. O pequeno vazio cênico confunde um pouco a plateia.

Com mais um espetáculo pleno de sutilezas, o Tapa continua aberto ao novo. Amplia o repertório, elenco e estimula mais diretores. O projeto nomeado "Uma ponte na história" irá até dezembro com 62 atores, 12 autores, 8 diretores e 17 peças – entre elas, O *longo adeus*, de Tennessee Williams (em cartaz no Teatro Viga). *Senhorita Júlia* é parte desta caminhada.

DANÇANDO EM LÚNASSA JULHO DE 2013
As alegrias mínimas de criaturas frágeis

Dançando em Lúnassa, pela Cia. Ludens, traz à lembrança uma jovem militante, Bernadette Devlin, que nos anos 1960 fez o mundo notar a Irlanda. Havia a luta violenta contra o domínio britânico no norte do país (um enclave imperial chamado Irlanda do Norte) quando essa universitária foi às ruas nas passeatas de 1968. Sua imagem frágil ao megafone criou um ruído, junto da minissaia de Mary Quant e dos Beatles. Os protestos de Devlin (nascida em 1947) tornaram-na uma celebridade como a norte-americana Angela Davis, da mesma idade, integrante do Movimento Panteras Negras. Seu ativismo estabeleceu um contraste com a verde e bela Irlanda dos mitos celtas, que acabara na órbita de um catolicismo ultraconservador e do sistema patriarcal fora do século XX.

Na divisa do anedótico e do preconceito, os irlandeses apareciam só como ruidosos e briguentos frequentadores de *pubs*. Nesse cenário fortemente masculino, uma mulher foi à luta e, como representante do Partido Republicano Socialista Irlandês, chegou ao parlamento inglês (1969-74). Numa sessão memorável, deu um tapa no ministro do Interior da Inglaterra quando este defendeu os soldados britânicos que massacraram 29 civis irlandeses desarmados em um protesto conhecido como Domingo Sangrento. Devlin de certa forma cabe em *Dançando em Lúnassa*, de Brian Friel.

Terra de alguns dos maiores escritores do Ocidente, o país durante séculos foi desimportante diante dos impérios e potências econômicas e militares. Mas essa gente, que emigrou em massa para os Estados Unidos em tempos da Grande Fome (uma praga dizimou a batata do país entre 1845 e 1849), soube conquistar em 1922 a independência, após levantes e guerrilhas sangrentas. A Inglaterra ainda assim manteve o controle do norte do território, situação ainda não totalmente resolvida.

O clima de incerteza política e o desprestígio nacional diante da Europa fizeram que uma parcela de elite intelectual também emigrasse: de Oscar Wilde e James Joyce a Bernard Shaw e Samuel Beckett. Mas houve escritores que ficaram para imortalizar uma Irlanda de contradições e belezas. Entre os que persistiram na literatura nacional plena de paixões está Brian Friel. Nascido em 1929, ele é o poeta da Irlanda modesta que felizmente hoje saltou para o progresso. A imaginária Lúnassa (não há menção geográfica exata) integra o elogiável projeto do diretor Domingos Nunez e da Cia. Ludens de difundir a dramaturgia irlandesa. O panorama dramático aqui é o isolamento e a desesperança em um mundo atemporal, não fosse a menção indireta à Guerra Civil Espanhola (1936-9) e à industrialização da Irlanda. Friel exalta cinco mulheres que não se casaram (só uma é mãe solteira, e isso é um anátema). São bordadeiras e rendeiras, que se bastam modestamente até a chegada das roupas industrializadas e o consequente desemprego para um trabalho caseiro e ancestral dentro de um cotidiano rude, onde a presença masculina é desejada e ao mesmo tempo fonte de problemas. O único a trazer uma nota diferente na biografia é o irmão, padre e ex-missionário na África, mas que absorveu valores religiosos do povo de Uganda.

Esse clérigo diferente é a afronta do dramaturgo ao rígido catolicismo nacional. A trama forma um círculo de pequenos acontecimentos cotidianos, alegrias mínimas numa galeria de temperamentos que vai do agressivo ao delirante. Acrescentaria, talvez, peso afetivo ao espetáculo se houvesse uma gota a mais de melancolia como a do narrador da história. É ele quem conta, já em um tempo futuro, o ato final da família. Entre risadas e queixas femininas, há uma névoa de frustração mal contida e que pode ainda ser acentuada. Obra realista com um fundo histórico e envolvendo criaturas frágeis que sobrevivem apesar das frustrações, *Lúnassa* não pretende alcançar a dimensão trágica ou épica. Tem mais parentesco literário-psicológico com *À margem da vida*, de Tennessee Williams. O diretor Domingos Nunez teve a sabedoria da discrição. Abre mão dos grandes efeitos e deixa fluir o texto nos gestos, vozes e expressões de um elenco impecável: Denise Weinberg, Sandra Corveloni, Clara Carvalho, Isadora Ferrite, Fernanda Viacava, Bruno Perillo e Renato Caldas. Atuações tão harmoniosas que dificultam, ou dispensam, realces particulares. São talentos em sintonia.

AZUL RESPLENDOR AGOSTO DE 2013
O azul do crepúsculo dos deuses

Se Deus existisse, nós seríamos os seus fósforos. Uma chama breve entre o amarelo e o azul, depois o fim. O reverso do *fiat lux* bíblico. Essa imagem que ocorre à personagem de Eva Wilma é o ponto de partida e de chegada da encenação da Cia. Teatro Promíscuo sobre o tempo passado, as ambições fúteis e o aprendizado de como superar o shakespeariano inverno das desesperanças na velhice.

Azul resplendor é uma variação de cor no fósforo aceso e um tom de iluminação teatral. A peça do peruano Eduardo Adriazén é o estudo ficcional sobre crueldades: a da natureza (a decadência física e a consciência da morte) e a outra, intencional, dos seres humanos. Poderia ser um espetáculo pesado, mas tem a compensação na grande Eva Wilma – atriz sutil nas modulações emocionais e de imponência dramática exata – e na contenção delicada do sempre bom Pedro Paulo Rangel no papel do ator que não venceu na carreira, mas ainda crê no teatro e quer homenagear uma intérprete do passado e seu secreto amor.

A coesão de sentimentos entre os dois garante o lado caloroso de uma das paralelas do enredo. A outra é a caricatura do mundo artístico, a quase sadomasoquista demolição do palco. Há algo de malévolo e ao mesmo tempo para não ser levado a sério na exacerbação das vaidades, idiossincrasias e deslealdades deste ambiente. O cruzamento das vertentes se dá quando o ator modesto decide colocar as próprias economias na produção de um drama de sua autoria a ser representado pela veterana atriz numa sonhada volta triunfal. Para tanto, contrata de boa-fé oportunistas que se fingem de vanguarda, a começar pelo diretor. Eles fazem de tudo entre si para humilhar os vulneráveis e desdenhar dos benfeitores. A direção do espetáculo sabe não ser toda a verdade o que o dramaturgo diz. Optou por representar esta parte como farsa ou história em quadrinhos.

Pelo exagero, supõe-se que querem satirizar o ego particular dos artistas. Picasso era Picasso e péssimo marido e pai. O maestro Arturo Toscanini disse a uma cantora lírica que ela tinha mais inteligência nos seios fartos do que na cabeça. No documentário *A ilha de Bergman*, ele – Ingmar Bergman, um dos maiores cineastas do século XX – admite ter um temperamento horrível e ser um pai indiferente. Se não há nenhuma novidade, o que está em cena é apenas uma paródia destrambelhada (pelo menos a versão brasileira) salva por um elenco vigoroso, que não sucumbe ao grotesco (o que se nota na autoironia de Dalton Vigh).

Se houvesse menos exagero no pastelão maldoso que mistura folclore dos avessos da TV com enredos de filmes como *All that Jazz* e *Fame*, este seria, sim, um retrato do paradoxo das artes: a solidão do criador e sua persistência em meio à crueldade de rivais e patrocinadores. Do sofrimento de Aleijadinho e Antonin Artaud às angústias de Glauber Rocha no exílio para realizar seus filmes, há um mistério em torno deles, e o deboche não é o melhor caminho para lidar com o assunto.

Os diretores Renato Borghi e Élcio Nogueira Seixas, profissionais talentosos, aqui parecem repetir insolências de suas montagens anteriores. Nem sempre trabalho a quatro mãos funciona equilibrado. Como são experientes e conhecem melhor do que nós os bastidores teatrais, fica-se na divisa da brincadeira e da verdade. Entre a vitória e a ingratidão (poucos se lembraram de homenagear o diretor e ensaísta Fernando Peixoto falecido o ano passado. Um homem importante para o teatro. O diretor Ulysses Cruz foi digna exceção).

O que realmente conta na peça está nas palavras de Eva Wilma, que completa sessenta brilhantes anos de carreira. Ela indica que, apesar das contradições expostas por Adrianzén, há uma luz sobre o universo dos artistas e dos que aceitam a velhice serenamente. *Azul resplendor* ecoa uma frase de Tennessee Williams: "Só não há perdão para a maldade deliberada".

JACINTA AGOSTO DE 2013

O grande teatro de um pequeno mundo

É de se imaginar o sucesso que *Jacinta* faria em Lisboa com Andréa Beltrão e todo um excelente elenco brasileiro a falar na prosódia de Portugal. O espetáculo, divertidíssimo, é também homenagem ao tempo em que o Brasil, até as primeiras décadas do século XX, acolhia as companhias lusas com famosos comediantes e trágicos: Adelina Abranches, Palmira Bastos, Chaby Pinheiro, Eduardo Brasão e vários outros. Se não foram retiradas, há ainda no saguão do Theatro Municipal de São Paulo e no São Pedro, de Porto Alegre, placas alusivas à passagem de Palmira Bastos (1875-1967) pelos palcos nacionais.

Da mesma maneira, os portugueses recebiam com honras o fluminense Leopoldo Fróes. Nem tudo acabou, embora tenha diminuído drasticamente o intercâmbio de séculos passados. Ainda recebemos Maria do Céu Guerra, Eunice Muñoz e Maria de Medeiros e, de vez em quando, intérpretes daqui, sobretudo de telenovelas, ganham aplausos à beira do Tejo.

Esta evocação pretende situar *Jacinta* na vertente do teatro popular ibérico que tem marcas na formação da comédia tropical. Uma peça com um olho no riso e outro na melancolia e na crítica social. Ecos de autos populares do século XVI com suas pantomimas, danças e artes de "maldizer" com estilos de nomes graciosos: "brincas", as "cegadas" e "chacotas". Tempos de Gil Vicente, que se tornou imortal, mas também de um ex-frade que deu o que falar com seus escritos ferinos e hoje é nome de um largo no coração de Lisboa, o Antonio Ribeiro Chiado, o autor de *Auto das regateiras*.

O dramaturgo Newton Moreno, que sabe captar universos rústicos guardando deles imagens essenciais, como na peça *Agreste* ambientada no Nordeste, agora aborda a cena quinhentista em uma comédia sobre os artistas das estradas, saltimbancos sem teto nem dias certos; entre eles, certa Jacinta, que se apresenta a dizer: "Já comi fome com o vento, provei fome com farinha, sopa de fome no orvalho".

Há algo de misterioso e trágico neste enredo que o autor apresenta como uma declaração de amor ao teatro. Nunca se saberá o que moveu esta gente ao longo dos tempos a não ser fantasia andarilha de mergulhar na delicadeza e violência de um ofício que desperta encanto e desconfiança desde sempre. O enredo é centrado na loucura mansa ou genialidade às avessas de Jacinta, expulsa de Portugal por ser tão má atriz que causou a morte da rainha por desgosto. Desembarcada por aqui, continua a se achar boa intérprete, ora a estranhar, ora a aderir aos costumes da terra que "tem palmeiras, sabiás, mulatas ainda não". O que se segue é uma paródia hilariante de desencontros culturais, manias da atriz na sua absoluta incapacidade de se abater e, igualmente, se render. É uma figura de teatro de mamulengo, com a convicção e o desvario dos palhaços e dos místicos. Jacinta tem algo de devota e de Cabíria. Seria uma figura triste não fosse o imenso talento de Andréa Beltrão. Há algo de abusado, doce e comovente na sua criação desta Jacinta (é o nome de um dos pastores aos quais Nossa Senhora de Fátima teria aparecido segundo a crença católica). Façanha brilhante, uma carioca representar longamente como se fosse uma lisboeta (empate com Maria de Medeiros).

A montagem cria uma novidade problemática para o original de Newton Moreno. O diretor Aderbal Freire-Filho transformou o enredo em uma comédia-*rock* com letras suas e do autor musicadas por Branco Mello e Emerson Villani, todas em tom provocativo e com inteligentes achados verbais. O problema é a pouca qualidade de som do teatro. Perde-se bastante das letras e o musical acaba parcialmente em ruído. Há excesso de moldura sonora para um tema simples. Jacinta não é Eliza Doolittle ou Irma La Douce. As canções divertidas e agressivas poderiam talvez chegar ao público faladas, sem o empastelamento nas caixas de som. *Jacinta*, porém, supera no que é possível os obstáculos por ter Andréa irresistível e os sensacionais atores Augusto Madeira, Gillray Coutinho, Isio Ghelman, José Mauro Brant, Rodrigo França. Conjunto de representação que faz de *Jacinta* a poética explicação do que um dia foi teatro.

OPERAÇÃO TREM-BALA AGOSTO DE 2013
Barbárie e comédia nos delírios de poder

O espetáculo *Operação trem-bala* é um circo de horrores e uma história engraçadíssima. Também é uma boa notícia. O dramaturgo, diretor e cenógrafo Naum Alves de Souza, ao completar quarenta anos de carreira, e ao fim de um longo silêncio, volta à cena renovado como artista. Criador de um teatro de melancólicas evocações adolescentes e com um olhar cético sobre a velhice desde o primeiro sucesso, *No Natal a gente vem te buscar*, ele chega agora à sua síntese, ou nova fase, usando com maestria o humor grotesco que exige solidez crítica e pleno domínio da escrita.

Naum desloca-se da sua visão anterior da vida, poética e algo depressiva, para o ataque. Por um caminho bem pessoal, chega perto do espanhol Ramón del Valle-Inclán (1866-1936), formulador do "teatro esperpento" (que significa feio, bruto), e assim resumido por um de seus personagens: "O sentido trágico da vida espanhola só pode ser representado com uma estética sistematicamente deformada". Em uma série de peças chamadas *Comédias bárbaras*, Valle-Inclán dirige sua atenção ao primitivismo das relações humanas, à pobreza e às injustiças sociais.

Naum, por sua vez, somou três temas fortes: a miséria física da velhice, a impiedade dos parentes, sobretudo os mais jovens, e a loucura do poder. Quase todos os personagens de *Trem-bala* têm mais de 100 anos, não conseguem morrer, estão exaustos em cadeiras de rodas e andadores, mas continuam corruptos e maus. O enredo mistura a fixação pelo mando e seus privilégios com disputas por herança entre mulheres e filhos.

Poderia ser algo sinistro, mas Naum usa o exagero veloz que resulta engraçado, embora tudo rigorosamente verossímil. É possível reconhecer traços de ditadores latino-americanos dos romances O *senhor presidente*, do guatemalteco Miguel Angel Astúrias, e O *outono do patriarca*, de Gabriel García Márquez. O espectador saberá achar equivalências brasileiras. Valle-Inclán também falou deles em *Tirano Banderas*, ambientado em um hipotético lugar da América Latina. Esses déspotas ensandecidos, seus familiares e agregados são horríveis e simultaneamente caricatos como vilões de histórias em quadrinhos. Exalam voracidade. Naum, porém, não se esqueceu do ângulo íntimo da bufonaria. Há ingratidão filial, frieza materna e os acertos de contas conjugais. Não fica pedra sobre pedra. O absurdo cômico, brilhante no texto e irresistível na representação, alivia o pesadelo entre paredes numa mansão em ruínas simbolizando países e modos de governar (as referências locais são identificáveis).

A contribuição adicional da peça aos temas nela tratados é a de se distanciar do realismo emotivo sem novidades e do panfletarismo ideológico. Naum arranca a família da moldura convencional e transforma os donos da política e das negociatas em espantalhos emblemáticos. Sua capacidade de desaforo inteligente e de protesto estilizado tem afinidade com o escritor, cartunista e ator argentino, radicado na França, Copi (Raul Damonte – 1939-87), autor de *Eva Perón* (em que Eva é prostituta e Perón, gângster) e do misterioso e extravagante O *homossexual ou a dificuldade de se exprimir*. Em termos visuais, a encenação lembra desenhos de Roland Topor, do mesmo grupo de Copi em Paris (o chamado Teatro Pânico, que inclui Fernando Arrabal e Alejandro Jodorowsky). Essas citações, talvez exageradas, não tiram a originalidade de Naum. São boas coincidências no universo latino de tiranias decadentes e mesmo assim duradouras.

Diretor da própria obra, Naum reúne um elenco sensacional que se desdobra em múltiplos papéis. Parece um aglomerado, uma quadrilha (até o diabo entra em cena), quando são apenas quatro intérpretes: Ana Andreatta, Fábio

Espósito, Marco Antonio Pâmio e Mila Ribeiro. Raramente poucos fazem tanto. O trem-bala é metáfora melodramática ou tragicômica de terra em transe e suas famílias parasitas que assombram a nação.

ZUCCO SETEMBRO DE 2013
Uma exaltação de seres deslocados

Em *Zucco*, o espetáculo é o acontecimento. Porque o enredo, numa primeira leitura, pode confundir. Afinal, é a história de um assassino sem interferir objetivamente na ordem social, mas apenas externando desequilíbrio pessoal. O que o envolve em algum mistério é a escrita de Bernard-Marie Koltès. O autor quis uma metáfora de um mundo convulso independentemente de contextos específicos. Sem intenção de mostrar delinquentes sociais como o historiador marxista Eric Hobsbawm no conhecido estudo *Bandidos*. Koltès é o poeta do desconforto em existir. Zucco não ostenta ideais anarquistas, republicanos ou separatistas como Luigi Lucheni, que em 1898 matou a imperatriz Elisabeth, da Áustria (a romanceada Sissi), Manuel Buiça e Alfredo Costa, que em 1908 alvejaram com tiros o rei D. Carlos I, de Portugal, ou o agente da Primeira Guerra Gavrilo Princip que, em 1914, executou o arquiduque Francisco Fernando, herdeiro do Império Austro-Húngaro, ao qual sua Bósnia e a Sérvia estavam subordinadas.

Zucco foi um psicopata suicida que Koltès recriou espelhando-se nos atormentados personagens de Górki e Dostoiévski que o impressionaram quando, bastante jovem, escreveu a peça *Amarguras*.

A força verbal da obra é que impõe a esse maníaco perigoso a estatura de personagem no reverso da racionalidade. O efeito das sequências-chave, as soluções visuais e a alta qualidade de elenco da Companhia Ordinária dispensam longas considerações sobre o autor.

Koltès (1948-89) foi alçado a símbolo do teatro contemporâneo. Ao seu redor, há uma dessas seitas que se fazem e desfazem no mundo das artes (no momento impressiona a indiferença ao antes venerado teórico e diretor polonês Jerzy Grotowski).

Embora Koltès seja um dos melhores da cena francesa nos últimos anos, a Companhia Ordinária preferiu usar menos o texto traduzido pela compositora Letícia Coura e mais as sugestões do universo *rock* do grupo The Doors e seu Jim Morrison, neo-Rimbaud na cultura *pop*. Em parte, é uma pena, porque Koltès tem consistência. Diante da sua exaltação de seres deslocados, um espectador poderá achar que seria boa novidade ter em cena a música dedicada a Van Gogh, por Leny Escudero. É verdade que Leny, filho de republicanos espanhóis refugiados na França, onde se consagrou, é absolutamente desconhecido no Brasil. A pungente canção *Van Gogh* fala da loucura e isolamento do pintor holandês fora de sua terra e de suas raízes. Vale lembrar que Zucco era italiano. Mas a opção está feita e bate com a juventude do elenco e, talvez, atenda a considerações outras do diretor José Fernando Azevedo que estudou filosofia. Zucco foi transformado em caso exemplar ou "fisionomia fantasmagórica da sociedade que o produziu". Paradoxalmente, a vitalidade dos intérpretes não permite um retrato pesado (o *rock* é bonito, mas dispersa), o que não impede a sensação de desordem familiar, os efeitos de sistemas repressivos, tédio e violência cotidianos.

O eco maior de Zucco – a obra e a realização no palco – é o do esfacelamento no parentesco e a sensação de incomunicabilidade mesmo quando se está em "tribos". Anomalias que crescem dia a dia, e o uso de imagens e música acentua a diluição dos contatos íntimos justamente quando o que mais se fala é em redes sociais (e Koltès escreveu antes de surgirem esses recursos que oscilam entre a modernidade e a alienação).

Os intérpretes passaram por um realmente elogiável trabalho corporal (Tarina Quelho) e de voz (Mônica Montenegro), em um espetáculo de refinado acabamento (iluminação, cenários, preparação musical, vídeos, figurinos). Profissionais prontos, todos bons (deveriam ser relacionados com seus respectivos papéis). É preciso destacar Rafael Lozano, como Zucco, entre a extroversão ameaçadora e a introspecção, Giuliana Maria e Bruna Lima, revezando-se com densidade em vários tipos.

A recém-criada companhia tem um nome levemente brincalhão, mas ela não é nada Ordinária. Novas luzes na temporada.

RETRATOS FALANTES SETEMBRO DE 2013
Vidas secretas em preto e branco

No início do filme *M, o vampiro de Dusseldorf*, de Fritz Lang, uma figura masculina, assobiando, se aproxima de uma garotinha. O local e a intensidade da fotografia prenunciam o que vai acontecer. Realizado em 1931, com Peter Lorre, o filme é um clássico bem conhecido. Meio século mais tarde, o inglês Alan Bennett retorna não exatamente ao tema, mas às circunstâncias de vidas fora da sanidade ou alegria. Escreveu monólogos para a televisão e vários deles chegaram ao palco, como *Retratos falantes*, que o grupo Tapa transformou em exercício cênico que confirma Brian Penido Ross e José Carlos Machado como intérpretes superiores.

São dois solos com a sutileza da arte de representar. Histórias soturnas, mas que o público não se afugente diante de acontecimentos cotidianos envoltos no mistério entre Freud e Kafka. Sexo irrealizado ou caso de polícia e psicanálise são os pontos centrais dos enredos. O outro é a velhice e seu cortejo de misérias. *Flashes* da contemporaneidade no vizinho ao lado batendo à porta de qualquer um. No primeiro movimento deste dueto da solidão humana, um solteiro maduro cuida da mãe senil, que se compraz em insinuar a homossexualidade dissimulada do filho.

No segundo, o jardineiro de um parque revela submissão que parece ser penitência ou luta silenciosa contra algum obscuro mal secreto. O texto, ou tradução, não explicita a geografia onde transcorrem essas vidas anônimas, mas paira no ar que estamos na Europa dos invernos, do individualismo frio, de terras onde as pessoas não se tocam. É no fundo um lado do Reino Unido não tão grandioso (quem entrou em um *pub* na periferia de Londres sabe a distância entre as casinhas iguais e úmidas dos subúrbios e as cerimônias de Buckingham). Mas a mesma vida pequena transcorre em minúsculos apartamentos paulistanos. Alan Bennett nasceu em 1934, logo teve a adolescência no pós-guerra, do racionamento do governo Clement Attlee, e chegou ao Estado neoliberal duro construído por Margaret Thatcher. Parecem histórias alheias, mas a economia é um processo global a criar nos quatro cantos da terra tipos opostos entre o dinheiro fácil e os dependentes de atendimentos públicos. Além da questão financeira, há a psicologia, os estados de alma, as neuroses, o fracasso, e é esse recanto da existência que o escritor descreve. Não fica claro se é só humor negro ou autoironia colocar uma senhora de 72 anos como anciã quase demente. Nem todos conseguem o atletismo de um *Rolling Stone*, mas o fato é que Mike Jagger tem 70 anos (e Bennett 79).

Esta dramaturgia de estrutura radiofônica ou *closes* de televisão requer poucos cenários e efeitos técnicos. Precisa de bons atores e eles estão presentes. O diretor Eduardo Tolentino acertou no uso de um espaço semivazio, onde uma iluminação mais elaborada daria maior força a esses retratos em preto e branco. Acerta plenamente no clima geral do espetáculo ao se manter em sintonia com o escritor e evitar o melodrama, porque nesses fatos a verdade é algo difuso.

Brian Penido Ross e José Carlos Machado constroem tipos antológicos, com subtextos nos olhares e gestos mínimos, sobretudo os de provável caráter sexual. Brian fala pelo seu personagem e imita os trejeitos dos que o cercam. O mesmo faz José Carlos, do servilismo assustado do pobre solitário à imitação dos gestos de uma criança ou do tom de voz do chefe.

Alan Bennett nesse contexto faz sentido no repertório do Tapa, que usa textos americanos e ingleses sem esquecer outras culturas. O roteiro de trabalho da equipe prevê futuras leituras dramáticas da nova dramaturgia de Portugal e a possível encenação do polonês Witold Gombrowicz, autor da extraordinária peça *Ivone, princesa de Borgonha*. Essa a razão de *Retratos falantes*, outro acerto na caminhada do grupo.

TEATRO NOSSO DE CADA DIA OUTUBRO DE 2013
Celso Frateschi ressalta a coerência da nova fase do Ágora

As pessoas na selva das cidades são o ponto de partida de *Teatro nosso de cada dia*, novo espetáculo do Ágora, hoje um renovado polo de formulação de projetos e de discussão das artes cênicas. O elenco conta com três atores sólidos em papéis curtos ou incidentais (Celso Frateschi, Francisco Wagner, Fábio Takeo) e atuações comoventes das atrizes Belize Pinheiro, Daniela Theller, Fernanda Hartman e Teca Pinkovai.

Eles repõem a palavra como o instrumento maior de comunicação. Uma necessária teimosia em oferecer ideias à euforia experimentalista onde tudo vale em nome das novas teatralidades, conceito que abriga entre outros efeitos os ruídos urbanos por vezes excessivos (a rua é o teatro e vice-versa) e uma avalanche multimídia. Claro que é tema controverso. Facilita contestação e ironias por parte do vanguardismo frenético.

Tudo bem, mas o possível espectador merece saber que um grupo artístico se ocupa do homem anônimo preso em engrenagens (sociopolíticas e econômicas) que o anulam. Um teatro que também pesquisa o novo sem negar o que disseram Shakespeare, Tchekhov e Brecht. Tarefa arriscada, sobretudo neste espetáculo que junta minipeças de vários tons dramáticos ou cômicos com dramaturgia final e direção de Celso Frateschi.

Há oscilações de densidade ou pertinência; e também acertos junto à falta de nitidez. O clima é de calor humano ao olhar pessoas desgarradas, confusas ou pobres, em choque com a impessoalidade do asfalto. Mulheres da limpeza, essa humanidade invisível que nos serve a todos; patéticas brigas de casal; a freguesa e a atendente da funerária de luxo em lance de absurdo cômico inspirado por Nelson Rodrigues. O humor negro do locutor que narra o trânsito da cidade; ecos da periferia onde tiros e gritos lá fora pedem que cada um cuide de si e faça de conta que não ouviu.

Frateschi, embora tenha posição política conhecida, soube enquanto artista se resguardar do discurso pronto. Usa seu talento para assumir a subjetividade poética, o senso crítico e a fantasia do teatro. Com trajes e objetos de catador de rua, um tanto mendigo dostoievskiano e algo beckettiano, Celso pontua a ação com falas eternas: "A vida é uma sombra errante [...]. É um conto de fadas, que nada significa" (Shakespeare, em *Macbeth*), seguida de Tchekhov ("E nós viveremos, nós viveremos, tio Vânia, viveremos a longa, longa sequência de dias e noites. [...] descansaremos").

Esta aposta humanista ressalta a coerência do Ágora em sua nova fase (reforma do local e ampliação das atividades com peças em horários alternativos, debates e cursos). Além de *Teatro nosso de cada dia*, está em cartaz o primeiro espetáculo adulto do grupo Doutores da Alegria, que atua em hospitais. Em discussão, o momento "quando a doença revela quem somos: viajantes em terras imagináveis". Ainda há o projeto Sessão da Tarde com trabalhos de jovens artistas em processo de formação. Finalmente, nos próximos dias estreia *Coelho branco*, peça do iraniano Nassim Soleimanpour. Proibido de sair do seu país, criou uma obra que é lida por uma atriz ou ator diferente a cada representação e que sugere a participação do público.

Teatro nosso de cada dia não é mesmo perfeito. A iluminação, por exemplo, poderia valorizar mais a cenografia de "vitrines humanas" criadas por Sylvia Moreira. No total, porém, a montagem capta os desvãos da noite suja e a breve poesia "dos delírios nervosos dos anúncios luminosos que são a vida a mentir", como cantou Lupicínio Rodrigues.

TRIBOS OUTUBRO DE 2013
Os estreitos laços que nos prendem

O enredo de *Tribos* é um caso da tirania do afeto. O paradoxo é aparente. O mundo também é feito de pessoas na sala de jantar, ocupadas em nascer e morrer, como os Mutantes cantaram em *Panis et Circensis*, o disco-símbolo do Tropicalismo (1968). Metáfora psicológica e social e retrato de situações em que o conservadorismo e a neurose enfrentam as "folhas de sonhos que sabem procurar o sol" (*Panis*).

Um filho surdo é mantido em casa sem aprender a linguagem dos sinais, porque assim estaria protegido, quando, na verdade, serve de anteparo e desculpa para frustrações ao seu redor. Mandonismo paterno e desajuste conjugal cristalizados em valores autoritários e alienação na miniaturização do mundo entre quatro paredes. Por aí se vai até a política internacional. A autora Nina Raine, inglesa, é sobrinha-neta do escritor russo Boris Pasternak, do romance *Dr. Jivago* (1890-1960). Pasternak ganhou o Prêmio Nobel, mas não teve autorização para recebê-lo na Suécia. A URSS havia esmagado em 1956 o levante da Hungria contra Moscou, e o Ocidente respondeu em 1958 com o Nobel a Pasternak, artista independente do realismo oficial, que pagou por algo acima dele, como o surdo da peça. Obrigado a se resignar, não viveu o sucesso mundial do livro transformado em filme.

O jovem de *Tribos* (Bruno Fagundes) escapa, porém, da redoma opressiva dos pais e do próprio irmão. Descobre que há outra vida lá fora, o que inclui os gestos que falam e o amor. Ou seja, volta-se à questão de crueldades com supostas melhores intenções. Nina Raine joga duro, mas filha de poeta, Craig Raine, concede boa margem à subjetividade. Evidentemente, não ignora o grande teatro de desastres familiares (O'Neill, Williams, Albee). Em *Tribos*, o aprisionamento de uma pessoa pode estar além dos laços de sangue e do tédio entre marido e mulher. Em entrevista ao O *Estado*, Nina disse que presenciou as mais diversas reações: "Os *gays* sentiram que a peça contava sua história. Depois, uma amiga, que tinha recentemente dado à luz, chorou dizendo ter sentido que ecoava o isolamento que tinha acabado de descobrir – e uma negra a interrompeu, dizendo: 'Ora, pensei que a peça traduzia a sensação de ser uma negra entre os brancos'. Creio que uma peça só pode ter tamanho impacto na realidade vivida pelos outros quando ela mostra uma realidade própria extremamente coesa e poderosa".

Pois *Tribos* é coesa e poderosa. Nada ou ninguém escapa neste raio X. Os pontos escuros, os nódulos, as manchas da existência surgem em frases entrecortadas, desabafos e na tomada de consciência da vítima de tanta proteção fora de propósito. O casal não se entende há anos, os irmãos não acharam uma comunicação certa e até a namorada do rapaz (em processo de ensurdecimento) é levada a contradições.

O texto e o espetáculo sólido de Ulysses Cruz, sem a mínima concessão ao melodrama, extraem gestos compreensíveis de pessoas que, no fundo, não são visceralmente más, apenas perderam o rumo. A encenação desse universo caótico exige equilíbrio, sobretudo quando se tem no elenco intérpretes com menos carreira ao lado de Antônio Fagundes. O diretor encontra esse ponto ideal e Antônio Fagundes é comedido no temperamento cênico naturalmente expansivo. Ocupa seu espaço numa composição em que abre mão de protagonismos e confere a providencial nota de humor a um clima tenso. Faz boa parceria com Eliete Cigarini, a convincente esposa irritada e mãe possessiva. A composição do surdo (a voz alterada de quem não ouve) exige de Bruno Fagundes contida emoção e um esforço suplementar de criação. Não deve ser fácil. Arieta Correa, com apurada técnica vocal e emoção, concilia timidez e audácia em minimalismo dramático. A composição de Guilherme Magon, como uma espécie de *skinhead* ameaçador, dificulta às vezes a compreensão do conflito íntimo do personagem, o irmão também com sérios problemas. Maira Dvorek delineia com força interior a dor da mulher que tem seus fracassos minimizados pelos dois irmãos.

Tribos já foi chamada de comédia perversa. Quem sabe seja melhor vê-la como um caso grave de "surdez da solidariedade". A cenografia de Lu Bueno, um paredão doméstico, é a imagem eloquente da barreira entre pessoas que se gostam.

A CASA DE BERNARDA ALBA NOVEMBRO DE 2013
Lua negra sobre mulheres confinadas

A casa de Bernarda Alba, de Federico García Lorca, é um drama atemporal e sem espaço definido, embora evoque inevitavelmente a Espanha. Não se trata exatamente de casa, mas da prisão doméstica de mulheres dominadas por uma viúva tirânica, que decreta luto por oito anos. Ou ainda a metáfora de estados mentais. De um lado a pulsão sensual de suas filhas, o desejo da carne, a fecundidade. De outro a loucura do mando conservador.

O poeta e dramaturgo sempre foi mais atento às mulheres, ao contrário do restante do teatro clássico espanhol, que reserva ao patriarca, o varão, a atribuição imemorial de garantir, mesmo que pelo sangue, a honra da estirpe. No estudo *García Lorca, persona y creación*, o ensaísta Alfredo de La Guardia apresenta três definições para esta parte da obra lorquiana: O "drama da maternidade vencida" (*Bodas de sangue*, no qual o amor é perseguido); o "drama da maternidade frustrada" (*Yerma*, a mulher sem filhos devido à esterilidade do marido); e o "drama da maternidade injusta", encarnada por *Bernarda Alba*, que mata em si qualquer instinto amoroso e arrasta consigo as filhas, uma para a morte e as demais para o pântano do luto.

Todas essas peças foram estreadas na Argentina quando a Espanha se dilacerava em uma guerra civil que tem em Lorca (1898-1936) a sua vítima mais amada, assassinado com requintes de perversidade, e que culminou com a ditadura do general Francisco Franco, um homem medíocre que por 37 anos (1939-75) negou poesia e liberdade aos espanhóis. A nação sobreviveu, porém, e, como escreveu La Guardia, a aflição daqueles dias converteu-se para Lorca na "serena luz de sua imortalidade". Outras ditaduras surgiram, políticas, religiosas e culturais, e as mulheres estão entre as grandes vítimas. A liberalidade ocidental dos costumes é ainda parcial, conquista dos centros urbanos, enquanto continentes inteiros são casas de Bernardas Alba.

A encenação de Elias Andreato condensa habilmente o original em três atos e tem um elenco à altura do tema. Os acontecimentos não sofrem de tempos lentos ou pouco calorosos, embora às vezes ocorra o contrário. Há instantes de movimentação em círculos, entremeada de empurrões entre moças aparentando apenas nervosismo, quando o que ocorre é trágico. Este é o ponto instável do espetáculo, o de parecer algumas vezes narrativa de costumes com um grupo de pessoas de mau humor incorporado ao cotidiano, aos vícios domésticos. Ninguém ali ouve mais o outro.

Walderez de Barros, atriz de reconhecida densidade dramática, pode dar a impressão de só simular dureza ou intolerância. Como se fosse um deliberado distanciamento entre ela e o papel. Walderez convence mesmo assim, por ser uma intérprete superior, mas não temos a escuridão da sua personagem. Por estranho que pareça, os absurdos dos conceitos de Bernarda soam quase engraçados, sobretudo na relação com a governanta que Patrícia Gaspar explora com malícia. A divisão de classe doentia é diluída pela reiteração de desaforos sem que os rostos traduzam a relação desumana. É algo que talvez possa ser mais sublinhado no conjunto da representação. A gravidade das circunstâncias está expressa no rosto tenso e silêncios de Mara Carvalho e na dor de Victoria Camargo, explícita em elaborada composição gestual e boa voz.

Detalhes musicais e de dança flamenca insinuam o clima de uma Andaluzia cigana, embora naquela casa soe melhor a voz comovida e a guitarra áspera de Paco Ibañez em *Canción de jinete*, poema de Lorca sobre uma "Luna negra". São reparos pontuais, em uma criação com um requinte que o teatro anda esquecendo. *Bernarda Alba* termina com a altivez do elenco a receber aplausos espontâneos antes mesmo do final. A cortina é fechada lentamente. O que se viu pede solenidade porque García Lorca traz o protesto contra a solidão e as trevas.

NOSSA CIDADE NOVEMBRO DE 2013

O enredo agridoce de Nossa cidade

Érico Veríssimo foi o primeiro brasileiro a conhecer o local que inspirou *Nossa cidade*, de Thornton Wilder (1897-1975), uma das mais estimadas obras do teatro. O ambiente ficcional reflete a casa de Wilder, no interior dos Estados Unidos, onde Veríssimo foi hóspede. O escritor gaúcho lembraria a visita no relato de viagem *Gato preto em campo de neve*: "Só no quarto, de luz apagada, fico a pensar no bem que me fez esta pausa em New Haven, na casa dos Wilder. Sinto que eu me não podia ir da América sem ter visto este interior, sem ter conhecido estas criaturas [...] sensíveis à beleza e à bondade, hospitaleiras, preocupadas com os problemas da arte e da cultura, mas apesar disso ou talvez por isso mesmo humanas, profundamente humanas". O livro, de 1941, plena Segunda Guerra, traz a seguinte dedicatória: "Aos meus amigos norte-americanos na pessoa de Thornton Wilder".

Escrita em 1938, *Nossa cidade* é o canto à capela aos acontecimentos singelos em uma comunidade sem sobressaltos. O país ainda vivia as lembranças da Primeira Guerra, mas na qual entrou, calculadamente, na última hora para emergir como liderança mundial diante da Europa destroçada. O enredo agridoce de Wilder retrata essa América que ignora o mundo além dos seus bem cuidados jardins sem cerca. A cidadezinha inventada de Grover's Corners (a New Haven real, sede da Universidade de Yale, é maior) reúne uma classe média conservadora, porém pacífica. Questões raciais e sociais graves não entram aqui. O protestante episcopal Wilder (1897-1975) observa compassivamente um conjunto humano de hábitos domésticos e ritos sociais que se repetem como as estações do ano. Estamos na década de 1910, a guerra ainda virá. Gente rotineira com apenas um habitante problemático e sonhos que não ultrapassam as colinas vizinhas.

É exatamente o que o autor quis expor: "Por um período, vivi entre arqueólogos, e desde então eu me encontro às vezes olhando para as coisas sobre mim como um arqueólogo olhará para ela milhares de anos adiante". Acrescenta seu interesse de historiador social ao se indagar: qual a "relação entre os incontáveis detalhes desimportantes de nossa vida diária, por um lado, e as grandes perspectivas do tempo, da história social e das ideias religiosas, por outro?".

Wilder preferiu o lado poético com um leve traço de ironia ou amargura. No mesmo período, outros escritores, à sua esquerda, viam a situação com menos tranquilidade. Um deles, Michael Gold, o autor de *Judeus sem dinheiro,* tachou a obra de Wilder de falsa, produto da retórica cristã, alheada em absoluto à realidade nacional. Gold (1894-1967) era um intelectual de esquerda. O ataque não impediu a peça de cair no agrado do público. Jamais deixou de ser representada. Há explicações e elas estão no espetáculo de Antunes Filho, sobretudo a tolerância e o pacifismo.

Ao mesmo tempo, Thornton Wilder foi inovador no modo de expor a trama e na sua estrutura. Lança subtendidos de quem não era apenas um romântico e que estimulam o encenador a explorar esses meios-tons. Outro achado seu foi o de romper o naturalismo linear com um narrador (o "diretor de cena") independente dos acontecimentos, o que dá um caráter expositivo ao texto, um viés épico. Ao mesmo tempo Wilder joga com o tempo. Em dado momento, os mortos de Grover's Corners dialogam entre si em um balanço existencial, o que confere um acento filosófico à ação.

Antunes opera a reconstrução do original ao introduzir referências à presença militar e política de Washington em todos os conflitos do mundo desde a segunda metade do século XX (Coreia, Vietnã, Iraque, Afeganistão). Realça o ímpeto imperial belicista ao custo de milhares de vidas, incluindo "os nossos rapazes" (termo típico das falas oficiais americanas), que saem dessas pequenas cidades desenhadas por Norman Rockwell (aqui trocadas por uma imagem rural brasileira no cenário) e habitadas por crentes no Planeta América.

Antunes acentua essa infantilização nacional pelo tom e ritmo das falas dos intérpretes. Reinvenção artística e política conduzida por um elenco com talento, técnica e perfeito entendimento do que faz. São 16 em cena, que exemplificam os 31 anos do Centro de Pesquisas Teatrais. Peculiaridades dos seus papéis deixam em relevo as atuações de Leonardo Medeiros (o diretor de cena, não mais a presença discreta do original, mas um mutilado de guerra); Felipe Hofstatter (o perturbado regente do coral) e Sheila Faermann, como o símbolo da inocência e do patriotismo.

O resultado é a síntese do posicionamento humanista que Antunes Filho oferece à consideração da plateia: alegria mesmo sabendo-se da morte, lucidez diante da irracionalidade em tempos de massacres.

EPITÁFIO e DUAS MULHERES QUE DANÇAM DEZEMBRO DE 2013
Duas gerações encaram a velhice

A poetisa norte-americana Sylvia Plath escreveu que "Morrer é uma arte como outra qualquer/ Eu a faço extremamente bem". Frase de uma depressiva (Plath suicidou-se aos 30 anos, em 1963). Ela parece ecoar na temporada teatral do ano que abordou a velhice e doenças da idade (Alzheimer) ou solidão. A finitude que chega. Entre várias outras peças, o tema está em *Epitáfio* e *Duas mulheres que dançam*.

Epitáfio, apesar do título sem rodeios, segue em outra direção, a da viagem dentro da memória como jogo de armar. O tempo que vai e volta ao sabor de evocações. O autor e diretor Bernardo Fonseca Machado não pretende ser desalentador. Ao contrário. Seus cinco personagens Dédalo, Miguel, Nora, Irina e Sebastião enfrentam, ou suportam, o envelhecimento de diferentes maneiras. O primeiro nome, além de estar na mitologia grega, faz lembrar Stephen Dedalus, do romance *Ulisses*, de James Joyce.

Bernardo também estudou antropologia, que serve, também, como filosofia na questão do término da existência, o que, místicos e guerreiros visionários à parte, inquieta a humanidade. O que é uma vida inteira ou a vida em um dia (mesmo que na imaginação)? A ação realista centrada na atualidade de *Epitáfio* transcorre ao longo de vinte anos, quando filhos se veem nos pais e vice-versa. O cenário abstrato deixa ao elenco a tarefa de criar um sentimento do mundo com gestos precisos, cortes de diálogos e atitudes recheadas de pausas e olhares. Na aparência, são as conhecidas fases do ser humano, dos ritos infantojuvenis às cargas que o tempo coloca no caminho de um casal. O casamento é sempre engenharia humana, em que, entre outras coisas, cabem filhos, havidos ou adotados – espelhos do que se quis, sonhou, teve plena realização ou se perdeu. Texto sofisticado de um dramaturgo que ainda vai chegar ao estilo/diálogo de palco com menos empenho na literatura (o que se diz em cena não é necessariamente como está no papel). Dramaturgia pede outros ritmos e caminhos verbais. O importante, porém, é o espetáculo ser apaixonado. Quer dizer algo e o diz como amarelinhas joyce-cortazianas e, quem sabe, algo do labirinto de Jorge Luis Borges. A Cia. EmVersão tem energia que se traduz, sobretudo, nas interpretações de Ana Junqueira (a filha), um talento vibrante em plena ascensão, e a solidez calma de Bianca Sgai Franco (a mãe ou a filha no futuro).

Já o avesso de tudo, ou seja, a idade sem enganos, está em *Duas mulheres que dançam*, do espanhol-catalão Josep Mari Benet I Jornet. Direção de José Sebastião de Souza, com Karin Rodrigues numa fase brilhante da carreira e na boa companhia de Amazyles de Almeida, que abre seu espaço dramático com sutileza. Humor pesado (uma idosa e sua acompanhante jovem). Mulheres com problemas concretos – idade, desatenção dos parentes ou uma perda irreparável (a moça). Relação difícil até que algo sem volta se insinua e as une em direção ao abismo, ao nada, ao que o espectador imaginar.

Karin, com agilidade admirável está quase jovem para o papel e consegue um perfeito equilíbrio entre o bom comportamento e a dureza de quem sabe que ilusões são, apenas, ilusões. Há palavras subtendidas ou explícitas no enredo bem traduzido por Clarisse Abujamra: Alzheimer e o que sobra, o que vale a pena na existência quando até os próprios filhos se tornam estranhos.

O espetáculo tem problemas de acabamento – sobretudo a cena final. Um milímetro entre interpretação e o efeito da iluminação que merece ajuste. Em eventual temporada futura, o bom senso manda fazer sumir com as pantufas que Karin usa. Adereço caricato para uma personagem. Assim, dois espetáculos e duas gerações teatrais convergem para o ponto que Bergman filmou em *Sonata de outono*.

TRÊS DIAS DE CHUVA DEZEMBRO DE 2013
A chuva que lava o passado e rega o futuro

García Lorca escreveu: "Bendita seja a chuva que molha a cara dos mortos". Faz sentido e não se precisa elucubrar muito sobre uma imagem trágico-poética da peça *Bodas de sangue*. O enredo traz mortes irresolvidas, falecidos que aparecem em lembranças, acertos de contas e algo chamado inventário. O termo está no direito romano e vem do latim *inventarium* (a relação dos bens de uma pessoa). Porém, a parte material contém um rio de lembranças. O teatro tem um arsenal de obras sobre o tema; e o assunto sempre volta com força. Retorna agora em *Três dias de chuva*, de Richard Greenberg, que Jô Soares, com a inventividade de bom diretor, colocou em cena com um elenco impecável.

Ao começo: dois irmãos e um amigo, os três são filhos de uma dupla de arquitetos com projetos famosos e que fizeram fortuna. Ao falecerem, deixaram herança vultosa. Apesar de sócios e amigos, em dado momento disputaram uma mulher, que não é uma estranha, ao contrário. Um ganhou. Os descendentes se juntam para desatar o nó que no caso não é só financeiro. O dinheiro não é problema na peça, que retrata uma sólida classe média alta (padrão norte-americano). Esses pais fizeram obras-primas da nova arquitetura, mas ao preço de danos afetivos. Na primeira parte da história, os jovens se encontram, se agridem e, no meio da conversa, irrompe o inesperado detalhe sexual.

Há o diário de um dos pais com referência a três dias de chuva. Dias que definiram um passado e vão agora espantar o presente dos filhos. Um xadrez existencial em que faltam peças, baralho incompleto que afeta os que ficaram. Não é teatro de penúria ou ambição material, mas sobre amizade, adultério, desejos reprimidos. Greenberg, bom dramaturgo da nova geração, quer chegar àquele tom que Tennessee Williams (citado de passagem) explicou em duas frases: "depender da bondade de estranhos" e, a mais dura, "não há perdão para a maldade deliberada". Dilemas que ultrapassam as classes sociais.

No segundo movimento da peça, vai-se descobrir quem foram os pais desses irmãos e quem foi o sócio na carreira arquitetônica. Quem teve mais talento e quem venceu o jogo do amor. A vida, como se verá, pode custar caro mesmo com final feliz. Ou mais ou menos feliz.

Jô Soares criou um espetáculo com efeitos cinevisuais centrados em visões de Nova York ou, então, em presidentes dos Estados Unidos. Se fosse uma adaptação, e Jô também é bom nessa arte, poderia colocar no enredo o argentino Cesar Pelli, um dos grandes arquitetos do mundo, argentino da cidade de San Miguel de Tucumán assim como o diretor teatral Victor García, que deslumbrou o Brasil com duas invenções dramáticas. São de Pelli vários edifícios ao longo do rio Hudson, Nova York, próximo às Torres Gêmeas destruídas no atentado de 2011.

A originalidade e a alta criação estão no ritmo nervoso do espetáculo, nas alternâncias de agressividade, desespero e ternura expressos por um elenco que atua à flor da pele. Otávio Martins na composição de dois personagens opostos tem um dos maiores desempenhos do ano e de sua carreira. Arena emocional ao lado de companheiros brilhantes. Petrônio Gontijo trabalha na linha da explosão de sentimentos, mas sabe recuar para o desalento, a dúvida e a carência. Só os bons fazem isso. Fechando o triângulo, Adriane Galisteu, livre da sua imagem superexposta, mostra que é uma bela atriz nos dois sentidos da palavra. Com licença de Lorca e Tom Jobim, chove uma chuva de grandes sentimentos nos rostos desses artistas. Chuva boa, criadeira de um espetáculo que merece todos os aplausos.

O PATRÃO CORDIAL DEZEMBRO DE 2013
O homem ainda é o lobo do homem

O patrão cordial do espetáculo da Companhia do Latão pesca no rio Paraíba em algum dia do século passado. A cena bucólica é o verniz que procura matizar as brutais formas de exploração e violência nas relações sociais e trabalhistas do país. As matrizes da dramaturgia e direção de Sérgio de Carvalho são o estudo *Raízes do Brasil*, de Sérgio Buarque de Holanda, e a peça *O senhor Puntila e o seu criado Matti*, de Bertolt Brecht. Em uma análise audaciosa e pioneira (1936), Buarque de Holanda apontou a contradição no vezo nacional da familiaridade aparente que mascara os desníveis de classe. Por ironia, sua crítica ao "homem cordial brasileiro" foi tomada como elogio, e o historiador nunca conseguiu desfazer completamente o equívoco quando, nas suas palavras, seria engano supor que amenidades de superfície possam significar "boas maneiras, civilidade". O país parece gostar de equívocos.

Três anos mais tarde, o compositor Ary Barroso compôs "Aquarela do Brasil" (1939), elevada à categoria de um segundo "Hino Nacional", mas poucos sabem, por exemplo, o que vem a ser mesmo o verso "Meu mulato inzoneiro". Nada contra a poesia, mas a verdade pode ser diferente. Brecht, com humor agressivo, fez de Puntila um patrão que, bêbado, é adorável, e, sóbrio, um espoliador e prepotente. Mesmo caso do fazendeiro dedicado à pescaria.

Além de Buarque de Holanda e Brecht, ele cabe também em dois ensaios escritos em um espaço de quarenta anos: *Casa grande & senzala* (1933), de

Gilberto Freyre, que, apesar da ocasional tolerância com nossas mazelas, expõe a crueza da escravidão; e *Os donos do poder*, de Raymundo Faoro (1973), reconstituição da mentalidade burocrática e patrimonialista dos que realmente mandam aqui desde 1500. A Companhia do Latão, coerente com seu ideário estético e ideológico, volta ao tema da exploração do homem pelo homem. Se ainda faltasse um argumento sobre a pertinência do espetáculo, bastaria citar o atual e polêmico cientista político norte-americano Francis Fukuyama, que referenda os estudiosos brasileiros. Em entrevista recente, ele vê a formação da sociedade brasileira e dos demais países latino-americanos como instituições pré-modernas com a economia baseada em grandes propriedades. Trata-se de um modelo cujo resultado é a desigualdade, concluiu.

O desafio que o diretor e autor Sérgio de Carvalho e seus companheiros enfrentam em *O patrão cordial* é o de distribuir a massa teórica numa linguagem cênica que ecoe a ironia humorística de Brecht. Os enredos do dramaturgo alemão são de esquerda, mas encaixam instantes caricatos que fogem do manifesto. Trabalhar com Sérgio Buarque e Brecht é uma reinvenção artística complicada porque, no caso, às vezes o tom discursivo e a frase feita (a reiteração do termo "dialética", por exemplo) pesam sobre a naturalidade dos diálogos, ou deixam os personagens esquemáticos, como o comunista no meio rural.

Por fim, surge o inesperado: o patrão é simpático. Pode ser uma tentativa de contar distanciadamente os fatos, mas o equilíbrio dramático eventualmente vacila. Enquanto o senhor Peachum, explorador de mendigos da *Ópera dos três vinténs*, de Brecht, pode ser simultaneamente sinistro e farsesco (Túlio de Lemos [1910-78] conseguia os dois efeitos na montagem brasileira de 1964), o estilo interpretativo caloroso de Ney Piacentini constrói um patrão excêntrico, um amalucado sem a maldade argentária e de classe que, se supõe, é o objetivo da encenação.

Paradoxo a ser resolvido porque Piacentini tem experiência e é comprovadamente bom ator. A gravidade da situação está no olhar ofendido-desconfiado e nos gestos lento-cautelosos do motorista (o criado) representado por Ricardo Monastero e no desequilíbrio exposto com paixão e fúria por Helena Albergaria, atriz brilhante. Há uma circulação de intérpretes na companhia – que sempre funcionou como oficina de ideias e laboratório de artes – que por vezes altera o resultado de um espetáculo para outro, mas, mesmo com os momentos menos resolvidos, há em *O patrão cordial* o ambiente entre Brecht e o tom sombrio do romance *A menina morta*, de Cornélio Pena, ambientado no mesmo vale do Paraíba.

Críticas 2014

ENTREDENTES ABRIL DE 2014

Em *Entredentes*, há sinais da fuligem das Torres Gêmeas de Nova York. O autor e diretor Gerald Thomas estava na cidade e se envolveu com o acontecido, trabalhando como voluntário. Na mesma peça, este artista multicultural, mas nascido e criado no Rio, se mostra totalmente brasileiro, mesmo que eventualmente venha a dizer o contrário. O 11 de Setembro e os descalabros na política e na administração do Brasil o levam a uma obra com instantes de indignação.

Em um solo de alta carga emotiva, a bela e vital atriz portuguesa Maria de Lima, falando na prosódia da língua original, faz um protesto contra as mazelas do país que, já nos anos 1600, Gregório de Matos anteviu no poema "Triste Bahia". Nos séculos que se seguiram, esses desvios foram evidenciados em estudos de peso, como *Os donos do poder*, de Raymundo Faoro. A intervenção da atriz, a melhor parte do texto, resume sociologia e antropologia cultural a respeito do que temos de errado, não por um absurdo étnico-genético, mas razões histórico-econômico-estruturais precisas. Neste ponto, Gerald Thomas reflete o mundo anglo-saxão em que a ética protestante sugere – e vigia – padrões de seriedade no trato da chamada coisa pública.

Em seguida, a peça retoma o assumido tom cético e zombeteiro de Thomas, mesmo nas menções a conflitos políticos e militares internacionais. Síntese de tantos impasses, a cena apresenta um muçulmano e um judeu diante da parede que simboliza o Muro das Lamentações, em Jerusalém, anexo a uma fachada de favela. O simbolismo é forte, mas o "groucho-marxismo" impede que o assunto permaneça sério. Com outra nuance, quem sabe humor negro, se poderia conciliar a graça com a contundência de Maria de Lima. Enfim, esta é a parte compreensível de *Entredentes*.

No mais, o espectador entra no labirinto subjetivo que o próprio autor explica: "Eu escrevo para a pessoa, com as idiossincrasias que a pessoa tem. Então, eu vou usar o que o ator ou a atriz têm de melhor e o que têm de pior também. Os jeitos, o fenômeno que ela é, a maravilha que ela é, mas também o seu lado negro".

No caso, felizmente, temos o lado caloroso, autoirônico e a leve melancolia do notável ator Ney Latorraca em parceria com Edi Botelho, intérprete amadurecido, que junta bem os estilhaços da prosa de Gerald Thomas. Ney não procura se impor, embora tenha claramente a plateia ao seu lado. Faz até mesmo um certo ar distraído de quem está ali para representar o que lhe vier à cabeça, embora tudo esteja calculado. Desde seu tempo de Escola de Arte

Dramática, diverte os amigos com o número de "receber o santo". Ele traz de volta, divertidíssimo, estas "entidades". Falando de si dentro do personagem e vice-versa, Ney poderia ter como cenário o edifício de seis andares onde morou na rua Barão de Campinas, em São Paulo. Nessas sequências, o teatro de Gerald Thomas se outorga um toque de zombaria que pode ser levado a sério ou como pura derrisão.

O problema está nos desequilíbrios entre opostos. Em tese, o objetivo é "aprisionar o espírito do tempo, tecnologia, fundamentalismo, geopolítica" etc., etc. Paradoxo de um estilo que aproxima a alta criatividade com a vontade de *épater*, seja pela citação de Wittgenstein, Deleuze ou por referências sexuais pesadas. Um jogo no qual tudo pode acabar em aparência e palavras, palavras. Fica-se a meio caminho entre Beckett, que exerce fascínio sobre o diretor, e o grupo francês Magic Circus, de Jérôme Savary (1942-2013), que incorporava a ópera, histórias em quadrinhos e Molière. Gerald Thomas tem mais a dizer dos males da sua terra natal e daquela onde reside (Estados Unidos) ou sobre impasses contemporâneos como, por exemplo, a "banalização do bem", visível na transformação do progresso tecnológico, a internet, em toxicodependência cognitiva (síndrome de abstinência virtual, os *smartphones* como extensão do próprio corpo), na definição do professor Júlio Groppa Aquino, da Faculdade de Educação da USP.

De qualquer modo, à exceção das escatologias gratuitas, é interessante observar em *Entredentes* um quadro de insolências e ambiguidades por um elenco inteligente, que tem à frente o sempre bem-vindo Ney Latorraca.

MEU DEUS ABRIL DE 2014
Meu Deus leva o criador ao divã da psicóloga

A comoção que *Meu Deus* irradia está na capacidade da escritora israelense Anat Gov em representar Deus como um homem contemporâneo, de paletó, e colete, e ainda brigar com ele com a conhecida veemência das discussões judaicas. Quem fala por Anat (1953-2012) é uma psicóloga ateia que subitamente recebe o criador transfigurado em paciente.

Ela lhe diz coisas que há milênios sobrecarregam o imaginário judaico-cristão. Consegue fazê-lo como quem, no fundo, quer um abraço de reconciliação. Pode parecer um lance melodramático, agnóstico ou simples humorismo, mas se trata de um achado literário, teatro generoso a contornar as abstrações da fé (nenhuma religião é citada) com uma sugestão tentadora: e se pudéssemos falar com ELE? Peça basicamente suave, mas com momentos que lembram

Quando Teresa brigou com Deus, de Alejandro Jodorowsky. O livro de fundo autobiográfico deste chileno filho de judeus, há anos radicado na França, começa sem meias palavras: "Em 1903, Teresa, minha avó, a mãe do meu pai, brigou com Deus e também com todos os judeus de Dnipropetrovsk, na Ucrânia, por seguirem acreditando Nele apesar da mortal cheia do rio Dnieper. Nesta inundação, morreu seu filho José, seu filho adorado". A mulher, escreve Jodorowsky, "invadiu ferozmente a sinagoga" e, diante de toda a comunidade, bradou: "Seus livros mentem. Dizem que você salvou todo o povo, que abriu o mar Vermelho com a mesma facilidade com que eu corto cenouras e, no entanto, não fez nada por meu pobre José. [...] Não tem piedade. É um monstro. Criou um povo eleito só para torturá-lo. Quem lhe fala é uma mãe que perdeu a esperança e por isso não teme mais. Siga na escuridão, faça e desfaça universos, fale, troveje, não o escuto mais".

O episódio reflete com variações o que agora se passa em uma sala elegante onde Irene Ravache é a psicóloga, mas também a mãe que tem contas a acertar com o Todo-Poderoso. Seu belo rosto é um mapa de emoções. Até no silêncio sente-se a atriz de alta intensidade. Dan Stulbach, com olhar enigmático e ênfase reflexiva nas falas, é o próprio Deus, cujas incertezas o fazem descer junto aos mortais. O espetáculo, dirigido por Elias Andreato, valoriza as sutilezas de humor e desencanto. O encenador se impõe pela discrição. A plateia ri bastante entre os jogos de palavras e clichês freudianos, mas percebe rápido que há bem mais na história. Excetuando-se uma ou duas referências específicas (Mossad, o serviço secreto de Israel), o texto independe de fronteiras ou nacionalidades. Deus está perplexo porque, em face da vastidão e harmonia das galáxias e da paz na Terra antes de Adão, o homem, este triste e perigoso animal, colocou a perder sua obra. Confessa que tentou melhorar o mundo ao mandar para cá "um rapaz" que não teve muita sorte em 33 anos de vida.

A psicóloga, mãe e descrente até então, por sua vez não facilita o diálogo. Em um dos grandes momentos do espetáculo relembra que Ele na última vez que se dirigiu diretamente ao ser humano foi com Jó, para cobri-lo de indizíveis sofrimentos. Embate formidável no campo do teatro de ideias, com dois intérpretes em plena sintonia e o jovem Pedro Carvalho em uma composição difícil, que explica a parte submersa do enredo. De certa forma, ele é um Jó. Seu drama, embora individual, se for ampliado para sofrimento das multidões, povos inteiros, faz compreender por que o papa Bento XVI, diante de Auschwitz-Birkenau, sentiu-se obrigado a perguntar: "Onde estava Deus naqueles dias?". Em todo caso, a autora deposita um voto de confiança Nele. O poeta Dylan Thomas (1914-53) – que viveu os mesmos e sofridos 33 anos – escreveu: "Esses poemas, com todas as suas cruezas, dúvidas e confusões, foram escritos por amor do homem e em louvor de Deus". À sua maneira, *Meu Deus* está no mesmo caminho.

E SE ELAS FOSSEM PARA MOSCOU? E NÃO VEJO MOSCOU DA JANELA DO MEU QUARTO JUNHO DE 2014
Duas peças no inverno das esperanças

Um aniversário, como outras comemorações familiares, pode ser festividade ou mergulho no lado escuro da vida. O assunto já produziu grande literatura, cinema e teatro. O russo Anton Tchekhov conseguiu como poucos dar transcendência a esses retalhos do cotidiano. Sua peça *As três irmãs* é o ponto de partida de *E se elas fossem para Moscou?*, na adaptação e direção de Christiane Jatahy, que também se incumbe da parte audiovisual. Entre o vinho e o bolo, mulheres de idades, temperamentos e motivações existenciais diversas fazem a longa viagem que não acontece no espaço, mas no tempo interior de cada uma. Há presenças masculinas em um universo acanhado e distante da Moscou das liberdades idealizadas. Elas não estão felizes e suas razões permeiam a anticerimônia, que vai do riso às confissões, cobranças e amores imaginados. Sentem-se exiladas na província, e Tchekhov segue a máxima de Ésquilo, o pai da tragédia grega: "Os exilados se alimentam de esperança". A síntese do enredo justifica o título do espetáculo que Jatahy constrói com pequenos movimentos emotivos, frases amargas e risos nervosos, sublinhados por soluções virtuais numa espécie de videorrepresentação.

A proposta é ampliar a solidão humana da abstração de um Samuel Beckett até chegar às pessoas palpáveis destituídas de perspectivas. A encenação deixa claro que "Moscou não é exatamente Moscou, mas o que quisermos imaginar". O peso desse sentimento do mundo vai da poesia de Drummond a uma composição de Lobão ("A cidade enlouquece em sonhos tortos/ Nada é o que parece ser/ As pessoas enlouquecem calmamente/ Viciosamente, sem prazer"). Eis o cotidiano das irmãs: Olga, solteira sem ilusões matrimoniais; Maria, farta do marido; e a jovem Irina, que voluntariosamente crê em Moscou. O enredo original é mais intrincado e com sinais da época pré-revolucionária que mudaria a Rússia imperial em 1917. Mulheres paradoxalmente intensas nos desejos e vulneráveis por si mesmas e pelas circunstâncias. Percebem, uma a uma, que continuarão sem dar o passo rumo a Moscou.

Se para as irmãs tudo é efêmero como no teatro, Christiane Jatahy e a Cia. Vértice, do Rio de Janeiro, pretendem mostrar uma condição feminina específica e desfazer o destino ilusório da cena clássica. Múltiplos recursos, sobretudo do cinema, têm sido o instrumento dessa corrente artística que procura mesclar as duas linguagens. Há resultados bons e outros que deixam a desejar. Jatahy pratica esse hibridismo com habilidade e recursos que "dialogam com distintas áreas artísticas". Demonstra segurança em seu projeto. Há uma bem-humorada e não invasiva interação com a plateia. Quem quiser vai ao palco conviver rapidamente com as irmãs. Só aos poucos o drama começa a se impor. A bebida sobe, as lágrimas descem e os olhares evidenciam a angústia. As irmãs percebem que é necessário ação e risco para se chegar a Moscou ou outro desejo. Ocorre neste instante um embate entre a aparelhagem e a linda representação das atrizes Julia Bernat, Isabel Teixeira e Stella Rabello. Intérpretes que comovem. Um feliz achado técnico ajuda o clima pretendido quando um telão reflete a plateia. Há um instante de "espelho, espelho meu, quem é mais (feliz, corajoso, realizado) do que eu?". As irmãs não irão a Moscou, mas do lado de cá quem irá?

Por casualidade, a temporada oferece outra montagem de Tchekhov, agora em cruzamento com um conto de Julio Cortázar. Trata-se de *Não vejo Moscou da janela do meu quarto* (na SP Escola de Teatro). Com texto e direção de Silvana Garcia e elenco formado por Maria Tuca Fanchin, Sol Faganello e Leonardo Devitto, o trabalho igualmente experimental tenta apreender um cotidiano "desalentado, que é também um lugar de alienação, de alheamento em relação ao mundo". A parte tchekhoviana é facilitada pelo seu conteúdo explícito em contraste com o fugidio ângulo fantástico cortaziano. Ainda que irregular no conjunto, a representação consegue sequências que o projeto anuncia. Rara oportunidade de se aferirem as duas faces da moeda.

TRÁGICA.3 JUNHO DE 2014
Quando o ódio é a única herança

Trágica.3, um dos mais belos espetáculos do semestre, estará em cartaz apenas mais duas semanas. Baseia-se em três tragédias gregas: *Electra*, *Antígona* e *Medeia*, reescritas por autores contemporâneos. Os enredos foram concentrados nos instantes de maior veemência e desespero verbal. Poderia ser algo exasperado, mas a montagem é minimalista nos gestos, concepção cenográfica e na sutileza musical. O programa traz na capa um felino de grande porte com dentes de sabre. Faz sentido diante das interpretações de Denise Del Vecchio, Letícia Sabatella, Miwa Yanagizawa, Fernando Alves Pinto e Marcello H. Os originais de Eurípides e Sófocles foram condensados e retrabalhados por Heiner Müller, dramaturgo alemão consagrado (1929-95), e novos autores brasileiros, Caio de Andrade e Francisco Carlos – e os três estão no mesmo nível –, sob a inovadora direção de Guilherme Leme.

O enxugamento de obras, já naturalmente concisas, impõe maior relevo ao instante em que os personagens dão o passo além e que pode lhes custar a vida, mas do qual não abdicam por fidelidade à voz do sangue ou em retribuição extrema à violência do poder (o Estado e seus líderes). A questão individual aqui se sobrepõe à dor das massas, mas mesmo assim os gregos antigos foram os primeiros a insinuar através da arte os massacres entre povos, alguns deles irmãos, estimulados por interesses de impérios, ambições isoladas ou fanatismo em nome da fé. Mais de dois milênios se passaram e o pesadelo se mantém no Oriente Médio, assim como ensanguentou os Bálcãs ao lado da Grécia (a ex-Iugoslávia fracionada em genocídios entre croatas, sérvios, bósnios, albaneses) e que continua agora entre xiitas, sunitas e alauítas da Síria, Iraque, além de tudo o que ocorre na África. O horror tribalista nascido da intolerância cultural e religiosa se resume – são cálculos atuais – em 51 milhões de pessoas expulsas de suas casas ou países, a metade delas crianças.

O programa da montagem não traz, porém, a síntese dos textos originais. Faz falta, porque o público às vezes desconhece os detalhes dos clássicos gregos ou shakespearianos. O texto diz apenas que o projeto "apresenta a dramaticidade feminina no seu expoente, representando uma renovação audaciosa na dramaturgia da Grécia Antiga, onde as mulheres assumiam um papel secundário ou inferior". Renovar o teatro grego? Exceto místicos e algumas exceções, ninguém "assume" situações de inferioridade. É-se submetido a elas. Estas mulheres nada inferiores têm força para merecer o título das peças. Ainda quando vítimas, é visível serem as donas altivas dos acontecimentos. Medeia e Electra vingam-se da traição mesmo que a preço cruel; Efigênia e o irmão opõem-se aos tiranos. Simultaneamente, essas tragédias delineiam a psique humana, os arquétipos que no futuro seriam a psicanálise.

O arroubo de proclamar retoques em pilares da literatura ocidental pode ser eliminado no futuro. Importa mais o resultado comovente, a criatividade de Guilherme Leme, seu domínio inteligente do palco e as majestosas interpretações dos atores. Autoridade cênica, introspecção e voz poderosa fazem de Denise uma das intérpretes do ano. Letícia é toda a emoção mediterrânea expressa em lágrimas no rosto lavado, e os misteriosos sons e cantos que consegue emitir. Miwa tem força dramática e maestria gestual para um longo solo de braços abertos. Vidente e guerreira em posição de ataque. Com pausas, verbalização profunda e certo mistério pessoal, Fernando Alves Pinto estabelece a forte linha masculina neste universo em que os demais homens, os senhores da guerra, são apenas citados. Fernando ecoa a resistência a eles com o apoio convincente de Marcello H em breve intervenção. Um concerto de talentos diante do cenário de Aurora dos Campos, que une pintura abstrata e recurso audiovisual. A alta densidade da representação é sublinhada pela iluminação quente de Tomas Ribas, a maquiagem (especialidade agora rebatizada com o nome fantasmagórico de "visagismo") de Leopoldo Pacheco, os figurinos discretos de Gloria Coelho e a trilha musical ao vivo dos próprios Fernando, Letícia e Marcello H. *Trágica.3* é uma das iluminações da temporada.

REI LEAR JULHO DE 2014
Um rei no castelo de insensatos corações

Rei Lear é sobretudo o encontro de Juca de Oliveira com um sonho artístico e a adaptação bastante livre do original de Shakespeare pelo poeta e tradutor Geraldo Carneiro. É legítimo que um intérprete da estatura de Juca queira se aventurar em um espetáculo difícil, que o expõe em cena por uma hora contínua na recriação de mais de cinco personagens desta tragédia. O próprio Shakespeare criou situações para o ator que faz Lear sair às vezes de cena e recobrar o fôlego. O ensaísta literário Harold Bloom, que dedicou ao dramaturgo o ensaio *Shakespeare – A invenção do humano*, fundamental aos que se interessam pelo tema, diz de forma direta que "Rei Lear, assim como Hamlet, em última análise, confunde a crítica". Compara a obra à *Ilíada* de Homero, ao *Alcorão* (Bloom omite a *Bíblia*), à *Divina comédia*, de Dante, e ao *Paraíso perdido* de Milton.

É razoável, portanto, passar recibo no que Bloom assume abertamente em um trabalho extenso sobre o conjunto lítero-cênico shakespeariano. No caso do espetáculo atual dirigido por Elias Andreato, não há exatamente confusão, mas perplexidade. Lamentar seria injusto com o talento de Juca de Oliveira. A questão não tem a ver diretamente com Shakespeare, e sim com circunstâncias criadas pelo adaptador, o diretor e o próprio Juca, que, ciente do desafio, quase chegou a desistir do projeto. Fiel, porém, à tentação do salto sem rede, que o define como verdadeiro criador, Juca assumiu a travessia de um Shakespeare condensado em linguagem coloquial por um poeta sutil, mas que neste contexto diminui o estilo, a escrita magistral de Shakespeare.

Lear é o rei que decide repartir seus domínios entre as três filhas e retirar-se do círculo de violência do poder para serenamente viver os derradeiros dias em paz. O teatro de Shakespeare é um mar de ambições, crueldade e sangue. É fácil entender o gesto do monarca. Mas, ao fazê-lo, Lear é tomado da necessidade ególatra de receber das filhas a reiteração de amor e fidelidade no padrão da vassalagem. Duas cedem por conveniência, enquanto a terceira responde apenas com uma límpida declaração de amor. Sem altissonâncias.

Lear perde-se pela vaidade e, alucinado, renega a única herdeira sincera. Descobrirá brevemente o preço da falsidade das outras ao ser transformado em um ancião abandonado entre trovoadas e o frio. Até que o seu mundo entra nos eixos, com o fim das perfídias e vinganças, ele viverá a dura descoberta de outra realidade. Como sempre em Shakespeare, há uma galeria de personagens que Geraldo Carneiro minimizou no esforço autobiográfico do personagem.

Juca de Oliveira o leva bravamente à cena com iluminações e instantes lineares. O diretor, ao não armar situações trágicas nítidas e deixar correr o verbal cotidiano da versão, retira a força cósmica de Lear. A imitação irônica dos gestos e falas melífluas das filhas é recurso de pouca expressividade. Juca de Oliveira é mais carismático e incisivo no palco. Este Lear, ao bradar contra o veneno da ambição, parece um recital sobre a ingratidão filial e as queixas do homem envelhecido e atirado ao exílio. O rei, no entanto, é também uma personalidade autoritária, o dono implacável de verdades discutíveis. Há algo nele, por exemplo, do revolucionário russo Leon Trótski, um dos modeladores da história do século XX, rapidamente caído em desgraça como aparece no romance O *homem que amava os cachorros*, do cubano Leonardo Padura. Todo Trótski corre o risco de ter ao lado um Stálin. Cenicamente *Lear* é contado diante de uma cenografia de rotina, um fundo negro, e com trilha puxada ao melodramático. O espetáculo perde assim a oportunidade de ressaltar uma proclamação de Lear: "Dotai-me de uma fúria nobre". Ator completo, Juca de Oliveira ainda poderá, ao longo da temporada, achar esse tom. O clima que outro poeta, T. S. Eliot, séculos mais tarde descreveu como "o espaço entre a meia-noite e a aurora, quando o passado é apenas fraude".

CARTAS DE AMOR PARA STÁLIN SETEMBRO DE 2014
A liberdade nas trevas do meio-dia

Ao pressentir a voracidade de Stálin pelo poder, Lênin teria advertido Leon Trótski: "Cuidado, ele tem olhos amarelos". Descontando-se o possível preconceito eslavo de Lênin contra Stálin, que era da Geórgia, república nos limites da Ásia, e falava russo com sotaque, a frase era profecia. Trótski morreu por se opor a Stálin, que dominara a máquina do Partido Comunista soviético quando Lênin ainda vivia, mas já estava doente. Quem o matou com um golpe de picareta de alpinismo chamava-se Ramón Mercader. Era espanhol, mas usava o falso nome Jacques Mornard. E fora enviado diretamente por Moscou. Ao narrar essa vida sinistra em *A segunda morte de Ramón Mercader*, Jorge Semprún, outro espanhol, fez o alerta irônico: "Os acontecimentos abordados nesta narrativa são imaginários. Mais que isso: qualquer coincidência com a realidade seria não só fortuita, como absolutamente escandalosa". Depois de Semprún, o cubano Leonardo Padura recentemente detalhou em minúcias esse horror em *O homem que amava os cachorros*.

Outro espanhol, Juan Mayorga, embaralha outra vez história do século XX, literatura e realidade para recontar a tirania em *Cartas de amor para Stálin*. Tomou como assunto o caso exemplar de Mikhail Bulgákov (1891-1940), escritor de méritos, mas engolfado pela paranoia generalizada pelo ditador. No seu desespero de banido pelo regime, com as obras censuradas, Bulgákov desanda a escrever cartas a Stálin numa ilusão igualitária (afinal, eles todos seriam "camaradas bolcheviques").

O núcleo da peça teria sido um possível telefonema amigável de Stálin a Bulgákov. Mas, de repente, a linha cai, e não há um novo chamado. Bulgákov enlouquece com isso. Escreve compulsivamente ao Camarada Supremo, envolvendo a própria mulher, que tenta demonstrar o absurdo da situação, imitando Stálin, sua voz, o olhar e o lento movimento de mão. Juan Mayorga não pretende refazer a biografia do tirano ou o relato detalhado do período registrado em trabalhos históricos de grande fôlego. Também não desejou, ou não conseguiu, a tragédia histórica exposta na peça *Trótski no exílio*, de Peter Weiss. Ele quis mostrar o instante em que o intelectual perde o senso de medida entre sua vontade e os desígnios do Poder.

O que não está bem equilibrado é esse descompasso. Por vezes Bulgákov parece um ególatra insensível à mulher e aos colegas. Sua recusa em receber o escritor Ievguêni Zamiátin, também em dificuldades, é incompreensível da forma como está apresentada. Zamiátin pretendia imigrar (conseguiu com a ajuda de Górki e mudou-se para a França, onde faleceu), e os autoexilados estavam sujeitos ao pior dentro do seu país. Bulgákov, enquanto personagem cênica, carece da crispação pânica da época em que nas prisões soviéticas pereciam vários dos artistas da União Soviética.

O espetáculo, porém, atesta a solidez do grupo BR-116, que reúne talentos comprovados em ação "aberta a parceiros multidisciplinares", o que no caso se traduz pela inclusão de artes plásticas e cinema na composição das cenas. A direção de Paulo Dourado instaura um clima forte na representação e o reforça com imagens de Stálin. A cenografia inspirada na obra de construtivistas russos ressente-se da precariedade do acabamento.

Na luz crua do palco prevalece, ao final, a entrega de Ricardo Bittencourt e Bete Coelho, que encarnam com ardor e inteligência um casal na voragem de um tempo implacável. São revolucionários e vítimas do futuro sem liberdades. Ricardo expressa esse desespero ofendido. Com seu rosto enigmático, Bete transmite o lado escuro da era que destruiu grandes esperanças.

A questão da luz e das trevas é relevante, não no sentido místico, mas naquele levantado por Arthur Koestler em *O zero e o infinito*, escrito em 1941, um ano após a morte de Mikhail Bulgákov. O título original desse sofrido alerta é *Darkness at Noon* ou Escuridão ao meio-dia. *Cartas de amor para Stálin*, de Mayorga, segue nessa linha.

PESSOAS PERFEITAS SETEMBRO DE 2014
Da vida das marionetes na selva da cidade

O grupo Os Satyros dramatiza a solidão e os delírios nas madrugadas paulistanas. Traz para a caixa negra da sala de representação gente em forma de marionetes. Seres parecendo máscaras estranhas do carnaval veneziano ou pessoas descarnadas da pintura de Lucian Freud. Resultado da imaginação e talento plástico de Rodolfo García Vázquez. O encenador transfigura o *kitsch* em expressão teatral carregada de dor e cinismo ao retratar os transgressores da noite, os alucinados e doentes do espírito. No cinema, há exemplos célebres desde *M – O vampiro de Düsseldorf*, de Fritz Lang, com Peter Lorre (1931), à *Repulsa ao sexo*, de Roman Polanski, com Catherine Deneuve (1965), ou a provocação e medo estampados no rosto branco de Joel Grey em *Cabaret*, de Bob Fosse (1972). A lista é extensa. Esta sub-humanidade reúne negociantes do sexo, artistas frustrados, foras da lei, mulheres no limite do desespero. Uma legião sem família, dinheiro ou futuro. Desajustados longe dos parentes, engolidos pelas metrópoles. O Departamento de Homicídios e Proteção à Pessoa da Polícia Civil de São Paulo registra que esses desaparecimentos nos desvãos do asfalto ocorrem por uma série de fatores, entre eles a quebra de vínculo familiar, crimes ou drogas.

Nada de novo. A música "Conceição", sucesso de Cauby Peixoto, foi composta por Jair Amorim em 1956, há mais de sessenta anos, portanto. Narra a vida da moça achando que "descendo a cidade iria subir/ Se subiu ninguém sabe, ninguém viu/ Pois hoje o seu nome mudou/ E estranhos caminhos pisou". O grupo Os Satyros tem interesse por esses náufragos. Em dado momento, porém, os espetáculos privilegiaram a contramão sexual dos travestis, transexuais, como se a heterossexualidade não estivesse em questão. O risco do gueto temático ainda está latente no repertório, mas desta vez Rodolfo García Vázquez abre o leque de sonhos, vícios, visões e desastres existenciais no texto em parceria com Ivam Cabral, um dos fundadores e ator-chave dos Satyros. *Pessoas perfeitas* é um título com evidente sentido duplo: nome de uma seita "oriental-evangélica" e referência a seres nada perfeitos. No caos urbano surgem a mocinha interiorana e mística que se envolve com um garoto de programa endurecido nas periferias; o casal sem diálogo, ele amorfo, ela em permanente histeria; o solteirão que cuida da mãe com Alzheimer e sublima a homossexualidade em linhas de disque-amizade; a cantora de bar que não aconteceu e está gravemente doente; o escritor sem obra no protesto vazio dos alcoólatras. Pode parecer excessivo, mas o texto de Ivam Cabral e Rodolfo García Vázquez é baseado na observação de moradores do centro paulistano e em entrevistas realizadas. É o breve instante "extrapós ou pansexual" (vamos inventar um nome) de Os Satyros. Mesmo assim, o enredo abre pouco espaço ao aposentado solitário, ao desempregado idoso, à viúva esquecida. Os pobres-diabos sem graça são realmente difíceis de dramatizar, e deles Chico Buarque se ocupou no verso "A dor da gente não sai no jornal". A força do espetáculo está em apresentar uma humanidade concreta e, no entanto, fora do realismo artístico-documental. Tudo é verdade, mas em termos de fantasmagoria, gestos de marionetes e maquiagem do imaginário japonês ou hindu. Os perturbados às vezes ostentam mesmo aparência coerente com seu estado mental (Robert de Niro tatuado e com o cabelo moicano em *Taxi Driver*). Flutuam em um clima onírico ou de pesadelo de cores gritantes que Vázquez sabe construir com maestria, e o elenco adere em interpretações de entrega total ao escuro da existência. Neste ambiente de vivos com aspectos irreais, há solos brilhantes de Ivam Cabral, da carismática cantora e atriz Adriana Capparelli, de Eduardo Chagas (no papel do homem apagado) e de Henrique Mello (o gigolô sem afetos). A pouca nitidez de outros personagens, os exageros verbais ou os agudos de vozes dificultam o pleno efeito das atuações de Marta Baião (a mãe), Julia (a espiritualista desorientada) e Fabio Penna (o poeta "maldito"), mas são presenças que se destacam em algumas sequências. Seria bom enxugar o final que se prolonga e confunde o público. Independentemente desses ruídos, o resultado é um dos melhores espetáculos do ano.

ILHADA EM MIM OUTUBRO DE 2014

O espetáculo *Ilhada em mim*, dedicado à poetisa Sylvia Plath, dissolve as fronteiras entre teatro e artes visuais. Resultado plasticamente belo e dramaticamente forte. O projeto do grupo Estúdio Lusco-Fusco pressupõe um público conhecedor da vida e obra de Plath (1932-63), mas, enquanto teatralidade, ele é autônomo na fluidez e subjetividade da pintura e da dança. O minimalismo da escrita de Gabriela Mellão, autora da peça, está emoldurado por um espelho d'água sobre o palco, luzes coloridas, jarros que gotejam e a projeção de poemas enquanto se ouve Plath em uma gravação de 1962.

A poetisa norte-americana, ao se suicidar, deixou um mistério sobre si mesma e sua relação com o marido – o inglês, e também poeta, Ted Hughes (1930-98) – e versos extraordinários. Sua temática é confessional na abordagem do sofrimento interior, erotismo e tentativa de afirmação pessoal. O conflito conjugal subjacente e o andamento tenso dessa poesia chegam perto das águas escuras do desequilíbrio psíquico.

Há suicidas que partem de surpresa, outros deixam evidências clínicas de crises, sobretudo a depressão. Existem relatos conhecidos, até em excesso, por um certo "clima" trágico-romanesco, como o da inglesa Virginia Woolf, que se afogou em um rio. Menos citado é o poeta norte-americano Hart Crane, que, aos 33 anos, atirou-se ao mar durante uma viagem de navio. Por ironia, alguns são criadores ligados à alegria ou ao humor, como o compositor Assis Valente (vale a pena ouvir o seu triste "Boas Festas", sobre o Natal) e o já esquecido Péricles Maranhão (1924-61), que imaginou uma das melhores figuras do humor gráfico brasileiro, *O amigo da onça*, homenzinho divertidamente maldoso que conquistou o país através da extinta revista O *cruzeiro*. Ainda hoje a expressão "amigo da onça" é usada. Pois esse artesão da ironia abriu o gás em Copacabana no *réveillon* de 1961. Silvia Plath faz parte da lista. Teve o mesmo gesto de Péricles depois de proteger os filhos Frieda e Nicholas. No entanto, Frieda Hughes, no prefácio de *Ariel*, livro póstumo, prefere ver a mãe celebrada não como vítima, mas como alguém que viveu nos limites de suas possibilidades, e considerar que esses poemas finais representam uma realização de altíssimo nível em um estado emocional à borda do precipício. Acrescenta que os poemas "não podem ser enfiados na boca de atores, em qualquer invenção cinematográfica de sua história, na expectativa de que possam dar vida a ela novamente".

Conclui que a versão ficcional da sua existência não deve "parodiar a vida que ela mesmo viveu. Porque, desde que morreu, tem sido dissecada, analisada, reinterpretada e, em alguns casos, completamente *fabricada*".

Frieda encontrou ressonância na fina sensibilidade de escritora de Gabriela Mellão e no espetáculo de André Guerreiro Lopes. Levou-se à cena algo como um adágio existencial. Do relacionamento com Ted Hughes, que inclui afinidades culturais, maternidade, embates de temperamento e ciúmes (Ted teve uma amante e Sylvia descobriu), o que se vê na representação são reações opostas. De um lado, movimentos de pressão e descompressão corporal e explosões verbais curtas na apaixonada interpretação de Djin Sganzerla. Do outro, os lentos deslocamentos do marido que, como ator, o mesmo André Guerreiro Lopes executa com um ar entre o distante e o sonhador.

Essa dança misteriosa sobre espaços molhados é a metáfora da relação sem saída entre dois expoentes da poesia contemporânea de língua inglesa. Não há explicações realistas para um acontecimento que despertou paixão, fúria, equívocos e acusações (Ted Hughes foi moralmente apedrejado durante anos pelo feminismo radical e, depois, por ter editado com cortes o livro da ex- -mulher. A filha o defende).

O espetáculo prende a atenção porque, em vez de julgar, observa, compassivo, desencontros nas relações humanas. Com isso, estimula ainda a leitura de *Ariel* e outros livros de Plath, como o romance *Redoma de vidro*. Sob o bonito jogo de luzes de Marcelo Lazzaratto, *Ilhada em mim* apresenta um sentimento do mundo que os poetas, como sempre, captam com precisão. Pode-se entrever Sylvia Plath nos versos de Chico Buarque: "E quando o seu bem-querer dormir/ Tome conta que ele sonhe em paz/ Como alguém que lhe apagasse a luz/ Vedasse a porta e abrisse o gás".

AS MOÇAS OUTUBRO DE 2014
Noites vazias na lanterna dos afogados

As moças, peça de Isabel Câmara, dirigida por André Garolli, narra a relação de amor, ódio e mútua compreensão entre duas mulheres, a jornalista desiludida com a profissão e a pretendente a atriz. A primeira sente-se quase velha e a segunda vê na juventude o talismã para o sucesso. Elas se encontram em algum momento entre os anos 1960 e 1970. Dividem um minúsculo apartamento e tentam dias melhores em meio ao regime militar e à revolução sexual da época. A ditadura provocou uma divisão geracional. Um lado foi para o trágico da luta armada e o outro aderiu ao "sexo, drogas e *rock and roll*" (no desgastado clichê histórico-cultural).

O confronto político, que consumiu vidas preciosas, está em obras de Consuelo de Castro e em *Os convalescentes*, de José Vicente de Paula e dos veteranos Gianfrancesco Guarnieri, Augusto Boal, Chico de Assis, Oduvaldo Vianna Filho e Lauro César Muniz. O pessoal do "barato", em outros textos. A falta de rumos ou a certeza visionária na revolução criaram transgressores de costumes e guerrilheiros urbanos. Dias em que se morria de "susto, bala ou vício" (Caetano Veloso em "Soy loco por ti, América", música de 1968, o ano do AI-5). As moças deste enredo, porém, estão entre os extremos mencionados. Guardam um ressentimento errático contra tudo, sem indicações de para onde ir. Impasse que resulta em gratuidades agressivas dentro de um jogo de poder puramente verbal. Ninguém detém a força além do combate psicológico que aqui resvala para o campo homossexual. As duas mulheres, no paradoxo de estarem, ao vivo, em um espaço físico estreito e, subjetivamente, vagando em desertos interiores, acabam no pêndulo dos desafios e desaforos com a atração física insinuada desde o começo. A questão é de pouca densidade humana. O enredo linear e a conversação entrecortada não têm força dramática aprofundada. Falou-se que, se existe uma peça brasileira cuja fortuna crítica merece uma revisão, esta é *As moças*. Uma crítica de 1969 referente à montagem paulistana dirigida por Maurice Vaneau, com Célia Helena e Selma Caronezzi, concluía que, apesar das imperfeições, era corajosa e que Isabel Câmara ficava comprometida com o teatro brasileiro, beneficiado com sua participação. Infelizmente não houve continuidade. A autora depois do seu único trabalho levado com visibilidade e prêmio ao palco, em São Paulo e no Rio de Janeiro, saiu de cena. Parou, desistiu ou se perdeu, como o dramaturgo José Vicente de Paula e o escritor e cineasta José Agripino de Paula. Há de tudo nesses casos. Desalento e crises expressos radicalmente no gesto do poeta Torquato Neto (um dos autores da letra de "Soy loco por ti, América"). Em 1972, um dia depois de completar 28 anos, Torquato escreveu em um bilhete: "Para mim chega", e abriu o gás. Isabel Câmara deixou o Rio em um silêncio rompido apenas com a discreta notícia do seu falecimento em Goiânia, em 2006 (nasceu em 1940). A revisão de *As moças* reafirma a conclusão do crítico Yan Michalski, no *Jornal do Brasil*, sobre "uma singular sensibilidade, espontaneidade do diálogo, capacidade de envolver uma aguda observação psicológica numa aura de emocionada poesia, e um talento que poderia, em outras circunstâncias, ter aberto diante da autora o caminho para uma carreira mais duradoura".

Na versão atual, André Garolli e duas atrizes belas e talentosas, Ângela Figueiredo e Fernanda Cunha, atingem a crispação emocional que o enredo insinua. O tom sexual (sem a censura de 1969) é mais nítido. O espaço cênico de Cassio Brasil, próximo à plateia, colabora para o envolvimento dos espectadores nesta melancólica sonata de noites vazias. Criativo e ousado,

André Garolli pretende desde *As moças* realizar o que chama *Projeto homens à deriva*, que se propõe a reunir as verdades e os destroços de vidas a partir do golpe de 1964. Acender a lanterna dos afogados.

PALAVRA DE RAINHA OUTUBRO DE 2014
Espetáculo de sóbria beleza recompõe algo da memória nacional

Um imenso vestido preto cobre o palco. Dentro dele, a atriz Lu Grimaldi, de longos cabelos grisalhos, parece estar no redemoinho de águas turvas ou em um trono coberto de luto. Com esse recurso de eloquente efeito dramático, o espectador defronta-se com a voragem da habitualmente pouco conhecida história luso-brasileira. O próprio dramaturgo Sérgio Roveri admite que, ao começar a escrever a peça, só guardava duas informações sobre a rainha Maria I: que era a mãe do príncipe d. João VI e que era louca. Chegou a um texto conciso, que alterna o drama humano, a crueldade do poder absolutista e breves divagações poéticas ("a goteira que pinga de telhados velhos").

O enredo e a sobriedade do espetáculo, marca de Mika Lins como diretora de talento, são suficientes para impressionar com os passos longínquos dessa nobre que, no comando de Portugal e ainda lúcida, decretou a morte e esquartejamento de Tiradentes, o elo mais frágil da conspiração dos abastados senhores de Ouro Preto que ameaçavam o império lusitano exatamente na sua fonte de maior riqueza (calcula-se que durante o século XVIII o Brasil forneceu 800 mil quilos de ouro a Lisboa). Recupera a voz da soberana que proclamou: "Eu juro e prometo, como a 26ª cabeça coroada na história de Portugal e a primeira mulher a ser rainha de fato, vos reger e governar bem". Ao mesmo tempo relembra a pessoa trágica que perdeu cinco filhos e, tomada pela insanidade, chegou ao Brasil foragida da invasão napoleônica. Fez parte do seu desvario dizer "sonhei que vou morrer louca e em terra estranha". Tudo se cumpriu.

Sérgio Roveri junta extremos coletivos e individuais. Teria sido bom explicar melhor algumas circunstâncias, como o ódio da rainha ao Marquês de Pombal, símbolo do despotismo esclarecido, o estadista que quebrou os privilégios totais da nobreza e da Igreja (extinguiu a Inquisição e enquadrou os poderosos jesuítas, expulsos do Brasil), enquanto favorecia a nascente burguesia negociante para modernizar o país. Figura complexa que, sob o lema "enterrar os mortos e cuidar dos vivos", agiu com firmeza bruta quando o terremoto de 1755 destruiu quase toda a capital portuguesa e arredores, Sebastião José de Carvalho (Pombal) é naturalmente um forte personagem de teatro. Se Roveri aprofundasse o assunto, a obra teria muito a mostrar. É apenas uma constatação, porque seu objetivo aqui, e plenamente atingido, é a solidão do poder. Tiranos e beneméritos, às vezes, necessitam, como Ricardo III, segundo Shakespeare, exclamar: "Meu reino por um cavalo". Em seu empenho artístico de valorizar a palavra, Mika Lins enfatiza uma vida estranha recriada por Lu Grimaldi, intérprete que se impõe com a força do olhar. Iria mais longe, quem sabe, com outro volume e alcance vocal. A montagem é um projeto atípico no melhor sentido, porque olha o passado brasileiro. Sagas libertárias, heroísmos, dramas políticos estão debaixo do esquecimento teatral, quando já foram espetáculos de sucesso (vale relembrar *Arena conta Zumbi*, *Arena conta Tiradentes*, *Castro Alves pede passagem*, obras de Gianfrancesco Guarnieri e Augusto Boal; e mais: *Calabar*, de Chico Buarque). Em 2014, os sessenta anos do suicídio de Getúlio Vargas passam em branco, quando antes motivaram os espetáculos *Dr. Getúlio, sua vida e sua glória*, de Dias Gomes e Ferreira Gullar, e *O tiro que mudou a história*, de Aderbal Freire-Filho e Carlos Eduardo Novaes. Num momento em que Frei Caneca, depois de ser dramaturgia de Carlos Queiroz Telles encenada por Fernando Peixoto, hoje é só nome de *shopping*, *Palavra de rainha* recompõe algo da memória nacional em um espetáculo de sóbria beleza.

A VOLTA PARA CASA DEZEMBRO DE 2014
Vozes distantes nas cinzas das guerras

Regina Duarte reuniu intérpretes vigorosos em *A volta para casa*, espetáculo que espelha tragédias políticas da atualidade. O tema das guerras é contado com o humor estranho de Matéi Visniec. Nascido na Romênia, em 1956, geralmente é associado ao Teatro do Absurdo, mas, ao contrário do conterrâneo Eugène Ionesco (1909-94), ligado ao contraditório ou inexplicável existencial, Visniec faz política. O seu absurdo, como o do tcheco Václav Havel, é parte de uma cultura regional (Kafka nasceu e viveu em Praga), mas também surgiu da necessidade de contornar com metáforas surrealistas a tenebrosa ditadura stalinista de Nicolae Ceaucescu. Toda Europa Central, além das guerras mundiais, é ainda vítima de lutas separatistas e ódios étnico-religiosos que vêm do fundo do tempo. Quando Ismail Kadaré, da Albânia, escreveu o romance *O general do exército morto*, o crítico francês Robert Escarpit escreveu que "todo país tem pelo menos dois rostos: o da lenda e o da verdade". Neste enredo, um militar italiano tem a missão de exumar os restos mortais dos seus soldados que ocuparam o solo albanês na última guerra. Fantasia e verdade em Kadaré, como delírio e verdade nos soldados de Matéi Visniec. Todos morreram e querem regressar ao seu meio. Através das roupas e maquiagem, lembram bonecos e figuras de caixinha de música.

A volta para casa não menciona a Romênia (que tem a maior comunidade cigana da Europa e sérios atritos com eles), porque o tema abrange o mundo, excetuando as poucas ilhas de paz da atualidade. Está subtendido no texto o esfacelamento da ex-Iugoslávia, quando as partes em conflito, sobretudo cristãos e muçulmanos, praticaram genocídio com requintes de barbárie geralmente atribuída aos pobres e esquecidos países africanos. O mesmo aconteceu com o separatismo de Kosovo, da pequena Albânia de Kadaré e em toda a franja do que foi a União Soviética: Tchetchênia, Ossétia do Sul, Abecásia. Bombardeios, massacres em massa, deportações. Mortos sem casa, mortos que o espetáculo expõe com uma linguagem calculadamente exagerada e de espantosa verdade. Impossível não rir com as imagens de Visniec, mas é inevitável levá-las a sério. Porque o inferno palestino-israelense continua, como prosseguem as degolas do "Estado Islâmico", as armas químicas do ditador da Síria contra seu povo, assim como a ameaça de um ministro israelense de reduzir o Líbano "à idade da pedra".

É complexo tocar teatralmente em assuntos sombrios com inteligência, sentido humanista e ganho estético. Visniec usa a linguagem para criar imagens contraditórias, provocações melancolicamente poéticas e um tipo de graça que deve ter exigido bastante de Luiza Jatobá ao traduzir o texto, provavelmente do francês (o autor vive na França desde 1987). A clareza em expor ideias contraditórias e dar a elas sentido ideológico e filosófico com estilo original são os méritos do dramaturgo. Um elenco apressado faria um pastelão de humor negro, mas Regina Duarte, como diretora, foi mais alto e mais longe. Usou todo o seu domínio da palavra no teatro, cinema e televisão (são tons e ritmos de fala diferentes) para elaborar um discurso preciso. A força verbal é a base da representação (um exemplo: os mortos explicam o que é ter uma bala cravada no coração). A movimentação do elenco numeroso (18 personagens aparecendo e desaparecendo no palco) cria um clima de tensão e perigo em uma montagem visualmente simples (cenário), mas figurinos de impacto. A música poderia ter mais peso emocional (a inquietante composição de Anton Karas do filme *O terceiro homem*, de Carol Reed, com Orson Welles, é o que vem à memória). A unidade do conjunto é outro ponto forte da direção. Em um grupo recém-criado e com uma proposta de pesquisa cênica, é sutil que a estreia se faça sem destaques ou solos especiais. Todos estão bons na reconstituição da massa anônima das vítimas de todas as guerras. Merecem apoio para prosseguir o trabalho no qual Regina Duarte, atriz consagrada, volta às suas origens teatrais.

Críticas 2015

LUDWIG E SUAS IRMÃS ABRIL DE 2015

Ludwig e suas irmãs *mostra a inteligência no limite da loucura*

Embora ancorado em Ludwig Wittgenstein, um dos nomes basilares da filosofia, e em Thomas Bernhard, escritor agressivo, ambos austríacos, o espetáculo *Ludwig e suas irmãs* é sobretudo o teatro de Eric Lenate, que tem menos de dez anos de carreira, já consistente, como ator e diretor. É dele, da sua imaginação e risco, o acerto e o desacerto da encenação. Não é obrigatório ao espectador o conhecimento aprofundado do pensamento do autor de *Tractatus logico-philosophicus* e da literatura de Bernhard, que começou a ser conhecido no Brasil com o soturno romance *Náufrago*, de 1983, o ano do nascimento de Lenate, mas publicado em português só em 2006, quando ele se revelava no Centro de Pesquisa Teatral (CPT, dirigido por Antunes Filho).

Mera curiosidade inspirada por um texto repleto de subjetividades excêntricas e delirantes. Lenate e os intérpretes Cléo de Páris, Jorge Emil e Lavínia Pannunzio entraram com tudo no clima. Em cena, o que se vê são ruínas de afetos, fracassos na profissão, incomunicabilidade entre irmãos, ódio aos pais, tudo com aquela superioridade mal-humorada de classe de gente rica que faz o que bem entende. Exageros no Império Austro-Húngaro, que existiu ao longo do século XIX até a Primeira Guerra Mundial no que hoje são mais de dez países, da Polônia às fronteiras da Rússia. Monarquia absolutista, centrada na Viena das valsas e do Danúbio que nunca foi azul. Esse período, e o seu declínio, não estão na obra de Bernhard, mas no romance *A marcha de Radetsky*, de Joseph Roth, felizmente aqui reeditado.

São escritores diferentes no tempo e nos objetivos. Roth (1849-1939) é o narrador perplexo e nostálgico de uma época crepuscular que acaba de vez na Segunda Guerra, o que ele registra no segundo livro, *A cripta dos capuchinhos*, quando, desterrado e triste, vivia em Paris onde está sepultado.

Bernhard (1931-89) se propôs a vergastar a Áustria atual, territorialmente menor, mas rica e com contradições que ele expõe em peças como *Praça dos heróis* ou em cada página de *Extinção*, romance que se explica no título. Um combate exasperado a tudo o que é austríaco-católico-reacionário e de fundo antissemita. Fluxos de pensamento numa linguagem considerada inovadora na nova literatura de língua alemã. Seu ímpeto destruidor comporta ao mesmo tempo um tipo de mau humor tão feroz que chega ao cômico.

Uma mostra dele está justamente neste Ludwig Wittgenstein de Lenate. Ironias e insultos do filósofo brilhante e ao mesmo tempo mentalmente perturbado, um autêntico "fim de raça", original e arrogante, inconstante e frágil, que criou um sistema filosófico segundo o qual, simplificando e em sua declaração, "não há uma só imagem no mundo, mas muitos jogos dispersos de palavras". Esse Wittgenstein que, como Bernhard, evitou ao máximo a Áustria, viveu parte da sua vida na Inglaterra, onde conquistou e incomodou a Universidade de Cambridge, e morreu aos 62 anos.

Caso se queira efetivamente entender suas ideias e a vida que levou, os caminhos são a inevitável leitura do *Tractatus* e, recomenda-se, o filme *Wittgenstein*, de Derek Jarman, que vai da sexualidade aos atos públicos do Ludwig impaciente com amigos, parentes, alunos e capaz de gestos políticos incoerentes. Enfim, inteligência rara do ser humano que não escondia que "cada hora, cada dia me mantenho em pé com grande dificuldade".

A peça é o apogeu dessa contradição existencial ao colocar Wittgenstein e suas irmãs em confronto. O diretor optou pela aceleração do universo claustrofóbico e neurótico do filósofo. E o público, na sessão assistida, aderiu ao absurdo patético mesmo sem, talvez, captar tudo. Ludwig só tem um momento difícil, quando duas atrizes talentosas, Lavínia Pannunzio e Cléo de Páris, fazem algo muito incômodo em teatro, que é, de saída, falarem trinta minutos em voz aguda e esganiçada. Mesmo com a cilada do tom histérico, conseguem boas cenas. E, com a chegada de Wittgenstein, na divertida e enigmática interpretação de Jorge Emil, surge o lado intrigante e o subtexto crítico do espetáculo.

A GAIVOTA MAIO DE 2015

Tchekhov pressente um mundo que agoniza, com crises familiares, em A gaivota

A encenação de *A gaivota*, na livre interpretação do original de Anton Tchekhov, pretende trazê-lo para a atualidade com uma amostragem de outras linguagens que o teatro incorpora crescentemente (cinema, projeções). Quer, ao mesmo tempo, ampliar o humor para além do que está no universo de um criador que tinha o seu outro lado. O espetáculo, na sua carga de vitalidade, às vezes força o ambiente natural tchekhoviano. Risco e inventividade do diretor Nelson Baskerville. Há momentos brilhantes e outros que poderiam ser repensados.

Anton Tchekhov (1860-1904) mal acabara de chegar aos 28 anos ao contrair tuberculose, uma sentença de morte. A trágica ironia é ser ele médico e já ter perdido um irmão vítima do mesmo mal agravado por tifo. Some-se a isso uma adolescência solitária por complicações familiares e todos os tumultos sociais e políticos de uma Rússia imperial de implacável estratificação de classes, o que conduziria o país à revolução bolchevique de 1917.

Com tantos percalços, pode parecer enigmático que Tchekhov, sem abandonar a medicina, tenha construído uma obra genial sem a fúria de Dostoiévski. Ao contrário, ela é trespassada por um sorriso. Seus contos, geralmente curtos, e o teatro trazem cenas engraçadas. Porém, se bem observado, o que há nele é uma melancolia infinda. Esse riso triste não é a dor pessoal dos poetas românticos, mas o olhar amplo sobre destinos individuais no plano do coletivo. O escritor pressente que um mundo agoniza, toda uma ordem econômica vai se afundando em atos isolados e crises familiares.

Peças como as célebres *A gaivota*, *Tio Vânia*, *As três irmãs* e *O jardim das cerejeiras* parecem ecoar uma frase reveladora de Tchekhov: "Nada une tão fortemente como o ódio. Nem o amor, nem a amizade, nem a admiração". De maneira ora dissimulada, ora ambivalente, mas constante, eis o sentimento que une todos aqui numa casa de campo. Da atriz tirânica na sua vaidade ao filho que se pretende dramaturgo e não consegue convencer nem mesmo a jovem que ama. Esta, por sua vez, nesta girândola de fracassos, quer ser atriz e acaba nas mãos de um pomposo escritor.

Todos isolados numa propriedade rural em decadência, onde reside o queixoso irmão da atriz, que sente que a vida lhe escorreu pelas mãos e ele não foi capaz de mudar este rumo à velhice entediada. Há mais, mas basta o resumo para ter uma galeria de vidas e sonhos, mortos como a gaivota, ave abatida gratuitamente e metáfora do enredo. No entanto, Tchekhov, que não era um exaltado depressivo como Górki (que tentou o suicídio), intitulou sua história de comédia em quatro atos. Intrigante, mas faz algum sentido, quando sua representação contorna os dramatismos e capta a essência sutilíssima do humor que trafega entre a antevisão histórica e a filosofia existencial (e aqui, sim, há um leve traço dostoievskiano).

Nelson Baskerville dedicou-se a meses de ensaios para escapar à peregrinação reverencial a um clássico com um elenco que se entrega à proposta. O que ocorre, no entanto, é uma espécie de ansiedade criativa. A vontade de quebrar a caixa preta do palco italiano, incorporar a tecnologia audiovisual. Há sobrecarga. O uso da câmera cinematográfica sobre trilhos para tomadas panorâmicas é uma curiosidade apenas quando poderia ser uma homenagem ao cineasta Serge Eisenstein. As projeções no fundo do palco são rápidas e pouco acrescentam ao mostrar Vladimir Putin, estátuas de Stálin ou Lênin e uma cena fugaz de protestos brasileiros. Resulta melhor o desnudamento da ilusão teatral, pretendida por Brecht, com os intérpretes e cenotécnicos armando as cenas, com objetos, partes do cenário etc.

O esforço em adaptar o original com enxertos, desde xingamentos pesados a Oswald de Andrade, a procura da novidade, enfim, dificulta o rendimento dos intérpretes. Um grande ator como Renato Borghi sabe ser engraçado, mas aqui falta a tristeza íntima do papel, que ele – dentro da dramaturgia russa – sabe fazer desde quando, bem moço, apresentou uma magnífica criação de Piotr de *Pequenos burgueses*, de Górki (1963), no Teatro Oficina.

A talentosa e experiente Noemi Marinho, numa linha caricata em gritos agudos, que acabam reiterativos e incômodos, deixa de lado o patético que se esperava. A linha interpretativa escolhida para Pascoal da Conceição e Élcio Nogueira (respectivamente, o escritor e o médico comentarista dos fatos) exige menos do muito que eles podem realizar. Os mais jovens – na idade e na profissão – conseguem instantes de destaque, como Erika Puga defendendo com força um confronto da camponesa com os neuróticos da família.

São contradições em um trabalho artístico plasticamente bonito (cenário, figurino, luz, música), que, na sua totalidade, convence. Arrasta maus momentos, mas prende a atenção. Quem está sob os refletores é Tchekhov, com seu olhar compassivo sobre um mundo paralisado e parasitário que o escritor sabe estar se suicidando.

AQUI ESTAMOS COM MILHARES DE CÃES
VINDOS DO MAR JUNHO DE 2015

Quando a realidade se torna pesadelo

A cena inicial de *Aqui estamos com milhares de cães vindos do mar* conquista definitivamente o espectador. Nela um bom diretor mostra poder estético e o que pretende dizer com sua obra. É o que faz Rodrigo Spina à frente do grupo Os Barulhentos. Figuras trajando preto e outras cores escuras, manchados de fuligem, rostos pintados de branco carregado, como máscaras do teatro japonês, debaixo de uma luz crua. Museu de cera de um universo arruinado, morto e distante. Aparições de sonhos incômodos. Tudo o que este aglomerado humano diz a seguir faz referência a situações individuais e coletivas ligadas à guerra, abandono, perdas afetivas e o risco das fronteiras. O autor Matéi Visniec, embora relativamente jovem na perspectiva da história (nasceu em 1956), absorveu os efeitos das devastações na sua Romênia e expressa esse caos numa linguagem seca, mas delirante nas imagens. Reflete a longa provação imposta a um povo musical, agitado, de alma latina. País pequeno, cenário de invasões longas e destruidoras (romanos, mongóis, turcos otomanos). Quando a paz e a modernidade do século XX pareciam concretas, vieram duas guerras mundiais e a seguir a Cortina de Ferro, o stalinismo de Ana Pauker, uma das primeiras mulheres a ter o poder na Europa, e Nicolae Ceausescu, que levou Visniec a se exilar França.

Em Paris, revelou seu teatro da loucura ditatorial em qualquer lugar, não só na sua terra. Alusões ideológicas e metáforas que fazem dele não apenas um herdeiro da tradição do Teatro do Absurdo como o aproxima dos romances do sérvio Danilo Kis, de *Jardim, Cinzas*, do albanês Ismail Kadaré, de *O general do exército morto*, e, por fim, do teatro do tcheco Václav Havel.

A montagem reúne vários textos de Visniec dentro de uma moldura de impacto. Cenários e figurinos (Moshe Motta e Camila Fogaça), maquiagem (Domitila Gonzales), iluminação (Lui Seixas). O que poderia resultar confuso é esclarecido graças à firmeza da direção, coerência do fio narrativo e unidade visual. Soldados mortos que devem voltar a seus países. Em seguida os episódios se misturam, sempre ligados à sub-humanidade, quando pessoas solitárias ou perdidas não se entendem e franco-atiradores matam civis de qualquer idade. A violência física tem contraponto em outra, a da burocracia que impede uma mãe e seu filho de atravessarem a fronteira de regresso à casa. Não é, contudo, uma literatura de terror. Visniec usa o humor agressivo, e Rodrigo Spina procurou um clima reconhecível. Há um subtexto objetivo que ecoa o Oriente Médio em sangue, os foragidos da África que se afogam no Mediterrâneo. Este apocalipse real compõe uma marcha fúnebre com momentos de comédia grotesca.

A encenação tem o mérito de manter o ambiente de mistério transfigurado em pesadelo com sentido crítico. A curiosidade é saber quais os próximos passos deste grupo talentoso. Ciclicamente, estéticas e novas formas de representação predominam, depois somem. O polonês Jerzy Grotowski foi quase uma seita com seu teatro ritual de introspecção. A onda seguinte trouxe o alemão Heiner Müller. Agora estamos vivendo as "novas teatralidades" (o cotidiano, a rua, a sujeira urbana, cinema e projeções dentro da representação.). Esqueceram Slawomir Mrozek (esteve no Brasil para a estreia de sua obra *Tango*, com Tereza Rachel e Jaime Barcelos). Não se nota interesse nos poloneses Witold Gombrowicz (e sua obra prima *Ivonne, princesa de Borgonha*) e Ignacy Witkiewicz. Todos são grandes ao sintetizarem a crise "da condição humana" para usar o velho clichê. São preteridos diante dos modismos (um deles é quase só olhar para Londres e Nova York).

Rodrigo Spina parece seguro ao caminhar no fio de navalha dos processos criativos de outro polonês, Tadeusz Kantor, com os atores parecendo marionetes ou mortos-vivos de rosto branco, vestidos de negro, no seu extraordinário *A classe morta*.

O espetáculo *Cães vindos do mar* é brilhante, com um grupo de bons intérpretes. Impossível nomear destaques no elenco. Se a missão do teatro é surpreender, Os Barulhentos atingiram o alvo.

ESPLÊNDIDOS JULHO DE 2015

Grupo Tapa encena a obra menos conhecida de Jean Genet, que estiliza a violência comum do cotidiano

Jean Genet integrou durante cinco anos a Legião Estrangeira, depois de fugir de um orfanato. Isso ocorreu nos anos 1930, quando essa unidade militar da então França colonial já tinha normas condizentes com o Exército moderno. Não era mais o bando de foras da lei que contraditoriamente nela se abrigava a serviço do governo, assunto de romances e de cinema. Mesmo assim, continua a ser uma força bélica de conhecida brutalidade, criada no século XVIII e atuando sobretudo na África e, ao lado do Brasil, na Guiana Francesa. Genet passou cinco anos nesse meio totalmente masculino até desertar, em 1935. É possível que resida aí a matriz de *Esplêndidos*, peça sobre bandidos, seus códigos implícitos, atitudes perversas e noção de poder pela força. No caso, eles estão em um hotel, encurralados pela polícia, que, no entanto, mantém certa cautela, porque no local encontra-se uma mulher, e as autoridades não sabem o que aconteceu com ela. Genet manipula a dupla tensão entre o que chegará de fora e o que oito criminosos vivem no espaço fechado. Como é característico no escritor, a realidade deixa de ser a única possibilidade de enredo. Entre os homens há um policial que se bandeou para os delinquentes, situação dúbia como as relações de todos entre si. O descontrole pode irromper a qualquer momento entre o delírio de cada um e a solidariedade precária vigente no grupo. O espetáculo de Eduardo Tolentino, um encenador fiel ao poder da palavra, e não dos meros efeitos cênicos, expande essa estilização do verdadeiro e do falso em termos de movimentos de tango, gênero de dança e música baseado na sedução e no controle do outro (o tango originalmente era praticado apenas por homens no baixo mundo de Buenos Aires, daí a razão de os participantes não se olharem de frente, estão sempre de rostos virados). O efeito do contato físico sugere luta marcial e a homossexualidade sempre exaltada pelo dramaturgo. Bailam como adversários.

A vida de Genet (1910-86) tornou-se lenda acima da literatura, e ele um personagem de si próprio. Filho enjeitado, criado pela assistência pública, andarilho e ladrão, que por acúmulo de penas chegou praticamente à prisão perpétua. Porém, nunca se diz quais foram, afinal, seus delitos. É certo que não cometeu crime de sangue e são vagas as informações sobre os roubos: se furtos ocasionais ou assaltos com violência (pouco provável, Genet não era fisicamente agressivo). Teriam sido mais pequenos episódios de delinquência. Enquanto a Europa sofria a Segunda Guerra, com a França ocupada, ele mergulhou no submundo de vários países. A partir daí, criou a sua ficção biográfica e a sua escrita, até ser descoberto no cárcere francês por intelectuais perplexos com sua poética soturna. Assim, nasce Jean Genet, com um estilo e um imaginário que o levariam à consagração. Sua arte, para simplificar, está resumida pelo ensaísta norte-americano Robert Brunstein: "Genet extrai seus mitos das profundezas de um inconsciente totalmente liberto, em que moralidade, a inibição e o refinamento e a consciência não influem". Os mais empenhados poderão se dedicar às quase setecentas páginas de *Saint Genet*, de Jean-Paul Sartre, livro que é mais Sartre defendendo seu existencialismo através de Genet. Não custa admitir, porém, que este homem tem, sim, mistério e gênio. É o que Eduardo Tolentino e o grupo Tapa mostram. O espetáculo revela o travestimento mental e físico de pessoas que ultrapassaram a chamada normalidade. Chegaram à grandiosidade da sordidez; entenda quem puder, mas vale a pena observar. É o que *Esplêndidos* propõe com bons atores, a maioria em começo de carreira, e o tarimbado Sérgio Mastropasqua. Todos representam fielmente uma convicção de Jean Genet: *somos todos condenados a uma reclusão solitária no interior de nossa pele.*

KRUM JULHO DE 2015
A falta de luz mesmo com o fim do túnel

Com uma acumulação de absurdos caricaturais e agressivos, o espetáculo *Krum*, da Companhia Brasileira, de Curitiba, consegue, sem menção geográfica, sintetizar fracassos humanos, o que, além da literatura e da filosofia, sabemos ter raízes na história. Podem surgir no futurismo derrotista do filme *Blade Runner* (a partir do romance de Philip K. Dick). Faltam só os androides da engenharia genética. Tudo na obra do israelense Hanoch Levin é o monumental desastre de vidas em descenso em câmara lenta.
A força dessa decadência pessoal e de classe é, de certa forma, tributo ao teatro de Anton Tchekhov (1860-1904), que só conheceu o início do século XX. Também reconhece o vazio espiritual gerado por duas guerras mundiais e que Samuel Beckett (1906-89) refletiu. Se tudo comove em Tchekhov, o deserto da esperança marca Beckett. Ambos são geniais porque, enfim, souberam dizer pela poesia que assim são os homens e o mundo.
Hanoch Levin (1943-99) presenciou os tumultos em Israel e arredores, as desavenças sangrentas com vizinhos, o terrorismo. O horror diário no berço das três religiões monoteístas. Ali, nem Deus nem Godot, nem as gaivotas tchekhovianas (ou pombas da paz) podem fazer algo. Mas, se as guerras

estão no nível da tragédia, o mundinho de *Krum* é o cinzento dia a dia dos seus personagens, do homem banal, da maioria silenciosa, do "Zé Ninguém" de Wilhelm Reich, manipulado pelos donos da história. Pode parecer uma encenação atroz que instiga a se fugir dela. Não há motivo. É só olhar em volta. Como diz o diretor Marcio Abreu, enquanto o mundo turbulento destila violências, as pessoas tentam seguir suas vidas sem brilho, confinadas em suas casas, alimentando expectativas, esperança de dias melhores.

A diferença é que aqui tudo está redimensionado pela arte. Os pessimistas como Hanoch Levin têm algo a dizer para além do seu desgosto pessoal. O texto tem sua graça ainda que desesperada, e Marcio Abreu criou a partir dele um caleidoscópio de reações corporais divertidas. Não se pode dizer que é o clássico humor autoirônico judaico. Todos os romances de Amós Oz, figura maior da literatura israelense atual, abordam o cotidiano em surdina, como o gaúcho Michel Laub, uma das revelações de sua geração, olha agora, em profundidade, para suas raízes judaicas em *Diário da queda* (um enredo para o teatro).

São artistas que chegam para rir dos amores cômicos desencontrados e naufrágios conjugais numa coreografia de atração e repulsa que, no caso, mobiliza a desastrada galeria humana de *Krum* (como o protagonista masculino é chamado). O preparo corporal dado por Marcia Rubin ao elenco permite momentos expressivos de representação com gestual de marionetes.

Krum é o exemplar exacerbado do niilista. Volta para casa depois de tentar ser escritor, viver aventuras, vencer. O papel está com um Danilo Grangheia, ator talentoso que, estranhamente, aqui se mantém numa linearidade de mau humor que contraria a oscilação entre vulgaridade e lirismo que a direção parece pretender (Raul Cortez consagrou-se no teatro como o músico Teteriev de *Pequenos burgueses*, de Maksim Górki, no Teatro Oficina, porque, dentro do mesmo niilismo, conseguia ser provocador, melancólico e, o importante, profético).

Essa combinação de dor, sonhos, raiva e desalento proporciona a Renata Sorrah, uma vez mais, demonstrar carisma e autoridade cênica. Ela tem uma parceira à altura em Grace Passô, que se divide em dois papéis. Os demais, por serem incidentais ou de pouca definição dramática, têm pouco espaço para intervenções fortes. No entanto, Edson Rocha, o marido entediado, se impõe pelo tipo físico e experiência; o mesmo acontece com Ranieri Gonzalez como o doente caricato. Todos com impecável qualidade vocal.

Um espetáculo estranho, sim, ao oferecer o aniquilamento geral da vida. Passa próximo de se perder numa queixa reiterativa, mas o conjunto transmite um olhar, ora generoso, ora cruel, sobre gente que, como a mãe de Krum, dia após dia, faz o possível para manter a cabeça fora d'água.

GALILEU GALILEI AGOSTO DE 2015
A verdade no tempo e no espaço sideral

Galileu Galilei, de Bertolt Brecht, na interpretação de Denise Fraga, confirma uma vivência do ator e diretor Emilio Di Biasi, artista fundamental do teatro brasileiro. Entrevistado pelo jornal *O Estado*, disse qual espetáculo teatral mais o fez pensar: "*Arturo Ui*, de Brecht, no Berliner Ensemble, nos anos 1960. Compreendi a eficácia do teatro com relação às ideias através da diversão". É difícil essa travessia mencionada por Emilio e que Denise faz, sob a direção de Cibele Forjaz, depois do sucesso em *A alma boa de Setsuan*, do mesmo Brecht. O desafio oferecido pelo dramaturgo é o de se captar com graça a seriedade de seus subtextos e metáforas. Brecht (1898-1956) manejava o alemão culto e o popular, a citação erudita e a fala dialetal dos cabarés e das ruas na Alemanha entre duas guerras mundiais. Em *Galileu*, apropria-se da história real do cientista italiano que alargou o conhecimento da astronomia para discutir, com astúcia e ceticismo, a liberdade do pensamento, ou melhor, todas as liberdades, diante dos poderes excessivos do Estado controlador e demais forças que conduzem ao autoritarismo. Galileu tornou-se uma celebridade científica dada a particularidade do seu caso. Foi o pesquisador que comprovou a teoria do polonês Copérnico, segundo a qual a Terra gira em torno do Sol, e não o contrário. Na atualidade, nada mais espanta quando, seguidamente, se encontra algo novo, ou incomensuravelmente velho, na imensidão do cosmos. O mais recente é o planeta descoberto por uma equipe da Universidade de São Paulo (USP), em parceria com colegas dos Estados Unidos, da Austrália e da Alemanha. É semelhante a Júpiter e está na órbita de uma estrela parecida com o Sol. Dias atrás, Plutão foi retratado em detalhes por uma sonda espacial. Mas Galileu (1564-1642) proclamou sua tese quando a Igreja Católica Romana tinha a força para fazer reis e guerras e decretar a morte de quem discordasse dos seus dogmas, um deles ser a Terra o centro do universo por vontade do criador. A Inquisição durou séculos e paralisou de medo o Ocidente. Brasileiros sofreram em suas malhas descritas, entre muitos estudos, em *História das inquisições*, do historiador português Francisco Bethencourt.

Brecht valeu-se de Galileu para ressaltar que "a verdade é filha do tempo, e não da autoridade". Assertiva de amplas implicações intelectuais, políticas ou cotidianas quanto ao que se deve, ou não, ceder, e qual o significado moral de um recuo. O cientista era autossuficiente nos relacionamentos com o poder e se arriscou a pensar diferente em um período sombrio. Foi preso e teve medo da dor física nas torturas ou na fogueira da Inquisição. O astrônomo e matemático não se pretendia herói, apenas estudar e viver bem ao lado da filha. Tinha um lado esperto e incoerente que o torna mais humano, próximo de nós, simpático. É nessa faixa entre o perigo e o riso grotesco que Brecht se insere. Ele mesmo tinha seu lado Galileu. Atento à exploração do homem pelo homem, não quis ver ou denunciar abertamente o stalinismo que o cercava na Alemanha Oriental pós-guerra. Fica a obra e a dúvida se o grande autor teatral seria mais corajoso, ou conivente, do que Galileu.

Seu humor tem nuances e artifícios verbais. É mesmo desafiador conciliar seriedade e diversão. A diretora Cibele Forjaz acerta na figura de Galileu com Denise Fraga, atriz excepcional que não se apoia só no carisma e na facilidade para a comédia. Em outros momentos, a diretora paga tributo ou se deixa levar pela estética carnavalesca absorvida no aprendizado que a projetou como respeitada criadora. Talvez o menos fosse o mais. Como seria igualmente mais convincente e necessariamente inquietante um inquisidor sem o rosto pintado, recurso difícil de entender mesmo com o experiente Ary França (como o de pintar o papa com tinta branca). O realismo, frequentemente desdenhado, favorece as interpretações de Silvio Restiffe, Rodrigo Pandolfo, Luís Mármora, Vanderlei Bernardino (prejudicados no programa por uma relação de nomes sem os papéis correspondentes). Não há muito espaço para as mulheres no enredo. Lúcia Romano, Maristela Chelala e Jackie Obrigon sabem valorizar a parte que lhes cabe.

A MERDA AGOSTO DE 2015
Jornada particular de uma mulher em fúria

Instalada no topo de um pedestal, ora ajoelhada, ora sentada, Christiane Tricerri observa amigavelmente o público que chega. Identifica conhecidos, sugere que fiquem à vontade. Mexe os pés em um movimento de aquecimento. Sorri. O detalhe diferente é ela estar completamente nua. Nudez frontal e espontânea de uma mulher bonita. Nenhuma intenção de incomodar. O que virá em seguida será, em crescendo dramático e pausas eloquentes, o monólogo *A merda*, por uma atriz talentosa. Um manifesto político-existencial.

O texto de Cristian Ceresoli honra a tradição italiana dos desaforos antirreligiosos e antipoderes do Estado, com referências erótico-fisiológicas cruas. Insolência anárquica agressiva descendente do poeta licencioso Pietro Aretino (1492-1556), do grotesco de Pasolini e do panfletarismo do teatro de Dario Fo, autor de *Morte acidental de um anarquista*.

Arte mal-humorada ou iconoclasta como numa canção de título óbvio de Marco Masini (acessível na internet a quem sabe italiano). A crítica internacional rendeu-se à virulência de *La merda* e ao talento da atriz original, Silvia Gallerano. Texto e encenação originais foram descritos como um fluxo de consciência da jovem com defeito físico, que perdeu o pai tragicamente, mas que acreditou no mundo da comunicação de massa e da fama instantânea. É o mesmo que agora Christiane Tricerri faz, com menos exageros faciais e o ar de desequilíbrio psicológico de Gallerano.

O drama humano precede a ideologia. A moça imaginada pelo dramaturgo é feia e aleijada. O seu desamparo e sofrimento não estão diretamente só ligados ao capitalismo e à alienação difundida pelos aglomerados televisivos. Chegamos ao velho problema da intenção e sua tradução. O texto baseou- -se em fatos locais. Cristian Ceresoli não acrescenta mais ao que sabemos porque, contradição, a televisão e publicidade brasileiras têm o mesmo nível (conteúdo e técnica e insensibilidade), se não forem superiores, das europeias. A alta temperatura verbal de Ceresoli funciona melhor como linguagem e menos como política (descontando-se as perdas de sonoridade e do possível sentido exato na tradução). Dizer que a peça surgiu no ambiente eleitoral pré ou pós-Berlusconi é difícil de nos espantar. Antes dele, a Itália se livrou de Bettino Craxi, que se dizia socialista e, em 1992, caiu na malha da Operação Mãos Limpas. Morreu foragido, na Tunísia. Citar Pasolini, que afirmou ser a sociedade do consumo um totalitarismo mais duro que o fascismo, *idem* (duas cineastas, Liliana Cavani e Lina Wertmüller).

O que prevalece é o rompante de loba romana contra toda uma situação familiar e social. Os interstícios históricos aparecem na referência à camisa vermelha do pai, aos "homens pequenos" e ao hino nacional, mas, de qualquer forma, estamos, sobretudo, diante de *una giornata particolare* desta mulher que deseja "mastigar e defecar os testículos" dos que espezinham os mais fracos. Um linguajar pesadíssimo, que não incomoda, porque é o grito dos oprimidos, de todas as minorias à margem da dignidade.

Christiane Tricerri concilia doçura pessoal, feminilidade e veemência, ao proclamar sua adesão aos anônimos injustiçados, a todas as mulheres que não querem apenas obedecer à ordem machista, à ditadura da moda e às ofertas de ascensão através de concessões aviltantes. Na sua ira discursiva, com verdades e delírio, o que surge é o ser humano entrevisto e retratado na alta literatura. A versão feminina do *Diário de um louco*, de Nikolai Gógol (no Brasil em histórica interpretação de Rubens Corrêa), a progressão de uma pessoa aos limites da insanidade por ter acreditado em alguma ordem e justiça quando é a negação delas que prevalece. Sua interpretação, com o apoio fundamental de

Lianna Matheus (assistente de direção), é o testemunho de carência, solidão e ataque, talvez suicida, de quem já tudo perdeu. Um grande, brilhante, momento de Christiane Tricerri.

DEPOIS DO ENSAIO SETEMBRO DE 2015
Gritos e sussurros na solidão do palco e nos mistérios de Bergman

O título *Depois do ensaio*, de Ingmar Bergman, refere-se inicialmente ao trabalho de encenar uma peça. A expressão, porém, traz como segundo significado a sempre mencionada solidão do artista. Sugere um velho clichê, mas quem se manifesta é um dos grandes criadores do cinema e do teatro do século XX. Um pensador e o homem que na autobiografia e no documentário *A ilha de Bergman* revela o seu lado torturado por demônios pessoais, entre eles o defeito da fúria. Assume ter sido um mau companheiro das lindas e talentosas mulheres com as quais se casou, um pai criticável e que, no entanto, trouxe para as telas esse tumulto existencial transfigurado em arte e filosofia. A peça poderia ser mais um caso de amores mal resolvidos, o de sempre, mas em Bergman nada é o de sempre. Há algo mais em alguém cansado da maestria e dos problemas do seu temperamento. Algo começa a doer, no corpo e no espírito.

Ao final de um ensaio, o diretor está sozinho no palco quando uma jovem atriz, a pretexto de buscar algo esquecido, procura tirar mais do mestre. Ele só pretende meditar, esvaziar o tédio, deixar-se ficar, mas a moça quer mais.

A diferença de objetivos e de gerações, ou ambas as coisas, permitirá a cada um se espelhar no outro, o outono dele e a primavera dela, em meio ao cordame e móveis dos cenários e, sobretudo, ao clima de mistério do teatro. Parece novamente algo anedótico, o folclore do meio. Mas, até pelo ódio, o tablado tem força. O encenador argentino Victor García (1934-82), que fascinou o Brasil com suas montagens, dizia que "a vida não pode existir nesta caixa preta", e chegou a pregar a demolição dos teatros convencionais.

Mas aqui há vida no embate diretor-atriz. Um dueto de observações psicológicas, do pessimismo dele às ambições e dúvidas escamoteadas ou mal percebidas dela. A dureza verbal do veterano, necessária porque libertadora, como em processos psicanalíticos, e os mecanismos autoenganadores, ou ardilosos, da iniciante caminham em direção a alguma descoberta. Haverá uma pausa entre eles com o agressivo aparecimento da ex-amante do diretor, que Malu Bierrenbach, com tipo físico e experiência, impõe em rasgo melodramático. Ruído numa tocata em surdina que, no restante, a diretora Mônica Guimarães conduz com sutileza.

Leopoldo Pacheco tem domínio cênico comprovado para a impaciência criativa do profissional cético. Curiosamente, e sorte dele, é um ator naturalmente simpático, longe do aspecto alquebrado e o olhar soturno de Erland Josephson do filme de Bergman. Comparações, aliás, não vêm ao caso, porque o cinema, com cortes e montagens, concentra facilmente um texto (tradução brasileira de Amir Labaki e Humberto Saccomandi). O palco precisa ser conquistado com luta por Mônica e o elenco. Provavelmente, a composição de Leopoldo teria a ganhar com um figurino escuro em contraste com a cabeleira grisalha. Algo forte diante da frágil, embora intensa, presença de Sophia Reis, atriz nova que vence o desafio de se fazer notar em silêncio quando a cena continua com os outros personagens. Ela chegará, com empenho, a uma voz encorpada, sobretudo nos graves. Sophia é uma boa surpresa no espetáculo sobre a arte teatral que Bergman, o eterno insatisfeito, chamou de ofício sombrio e cruel.

A MÁQUINA TCHEKHOV OUTUBRO DE 2015
Quando a vida passa em surdina

Sempre impressiona saber das precárias condições de saúde, as doenças graves, que não impediram o trabalho de grandes artistas. Foi no sofrimento que muitos exerceram seu talento. Essa força estranha de um Antônio Francisco Lisboa (o escultor Aleijadinho) impulsionou Anton Tchekhov (1860-1904), que, como médico praticante, sabia-se condenado pela tuberculose, e, no entanto, deu vida a um teatro que comove por sua visão compassiva dos homens. O dramaturgo romeno contemporâneo Matéi Visniec insurge-se, porém, contra a morte e ressuscita o escritor em *A máquina Tchekhov*. Coloca-o frente a frente com suas criaturas de ficção. Permite-se ainda a insolência divertida de perguntar se não seria ele apenas "um bom escritor menor e até chato" nos contos. Arroubo afetuoso deste intelectual de 59 anos que virou moda no Brasil. Depois de reinar anos por aqui, Heiner Müller foi semiapagado, e agora só se fala em Visniec (e os poloneses Ignacy Witkiewicz, Slawomir Mrożek e o espanhol Fernando Arrabal, seus antecessores?). Nada contra Müller. O diretor Marcio Aurelio, ligado ao teatro da Alemanha, comemora os 25 anos da Cia. Razões Inversas com *Filoctetes*, deste autor.
Visniec é realmente engenhoso ao se referir ao autor russo como "uma máquina de triturar destinos". Com ironia, faz um jogo de adivinhação sobre os motivos que levaram Tchekhov a escrever peças melancólicas sobre a Rússia, onde a aristocracia dominava milhões de analfabetos famintos, a

maioria camponesa. Uma relação de classes semifeudal, que comportava servos da terra e repressão massiva aos dissidentes.

Antes de Stálin, ou seja, já com o mítico Lênin, começaram os *gulags*, tenebrosos campos de concentração siberianos. Matéi introduz sem aprofundar a viagem que o escritor fez às prisões no Pacífico Norte, inferno gelado onde Tchekhov examinou centenas de presos. Essa vivência resultou em *A ilha de Sacalina*, relato entre jornalismo e literatura, mas não uma denúncia política incisiva. Seu dom excepcional foi o de narrar a decadência, derrotas existenciais de vidas confortáveis do ponto de vista material. Um biógrafo notou que ele não toma partido nem sugere soluções. Impaciente, Matéi (que sofreu o comunismo da Romênia e teve de se exilar na França) coloca um personagem a interrogá-lo com irritação se haverá uma revolução (de verdade) no país.

O espetáculo com a linda, poética, iluminação de Wagner Pinto, um trabalho digno de premiação, estabelece uma atmosfera claro-escura de fantasia dentro do realismo, onde circula a humanidade tchekhoviana de *Tio Vânia*, *A gaivota*, *O jardim das cerejeiras* (ou *O cerejal*, mais corretamente), *As três irmãs*, *Ivanov*.

Não é preciso conhecer o enredo de todas as peças para ser conquistado pela "máquina" teatral de Visniec, dirigido com talento por duas excelentes e sábias atrizes, Clara Carvalho e Denise Weinberg (é sempre difícil executar um concerto a quatro mãos). O que flutua na luz difusa, esfumaçada, da cena é gente palpável e, ao mesmo tempo, marionetes das circunstâncias. Pessoas falidas nos negócios, amores, relações familiares, sempre sonhando escapar da província para Moscou. A representação ganharia com menos lentidão gestual, menos réquiem. Ao relacionar os intérpretes por ordem alfabética, sem os papéis, o programa impõe um democratismo nada justo quando não se reconhece quem faz qual papel. No entanto, é preciso registrar que Ariana Silva, Dinah Feldman, Emilio Moreira, Fernando Poli, Fernando Rocha, Michel Waisman sabem o que fazem, e o fazem bem, ao lado dos experientes Brian Penido (Tchekhov) e Mariana Muniz. Eles, a luz, a direção e a ironia de Matéi trazem de volta Anton Tchekhov, e concluímos que, sim, é genial esse artista definido como o mais delicado, o mais sutil dos dramaturgos contemporâneos.

Outros escritos

Outros escritos
Artigos e resenhas

VIANNINHA, NO CORAÇÃO DA HISTÓRIA ABRIL DE 1979

Rasga coração, a última e a melhor peça de Oduvaldo Vianna Filho, antes de chegar ao palco – chegará? – já é conhecida devido aos seus entreveros com a censura. Tornou-se involuntariamente, e depois da morte prematura de Vianninha, uma espécie de símbolo da arte brasileira atingida pelo arbítrio. Agora, com as promessas e salamaleques liberalizantes dos últimos tempos, parece que o texto será revisto pelas autoridades com olhos mais complacentes etc. Depois de ser dada por incapaz de ferir instituições e tradições, talvez – sempre um talvez – seja liberada. O leitor precisa saber o que traz, afinal, essa história que os que entendem realmente de teatro consideram um dos momentos supremos da dramaturgia nacional. Vamos tentar descobrir o que assusta (ou assustava) a censura.

Rasga coração simplesmente registra a existência de um tipo de gente: os comunistas. Como, ainda, admite que existiram integralistas militantes. Quer dizer, retrata dramaticamente instantes da história brasileira. Como o autor é um ficcionista, e não sociólogo ou historiador, evidentemente jogou os personagens em situações dramáticas, conflitos humanos que revelam outros ângulos das suas existências, como relações conjugais e atritos de gerações. Em momento algum faz qualquer espécie de proselitismo, e mesmo a existência do Partido Comunista é implícita, uma vez que determinados diálogos são construídos numa linguagem política específica e citam o "camarada Stálin".

Na realidade, Oduvaldo Vianna Filho procura uma dimensão muito maior do que a mera exposição de confrontos ideológicos. Tenta fazer um balanço de um largo tempo da vida do país em que estiveram envolvidas milhares de pessoas, de Getúlio Vargas, Plínio Salgado e Luís Carlos Prestes ao mais anônimo partidário do integralismo ou do PC. O escritor observou a política a partir do cotidiano simples, com as incoerências, desenganos e pequenas alegrias de brasileiros comuns.

Rasga coração desenvolve-se em dois níveis: o do passado (que vai dos anos 1920 ao último governo de Getúlio, na década de 1950) e o do presente, fins dos anos 1960 ou começo de 1970. Um alquebrado militante comunista, semi-inválido pela artrite, confronta-se com um filho que não se sensibiliza com as velhas lutas do pai. O jovem está em plena fase de rejeição a qualquer tipo de enquadramento ideológico, fascinado pela suposta filosofia *hippie* e adquirindo valores e a linguagem da classe média carioca da zona sul.

O velho tem um companheiro de partido – também envelhecido e cansado – que, por sua vez, tem um filho moço que vê a vida numa perspectiva mais engajada, embora não partidária. A obra mostra, assim, os comunistas e seus descendentes, uns aceitando ou respeitando a opção política paterna, outros tentando novos caminhos.

Vermelhos e verdes

A peça se inicia com o veterano militante do PC entregue à prosaica tarefa de refazer, junto com a mulher, as despesas familiares do mês. Percebe-se que a pequena realidade do personagem nada tem de heroica ou revolucionária. Os tempos mudaram, a existência está no fim e as exigências do momento provocam dúvidas e angústias. O tom se manterá nesse nível, porque Oduvaldo Vianna Filho foge do panfletismo ou daquelas figuras de aço do realista socialista. A peça expõe indiretamente a crise da militância e a solidão de homens que viveram um ideal acreditando no camarada Stálin para descobrir, anos depois, no XX Congresso de Moscou, que nada daquilo era verdade – e, mesmo após a grande e traumática decepção, continuaram fiéis a certos princípios.

Como a obra alterna passado e presente, Vianna traz à cena outros elementos históricos, como as manifestações dos camisas-verdes de Plínio Salgado, o início da organização sindical, o fim da República Velha e a ascensão do trabalhismo getulista. Esse painel é construído com rápidas cenas evocativas e fragmentos da lembrança dos que estiveram envolvidos nos acontecimentos. Os diálogos de *Rasga coração* algumas vezes atingem o limite do pungente, quando pai e filho tentam, mesmo que agressivamente, se entender. Alguns exemplos são revelados do clima da peça. O velho diz: "Não posso viver com uma pessoa que me olha como se eu estivesse morto. Como se todas as pessoas que estão aí fora gemendo no mundo fossem a mesma coisa. Como se não houvesse dois lados. E eu sempre estive ao lado dos que têm sede de justiça, menino. Eu sou um revolucionário, entendeu?". Ao que o jovem contrapõe: "Você é que é um revolucionário, então? O mesmo ônibus, com trocado no bolso porque não gosta de brigar com o trocador? O editorial, leu o editorial? 25 anos assinando ponto na repartição, reuniões quarta-feira, recorte de jornal no bolso, 'leu o artigo do Tristão'? Mas é isso a experiência? Esse silêncio por dentro, que fica dentro de você? Experiência é desistir de ser feliz?".

Oduvaldo Vianna Filho, herdeiro continuador de uma bela vocação para o palco (seu pai, Oduvaldo Vianna, foi um autor de comédias de sucesso), escreveu *Rasga coração* às portas da morte. Sabia que estava com câncer, aos 38 anos, e esforçou-se para deixar um testemunho sério e emocionado sobre dramas e homens que os viveram ou dos quais tomou conhecimento. Conseguiu uma obra-prima. Proibir a peça será uma inútil e cruel tentativa de matar a história e fazer desaparecer uma criação artística de conteúdo humanista. É um legado de um criador talentoso, que precisa chegar ao conhecimento do público. Só assim a memória de Vianninha e o teatro brasileiro não estarão ultrajados.

Uma obra dedicada ao Brasil

"Minha vida de teatro começou no movimento universitário de São Paulo, no Teatro Paulista de Estudantes (TPE). Já era clara a ideia de polemizar a realidade brasileira, o comportamento e a atitude das classes dirigentes", declarou Oduvaldo Vianna Filho, em 1968, seis anos antes da sua morte. Fez o possível para manter-se coerente com os ideais da primeira juventude.

Carioca, nascido em 1936, abandonou, entretanto, os estudos pelo palco quando, em 1955, o TPE, onde já estavam outros iniciantes que se tornariam famosos, como Gianfrancesco Guarnieri e Milton Gonçalves, passou a integrar o Teatro Arena, onde foi organizado um seminário de dramaturgia decisivo para os novos rumos da literatura dramática brasileira. É dessa época a primeira peça de Oduvaldo Vianna, *Chapetuba Futebol Clube*, uma das poucas obras de teatro abordando os problemas humanos e profissionais dos jogadores.

Vianninha, como era conhecido pelos amigos, atuou no Arena como autor e ator até 1960, quando se transferiu definitivamente para o Rio de Janeiro. Desde então, produziu intensamente para teatro, cinema e televisão. Escreveu as peças *Se correr o bicho pega, se ficar o bicho come*, em parceria com o poeta Ferreira Gullar, *Bilbão, via Copacabana, Miséria ao alcance de todos, A longa noite de cristal, Corpo a corpo, Em família, Papa Highirte* e *Rasga coração*. Recebeu duas vezes o Prêmio Molière de Teatro (*Noite de Cristal* e *Se Correr...*).

Para a televisão, Vianninha criou uma série de especiais – de sua autoria ou adaptações na TV Globo, entre eles *Enquanto a cegonha não vem, Medeia, Noites brancas, Dama das camélias, Turma, minha doce turma* e *O matador*. Escreveu também *shows* de música popular, geralmente em parceria com outros autores.

É extensa sua lista de atuações no teatro como ator. No cinema fez *Mar corrente*, com Odete Lara, e *O desafio*, de Paulo César Saraceni, seu melhor desempenho cinematográfico.

O ator e dramaturgo Gianfrancesco Guarnieri definiu o seu companheiro de teatro estudantil e, posteriormente, do Arena, como um homem "sobretudo muito coerente". Observando que toda a obra de Oduvaldo Vianna Filho reflete, na medida do possível, a realidade nacional, acrescentou que os personagens que apresenta "são anti-heróis porque quase sempre muito mais vítimas". Assim, por exemplo, em *A longa noite* retrata a decadência de um homem de rádio e televisão; em *Corpo a corpo*, a luta de um publicitário contra a aviltante profissão e, finalmente, em *Rasga coração*, os velhos militantes para os quais a luta praticamente acabou e que tentam se fazer ouvir pelas novas gerações.

A FASCINANTE REGRA DO JOGO, DE CLÁUDIO ABRAMO, JORNALISTA DEZEMBRO DE 1988

Depoimentos e artigos publicados durante quarenta anos de carreira e vida compõem a coletânea que traça o perfil de um profissional brilhante, seu país e época

Uma série de extensos depoimentos do jornalista Cláudio Abramo, falecido em 14 de agosto de 1987, acompanhada de dezenas de seus melhores artigos, publicados ao longo de quase quarenta anos de carreira, compõem *A regra do jogo*, talvez a mais completa e fascinante obra dedicada no Brasil a essa profissão. O livro, organizado por seu filho, o matemático e também jornalista Cláudio Weber Abramo, traz informações essenciais sobre as reformas introduzidas por Cláudio no *Estado* e na *Folha de S.Paulo*, em épocas diferentes, a partir da década de 1950, que representaram avanços fundamentais na modernização de ambas as publicações.

Em suas 270 páginas, *A regra do jogo* conduz o leitor a dois planos de informações: o da vida cotidiana das principais redações de São Paulo, com a implantação de projetos inovadores na feitura e na linha editorial dos jornais onde Cláudio Abramo trabalhou, e, ao mesmo tempo, o da sua trajetória pessoal. Personalidade fortíssima e, portanto, destinada a estimas incondicionais e confrontos penosos, às vezes com seus próprios empregadores, o seu testemunho é pleno de tensão e dramaticidade quando se refere a personalidades díspares como Carlos Lacerda, Samuel Wainer, Alberto Dinnes, Assis Chateaubriand, Otávio Frias de Oliveira e, principalmente, Julio de Mesquita Filho e seus filhos, aos quais Cláudio, sem esconder as eventuais divergências, dedica visível afeto. Cláudio Abramo, embora extremamente sagaz e paciencioso ao articular metas e convívios profissionais (as regras do jogo, enfim), conservou até o fim uma visão passional da profissão e, consequentemente, sofreu muito quando lhe retiraram o comando da redação, vocação absoluta de sua vida. Mas, independentemente do aspecto factual, *A regra do jogo* contém excepcionais reflexões sobre a profissão com todas as suas implicações político-ideológicas, morais e existenciais. São observações de um mestre de ofício, porque Cláudio sabia tudo sobre jornal. Esse conhecimento incluía uma visão abrangente do mundo e dos homens, fruto de muita leitura, vivência política, viagens e, evidentemente, um talento admirável.

A vida – dura na infância e na mocidade – deu-lhe experiência precoce e sedimentou um temperamento rebelde aliado a uma presença irradiantemente carismática. Todo esse comportamento e bagagem se refletem nos artigos recuperados na presente edição. Cláudio escrevia com segurança e concisão, extravasando conhecimento histórico e permanente indignação moral, o que faz desses escritos um irrepreensível retrato crítico do país e uma lição de jornalismo e sua ética. Por todas as razões expostas, o livro, com prefácio de Mino Carta e Jânio de Freitas, tem grandeza e uma inevitável solenidade que o distingue de relatos setoriais ou meramente aventurosos envolvendo jornais e jornalistas.

UM ARTESÃO NO EXERCÍCIO DIÁRIO DO CARÁTER

Cláudio Abramo atuava diretamente na redação, embora tivesse sala reservada de diretor. Por volta das 19 horas, no meio da equipe, sentava-se numa vasta mesa retangular de madeira e comandava – na *Folha* – o fechamento da primeira página enquanto vistoriava o conteúdo da edição. Era o instante em que confirmava plenamente a lenda que o acompanhava desde o *Estado*. Copo de água gelada e cigarros sempre à mão – fumava devagar e pouco –, escrevia com espantosa rapidez em uma minúscula e esquálida máquina que nenhum contínuo, redator ou fosse lá quem fosse estava autorizado a retirar do local. Vê-lo discutir artigos, aprovar ou refazer textos, escolher fotos, orientar o feitio, o rosto do jornal, era uma deslumbrante lição diária de jornalismo. Ele fazia e bastava acompanhá-lo em ação, e havia nesse cerimonial cotidiano alguma coisa do artesão italiano ancestral falando dentro dele. Jornalismo era trabalho, o exercício diário da inteligência e do caráter. A força desse padrão ético marcou gerações de profissionais. Cláudio tinha horror aos arranjos suspeitos (que definia através da expressão francesa *combiné*), às concessões morais e à mediocridade.

Jornal fechado, cruzava os pés sobre a mesa com um à vontade muito dele, sem prejuízo da elegância, e se punha a conversar. Aí o grande ator (tinha algo de Vittorio Gassman) se expandia com riqueza de gestos, observações ferinas ou dissertações políticas e históricas, demonstrando um aparentemente inesgotável conhecimento sobre a Revolução Soviética de 1917 e a Segunda Guerra Mundial. Tinha um jeito especial para caricaturar demolidoramente falsas aparências intelectuais e do poder. Outras vezes, saía entre as mesas dos redatores, puxando conversa, lançando provocações amigáveis enquanto passeava com a bengala de castão de prata (tinha uma coleção delas), mais por charme episódico do que outra coisa. Cláudio divertia-se com o próprio tipo e sabia envolver o interlocutor nesse jogo, com uma ironia encantadora. Havia também – disso muito se falou – os destemperos, os dias de fúria com a má qualidade de uma edição ou erros grosseiros. Mas era suficientemente seguro de autoridade natural, que irradiava para se retratar em caso de excesso.

Ao mesmo tempo, tinha paciência para evitar brigas entre colegas e com as falhas dos colaboradores de confiança. Uma vez, delicadamente, levou para sua sala um editor brilhante que se apresentara bêbado ao serviço.

Cultivava fobias engraçadas e temíveis. Duas delas: usar chapéu e o assobio na redação. Assobiar perto dele era um perigo. Tinha repentes de má vontade com determinadas pessoas, rompantes wagnerianos que, de modo geral, cessavam logo. Quase todos os que se atritaram com Cláudio Abramo estavam, reconciliados, no seu funeral.

Este homem que ocupou importante cargo de chefia em dois grandes jornais – e teve acesso direto às autoridades e lideranças civis, a amizade de intelectuais de renome, no Brasil e no exterior, convites para viagens e cargos, portas abertas, enfim – saía do trabalho para casa em carros velhos, guiando mal e teimosamente. Preferia – sempre – a família e os amigos chegados. Nunca lhe passou pela cabeça que estar ou não na moda, ou em locais assim considerados, pudesse ter algum significado. Desfrutava as manhãs em casa, de roupão, descalço, brincando com os netos ou tratando do jardim. Visitá-lo nessas horas era um prazer: ouvi-lo falar de literatura política, citando Arthur Koestler, Malraux, Isaac Deutscher e Trótski. Podia-se igualmente apreciar suas excelentes qualidades de marceneiro que ostentava com orgulho (dissimulava, porém, a evidente capacidade para o desenho). Fora do jornalismo, teve intensa ligação com a área das artes plásticas, em que iniciou amizades para a vida inteira. Em teatro, teve ligações com Flávio Rangel, amigo querido, José Celso e Lélia, a irmã.

Um homem imponente, um insubmisso nato – o que fez amadores desprevenidos tentarem qualificá-lo ora como comunista, ora como anarquista feroz e, finalmente, petista –, capaz de ligações e solidariedade definitivas com apenas um bom encontro. Deixou fama de desaforado diante de abusos pretensiosos. Mas os que o conheceram de perto sabem de sua afetuosa lealdade. Ajudou jornalistas no ostracismo, artistas em dificuldades, talentos desprotegidos e perseguidos políticos. Na sua última fase profissional, com apenas 32 linhas de coluna, era o mais influente comentarista político de São Paulo. Um ano após sua morte, em 1987, nós, seus amigos, leitores e discípulos, instalamos uma escultura de granito na praça que leva seu nome. Está lá, clara e sólida como ele.

OBRA REVÊ MANIFESTAÇÕES
CULTURAIS EM ÍDICHE DEZEMBRO DE 1996

Jacó Guinsburg desvenda com apuro acadêmico, em Aventuras de uma língua errante, *uma cultura que ofereceu ao mundo teorias sociorreligiosas e filosóficas, boa literatura e um teatro riquíssimo*

Um homem caminha por Riga, Letônia, quando se depara com um policial embriagado. Estamos em 1933, e esse senhor de 73 anos está tentando escapar da Alemanha hitlerista. O policial, a pretexto de nada, o abate a tiros no meio da rua. Enterrado anonimamente, desaparecia Simon Dubnow, um dos maiores estudiosos da história e do pensamento judeu na Europa. Quase meio século depois, em Nova York, outro judeu, doce figura de olhos azulíssimos, Isaac Bashevis Singer, também aos 73 anos, recebe, em 1978, o Prêmio Nobel de Literatura por ter passado a vida a escrever em ídiche a história da sua gente nas *schtetl* (aldeias da Polônia). E, agora, o judeu mais que brasileiro Jacó Guinsburg, na solidez dos seus 75 anos, retrata a aventura desse povo e sua cultura em *Aventuras de uma língua errante*, ensaios sobre literatura e teatro ídiche. O assunto envolve personagens fascinantes às voltas com o ídiche, idioma nascido da mescla do alemão, hebraico, línguas eslavas, italiano e francês antigos, e que foi o instrumento verbal e literário das comunidades israelitas do centro e do leste da Europa. Guinsburg, com um olhar compassivo, descreve a saga dos artistas e pensadores que mantiveram viva esta *mameloschn* (língua-mãe) ao longo dos séculos.

Língua-passaporte para toda uma coletividade fora de sua terra desde a Diáspora, o *yidisch* (aportuguesado para ídiche) adquiriu forma no século X, às margens do Reno, entre a França e a Alemanha (*Ashkenaz* em hebraico, de onde a definição judeu asquenaze). Em contraposição ao hebraico, a língua sagrada e cerimonial, o ídiche era utilizado nas atividades diárias, valendo, às vezes, como código em meio a uma população não judia. A função utilitária relegou o ídiche, até metade do século XIX, à condição de dialeto de massas ignorantes que, fugindo das perseguições dos Cruzados, espalharam-se pela Polônia e adjacências, como Lituânia e Letônia, Eslováquia e o resto dos Bálcãs. É uma tese consagrada, ainda que um escritor de peso, Arthur Koestler, em *A décima terceira tribo*, tenha defendido a teoria de que esses judeus descendem do Reino Khazar que teria existido ao sul da Rússia, na alta Idade Média, e que adotou o ídiche como língua.

O caminho para elevar esse modo de falar da condição de mero jargão do gueto para "uma língua nacional do novo judeu" foi marcado por polêmicas que exigiram, em 1908, uma denominada Conferência de Czernovitz. O difícil percurso cultural e político do ídiche moderno, assim como a produção e as aventuras dos seus criadores maiores, constituem a alma do livro. Entre as liberdades históricas de Koestler e as fantasias do iugoslavo-sérvio Milorad Pávitch, autor de *O dicionário Kazar, romance-enciclopédia*, o professor Guinsburg desvenda com apuro acadêmico uma cultura que ofereceu ao mundo teorias sociorreligiosas e filosóficas, boa literatura e um teatro riquíssimo, que, em certo momento, deu-se ao luxo de ter um cenógrafo chamado Marc Chagall.

Aventuras de uma língua errante tem uma estrutura que alterna panoramas sociais, análises de correntes de pensamento e retratos precisos de poetas, dramaturgos, romancistas, encenadores, criadores visionários em meio a revoluções, perseguições políticas e manifestações racistas. Um dos capítulos é dedicado às *schtetl*, as aldeias em que os judeus podiam morar no império tzarista, "localidade rural, ilhotas quase exclusivamente judaicas em meio ao mar eslavo". A seguir toma-se conhecimento de dois movimentos decisivos para o movimento judaico, o Hassidismo, de caráter místico-religioso, e o Hascalá, de tom racionalista-secular. Entre esses dois polos moveu-se, desde o século XVIII, o mundo ídiche que Guinsburg aponta como o mais denso agrupamento judaico do globo. O Hassidismo enriqueceu a língua no plano idiomático e literário, embora com ênfase tradicionalista. Já o Hascalá, inspirado no iluminismo europeu, estava atento à expansão burguesa na ordem capitalista. Pretendia tirar o judeu de seus costumes arcaicos e lançá-lo nos novos tempos. O embate dessas tendências tem um fundo literário em que se destacam, por exemplo, as obras teatrais de Isaac Euchel e a investigação científica ou pregação moral de Moisés Marcuse e Mendel Lefin. Um pouco mais adiante, aparecem Mêndele Mocher Sfórim (1836-1917), tido como renovador da linguagem literária hebraico-ídiche, e Abraão Goldfaden (1840-1908), fundador do teatro judeu moderno. Dois outros autores gigantescos do período ocupam o interesse do ensaísta: Scholem Aleikhem (1859-1916) e Isaac Peretz. Eles compõem a vanguarda da literatura ídiche moderna. Peretz impressiona pela multiplicidade de interesses e atividades. O leitor brasileiro pode vislumbrar seu talento no volume de contos *Mar de histórias*, organizado por Paulo Rónai e Aurélio Buarque de Holanda. A navegação de Guinsburg entre a história e as letras reserva espaço precioso ao teatro ídiche. Quando o livro parece deter-se em fatos e pessoas distantes, o leitor é surpreendido por S. An-Ski, autor de *O díbuk*, peça que saiu de sua especificidade cultural para conquistar o imaginário de todas as plateias. Estamos diante de um *Romeu e Julieta* judaico, com implicações místico-religiosas e encenado mais de uma vez no Rio e em São Paulo. E, há mais, muito mais nos palcos de Moscou, Varsóvia, Vilna. Como diz o próprio autor em determinada altura, "é impossível deter-se aqui em todos aqueles que tomaram parte saliente na faina literária de uma comunidade". A frase está em outro contexto, mas vale para esta apreciação sumária de uma pesquisa que inclui a participação dos intelectuais judeus na revolução soviética, o pesadelo stalinista, a tragédia do nazismo, os fluxos de imigração para as Américas (o que inclui o Brasil e a Argentina). O compreensível interesse exclusivo do autor pelos falantes do ídiche não impede que se sinta falta de um breve histórico do ladino, a língua popular dos judeus sefarditas da Espanha e do centro-sul europeu. Além da curiosidade afetiva, dado os vínculos dos brasileiros com a Ibéria, esse foi o meio de comunicação doméstico de artistas como o búlgaro Elias Canetti, Nobel de Literatura. O resgate musical do ladino feito no Brasil pela cantora e pesquisadora Fortuna Safdié resultou em discos lindos. Mas, dentro do projeto de revisitar a aventura histórica dos judeus de Ashkenaz, Guinsburg, para usar uma imagem sua, escreveu "com fogo nas veias". O que justifica plenamente a indagação de Scholem Aleikhem, o mais popular dos ficcionistas em ídiche: "Para que romances, quando a vida é um romance?".

ARRABAL VOLTA AO CEMITÉRIO DE AUTOMÓVEIS JANEIRO DE 1998

Histórias inéditas dos passeios do dramaturgo espanhol por São Paulo, a Babel que considera única

O escritor espanhol Fernando Arrabal entrou na praça da Sé numa manhã úmida de novembro passado. Havia chovido, mas naquela hora o sol brilhava e o chão estava lavado. Olhou as pessoas, os cartazes e grafites, os prédios em volta e disse: "Estamos em um lugar vivo". Andando em direção à catedral, explicou que na França existem 54 templos góticos obedecendo à disposição das estrelas da constelação de Virgem, quase todos voltados para Jerusalém. Ao entrar, perguntou a razão da cúpula, contrária ao gótico puro. Ficou sabendo que o autor do projeto pensou em um espaço maior no interior para reunir os fiéis. Da conversa, surge a lembrança de que há outra construção parecida, em Florença. Em seguida, observou as esculturas, o altar e a beleza das ogivas sustentadas apenas por colunas. Depois, visitou o jardim das esculturas da praça e sentou-se em um banco entre obras de Marcello Nitsche e Domenico Calabrone, olhando o céu. Um homem pequeno, sólido como um pescador, olhos azul-claros que dizem muito. O olhar filtra-se por meio de óculos de aros redondos de metal, como os de Walter

Benjamim ou Leon Trótski (comparação um pouco distante do seu anarquismo poético, sem nenhuma prática).

São Paulo deve a esse visitante momentos teatrais superiores com *O cemitério de automóveis*, em 1968, com Stênio Garcia entre outros, e encenação do argentino Victor García – genial e emblemática de uma década de rupturas e confrontos estéticos e ideológicos; *O arquiteto e o imperador da Assíria*, em 1970, com Rubens Corrêa e José Wilker em um arrebatador jogo de interpretações; e a provocadora *Torre de Babel*, em 1977, com Ruth Escobar. Espetáculos selvagens, alternando a livre interpretação de temas bíblicos com delírios verbais e imagens grotescas. Arrabal reencontra agora a Babel pauliceia, já quase um cemitério de automóveis. Mas ele a vê com indulgência, valorizando a vibração das ruas.

A cena, prosaica na aparência, contém dois dados insólitos. O romancista e dramaturgo Arrabal, quando surgiu na cena teatral na década de 1950, foi considerado um herege. Censores – da estética e da fé – viram suas peças como o vilipêndio dos valores cristãos, sobretudo os católicos. No auge da ditadura de Franco, um jornal de extrema direita da Espanha pediu sua castração para livrar o mundo da descendência de um degenerado. O ataque apenas confirmou o artista. É exatamente esse universo de culpas, martírios e castigos que sua ficção faz soar de forma clara, mas implacável. Tanta religiosidade repressiva, filha da Inquisição e cultivada pelo sistema franquista, refletiu-se ao longo do tempo em Goya, Valle-Inclán, Buñuel, Carlos Saura e nesse cidadão pacífico que visita a Sé de São Paulo. Arrabal está ao lado dos melhores espanhóis. E ainda ama as igrejas, conhece suas origens, citando estudos específicos como *Os construtores das catedrais*, de Guy Dubuy, e *Os mistérios das catedrais*, de Fulcanelli.

Outro lado inusitado da cena é que nosso personagem fugiu do circuito elegante que geralmente absorve as celebridades em trânsito. Preferiu os labirintos do Centro velho. Arrabal veio como homenageado da Feira do Livro de Porto Alegre e, em São Paulo, para duas palestras na Oficina Cultural Oswald de Andrade. Afora o jantar de confraternização com o pessoal do teatro, oferecido por Ruth Escobar, dedicou-se a sortidas anônimas pela capital munido de uma minúscula Rolleiflex. Segui-lo numa dessas andanças valeu ao acompanhante navegar em seus lances evocativos e reflexões abrangendo artes, história, filosofia ou curiosidades a respeito dos amigos Pablo Picasso, Tristan Tzara, André Breton, Samuel Beckett, Eugène Ionesco, Salvador Dalí e digressões sobre enxadrismo, uma paixão arrabalesca.

Terminada a visita à Sé, Arrabal quis ver "o prédio Matarazzo". A antiga sede de grupo empresarial da praça do Patriarca, hoje uma agência Banespa, ficou-lhe na memória desde 1977. Sente curiosidade pela construção compacta, revestida de mármore travertino. Uma olhada no Anhangabaú e Fernando Arrabal se deu por satisfeito. Enveredou pela rua Libero Badaró rumo ao largo São Francisco. Aos 65 anos, a rapidez continua a ser uma de suas características. Perguntado se a massa humana – a paisagem social penosamente desigual – lembra outra cidade das muitas que ele, andarilho permanente, conhece, contesta imediatamente: "Não, não. Isto aqui é único, a mistura de gente, de cores de pele. Esse comércio que, bem sei, abrigará nas suas portas mendigos quando a noite cair". Arrabal enfrenta o calor, os apertos, o trânsito absurdo, fotografando pedaços da Babel: placas de "Restaurante a Quilo", "Engraxa-se (sic) sapatos", "Cabeleireiro Unissex". De repente, um pedido: "Vamos comer em um lugar simples?". Levado ao tradicional restaurante Itamarati, frequentado por advogados, achou boa a coincidência: "Sou formado em direito". Adentrando a casa como um frequentador habituado, descobriu que o prato do dia era cozido com grão-de-bico. Um voo de memória que despertou o espanhol que também mora no intelectual cosmopolita: o cardápio anunciava *la comida de los pobres y campesinos en España*. Talvez em respeito à humildade original do prato, pediu água mineral, dispensando o tinto habitual, no mínimo um Côtes du Rhône. Pode ter sido também o calor. Arrabal queria mais passeios: "Vamos ao Museu da Independência [*Ipiranga*]?" – propôs, sem ter ideia do que é a avenida do Estado no meio da semana. Mas por que o prédio Matarazzo ou o Ipiranga? Porque Arrabal guia-se por razões subjetivas (Matarazzo é o nome de uma editora europeia de livros de arte) e prefere os rodapés da história. A ele, que discorre sobre segredos palacianos de Carlos de Espanha e de Leonor da Aquitânia, interessa, sim, o lugar onde "o príncipe português proclamou a independência".

De novo em marcha. Na rua Tabatinguera, descobre a capela de Santa Luzia, pequena joia na paisagem degradada. Faz questão das fotos enquadrando a banca de flores na calçada e uma faixa de pano anunciando o nome da santa. E lá se foi para "o grito" do Ipiranga. Arrabal ficou sinceramente impressionado com o colosso de granito e bronze perpetuando o Sete de Setembro. Elogiou os jardins "versalhescos" e bem cuidados. "Quase não se encontram parques assim em Madri", disse. Terminado um rápido contato tropical com um pé de jaca carregado e pilhas de coco verde, indicou a próxima etapa: a avenida Paulista, o Trianon e a alameda Santos. Sempre mapeando fragmentos arquitetônicos, inventos linguísticos dos anúncios e os tipos populares. Arrabal, que vive em Paris nas imediações do Arco do Triunfo, absorve – e fotografa – o dia a dia das cidades imensas. Foi assim que, em 1973, produziu o livro *A Nova York de Arrabal*, com fotos em preto e branco acompanhadas de anotações. Em uma delas, com uma jovem mulata olhando a câmera, escreveu: "Gostaria de saber por que esta desconhecida fixa a objetiva. Isso me interessa infinitamente mais do que o mistério da criação". Arrabal voltou para casa com muitos filmes na bagagem. Não prometeu nada, mas a sucessão de lugares-comuns paulistanos que captou poderá reaparecer um dia em imagens e poesia.

OS FIÉIS DO HEREGE
A conturbada biografia e os ilustres amigos do escritor

Fernando Arrabal nasceu em 1932, em Mellila, possessão espanhola encravada em Marrocos. Aos 6 anos, a Guerra Civil (1936-9), que derrubou a República espanhola, instaurando a ditadura do general Franco, provocou uma tragédia em sua família. O pai, militar republicano dedicado à pintura nas horas vagas, recusou-se a apoiar o golpe. Condenado à morte, teve a pena comutada para prisão perpétua. Fugiu só de pijama em uma noite de inverno com um metro de neve nos campos. Jamais foi encontrado. Sua mãe, favorável ao franquismo, tentou banir a imagem paterna da vida do filho, chegando a recortar com tesoura sua imagem nas fotos caseiras. A dor dessa perda está no romance *Baal Babilonia* (ou *Viva la muerte*, o sinistro brado dos falangistas espanhóis) e em *Carta ao General Franco*. O tema estará de volta em seu próximo livro, a sair em fevereiro. O título será *Melilla, 17 de julho* e narra, passo a passo, as primeiras oito horas do golpe franquista.

Hoje – passadas as polêmicas que o cercaram – Arrabal é visto como um dos grandes poetas da cena contemporânea e tem suas obras completas editadas em vários países, o que inclui, *"por supuesto"*, sua Espanha democratizada que, enfim, o reconhece como um dos seus grandes.

Arrabal constata que há um componente de sorte em sua vida atribulada. "Se vou aos Estados Unidos, logo faço amizade com Alan Guinsberg; vou a Tóquio e conheço Yukio Mishima", diz. Chegando a Paris em 1955, bolsista de teatro e, em seguida, autoexilado, e desconhecido, incorporou-se rapidamente ao grupo surrealista de André Breton (pouco depois permitiu-se uma dissidência sob o nome de Movimento Pânico, que não era muito mais que uma *blague* contra o mandonismo de Breton). Aos poucos, esse homem gentil, casado com Luce, namorada de juventude, dois filhos, vida razoavelmente metódica, foi criando vínculos estreitos com alguns dos maiores criadores do século. Mas ele não os descreve como seres intangíveis. São amigos de copo e xadrez.

Tristan Tzara – "Era pequeno, gordo e feio, mas encantador. Como eu (*risos*). Mas roubava no xadrez, o que é inadmissível nesse jogo. Quando criou o Movimento

Dadaísta, no Café Voltaire de Zurique, Lênin frequentava o local e demonstrava simpatia pelo movimento. O que teria sido o mundo se, em vez do marxismo-leninismo, tivesse surgido o dadaísmo-leninismo?"

Jean Genet – "Ele se irritava por não conseguir me vencer no xadrez, e também roubava no jogo. Dizia que, se tivesse o poder divino, jogaria com as pedras brancas e venceria Deus."

Luis Buñuel – "Estávamos no Festival de Cannes e sugeri uma visita a Picasso, que vivia na região. Buñuel respondeu (*imitando a voz grave e arrastada do cineasta*): 'Ah, não vamos não! Ele vai ficar mostrando quadros sem parar e pedindo nossa opinião'."

Pablo Picasso – "Teve muitas mulheres, mas acho que nunca foi amado exatamente pela sua exuberância sexual. Somente a última delas, a viúva, o amou, sobretudo quando ele estava envelhecido e frágil."

Samuel Beckett – "Passou dificuldades antes de ser reconhecido. A mulher dele lecionava piano. Ele sempre falou francês com muito sotaque e, quando lecionava inglês, os alunos riam do seu sotaque irlandês. Depois de viver anos em uma espécie de água-furtada, mudou-se para um apartamentozinho de três peças no *boulevard* Saint-Jacques. Era incapaz de deixar de responder a uma carta."

Salvador Dalí – "Todos nós fazemos pose de vez em quando, um pouco de gênero, mas só por minutos. Dalí, não. Ele era capaz de fazer um tipo e sustentar o clima seis, oito horas, uma noite inteira. Um dia ligou para minha casa e disse para minha mulher: 'Aqui fala o divino Dalí convocando Arrabal para estar à meia-noite no meu hotel quando, então, iremos iniciar uma obra teatral'."

Victor García – "Tinha um modo peculiar de explicar suas ideias como diretor teatral. Uma vez disse que, para ele, os dois maiores dramaturgos eram Calderón de La Barca e eu. Perguntado por quê, respondeu: 'Porque a obra de Calderón é horizontal e a de Arrabal, vertical'."

Bobby Fisher (gênio do xadrez, ex-campeão etc.) – "Vive sempre na defensiva com a imprensa. O pior é que se tornou racista, embora seja judeu. Suas últimas declarações são horríveis."

Luce Moreau Arrabal (sua mulher) – "Ela tem doutorado na Sorbonne em letras espanholas. É uma pessoa tímida de bom senso. Sempre que penso em tomar uma atitude quixotesca, ela me adverte: 'Cuidado, Fernando, não queira imitar seu pai'."

Teatro – "Sonho com um teatro em que humor e poesia, pânico e amor sejam uma coisa só. O rito teatral se transformaria então em uma *opera mundi* com os fantasmas de Dom Quixote, os pesadelos de Alice, o delírio de K. e os sonhos humanoides que frequentariam as noites de uma máquina IBM."

Fragmento de memória

A perda do pai, adversário dos franquistas, marcou vida e obra do espanhol. A seguir, o tema como é tratado no romance *Baal Babilonia*.

"Um homem enterrava os meus pés na areia. Era uma praia de Melilla, tinha eu 3 anos. Recordo-me das mãos dele nas minhas pernas. Enquanto o sol brilhava, o coração e o diamante explodiam em enumeráveis gotas de água."

"Muitas vezes me perguntam o que teve mais influência sobre mim, o que eu admiro mais, e, então, esquecendo Kafka e Lewis Carroll, a terrível paisagem e o palácio infinito, esquecendo Gracián e Dostoiévski, os confins do universo e o sonho maldito, eu respondo que é uma criatura da qual só consigo recordar as mãos nos meus pés de criança: meu pai."

CORTÁZAR, LA BIOGRAFÍA DEZEMBRO DE 1998

Um livro refaz a trajetória pessoal e literária de um dos escritores argentinos mais inovadores e amados de todos os tempos

Durante quatro anos, Julio Cortázar trabalhou em silêncio *Rayuela* (*O jogo da amarelinha*). Ao terminar, enviou o original ao diretor literário da Editorial Sudamericana, Francisco Porrúa, pedindo sua opinião. Porrúa respondeu: "Minha primeira reação é te dar com o livro na cabeça". Cortázar replicou: "É o que estou esperando". Vinha à luz uma obra para romper com as convenções romanescas, na linha antipsicológica e antirrealista de Marcel Proust, James Joyce e do polonês Witold Gobrowiz (que, por coincidência, vivia anônimo na Argentina). O memorial dessa façanha artística e da vida de seu autor está em *La biografía*, de Mario Goloboff (Seix Barral, Buenos Aires, 20 pesos). Poeta e romancista, ele soube unir afeto com pesquisa isenta, à qual se soma o belo documentário cinematográfico *Cortázar*, de Tristán Bauer, em que o escritor aparece falando de si e de sua arte.

Publicado em junho de 1963, o livro veio na contracorrente das convenções e tradições não só pela estrutura – um enredo que pode ser lido em capítulos salteados –, como também na completa liberdade de linguagem. Seu gêmeo na literatura latino-americana seria *Paradiso*, do cubano José Lezama Lima, guardando, ainda, parentesco com *Pretérito perfecto*, de Hugo Fuguet (um argentino a ser descoberto). Um trabalho realmente provocativo: o próprio autor admitia que poucas vezes fora "tão exasperante como creio que o sou em alguns momentos". A surpresa é que a obra nascida de um projeto em que ironia intelectualizada e nostalgia portenha se confundem tenha imediatamente conquistado os jovens. Cortázar jamais escondeu esse contentamento de, ao escrever para sua geração – estava com 49 anos –, ter falado aos moços. E ele, sentimental contido, não resistiu ao clássico desabafo: *"Ahora me puedo morir..."*.

Um resumo de *O jogo da amarelinha* se impõe, já que o livro tem tudo para não ser explicável: um argentino em Paris, suas saudades, vivências sociais e amorosas, o romance com a uruguaia Maga, os contatos com o amigo e *alter ego* Traveler e sua mulher, Talita, e outros. E muita referência a *jazz* e boxe, paixões do escritor. Mas o que se pressente em cada página dessa geometria verbal e afetiva é o sentimento de estar entre dois mundos. Buenos Aires e Paris, lugar onde as pessoas – além da língua – têm outro histórico. A sensação é de estar com elas, mas também de não estar.

O Cortázar que se conhece é o da celebridade, o da foto de Sara Facio estampada nas contracapas de seus livros (e no de Goloboff). *La biografía* reconstitui casa a casa a *amarelinha* existencial desse homem, e um ponto de partida está, ironicamente, na restrição do crítico argentino David Viñas ao dizer que Cortázar "encarna o velho mito argentino da santificação de Paris". O escritor respondeu: "Não vim a Paris para santificar nada, mas porque me afogava em um peronismo que era incapaz de compreender em 1951, quando os alto-falantes na esquina de minha casa me impediam de ouvir os quartetos de Béla Bartók; hoje posso muito bem escutar Béla Bartók – e o faço – sem que um alto-falante com *slogans* políticos me pareça um atentado ao indivíduo". Mas o antiperonismo difuso do escritor ganharia uma dimensão menor, e ele mesmo tentou desfazer o cavalo de batalha. Nascido em agosto de 1914, em Bruxelas, ao acaso das viagens dos pais ("poderia ter sido em Helsinque ou na Guatemala"), Cortázar, aos 30 anos, depois de ensinar na escola secundária de Chivilcoy, no pampa argentino, paisagem que o marcou, foi ser professor de literatura inglesa e francesa na Universidade de Cuyo, em Mendoza, cidade dos bons vinhos. O movimento peronista, que levaria o chefe ao poder, estava no auge, e a massa de aderentes dominava as ruas. Cortázar não gostava daquilo: "Nos incomodava os alto-falantes nas esquinas gritando 'Perón, Perón'". As elites argentinas não suportavam o espetáculo do qual, admite ele, eram culpadas: "Minha geração dá as costas para a Argentina. Éramos muito *snobs*. Líamos pouco os escritores argentinos e nos interessavam quase exclusivamente as literaturas inglesa e francesa. A gente sonhava com Paris e Londres. Buenos Aires era uma espécie de castigo. Viver ali era estar encarcerado". Mundo estreito corporificado no populacho sindicalizado (operários e interioranos amulatados, que círculos portenhos, estrangeirados e racistas, denominam de "cabecitas negras") que Cortázar teria descrito no conto *A casa tomada*.

Na história, os moradores são progressivamente encurralados por forças e ruídos invasores, acabando por fugir. Viu-se aí uma metáfora do peronismo, apesar de o escritor ter preferido falar em "territórios oníricos".

O dado real é que, em 1951, Julio Cortázar ganhou uma bolsa de estudos do governo francês para um ano em Paris. A descrição dele do que ficou para trás: "De 1946 a 1951, a vida portenha, solitária e independente; [...] amigo de muito pouca gente, melômano, leitor em tempo integral, apaixonado por cinema, burguesinho cego a tudo que se passava além da esfera do estético". O quadro, eloquente, não menciona o que ficava e lhe era tão caro: a mãe e a irmã e a incipiente produção de escritor: o livro de poemas *Presencia* (publicado sob o pseudônimo de Julio Denis) e o poema dramático *Os reis*.

Viajou com a namorada, Aurora Bernárdez, com quem se casaria e manteria laços fortes mesmo depois da separação. Pela frente, a França, sem imaginar que seria para sempre: "Nunca pensei instalar-me definitivamente. Vim um pouco como historiador, fiquei dois anos, voltei à Argentina e durante muitos anos viajei a Buenos Aires para ver meus amigos e a minha família e a cidade, porque Buenos Aires é uma cidade que amo profundamente. Voltava mais ou menos a cada dois anos, até que as circunstâncias (a ditadura de 1976-83) me converteram em um verdadeiro exilado".

Ele – o intelectual da geração de Ernesto Sábato, Adolfo Bioy Casares, quase da de Jorge Luis Borges – chegou a Paris e foi viver em pequenos hotéis e apartamentos modestos, investigando "esse mundo um pouco estranho refletido na primeira parte de *O jogo da amarelinha*".

Embora soubesse francês e gostasse da cidade – era tradutor juramentado e sobreviveu anos trabalhando para a Unesco nessa área –, Cortázar iniciou uma longa jornada memória adentro. Sua escrita – fielmente em espanhol – passa a incluir referências argentinas: lugares, objetos, pessoas e marcas de produtos que adquirem o poder simbólico de perpetuar o passado. Afora *Amarelinha*, o conto-síntese desse sentimento do mundo é o impressionante *O outro céu*, do livro *Todos os fogos o fogo*, com a ação simultânea em duas galerias cobertas: a *passaje* Guemes, de Buenos Aires (com uma saída na *calle* Florida), e a *galerie* Vivienne, de Paris. Ali está Cortázar evocando o "território incerto onde já há tanto tempo fui deixar a minha infância como um terno usado".

Com *O jogo da amarelinha*, surge o Cortázar famoso, de vida financeira mais confortável, e, enfim, o cidadão politizado. A mudança ocorreu com *O perseguidor*, obra máxima em conto, inspirada no saxofonista Charlie Parker. Em entrevista a Luis Harss, ele deu os motivos: "Até esse momento me sentia satisfeito com invenções do tipo fantástico [...]. Abordei problemas de tipo existencial, de tipo humano [...]. Em O *perseguidor* quis renunciar a toda invenção [...] olhar um pouco a mim mesmo [...]. E olhar a mim mesmo era olhar o homem, olhar também o meu próximo. Eu havia olhado muito pouco o gênero humano". Mudança reiterada em uma carta a Ana María Barrenechea: "Isso explica por que entrei numa dimensão que poderíamos chamar política [...] comecei a me interessar por problemas históricos que até esse momento me haviam deixado totalmente indiferente".

Assim será Cortázar até a morte, de leucemia, em Paris, no dia 12 de fevereiro de 1984. O "solitário fantasiador urbano", como o descreve Mario Goloboff em *La biografía*, transformou-se – mas sem dogmatismos – no defensor de Cuba e da Nicarágua. E mesmo o antiperonismo foi matizado ("eu era um jovem pequeno-burguês, europeizante...") na luta contra a ditadura do seu país, que, entre outros crimes, proibiu seus livros. Com a redemocratização, voltou à Argentina, pela última vez, em novembro de 1983. Aos 69 anos, sentindo os primeiros sintomas da doença, mas ainda imponente, reencontrava Buenos Aires. E o maravilhoso, tão presente em sua obra, se fez realidade. Reconhecido nas ruas, foi tratado como um símbolo bom que se resgatava depois dos dias medonhos. Era rodeado, acariciado, pediam-lhe autógrafo – *"le pintaron la cara de besos"* – jovens que não haviam nascido quando da sua partida e que, ao vê-lo, gritavam "aí está Cortázar!". Na avenida Corrientes, uma moça deu-lhe um ramo de flores. Ele sentiu o perfume e comentou: "Jasmim com esta fragrância não existe em nenhuma outra parte". Um companheiro de exílio levou-o até a porta do hotel, e o viu caminhando para o elevador. Estava visivelmente cansado, mas feliz, e levava nas mãos o ramo de jasmins.

TODOS OS FOGOS DE JULIO E EVITA
Filmes de Tristán Bauer revelam a intimidade e as ideias de Cortázar e a ligação passional de Eva Perón com o povo argentino

Um menino de botinhas, suspensórios e colarinho fechado, seriamente, pula amarelinha em um pátio vazio onde o vento do outono portenho brinca com folhas amareladas. Ao fundo, a voz de Cortázar, abaritonada e na intensidade de um ator, diz um texto relacionado com tudo o que se seguirá: "Algum de nós tem de escrever, se é que isto vai ser contado". É o início do filme-documentário dedicado a ele por Tristán Bauer, artista em busca da essência dos fatos e pessoas que tocam fundo a vida de seu país e de todos nós. Assim foi com esse filme de oitenta minutos e, a seguir, o documentário ficcional *Evita, la tumba sin paz*, cinquenta minutos, revelando as sinistras manobras dos golpistas argentinos para ocultar o cadáver embalsamado de Eva Perón. Filmes que mobilizaram o país, ganharam prêmios e aos quais temos acesso episódico em mostras de cinema e algum programa de TV.

A cena do garoto funde-se com uma vidraça coberta por gotas de chuva, indicando a transição para o inverno de Paris. Depois a câmera desliza para o gravador girando com a mesma voz inconfundível: em seguida, *close* em Cortázar, ao vivo, abrindo seu depoimento: "As circunstâncias do meu nascimento não foram nada extraordinárias, mas um tanto pitorescas...". São intervenções, calmas ou com um grão de melancolia, de um homem que está tranquilo diante do cineasta, confia nele, não precisa olhar direto para a câmera. Os traços do rosto são marcantes, olhos grandes atrás dos óculos, cabelos abundantes, dentes de nicotina. As referências pessoais (pais, amigos) são alternadas com leituras de trechos escolhidos – Cortázar tinha a língua levemente presa –, enquanto o filme, discreto, mostra detalhes do apartamento da rua Martel, Paris, território mítico de vários contos. O tema política entra em pauta, mas sem asperezas. Ele só é duro com os militares que o levaram ao exílio e baniram sua obra das livrarias. Um filme de revelação, balanço – seria já uma despedida? Não por acaso solos de Bach, um violoncelo doce e nostálgico, permeiam a trilha sonora que inclui tangos do próprio escritor (reunidos no CD *Trottoirs de Buenos Aires*, com música de Edgardo Cantón e cantados por Juan Cedrón). Tristán Bauer nos introduz nessa intimidade quase misteriosa, e ali está ele, Julio, *a quien queremos tanto*.

Já em *Evita*, o diretor usa a mesma sensibilidade, eleva o tom: estamos diante da aceleração da história durante a relação passional de uma mulher, bela e carismática, com sua gente, os proletários e a classe média baixa, o que causava arrepios na aristocracia agrária, as quinhentas famílias que mandavam no país. Perón, estranhamente, está apagado, quase medíocre, enquanto ela, transtornada de emoção, superava a dor (estava a dias do fim do câncer, aos 33 anos) e incendiava o povo ao falar do balcão da Casa Rosada. Depois de morta, e transformada em uma múmia perfeita, como Lênin, continuou a comover os seguidores e a assombrar os inimigos. Era preciso fazer desaparecer aquele símbolo perturbador, e é isso que Tristán Bauer conta com detalhes impressionantes. É a Argentina terna, a de Cortázar, e uma outra, crispada, a do peronismo, na visão de um excelente cineasta.

GROTOWSKI DEPOIS DE GROTOWSKI MARÇO DE 1999

O encenador e teórico polonês que fez da representação uma aventura metafísica deixa como legado um desafio ao teatro

Um norte-americano de 36 anos, formado em Yale, é aparentemente o sucessor do diretor e teórico teatral polonês Jerzy Grotowski, falecido na Itália no dia 14 de janeiro, aos 65 anos. Thomas Richards, autor do livro *Trabalhar com Grotowski*, editado em inglês e francês, foi até agora uma figura discreta ao lado do grande mestre que, no entanto, viu nele "o colaborador essencial". É uma história para se acompanhar.

As lendas – alguns preferem mito – em torno de Grotowski começaram em Paris, na noite de 21 de junho de 1966, no Festival do Teatro das Nações. O encontro criado no renascer pós-guerra da França acolhia grupos e personalidades que propunham novas estéticas. Foi um período generoso, anterior à saturação dos festivais e quando era mais forte a esperança humanista nas artes. Paris sempre foi a capital das revelações em teatro. Basta lembrar que Bertolt Brecht – de início uma figura restrita a pequenos círculos – passou a ser reconhecido internacionalmente quando desembarcou no festival, em 1954, com o Berliner Ensemble.

O espetáculo polonês *Le Prince constant* não estava entre as principais atrações daquela temporada, que teria o Piccolo Teatro de Milão e o Living Theatre, embora o magnífico ator e diretor Barrault, então presidente do festival, anunciasse "um ritual coletivo que libera ou provoca um choque existencial". O que se seguiu seria descrito por Raymonde Temkine em estudo dedicado a Grotowski: "A bomba explodiu desde a primeira representação [...] provocando sempre o mesmo barulho nos dias seguintes". Ruído que não significou adesão imediata, comprovando que, afinal, uma lenda também se forma na polêmica. A encenação usava livremente Calderón de La Barca, em uma língua difícil, e o elenco segurou, imóvel, o início da representação até impor silêncio à plateia. E, ao final, ninguém apareceu para os agradecimentos, deixando em cena apenas o protagonista, imóvel na posição de morto. Muitos ficaram sem saber se a peça terminara ou não. Profissionais de teatro e a crítica dividiram-se durante meses em comentários que repercutiram até em *Les Temps Modernes*, a revista de Jean-Paul Sartre. Mas em um ponto houve admiração unânime: o extraordinário domínio físico e a coesão dos intérpretes, sobretudo Ryszard Cieslak (1937-90), que se porta como um ator de exceção. O impacto grotowskiano pode ser mais bem avaliado quando se relembra um pouco do que, naquele mesmo ano, estava se passando na vanguarda cênica ocidental. Nos Estados Unidos, o Living Theatre, criado nos anos 1950 por Julian Beck e Judith Malina com uma proposta de criação coletiva, novos exercícios cênicos e uma linguagem inspirada em Artaud, acumulava polêmicas e sucessos. *Idem* com o Open Theatre, de Joseph Chaikin, que nasceu de um desmembramento do Living e, em 1966, lançava com sucesso *America Hurrah*; Bob Wilson só iria aparecer três anos mais tarde, 1969, com *The King of Spain*. Na França, trabalhando na região de Lyon, Roger Planchon, discípulo de Brecht, era o grande nome na linha realista de denunciar as contradições entre as classes sociais. Ariane Mnouchkine e o Théâtre du Soleil, fundado em 1964, com *Pequenos burgueses*, de Górki, juntavam experiência para os êxitos dos anos 1970.

Na Alemanha, com 30 anos incompletos, Peter Stein acabara de deixar o cargo de diretor assistente em Munique para se lançar ao primeiro projeto individual – *Sauvés*, de Edward Bond –, que estrearia em 1967, início de uma carreira que une trabalhos coletivos e forte marca autoral. Na Itália, Luc Ranconi, um nome em ascensão, fazia, em agosto de 1966, *Os lunáticos*, de Thomas Middleton e William Rowley (ele triunfaria em Paris, em 1969, com *Orlando furioso*, de Ariosto, uma das invenções da década no palco). Punha-se assim ao lado de Giorgio Strehler, fundador, em 1947, do Piccolo Teatro de Milão e durante muitos anos uma referência internacional para o teatro tanto no repertório eclético quanto no acabamento da representação. Em Londres, Peter Brook – depois de conferir novas dimensões a textos de Shakespeare – estava, exatamente, transformando em filme sua histórica encenação de *Marat-Sade*, de Peter Weiss, que revelou Glenda Jackson, e já mantinha contatos com Grotowski. Em Paris, um certo Victor García, argentino difícil e genial, rompia o anonimato com *Cemitério de automóveis* (que remontaria em São Paulo, em 1968), Finalmente, e fora do poderoso e determinante eixo euro-norte-americano, os brasileiros dos grupos Oficina e Arena (São Paulo) e Ipanema (Rio) viviam seus melhores momentos com espetáculos entre a crítica social (Brecht) e as elaboradas construções de personagens advindos do russo Constantin Stanislavski. O panorama esboçado indica que Grotowski não ocupou palcos vazios de ideias e realizações. Nem mesmo em sua terra natal onde havia Tadeusz Kantor, artista múltiplo (pintor e cenógrafo) que, com atores e manequins, encenava alegorias históricas e sociais com resultados impressionantes.

A base teórica e prática de Grotowski teve origem em uma constatação aparentemente óbvia: o teatro não é arte de massa, excetuando-se, nas origens, o grego e o medieval europeu. Não podendo competir com os meios de expressão artística de reprodução mecânica em larga escala, como o cinema, rádio, disco e televisão, deveria assumir o arcaísmo e fazer dele o encontro transformador e suprarracional entre o ator e o espectador. Arte que chamou de elitária – não elitista – porque para poucos, independente de questões sociais e econômicas: para aqueles com predisposição e sensibilidade para formas intensas de comunhão. São questões hoje na pauta do fim do século, diante da massificação crescente da vida humana em qualquer circunstância, mas que Grotowski percebeu ainda nos anos 1950. Bastaria esse sentido visionário e a maneira como o exerceu para situá-lo como um personagem raro.

Jerzy Grotowski nasceu em 11 de agosto de 1933 em Rzeszow, próximo à fronteira da Rússia, de uma família com fortes ligações artísticas e acadêmicas. Kasimir, o irmão mais velho, dedicou-se à física nuclear na Universidade de Cracóvia (fato que terá efeito em suas futuras atividades no teatro). Foi um jovem sadio e esportista até os 16 anos, quando adoeceu gravemente (não se sabem detalhes), o que lhe custou um ano de hospital. Depois disso, mudou de vida, passando ao silêncio, às leituras e ao interesse por teatro na Escola Superior de Arte Dramática de Cracóvia, onde adere ao método de interpretação de Stanislávski. Em seguida, um ano de estudos de direção em Moscou, em 1955, onde descobre Meyerhold – outro responsável pela moderna cena ocidental –, e dele adota um princípio do qual jamais se afastará: o espetáculo não é uma representação da peça, mas uma resposta ao texto, um ato de reação criativa. Paralelamente, faz viagens à China, ao Egito e Oriente Médio. De volta à Polônia, torna-se assistente do Teatro Stary e, a seguir, aos 26 anos, diretor do Teatro 13 Rzedow, de Opole, começo das pesquisas além dos parâmetros estéticos conhecidos e espaços cênicos convencionais. Como todo teatro polonês era subvencionado e tinha de corresponder com temporadas contínuas, Grotowski apresentou oito criações em cinco anos, mas incomodado com a pressa que dificultava a procura de novas linguagens. O impasse foi resolvido com a transformação do teatro em instituto de pesquisa (ou teatro laboratório) e sua transferência para Wroclaw. Na mais absoluta concentração, despojando-se de todos os efeitos tidos como supérfluos (luz, cenário e figurinos), os intérpretes praticavam uma espécie de ascese da qual tinham consciência e necessidade – daí surgindo a expressão "ator santo". Grotowski, admirador dos centros de pesquisa de física onde os limites dessa ciência (e possíveis desdobramentos metafísicos) são testados, estava convencido de poder trabalhar as energias físicas e mentais na transformação da consciência. Jamais deixou de aprofundar esse tipo de investigação, expressa inicialmente no livro *Em busca de um teatro pobre*. Uma das características mais visíveis dos elencos grotowskianos seria o preparo corporal com o rigor do balé clássico, atletismo e artes marciais. Mas o diretor advertia para o risco de deixar o corpo como uma entidade puramente muscular, e não um canal privilegiado e pulsante de energias. A meta era desafiar o corpo, dando-lhe deveres e objetivos, "fazendo-o descobrir que o impossível pode ser dividido em pequenas partes possíveis. [...] O corpo assim não é um animal domado, mas um animal selvagem e digno".

A plateia foi fixada em sessenta espectadores para se conseguir o contato energético entre as partes (assistentes e oficiantes). Pode parecer estranho esse itinerário no interior da Polônia marcada por guerras e submetida a um regime stalinista pragmático. Mas esse país periférico entre os grandes da Europa, disputado, invadido ou pressionado pela Alemanha e a Rússia, sempre teve uma rica vida espiritual e artística, traduzida em movimentos vanguardistas luminosos e religiosidade católica irredenta. Toda essa massa cultural à qual se acrescenta uma tradição aristocrática e ferrenhamente nacionalista deixa sinais na obra e nas atitudes de Jerzy Grotowski. Ele era persistente, inabalável, duro e carismático como o seu conterrâneo Karol Wajtyla (no fundo, dois religiosos e suas igrejas). Nessa linha de ação, fez pouco mais de dez espetáculos entre 1965 e 1968, quando abandonou o "teatro de apresentação" (com público) e passou a dedicar-se ao "teatro-veículo" (experiências cênicas repassadas apenas a grupos de pesquisas teatrais previamente selecionados). Antes do recolhimento, suas montagens foram levadas a festivais com enorme impacto. Caso de *Kordian*, *Akropolis*, *Le Prince constant* e *Apocalypsis cum Figuris*, a despedida. Grotowski sempre trabalhou com textos clássicos (Byron, Dostoiévski, Marlowe, Calderón de La Barca) ou exaltados vanguardistas poloneses não tão conhecidos fora da Europa, mas não menos importantes. *Akropolis* é uma peça de 1904, escrita por Stanislas Wyspianski (1869-1907), pintor e dramaturgo que se impôs com soluções cênicas novas para a época – sobretudo nos efeitos plásticos –, que seriam recuperadas por Tadeusz Kantor, Grotowski e Andrej Wajda. Em *Akropolis*, os personagens parecem saídos de tapetes medievais em sequências que evocam Cristo. (Grotowski situou-os em um campo de concentração. Vale a pena lembrar que tanto ele quanto Kantor nasceram e foram criados nas proximidades de Auschwitz.)

Em *Le Prince constant* tem-se a releitura de Calderón por Julius Slowacki (1809-49), o mesmo de *Kordian*. Nos dois autores, o ponto comum é a ideia da fatalidade e a atração pelo sacrifício, clima que permeia *Apocalypsis cum Figuris*, em que se encontram, entre outras, citações da *Bíblia* e de Dostoiévski. A recorrência ao tema levou Roger Planchon a comentar que, fosse qual fosse a peça de Grotowski, ela seria a Paixão de Cristo. De certa forma, sim. Mas é mais.

Raymonde Temkine, espectadora privilegiada de várias criações em seu ambiente natural polonês, insiste que no número dos espetáculos estavam mitos coletivos ou uma situação arquetípica pertencente à memória da humanidade. O encenador acrescentaria que seu objetivo era "utilizar situações arcaicas santificadas pela tradição, situações tabus no domínio da religião e das tradições nacionais".

Como o campo é vasto, os conceitos passíveis de múltiplas interpretações, e Grotowski pouco extrovertido, pairou sempre um tom cifrado sobre o artista. O mesmo vale para a sua situação política. Quando, em 1981, a Polônia, mobilizada pelo movimento Solidariedade, entrou numa série de crises que levariam ao fim do regime comunista, mas que por instantes pareciam seguir para a ocupação soviética, Grotowski dissolveu o Teatro Laboratório e se exilou em Paris. Naturalizando-se francês, mereceu especial honraria: o Collège de France, uma das mais altas instituições culturais do país, criou especialmente para ele a cátedra de antropologia teatral. Não retornou para atuar na nova Polônia Lech Walesa, como o fizeram Wajda e Krzysztof Kieslowski. Em 1986, instalou o Workcenter of Jerzy Grotowski, ligado ao Centro para Experimentação e Pesquisa Teatral, entidade italiana sediada em Pontedera, perto de Pisa. Dedicou os últimos anos aos experimentos de ações físicas e cantos rituais e vibratórios denominados Ação. O material para os exercícios – oito horas diárias, seis dias por semana – pertence à tradição ocidental. Grotowski afirmava que o berço do Ocidente está no Egito arcaico, Israel, a Grécia e a Síria antiga. Na última fase de Pontedera, a ênfase foi dada às comparações entre os mantras asiáticos e os ritos de raiz africana.

A última viagem de Grotowski fora da Europa foi ao Brasil, em 1966, a convite do Sesc de São Paulo, quando manteve contatos com artistas (o diretor Celso Nunes foi um de seus alunos na Europa) e, impaciente ao limite da rispidez, fez uma conferência para o público jovem e novidadeiro que lotou o Cinesesc. Era a lenda, não o inventor que estava ali. Andar vacilante, barbas brancas e longas, não lembrava o eslavo atlético, todo de negro que me recebeu com um sorriso à porta da Sainte-Chapelle, Paris, lugar perfeito para a apresentação de *Apocalypsis cum Figuris* na noite de 5 de novembro de 1973. Meses antes havíamos conversado durante uma reunião promovida por Barrault. Ele parecia calmo, seguro e claramente vaidoso do mistério que o cercava.

Thomas Richards, sem a notoriedade mundial de Grotowski, poderá tentar manter Pontedera desde que resolva um dilema. Perguntado se ao morrer gostaria de deixar um sistema teórico concluído para apenas ser ensinado, Grotowski foi enfático: 'Não!'". E acrescentou: "Mas devo admitir que, se me perguntarem se quero que essa pesquisa da *arte como veículo* continue, não poderia responder 'não'". Ao saber de sua morte, Jerzy Jarocki, diretor no Teatro Stary, de Cracóvia, onde Grotowski iniciou sua carreira, disse: "Ele era infinitamente só. Punha todas as suas forças, toda a sua energia a serviço do conhecimento, da descoberta do grande segredo".

A mim ocorreu sua frase, mais filosófica que artística, durante a palestra, na noite de 27 de abril de 1973, em Paris: "Há pessoas demais querendo salvar o teatro e não a si mesmas". Seu legado talvez se resuma – ou comece – nesse aviso tipicamente grotowskiano.

ANOS DE URGÊNCIA E RUPTURA MARÇO DE 2001

Consuelo de Castro é personagem de um ano memorável do teatro brasileiro. Em 1969, ela e mais dois jovens, inspirados na audácia de linguagem e no "à vontade" temático de Plínio Marcos, deram a conhecer, sobretudo em São Paulo, suas peças espontâneas, imperfeitas, às vezes, apaixonadas e, por isso mesmo, fortes. Até aquele ano, a dramaturgia fazia pensar na maestria formal e na imagem culta ou politizada de dramaturgos como Dias Gomes, Jorge Andrade e Oduvaldo Vianna Filho. Os novos autores, sem muita técnica, ocuparam os palcos paulistas com *À Flor da pele* (Consuelo de Castro), *Fala baixo senão eu grito* (Leilah Assumpção) e *Os convalescentes* (José Vicente de Paula). Não era um fenômeno passageiro. Essa dramaturgia – iniciada um pouco antes com *Cordélia Brasil*, de Antônio Bivar, e *O assalto*, obra-prima de José Vicente – ganhou prêmios e teve longas temporadas.

Embora bastante engajada na política dos anos 1960 e 1970, Consuelo caracteriza-se pela diversidade de temas desde sua verdadeira estreia, *Invasão dos bárbaros*, proibida e só bem mais tarde apresentada com o título *Prova de fogo*. É o seu canto à luta estudantil contra a ditadura. Em *À flor da pele* e *Louco circo do desejo*, há o choque amoroso com diferenças de mentalidade; em *Caminho de volta*, o conflito ideológico na sua própria profissão (publicidade); em *O grande amor de nossas vidas*, a miséria moral na classe média; em *Aviso prévio*, a fragilidade dos relacionamentos humanos.

Nos anos seguintes à estreia de *À flor da pele*, a chamada geração 1970 aumentou. Carreiras fugazes, como a de Isabel Câmara, que parou em *As moças*, e Flávio Márcio (morreu jovem), de *Réveillon* e *Tiro ao alvo*. Mas houve a confirmação de Consuelo; Leilah com *Jorginho, o machão* e *Roda cor de roda*; Bivar com *O cão siamês, Abre a janela e deixa entrar o ar puro e o sol da manhã* e *A passagem da rainha*; José Vicente, um fenômeno de público com *Hoje é dia de rock* (ele escrevera antes *Santidade*, censurada). E há ainda *Seu tipo inesquecível*, de Eloy de Araújo; *A vinda do Messias, Chuva de verão, Bye-bye pororoca*, de Timochenco Wehbi; e *O cordão umbilical, Besame mucho, Fábrica de chocolate* e *Salto alto*, de Mário Prata.

Espetáculos cenicamente simples em meio a montagens da envergadura de *Cemitério de automóveis*, de Fernando Arrabal, e *O balcão*, de Jean Genet, criações do argentino Victor García; o musical *Hair; Na selva das cidades* (a plenitude do Teatro Oficina); *Hamlet*, com Walmor Chagas e direção de Flávio Rangel; *O arquiteto e o imperador da Assíria*, de Arrabal, com Rubens Corrêa, direção de Ivan de Albuquerque (Teatro Ipanema, Rio de Janeiro), ou *Peer Gynt*, de Ibsen (quando Antunes Filho demarcou, em 1971, seu caminho de pesquisador-inventor teatral). Os dramaturgos de 1970 têm em comum a Universidade de São Paulo, sobretudo a faculdade de Filosofia e Ciências Humanas da Maria Antônia, a rua das passeatas e dos conflitos com "comandos" de direita. Da Faculdade de Sociologia vieram Consuelo e Timochenco; da Economia, Prata; da Filosofia, José Vicente; da Pedagogia, Leilah; Bivar estudou no Conservatório Nacional de Teatro, no Rio. Do ponto de vista ideológico, expressam o protesto existencial de quem está à margem de qualquer processo produtivo ou afetivo. Gente solitária em meio a conflitos agravados pelo isolamento da metrópole (a maioria dos autores é do interior de São Paulo e de Minas).

Pode parecer arte pesada, mas não. É a dramaturgia de moços (menos de 25 anos) com gosto pelo humor anárquico e insultos formidáveis à vida correta e reprimida. Um teatro de "urgência e ruptura", como Consuelo de Castro define a sua obra e, de certa forma, a dos seus companheiros.

LUZES NA PROVÍNCIA JUNHO DE 2001

Cem anos de teatro em São Paulo, *livro de Sábato Magaldi e Maria Thereza Vargas, revela a riqueza cultural pré-cosmopolita*

Quando, logo nas primeiras páginas de *Cem anos de teatro em São Paulo* (1875-1974), se descreve a capital paulista com menos de 30 mil habitantes e um espetáculo prejudicado pelo "terrível frio daquela noite", o leitor percebe que terá pela frente um documento da história teatral e uma espécie de romance da cidade. São virtudes intimamente associadas no livro do ensaísta, professor e crítico Sábato Magaldi e da pesquisadora Maria Thereza Vargas, autora também da biografia: *Uma atriz: Cacilda Becker*, em parceria com Nanci Fernandes. Baseado em informações de imprensa, o texto adquire certo toque evocativo e sinaliza questões de caráter histórico-cultural ao trazer informações sobre a expansão urbana em São Paulo e os hábitos artísticos da população. O ensaio-reportagem avança no tempo, até a criação do Teatro Brasileiro de Comédia – o TBC (1948), início da modernidade teatral na pauliceia, e os movimentos que se seguiram, como os teatros Arena e Oficina.

Não há movimento, grupo, intérprete relevante que deixe de ser mencionado. Como resultado, surgem cenas que precisavam ser relembradas, como as de um tempo antigo em que a São Paulo de 1886 via, pela primeira vez, uma lenda do teatro europeu: "Chegou anteontem a esta cidade, às cinco e meia da tarde, em trem especial, Sarah Bernhardt. Na *gare* da estação esperava-a massa enorme de povo, que a saudou ao desembarcar". A história do país irrompe igualmente no cotidiano da província. No dia 13 de maio de 1888, o teatro festejou a libertação dos escravos. Não houve um espetáculo específico para a data, mas o ator mais popular em atividade, o Vasques (Francisco Correia Vasques, 1839-92), introduziu, sob aplausos, alusões à data na representação de *O diabo na Terra*. Nesse panorama de melodramas tremendos e comédias inocentes – anterior ao novo teatro que viria quase um século mais tarde com *Vestido de noiva*, de Nelson Rodrigues, pelo grupo Os Comediantes, do Rio (1943), e a fundação do TBC –, havia estreita ligação entre os profissionais brasileiros e portugueses, vínculo que se desfez, o que é uma perda cultural e indício do predomínio anglo-americano.

Todos os primeiros nomes da cena lusitana tinham o Brasil como referência, e o mesmo vale para franceses, espanhóis e italianos. É hoje difícil imaginar a viabilidade de empreendimentos envolvendo companhias europeias em viagens de navio, e, no entanto, eles existiram, motivando até excursões de celebridades internacionais (Sarah Bernhardt voltou mais duas vezes, e o ator e diretor francês Louis Jouvet viveu no Brasil parte da Segunda Guerra Mundial). Falava-se uma espécie de luso-brasileiro para plateias absolutamente à vontade com os portugueses Chaby Pinheiro, Eduardo Brazão, Adelina Abranches, António Pedro (que, frequentemente, participava de encenações nacionais). Do mesmo modo, o brasileiro Leopoldo Fróes (1882-1932) estreou em Portugal antes de ser aclamado no Rio e em São Paulo. *Cem anos de teatro em São Paulo* faz também o registro da presença italiana, uma coletividade politizada que fundou inúmeros grupos dramáticos de tendência anarquista, socialista e republicana. É o período dos *filodramatici* que revelaram Itália Fausta, primeira atriz brasileira de renome no século XX, e, cinquenta anos mais tarde, a grande Lélia Abramo. Esse é outro destaque mais que necessário. Foi a influência artística dos italianos que permitiu a existência do Teatro Colombo, no bairro do Brás (aberto em 1908, hoje demolido – o Municipal é de 1911), e temporadas brasileiras de Eleonora Duse, atriz que se igualava a Sarah Bernhardt, ou a vinda, em 1925, do dramaturgo Luigi Pirandello à frente do Teatro de Arte de Roma. Mais adiante há notícias de intérpretes que fizeram escola na profissão (Procópio Ferreira, Jaime Costa, Apolônia Pinto, Dulcina de Morais).

A obra provoca a sensação de que algo de grave ocorreu com o crescimento selvagem de São Paulo. Os moradores daquela província desfrutavam uma vida social e cultural mais integrada, na qual havia lugar para a arte de caráter popular. Em 1892, por exemplo, inaugurou-se, na atual avenida São João, o Teatro Politeama Nacional, com 3 mil lugares. Era, na realidade, um barracão de madeira sem assoalho para espetáculos dramáticos, equestres e ginásticos. Se esse teatro oferecia uma estética precária, folhetinesca e circense, em contrapartida revelava sintonia com o público e abertura para uma peça anarquista como *Pedra que rola*, de José Oiticica (pai da atriz Sônia Oiticica, que faria *Vestido de noiva*).

O Brás, bairro operário, contava, além do Colombo, com o Olímpia e o Oberdan, salas de 2 mil lugares cada uma. Só restou o último, mas transformado em templo evangélico. É lugar-comum associar províncias à letargia. Só que a transformação de São Paulo em megacidade não manteve a paridade da arte com a riqueza do capitalismo nela instalado. Inventou-se a periferia selvagem, sem cinema, teatro e nem mesmo os campinhos de futebol de várzea (Plínio Marcos contabilizava quantas centenas deles sumiram). Restam empresas que comercializam os bailes *funk* que, pelo menos no Rio, tendem à violência. O resto é tevê e *show business*. O fato é que a sociabilidade parecia maior na fase modesta da capital. É contraditório, mas faz algum sentido, e o fenômeno não é só paulista. Em um tempo em que o possível cosmopolitismo brasileiro estava no Rio de Janeiro do império e, depois, na república de *A capital federal*, de Arthur Azevedo, a província brasileira demonstrava criatividade. É o que se deduz desse livro e de outros sobre regiões opostas, como *A história do teatro cearense*, de Marcelo Farias da Costa, e *Teatro fora do eixo*, de Fernando Peixoto, dedicado à cena gaúcha. O que não se teve, nunca, foi a soma nacional desses esforços. E isso é trágico.

Se era uma agitação de superfície, importada, acrítica e sem marca brasileira, o tema continua em aberto. São considerações que *Cem anos de teatro em São Paulo*, com seu texto e iconografia ricos, desperta.

O PALCO CONTRA A TELA ABRIL DE 2005

Aos 55 anos de carreira, Walmor Chagas defende em Um homem indignado *a cultura do ator contra o predomínio da imagem do cinema e da TV*

O gaúcho Walmor Chagas completa 55 anos de carreira tão sólido como um personagem de Érico Veríssimo. Aos 74 anos, continua imponente, talentoso e fiel à simpaticamente incorreta fala da terra, que não combina o pronome com o verbo: "Tu sabe que não imaginei chegar a essa idade?". Resolveu registrar esse meio século da melhor arte de representar na peça *Um homem indignado*, de sua autoria, em cartaz em São Paulo. Em vez de fazer um texto celebratório, ele dispara um bacamarte em forma de espetáculo, em que o personagem diz ao psiquiatra que não entende mais o mundo. O artifício de dramaturgia expõe o que se passa com um experiente intérprete de grandes obras, numa época de predomínio da imagem do cinema e da TV. A reação vem pela interação com o adversário na peça. Walmor conversa com imagens projetadas numa tela. Paralelamente, é exibido um objeto inca que teria sobrevivido à devastação que o espanhol Pizarro provocou nos Andes. "Estou sentindo que essa nova cultura está destruindo uma civilização. A minha cultura da literatura e do teatro está indo embora, como se foi a cultura dos incas, da qual sobrou apenas Machu Picchu."

Esse jogo entre a realidade e a virtualidade foi montado pelo diretor Djalma Limongi Batista – o cineasta de *Asa Branca* (1980) e *Bocage: o triunfo do amor* (1998) –, e o enredo comporta meia dúzia de personagens que aparecem na tela ou conversam com o protagonista. Alguns são inventados, como a jornalista que pretende entrevistá-lo ou uma candidata ao estrelato. O de verdade, o diretor José Celso Martinez Corrêa, quebra a ficção ao chamar o personagem de Walmor quando o convida para interpretar Nelson Rodrigues no Teatro Oficina. *Um homem indignado* é uma experiência com a tecnologia audiovisual a que o ator se lança. "O fundamental desse personagem é que ele – um ator de idade – começou a vida no teatro e viu a modificação que houve na cultura. A cultura hoje não é mais dada nem pela literatura nem pelo teatro. Ela é dada pela televisão e pelo cinema. Como fora o jornal impresso, é um roteiro cultural para o cidadão brasileiro, que hoje é um fruto da televisão, o que ela diz, manda fazer, o que é bom, o que não é, qual o comportamento certo. A cultura é dada pela imagem. Infantilizou-se o brasileiro de uma certa maneira."

Vê-se aqui um artista usar o passado para pensar o futuro, juntando biografia pessoal com a cultura do país. O palco de Walmor começa no rico meio teatral porto-alegrense dos anos 1940 a 1950, em que ele despontou como ator. A longa trajetória que aqui começa marca-se pela inquietude e a indignação. É o período em que se funda o Teatro do Estudante; aos 18 anos, Walmor faz *A mulher sem pecado*, de Nelson Rodrigues. Mais adiante nasceu o Teatro Universitário e o Curso de Arte Dramática da Faculdade de Filosofia da Universidade do Rio Grande do Sul, que teria entre seus professores Ruggero Jacobbi, um dos diretores italianos do TBC paulistano.

Cacilda Becker e Walmor estiveram no TBC e, casados, fundaram em 1958 a companhia Teatro Cacilda Becker – com Zbigniew Ziembinski como diretor artístico (função que Walmor também desempenhou dirigindo-a em *A visita da velha senhora*, de Friedrich Dürrenmatt). Foi talvez a mais bela parceria de um casal no teatro brasileiro, com momentos magistrais; entre outros, *Quem tem medo de Virginia Woolf* (1965), de Albee, e *Esperando Godot* (1969), de Samuel Beckett. Estavam juntos em cena quando, aos 48 anos, Cacilda sofreu um derrame fatal. Walmor não se sentiu motivado a manter o grupo sem a companheira e partiu para a carreira solo entre a televisão e o teatro, sempre rigoroso na escolha dos papéis. Cuidou para não ser absorvido totalmente pelo vídeo, que praticamente tirou do teatro dois grandes atores, Sérgio Cardoso e Jardel Filho, que morreram fazendo telenovela. Vê-se aqui desenhar um dos motivos de *Um homem indignado*: "Só faço papéis escritos por inteiro. Acho uma perversidade com os atores brasileiros oferecerem um trabalho com dez capítulos prontos. Os outros 180 dependerão do que o autor ouvir do Ibope. Então tu nunca pode trabalhar direito esse personagem, que tu não sabe o que é, como vai acabar e nem direito quem ele é. É uma perversidade".

Planejando dedicar-se à formação de atores nacionais, em 1985, Walmor começou a construir o Teatro Ziembinski na praça São Francisco Xavier, na Tijuca, Rio de Janeiro, para descobrir que os moradores do bairro preferem frequentar a zona sul e o público de Copacabana e Ipanema não vai à zona norte. "O que ganhei na televisão na época gastei lá. Vendi cinco apartamentos para construir o Teatro Ziembinski, onde queria fazer atores nacionais." Para dar alento ao seu projeto, instalou um curso de interpretação que lhe deu nos nervos. "Curso de teatro pago é um horror. Tu tem trinta alunos, eles pagam. Só três têm talento e possibilidade, mas tu tem de gastar tua energia com 27 cretinos que jamais farão teatro. Estão ali para resolver problemas psicológicos, já passaram por vários psiquiatras e a família diz: 'Vai fazer teatro'." Outra indignação. Depois de perder dinheiro e paciência com as incertezas da profissão, alugou o espaço para a prefeitura do Rio. E foi então morar no mato. Melhor dizendo, comprou uma fazenda ao pé da serra da Mantiqueira, perto de Guaratinguetá. Poderia ter sido na serra gaúcha, mas preferiu ficar a 170 km de São Paulo e a 250 do Rio. A meio caminho entre um polo e outro, ele pode dedicar-se a uma interpretação de um "personagem por inteiro" no vídeo – como nas minisséries da TV Globo *Os Maias* (2001) e *Mad Maria* (2005) – ou no teatro, como na montagem de Eduardo Wotzki (1999) de *Equilíbrio delicado*, de Edward Albee. Não quer mesmo a escravidão da telenovela ou o heroísmo das causas teatrais.

Walmor é, de fato, um esplêndido animal de teatro. É interessante assistir a ele frente a frente com fantasmas e fantasias em forma de vídeo. Se não há, no momento, muita defesa contra a avalanche visual, em compensação fica claro que, sempre encantadoramente, haverá um Walmor Chagas lá no palco, e, do lado de cá, gente para vê-lo.

MACBETH MAIO DE 2012
A culpa íntima e cósmica do homem que matou o sono

Depois de assassinar o rei na ilusão de conquistar o trono da Escócia, Macbeth diz: "está feito". Aturdido, ainda não se deu conta de que será um fantasma de si próprio. Daí em diante será o horror na engrenagem na qual Shakespeare o colocou. Essa figura ambígua da elite militar sai da ficção para ser uma espécie de espelho freudiano universal. Porque é um criminoso que sente culpa, ao contrário de personagens como Ricardo III, que em termos contemporâneos seria um psicopata na política, ou Brutus, que apunhala Júlio César a pretexto de conter seus desmandos. Sem forçar demais comparações, basta acompanhar o que se passa hoje no Oriente Médio ou ver os genocidas submetidos ao Tribunal de Haia, a atitude de Charles Taylor da Libéria, que mal sabemos onde fica. Esses criminosos dormem bem enquanto Macbeth é o homem que "matou o sono".

Carrega uma culpa cósmica, fora da noção cristã de pecado. Situação agravada pela fraqueza moral, pois não teve uma causa maior, apenas se deixou levar pelas manipulações da ambiciosa Lady Macbeth. Há centenas de estudos sobre o casal, entre eles o de Harold Bloom, conhecido estudioso do dramaturgo. Para o ensaísta norte-americano, ambos "são personalidades profundamente apaixonadas". Com ironia, Shakespeare apresenta-os como o casal "mais feliz de toda a obra dramática". No entanto, só para lembrar: em 1971, Roman Polanski fez da peça um filme de extrema violência, dois anos depois do assassinato de sua mulher, Sharon Tate (1969). Vejamos como, em sua encenação paulista, o diretor Gabriel Villela apresentará o grande maldito.

UNIVERSO DO AUTOR INSPIRA
ESPETÁCULOS MEMORÁVEIS JUNHO DE 2012

Durante quatro dias de dezembro de 1965, *A falecida*, de Nelson Rodrigues, impressionou o público do Teatro Leopoldo Fróes, na rua General Jardim (demolido). O espetáculo da Escola de Arte Dramática (EAD), dirigido por Antunes Filho, faz parte da história do teatro de São Paulo. Mexeu com o imaginário, a cultura e as técnicas daqueles jovens, dos quais vários fariam carreira. O tipo de exigência do diretor na indicação de leituras de apoio e os ensaios meticulosos foram marcantes (ainda é lembrada a cena de bilhar e o uso de cadeiras que seriam uma das marcas de Antunes na sua longa viagem para dentro da obra do dramaturgo). Se for para datar, então, será o caso de dizer que a partir daí, e há quase meio século, Nelson Rodrigues tem sido bem recebido no teatro paulista em toda a potência dramática. Montagens menos felizes, algumas más, constituem minoria esquecida.

Em 1972, ainda com a EAD, Emilio Di Biasi criou uma bela versão de *Boca de ouro* ao transformar um espaço exíguo em um cabaré com mesinhas e pares dançando entre elas. Ampliou o feito ao remontar a peça em 1974 no Teatro 13 de Maio (hoje um bar). Nelson Rodrigues, que era de pouco viajar, veio do Rio de Janeiro para essa montagem e a de *Bonitinha, mas ordinária*, nova incursão de Antunes Filho no universo do autor de *Vestido de noiva* (que ele iria transformar, também em 1974, em grande teledramaturgia na TV Cultura). Nelson, que tinha notória implicância a qualquer liberdade tomada com seus textos, aprovou as montagens e retornou feliz. Não viveu para ver como Antunes Filho e José Celso Martinez Corrêa ampliariam seu universo em abordagens radicalmente distintas em espetáculos memoráveis. Antunes buscou os arquétipos que moldam a alucinada humanidade do escritor. Colocou Jung nos enredos de subúrbio. José Celso retomou *Boca de ouro* com uma visão sem pecado ao sul do Equador, com carnaval e candomblé. Ambos tomam Nelson como base, sem negá-lo.

A partir dos anos 1990, outra geração de diretores entre São Paulo e Rio continua nesse labirinto de obsessões, porém centrados nos originais (recheados de indicações do escritor). A opção não resultou conservadora ou arqueológica. Ao contrário, revelaram força interpretativa e beleza visual. Vale lembrar *Anjo negro*, de Ulysses Cruz; *Álbum de família* e *Toda nudez será castigada*, de Cibele Forjaz; *Vestido de noiva*, de Gabriel Villela; *Doroteia*, *Boca de ouro* e *A Serpente*, de Eloisa Vitz, com o Grupo Gattu, e o atual projeto de Marco Antonio Braz de encenar boa parte, se não toda essa obra. Como escreveu Sábato Magaldi, o crítico mais especializado no assunto: "Poucos dramaturgos revelam, como Nelson Rodrigues, um imaginário tão coeso e original, e com um espectro tão amplo de preocupações psicológicas, existenciais, sociais e estilísticas".

O MELHOR DA MÚSICA E DO TEATRO
CAMINHAM JUNTOS DEZEMBRO DE 2012

Tom Jobim foi cogitado para musicar o poema dramático *Morte e vida Severina*, que resultaria no histórico espetáculo do Tuca (1965). Projeto do animador cultural Roberto Freire, um dos idealizadores do grupo que, no entanto, teve uma segunda ideia feliz. Freire lembrou-se de um *show* de estudantes do Colégio Santa Cruz onde ouviu um muito jovem Chico Buarque. Mandou então chamar o filho do seu amigo, o historiador Sérgio Buarque de Holanda, que aos 21 anos fez a trilha do espetáculo. No ano seguinte, o da consagração com *A banda*, Chico musicou ainda *Os inimigos*, de Górki, encenação do Teatro Oficina (1966). Ele e os demais talentos emergentes da MPB estiveram desde então em montagens paulistas e cariocas. No Teatro de Arena – no mesmo ano de 1965 –, Edu Lobo, 22 anos incompletos, comandou a parte musical de *Arena canta Zumbi*, direção de Augusto Boal, autor do texto em parceria com Gianfrancesco Guarnieri. Uma das músicas, *Upa, neguinho*, com letra de Guarnieri, seria sucesso nacional de Elis Regina. O mesmo grupo apresentaria a seguir *Arena conta Tiradentes*, com direção musical de Theo de Barros (autor da música *Disparada*, de Geraldo Vandré) e composições de Caetano Veloso, Gilberto Gil, Sidney Miller (1945-80). Caetano, em 1967, faria uma das canções de *O rei da vela*, de Oswald de Andrade. Esse espetáculo inovador teve ainda os compositores de formação erudita ligados às vanguardas Rogério Duprat (1932-2006) e Damiano Cozzela, ativo colaborador do Teatro de Arena.
Em 1968, seis meses antes do Ato Institucional nº 5 oficializar a ditadura e em meio a lutas com a censura, foi possível fazer a *Feira paulista de opinião*, cinco peças curtas agressivamente políticas, com músicas de Edu Lobo, Caetano, Sérgio Ricardo, Gilberto Gil e Ary Toledo. Desse período rico e agitado, há artistas que merecem ser resgatados do esquecimento, como o falecido violonista e arranjador Carlos Castilho, presença importante nos musicais do Teatro de Arena. Essa, a parte paulista. A versão carioca registra, entre outros, os trabalhos do compositor, arranjador e violonista Oscar Castro Neves com o diretor Flávio Rangel desde o bonito e polêmico *Liberdade, Liberdade* (1965). Há mais, muito mais. O melhor da música e do teatro brasileiros sempre andaram juntos.

A SOLIDÃO NO ZOOLÓGICO DE NOVA YORK ABRIL DE 2014

Em uma noite de 1958, Edward Albee trancou-se na cozinha do apartamento em Nova York e até o amanhecer escreveu sem parar a peça *Zoo Story*, que o consagrou imediatamente. Tinha 30 anos e até então sua vida seguia o roteiro conhecido de gente criativa com passado de altos e baixos. Filho de família rica, excluído da academia militar, saiu cedo da casa paterna para uma existência errante de empregos ocasionais (até telegrafista, como o escritor Henry Miller). Em São Paulo, *Zoo Story* foi interpretada por Raul Cortez e Líbero Ripoli Filho e, mais tarde, por Marco Nanini e Lorival Pariz (1934-99). O enredo é lentamente brutal: um desconhecido, desajustado na solidão nova-iorquina, aborda um pacato cidadão de classe média que lê em um parque. Há um crescendo de provocação que termina em morte. Em seguida escreveu *Caixa de areia*, *A morte de Bessie Smith*, homenagem à cantora negra de *blues* (1894-1937), e *Sonho americano*. Obras consistentes e logo encenadas nos Estados Unidos e na Europa. Em 1965 Albee atingiu seu ápice em *Quem tem medo de Virginia Woolf*, devastador embate conjugal tendo como fundo as rivalidades e jogos de poder numa universidade de elite. No mesmo ano, Cacilda Becker trouxe a peça para o Brasil. Foi seu penúltimo desempenho e quem a viu entende por que Cacilda merece a celebridade, a admiração e a lenda. O espetáculo de Maurice Vaneau tinha ainda Walmor Chagas em um dos seus melhores desempenhos e os jovens e talentosos Lilian Lemmertz e Fúlvio Stefanini. No ano seguinte o cinema apresentou essa guerra familiar centrada em Elizabeth Taylor e Richard Burton.

Uma das características de Edward Albee é o efeito surpresa. O francês Michel Corvin, em seu *Dicionário Enciclopédico do Teatro*, observa o ritmo quase musical das suas peças. Há crescendos, pausas e cortes abruptos. Em termos literários, lembra os romances de Patricia Highsmith, sobretudo *Águas profundas*, quando dois homens em convívio aparentemente amigável nadam na piscina de uma mansão. Subitamente, um deles domina e afoga o outro. Acerto de contas. A crueldade ronda os personagens de Albee, seja por motivos psicológicos individuais, seja porque o contexto social conduz ao ódio. Esta crispação neurótica também o levou a ser incluído no teatro do absurdo. Não é bem o caso. Albee é político ao mostrar esta América que o mesmo ex-telegrafista Miller chamou de "pesadelo refrigerado".

LEILAH ASSUMPÇÃO JUNHO DE 2015
Da fala ao Grito

O teatro de Leilah Assumpção é uma variação ideológica na dramaturgia da época em que começou, na passagem para os anos 1970. Uma abordagem do mal-estar existencial de setores da classe média universitária brasileira. O palco, até pouco antes, teve uma clara posição de esquerda antigolpe que ecoou sobretudo nos espetáculos *Opinião*, realizado no trauma de 1964, *Liberdade, liberdade* (1965), os dois apresentados no Rio e São Paulo, e toda a fase musical de revisão histórica do Teatro de Arena (*Arena conta Zumbi*, *Tiradentes*, seguida de *Feira paulista de opinião* e *Castro Alves pede passagem*. Ainda nas duas capitais, entre outras encenações, *Se correr o bicho pega, se ficar o bicho come*, de Oduvaldo Vianna Filho e Ferreira Gullar.

Esse enfrentamento, dentro do possível, estava também presente em *Andorra*, de Max Frisch no Teatro Oficina (peça sobre os bodes expiatórios do totalitarismo). Resistência que seguiu até um pouco depois do Ato nº 5, quando o peso da ditadura e suas consequências criaram um fato novo e irreversível. O tédio e a perplexidade de jovens diante de um país comandado por ideias velhas e totalitárias. Por ser Leilah (Maria de Lourdes Torres Assunção) uma modelo de grande destaque na época, presença exuberante, perde-se tempo querendo criar uma espécie de aura novidadeira, a "colunável" culta, ave rara. Leilah já era formada em pedagogia pela USP. Fora aluna de Antonio Candido (USP) e Eugênio Kusnet (teatro). Os desfiles, a moda, eram um trabalho, e ela o fazia bem. Depois da fase dos pensionatos como recém-chegada de Botucatu – o que levou para sua ficção –, Leilah residia em um apartamento simples da rua General Jardim e integrava o grupo de jovens artistas que, todas as noites, estava no restaurante Eduardo's na rua Nestor Pestana, onde iniciantes e consagrados reuniam-se em noites de conversas intermináveis. Dias da Geração 70 do teatro. Geralmente autores nascidos no interior, ainda deslocados na capital, em empregos burocráticos. Vida apertada e o difuso de que algo precisava "sair para fora". Leilah trouxe a palavra das mulheres chamadas "do lar" nos documentos e na linguagem corrente. Coadjuvantes do mundo masculino, cerceadas por valores morais estreitos (virgindade, a segurança de um "bom" casamento) e zero de pretensões intelectuais. "Rainhas do Lar", elogio de suprema hipocrisia. Seu teatro – sempre com títulos irônicos/angustiados – deu voz a moças que precisavam sair desse beco mesmo que pelo delírio, a alucinação, o que acontece em *Fala baixo senão eu grito*, que a colocou de imediato na primeira linha do palco. Seu combate não era o das assembleias estudantis, passeatas e, logo, do trágico equívoco da guerrilha urbana que destruiria muitas vidas. A população ficou em casa e o regime não caiu.

Também não era feminismo irritado no sentido norte-americano (Betty Friedan e Gloria Steinem), mas o lamento e a revolta de mulheres sem cidadania, sem ainda a Lei Maria da Penha, sem horizontes. Uma revolta instintiva e forte que acabou deixando marca e seguidores. Leilah escreve sobre o amor frustrado ou realizado, sem *love story* (como em *Intimidade indecente*). Sua escrita tem algo de retórico-doméstico, poético e esperançoso, desde *Vejo um vulto na janela, me acudam que sou donzela* (deveria ser a sua estreia, mas foi proibida), *Fala baixo, Jorginho*, *O machão, Amanhã, Amélia de manhã* (proibida), *Roda cor de roda*, outro sucesso depois de problemas com a censura. Há outras, todas agridoces, autoirônicas e precisas na crítica. Leilah firmou-se junto com colegas igualmente talentosos. Tem uma obra que resiste. Casou-se com um financista, tem uma filha, Camila, que já segue seus passos na literatura cênica. Volta agora depois de um silêncio imposto por problemas vários. É deles, de casamentos, que ela trata em *Dias de felicidade*.

ATHOS ABRAMO, UM CRÍTICO A SER LEMBRADO 2016

Athos Abramo, em 1956, já era um crítico em atividade desde os anos 1940. Incentivador de um teatro popular ítalo-brasileiro, dos grupos amadores que proliferavam e sem ignorar os consagrados. Analista e encenador, hoje está esquecido. Merece ser relembrado nos sessenta anos da Associação Paulista de Críticos de Arte (APCA) por ter atuado nos dois lados da ribalta. Durante anos escreveu na *Folha da Manhã* (atual *Folha de S.Paulo*), antecedendo Miroel Silveira, que estaria no mesmo jornal entre 1947 e 1957 (sua contribuição está reunida em *A outra crítica*, Símbolo, 1976). Miroel foi para a Universidade de São Paulo, e Athos continuou em jornais de menor circulação, a maioria extintos, o que começara, em 1945, no *Jornal de São Paulo*. Também escrevia para o *Fanfulla*, "Il giornale degli Italiani in Brasile dal 1893". Viveu pouco (1905-68). Athos foi-se em um instante de inovação artística e tensão política, quando nascia uma dramaturgia expressa por Plínio Marcos, e a própria crítica atraía outra geração. Por coincidência, na *Folha*, recebi esta missão do seu irmão Cláudio Abramo, reformulador de jornais paulistas (essa irmandade brilhante inclui Lívio Abramo, um dos pais da gravura brasileira; a atriz Lélia Abramo, que começou a carreira no grupo I Guiti, dirigido por Athos, voltado para a comunidade italiana e no seu idioma; e Fúlvio Abramo, jornalista e militante político). Período pleno de ideias ousadas, historicamente complexo, mas que, por isso mesmo, comportava diferentes posicionamentos estéticos. Athos Abramo acompanhou desde as fases do pré e pós-TBC, do Teatro Paulista do Estudante (TPE) e dos teatros amadores, que foram bastante ativos até os anos 1970, aos nascentes grupos Arena e Oficina. Em 1967, saudou Plínio Marcos, que entrava em cena, e esteve atento aos espetáculos que marcaram a época. Um crítico de sólidos posicionamentos. Por que está esquecido é um fato que devemos enfrentar e reverter (seu acervo está guardado pela filha, a professora de história Alcione Abramo).

Já se editou a obra crítica de Décio, Sábato Magaldi, Clóvis Garcia, Maria Lúcia Candeias, João Apolinário, crítico da *Última Hora*, jornalista e poeta português exilado que teve a antevisão de, quando presidente da Associação Paulista de Críticos Teatrais (APCT), transformá-la em APCA para que tivesse mais ressonância em um período de repressão. (Apolinário vivera dias iguais como um dos mentores do Teatro Experimental do Porto, sob o peso da ditadura salazarista. Teve tempo de voltar a Lisboa e ser poeta no seu país livre.) Brevemente, sairão os escritos de Mariângela Alves de Lima, e ainda se lembrará de Alberto D'Aversa – como se lembrou de Ruggero Jacobbi, com *Crítica da razão teatral*, de Alessandra Vannucci (Perspectiva) –, Delmiro Gonçalves, Paulo Mendonça, Ilka Marinho Zanotto, Maria Lúcia Pereira, Fausto Fuser, Alberto Guzik, Aguinaldo Ribeiro da Silva e outros.

Esta APCA tem uma trajetória de apoio às artes paulistas/brasileiras, mesmo sem uma sede ou recursos fixos. Tocada pelo entusiasmo dos associados. Nessa fragilidade está, quem sabe, sua isenção nada corporativa. As diretorias mudam e as votações são abertas. Mas vamos ao registro temporal/histórico do que houve em sessenta anos, um complemento do vasto painel traçado por Sábato Magaldi e Maria Thereza Vargas em *Cem anos de teatro em São Paulo: 1875-1974* (Editora Senac). O teatro é veloz e não se pode apreender em poucas linhas todo o período de 1956-2016. Anotemos que esta atividade/ofício/vocação manteve nestes sessenta recentes anos o seu ímpeto de avanço mesmo com perseguições do período militar e a carência financeira de sempre. No plano da construção artística, as novas teatralidades estão vigorando e ganharam estudos acadêmicos. Resta separar a grandeza inegável de criações nesta linha do coletivismo voluntarista. O teatro interativo, em certos instantes, parece fazer pouco da magia e profundidade da representação como se conhece desde a Antiguidade. Abolir o palco italiano não é novidade. Foi o ideal de Artaud, Piscator, Appia, Craig, Meyerhold ao argentino Victor García, que São Paulo conheceu (1968-9). O Teatro da Vertigem consegue o novo. Não é o único, mas é um caso exemplar, e o diretor Antônio Araújo expõe com clareza o processo desde a estreia, com O *paraíso perdido*, em 1992. Realmente, é difícil jogar a sério dentro e fora de uma tradição. Shakespeare fez a síntese para um público em pé tomando cerveja.

Em sessenta anos é visível que, numa ponta do palco, se estabeleceu o entretenimento musical/empresarial. Sim, nós temos Broadway. Havendo consumidor, que assim seja. Nota-se igualmente a sedução por autores do eixo Nova York e Londres (é só ler os programas). Viés comercial ou a dramaturgia nacional cedeu espaço aos denominados processos colaborativos. Modas passam, se apenas moda. No campo das linguagens, Jerzy Grotowski, com o seu *Ator absoluto*, serviu de referência nos anos 1970-80. Subitamente, caiu em desuso. Outro pensador/fazedor, Tadeusz Kantor é bem menos valorizado (à exceção de Antunes Filho e da importante exposição *Máquina Tadeusz Kantor*, no Sesc). Porém, e sempre há um porém, dizia Plínio Marcos, na outra ponta está a expansão cênica na periferia, a negritude abrindo espaços, o aumento do público jovem. Como no *rock and roll* inicial, apareceu um teatro-garagem de todos os estilos ao lado da ação contínua e inventora dos veteranos-atemporais e de todos os que persistem em valorizar a palavra e não eliminam a direção.

Ou seja, tudo continua veloz, ocasionalmente caótico, aflitivo e esperançoso. O bordão se mantém: o teatro continua morrendo e vivíssimo. Assim tem sido desde os anfiteatros gregos. Foram, sim, sessenta anos positivos. Nessa crônica dos tempos, a APCA busca valorizar os melhores a partir de um coletivo de opiniões livres. Espera-se que continue antena do presente e reserva de memórias. Por isso, no balanço sucinto do que se passou entre 1956 e 2016, pode-se reiterar o que um crítico escreveu em 1967: "Os espetáculos inconformistas, de denúncia e de protesto, foram em maior número do que os acadêmicos, os inconsequentes". O crítico: Athos Abramo.

Outros escritos
Entrevistas

FERNANDA MONTENEGRO MAIO DE 1981

"O sucesso é uma espécie de vingança": os trinta anos de teatro, a vida familiar, o amor e seus delicados sentimentos pessoais são discutidos e revelados com bom humor e alegria

A atriz Fernanda Montenegro sai do Teatro Ginástico, no Rio, onde interpreta *Assunto de família*, de Domingos de Oliveira, e caminha sorridente em minha direção. "Como vai, meu querido?" Rosto lavado, cabelos presos de um jeito simples, aqueles olhos que comovem e um desses abraços que selam amizades definitivas. Seremos íntimos e cúmplices ao longo da entrevista; e, no entanto, este é nosso primeiro encontro em seus trinta anos de carreira e nos meus dez anos como crítico teatral. "Vamos lá para casa, que tem uma comidinha esperando a gente." Meia hora depois, nas imediações da lagoa Rodrigo de Freitas, a grande atriz está servindo a "comidinha", que consiste em um jantar completo, precedido de queijos e vinho rosado português. Fará aparecer até mesmo um café fumegante em plena madrugada, tudo sem esforço ou auxílio da empregada. Fernanda acabou de representar uma peça longa e densa – mais um sucesso em companhia do marido, o ator Fernando Torres –, mas não parece, absolutamente, cansada.

A conversa entra pela madrugada ao sabor da maravilhosa ironia da entrevistada, uma ironia discreta que se percebe no sorriso que acompanha determinadas evocações. Fernanda Montenegro – ou Arlete Pinheiro Monteiro – fala do teatro, da família, do amor e de delicados sentimentos pessoais. Como a plateia, o marido e a filha Fernanda, bonita adolescente de 15 anos, já começando também no teatro. Ausente apenas o filho Cláudio, 17 anos, acampado numa praia do estado do Rio de Janeiro.

Este é o resultado do encontro de uma mulher inteligente, dona de uma personalidade sólida, que dispensa poses ou frases de ocasião. Ela sabe e diz o que quer. Um belo ser humano, que se encontrou no amor e na profissão. E que, atualmente, está encantando os telespectadores em *Baila comigo*, a novela das 20 horas da Globo, no papel de uma atriz aposentada. Justamente a última coisa que se pode pensar de Fernanda Montenegro.

FERNANDA, VOCÊ ESTÁ COM UM ESPETÁCULO EM CARTAZ, DE VOLTA À TV E, MESMO ASSIM, É UMA MULHER QUE JANTA TODOS OS DIAS COM A FAMÍLIA. COMO FAZ PARA CONCILIAR O ESTRELATO COM A VIDA DOMÉSTICA?
Há um momento em que a gente tem necessidade de ter uma casa, seu clima. Ter uma família. É, pelo menos, o meu caso. Da mesma maneira como se tem necessidade de se expressar, de se pôr em ação na vida e ter um ofício. Eu não

sei bem como consigo tudo isso. Talvez tenha uma certa disciplina. Deve ser. Às vezes, as pessoas me acham muito organizada.

Hoje, por exemplo, foi um dia perfeito. Estamos aqui conversando, mas você já passou a tarde provando roupas na Globo, depois foi ao teatro para duas horas de representação. Tudo tranquilo.

Eu sou uma mulher de 50 anos, estamos casados, Fernando e eu, há quase trinta, temos dois filhos, de 17 e 15 anos, sempre trabalhei brutalmente numa coisa de que gosto muito, e não saberia viver sem o meu trabalho, como não saberia viver assim como você está vendo, não saberia viver sem o meu companheiro, sem meus filhos.

O seu caso não deixa de ser especial. O teatro tem todo um lado de desequilíbrio, um lado tenso que geralmente interfere na vida pessoal dos artistas. Você, ao contrário, tem uma casa bem montada, família, cachorro.

Sei o que você quer dizer. Mas também é preciso lembrar que esta ideia do artista como um ser sem ligação com nada é uma ideia muito romântica. As famílias teatrais fazem parte da história do teatro, aquelas trupes que vivem em família, no circo ou no teatro. O teatro não abre mão da loucura, da fantasia, mas acho que também faz parte dele uma estrutura familiar. São inúmeras as pessoas de teatro que são netos e serão avós de artistas.

Como Marília Pêra, filha e sobrinha de atores.

O Gracindo Júnior, filho do Paulo, e agora o Luís Felipe de Lima, filho do ator e diretor Luís de Lima. Ele tem só 13 anos e está comigo em *Assunto de família*.

Sem esquecer a sua filha Fernanda Torres, que faz televisão e está se iniciando no teatro.

Minha filha está empolgadíssima com o papel que interpreta em *Pequenos burgueses*, de Maksim Górki, com direção do Jonas Bloch.

Uma vez que estamos falando do dia a dia de uma atriz, como é o seu cotidiano, do café da manhã ao último sinal antes do espetáculo começar? Olha, eu faço de tudo. Acordo por volta das 10 horas. Aí dou uma boa lida no meu jornal e então vou começar o que eu chamo de a minha vida executiva doméstica. Já na noite anterior, antes de dormir, deixei bilhetinhos lembrando o que comprar, o que está faltando etc. Bom, o resto da manhã são telefonemas. Pessoas me telefonam, eu telefono, vejo para quem mandar flores, para quem dar recados. Ligam pedindo entrevistas ou para marcar algum ensaio de substituição quando alguém vai sair do espetáculo. Quando isso não acontece, tem uma reforminha aqui na minha casa...

O Fernando disse que você é uma boa mestra de obras.

De olho no pedreiro, no carpinteiro e na limpeza. Então, tem estes problemas. Mais tarde, os filhos voltam do colégio e chega a hora do almoço. Gosto de almoçar com a família, é a hora em que a gente se encontra realmente. À tarde, leio minhas peças, porque tem sempre uma batelada de textos, ou saio para as compras, uma visita aos meus pais. Meu Deus do céu, estou te dando uma informação assim muito superficial, mas vamos lá. Chega o jantar e novamente estamos todos reunidos. Em seguida, vou para o teatro. Quando volto, eu gosto de ler. Não sei dormir sem ler um pouco.

Nem seria possível dormir direito após a emoção de um espetáculo, não é?

Claro. Ler é uma espécie de passagem. Parece que me dá um desligamento da minha vida pessoal e, ao entrar na vida daquilo que estou lendo, eu me permito cair dura para trás e dormir. Durmo bem, sem problemas, a não ser em período de estreia.

Vocês não costumam frequentar a noite, ir a restaurantes, depois do espetáculo?

Não. É raro a gente sair. Acho que houve o seguinte: os filhos nasceram depois de dez anos de casada. Durante esses primeiros dez anos, nós não tínhamos uma vida organizada. Vivíamos agrupados com o elenco ao qual pertencíamos, a gente vinha para casa praticamente só para dormir. A partir do nascimento dos garotos, notamos que tínhamos de estruturar uma casa.

Foi a trégua doméstica.

Foi, e Fernando concordou comigo. Eu estava nos meus 35 anos e achava que este outro lado doméstico me enriqueceria de outra forma. Não foi uma revolução em nossos costumes, foi uma evolução.

Quer dizer que o teatro não alterou a vida dos filhos?

Alterar não digo, mas eles foram desde cedo ensinados a viver segundo a realidade dos pais deles. Se tenho uma peça para estrear, se eu ensaio até doze horas por dia, então posso vê-los de manhã, de madrugada ou no intervalo entre o ensaio da tarde e o ensaio da noite. Neste caso, também entram as mães coletivas, entra minha mãe, entrava a babá. E assim vamos. Eu amamentei filho dentro da televisão, amamentei em teatro, excursionando pelo Brasil com duas crianças, babá, saco de brinquedos, mamadeira, fralda; e é assim mesmo.

Uma pergunta prosaica e na medida deste lado caseiro que estamos abordando. Você tem algum tipo de necessidade ou prazer pessoal de fazer compras, pessoais ou da casa?

Tenho. Sou uma mulher que toma conta da casa. Só que, às vezes, eu me dou uma trégua e fico meio relaxada, mas sei exatamente onde estão os galhos da casa, e não tenho secretária particular. Vou ao supermercado e faço feira quando necessário. Agora não é preciso, porque a feira é na porta de casa. A empregada compra ali diante do portão. Mas eu vou a cartórios, pago contas. O Fernando resolve parte das coisas no centro, eu resolvo outras.

E QUANDO A ATRIZ FERNANDA MONTENEGRO NÃO ESTÁ EM CARTAZ, O QUE A ARLETE PINHEIRO MONTEIRO SE PERMITE FAZER NUMA PREGUIÇOSA TARDE DE VERÃO? Geralmente passo o dia inteiro dentro de casa ouvindo música, lendo. Parece que estou fazendo muita coisa, mas na verdade sei que estou de repouso.

LEITURA DE PEÇAS NÃO VALE. ISSO FAZ PARTE DO TRABALHO. Leio o que estiver à mão. Olhe só a estante: tem até história da magia, Dostoiévski, tem A *mulher aranha*, do Manuel Puig.

HÁ TAMBÉM O SEU LADO RURAL E PRAIEIRA, NÃO É? Temos um sítio em Teresópolis, aonde íamos mais quando os meninos eram pequenos, agora eles já têm a vida deles. A nossa casa de praia fica na região de Itaipu, perto do Rio, mas também vamos muito pouco lá.

FERNANDO TORRES – É bom salientar que a Fernanda também faz suas obras na casa da praia.

FERNANDA – Reformas, apenas. É que me incomoda muito, por exemplo, a infiltração de umidade nas paredes. De repente, você olha e lá está a água minando. Então, chamo o pedreiro, o pedreiro me engana, eu brigo com o pedreiro, e vamos tocando.

ESTÁ VISTO QUE VOCÊ É UMA PESSOA DE HÁBITOS SIMPLES. MAS POR QUE ESTA CONSTÂNCIA EM SE DEFINIR, EM TODAS AS ENTREVISTAS, COMO UMA MULHER ANTIGA E PROVINCIANA? É que eu acho mesmo que sou uma mulher da Antiguidade, às vezes me vejo com 5 mil anos, num passado longínquo.

A IMAGEM É INTERESSANTE, MAS NÃO EXPLICA SUA REALIDADE CONCRETA. Eu me interesso muito mais pelo passado do homem, arqueologia, sabe? Esse tipo de mistério lá do passado. Não me interessa nada o futuro. Os assuntos espaciais, as viagens interplanetárias, tudo isso para mim são coisas abstratas.

MAS EM NÍVEL MENOS TEÓRICO E MAIS PESSOAL, POR QUE SE SENTIR ANTIGA E PROVINCIANA? Olha, eu nasci no subúrbio do Rio, ali entre Jacarepaguá, Madureira e Cascadura. Fiz o primário em Jacarepaguá e aquela região era totalmente rural. Então, a lembrança que eu tenho da cidade não tem nada a ver com a Ipanema de hoje. Minha primeira memória do Rio de Janeiro é inteiramente rural, é o bondinho de Jacarepaguá, um português de bigodeiras enormes, está entendendo? Eu me lembro deste homem como se fosse hoje. Passei a adolescência no meio de chácaras, muita mangueira, pitangueira, carambola, jamelão. Ninguém mais sabe o que é jamelão, não é verdade? Sempre vivi em casa com quintal, com horta, com cabra. Tomei leite de cabra até 10 anos de idade. Isso tudo é antigo. As pessoas jovens ficam me olhando e me sinto no século XVIII.

OUTRA COISA BASTANTE SUA É A EXPRESSÃO "MINHA TRIBO", AO SE REFERIR À FAMÍLIA.

As pessoas todas têm esta ligação ainda hoje, mas elas procuram não falar sobre o assunto. Fingem que não têm pai, mãe, fingem que não têm parente. Eu sou de origem italiana e portuguesa, de camponeses, gente que imigrou em conjunto para outro país. Chegaram aqui e se mandaram para o interior de Minas Gerais, fazer lavoura. Eles tinham que ter muita ligação porque, caso se dispersassem, acabaria toda uma maneira de ser, uma filosofia de vida. Então, isso foi muito forte e passou até a geração dos meus filhos.

COMO VOCÊ CONCILIOU A FORÇA DA TRADIÇÃO FAMILIAR E OS TEMPOS MODERNOS NA HORA DE EDUCAR OS FILHOS?

Na medida do possível, Fernando e eu jogamos aberto com as crianças. Nunca as protegemos das verdades, dos maus momentos. Nossos filhos sempre viveram conosco a realidade do melhor e do pior.

AS RELAÇÕES SEMPRE FORAM PACÍFICAS ENTRE VOCÊS E SEUS FILHOS?

Sempre digo para eles, vocês são filhos pela primeira vez e nós somos pais pela primeira vez. Estamos errando e acertando juntos e não é por ser adulta que tenho toda a verdade. Eu sou aprendiz da vida, como eles são aprendizes da vida.

VOCÊ TEM ALGUM SENTIMENTO DE CULPA POR NÃO TER SIDO TALVEZ A MÃE TOTAL, O DIA INTEIRO COM ELES?

No fundo tenho um sentimento de culpa. Pela minha formação familiar, eu deveria ter ficado totalmente dedicada a eles e jamais botar os pés fora de casa. A atriz Liv Ullmann confessa um sentimento igual no seu livro de memórias *Mutações*. No livro, ela tem uma carta maravilhosa para a filha. Liv Ullmann formula o problema de modo esplendoroso, mas acho que, no meu caso, não é só por ser atriz. É que sou de uma geração em que a mulher tinha apenas que casar e ter filhos para se sentir digna e honrada. Fui educada dessa forma.

O PESO DA FORMAÇÃO FAMILIAR FAZ PENSAR EM RELIGIÃO. VOCÊ É RELIGIOSA?

Tive uma formação católica muito grande e ela vive comigo até hoje, mas não transferi isso para meus filhos. Não passei uma diretriz, mas creio ter passado alguma forma de sentimento religioso que não está fechado numa doutrina.

NO NÍVEL CONJUGAL, COMO VOCÊ E O FERNANDO DIVIDEM OS PAPÉIS DOMÉSTICOS?

Eu poderia dizer que o Fernando é o ministro das Relações Exteriores, enquanto eu sou o ministro do Interior. Isso não quer dizer que os ministros, de vez em quando, não se sentem e quebrem um pau violento. Porque, às vezes, um entra no campo do outro, aí a gente conversa, briga e retoma a paz.

EXISTE, PORÉM, O DETALHE DA VAIDADE. O ARTISTA É UM SER COMPETITIVO. VOCÊS SÃO INTÉRPRETES, LOGO, É IMPOSSÍVEL NÃO HAVER RIVALIDADE.
Você encontra o clima competitivo até mesmo no casal em que a mulher não sai de casa. Faz parte do ser humano. O marido vai lá fora batalhar pela sobrevivência da família, a mulher não ocupa uma profissão idêntica à do marido, ele acha que ela não vai lhe fazer sombra, e a mulher está lá competindo. No nosso caso, resolvemos a situação de um jeito razoável. O Fernando, além de ator, é um bom diretor, um setor só dele, enquanto eu sou exclusivamente atriz.

UMA VEZ VOCÊ USOU A SEGUINTE EXPRESSÃO: FERNANDO E EU SOMOS VICIADOS UM NO OUTRO. O QUE SIGNIFICA ESSA AFIRMAÇÃO?
Falo do meu ponto de vista. Eu não saberia viver com outro homem. Não que Fernando seja perfeito, mas suas qualidades são maiores. Estou dando uma volta enorme para não usar a palavra amor, que já está gasta. Quer dizer, o meu envolvimento com o Fernando é algo checado dia após dia, às vezes com lutas muito grandes, mas no fim da jornada vale a pena.

VOCÊ NÃO CRÊ EM ANÁLISE PARA SOLUCIONAR CONFLITOS PESSOAIS OU DE CASAL?
Não tenho experiência de análise, portanto estou falando de uma coisa sem ter passado por ela. Acho que a análise ajuda quem quer se salvar, porque há alguns que vão lá só para piorar, fazem um período, saem, voltam. Fica um processo de ida e volta que não resolve.

VOCÊ NÃO SE SENTE UMA EXCEÇÃO EXTRAORDINÁRIA POR ESTAR CASADA HÁ TRINTA ANOS E NUM MEIO ONDE A INSTABILIDADE MATRIMONIAL É GRANDE?
Conheço muita gente casada que vive bem em teatro. Agora, o fato é que os casais estão se tornando minorias, como os negros, os homossexuais e as mulheres. Ser casado, hoje em dia, é uma coisa tão estranha, é uma marginalidade completa. As pessoas olham para os casais com mais de vinte anos como pessoas estranhas. Eles acham que por trás de um casal tem qualquer coisa de suspeito, alguma coisa ameaçadora.

VOCÊS FORAM ATÉ ACUSADOS DE REPRESENTAR NA VIDA O PAPEL DE CASAL UNIDO, NÃO É?
Disseram que fazíamos o teatro do casal perene. Hoje em dia é assim. O par homem-mulher que permanece estável no tempo é uma subversão de valores, é altamente subversivo. Você ficar casado vinte, trinta anos é de botar no xadrez, é dar com pau.

VOCÊ DECLAROU RECENTEMENTE QUE É UMA PESSOA QUE NÃO SE PROÍBE, FAZ O QUE QUER. COMO SE REALIZA ESTA SUA LIBERDADE?

Eu acho que faço o que quero, na medida em que eu não atrapalho a vida do próximo. Não me proíbo nada quando acho que isso não vai destruir a liberdade de outro ser humano. O ato de fazer o que se quer é um ato realmente de liberdade. Principalmente de respeito à liberdade do outro.

ATÉ QUE PONTO O FATO DE SER FILHA DE UM OPERÁRIO DESCENDENTE DE IMIGRANTES DETERMINOU A SUA PERSONALIDADE?

Ah, foi fundamental.

EU ME LEMBREI QUE VOCÊ ATÉ HOJE TEM O REFLEXO DE ABRIR SOZINHA UMA PORTA. UM IMPULSO DE FILHA DE OPERÁRIO QUE NÃO ESPERAVA FAVORES, NÃO É?

Mas isso é verdade. Se eu não conhecesse o outro lado da vida, seria uma criatura muito mais pobre, espiritualmente falando. Se tenho um orgulho na vida é o de ter tido a vivência desse outro lado da realidade. De conviver com a limpeza de caráter e a fome de justiça que esta gente tem.

O SUCESSO NÃO É TAMBÉM UM ACERTO DE CONTAS COM A VIDA DIFÍCIL DE ANTES?

As possibilidades do meu ofício, o fato de ser bem-sucedida às vezes é uma vingança no tempo, sobretudo daquilo que o meu pai nunca conseguiu, que os meus avós nunca conseguiram. Se hoje em dia eu fecho algum bom contrato, eu, particularmente, estou ajustando certas contas.

QUAL ERA O TRABALHO DO SEU PAI?

Eu tenho um pai que trabalhou trinta anos na Light. É um trabalhador excepcional, um pioneiro de modestas lutas sociais. Sonhou com uma aposentadoria que, um dia, iria lhe cuidar da velhice e, de repente, tem uma aposentadoria de fome.

VAMOS FALAR AGORA DA MOÇA SUBURBANA QUE ENTROU PARA O RÁDIO E DEPOIS CHEGOU AO TEATRO.

A Rádio Nacional, do Rio de Janeiro, era uma espécie de bíblia da minha classe social. Mas, por uma espécie de desvio, eu ouvia a Rádio Ministério da Educação, porque gostava de música clássica. Então, por volta dos meus 15 anos, estava ouvindo um programa de música sinfônica quando eles anunciaram um concurso para jovens dispostos a participar da rádio como locutor, radiator e para escrever programas; e eu me inscrevi.

ENTÃO, FOI UMA QUESTÃO DE IMPULSO?

Impulso total. Minha experiência artística anterior se resumia a duas peças amadoras na igreja matriz do bairro. Tinha 8 anos quando fiz *Os dois sargentos* e uma outra peça de que já me esqueci. Numa noite também cantei um número e ganhei uma boneca de louça. Bem, fiz a inscrição e esqueci. Eu me achava insignificante e aquilo pertencia a outro mundo.

ENTÃO, ACONTECEU O INESPERADO.

Exatamente. Dois meses depois, recebo um telegrama para que eu fosse à Rádio Ministério fazer o teste. Eu achava que não iria acontecer nada comigo, que haveria gente mais importante por lá, mas não faltei. Disse uma poesia curta e voltei para casa. Passaram mais uns meses e eles mandaram outro telegrama.

O convite para assinar o contrato.

Fui chamada para o radioteatro. De certa forma, a Rádio Ministério da Educação foi a universidade que eu não tive. Tinha uma discoteca fantástica, uma biblioteca bastante boa e uma programação cultural que nos obrigava a ler, a nos informar. Quando terminei o primário, fui fazer o secretariado, o resto foi na rádio.

Foi nesse período que surgiu Fernanda Montenegro, não é?

Foi. Eu fazia locução e radioteatro como Arlete Pinheiro, mas logo passei a redigir programas. Para separar as coisas, inventei Fernanda Montenegro, sobrenome inspirado em Alexandre Dumas, bem no clima dos programas de rádio.

Você ficou quantos anos em rádio?

Trabalhei de 1946 a 1954 na Rádio Ministério e também na Rádio Guanabara.

Quais foram seus colegas nesse período?

Entre os que começaram a aparecer junto comigo estavam o Chico Anysio, o Sílvio Santos, José Vasconcellos e o Jaime Barcelos, entre outros.

Quando entra o teatro profissional na sua vida?

O Jaime Barcelos – falecido no fim do ano passado – é que me indicou a primeira oportunidade profissional. A empresária Maria Jacinta estava preparando, em 1950, a remontagem de *As alegres canções da montanha*, e o Jaime me avisou. Havia um papel pequeno, mas que tinha sido feito, em 1940, pela Cacilda Becker, que já estava ficando famosa. Era um bom sinal. Fiz meu papelzinho e fui muito bem recebida. E não parei mais. A televisão estava nascendo e, em janeiro de 1951, fui contratada pela TV Tupi.

Quando Fernando Torres entra nessa história?

Conheci Fernando na Rádio Ministério. Ele estava na Faculdade de Medicina, mas com uma vontade louca de largar a escola e só trabalhar em rádio. Depois nos encontramos na companhia de Maria Jacinta. Ele também estava no elenco formado por Beatriz Segall, Nicette Bruno, Margarida Rey e Jorge Cherques. Foi aí que comecei a me entrosar de fato com o Fernando. Casamos em 1953.

Hoje você tem trinta anos de carreira e um prestígio nacional. Gostaria de saber como esta atriz amadurecida prepara um papel no teatro.

Quando você faz a primeira leitura da peça, a personagem te bate de forma totalmente sensorial e, dificilmente, essa visão está errada. Depois, nos ensaios, gosto de buscar aquela sensação, o frescor da primeira leitura.

Você ocupa uma posição privilegiada no teatro, é a atriz mais consagrada. Suponho que sua fama crie alguma inibição no resto do elenco ou até no diretor.

Pois é, isso às vezes acontece, e é lamentável. Porque as pessoas chegam me olhando como se eu fosse uma artista acabada, aquela atrizona fechada numa redoma. Ou então chegam com uma admiração boboca, e aí também fica difícil. Mas felizmente, no dia a dia, eles acabam vendo que nós todos estamos numa incógnita louca, estamos dando mergulhos no escuro e que os riscos são iguais no jogo teatral.

Parece que você não gosta muito de cinema, das filmagens longas e cheias de interrupções.

É. O cinema é uma coisa que vale pelo convívio com a equipe. Fiz poucos filmes, mas sempre foi com gente boa. Outra coisa comum no cinema é você ir para o local e ficar lá um certo tempo até começar a ser olhada como uma pessoa igual. Aconteceu recentemente numa favela. Quando filmei *A falecida*, nós passamos bastante tempo dentro do Hospital da Gamboa, no Rio, um lugar onde dificilmente eu iria parar em outras circunstâncias. Mas, de repente, aquele convívio é uma coisa que te enriquece.

Você sempre foi bastante cética quanto à fama passageira que se consegue na TV. Sempre demonstrou isto. A opinião se mantém, mesmo com seu atual contrato com a Globo?

Mas é claro. Eu tenho um grande convívio com a televisão desde 1951, estou fazendo trinta anos de TV este ano. Não tenho ilusão, não. É um mercado de trabalho, é um meio de expressão contemporâneo, acho que a gente deve ter essa experiência de televisão.

Mas você não acha que o artista brasileiro da nova geração é completamente deslumbrado com a televisão?

Mas isso não é erro da televisão, é erro do artista deslumbrado, porque ele está enganado se acha que a televisão é a loteria esportiva da vida dele. A TV vai jogá-lo fora. Vai pegá-lo, esmagá-lo, consumi-lo e jogar o bagaço no lixo.

O que você vai fazer nessa telenovela que marca sua volta ao vídeo, após um afastamento relativamente longo?

Por enquanto, a única coisa decidida é que farei o papel de uma atriz aposentada. Os detalhes dos personagens e demais implicações da história ainda estão sendo pensados. No momento, isto me basta, porque confio no autor, o Manuel Carlos, um profissional que conheço há muito tempo.

Uma pergunta final, dirigida ao Fernando Torres. Como você é o diretor predileto da Fernanda, quero sua opinião sobre ela como atriz.

FERNANDO TORRES – Olha, eu dirigi a Fernanda em muita coisa boa, uma delas foi *Volta ao lar*, do Harold Pinter, em que ela tinha um papel muito pequeno, mas que eu acho o meu melhor espetáculo. A Fernanda trabalha muito como intérprete, se tortura para decorar o texto, para absorver a personagem. Vai quase às raias da exaustão para chegar ao cerne do papel. Fixa aquilo tudo em alguns ensaios maravilhosos, não tem ainda cenários, não tem luz nem roupas, mas são ensaios maravilhosos. Então, o segredo dela é trabalho. É como se fôssemos mineiros em uma mina de carvão. A gente bota aquele bonezinho com uma lampadazinha em cima e vai cavar lá embaixo, sofrendo todos os riscos, desabamentos e inundações – afinal, nós somos os empresários dos nossos próprios espetáculos. E Fernanda cava mais do que todos os outros, produz mais carvão, descobre o veio melhor da mina.

FERNANDA (sorriso de quem aceita resignadamente o elogio) – É. O que se vai fazer?

RAUL CORTEZ:
"AINDA VOU SER UM GRANDE ATOR" JULHO DE 1981

Ele está completando 25 anos de sucessos – e fracassos – no teatro. Mas seu depoimento não se trata apenas de sua vida profissional: fala também de seus casamentos, suas duas filhas, suas emoções. E conta histórias maravilhosas

Ele chegou discreto e elegante em *Água viva*. Quando os telespectadores se deram conta, aquele Miguel Fragonard – aliás, Raul Cortez – era mesmo um sucesso. Tornou-se uma presença tão estimável que já está providencialmente de volta em *Baila comigo*. Os fiéis do horário nobre estão felizes. Os mais crédulos, ou indiferentes às outras artes e diversões, tendem a imaginar que este ator magro e convincente é só mais uma invenção mágica das telenovelas. Enganam--se docemente. Raul Cortez está completando 25 anos de carreira, quase todos dedicados com êxito ao teatro. Aos seus novos admiradores podemos mesmo acrescentar que ele é um dos melhores intérpretes dos palcos brasileiros.

O começo foi bastante modesto, embora entre as ilustres paredes do Teatro Brasileiro de Comédia (TBC). Entre 1956 e 1962, Raul Cortez conheceu apenas figurações ou pequenos papéis. A primeira oportunidade real surgiu em *Yerma*, de García Lorca, quando já começava a desanimar. Um ano depois, em 1963, consagrou-se definitivamente com uma maravilhosa interpretação do bêbado e desiludido Teteriev, em *Os pequenos burgueses*. Imediatamente passou a ser visto como um dos grandes da profissão. Sua eclética galeria de personagens representados inclui travestis alucinados, homossexuais de vários tipos, solitários agressivos e suicidas, marido frustrado e o recente e comovedor militante comunista de *Rasga coração*. Recebeu todos os prêmios de crítica existentes no país e pode se orgulhar de ter hoje prestígio para garantir uma peça em cartaz. Raul Christiano Machado Cortez – 50 anos, alguns casamentos, duas filhas – prepara-se para contar sua vida e falar da carreira. A entrevista se realiza entre cafezinhos e numa base de mútua confiança. Somos velhos e tímidos amigos, o que garantirá a espontaneidade das perguntas e respostas. Raul nem mesmo demonstra ter se preparado para a obrigação profissional de atender a imprensa. Está de bermuda e camiseta branca, extremamente à vontade, como se fôssemos iniciar uma pequena conversa reservada. Noto que há ordem e calma nesta casa térrea e escondida numa ruela nas imediações da avenida Nove de Julho. Um lugar com acentuada presença do branco nos móveis e nos tapetes. Predominância de cor só alterada pelo aparelho de som e uma bonita escultura de Vlavianos em aço. Sua mulher, Tânia Caldas, e a filha, Maria, de 1 ano e 4 meses, estão no Rio. Até os dois canários-belgas, detalhe prosaico na varanda, estão quietos. Então, vamos começar.

Sempre que se escreve a seu respeito, há uma referência constante, mas um tanto vaga, ao fato de sua família ser tradicional no bairro de Santo Amaro, São Paulo. Vamos, então, acrescentar movimentos e personagens a essa história. Gostaria que você falasse da sua gente.
Eu me lembro de uma bisavó, quando era ainda garoto. Ela tinha 90 e poucos anos e, na minha fantasia, era descendente de alemães, porque tinha os olhos muito azuis e os cabelos brancos.

Mas parece que a grande figura de sua infância foi seu avô, não foi?
Financeiramente, minha família praticamente começou com ele. Era um homem que aprendeu toda a vida por si, daquelas pessoas que se fazem às custas de muito trabalho. Aprendeu a ler sozinho e acabou dono de um cartório em Santo Amaro.

O seu avô, além de ser uma espécie de pioneiro, tinha um temperamento especial?
Tinha uma personalidade intensa e gostava muito de mim. Eu me lembro de certas coisas dele até hoje. Acho que o meu lado temperamental vem do meu avô. Ele promovia festas de São Pedro, fazia fogueiras, eu ia com ele comprar fogos de artifício. Nessas noites, ele fazia coisas absurdas para a época. Jogava bombinhas quando as moças passavam na rua, era aquela gritaria. Outras vezes, atirava as bombinhas em pleno jantar de família, debaixo da mesa, e adorava o susto que provocava. Ele me contava tudo o que ia fazer e curtíamos aquelas travessuras no maior segredo. Quando ele morreu, descobri,

surpreso, que chegara a fazer teatro. Trabalhou até com o Leopoldo Fróes. Só quando desistiu da carreira artística é que se dedicou ao cartório.

ENTÃO, VOCÊ TEVE UM INCENTIVO DENTRO DE CASA, QUANDO SE INTERESSOU PELO TEATRO.

Ao contrário. Para você ver como são as coisas. Quando comecei a fazer teatro, tivemos uma briga muito grande.

ELE FOI CONTRA?

Vovô dizia que eu não podia fazer teatro de jeito nenhum, que ele não teria condições de andar de cabeça erguida em Santo Amaro. Ele era dado a frases grandiloquentes, grandes tiradas. Como eu teimasse com o teatro, ele disse: "Então você se considere deserdado". Ficamos anos sem nos falar, até bem pouco antes de sua morte.

MAS ELE CHEGOU A EXPLICAR OS MOTIVOS DESSA ATITUDE?

Ele dizia que teatro não dá futuro, que não é profissão de homem, o velho preconceito contra o artista. É contraditório nele, mas foi assim.

E A SUA RELAÇÃO COM OS SEUS PAIS?

Não sei bem. Os pais são os pais, não é? Fui educado com uma certa independência do meu pai. Desde os 17 anos, resolvi trabalhar, ter a minha vida e fazer a minha cabeça. Para mim, era importante fazer minha cabeça sem interferência. Estudei no Colégio São Bento, no Bandeirantes e fiz até o terceiro ano de direito em Campinas.

BOM OU MAU ESTUDANTE?

Nunca gostei de estudar por obrigação. Eu tinha, e tenho até hoje, dificuldade de concentração. Começo a ler ou a decorar um texto e, de repente, faço viagens, vou, volto, é terrível este processo.

COMO SE PROCESSOU A TRANSIÇÃO DO CURSO DE DIREITO PARA O TEATRO?

Sempre quis fazer teatro, desde garoto. Eu fugia para dentro do meu mundo, criava minhas peças, meu cenário. Desde que me conheço por gente, sempre pensei em representar.

MAS COMO SE DEU O VERDADEIRO ENCONTRO COM O TEATRO?

A atriz Madalena Nicol tinha um curso de interpretação que funcionava numa escola de música da rua Sergipe, por volta de 1950 e qualquer coisa. Comecei por ali, mas o curso não deu certo e acabou logo. Na mesma época eu já frequentava o Nick Bar, ao lado do Teatro Brasileiro de Comédia, ponto obrigatório das pessoas de teatro e cinema. Conheci, então, o Ruy Affonso e o Rubens de Falco, que me convidaram para um espetáculo amador em um daqueles grupinhos sem maiores pretensões, com muita cuba-libre nos ensaios. Aceitei porque queria sentir o gostinho, e nesta do gostinho acabei entrando para o Teatro Paulista do Estudante, onde encontrei Gianfrancesco Guarnieri e Oduvaldo Vianna Filho.

O RESTO É SABIDO. VOCÊ FOI PARA O TEATRO BRASILEIRO DE COMÉDIA (TBC) E SEGUIU EM FRENTE ATÉ HOJE.

Exatamente. Mas, antes de me profissionalizar, tomei a decisão de largar a faculdade e o emprego.

VOCÊ TRABALHAVA EM QUÊ?

Numa companhia inglesa de importação de tratores. Disse ao gerente que havia feito um teste no TBC e que iria fazer teatro. O inglês respondeu muito calmo: "Olhe, acho bom mesmo você sair. É melhor ser mau ator do que um mau comerciante".

E FOI UMA CARREIRA TRANQUILA, SEMPRE ASCENDENDO SEM PROBLEMAS?

Não. Houve muita figuração antes de acontecer algum papel realmente gratificante. Houve mesmo a época, no TBC, em que pensei seriamente em deixar o teatro. Achava que não tinha talento. Estava tentando desde 1956, e nada acontecia. Em 1962, eu estava decepcionado. Havia ainda outros problemas.

QUE TIPO DE PROBLEMAS?

Eu não era uma pessoa bem-vista pela classe teatral, não era bem-visto pela minha família. Era totalmente desajustado, enfim, e estava vivendo uma crise pessoal muito grande.

MAS QUAL O PROBLEMA COM A CLASSE TEATRAL?

Bom, eu tenho a impressão de que eles me consideravam um inconsequente. Sabe, eu era muito jovem, não tinha controle algum sobre minhas emoções. Falava o que achava das coisas e das pessoas, assim, agressivamente. Por outro lado, sentia um certo preconceito por parte dos artistas em relação às minhas origens, esse negócio de família. Achavam que eu tinha vindo de um meio melhor e que estava apenas de passagem, sem levar a sério a profissão.

COMO É QUE VOCÊ CONSEGUIU SAIR DA CRISE?

Graças ao diretor Antunes Filho, que, em 1962, me convidou para fazer *Yerma*, do García Lorca. No começo recusei, mas o Antunes teve um argumento decisivo. Ele me disse: "Olhe aqui, rapaz, eu tive que brigar com o resto do elenco porque ninguém quer você na peça". Aquilo foi o suficiente. Fui à luta e ganhei o prêmio de melhor coadjuvante masculino do ano.

O ANTUNES FILHO FOI, ENTÃO, O PRIMEIRO MESTRE NO TEATRO?

Foi. Eu e o Antunes temos uma identificação fantástica. Chegamos ao ponto em que, eu no palco, ele na plateia, durante os ensaios, já sei o que devo fazer, o que ele está me pedindo, e isso sem falar. É um entendimento surpreendente a cada peça que fazemos juntos. A última vez foi em *Quem tem medo de Virginia Woolf*, do Albee.

Yerma foi o desafio e a continuação da carreira. Mas quando você sentiu realmente que estava para sempre no teatro?

Isso aconteceu um ano depois, em 1963, quando fiz *Os pequenos burgueses*, do Górki, no Teatro Oficina. Nós tivemos quatro meses de ensaios, o que, na época, era novidade. O Eugênio Kusnet praticamente formava os atores, enquanto o José Celso exercia a direção geral. De repente eu disse para mim: então, é isso o teatro. Comecei a compreender por que se fazia o papel, como se devia fazer, qual era a função do ator.

Desde então, nenhuma dúvida mais?

Nenhuma. É através do teatro que posso demonstrar por que estou aqui, você me entende? Ele me oferece certas respostas. Respostas pessoais. Sinto que estou sendo útil para alguma coisa, não estou passeando simplesmente pela vida. Não tenho a necessidade de fazer a história do teatro, mas tenho a necessidade de colocar em cena coisas em que acredito. Quando faço uma peça, estou acreditando nela, salvo uma ou duas exceções por falta de dinheiro. As demais, eu as fiz porque podia ensinar alguma coisa. O ator deve ser usado para esclarecer o público. O artista é um transformador, e eu acredito na função social da arte.

Você parece conciliar muito bem a consciência social e política da sua arte e a pura vaidade do intérprete.

A vaidade está sempre presente no ator. Não conheço nenhum que não seja vaidoso. Agora, existe o ator consciente e o ator pavão, ou, como diz o Mário Lago, o ator-vitrine. Fica só na imagem, aquela coisa bonita, aquele visual lindo, mas sem nada dentro.

Depois da peça Os pequenos burgueses, quais foram, na sua opinião, os outros trabalhos importantes ou que você tenha gostado de fazer.

Gostei muito da *História do zoológico*. Foi profundamente enriquecedor fazer. Com Antunes, *Vereda da salvação*, do Jorge Andrade. Fiz também *O balcão*, de Genet, direção do Victor García, aquela encenação maluca e totalmente revolucionária na época. Gostei também de *Os monstros*, um *happening* teatral que começa a minha trilogia sobre homossexual. Foram três peças sobre bichas, *Os monstros*, *Os rapazes da banda* e *Greta Garbo*. Agora acabou, nunca mais.

Com o Antunes Filho, você participou do fracasso memorável em Júlio César, de Shakespeare, um desastre total.

Aquilo foi um acontecimento inacreditável. Uma superprodução que tinha grandes nomes, como o Juca de Oliveira e o Jardel Filho. Na véspera da estreia no Teatro Municipal, o espetáculo não estava pronto. A Ruth Escobar, que era a produtora, tinha convidado o governador, o prefeito, e nós sabíamos ser impossível abrir a cortina. No desespero, ela teve a seguinte ideia: fingir que eu tinha sido atropelado e adiar a estreia. Foi o que aconteceu, e eu colaborei com ela, porque acho a Ruth um barato, com essas ideias loucas. Topei e fiz as vezes de atropelado na Nove de Julho. Engessaram minha perna e a estreia foi protelada alguns dias.

Não adiantou nada, porque o desastre se consumou.

Foi terrível. Eu era muito pretensioso e tentei inventar uma forma nova de representar Shakespeare. Como já era quase careca, mas o personagem, moço, resolvi arrumar uma cabeleira. Quando entrei em cena e o Renato Consorte, que já estava no palco, me olhou, senti que estava tudo errado. Não era nada daquilo, eu olhava para o Renato e nós dois ríamos. Eu pensava: está errado, está tudo errado, está uma merda. A gente ria e o público começou a rir junto.

Para coroar o fracasso havia a nudez do Sadi Cabral.

É mesmo. O Antunes teve a ideia de fazer Júlio César ser exibido morto para o público, pelado dentro de um caixão, mas de bunda virada para a plateia. O Sadi, coitado, interpretava César e estava preocupado em não fazer feio. Ele perguntava: "O que é que eu faço, Raul?". Aí eu disse: "Vamos para o camarim que vou dar uma olhadinha em como é que fica". Fui lá, olhei o Sadi nu naquela posição e o acalmei: "Pode ir em frente, Sadi, que sua bunda aguenta *close* à beça".

O chato foi que o público não perdoou.

Foi um grande golpe para o Sadi. Ele foi conduzido ao palco e mostrado no caixão com a bunda para cima. A plateia caiu na gargalhada. Foi terrível.

Depois de tantos sucessos – e alguns fracassos monumentais –, sua técnica como ator deve estar consolidada. Qual o seu método de trabalho como intérprete?

A primeira vez que eu pego um texto, tenho uma rejeição profunda pelo personagem. Durante uma semana, quero deixar a peça, acho o papel uma droga, que vai dar tudo errado etc. Depois, começo a descobrir lentamente a obra e o personagem, a me apaixonar como se fosse uma pessoa. Passo a estudar cena por cena, dividindo os movimentos da história e a fazer o levantamento do personagem, da maneira como ele age etc. Inicio esse processo pelo pé do personagem, imaginando o tipo de sapato que ele usaria. Os gestos, ao contrário, não estudo, eles saem naturalmente, a voz também é uma consequência natural da captação do tipo humano a ser representado. Nunca determino detalhes físicos. O determinante, para mim, é o caminho interior, o estado emocional do personagem.

Como você faz para se manter sempre emocionalmente dentro do papel?

Procuro ter uma ação contínua, quero saber o que o personagem está querendo, onde está exatamente o querer e o não querer dele. É o que me provoca uma combustão interior e me dá energia. Outra coisa que o Antunes me ensinou e que é gostoso de fazer é o "olé". O público está esperando uma coisa, mas você vira o corpo e é outra coisa totalmente diferente. Uma versatilidade na emoção. Você está chorando, de repente, sorri; eu curto isto. Procuro, ainda, fazer aquilo que se chama voar.

O QUE SIGNIFICA VOAR EM CENA?

É quando se tem o personagem na mão, se é dono dele. Então você não está ali. Você fala como se fosse outra pessoa. É o processo que deve acontecer com os pais de santo nos terreiros. Parece que baixa alguma coisa, uma sensação de voo, como se fosse uma grande libertação.

NESSE MOMENTO VOCÊ FAZ O QUE QUISER EM CENA?

Faço, eu crio muito. Alguns colegas acham que sou desonesto nessas horas, mas eu não estou sendo desonesto, estou simplesmente criando uma coisa nova.

DESONESTO EM QUE SENTIDO?

Desonesto porque não dou as falas como foram ensaiadas, dou em outro tom. Acontece que eu proponho uma outra situação, diferente, não beneficiando a mim, mas o espetáculo. Então tem muita gente dizendo que eu quero derrubar o colega. Não estou nem aí para esse tipo de queixa. Não estou derrubando ninguém, o que estou é querendo fazer a cena crescer.

VOCÊ TEM A FAMA DE SER IMPULSIVO DEMAIS, QUASE DESCONTROLADO, DURANTE A REPRESENTAÇÃO. TERIA CHEGADO A MORDER A ATRIZ LILIAN LEMMERTZ, AO BEIJÁ-LA EM *VIRGINIA WOOLF*.

Absolutamente, não é verdade, é fuxico. O problema é o outro. É preciso ter confiança no ator com quem se está contracenando. Se proponho um jogo cênico diferente, é porque estou sentindo que o público está recebendo o personagem de uma determinada forma. Se dou força ao personagem, é porque o público está ao seu lado e através dele se passa a peça melhor. Se você tem um público irrequieto, tem que saber como dominá-lo. São coisas que se realizam no domínio do sensorial. Você sente ou não sente. Portanto, não tenho nenhuma necessidade de derrubar outro intérprete, não preciso fazer isso, nem seria honesto. Agora, dizer as mesmas palavras numa outra intensidade é ótimo, porque você faz uma representação sempre viva.

SUAS EXPLICAÇÕES SÃO ARTISTICAMENTE CONVINCENTES. MAS VOCÊ RECONHECE, MESMO ASSIM, TER A FAMA DE TEMPERAMENTAL?

Eu sou mesmo temperamental, mas eu sou um ator, considerado um bom ator. Então, como é que é? Querem de mim um comportamento classe média? Não vou ter, não. Tenho minhas neuroses e pago um preço desgraçado por elas. Um grande pintor é uma pessoa igual a todo mundo? Não é. Não que eu seja um grande ator. Eu ainda vou ser um grande ator, estou batalhando para isso até hoje. Quero justificar por que estou aqui. Agora, não queiram que eu tenha um comportamento normal.

COMO SE MANIFESTA O SEU TEMPERAMENTALISMO?

Se estou em cena e está se criando uma situação boa, se o espetáculo está com um ritmo, com um pique extraordinário, não posso admitir que outro ator venha lá do camarim, quer dizer, que não tenha ficado na coxia para ouvir como está a representação, entre em cena com uma proposta que derruba tudo o que você e outros colegas criaram até aquele determinado momento. Isso me deixa louco da vida. Eu não admito, eu brigo. É uma falta de respeito com os colegas e com a própria profissão.

SÃO ESSAS, ENTÃO, AS OCASIÕES EM QUE VOCÊ CRIA CASO?

Claro. Eu também não gosto de ator que não tenha dúvidas, sabe como é? Que tem aquela presunção de ser maravilhoso, não tem dúvidas, isso me irrita profundamente. Se eu sinto que está faltando respeito ao trabalho executado em cena, fico indignado. Portanto, essa história da mordida na Lilian Lemmertz não faz sentido. Eu não faria um negócio assim.

POR FALAR EM MORDIDA, VOCÊ DAVA UM TAPA NO ATOR QUE FAZIA SEU FILHO EM *RASGA CORAÇÃO*. SAIU TUDO CONFORME O CALCULADO OU HOUVE UM PROBLEMA?

É muito chato esbofetear colega, porque às vezes você faz com mais emoção. Quando fiz a peça *A noite dos campeões*, levava uma bofetada do Cláudio Corrêa e Castro. Alguns dias eu tinha vontade de massacrar o Cláudio. Às vezes, em *Rasga coração*, escapava um tapa mais forte, e o ator atingido, um dia, veio ao meu camarim reclamar. Perguntou por que eu tinha dado com força. "Porque escapou", respondi. Nunca havia a intenção de ser violento. Aliás, briga mesmo, em teatro, eu só tive, e por outros motivos, com o Paulo César Pereio e o Nuno Leal Maia.

COMO FOI A BRIGA COM O PEREIO?

Foi em *Os rapazes da banda*. Eu tenho admiração e respeito pelo talento do Pereio, mas naqueles dias ele resolveu brincar comigo. É coisa do temperamento dele, brincar numa boa, sem prejudicar o espetáculo, só que foi me irritando.

BRINCANDO DE QUE MODO?

Eu dizia minha fala e ele repetia baixinho, palavra por palavra, sempre me imitando. O público não percebia. Depois de seis meses, não aguentei mais e parti para a briga.

DURANTE O ESPETÁCULO?

A cortina já tinha sido fechada quando agarrei o Pereio em cena. Mas o pano se abriu novamente para os agradecimentos, e toda a plateia viu o que se passava.

Estávamos no Teatro Maison de France, no Rio. O Benedito Corsi, que integrava o elenco, ficou desesperado e gritava: "Um médico, um médico!". E não é que apareceram quatro médicos?

VOCÊS SE MACHUCARAM?

O Pereio se machucou um pouco porque acertei o olho dele. Mas ele é um barato. No dia seguinte foi fazer a peça de óculos escuros. Como tinha uma fala em que o personagem dele dizia que amava Michel, o meu personagem, Pereio encostou-se na parede do cenário, levantou os óculos – estava tudo roxo – e disse, olhando bem para mim: "Michel, eu te amo".

A BRIGA COM O NUNO LEAL MAIA TAMBÉM FOI BASTANTE COMENTADA.

Com o Nuno foi uma situação inexplicável, coisa de camarim quando fazíamos *Greta Garbo, quem diria, acabou no Irajá*. Eu estava preparando minha maquilagem como uma bicha deve se maquilar, pois a peça tem um homossexual de meia-idade, o meu papel. Estava me maquilando com todos os ingredientes necessários, peruquinha, grampos etc., e tomando café. O Nuno estava perto e pediu um pouco daquele café, mas respondi que estava fazendo uma boquinha para o cigarro e que não iria dar. Tomei sozinho e passei a xícara para ele pegar outro café. O Nuno ficou irritadíssimo com aquilo e jogou tudo longe. Diante do gesto, eu disse: "Está neurótico, meu bem?". Foi quando ele me deu uma porrada. Vi logo que eu não tinha condições de brigar com o Nuno. Com aquele tamanho dele, não era possível. Pedi "calminha" e fui acabar a maquilagem.

HOJE VOCÊS SÃO TODOS NOVAMENTE AMIGOS?

O Nuno é um grande amigo meu. O Pereio eu adoro, a gente se gosta demais. Nós nos reencontramos um dia no restaurante Orvieto, em São Paulo. Foi um abraço tão grande que caímos no chão.

POR FALAR EM AMIZADE, BRIGAS E FAZER AS PAZES, COMO ANDA A VIDA AFETIVA?

Eu sou solteiro.

DE NOVO?

Até hoje sou solteiro, apesar de ter vivido com algumas mulheres e ter filhos.

BOM, ISSO TAMBÉM É CASAMENTO. O PRIMEIRO FOI COM A ATRIZ CÉLIA HELENA, NÃO FOI?

O casamento com a Célia Helena começou na excursão a Portugal com a companhia da Cacilda Becker. Estávamos na cidade do Porto quando aconteceu Lígia, agora com 20 anos.

DEPOIS VOCÊ TEVE LIGAÇÕES CURTAS. SEUS CASAMENTOS GERALMENTE DURAM POUCO.

Dois anos, um ano.

AGORA VOCÊ ESTÁ CASADO COM A TÂNIA CALDAS.

Ah, mas esta é definitiva. Conheço Tânia desde 1971. Escondemos o namoro durante muito tempo. Nós brigamos, nos separamos, depois continuamos. Sempre por baixo do pano, até 1978, quando virou casamento.

A Tânia parece que foi persistente quando resolveu ficar com você. Ela seguiu meus espetáculos desde *Hoje é dia de rock*. Viu *Greta Garbo*, *A noite dos campeões* e, principalmente, *Os rapazes da banda*, quando me descobriu para valer.

E você sente que Tânia é, então, uma mulher que veio para ficar? Ela é minha mulher, irmã e amiga. Toma conta de mim. Às vezes é meio possessiva, mas também sou. No geral, porém, damos liberdade um ao outro. É como um casamento deve ser. Tem um objetivo comum numa relação construtiva, de muita comparsaria ou cumplicidade. Isso é bom.

E tem Maria, a filha de vocês. Estou batalhando a cabeça da Tânia para a gente ter mais um, mas ela está ainda meio reticente. Eu quero logo, porque daqui a pouco não dá mais tempo para criar.

Você mantém boas relações com suas ex-mulheres? Sou amigo de todas. Sempre dei muita sorte a elas. Quando brigam comigo, fazem viagens, encontram grandes maridos e a situação econômica melhora consideravelmente.

Vamos entrar agora em um assunto polêmico da sua vida. Você é, talvez, o primeiro ator brasileiro consagrado que começou a ser visto e discutido como bissexual. Qual a sua versão deste assunto? Em primeiro lugar, o que você faz, em termos de sexo, não interessa a ninguém a não ser a você mesmo ou à sua ou ao seu companheiro. Em segundo lugar, quando se é uma figura pública por força do trabalho na televisão, são necessários certos cuidados com o que você diz.

Você nega ter usado o termo "bissexual" em relação à sua pessoa? Eu jamais diria isso. Isso começou numa reportagem onde, para minha surpresa, colocaram esse adjetivo. Foi profundamente desagradável, para minha filha, para minhas ex-mulheres, para uma série de pessoas. Só não foi desagradável para minha família, que sempre me deu o maior apoio em tudo e entendeu que era uma coisa para vender revista.

Quer dizer então que a discussão sobre bissexualidade não lhe diz respeito? Olhe, esse negócio de bissexualismo eu nunca falei, acho ridículo ser levantado, porque é uma história tão antiga. Freud já falava que todo homem é bissexual. Nem me interessa falar sobre sexo. O que interessa é a gente produzir alguma coisa na sociedade. Interessa, sim, que você tenha sua realização sexual para poder criar mais. O que eu disse, uma vez, é que todos nós somos bissexuais. Como eu poderia dizer que todos nós poderíamos praticar um crime, mas eu jamais diria que sou um assassino.

ESSA BANDEIRA, PORTANTO, NÃO ESTÁ EM SUAS MÃOS.

Não. Se eu tivesse uma posição ideológica como o Gabeira tem, um papel que ele quer desempenhar na sociedade, modificar o comportamento atual das pessoas, independentemente do grande escritor que ele é, do seu passado político respeitado, tudo bem, mas não é o meu caso. Então, simplesmente faturaram em cima do meu nome.

POR FALAR NESSE ASSUNTO, EU ME LEMBRO DE UMA DECLARAÇÃO SUA EM QUE VOCÊ MANIFESTAVA A CRENÇA SÓ NO AMOR DE HOMEM COM MULHER.

É isso mesmo. Eu acho que é uma complementação maior. Existe uma conjugação de bicho, de macho e fêmea de que eu gosto muito, em que acredito mais. Acho que existe entre homem e mulher um termo de responsabilidade, o que não acontece quando é homem com homem, onde se estabelece um jogo infantil, não existe a responsabilidade do ato de estar juntos. Eu gosto dessa responsabilidade, acho legal ser responsável por alguém e pela situação que você cria.

EXISTE UMA IMAGEM PÚBLICA DA TÂNIA CALDAS MODELO E FIGURA CONSTANTE NAS COLUNAS SOCIAIS. FALTA AQUI A TÂNIA SEGUNDO RAUL.

Tânia é uma mulher forte, que luta com unhas e dentes pelo que deseja. As pessoas geralmente têm uma imagem errada dela, a partir da sua profissão de modelo ou porque ela foi casada com Jorge Guinle e teve ao seu redor muita badalação. Mas a cabeça dela não é isso que aparece nas entrevistas. A gente ri muito com as bobagens que ela fala para brincar ou para gozar uma situação. Existe todo um outro lado da sua personalidade. Então, foi fácil, para mim, construir uma vida com a Tânia. Como sou uma pessoa que tem uma atividade profissional intensa, quando estou livre fico em casa. Termina o espetáculo e venho correndo me encontrar com ela. Jantamos aqui mesmo, não saio nem nada.

EMBORA DE MANEIRA DISCRETA, VOCÊ TEM TOMADO ALGUMAS POSIÇÕES POLÍTICAS ENQUANTO ARTISTA. OS JORNALISTAS TÊM UMA GRATA LEMBRANÇA DA SUA PRESENÇA NO SINDICATO DA CATEGORIA, LEVANDO SEU APOIO QUANDO O VLADIMIR HERZOG FOI MORTO. VOCÊ SE SENTE UM ATOR POLÍTICO?

Eu gostaria de ser. Eu nunca li Marx na minha vida, eu gostaria, sim, de ser um ator engajado, mas para isso você tem que abrir mão de uma série de coisas. Eu não consegui abrir, tenho minhas limitações. Agora, independentemente disso, acho que todo artista é um homem de esquerda. Com exceção do Ronald Reagan, que nem era ator, era um canastrão, não conheço nenhum colega de direita.

MAS VOCÊ SEMPRE COLABORA POLITICAMENTE, FORA DO PALCO, QUANDO PODE.

Todas as vezes que sou solicitado, que acredito no propósito da luta. Quando assumi a presidência da Associação Paulista dos Empresários Teatrais (Apetesp), decidi que a gente tinha que se colocar politicamente. O momento é de não se calar a boca, e o artista tem que tomar posição definida, embora isso às vezes acarrete riscos profissionais.

A POLÍTICA ATUALMENTE TEM OUTRAS NUANCES, COMO O MOVIMENTO ECOLÓGICO E O FEMINISMO. VOCÊ ACOMPANHA ESSAS MANIFESTAÇÕES?
Eu acho o ecologismo uma posição revolucionária. No começo da temporada da peça *Rasga coração*, eu tinha até uma certa dificuldade, ao fazer o papel de pai, militante de esquerda bem ortodoxo e que tem um filho ecologista. Na ocasião, eu achava a atitude do rapaz mais revolucionária. Só que, de repente, aconteceram as greves do ABC e as posições se invertem para mim. Mesmo assim, o movimento ecológico é importantíssimo.

E O FEMINISMO?
Independentemente do sexo, o indivíduo tem que ser útil à sociedade, tem que produzir; e a mulher sempre foi sufocada em suas aspirações econômicas e sociais. Também acho terrível a posição do homem obrigado a ser o machão em qualquer circunstância, sufocando igualmente sua sensibilidade.

QUANDO A REVISTA CHEGAR ÀS BANCAS, VOCÊ SEGURAMENTE ESTARÁ SE DESTACANDO NA NOVELA *BAILA COMIGO*. O QUE A TV REPRESENTA PARA UM ATOR ESSENCIALMENTE DE TEATRO COMO VOCÊ?
A televisão promove o artista e suas peças de teatro. Mas, quando comecei a fazer *Água viva*, eu me sentia um novato. Ouve-se falar muito no poder da máquina, na influência da Globo etc., e isso sempre pesa um pouco na cabeça da gente. Eu estava ali, aprendendo a lidar com valores que me eram totalmente desconhecidos. Valores de consumo.

MAS, PELO VISTO, VOCÊ GOSTOU DA EXPERIÊNCIA.
Eu já fiz novela em outro canal, mas não sabia se tinha jeito para ator em rede nacional. Desconhecia se o meu modo de representar seria consumível pelos telespectadores da Globo. Mas comecei a trabalhar para valer e deu certo. Então, é isso, quando se faz um trabalho com dedicação, certamente o resultado é bom.

VOCÊ JULGA QUE JÁ ALCANÇOU A MATURIDADE COMO ATOR?
De jeito nenhum.

POIS EU ACHO QUE VOCÊ ESTÁ COMPLETO, COMO INTÉRPRETE, HÁ DEZESSETE ANOS. DESDE 1963, COM *OS PEQUENOS BURGUESES*.
Mas tem tantas coisas que eu preciso aprender. O teatro tem uma magia enorme e, se você começa a ver a profissão por esse prisma, então ela é ilimitada.

Por exemplo, como é que eu sei, pelo cheiro, que tipo de público está no teatro? Não é porque em determinados dias os perfumes são melhores. Existe algo que não se explica pelo lado puramente olfativo, é outra transação. Outra coisa: o espetáculo mal começou e, pelo eco da minha voz, sei se a casa está lotada, se temos meia casa ou cinquenta pessoas.

LAVELLI ENCENA A PROVOCAÇÃO
INTELECTUAL JANEIRO DE 1996
Diretor argentino monta, em Paris, C.33, peça sobre um episódio trágico da vida de Oscar Wilde

O espetáculo *C.33*, dirigido por Jorge Lavelli no Théâtre de la Colline, mostra o processo e a prisão que destruíram a carreira de Oscar Wilde em 1895. É um dos pontos fortes da temporada parisiense, que tem em cartaz criações de Peter Brook, Ariane Mnouchkine e, como se não bastasse, Dominique Sanda em *Um marido ideal*, por coincidência uma peça de Wilde.

Com texto de Robert Badinter, ex-ministro da Justiça de Mitterand, *C.33* ganhou o título em referência ao número da cela do escritor. Lavelli, que esteve em São Paulo em outubro, durante o 5º Festival Internacional de Artes Cênicas, é o diretor argentino de teatro e ópera com carreira mais extensa e sucesso mais prolongado na Europa.

Ele se revelou em 1963, ao vencer o Concurso das Jovens Companhias com a montagem de *O casamento*, do polonês Witold Gombrowicz. Em seu único trabalho no Brasil, encenou, no Rio, *As gaivotas*, de Tchekhov, com Rodrigo Santiago e Renata Sorrah, a quem se refere como uma grande atriz.

Naturalizado francês desde 1977 e um homem aparentemente formal, Lavelli ainda toma mate pela manhã e conserva certos traços de afetividade e ironia que têm raízes portenhas e nos ancestrais italianos. Nesta entrevista ao *Caderno 2*, ele fala de sua trajetória artística caracterizada pela persistência em levar ao palco autores atípicos, como o estranho Gombrowicz e o delirante argentino Copi (Raul Damonte), autor de uma peça chamada *O homossexual ou a dificuldade de se expressar*.

VOCÊ FAZ PARTE DA GERAÇÃO QUE AJUDOU A MODERNIZAR O TEATRO ARGENTINO E DEPOIS SEGUIU CARREIRA NO EXTERIOR, COMO VICTOR GARCÍA, ALFREDO ARIAS, CARLOS JIMÉNEZ E OUTROS. COMO FOI NO COMEÇO?

Comecei no movimento chamado Teatro Independente, nos anos 1950, e que reunia gente com vivência universitária ou técnica. Havia uma grande exigência ética e artística, uma grande preocupação com a dramaturgia e com a forma estética. Era um teatro de investigação e também com uma perspectiva social. Foi um momento particular e muito privilegiado na história das artes argentinas.

Vocês se opunham a quem ou a que tipo de arte?

Era uma contrapartida ao teatro de pura diversão, que excluía o ato criativo e o pensamento. O movimento começou nos anos 1940 e teve o seu apogeu entre os anos 1950 e 1960, com desdobramentos na universidade e nas províncias. Criou um interesse novo do público pela atividade cultural. Nós fazíamos um teatro contra a demagogia populista do peronismo.

Tantos anos passados, o que resta hoje desse período na vida profissional do diretor consagrado na França?

A exigência, o rigor ético. Não ficar fazendo teatro por qualquer preço. Mantive o sentido da aventura, que era aquela coisa de ocupar um lugar abandonado e transformar em teatro. Em Paris, quando cheguei, o teatro já era solidamente profissional. Quase não existia uma segunda alternativa. Não havia essa coisa intermediária dos independentes com um sentido artístico e filosófico. Não se via ou se fazia teatro por resistência, como na Argentina ou na Espanha de Franco. A estabilidade democrática, às vezes, cria um certo vazio teatral, porque as pessoas têm muitas outras coisas a fazer. Na França, se podia viver de teatro sem muita exigência.

Em todo o caso, um dia, você veio para Paris.

Foi como uma viagem turística que se começa sem saber o que se vai encontrar. Para uma pessoa que nunca havia viajado ao estrangeiro, era muito atraente. Mas não havia nenhuma ideia preconcebida, nenhuma ideia de ficar. Fui inocentemente a Paris com uma bolsa de estudos de seis meses para ver o que se passava. Era o período dos cursos nas escolas Charles Dullin e Jacques LeCoq e no Teatro das Nações criado por Jean Vilar.

Mas acabou ficando para sempre.

A bolsa foi renovada. Eu já estava em Madri voltando para Buenos Aires quando recebi a notícia. Retornei, mas aí já não era mais como uma viagem turística. Eu queria alguma coisa além de aulas e ver espetáculos. Comecei a procurar as pessoas do tempo do curso do Teatro das Nações e acabei encenando umas coisas de Ionesco e Tardieu. Foi um período difícil, de quase miséria. Em 1963, ganhei o Concurso das Jovens Companhias com O casamento, de Gombrowicz, o que me salvou, porque, além da repercussão, havia um prêmio em dinheiro que me permitiu um início profissional.

O prêmio garantiu uma boa temporada para o espetáculo?

Não. A carreira de O casamento foi um desastre. Passei quatro anos pagando dívidas. A peça não se incluía em nenhuma tradição francesa de teatro, nem literária, nem cênica. Esse, aliás, é o meu conflito com o racionalismo francês.

O que não o impediu de se afirmar como diretor prestigiado...

Porque o gênio francês é a capacidade de incorporar, até certo ponto, tudo o que é diferente.

É CURIOSA ESSA SUA OBSERVAÇÃO SOBRE A RESISTÊNCIA FRANCESA A CERTOS TIPOS DE ABORDAGEM DA REALIDADE.

O trágico, por exemplo, está excluído do espírito francês, apesar de Corneille e Racine. Se eu disser isso lá, eles me matam, mas esses senhores escreveram racionalmente, em versos, enredos trágicos, sem o espírito de tragédia. Da mesma maneira, não há uma dramaturgia local sobre as guerras coloniais do país ou sobre o colaboracionismo durante a Segunda Guerra. A ideia do grotesco também não agrada. Houve Alfred Jarry, mas é um grotesco que não tem o trágico.

O QUE NÃO IMPEDE DE A FRANÇA SER ESCOLHIDA POR ESTRANGEIROS QUE ACABAM ESCREVENDO EM FRANCÊS UM TEATRO POUCO CARTESIANO.

De fato, há autores que escreveram em francês, mas o seu espírito não é francês. É o caso de Samuel Beckett, Ionesco, Copi e também de Gombrowicz, 100% polonês com sua visão deformada ou fantasmagórica dos homens. Há ainda a questão do humor. O teatro de Sartre é todo feito de teses e sem nenhum humor.

PODE SE IMAGINAR CONSEQUENTEMENTE QUE O SEU TRABALHO COMO DIRETOR É UMA TAREFA DIFÍCIL.

Mas, ao mesmo tempo, tenho liberdade de ação. É combate, mas um combate enriquecedor. Faço um trabalho de provocação intelectual. O meu repertório está cheio desse tipo de teatro.

NO PANORAMA TEATRAL FRANCÊS, O NOME DO MOMENTO PARECE SER BERNARD KOLTÈS. NO BRASIL, JÁ FOI ENCENADA UMA VERSÃO DE UMA PEÇA DELE, *ZUCCO*. Ele está sendo muito representado e um tanto exaltado pela crítica, mas não chega a me impressionar. Parece aqueles autores do teatro americano que partem de um fato real para fazer uma peça, só que Koltès era jovem quando morreu e ainda não tinha muita substância dramática.

ESPETÁCULO É DENSO E ESCAPA DA BANALIDADE
Dois dos trunfos da encenação são a cenografia e a atuação de Roland Bertin

Na primeira cena de *C.33*, Oscar Wilde já está na prisão, obrigado a se despir na frente dos guardas. O ator Roland Bertin, um veterano da Comédie-Française, acostumado a grandes papéis, como *O avarento*, de Molière, e *Galileu*, de Brecht, tem uma expressão assustada e o mesmo físico do escritor condenado por prática homossexual com um jovem aristocrata.

O espetáculo é denso e tem ritmo, apesar de ser o típico teatro francês: um tanto falado demais. Um dos trunfos da encenação é a cenografia do português António Lagarto, que sugere barreiras de paredes, grades e uma porta de prisão que se fecha com estrondo metálico. Lagarto, profissional audacioso, é também o criador, na França, das cenografias de duas peças de Nelson Rodrigues, *Valsa nº 6* e *O anjo negro*.

O texto não explica que Wilde foi condenado menos por seu comportamento sexual e mais porque se tornou uma figura agressiva e politicamente inconveniente para o *establishment* britânico. O autor, Robert Badinter, jurista famoso, pretende, sobretudo, fazer uma homenagem ao artista "destruído pela Justiça do seu país".

Absurdo – Lavelli não gosta de emoções fáceis e evita dramatizar as coisas. Prefere o aspecto absurdo da questão. Usa o amplo palco do teatro La Colline para situar a ação, física e psicologicamente, no terreno da crueldade e do grotesco. O que se destaca é uma engrenagem judiciária e um mecanismo social contra uma pessoa que, subitamente, perde o controle de sua vida. É quase inevitável lembrar Kafka e Gombrowicz, esse misterioso autor polonês quase desconhecido no Brasil, embora tenha vivido vinte anos na Argentina e seja prestigiado na Europa.

Lavelli já trabalhou melhor com elencos mais homogêneos. Em um sótão da Cidade Universitária de Paris, fez uma obra-prima de direção em *O homossexual ou a dificuldade de se expressar*, de Copi, dramaturgo, novelista e desenhista de humor argentino com um sarcasmo devastador. Mesmo que *C.33* não possa ser identificado como teatro de invenção, é sólido e impressiona. Em Lavelli, nada é banal.

A TERCEIRA PALAVRA DE SARAMAGO JUNHO DE 1999

Na primeira entrevista exclusiva à imprensa brasileira depois de ganhar o Nobel para a língua portuguesa, José Saramago fala sobre as matrizes de sua ficção e adianta as bases do romance que começará a escrever

Por Jefferson Del Rios, Beatriz Albuquerque e Michel Laub

Nos dias que antecederam esta entrevista, José Saramago cancelou viagens à Suécia, à Alemanha, à África do Sul, ao Japão. Ele normalmente prefere as negras pedras vulcânicas da ilha de Lanzarote, seu refúgio cercado de azul atlântico no arquipélago das Canárias, mas, por dever profissional e muitas amizades brasileiras, em abril pisou noutras pedras: os paralelepípedos de granito do centro antigo do Rio de Janeiro e as centenárias pedras-ferro do chão de Ouro Preto, onde viu um país antigo em barroco e pedra-sabão.

O Prêmio Nobel lhe trouxe a glória que, com a possível exceção de Fernando Pessoa, nenhum outro autor de língua portuguesa sonhou conseguir. E lhe cobra caro por isso. Aos 76 anos, sólido e elegante, ele está cumprindo o seu ritual particular de fama – diariamente lhe chegam quilos de convites para falar nos cinco continentes sobre temas os mais insólitos e nada romanescos – e vive um dilema, mesmo que não o confesse claramente. O que acontecerá com tal ficção? Qual a sua motivação para continuar escrevendo?

A entrevista à *Bravo!* foi a única concedida individualmente a um veículo impresso durante a viagem. Não durou muito, dada a agenda do escritor, mas foi intensa e cordial. Naquela semana, ele falara para 2 mil pessoas em Belo Horizonte, para outras 2.500 em Porto Alegre, participara – ao lado de Chico Buarque, em São Paulo – de uma leitura, para mais de mil ouvintes, de *O evangelho segundo Jesus Cristo*, visitara a Bienal do Livro do Rio de Janeiro. "Cristo ressuscitou ao terceiro dia; eu ressuscito à terceira palavra", disse, brincando com sua capacidade de, apesar do cansaço, falar. E falar muito: "Alguém tem de me dizer: 'Cala-te'".

Quando a equipe da *Bravo!* chegou à casa de Luiz Schwarcz (Companhia das Letras), seu editor brasileiro, e da historiadora Lilia Moritz Schwarcz, Saramago estava acabando de assistir a *Central do Brasil* com a mulher, a bonita espanhola Pilar. Não fez comentário sobre o filme de Walter Salles, e não era reprovação: o escritor é de responder só ao que lhe perguntam (já Pilar foi direta: "Maravilhoso"). A primeira impressão era a de que o Nobel lhe teria impingido uma postura política, de chefe de Estado. Engano: ao sentar-se com os jornalistas, na biblioteca da casa, ele mostrou que continua o mesmo homem apaixonado, capaz de aos 66 anos persistir no romance ao escrever *Levantado do chão*, sua terceira obra e a que iniciou sua notoriedade. A conversa centrou-se quase exclusivamente na literatura. Contou que já pensa no novo livro, *A caverna*, uma história que guarda semelhanças com a obra de Platão. Evitou-se o clichê do comunista ferrenho, que ele não é: nunca negou os crimes do stalinismo. Quanto ao ateísmo, igualmente propalado, talvez uma cena explique alguma coisa. Na despedida, um de nós o abraçou dizendo, a sério, mas em involuntária provocação: "Vá com Deus, mestre". Saramago respondeu: "Por que não, se Ele lá ainda estiver?". E sorriu.

PRÊMIO NOBEL À PARTE, DE QUE MANEIRA O SENHOR ESTABELECEU SUA ROTINA DIANTE DE SOLICITAÇÕES TÃO GRANDES?

Se se pudesse dizer efetivamente Nobel à parte, então sobraria espaço para fazer aquilo que você me está a perguntar. Mas é que Nobel à parte não existe, porque ele ocupa o espaço todo. E, se eu tiro o Nobel, fico disponível para tudo. Não escrevo, não faço outra coisa senão viajar, assistir a congressos, lançamentos, apresentações, doutoramentos *honoris causa*. Tudo quanto se pode imaginar que possa acontecer a um Prêmio Nobel está a me acontecer. E eu não me queixo.

EM TERMOS LITERÁRIOS, O SENHOR CONCORDA COM O TAMBÉM PREMIADO SAUL BELLOW? ELE DISSE QUE O NOBEL SERIA O BEIJO DA MORTE PARA O ESCRITOR... Não sei. Oxalá não seja. Eu espero, dentro de dois meses, o máximo três, disciplinar o meu emprego de tempo, que até agora tem sido completamente reduzido, e sentar-me a trabalhar. Evidentemente, eu não posso dizer que as viagens vão acabar. Se não tinham acabado antes, como é que vão acabar agora? Claro que não. Mas simplesmente não posso continuar neste ritmo. Então, seria mesmo o beijo da morte. Mesmo agora há momentos em que quase me afundo. Porque o cansaço chega a extremos... De fato, eu não sei como é que aguento. Toda gente pergunta: "Ah, como é que você aguenta?". E eu aguento. Neste domingo faz quinze dias que cheguei ao Brasil. São debates, conferências, mesas-redondas, não tenho feito outra coisa. E, às vezes, já nem posso ouvir a mim mesmo. Mas o que eu ia dizer era que, infelizmente, acontece algo estranho que alguém explicará, não sei se em termos de fisiologia ou psicologia, ou do que quer que seja, e que eu traduzo desta maneira: Cristo ressuscitou ao terceiro dia, e eu ressuscito à terceira palavra. Porque, a partir do momento em que começo a falar, alguém tem de me dizer: "Cala-te!". Sou capaz de falar três ou quatro horas, com a consciência de que me estou a cansar. E incapaz de me calar, que é uma coisa absolutamente... de aflição.

A MOTIVAÇÃO DE ALGUNS ESCRITORES É A POSSIBILIDADE DE FICAR PARA A POSTERIDADE. DE OUTROS, É O RECONHECIMENTO EM VIDA, DO QUE O NOBEL SERIA O SÍMBOLO MÁXIMO, DIGAMOS ASSIM. QUAL A SUA MOTIVAÇÃO PARA CONTINUAR ESCREVENDO HOJE? Ah, a minha motivação para continuar a escrever, o que espero recomeçar a fazer dentro de dois meses ou três, é igual àquela que era antes. Pensei e continuo a pensar que tenho umas tantas coisas para dizer, independentemente dos reconhecimentos da posteridade, ou das glórias e, digamos, do dia em que "estou" Nobel ou não. É um bocado arriscado dizer: eu escrevo para a posteridade. Mas quem é que nos garante a nós que a posteridade se interessa, que vai se interessar por aquilo que o escritor fez? Não tem sentido. O Stendhal dizia: "Escrevo para daqui a cem anos". E, realmente, nesse caso acertou. Mas, oito anos depois, salvo erro, da publicação de *Cartuxa de Parma*, tinham-se vendido treze exemplares. Então Stendhal não devia estar a pensar que escrevia para o seu tempo... Se o seu tempo, em oito anos, tinha comprado treze exemplares da *Cartuxa*, então é porque o tempo dele não estava interessado. Nesse caso, parece que a posteridade, essa sim, quis saber o que é que esse senhor chamado Stendhal tinha andado a fazer. Mas o que é a posteridade? São cinquenta anos depois? Cem? E temos a certeza de que duzentos anos depois a posteridade ainda continua a interessar-se por aquilo que a posteridade dos cem anos se interessou? E daí a trezentos? E a quatrocentos? E a mil? Quer dizer, se eu pudesse antecipar os gostos, as expectativas, as necessidades dessa posteridade num certo momento disso tudo, então poderia dizer: bom, eu sei o que a posteridade quer e sei que estou a fazer aquilo que ela vai querer. Alguém pode dizer isso?

O senhor disse que escrevia como se tirasse uma pedra e mostrasse o que há debaixo dela. Mas, depois de O evangelho segundo Jesus Cristo, está interessado em saber o que há por dentro da pedra. O que é exatamente isto? É uma metáfora que há que entender como tal. Não é um tanto "debaixo". Isso tem de ser tomado mais como uma imagem do que outra coisa. Mas, no fundo, quer dizer algo mais do que aquilo que à primeira vista parece. O que eu digo é que, até o *Evangelho*, foi como se eu estivesse, em todos esses livros, estado a descrever uma estátua. Portanto, a estátua é a superfície da pedra. Quando olhamos para uma estátua é a superfície da pedra. Quando olhamos para uma estátua, não estamos a pensar na pedra que está por detrás da superfície. Então é como se eu, a partir de *Ensaio sobre a cegueira*, estivesse a fazer um esforço para passar para o lado de dentro da pedra. Isso significa que não é que eu esteja a desconsiderar aquilo que escrevi até o *Evangelho*, mas é como se eu me apercebesse, a partir do *Ensaio*, que as minhas preocupações passaram a ser outras. Não penso que estou a escrever livros melhores que antes. Não tem a ver com qualidade, mas com intenção. É como se eu quisesse passar para o lado de dentro da pedra.

Qual seria a diferença entre essas duas fases?
Hoje creio que essa diferença é bastante visível. No *Ensaio sobre a cegueira* – isso é só para mostrar como o objetivo passou a ser outro –, por exemplo, ninguém tem nome. E isso não é gratuito, quer dizer que estou pouco interessado com o que há de mais imediato no ser humano. E nesse caso seria a sua identificação: eu sou fulano de tal. Quer dizer, passo para lá disso. E o que eu quero saber, no fundo, é essa coisa tão simples e que não tem resposta: quem somos? Claro que, da mesma maneira que eu estou a falar, digamos, da estátua como superfície de pedra, também posso, em relação a qualquer de vocês, descrever numa página de um romance vossa fisionomia, o rosto, os gestos, a cor dos olhos,

tudo isso. Mas não estarei a falar verdadeiramente de vocês. Então, a partir do *Ensaio*, é como se eu tivesse posto de parte tudo aquilo que é acessório.

O SENHOR TIROU DOS LIVROS MAIS RECENTES PERSONAGENS COMO OS REIS, AS RAINHAS, OS CRUZADOS, OS MOUROS, JESUS, DEUS, O DIABO. MAS, MESMO NOS LIVROS ANTERIORES, O SENHOR SEMPRE TRATOU DO QUE HAVIA "POR DENTRO DA PEDRA"...

Sim, é certo. Sempre houve uma preocupação minha, e essa preocupação convivia com outro objetivo. Quer dizer, era o objetivo de contar uma história, de escrever o que tinha acontecido e tudo o mais. A história, embora continue a ser necessária, evidentemente, é como se interessasse menos. No caso de *Ensaio sobre a cegueira*, tirando essa ideia de toda a gente cega, o que há é uma espécie de verificação do que inevitavelmente acontece a partir do momento em que uma pessoa, ou um conjunto, ou a sociedade, ou o mundo todo se tornam cegos. Então há uma degradação do ser. Tudo aquilo que ali se encontra, a violência, o sexo... O sexo não tem nada a ver, nesse caso, porque o sexo ali é a manifestação de uma violência, digamos, em todos os casos, ou quase todos. Quer dizer, é sobretudo a podridão, a sujeira, o lixo, o homem, o ser humano conduzido à degradação suprema. Não é nada que a gente não conheça. Os campos de concentração mostraram até que ponto a pessoa pode ser degradada. E notem uma coisa, e não é por acaso, talvez, que no *Ensaio sobre a cegueira* as pessoas não têm nome. Porque os internados nos campos de concentração, a tatuagem que lhes punham no braço não dizia o nome que tinham, mas o número que tinham.

EM *HISTÓRIA DO CERCO DE LISBOA*, HÁ UM PERSONAGEM CENTRAL, O REVISOR DE UMA EDITORA. MAS ME LEMBRO PERFEITAMENTE DE CADA ATITUDE OU PENSAMENTO DESSE REVISOR. ENTÃO...

Sim, ele chama-se Raimundo Benvindo Silva.

MAS O NOME JÁ NÃO ERA TÃO IMPORTANTE.

Não... Enfim, era suficientemente importante para aparecer ao longo do livro dezenas de vezes. Mas, repare, você falou aí nos cruzados, nos cristãos, em Jesus, em toda essa gente... Toda essa gente povoa o texto. Então, o que digo é o seguinte: é como se, a partir de *Ensaio sobre a cegueira*, deixasse de me importar se eles eram cristãos ou eram mouros. Não é que houvesse deixado de ter importância, mas, hoje, estou a tentar ir mais além da diferença que há ou pode haver entre um mouro e um cristão, saber o que é aquilo que porventura os une. Também não é isso, porque eu não sei o que poderá uni-los. O que eu quero saber, no fundo, é o que é isto de ser-se um ser humano.

ESSA TENTATIVA DE COMPREENSÃO TEM UM FIM?

Não, não tem fim. Repare, se eu soubesse que havia um fim estaria desde já... Em primeiro lugar, saberia que há um fim. E, em segundo lugar, estaria já a enunciá-lo, estaria já a dizer: eu estou fazendo isto porque quero chegar a esta conclusão. E posso antecipar essa conclusão. Mas não sei. Então, a única coisa que quero fazer é isto, é mostrar uma situação como a de *Ensaio sobre a cegueira*, mostrar outra situação como a de *Todos os nomes*, que é a busca do outro, a procura do outro, que é infrutífera, malsucedida.

PARTINDO-SE DESSE PONTO DE VISTA, O SENHOR ACHA QUE UM LIVRO COMO *ENSAIO SOBRE A CEGUEIRA* É PESSIMISTA OU OTIMISTA?
Acho que essas categorias de otimismo ou de pessimismo não são relevantes. Dizer se o livro é otimista ou pessimista? Digamos, a visão que eu tenho do mundo é francamente pessimista, claro, como de resto basta ver.

PARTE DA CRÍTICA VÊ EM SEUS LIVROS UMA SOLIDARIEDADE COM OS PERSONAGENS...
Mas isso não é incompatível. Eu posso ser um pessimista, mas isso não significa que eu condeno à morte, ou ao degredo, ou à prisão, ou à miséria, ou à desgraça essas minhas personagens. Sou solidário, enfim, com elas. Mas o fato de ser solidário não me transforma em otimista. Otimista por quê? Se as razões que levam, como me levam, a contar uma determinada história são razões que têm a ver, obviamente, com minha visão do mundo, da história e da sociedade, vão sendo razões essas bastante pessimistas, porque o mundo não me dá nenhuma razão para ser otimista. Então isso é o que aparece nos meus livros. Mas não creio que valha a pena, digamos, dividir o mundo em duas partes, os otimistas e os pessimistas. Isso não existe. E, de resto, se reparar bem, se você fizer uma lista de escritores otimistas desde sempre, você escreve três ou quatro nomes, e não mais. E, se for fazer a lista dos escritores pessimistas, são todos.

O SENHOR CONCORDA QUE *ENSAIO SOBRE A CEGUEIRA* TEM MUITAS SEMELHANÇAS COM O UNIVERSO DA OBRA DE KAFKA?
Mas, já antes de Kafka, eu já lia livros kafkianos. Enfim, essa também é uma espécie de obsessão que todos temos mais ou menos, que é a de relacionar determinado livro, determinado autor, determinada visão com uma visão anterior. Como se a visão anterior fosse a primeira. Ora, não é assim. Quer dizer, isso, no fundo, é uma espécie de corrente em que os elos estão todos encaixados uns nos outros. E pode haver elos que se parecem encaixados uns nos outros, mas não iguais.

SEM DISCUTIR A PRIMAZIA NA INVENÇÃO DESSE UNIVERSO: COMPARANDO O JOSÉ SARAMAGO COM FRANZ KAFKA...
Gostaria muito, mas não creio que essa comparação seja legítima.

EM TERMOS DA CLASSIFICAÇÃO OTIMISMO/PESSIMISMO, QUE O SENHOR REJEITA, KAFKA SERIA UM ESCRITOR PESSIMISTA POR EXCELÊNCIA. A SUA OBRA SERIA DA MESMA FAMÍLIA?

Continuo a não querer entrar nesse jogo de categorias pessimismo/otimismo. Não entro nisso porque, em primeiro lugar, não explica nada. Em segundo, obriga, ou melhor, obrigaria à referenciação de uma determinada atitude pessimista ou otimista de um determinado escritor em relação ao tema, enfim, que ele trata. Então teríamos de chegar a conclusões que do meu ponto de vista parecem inúteis. O otimista puro não existe. Da mesma maneira, não existe o pessimista puro. Como todas as coisas deste mundo, tudo isso passa de um extremo ao outro por gradações. E até mesmo um determinado autor, que num certo momento lhe poderá parecer pessimista, daí a dois anos, se ele estiver bem-disposto, se não lhe doerem os dentes, se estiver apaixonado, é capaz de escrever um livro que lhe pareça otimista. Mas isso tem a ver com as flutuações, digamos, do nosso próprio estado de espírito. O que não significa que não haja constantes, que têm a ver com o modo de ser, com o modo de entender, com o modo de analisar, e que se possa dizer que tenham uma conformação mais pessimista ou menos pessimista. Mas, no fundo, parece-me bastante difícil ser otimista hoje.

JÁ OUVI DE UMA DE SUAS LEITORAS QUE SEU TEXTO FAZ LEMBRAR A "MÚSICA" DO PORTUGUÊS ARCAICO, EM QUE SE NARRAVA, POR EXEMPLO, A VIDA DA RAINHA DONA URRACA SEM PONTOS, VÍRGULAS, PARÁGRAFOS... O PINTOR FERNANDO LEMOS, SEU AMIGO, DIZ QUE SE LEMBRA DA MANEIRA COMO AS MULHERES DE PORTUGAL, NO CAMPO, CONTAM HISTÓRIAS E FAZEM OS TEMAS SE ENTRELAÇAREM. HÁ UM COMPONENTE MELÓDICO NA MANEIRA COMO O SENHOR CONTA A HISTÓRIA...

Não sei se tem diretamente a ver com a melodia, mas tem a ver com aquilo a que, em termos musicais, chama-se o andamento, ou o compasso. Menos o ritmo do que o compasso e o andamento. Tem a ver com o modo como se constrói a própria frase. Quando estou a escrever, não estou a pensar obsessivamente nisso. Simplesmente acontece. É eu sentir, por exemplo, que uma determinada frase em que já disse tudo quanto tinha para dizer, do tal ponto de vista musical, no sentido do compasso que tem que se desenvolver, tem de terminar. Um, dois, três, quatro: quer dizer, tem de acontecer isso. Também tem de acontecer isso na própria frase que está a ser escrita. E pode acontecer que, do ponto de vista do sentido, já esteja tudo completo, mas que a frase necessite de três ou quatro palavras mais que não acrescentam nada, que não vão acrescentar rigorosamente nada, mas que são necessárias para que o último tempo do compasso caia e repouse. Enfim, isso tem a ver também – mas aí já de uma maneira involuntária e quase instintiva – com o fato de que os narradores de contos, digamos, dos contos orais, têm uma espécie de saber infuso, que não aprenderam. Ou melhor, aprenderam do modo que ouviram os contos contados por outros antes deles.

É COMO SE CRIA A HISTÓRIA ORAL.

Há uma espécie de ciência, digamos, da narrativa oral. Nas aldeias, hoje, está-se a perder tudo, mas havia precisamente essa capacidade de narrar. Um conto nunca era igual duas vezes, porque se acrescentava sempre alguma coisa. Havia depois, também, as interpolações, e de repente o narrador do conto lembrava-se de um outro episódio e intercalava o episódio para depois retomar a história. E isso, que pode ser confuso, se obedecer a uma preocupação estrutural, se tiver em conta os valores do andamento do compasso e, digamos, da própria melodia – que aí já tem a ver com a sonoridade de cada palavra e da sucessão delas –, tem então qualquer coisa de encantatório. No fundo, a palavra autêntica, a palavra verdadeira é a palavra dita. A palavra escrita é apenas uma coisinha morta que está ali, à espera de que a ressuscitem. E é no dizer da palavra que a palavra é efetivamente palavra. Por isso, às vezes, eu digo que convém a um leitor que está a ler um romance meu que ele seja capaz de ouvir dentro da cabeça a voz que está a dizer aquilo que ele está a ler. Ele está a fazer uma leitura silenciosa, como é normal. O que peço, alguma coisa posso pedir aos leitores, mesmo no sentido de uma compreensão mais exata daquilo que está escrito, é que tente ouvir dentro de sua cabeça essa voz.

Isso faz lembrar o teatro, e o senhor tem uma obra teatral já publicada. São duas perguntas. A primeira: o senhor pensa em escrever mais teatro? E a segunda: as suas peças apresentam a dificuldade técnica da grande quantidade de personagens, o que dificulta a encenação. Ocorre-lhe a ideia de facilitar essa dramaturgia?

Se eu fosse dramaturgo, estaria a pensar em tudo isso. Mas, como não sou, escrevo simplesmente aquilo que me parece. Que num caso ou noutro pode não interessar como matéria para romance, mas que pode servir como matéria para teatro. Mas também isso não é inteiramente verdade, porque nunca escrevi uma peça por iniciativa própria. Todas as peças que escrevi resultaram de convites que me fizeram.

É por gosto ou por que lhe parece difícil?

Não. Digamos até que não é nada difícil. Tenho uma certa habilidade para dialogar, para criar situações dramáticas, conflitos. E para dizer e dar um remate, um desenlace, uma solução aceitável. Nas quatro peças que escrevi creio que está lá tudo. Mas há qualquer coisa de mais importante, talvez. Se repararmos na escrita de um romance, chega-se facilmente à conclusão de que há muito de oralidade naquela escrita. Bom, não é a transcrição da palavra dita que se resulta, mas são os mecanismos da fala, quer dizer, do modo de fluir da fala. De certo modo, esse fluir está transposto para o fluir da narrativa num romance meu. Portanto parece que, se assim é, quando eu escrevo teatro, eu deveria escrever da mesma maneira. Porque, se aquela palavra está a ser escrita para ser efetivamente dita, então parece que eu deveria, nesse caso, quando escrevo teatro, usar o mesmo modo narrativo do romance. Simplesmente não é assim. Há uma diferença total entre a escrita narrativa do romance e a escrita do teatro. A escrita do teatro é tradicional, não há rupturas sintáticas. A frase é a mais canônica possível. Pode-se perguntar: não há aqui uma contradição? Eu digo: há e não há. Há porque é óbvio que está lá. Mas ao mesmo tempo não há porque a palavra, aquilo que está escrito numa obra de teatro, o seu destino final tem de passar pela boca de um ator. Quer dizer, se aquela peça é representada, o texto que está ali não é um texto para ser simplesmente lido; é um texto para ser falado. E é justamente na interpretação de um ator de verdade, na voz que ele puser a essas palavras, que ele vai, de certo modo, transformar esse texto escrito de uma forma normal num texto que passa a parecer-se com o que está no romance. Ao dizer esse texto canônico, normal e sem rupturas sintáticas, vai aproximá-lo do texto do próprio romance. Por isso, e agora já de outra maneira, está-se a notar ser muito fácil adaptarem textos meus de romance a teatro.

A LEITURA DE UM TRECHO DO *EVANGELHO*, AQUI EM SÃO PAULO, POR SÉRGIO MAMBERTI E OUTROS ATORES ERA TEATRO PURO.

Bem, é teatro puro porque eu creio que tudo pode ser transformado em teatro puro.

TINHA ESSA MOBILIDADE QUE É TÍPICA DA LINGUAGEM CÊNICA.

Estão três pessoas a falar, Jesus, o Diabo e Deus, e há, digamos, uma espécie de peleja dialética, há uma espécie de combate dialético entre eles. Isso também é teatro. Ou melhor, pode ser levado ao teatro sem deixar de ser aquilo que é, umas quantas páginas de um romance articuladas com aquilo que vem antes e ao que vem depois. Podem ser transportadas como diálogo que é e como conflito, como situação dramática que é transportada ao teatro. Mas, evidentemente, nesse levar de um lado para o outro fica tudo aquilo que não pode ser levado. O que pode ser levado para o teatro, no fundo, são as palavras que são ditas no romance. Mas não podem ser levadas as descrições, as reflexões do próprio narrador, se ele mete lá um comentário daquilo que se passa. Embora nessa leitura eles tivessem aproveitado para meter um comentador, um narrador, que vai dizendo aquilo que dá uma forma, estabelece ligações, pode estabelecer ligações.

O SENHOR DISSE QUE AINDA TEM MUITA COISA A DIZER. ESSE NOVO ROMANCE VAI SER EXATAMENTE O QUÊ?

É um romance que tem título, como em geral acontece com os meus livros, que começam pelo título. Se chamará *A caverna*. De certo modo, visto tal como eu penso, tal como o que eu tenho muito claro na minha cabeça, constituirá uma espécie de terceira parte de uma trilogia que eu não pensei como tal. Portanto, é aquilo que se pode chamar mesmo uma trilogia involuntária, que começa com *Ensaio sobre a cegueira*, passa depois a *Todos os nomes* e entrará depois em *A caverna*. É claro que o título faz imediatamente lembrar algo, e esse algo que faz lembrar é do mito da caverna de Platão. Digamos que, de uma certa maneira, sim, embora no romance não se trate nem de Platão nem de caverna. Mas é curioso, talvez não estejamos a reparar nisso, mas a verdade é que desde Platão nós nunca vivemos tanto na caverna dele como agora. Se recordarmos o mito da caverna, as pessoas sentadas dentro, atadas, olhando para a parede em frente por onde passam imagens, sombras, reflexos do que passa fora, do que está a passar fora, há uma fogueira a projetar sombras. E as pessoas acreditam que aquilo que estão a ver, essas sombras, são a realidade. Se, em algum momento da história, isso se pareceu exatamente com a vida que se está a ter, eu penso que é agora. Estamos a ver imagens, e não a realidade. Portanto, o livro é nessa direção. Também os personagens não vão ter nomes...

NÃO TERÃO?

Não. Digamos, os nomes deixaram de ter significado. O que tem significado real são os números. O número da conta bancária, o número da identificação bancária, o número da cédula de identidade, o número do passaporte. Aos bancos não interessa nada saber como nos chamamos. Interessa saber que número temos. É a perda do nome, que eu acho que está em processo, essa espécie de inutilidade... Nem sequer é perda do nome: é inutilidade do nome. Que é útil na vida corrente, continua, eu continuo a dizer Beatriz, tu continuaste a dizer José... Nós não estamos a falar disso, de relações entre nós. Estamos a falar na relação que o poder, agora representado por aquilo que nós quisermos que tenha um poder, não quer saber muito como nós nos chamamos. Quer saber é do número, ou números. Se eu me hospedo num hotel, por exemplo, dão-me um papel que eu tenho de preencher. Ponho lá o meu nome, mas exigem que eu ponha também o número do meu passaporte. E, das duas coisas, o mais importante, aquilo que permitirá melhor me identificar, não é o nome, porque pode haver outra pessoa com o mesmo, mas o número. O número é que conta. Que efeito isso vai ter no futuro? Não sei, continuo a não saber.

O SENHOR JÁ COMEÇOU A ESCREVER?

Depois de tudo aquilo que eu disse aqui, essa pergunta é... é para aceitar sem violência? (*Risos*).

MAS ESTÁ TUDO TÃO CLARO, O SENHOR TEM O LIVRO PRONTO NA CABEÇA...

O Luiz Schwarcz diz: "Você se senta e começa a escrever já. Não vai ao congresso, não vai a nenhum lugar".

Não dá mais entrevista...

Não dá mais entrevista? O quê? A *Bravo!*? A *Bravo!* Não! E assim estamos.

CUBA SÍ, CUBA NO SETEMBRO DE 1999

Como a fumaça clichê dos charutos Cohiba e Romeo y Julieta, o rum, outros estereótipos turvam a imagem de Cuba. Sem esbarrar em Fidel e na saturada imagem de velhos carros americanos, alguém precisava dizer algo novo. Pedro Juan Gutiérrez disse.

Descrevendo sua vida, errática e com muito sexo, ele surge com *Trilogia suja de Havana*, relatos na primeira pessoa que acabaram por adquirir a densidade de um romance em que o agressivo e o delicado se alternam e se completam em ritmo perfeito. Impulso rebelde íntegro, que ele justifica ao retratar o país do racionamento que gerou uma economia paralela em que – do rum às *jineteras* (o apelido dado às prostitutas) – prosperam as pequenas transgressões. Não é um panorama bonito, mas a energia do escritor, colocando-se como personagem de si próprio em meio ao turbilhão, impõe literatura da melhor qualidade. O livro é estruturado em capítulos curtos e autônomos, numa sucessão de crônicas da vida diária da cidade linda e sofrida. Como Gutiérrez narra o que vive com desenvoltura nos meandros da transgressão – e como não se considera vítima nem se perde em ressentimentos políticos –, tem tempo para os prazeres da bebida, da amizade e dos desabusados jogos eróticos.

Essa voz poderosa – não é única no país –, traduzida em nove países, foi lançada no Brasil pela Companhia das Letras. O escritor falou em entrevista exclusiva à *Bravo!* de Estocolmo, a caminho da Alemanha e Espanha, antes do regresso a Havana. Contornando o risco da impessoalidade das respostas por escrito, ele é sempre coloquial e caloroso, ao falar de sua obra, de literatura e dessa Cuba de veias abertas.

Que movimento de vida o levou a criar esta obra tão forte, violenta e coloquial?

Trilogia é um livro de catarse. Aproximadamente em 1990, entro numa crise pessoal, e, ao mesmo tempo, o país entra também em crise. Se danaram muitas coisas simultaneamente; e ou eu me suicidava ou fazia algo. Comecei a beber rum e a escrever todos esses contos baseados no que acontecia a mim e ao redor. É muito autobiográfico. Mais do que eu gostaria.

Qual a reação do meio literário e oficial cubano, dos seus amigos e conhecidos descritos no livro?

Não se conhece o livro em Cuba. Não se distribui. Quase ninguém leu. Por enquanto, continuo membro da Associação de Escritores. Apesar disso, em menos de um ano, está editado na Espanha e Itália, e se preparam edições no Brasil, Estados Unidos, França, Inglaterra, Suécia, Alemanha e Portugal.

Sua biografia tem coincidências com a de escritores aventureiros, como Jack London, Henry Miller e Charles Bukowski. Pode-se falar – como fez a crítica espanhola – de influência deles em sua literatura?

Desde os 7 anos de idade passava horas metido na biblioteca de Matanzas, minha cidade. Aos 13 escrevi meu primeiro poema a uma namorada. Aos 18 decidi que a única coisa que queria na vida era ser escritor. Aos 20 decidi que, para ser escritor, tinha de ler muito, viver intensamente e, sobretudo, afastar-me dos demais escritores, filósofos, artistas e pedantes que pululam pelas faculdades de artes e letras. Tinha de aprender sozinho. Miller e Bukowski não são conhecidos em Cuba. Conheci-os há pouco mais de um ano.

Antes da literatura, o senhor trabalhou como cortador de cana e foi soldado sapador, o que é arriscado, porque exige trabalhar com minas, demolições e construção de instalações militares. Poderia falar dessa experiência?

Meu serviço militar obrigatório se estendeu por quatro anos e meio, de 1966 a 1971. Desse tempo, estive dois anos e meio cortando cana como um animal nos campos de Camagüey. O resto do tempo em manobras militares, derrubando bosques com explosivos e estudando para pedreiro construtor. Terminei meio louco nas mãos de psicólogos freudianos por dois anos, o que me deixou ainda mais louco, até que me apaixonei por uma mulher maravilhosa, que me tirou de toda aquela confusão. Quando ela me deixou, voltou a confusão.

Durante esse período de anonimato, que atividades ou relações intelectuais o senhor mantinha?

Escrevia muitíssimo e escondia tudo, não mostrava. Só poemas de amor, um pouco ridículos, para minhas namoradas. Hoje em dia guardo uns seis ou sete livros de poemas e contos e dois ou três romances que algum dia queimarei. Releio às vezes esses livros para caçoar de mim mesmo e, sobretudo, recordar o trabalho e o tempo que levei para aprender a escrever mais ou menos.

No início de sua vida literária houve algum concurso, prêmio ou alguma ajuda especial?

Não tenho prêmios, nem me agradam os concursos, e não tenho o espírito competitivo. Tenho muitos amigos que me querem e aos quais quero muito e que me ajudam e me apoiam.

COMO O SENHOR DEFINIRIA SUA POESIA, TANTO A ESCRITA QUANTO A VISUAL? Minha poesia escrita se parece com a minha narrativa, e talvez se possa encontrá-la editada em Buenos Aires. Em Cuba também não a conhecem. A visual é um jogo algo inconsciente. Totalmente absurdo. Nunca se sabe por que se joga, e eu também não sei por que faço poesia visual.

O SENHOR TAMBÉM SE DEDICA À PINTURA E À ESCULTURA. QUAL DAS ARTES O INTERESSOU PRIMEIRO? Veio tudo junto. Quando menino, eu lia toneladas de gibis, de Super-Homem até Luluzinha. Segundo Ariel Dorfman e Armand Mattelart, isso me fez mal, mas ao mesmo tempo me deixou um gosto subconsciente muito forte de misturar sempre o visual e o verbal. Texto e imagem.

MAS HÁ ALGUM ESTUDO TEÓRICO OU ALGUMA PRÁTICA DE ARTES PLÁSTICAS EM SUA VIDA? Aos 13 anos quis entrar na Escola de Artes Plásticas de Matanzas, que era muito boa. Meus pais disseram não, porque isso era "coisa de *maricones*". Aos 16 tentei ingressar na Escola Nacional de Arte e tinha uma bolsa, mas, quando o diretor soube que eu estava no período do serviço militar, me chamou e me disse que eu fosse servir a pátria. Não esqueço o sacana. Mas o meu estilo é abstrato, faço textura e experimento materiais.

PODE-SE FALAR DE INFLUÊNCIA DO CINEMA EM SEUS ROMANCES? Talvez o cinema tenha influenciado; centenas de filmes americanos dos anos 1950 e centenas de filmes europeus dos 1960. Quando cheguei aos 25 anos, já havia visto todo o melhor cinema. Hoje em dia, 98% dos filmes me parecem lixo.

TRILOGIA SUJA DE HAVANA REVELA UMA ENERGIA REBELDE E AO MESMO TEMPO HARMONIA DE ESTRUTURA E LINGUAGEM. COMO SE DEU A ELABORAÇÃO DESSA ESCRITA? Na realidade, são três livros, e foi doloroso escrevê-los, entre 1994 e 1997. Quando pensei que havia terminado o primeiro, vejo que continuo acumulando mais anotações e mais ideias; e escrevo o segundo volume: *Nada que hacer*. Quando acreditei que já havia me livrado dos fantasmas, descubro que não, e então escrevo *Sabor a mi*. Por fim, terminei e, em 1998, saiu em Barcelona e Roma.

É UM LIVRO SEM NENHUMA AMABILIDADE OU CONCESSÃO POLÍTICA À ATUAL REALIDADE CUBANA. Não tenho motivos para ser amável nem fazer concessões. Creio que a literatura é algo demasiado sério. Se você vai ser amável e fazer concessões, é melhor ir vender tomates no mercado e ser amável com os fregueses. O escritor, no fundo, é um tipo amargurado, confundido, sem explicações para nada, e dá no mesmo se o compreendem ou não. Se cai bem ou mal. Se é simpático ou antipático. Se tem dinheiro ou se é um morto de fome. Se você não é assim, você é um palhaço.

PODE-SE DIZER QUE A REPERCUSSÃO DA OBRA DE SENEL PAZ, O AUTOR DE MORANGO E CHOCOLATE, TORNOU SEU CAMINHO LITERÁRIO MAIS FÁCIL?
Não conheço Senel Paz. Não conheço quase ninguém no mundo artístico cubano. E, sobretudo, quase ninguém me conhece.

SEU ROMANCE FALA DA CUBA ATUAL, ENQUANTO GUILLERMO CABRERA INFANTE CONTINUA, COM GRANDE AUDIÊNCIA, NA NOSTALGIA E NO ÓDIO AO REGIME. ATÉ QUE PONTO O SEU CAMINHO TEM A VER OU SE OPÕE AO DELE?
Cabrera Infante tem um romance maravilhoso, *Três tristes tigres*. Gosto muitíssimo. O problema é que 11 milhões de cubanos vivem na ilha e 2,5 milhões fora. É dramático, um abismo não só físico, mas emocional, cultural, intelectual. É de esperar, portanto, que os pontos de vista não sejam os mesmos.

OS LEITORES BRASILEIROS CONHECEM MAIS OS ESCRITORES CUBANOS CONSAGRADOS, COMO LEZAMA LIMA, CABRERA INFANTE, ALEJO CARPENTIER, NICOLÁS GUILLÉN E, DE CERTA MANEIRA, MIGUEL BARNET. QUAL SUA OPINIÃO SOBRE ELES?
Acredito que só há dois escritores absolutamente imprescindíveis na literatura cubana do século XX: Alejo Carpentier e José Lezama Lima. Creio mais ainda: me parece que são imprescindíveis para a literatura universal. Os demais podemos apagar de uma penada e não acontecerá nada.

SEM ESQUECER SEVERO SARDUY E REYNALDO ARENAS, COMO O SENHOR VÊ A PRODUÇÃO DOS MAIS NOVOS: ABILIO ESTÉVEZ (AUTOR DE *TUYO ES EL REINO*), JOEL CANO (DE *EL MAQUILLADOR DE ESTRELLAS* – PUBLICADO COM ELOGIOS NA FRANÇA) E LEONARDO PADURA FUENTES (DE *MÁSCARAS*)?
Esta lista está muito boa. Gosto. Creio que você está mais atualizado que eu.

O SENHOR CONTINUA TRABALHANDO COMO JORNALISTA EM CUBA?
Não tenho trabalho em Havana. Fui jornalista durante 26 anos, desde os 22 anos. Quando saiu *Trilogia suja de Havana*, estive três meses na Europa apresentando o livro, e, na minha volta, em janeiro passado, me chamaram da revista onde trabalhava e disseram que tinha me demorado muito fora e que não tinha permissão, algo assim, não recordo bem, e me deixaram sem trabalho. Agora só escrevo e pinto.

QUAIS OS SEUS ATUAIS PROJETOS LITERÁRIOS?
Em outubro próximo, lançarei um romance intitulado *El rey de la Habana* na Espanha e na Itália. E escrevo outro romance chamado *Animal tropical*, que deve estar pronto no próximo ano.

PARA TERMINAR: O QUE UM ESCRITOR DO CARIBE ESTÁ FAZENDO NA SUÉ-
CIA, LONGE DE CASA?
Faço amor duas ou três vezes por dia com minha namorada sueca, à tarde bebo
vodca ou cerveja e fumo uns bons charutos que trouxe de Havana. Fico na varanda
dando baforadas e não penso em nada. Isto me agrada muito: não pensar em nada.

O ESPLENDOR DE LOBO ANTUNES JANEIRO DE 2000
Sai no Brasil O esplendor de Portugal, *de Lobo Antunes, o escritor do romance novo sobre*
um império velho e ruínas emocionais.

Visto por muitos como o melhor escritor de Portugal, o que já soa como provocação aos incondicionais de José Saramago, António Lobo Antunes está
voltando ao Brasil – antes passou quase despercebido com *Os cus de Judas*
(1984), *A ordem natural das coisas* (1992) e *O manual dos inquisidores* (1998).
Pessoalmente, ele está pouco se lixando para a polêmica, e, se lhe perguntarem quem é o melhor, provavelmente dirá que é José Cardoso Pires (*Baladas*
da Praia dos Cães), amigo querido e magnífico romancista (1925-98). No fundo,
a disputa evidencia variações estéticas e ideológicas (e isso conta) na alta
literatura contemporânea de Portugal. As diferenças são de estilo.
Enquanto Saramago se atém à narrativa clássica, e o faz bem, Lobo Antunes
alinha-se aos destruidores do enredo tradicional. Importa-lhe subverter a ordem cronológica dos fatos, criar narrativas paralelas e armar diferentes planos e imagens para a mesma história. Livros polifônicos. Se algumas vezes
chegou à sobrecarga de metáfora, o tempo afinou-lhe o instrumento para um
objetivo contundente: revelar o que custou aos portugueses a estratificação
social e mental no plano interno – um país que ficou muito velho, como queria o ditador civil António de Salazar e seu regime (1926-74) – e uma guerra
colonial que jogou a pá de cal no império colonialista acalentado desde dom
Sebastião. *O esplendor de Portugal* (título extraído de um verso do hino nacional português) mostra o que sobrou da presença lusitana em Angola por
meio da ruína psicológica de pessoas que, de grandes proprietários em África,
caíram no cinza dos subúrbios de Lisboa em menos de uma década. Obra
poderosa que engrandece a língua. Lobo Antunes, de início reticente e, ao
fim, caloroso, conta nesta entrevista a *Bravo!* como trocou a medicina pelo
romance e como quase nasceu brasileiro.

O SENHOR FALOU UMA VEZ DAS INFLUÊNCIAS DO CINEMA E DA MÚSICA NOS
SEUS LIVROS. COMO SE PROCESSA A LIGAÇÃO ENTRE A MÚSICA E OS ROMANCES?

É verdade, mas a principal influência em escrever sou eu mesmo. Porque, ao fim de tantos anos de trabalho, com quem você tem de aprender é consigo mesmo. É mergulhar dentro de si mesmo. Inclusive a própria técnica, porque cada homem é o primeiro homem. Então, o que é necessário é que você lute para encontrar a sua voz autêntica.

MAS, DE QUALQUER FORMA, HÁ A QUESTÃO DA MÚSICA.

É o seguinte: faz mais de dez anos, eu estava assistindo na televisão a um programa inglês da BBC em que aparecia um ornitólogo falando sobre o canto dos pássaros. O canto dos pássaros é breve, muito rápido, demora alguns segundos. Ele decompunha o canto dos pássaros, tornava-o lento e mostrava como a estrutura desse canto é semelhante à das sinfonias de Haendel, de Haydn, de Mozart. Isso foi como uma revelação para mim. Pensei: eu posso adaptar os conhecimentos de música que tenho e construir romances como sinfonias. Penso que toda arte tende para a música e toda música tende para o silêncio.

ATÉ QUE PONTO A LITERATURA PSIQUIÁTRICA ESPECÍFICA E OS PROCESSOS MENTAIS QUE ESTUDOU DERAM-LHE CONHECIMENTOS ÚTEIS À SUA LITERATURA?

Nada. Fui para medicina por ser o filho mais velho de um médico, mas ia escrevendo sempre. E depois eu queria fazer cirurgia, mas é uma especialidade muito competitiva e complicada porque me tiraria tempo para escrever. Psiquiatria dava menos trabalho, foi uma escolha puramente casual. Isso até os meados dos anos 1980, em que eu deixei completamente a medicina.

MAS DA MEDICINA EM GERAL NÃO RESTOU NADA NO SEU IMAGINÁRIO?

O que eu me recordo mais na faculdade é da súbita descoberta da morte. Não havia morte para mim, toda a gente era nova. Mesmo as tias velhas do Brasil que moravam em grandes apartamentos escuros. As que moravam em Portugal continuavam vivas. Portanto o meu encontro com a morte foi nos hospitais, e isso foi uma experiência dolorosa, marcou muito.

O SENHOR ACREDITA QUE A ESCRITA É UM DELÍRIO ORGANIZADO. ATÉ QUE PONTO ESSE CONCEITO SE MANIFESTA EM SUA OBRA?

Toda escrita é um delírio estruturado no sentido em que Coleridge, o poeta inglês, dizia ao se referir à suspensão da incredulidade. Ou seja, ninguém morre a cantar como na ópera, no entanto você se comove até às lágrimas. Quando o autor nos faz uma proposta suficientemente forte, ela se torna verdadeira. Literatura é edifício lógico construído a partir da primeira premissa lógica, que é: vamos fazer de conta que tudo isto é verdade. É nesse sentido que eu falo de delírio.

O SENHOR AFIRMOU TAMBÉM QUE, DE VOLTA DA GUERRA EM ANGOLA, ESCREVER FUNCIONAVA COMO UM ANTIDEPRESSIVO. O TERMO DEPRESSÃO, ALIÁS, É FREQUENTE NAS SUAS ENTREVISTAS.

Quando eu comecei, toda a gente me pintava como o *enfant terrible* da literatura. A partir daí, passei a ser o consagrado profundo e desesperado. Nada disso é verdade.

Em todo caso, a palavra "depressão" é comum em suas declarações.
Eu alteraria a Bíblia. Onde está "Ao princípio era o verbo", eu escreveria "Ao princípio era a depressão". Nossa vida é feita, é construída da forma como vamos lutar contra a depressão até a depressão final, a morte. Agora, isso não impede a alegria.

Qual violência da guerra o atingiu mais: aquela direta do combate ou a do colonialismo em si?
Gosto pouco de falar da guerra porque... era uma coisa terrível. Vamos dizer, eu estava num batalhão, um batalhão de seiscentos homens, e nós tivemos 150 baixas. É muito. Não morreram todos, mas há os que ficaram sem as pernas, sem... enfim.

O senhor ficou diretamente exposto a essa brutalidade?
A guerra é aquele absurdo incompreensível. Muitas vezes você morria sem ver quem o matava, porque era luta de guerrilhas, com emboscadas, com minas. Era uma espécie de Vietnã dos pobres. Mas isso me fez ainda mais... sei lá. Eu passei, eu e todo o meu batalhão, quatro anos no Exército. Desses quatro anos, um primeiro ano de treinamento, quase como os cães de Pavlov, [em que] você era ensinado a matar. Depois era lançado na guerra [durante] 27, 28 meses, sempre na selva. Entende? Era estranho ver ali rapazes – porque era uma guerra de guris. Os soldados tinham 20 anos; os jovens oficiais, como eu, tinham 24 ou 25. Como explicar o horrível daquilo, da violência? A descoberta de como pessoas generosas e boas eram capazes das piores atrocidades. Eu assisti a atrocidades horríveis, fui vítima delas. Eu me lembro de soldados com um colar de orelhas no pescoço. A violência era tremenda de parte a parte. Mas o que para mim é importante é a total ausência de ódio que ficou depois da independência.

O esplendor de Portugal volta à questão do império português e do colonialismo. O que pretende acrescentar, tanto na forma quanto no conteúdo, a um tema já tão presente em sua ficção?
É porque eu fiquei apaixonado por Angola. Luanda é muito parecida com o Rio de Janeiro. Tem a mesma baía, é o mesmo tipo de cidade. Todo aquele país é de uma beleza única. Agora, nesse livro, não se fala da guerra colonial. Fala-se de antes da guerra colonial e depois da independência.

E do impacto da independência em Portugal.
Com a independência, de repente 1 milhão de pessoas vieram para Portugal, um país que elas não conheciam, porque muitas tinham nascido já em África.

Angola, Moçambique, Cabo Verde. De repente, elas estavam num país que não sabiam o que era, que era um país mítico para elas. Uma situação esquizofrênica. Me pareceu que colocar essas pessoas nessas situações extremas seria um bom material para trabalhar.

O SENHOR DEMONSTRA ADMIRAÇÃO POR JOÃO CABRAL DE MELO NETO COMO A GRANDE VOZ POÉTICA DA LÍNGUA PORTUGUESA.

João Cabral é um dos mestres da língua. Aliás, o Brasil tem neste século poetas de qualidade extraordinária, difícil de igualar. Repare: tem Cabral, Carlos Drummond, Manual Bandeira, tem Jorge de Lima de *Invenção de Orfeu*, um dos monumentos da poesia deste século. Tem Murilo Mendes, tem Mário Quintana da última fase, tem Ferreira Gullar, tem Cecília Meireles, tem alguns poemas de Cassiano Ricardo, tem Vinícius de Moraes e Joaquim Cardozo.

QUE POETAS PORTUGUESES RECOMENDARIA HOJE AOS LEITORES BRASILEIROS, MUITO LIGADOS À IMAGEM DE FERNANDO PESSOA OU FLORBELA ESPANCA?

Por ter sangues misturados, tenho dificuldade de distinguir Brasil e Portugal. Agora, em Portugal há poetas muito bons, como Herberto Helder, Eugénio de Andrade, Pedro Tamen. Nossa forma de expressão sempre foi a poesia, mais do que o romance. Você olha a nossa história literária – e, quando digo a história literária, estou falando a língua – e encontra mais poetas do que prosadores.

NÃO LHE PARECE UMA DIVISÃO UM TANTO SEVERA?

Sabe, eu creio que nosso problema é que trabalhamos com uma língua portuguesa em que há uma grande tendência para a pessoa se derramar, porque a língua é ótima, muito maleável. É mais fácil ser bom escritor em português do que em francês. Você pode mexer a língua. Então, isso no romance põe muitos problemas, uma tendência para o derrame, para o uso excessivo de adjetivos, metáforas diretas e indiretas, imagens etc. É preciso lutar contra isso o tempo inteiro.

SIM, MAS PODE-SE CHEGAR A EXCELENTES RESULTADOS.

Penso também que nós somos preguiçosos. Enquanto a pessoa pensa que faz um poema num dia, um romance demora um ano. Então se publicam poucos romances e de muito má qualidade. Um romance é uma questão de trabalho. É difícil resistir... Você tem de trabalhar, mas aparece uma garota bonita e você, para escrever romance, tem de deixar a garota para quando acabar o romance. Senão você não consegue escrever. Por exemplo, se eu vivesse no Rio de Janeiro – e a certa altura pensei nisso –, eu não escrevia. Com mulheres tão bonitas eu não escrevia.

POR FALAR EM ESCREVER BEM, O QUE É UM BOM ROMANCE PARA O SENHOR?

O livro fácil seria um livro em que todas as páginas fossem espelhos. Onde você se vê não só a si próprio, mas o seu passado, o seu presente, o seu futuro. O que é um livro bom? Para mim um livro bom é aquele que eu tenho a impressão de ter sido escrito só para mim. E que os outros exemplares dizem coisas diferentes.

O SENHOR TEM IDEIA DE COMO, SENDO DE UM PAÍS PEQUENO E, DIGAMOS, PERIFÉRICO EM RELAÇÃO AOS GRANDES CENTROS DO MUNDO, A SUA LITERATURA HOJE TEM UMA ACEITAÇÃO AMPLA NO RESTO DA EUROPA E NOS ESTADOS UNIDOS? Não tenho a sensação de pertencer a um país pequeno ou a um país grande. Eu escrevo em português. É evidente que, se você escreve em português, viva você onde viver, é sempre difícil ser traduzido. Porque a mesa é pequena, há poucos lugares à mesa. E para você sentar à mesa tem de empurrar alguém que já está sentado. Publicam-se de 200 a 300 mil romances por ano. Como é possível sair disso?

ESSA É EXATAMENTE A PERGUNTA. COMO FOI O SEU CASO? Essa aventura para mim começou de uma maneira muito curiosa. Havia um americano chamado Thomas Colchie, agente literário de Jorge Amado, Drummond, Ernesto Sábato e outros, e que eu não conhecia. Um dia passou aqui um escritor brasileiro que eu também não conhecia, o Márcio Souza, e alguém lhe deu de presente um livro meu. O Márcio depois passou em Nova York e disse ao Colchie: "Você tem de ler este livro". E eu não sabia nada disso quando recebi uma carta dele dizendo que queria ser meu agente. Pensei que era brincadeira e não respondi. Ele mandou uma segunda carta, e aí eu disse: "Por que não? É chique ter um agente em Nova York". O começo foi difícil, ele andava com os livros e ninguém queria, nenhuma editora. Agora eles pagam muito.

QUAIS OUTROS ROMANCISTAS PORTUGUESES VALERIA A PENA O LEITOR BRASILEIRO CONHECER? Há outra geração, pessoas muito novas que estão começando a publicar. Por exemplo, Jacinto Lucas Pires e o José Riço Direitinho.

O SENHOR HOJE É UM SUCESSO DE VENDAS, MAS ME PARECEU QUE USOU DE CERTA IRONIA AO SE REFERIR À SUA CONDIÇÃO DE ENFANT TERRIBLE. Se você é escritor mesmo, não pode pensar no sucesso; só pode pensar em fazer o seu trabalho o melhor que você puder. Uma coisa que falta muito a nós, latinos, que é o sentido ético da escrita.

PODERIA EXPLICAR MELHOR SEU PONTO DE VISTA? Por exemplo, um homem que tinha o sentido ético da escrita era Graciliano Ramos. Uma atitude ética perante a vida também, e perante os homens. Era muito importante. Nem estou falando da literatura dele; estou falando da postura dele enquanto artista, enquanto homem. Do ponto de vista ético,

Graciliano era impecável e bem poderia servir de exemplo para todo aspirante a escritor do que é necessário de exigência e de rigor.

O SENHOR FALOU DO SEU LADO BRASILEIRO. É UMA LONGA HISTÓRIA, NÃO?
A maior parte da minha família está no Rio, agora. Meu avô e os irmãos todos nasceram no Brasil. Meus bisavós eram muito ricos no Amazonas. O romance *A selva*, do Ferreira de Castro, fala da família Antunes, que era a família do meu bisavô, Bernardo António Antunes.

SUA FAMÍLIA SE DEDICAVA A QUÊ, NA AMAZÔNIA?
Era uma família da borracha, dessas grandes fortunas da borracha que sofreram um grande abalo quando surgiram as plantações de Cingapura.

MAS OS SEUS PAIS NÃO SÃO BRASILEIROS.
Meu bisavô vinha fazer estação de águas na estância francesa de Vichy. Vinha de Belém do Pará para a França porque minha bisavó precisava. E um dia deixaram o meu avô em Portugal, no colégio militar. Então, o resto da família estava no Brasil e ele estava aqui. Um dos irmãos dele, meu tio-avô, se formou em medicina no Rio de Janeiro e tinha nacionalidade brasileira. O meu avô acabou ficando cá. Foi assim.

HAVIA TAMBÉM UM RAMO DE SUA FAMÍLIA EM ANGOLA.
Esse meu avô, em lugar de voltar ao Brasil, foi para o norte da África, onde nasceram muitas das minhas tias e onde o meu pai cresceu. E só voltou a Portugal no final dos anos 1930. Então, no Natal se juntavam todos aqui em Lisboa, e era muito engraçado ver todas aquelas pessoas falando de maneiras diferentes.

A PROPÓSITO DESSAS LIGAÇÕES ENTRE BRASIL E PORTUGAL, COMO O SENHOR ACHA QUE ESTAMOS DE PARTE A PARTE EM MATÉRIA DE LEITURAS? ESTAMOS NOS LENDO BEM OU MAL?
Não sou político, não sei dizer de forma global. O que eu penso é que nunca houve uma autêntica política. Nunca houve. Não ensinam as pessoas a ler. É preciso ensinar as pessoas a ler. Quer dizer, um bom escritor ensina os seus leitores a lê-lo. Não sei se estou sendo claro.

ROMANCES SOBRE O DOURO ABRIL DE 2000

Dom Casmurro, *de Machado de Assis, e* Os Maias, *de Eça de Queiroz, inspiram* Madame, *de Maria Velho da Costa, um ousado espetáculo teatral português que põe em cena as personagens Capitu, vivida pela brasileira Eva Wilma, e Maria Eduarda, pela portuguesa Eunice Muñoz*

Capitu e Maria Eduarda, as jovens e enigmáticas anti-heroínas de *Dom Casmurro* e *Os Maias*, respectivamente, saem do instante de vida em que as deixaram seus criadores – Machado de Assis e Eça de Queiroz – e ressurgem agora no teatro, por invenção da escritora Maria Velho da Costa. Protagonistas de amores obscuros, as duas reaparecem – hoje elegantes senhoras – recordando aquelas velhas questões que intrigam leitores e ensaístas: a infidelidade de Capitu, o incesto de Eduarda. Sob as luzes do Teatro Nacional São João, no Porto, imponente cidade do vale do rio Douro, elas revivem no talento de duas atrizes superiores: Eva Wilma e Eunice Muñoz. O espetáculo – que virá ao Brasil – nasceu da parceria de dois profissionais do moderno teatro português: o cenógrafo António Lagarto, que teve a ideia ainda quando diretor artístico do Festival Internacional de Teatro de Lisboa, e o diretor Ricardo Pais, que o pôs em cena. No momento em que o pano se abre para tanta paixão, confirma-se no plural o verso de Fernando Pessoa: nossas pátrias são nossa língua.

O agitado e comunicativo Ricardo Pais, oriundo do teatro universitário de Coimbra, com estudos na Inglaterra, e que impôs sua forte marca na cena lusitana, explica o desafio que assumiu para estabelecer novo fato estético com base na releitura de obras-primas: "Eu não parto para uma visão cênica dos romances. Eles foram o ponto de partida de Maria Velho da Costa. O que eu tenho de resolver em encenação é o magnífico texto dela. As diferenças literárias, estilísticas dos dois autores geram duas visões de duas mulheres claramente inscritas nos respectivos passados sociais, vivendo agora um presente cênico novo. Vamos a ver o que sobra do grande Eça e do moderníssimo Machado de Assis".

Ele reconhece que o enredo é esparso. O que conta no caso é o sentimento de mundo dessas mulheres de exceção – as da ficção, almas de papel, e as intérpretes, reais – que encarnam as diferenças de um universo cultural aparentado: "Os brasileirismos de Capitu foram reescritos à mesa por Eva Wilma, cuja colaboração foi preciosa. Eu nunca soube o que o termo luso-brasileiro quer dizer. Suspeito é de uma expressão simbólica de boa vontade. Do que posso é falar dessa alucinada luta entre as duas variantes da língua e das coisas surpreendentes que descobrimos uns nos outros. Vivo de criar ambientes integrados, e, muitas vezes, metade do esforço de integração é só meu. Não foi o caso com dona Eunice e dona Wilma".

Em relação aos fiéis seguidores dos textos originais – *Os Maias*, longo, descritivo e onde tempo pesa; *Dom Casmurro*, nervoso, conciso e plástico –, Pais adota uma posição tranquilizadora, mesmo com os eventuais não leitores dos livros: "Essa é a questão a evitar. Mas a resposta é: todos os que entraram na sala de ensaios ficaram fascinados. Quase ninguém leu o Machado, muitos já esqueceram o Eça. Quem vir o espetáculo perceberá de imediato o grau das nossas cumplicidades e do nosso prazer", diz.

ENTRE MULHERES

A escritora Maria Velho da Costa permitiu-se criar um destino diferente para Capitu e Maria Eduarda

Além de uma senhora ficcionista, Maria Velho da Costa é personagem da história recente de Portugal. Em 1972 escreveu, com duas outras escritoras, Maria Teresa Horta e Maria Isabel Barreno, *As novas cartas portuguesas*, um livro confessional sobre tabus da condição feminina – amores, sexo, casamento – e também de política, sobretudo das guerras coloniais na África. A obra foi proibida, e as autoras, processadas pela decrépita ditadura salazarista, o que motivou um movimento internacional em defesa das "Três Marias", como ficaram conhecidas. O final feliz veio com os cravos da Revolução de Abril de 1974, que devolveu a democracia ao país e consagrou os escritos libertários. Autora de romances como *Cravo, Casas pardas, Corpo verde, Missa in Albis* e *Irene* ou *O contrato social*, Velho da Costa é uma mulher de atitudes fortes. Não se abalou em tocar em mitos da literatura brasileira e portuguesa em favor de uma terceira história, introduzindo personagens e dando desfecho a situações que Eça e Machado deixaram no ar. Nesta entrevista à *Bravo!* – em que rapidamente se chegou à informalidade da segunda pessoa do singular – ela explica essa proeza artística simpaticamente transgressora na certeza de que, no teatro, tudo vale desde que a alma e a inspiração não sejam pequenas.

COMO SURGIU A IDEIA DE REUNIR, NUMA SÓ PEÇA DE TEATRO, ESSAS DUAS PERSONAGENS FEMININAS TÃO MARCANTES: CAPITU, DE *DOM CASMURRO*, E MARIA EDUARDA, DE *OS MAIAS*?
O Ricardo Pais sabia do projeto de fazer um espetáculo com duas grandes atrizes, uma portuguesa e outra brasileira, e me perguntou se eu teria um texto. Disse que tinha a intenção de um dia pegar a Maria Eduarda e tratar como ficção a história de *Os Maias*, do ponto de vista dela. E ele disse: "Não tens outra ideia?" E eu disse: "Bem, da dimensão de Maria Eduarda há Capitu". Fui ver as datas e dava, um pouquinho forçado, mas dava para expor o exílio delas na mesma época, mais ou menos, em França, e elas terem um contato, uma amizade.

HÁ UMA DIFERENÇA ENTRE O SEU TEXTO, PUBLICADO EM LIVRO, E A VERSÃO QUE SERÁ VISTA NO PALCO?
Não sou dramaturga e, portanto, tem aspectos de escrita para teatro em que o Ricardo me apoiou; ele foi fantástico. O texto foi publicado em livro, mas, quando Eva Wilma veio a Portugal encontrar-se com Eunice Muñoz, trabalhei

com elas e o Ricardo. Muita coisa foi alterada, porque uma coisa que existe é que o brasileiro e o português não se entendem assim tão facilmente.

Não se entendem na dimensão da linguagem ou nas diferenças da cultura?

Na linguagem e seus ritmos. Às vezes brasileiro e português têm que se traduzir um ao outro, não é imediato. No momento em que a escrava brasileira fala com sotaque muito fundo, com maneiras de dizer que são muito próprias do interior do Brasil, e a criada de Maria Eduarda fala com sotaque do norte de Portugal, e com algumas palavras um pouco rudes, elas não se entendem mesmo. Então a escrava diz: "O que vosmecê falou?". E a outra diz uma palavra muito grosseira e depois explica.

Como rapariga, que significa jovem em Portugal e prostituta no Brasil. Essas coisas?

Exatamente, exatamente. No momento em que a criada diz: "Olha, rapariga!", a escrava responde: "Ah, isso eu não sou não!".

O que a portuguesa Maria Eduarda e a brasileira Capitu teriam, cultural e psicologicamente, de semelhante e de diferente?

De semelhante, são duas mulheres que tiveram um episódio obscuro extremamente incômodo no passado. Uma, um incesto com o irmão, com o português. Capitu, tendo sido ou não adúltera, foi expulsa do Brasil pelo marido e colocada com o filho na Suíça. Mas elas se encontram já em Paris. Maria Eduarda se dá ares de grande burguesa; Capitu não é burguesa, é mais pequeno-burguesa. São duas mulheres burguesas que têm um segredo que acabam por revelar uma à outra à medida que a relação se vai tornando mais amistosa, mais confiante.

Essa aproximação é tranquila ou sujeita a mal-entendidos e atritos?

As duas, com a sua relativa infelicidade, estão muito bem economicamente. Vivem bem, têm dinheiro, têm bens. Maria Eduarda é mais pretensiosa que Capitu, pouquinho de pedante. Isso até tem graça, porque Maria Eduarda tenta ensinar modismos, maneiras, elegância a Capitu, que por um lado aceita, mas por outro não gosta. Então, você tem várias zonas de entendimento e desentendimento durante toda a peça.

Mas há momentos tranquilos e de grande aproximação?

Ao longo da peça passam muitos anos. Há uma competição entre elas, mas também uma profunda, grande cumplicidade e até amizade, mesmo. São mulheres de sessenta e tantos anos, com seus hábitos e suas manias, não é?

Numa primeira leitura da peça, nota-se uma intenção sua de não se intimidar e até mesmo enfrentar a celebridade desses dois romances. Estou certo?

Olha... Como é que eu vou dizer? Minha intenção é mais celebrar e até, de certa forma, levar as pessoas a ler esses autores. Porque a peça tem muito mais interesse se você conhecer os dois livros. Nos romances elas são jovens e, na peça, tudo se passa muitos anos depois.

A SUA VERSÃO DESSAS HISTÓRIAS, AO ELIMINAR ASSIM, UM TANTO RADICALMENTE, AS CIRCUNSTÂNCIAS SOCIAIS DOS LIVROS, NÃO CORRE O RISCO DE REDUZIR A TRAMA A UMA QUESTÃO PSICOLÓGICA?

Espera, eu quero saber o que tu leste, porque quase se pode falar de duas peças. Há o texto que eu publiquei em livro e há o texto final depois; já trabalhei com as atrizes. Na segunda versão, tu tens muita referência às origens sociais delas. Há questões de dinheiro, até muito mais do que na primeira versão, porque isso pode ser muito sério. Portanto, não me parece que se possa reduzir a peça a um confronto psicológico entre duas mulheres de idade.

PORQUE REALMENTE É DIFÍCIL ABSTRAIR A QUESTÃO SOCIAL PRESENTE EM EÇA E MACHADO.

Atrás daquilo tudo, está o nome de família, a indiferença do marido em Capitu, a indiferença do irmão na outra. Indiferença que tem também o aspecto *status*. Então, este lado aparece, e a cenografia e os figurinos também darão muito conta disso: o cuidado que elas têm nas roupas, na maneira como estão à mesa. Enfim, há todo um lado social embora não seja assim tão explícito. E mais. Tu tens o confronto entre elas duas e uma opinião que têm delas a criada de Eduarda e a escrava de Capitu.

ESTA FOI UMA SOLUÇÃO INTERESSANTE: O PONTO DE VISTA DOS SERVIÇAIS. A escrava de Capitu diz: "Que nada!, ela não é nada disso, ela está mentindo para tua patroa". E tens a criada de Maria Eduarda que, quando começa a confiar mais na escrava, conta muita coisa negativa da patroa.

PERCEBE-SE UM CERTO FEMINISMO ANÁRQUICO NA SUA ESCRITA, AO LEVAR AS PERSONAGENS A DIZER ALGUNS PALAVRÕES, ALGUMAS COISAS DE BAIXO CALÃO QUE NÃO ESTÃO NOS ORIGINAIS.

Claro. As pessoas, principalmente se forem criadas, escravas, não falam em casa como num romance do século XIX. Eu ponho-as a falar em casa, não é? São mulheres de origem muito rude e falam como falam. Mas mesmo Maria Eduarda, muito aristocrata, foi criada com a mãe numa casa duvidosíssima. Havia jogo, uma vaga prostituição.

O QUE MOTIVOU A LOCALIZAR TANTO A EDUARDA QUANTO A CAPITU NA FRANÇA, E NÃO EM LISBOA OU NO RIO, POR EXEMPLO?

Quando Maria Eduarda e o irmão descobrem o parentesco, ele envia-a para Paris, porque é muito mais fácil ocultar o escândalo em Paris, no estrangeiro.

Já Capitu é colocada pelo marido, com a criança e com criadas, na Suíça. O subterfúgio que eu faço, o único, é pôr Capitu em Paris. E a desculpa é que o filho dela, Ezequiel, está estudando arqueologia, que evidentemente é mais fácil estudar em Paris do que na Suíça.

DO PONTO DE VISTA DAS ESTRUTURAS SOCIAIS, O QUE DO PORTUGUAL DE EÇA CONTINUA NO PORTUGUAL DE HOJE?
(Risos) Há muita coisa. Acho que continua a ter novos-ricos, e cada vez mais. Novo-rico com patins, como diz o Ricardo Pais com muita graça. Novo-rico com patins é a coisa que mais tem agora. Não há mais estruturas tão rígidas na relação homens/mulheres, principalmente do ponto de vista jurídico e constitucional. Mas em nível do dia a dia... Olha, a diferença não é assim tão grande mesmo.

INVERTENDO A QUESTÃO, PELO SEU CONHECIMENTO, O QUE VOCÊ AINDA VÊ DE TRAÇOS MACHADIANOS NO COTIDIANO DO BRASIL?
Conheço muito mal o Brasil, ou o que eu conheço do Brasil, até certo ponto, são as vossas telenovelas. Mas não conheço nenhuma delas que tenha as características fabulosas de novela que tem *Dom Casmurro*. O livro, e aqui fica a questão, dava uma telenovela incrível, incrível! É um texto sobre um homem bastante perturbado. E tens uma situação de ciúme provavelmente mórbido. Ora, ciúme não é de época, não é?

QUE OUTROS GRANDES LIVROS BRASILEIROS E PORTUGUESES, NA SUA OPINIÃO, SE PRESTARIAM A ADAPTAÇÕES COMO ESSA QUE VOCÊ FEZ DESSAS OBRAS-PRIMAS?
Olhe, há um texto que infelizmente já foi feito, uma personagem que é das mais gloriosas da literatura – não da língua portuguesa – é da literatura, ponto final, que é Diadorim, de *Grande sertão: veredas*. Diadorim é uma criatura absolutamente maravilhosa. Agora imagina pôr Diadorim em contraste com a nossa Maria de Fontes, que é uma heroína de uma revolta popular de 1846, no tempo do rei dom Miguel? Não são bem contemporâneas, mas... sei lá. Olha, esse tipo de receita não acaba, e também não podes abusar. Uma vez tem graça, muitas não sei se tem.

O QUE HÁ DE PERFEITO, DE COMPLETO EM NOSSA LITERATURA DESDE SEMPRE? OS LIVROS GRANDIOSOS.
Quer que eu seja franca? E não é por estar a falar contigo, um brasileiro: eu acho que aquilo de que você não pode tirar uma vírgula, uma só vírgula, é *Dom Casmurro*. Camilo Castelo Branco é genial, Eça eu admiro. Agora, Machado de Assis e Guimarães Rosa são o *maior* da vossa prosa. Eu já disse isso uma vez e volto a repetir: os pontos mais altos da língua portuguesa são Camões e Guimarães Rosa. Depois há Machado e mais Machado. Em *Dom Casmurro* tudo é visual: a cena do cabelo de Capitu, as cenas de rua, tudo tem uma força visual que *Os Maias* não têm.

Outros escritos
Perfis

A SUPERMULHER DE ROSTO COMUM JUNHO DE 1981

Escalopinho e vinho branco: perfeitos para uma noite de muita conversa numa cantina paulistana. Marília Pêra acabou de representar, mais uma vez, *Brasil da censura à abertura* e, agora, pede escalopinho ao limão. Marco Nanini, amigo, parceiro de todas as horas, também está presente. Ele prefere uma boa picanha; antes, porém, uma vodca com gelo, por favor.

Durante a escolha – quando ficamos quase debruçados sobre o cardápio – registro uma reação quase imperceptível. Ela me olha subitamente, assim meio de soslaio. Mas quem me fita não é a artista refulgente e prisioneira da doce/ terrível imagem de estrela absoluta. Ao contrário. O olhar pertence a uma mulher vagamente tímida e, ao que parece, pretende expressar educada deferência. Constatar se consigo enxergar bem a lista de pratos. Ou será que Marília sentiu a difusa sensação de estar sendo observada pelo jornalista? Mas eu estava realmente atento ao menu. É verdade que, ao longo do jantar, eu a observei encantado. Cuidadosamente, aos poucos. Para não trincar o clima descontraído que nos esforçávamos polidamente para criar. Sim, minha querida Marília, fiz o possível para você não perceber. Não a deixei notar (penso), nem mesmo quando acompanhei seus gestos longos e lentos ao fumar, apanhar o copo ou cruzar as mãos. Suas mãos delicadas, semijoias, livres de tratamentos especiais, finos cosméticos etc. Mãos simples e algo nervosas quando deslizam ajeitando os cabelos.

Esforcei-me ao máximo igualmente para ser distraído na aparência enquanto buscava o outro lado dos seus olhos. Grandes, onde se vislumbram relâmpagos de emoção ao meio de um assunto para, no minuto seguinte, traduzirem certo cansaço ou darem a entender que sua dona está novamente com aquele jeito ausente, inimaginável para o grande público da esfuziante presença feminina.

Enquanto Marília e Nanini, cúmplices e camaradas, trocam impressões a respeito do público, sábado, duas sessões lotadas, inicio a captação dos detalhes possíveis desta outra Marília pressentida no breve comentário de um crítico teatral carioca: "Não se espere da bela Marília, ao vivo, toda a força daquela presença cênica". Realmente, a magia sensual-histriônica-dramática que meio Brasil conhece não se manifesta com igual intensidade quando o pano fecha, as luzes se apagam ou termina a gravação do estúdio de TV. O que não a impede de continuar fascinante. De outra maneira. Tudo bem, mas quem é, então, esta mulher de 38 anos, três filhos, presentemente solteira e com 34 anos de profissão? Exatamente, 34 anos. Estreou aos 4 anos numa ponta em *Medeia*, portentosa tragédia grega representada pela igualmente portentosa Henriete Morineau.

Filha, neta, sobrinha de atores e atrizes, Marília carrega consigo exemplos e as lembranças de uma gloriosa raça em extinção: a dos artistas – reais, populares, palpáveis – dos anos pré-televisão, e que percorriam o país em precaríssimas excursões. Arte criada a duras penas em circos, auditórios de rádios interioranas e clubes. Teatro mambembe, já ouviram falar? Gente curiosa que entendia de circo, radionovela, cinema, revista musical, melodrama, inocentes comédias de costumes e clássicos de dramaturgia universal. Gente que viveu no aperto e morreu pobre (ou está passando seus melancólicos últimos dias no *Retiro dos artistas*, nome esforçadamente delicado para asilo). Manuel Pêra, pai de Marília, foi um ator conhecido. Faleceu aos 74 anos sem deixar nada para a família. "Esta é a grande mágoa que tenho", desabafa Marília. "Um homem talentoso viver só para sua arte e acabar quase na miséria. Eu me rebelo contra este destino de pobreza a que o artista parece condenado. É preciso acabar com isso."

Uma infância diferente. Nada de problemas folhetinescos, mas diferente. Meninice entre adultos, homens e mulheres maquilados, camarins e bastidores. Quase sempre viajando. "Quando estávamos em casa", explica Marília, "era sinal de desemprego. Trabalho quase sempre significava excursão." A lembrança desses anos alternadamente alegres e duros é nítida. O aplauso da vida modesta. As luzes, as cidades desconhecidas, a casinha da família no Rio suburbano, entre os morros de São Carlos e do Querosene. O dinheiro curto e a estupenda alegria ao ganhar uma bicicleta.

Improvisando, correndo e remendando. Como manda o figurino do verdadeiro saltimbanco (daí a velha expressão: "Se eu não sou de circo..."). Com todas as complicações e aventuras de praxe, Marília cresceu e até conseguiu atingir o antigo primeiro científico. Além, claro, dos estudos de piano e dança (no fundo, a paixão maior e jamais esquecida). Imagem de romance rigorosamente verídica: Marília aos 17 anos como dançarina do Circo Tihany. Pouco tempo mais tarde, entraria dançando para o profissionalismo. Simples figurante na corte de Bibi Ferreira em *My Fair Lady*. A sensação de ser realmente atriz só despontou mesmo em *Onde canta o sabiá*, relíquia teatral de Gastão Tojeiro redescoberta pelo diretor Paulo Afonso Grisolli. O resto é o que se sabe: uma intérprete versátil que se impôs no teatro com *A vida escrachada de Joana Martini*, *Fala baixo senão eu grito*, *Feiticeira*, *Apareceu a margarida*, *Pippin* e *O exercício*, e na televisão com *Beto Rockfeller*, *Super-Plá*, *O cafona* (alguém esquece Marília como Shirley Sexy?), *Bandeira dois*, *Supermanoela* e assim por diante, até a moça franca que provoca complicações em *O planeta dos homens*. Do drama ao riso, nenhum problema. A herdeira direta da tradição cômica, que incluiu Dulcina, Derci

Gonçalves, o pai Manuel e o tio Abel Pêra, sabe divertir a plateia. A garotinha que enfrentou a máscara trágica de Madame Morineau conhece, com idêntica perfeição, hoje em dia, os meandros dos profundos sentimentos dramáticos. O que faz de Marília – somente 38 anos – uma veterana-jovem. Testemunha de um período heroico da cena brasileira e responsável pela ligação entre gerações opostas, distantes e, paradoxalmente, próximas. Como a de Dulcina/Derci e da engraçadíssima e garotona Regina Casé.

Uma bela profissional, um belo animal do teatro. Como? Animal? Isso mesmo, um raro e precioso animal do teatro. A expressão existe na profissão e faz sentido. Quando Marília participou, em 1968, do escândalo nacional chamado *Roda viva* – que a censura tentou proibir e os moralistas destruir –, o diretor do espetáculo, José Celso Martinez Corrêa, exclamou admirado: "Marília, você é um verdadeiro animal em cena". O que pode ser explicado da seguinte maneira: paixão avassaladora, força emotiva intransferível e que faz do ato de interpretar um fato inesquecível.

Pois é essa mesmíssima Marília que está ao meu lado tomando vinho branco em pequenos goles. Contando que, numa determinada sequência de *Brasil da censura à abertura*, viu que, na primeira fileira, estava uma mulher grávida, provavelmente invejando a plástica de vedete da atriz: "Sabe que eu senti um pouco de pudor? Fiquei sem graça de estar seminua diante daquela moça. E se ela estivesse com problema de vaidade com aquela barriga grandona? Mas, então, eu me lembro de que, provavelmente, ela sabe que não sou nenhuma adolescente, tenho três filhos, e que isso tudo não me impede de estar com o corpo legal. Aí foi o alívio. Representei para ela. Fiquei toda vedete e só pensando em dar uma força para a grávida da primeira fila".

Hoje é sábado: foram duas sessões, quatro horas e tanto que exigem agilidade, piques, segurando cena por cena com vivacidade. Amanhã, domingo, só uma sessão; Marília sai direto do camarim para a ponte aérea. Dormir em casa, no Rio. "Acordo segunda o mais cedo possível para aproveitar a companhia dos filhos." Os filhos: Ricardo, 19 anos, gosta de música e começa a se interessar por cinema. Filho do ator Paulo Graça Melo, o primeiro marido, já falecido. Duas filhas: Esperança, 6 anos, e Nina, de 9 meses, filhas de Nelson Motta, ex-marido, bom amigo. Marília abre a carteira cheia de fotos, tipo 3x4, dos filhos. Nanini pede uma.

Segunda-feira carioca: filhos e algumas horas de descanso no apartamento do Leblon. Depois do almoço, análise e, à noite, a primeira sessão de *Doce deleite*, espetáculo naturalmente de humor, feito só às segundas e terças no Teatro Vannucci e, naturalmente, com Marco Nanini. Terça-feira: gravação de *O planeta dos homens*. Espetáculo novamente. Quarta: dia livre, o único da semana. Filhos, pequenas tarefas domésticas, contas a pagar, visitas etc. E novamente a ponte aérea para recomeçar *Brasil da censura à abertura*: São Paulo/Hotel Hilton até domingo. Uma correria e a inesperada informação: "Sabe, eu descanso mesmo quando estou em São Paulo". Estávamos no bar do Hilton, nosso primeiro encontro. Ela recém-acordada, rosto lavado, um coquetel de fruta na mão. "Aqui no hotel ninguém me incomoda, não tenho horários e obrigações antes do espetáculo. Durmo bem, leio bastante. Acabei *Galvez, imperador do Acre*, do Márcio Souza, e estou lendo *Memórias de Adriano*, de Marguerite Yourcenar. Em São Paulo, estou em casa."

Ela não exagera. Viveu três anos paulistanos, de 1968 a 1971. No começo, tudo se resumia a um apartamento vazio com uma geladeira no meio. Um punhado de gente que ainda iria acontecer – como Zezé Motta – transitava pelo local. Comentando aqueles anos, lembramos de uma festa agitadíssima, em 1969, onde nos encontramos por acaso, e sem trocas de palavras. Ocorre que a festa era na minha casa. "Na sua casa? Mas que fantástico." Marília está espantada. "Havia tanto movimento que o dono não tinha realmente importância. Festa de arromba é sempre assim." (Vânia Toledo, a fotógrafa desta reportagem, estava presente. Coincidência é isto.) Doze anos passados, eis que estamos na mesmíssima Bela Vista, a poucos quarteirões da casa onde se promoveu a memorável festa. Doze anos separados pelo acaso e pela profissão. Ela no palco, eu crítico teatral da *Folha de S.Paulo*. Gostei de *Fala baixo* e votei em Marília, em 1969, para melhor atriz. Não gostei de *Feiticeira*, para ela um trabalho importante: "As críticas me magoaram porque, para mim, era um momento especial. Eu punha ali muito da minha vida e fazia uma homenagem à Dulcina".

Doze anos e ainda não somos amigos. Antes que o jantar termine surgirá uma palavra, um gesto de aproximação? Adiante. "Marília, como é sua análise?" "Ah, com um chinês maravilhoso", responde. "Foi o Domingos de Oliveira que me indicou. Eu estava num período difícil, filho de colo e recém-separada do Nelsinho. Um chinês especial. Tem um consultório caindo aos pedaços."

"E o resultado?" Marília comenta entusiasmada os efeitos do encontro com o chinês: "O melhor possível. Estou me aceitando melhor fora de cena". Atenção, atenção: aqui uma hipotética chave para entender Marília: a dificuldade em existir no dia a dia. Sem luzes e sem truques. Com ela a palavra: "Durante anos minha vida se ligava à condição de atriz. Viver era representar. Fora do teatro tudo se resumia a gestos indiferentes, quase mecânicos, coisas de pouca importância. Não sabia unir as duas coisas".

Seria o resultado da infância passada nos teatros, viajando, mambembando? O preço de ser mais uma artista da família Pêra? Pode ser, mas Marília está mudando: "Estou diferente. Curtindo a casa, ter problemas de dona de casa.

Pagar a luz, o telefone, ficar no meu canto com os filhos. Sou uma mulher mais calma. Claro que as dúvidas não desaparecem totalmente".

Engraçado ouvir Marília levantando dúvidas. O leitor/leitora certissimamente deverá achar impossível. Como uma mulher bonita, bem-sucedida, engraçada, sensual, uma celebridade, vai ter dúvidas? Mas é disso que estamos tratando quando o jantar termina e fazemos uma pausa para a grande discussão: teremos ou não sobremesa? Não teremos. É preciso manter a linha. Continuemos: "Eu duvido, às vezes, se ficarei sempre na mesma profissão, se o teatro me realiza integralmente. E dúvidas do amor, dúvidas do casamento. Vou amar novamente, ter marido? Essas coisas".

O diálogo toma rumo inesperadamente sério. Nanini olha atento. Estou quase desconcertado. Ela não. Ela não teme dizer que a solidão, o tempo, a velhice e a pobreza são perguntas normais em sua vida de atriz consagrada. Sentimentos que não se associam à imagem da estrela, mas que humanizam maravilhosamente a filha de Manuel Pêra e Dinorah Marzullo. Marília joga limpo. O que explica uma aparente confusão. A supermulher do palco não se ajusta ao rosto sério que me encara. Não combina com o azul-amarrotado da carteira de trabalho de Marília Pêra, que acabo de ver, entre papéis, fotos dos filhos, maço de cigarro e isqueiro. Marília, a luminosa, tem carteira de trabalho. A conversa, a honesta confissão, a carteira de trabalho, as mãos que dispensam salões de beleza. Todos esses fragmentos formam o quadro final. Marília é o milagre da multiplicação de cores e qualidades humanas. Consegue ser duas sendo uma. Uma vez lhe perguntaram: você é triste? Respondeu: "Muita gente pensa que sou triste porque sou calada e muito diferente do que pareço no palco. É que sou assim mesmo, como diria, meio apagada. É quando piso no palco que sinto uma luz e tenho aquela energia toda. Estou feliz e calma, uma calma conquistada pela maturidade dos 38 anos".

Perfeito. Ou quase. O termo *apagada* é injusto. Melhor trocar por *comum*. Marília consegue ser comum sendo maravilhosa. Privilégio. Não é, Marília? E quando seremos amigos? (Pensamento fugaz enquanto pagamos a conta do jantar.) Ela parece adivinhar. Pedimos café. Marília toca no meu braço e me convida a pedir licor para arrematar. Um licorzinho flambado. Nanini, heroicamente, encomenda outra vodca. Ficamos no licor flambado. A madrugada ameaça quando saímos os três. Marília, a falsa-magra, calça de retalhos coloridos de veludo. Calça de saltimbanco de Picasso. Nunca conseguirei saber se é alta ou baixa. Só sei que gosto muitíssimo dela. E que agora houve uma mudança. Somos amigos. Um beijo, Marília.

SÔNIA BRAGA – OLHOS NOS OLHOS OUTUBRO DE 1981

A fama internacional não modificou o jeito descontraído da atriz que, 12 anos atrás, começou a chamar a atenção de todo mundo como figurante da peça Hair. *Nem perturbou sua sólida verdade interior e sua maneira franca e direta de falar e se entender com os outros*

A moreninha de traços miúdos e delicados sobe a escadaria do velho prédio na rua do Catete, Rio, e toca a campainha do estúdio fotográfico. Quando atendem, ela fica emoldurada na porta. Pequena e quase frágil. Mas o sorriso é intenso, a voz rouca e os olhos brilham. Veste *jeans*, camisa azul-clara e tênis surrados. Displicente e espontânea, mas a roupa é Fiorucci e aquela moça é Sônia Braga. E vamos começar uma sensacional sequência de beleza e fantasia: a sessão fotográfica para a capa de *Nova*. Durante cinco horas, o trabalho será duro e, ao mesmo tempo, uma festa. Estamos todos a postos: fotógrafo José Antonio com o assistente, a chefe de arte da revista, o maquilador Guilherme e o penteador Nonato, dupla importante para a imagem pública da atriz, e o repórter. Antonio Guerreiro – dono do estúdio e ex-marido de Sônia – chegará dentro de poucos minutos. Em cinco horas vamos tomar cerveja, muito café, petiscar queijinhos e fatias de presunto e rir bastante. Quando tudo terminar, estaremos cansados e trocando abraços. Porque realmente é bonito acompanhar os lances da transformação da moça Sônia Maria Campos Braga, 31 anos, na maravilhosa Sônia Braga da TV e do cinema. Ou seja, a mulher que – como disse Norman Mailer a respeito de Marilyn Monroe – causa impacto semelhante a um fósforo num tanque de gasolina.

Os mais céticos dirão, eventualmente, que, então, Sônia Braga é apenas uma ilusão, truque de cinema e fotografia. Mas desistam: Sônia nunca foi uma mentira. Trata-se, ao contrário, de um privilegiado tipo de beleza. Fenômeno raro de fotogenia e – atenção – uma atraente personalidade. Ser humano sólido, uma cabeça repleta de ideias sobre a vida e a profissão, a anti-imagem de estrelinha deslumbrada, arrogante e vazia. A arte ou a diversão eletrônica de massa não afetaram a verdade interior da moreninha de Maringá, Paraná, criada em São Paulo e que, nos últimos anos, conquistou irremediavelmente o Brasil.

O que chama a atenção de imediato em Sônia é o jeito descontraído de se relacionar com as pessoas. Houve necessidade de pintar as suas unhas, mas não havia ninguém em disponibilidade na hora. Foram chamar duas humildes manicures do bairro que nem tiveram tempo de se assustar. Sônia entendeu-se com elas como se fossem conhecidas antigas e tudo não passasse de um ato rotineiro. Ela também faz brincadeiras constantes em cima da lenda que a cerca. Olha-se no espelho, por exemplo, confere a maquiagem e aprova o resultado com inesperado e antiquíssimo adágio popular: "Está bom e para quem é bacalhau basta". Ou não hesita em observar os dentes, constatando em voz alta os vestígios de nicotina típicos em quem, entre o hábito e a vaidade, já escolheu. Não se trata, porém, de simulação de modéstia. Seria fácil de fazer e simples de desmascarar. Sônia tem mesmo espírito juvenil e, embora goste da glória, não se aprisiona numa cintilante pose para consumo externo. Característica inalterável desde os tempos de *Hair*, quando tinha 19 anos, simples figurante do espetáculo onde começou a ser verdadeiramente notada. O último toque do longo preparativo é dado pessoalmente por Sônia ao passar lentamente o batom vermelho forte nos lábios. Diante do espelho rodeado de luzes, como os de camarim, ela desenha a boca incendiária e inesquecível. Pronto. Agora, no centro do cenário, frente à câmara, sorri, e o espetáculo começa. O termo procede, porque a naturalidade de gestos, a intimidade de Sônia Braga com o mundo da fotografia, é um espetáculo, quase uma coreografia que se multiplica em dezenas de poses perfeitas. Sônia passa horas debaixo dos refletores e em nenhum segundo seu rosto perde a naturalidade. Trata-se de uma misteriosa combinação de proporções, ângulos favoráveis e da indelével irradiação interior que a transforma na beleza visual para além de qualquer artifício.

Há, todavia – é preciso não esquecer –, a outra Sônia Braga que a memória e a fantasia das multidões certamente desconhecem. É a mulher cotidiana, residente numa silenciosa ruela do Botafogo, discreta inquilina do sobradinho com soberba vista do Corcovado. A Sônia vestida de abrigo, andando só de meia pela casa, e que olha sempre nos olhos do interlocutor. Rosto lavado, uma réstia de olheiras – um único e banal anel na mão direita e a reluzente aliança na mão esquerda. A palavra estrela soaria ridícula se pronunciada neste preciso instante em que Sônia explica o fenômeno Sônia Braga: "As coisas começaram realmente com a novela *Gabriela*, que foi importante não só para mim, mas para a mulher brasileira de modo geral. Porque Gabriela, como eu, é a mulher comum do Brasil que pode ser bonita sem ser loira e alta, como se convencionou ser a beleza feminina. É claro que tive mais sorte. Mas da mesma maneira que eu sou a Sônia Braga do cinema e da TV, também sou, para mim, a parte Maria Campos (da Sônia Maria Campos Braga). Quem determina a situação de estrela é a pessoa que detém este poder. Se eu usá-lo de uma forma pretensiosa e injusta, sei que posso esmagar quem se encontra à minha volta. Acontece que não quero. Não me interessa e não faz bem. Eu me situo na vida de maneira ampla, olhando a realidade inteira. Jamais pretendi ficar na pele da personagem nacional que foi inventada. O artista às vezes tem a tendência para esse tipo de equívoco. É mau. Quero transar com vários tipos de universos em que vivem as outras pessoas. Claro também que não posso negar o que faço nem onde estou. É tudo uma questão de saber se relacionar com o real. Um artista não poderá ser intérprete de determinada realidade se vive alheio a ela. É por isso que admiro Fernanda Montenegro: grande atriz, mãe, esposa numa família bem constituída e a mulher que sabe ir à rua fazer compras".

Sônia verbaliza bem as ideias que fluem com um mínimo de gírias e raros palavrões. Há sinceridade e inteligência no que diz, diferente do matraquear postiço da celebridade que se protege atrás de frases feitas. O que torna estimulante perguntar à atriz que representou tantas vezes histórias sentimentais, principalmente um filme chamado *Eu te amo*, o que pensa do amor. "Em primeiro lugar, devo dizer que não sou uma pessoa moderna. Pelo menos não me incluo na discutível modernidade de alguns costumes atuais. Não acredito em 'amizade colorida'. Amor é coisa a dois. Coisa de casal. Qualquer relação precisa ter um profundo envolvimento mútuo. Encaro o casamento como a soma de paixão, amizade e admiração. A relação nasce na paixão que te pega assim sem te avisar. Em seguida se cria amizade e, por fim, a admiração pelas qualidades pessoais e profissionais de quem se ama. É sempre mais criador quando a gente segue em todos os níveis o mesmo caminho do homem amado."

Curioso ouvir Sônia Braga desautorizar a "amizade colorida", modismo veiculado pela televisão? Não. Não é novidade nem curiosidade nenhuma. Um testemunho pessoal: Sônia sempre teve um instintivo senso de verdade. Ela não mente, porque vive sentimentos inteiros. É assim desde que a conheci, garota e anônima, em 1968, quando foi convidada para participar de *Jorge Dandin*, de Moliére, encenada em Santo André por Heleny Guariba. Naquela época, sem o mínimo recurso publicitário, Sônia Braga trazia consigo o poder de sedução que agora se divulga até demais. Mesmo rodeada de olhares, propostas pequenas etc., que lhe teriam facilitado a vida e a ascensão se fosse mais maleável, vivia namoros completos, fiéis, que encantavam a nós, seus amigos. Consequentemente, ela tem autoridade para argumentar enfaticamente: "Amizade colorida é uma jogada de consumo. Fazem a apologia do descompromisso e da vida solitária porque quem não está em casa com um companheiro certo está na rua, nos bares, restaurantes e boates. Está gastando, comprando e consumindo. O casal de verdade gasta pouco, transita pouco na vida noturna. Não dá lucro. Hoje existe a paranoia do viver só. É sozinha que se vai patinar, à discoteca, à butique e não sei mais onde. Lugares onde acontecem aventuras; e, enquanto não acontecem, a pessoa compra patins, roupas para isso e para aquilo; e assim por diante".

A Sônia Braga personagem das novelas nada tem a ver, obrigatoriamente, com a mulher que serve mais de um cafezinho na tranquilidade de sua casa. A moreninha de cara lavada, que senta no chão e discute fidelidade como consequência naturalíssima do casamento para valer: "Casal, como o nome diz, é relação a dois. Se surgir o desencanto, poderá surgir uma terceira pessoa. Mesmo que seja uma presença imaginária, platônica, mesmo assim a infidelidade se consuma. O jeito, na minha opinião, é o casal sentar e conversar. O casamento tem que ser discutido sempre numa base de confiança e amizade. Eu não posso esconder sentimentos ou atos de uma pessoa que é minha melhor amiga. Sem isso, acabou-se. Deixa de ser casal".

Sônia coloca pontos de vista a partir de experiências de quem paga para ver e viver. O que significa a coragem de – se necessário – uma separação para recomeçar de novo: "Se você transou bem uma relação, mesmo que o fim seja dolorido, você sai enriquecida. É preciso não subestimar sua capacidade de fazer uma vida nova, nem a do ex-companheiro".

Sônia para um pouco, abraça sua almofada e fica olhando o Corcovado. Vendo-a assim, palpável e humana, uma jovem senhora de 31 anos, me ocorre que sempre gostou de criança, fez teatro infantil no princípio da carreira e animou o programa *Vila Sésamo* na televisão. Sua irmã, Ana Maria Braga, boa atriz, suspendeu temporariamente o trabalho porque teve um filho. E ela?

"Quero ter um filho. Sei que vou ter. Não sei a data, quando estarei madura para a maternidade. Só sei que para mim é ponto pacífico. O que importa é ser mãe em condições que considero ideais. Sou contra, por exemplo, a *produção independente* de filho: a mania supostamente independente de algumas mulheres serem mães sem a concordância do homem. Se uma mulher se separa durante a gravidez e decide assumir o filho sozinha, é diferente e eu admiro. A bobagem é ter um filho só para tentar mostrar que é livre. O objetivo do ser humano é ter filho e isso se faz a dois. Curtindo juntos."

O que espanta nas respostas de Sônia não é a sabida franqueza. O que se destaca é a harmonia entre a idade cronológica e a emocional. Estamos diante de um ser humano entrando integralmente na maturidade. Uma vida privilegiada, considerando-se a beleza, fama etc.; mas isso não é tudo. O que é especial nesta mulher é o senso de dignidade pessoal, a resistência à corrupção e o jeito de somar aprendizados para mudanças qualitativas.

De onde a curiosidade em saber como ela saltou para as facilidades da glória sem se despedaçar. Como Maria Campos e Sônia Braga não se perderam uma da outra? "Olha, o problema é a gente conseguir se entender como adulto ou não. Eu consegui. Desde que saí do colégio de freiras, minha vida não parou de mudar. O sucesso? Mas o normal é o sucesso. Nós vivemos para desejar o sucesso. Já ocorreu a você pensar assim: tomara que ninguém leia minha reportagem, que seja um completo fracasso? Sempre acreditei no que estava fazendo e, por sorte, as coisas deram certo. Acreditei na primeira peça, dirigida por Heleny Guariba, acreditei em *Hair*, em *Gabriela* e nos filmes dos quais participei."

A indústria cinematográfica e a televisão utilizam a vaidade e a fragilidade humana dos artistas para manipulá-los. É uma velha história, sabemos; é a regra. Sônia Braga, uma vez mais, é figura de exceção porque adquiriu rápido a consciência de ser, antes de mais nada, uma trabalhadora no ramo dos espetáculos. "O sucesso é um dos lados da profissão. Só pode ganhar a parada quem se liga à realidade da profissão. Não acredito na lenda do artista visto como um ser mágico e desprendido. Isso só interessa ao patrão. O ator é mágico sim, mas precisa ganhar e exigir seus direitos."

Sônia mal acaba de pronunciar tais palavras e recebe a correspondência do dia. Noto o boletim do sindicato dos artistas do Rio em nome de Sônia Maria Campos Braga. O que significa o seguinte: Sônia é um mito sindicalizado.

Eu te amo explodiu nas bilheterias e levou Sônia aos festivais de Cannes e São Francisco. De repente surgiu a notícia de que ela filmaria *Gabriela* numa produção internacional encabeçada pela Metro. Outra notícia bombástica: recusou convite da Globo para o primeiro papel da nova novela das oito. O telefone de Sônia não para de tocar: verdade, mentira? Sentada à minha frente, numa cálida tarde carioca, não se parece em nada com o centro de boatos grandiosos. Na realidade, a Metro pretende fazer *Gabriela*, mas o projeto depende da fusão dessa companhia com a United Artists. Possibilidade que, entretanto, não tira o sono de Sônia. Ela tem igualmente duas boas propostas brasileiras de Bruno Barreto, diretor de *Dona Flor*, e de Tisuka Yamasaki (*Gaijin*). Se existe uma notícia magnífica é a da decisão de Sônia – "depois de passar um dia inteiro roendo o tapete aqui de casa" – de não protagonizar a novela das oito. "A decisão baseia-se, se você quiser, numa única palavra: disponibilidade. Resolvi dar mais valor às possibilidades do cinema. Com um filme rodando em um mês e meio, ganho o mesmo que ganharia numa novela que dura sete meses e me consome o dia, da manhã à noite. Estabeleci um projeto novo de vida: ver mais cinema, ler mais, usar melhor meu tempo em casa em companhia do Cláudio."

Sônia acha um absurdo ser famoso e bem pago, mas ter como recreação "poder dormir um dia inteiro". Sim, deixou de ganhar um bom dinheiro. Sim, talvez fique largo período ausente das capas das revistas. Sim, sim, e daí? Para quem tem a cuca e o coração tranquilo tudo é natural. Sônia Braga quer ser Maria

Campos no apartamento acolhedor, onde a simplicidade confortável predomina. A entrevista durou três horas e foi realizada numa sala/biblioteca cheia de almofadões. No fundo do corredor, o quarto do casal. Minhas senhoras, esqueçam as imagens hollywoodianas. Sônia e Cláudio passam suas noites numa cama simplíssima: o colchão no chão, pouca coisa em volta, um abajur, e só. Como milhares de jovens casais brasileiros. A atriz que anda de táxi porque não sabe guiar, não tem secretária ou agenda e usa, preferencialmente, *jeans* e tênis pode ser a Sônia Braga dos devaneios nacionais e a moça igual à sua irmã, prima, namorada, mulher.

Mas vocês certamente notaram um nome ali atrás: Cláudio. O companheiro de Sônia. Fui metralhado em vários lugares pela mesma pergunta: mas *"quem é Cláudio?"* (você não imagina a inveja que provoca, meu caro). Cláudio Guimarães, um carioca tranquilo e hospitaleiro, é músico. Compositor e instrumentista, toca violão e guitarra e está preparando seu primeiro disco com o nome ainda provisório de *Cartão-postal*. Eles, que já se conheciam, firmaram de vez o namoro/união em Nova York, onde Sônia foi, em 1979, lançar *Dona Flor*, e Cláudio estudava música. Trocaram as alianças numa cantina italiana. Duas alianças de ouro na noite nova-iorquina para o casamento que está completando três ótimos anos.

Bombardearam o repórter com outras pergunta: o que Sônia tem de mais cativante (além, naturalmente, do que se pode ver na capa da revista)? O que ela tem é vitalidade e bom humor. Sônia Braga está sempre a mil por hora, se me permitem o lugar-comum. Amando, filmando, conversando, transmite a sensação de plenitude. O lado irreverente e menina ganha da mulher fatal. Ficamos dez anos sem nos ver, o que foi comentadíssimo durante o reencontro. Quando nos despedimos, ela disse: "então, até daqui a dez anos". Se isso acontecer, Sônia estará com a mesma contagiante vivacidade.

GUARNIERI MARÇO DE 1982

Simples, sentimental, consagrado como artista de cinema, teatro e televisão, Guarnieri fala de sua vida como quem come um espaguete à bolonhesa

Gianfrancesco Guarnieri, 47 anos, nasceu em Milão, em 1934, filho do maestro Edoardo de Guarnieri e da harpista Elsa Martinenghi Guarnieri. Quando tinha 2 anos, a família mudou-se para o Brasil. Foi moleque de rua no Rio, antes de vir para São Paulo, subindo em favelas e convivendo com a fina flor da malandragem carioca. Tornou-se irremediavelmente brasileiro. Deveria estudar medicina, mas meteu-se no teatro. Aos 22 anos, escreveu *Eles não usam black-tie*, que estrearia dois anos depois, em 1958, ficando quinze meses em cartaz, provocando nova revolução no teatro nacional e tornando o Teatro de Arena um nome inesquecível. Texto predestinado que, agora transformado em filme, não para de levantar prêmios em festivais internacionais. Escreveu muitas outras peças, geralmente sucessos. De quebra, ator de primeira, bom letrista com parceiros famosos (Edu Lobo e outros). Casou uma vez, dois filhos, Flávio e Paulo, hoje já acontecendo no teatro, cinema e TV. Descasou. Casou novamente, em 1965, com Vanya Sant'Anna, professora da Fundação Getulio Vargas, bela mulher e companheira, mãe dos seus outros três filhos: Cláudio, 15 anos; Fernando Henrique, 13; e Mariana, 12. Um sentimental mesmo que contido (mas o rosto trai o rio de emoções que corre por dentro do homem). Simples nos costumes, é capaz de enfrentar uma cachaça brava no bar da esquina sem parecer estranho ao ambiente. Artista de agudo senso de responsabilidade político-social. O que resulta, enfim, num ser humano altamente estimável. Observem.

Gianfrancesco Guarnieri prefere conversar após o espetáculo. Quase três horas de representação em *Pegue, não pague*, comédia política de Dario Fo, deixam-no exausto, mas elétrico. Inútil ir para casa. Ficará de olho arregalado, excitado demais para ler (conversar com quem se a mulher e os filhos já estarão dormindo?). É uma sensação comum aos grandes atores. O trabalho desperta-lhes profundas energias, e cada um aplaca a seu modo essa vitalidade que permanece por horas, depois que a cortina se fecha. Por isso, Guarnieri está mais à vontade para a entrevista diante de um prato de espaguete à bolonhesa. O que sugere de imediato – sabendo-se suas origens – que ele deve ser excelente cozinheiro. Bom assunto para a viagem exploratória aos domínios do cotidiano do artista, daquele outro lado inacessível às câmaras ou às lutas do palco. Mas, enorme engano. Guarnieri não é dado às lides culinárias. "Olha, eu não sei fazer absolutamente nada na cozinha. Ou melhor, café eu faço. Café e um ovozinho frito. Sabe como é, a típica comidinha para não se morrer de fome. Só uma vez é que fiz um prato para valer. Preparei uma carne toda cheia de temperos e recheios de bacon. Passei o dia no fogão até que a coisa saiu. Um sucesso, mas não tentei mais. Muita preguiça."

Preguiça? Exatamente. Guarnieri ostenta um tipo curioso de preguiça física e/ou mental sempre que o assunto, pessoa ou tarefa não dizem nada à sua sensibilidade profissional, intelectual ou política. Tem, aliás, uma técnica infernal quando quer se livrar de gente que não conhece e se faz de íntima, pedidos inconvenientes, assédios deslumbrados e chatos de modo geral. O truque consiste em falar baixo, quase inaudível, com uma articulação exasperadamente precária. No palco, estritamente domiciliar, ele se utiliza de uma preguiçazinha mais sem vergonha de garoto levado. Pede ao primeiro que passa – filhos, mulher, amigos, empregadas – o café, o copo d'água, o jornal, o cigarro que está "logo ali". É o caso de se indagar por que, afinal, tanta vontade de se deixar ficar no canto sossegado. "Sempre fui assim. Tenho um tédio antecipado de certas coisas e situações. Antes de fazer o que me solicitam, já estou imaginando que não vale muito a pena a trabalheira que vai dar e resolvo deixar tudo do jeito que está. O que não quer dizer letargia ou indiferença totais. Se o caso é de trabalho sério: ensaio, gravação, espetáculo, manifestação de artistas, aí é diferente. Ninguém mais disposto do que eu. Por outro lado, não gosto de falar por falar. Detesto os que se pretendem, sempre, o centro das atenções. Gente que está nos lugares da moda, que badala dia e noite, falando sempre algo para aparecer. Prefiro ficar no meu canto, tomando uma bebidinha com quem interessa."

Em público é fácil perceber a coerência de Guarnieri. Em assembleias de artistas ou em encontros políticos (quando, por exemplo, filiou-se ao PMDB, é comum ouvi-lo. Com a palavra fácil, raciocínio preciso. Quanto ao temperamento avesso à ostentação, basta vê-lo durante as gravações de *Jogo da vida*, na Globo. A emissora tem um restaurante para o elenco, viveiro de celebridades e passarela de ilusões. Astros e estrelas almoçando no bojo da glória, exceto Guarnieri "mais um ou outro pinta brava como Cláudio Marzo ou Milton Moraes", que frequentam o boteco bem em frente à estação. Lá é que se reúne o pessoal mais simples da equipe técnica: os puxadores dos pesados cabos elétricos que atravancam os estúdios, carregadores de câmeras e vários iluminadores e eletricistas auxiliares. "A dona do bar", explica Guarnieri, "sabe fazer um arroz e feijão joia. A carne é de primeira e a cerveja bem gelada. Todos me conhecem e me deixam em paz decorando o papel. Lugar onde me sinto bem, sempre adorei botequim. Meu lugar predileto é o botequim, no meio da barra-pesada e na maior boa." (*Botequim* é o título de uma de suas peças.)

Guarnieri tem o dom de conciliar universos díspares, quando não antagônicos. Sensível aos usos, costumes e necessidades populares, mesmo vivendo atualmente numa boa casa do bairro do Morumbi, em São Paulo, com chofer para comprar, fazer pagamentos e levar os filhos à escola (120 mil cruzeiros mensais em estudos). Nenhuma contradição na cabeça e na alma deste Guarnieri que, agora mesmo, está vestindo desbotadíssima calça *jeans*, uma feia camisa de tergal, tudo arrematado pelo *blazer* que aparenta velha intimidade com o dono. Dinheiro se ganha e se gasta. Colégios bons, por que não? Carro e chofer. Por que não, se marido e mulher trabalham fora e em ritmo acelerado de segunda a sexta ou a domingo? (Guarnieri). Considerando-se o temperamento, aparentemente, sonhador, o pendor para a subjetividade de Guarnieri e o tom decidido, às vezes enérgico, de Vanya, seria interessante desvendar a administração interna na vivenda do Morumbi.

Local onde predominam móveis de couro, objetos de metal, quadros bonitos, em especial uma gravura de Romildo Paiva, e que se abre para o quintal, onde impera Daducha, simpática cachorra boxer. "Quanto aos filhos, o papel maior na educação cabe a Vanya. Afinal, a pedagoga da família é ela. Vez ou outra sou ouvido, mas trata-se de consulta meramente formal. Confio na experiência dela e só entro na história quando realmente necessário. Temos o princípio de respeitar totalmente a vontade dos meninos. Recentemente, eles mudaram de escola, e tínhamos duas outras em vista, sendo que uma delas era de minha preferência e da Vanya. Escolheram justamente a outra. Concordamos porque os filhos têm razões que independem das nossas teorias sobre educação. Lembro-me do meu tempo de moleque. Meu pai dizia: qualquer colégio, menos escola de padre. Escolhi exatamente a de padre para indignação do maestro Edoardo. Mas é que os meus melhores amigos foram para lá. E meu pai respeitou a opção."

Se as questões nem sempre fáceis da pater-maternidade são resolvidas a contento, desafios de mais amplitude são igualmente enfrentados por Guarnieri. A rotina é um deles. A façanha de manter vibrante um casamento de 16 anos. "De saída é preciso dizer que eu elimino o cotidiano. Tudo o que pode representar repetição, burocracia conjugal eu, com o apoio de Vanya, desorganizo imediatamente. É preciso tentar o insólito a cada dia que se tem pela frente. Nunca deixar a vida a dois escorrer numa esteira fria. Vanya e eu nos dividimos nestas coisas."

"Jogo problemas para ela que também joga outros para mim. Querem nos meter em obrigações: horários, despesas, dinheirinho certo a toda hora, prestações? Coisa nenhuma. Tem dia que o dinheiro acaba, o pagamento atrasa e o compromisso certinho não é cumprido. Zorra total, mas debaixo de controle, veja bem. Não vivemos à deriva e sem responsabilidade. O que se combate é a pasmaceira classe média de viver certinho, apertadinho porque é o costume. Costume nada."

Proposta interessante e fácil de perceber no geral. Existem, contudo, imprevistos, antiquíssimos sentimentos humanos como fidelidade, ciúmes etc. "Olha aqui. Vanya e eu estamos juntos há 16 anos e sem casamento, entende? O que significa que, se estamos juntos, é por que gosto, livre vontade. Aprendemos a transar ciúmes, que existem, naturalmente. Mas não há motivos para pânico, porque nosso jogo é aberto. Existe confiança e não se admite mentira. Desde que se propõe uma convivência sem falsidade, o risco de se machucar é maior. Surgem situações dolorosas e se tem a impressão de que o casamento vai dançar. Eu, em termos de fidelidade, admito ter ainda uma posição que as feministas diriam contraditória: aceito a ideia de cometer a chamada infidelidade, mas não aceito a recíproca. Mas acho que devo aprender a aceitar caso venha a acontecer."

Guarnieri termina sua declaração com desconcertante tranquilidade, assim como saboreia a última porção de espaguete. Um tipo de calma bem-humorada de quem se sabe pisando no terreno da polêmica. "Sou capaz de falar com a maior convicção sobre a especificidade da psicologia masculina, da propensão do homem à excitação sexual. Sei, evidentemente, que existem fatores sociais, culturais e educacionais que o levam a esse comportamento, enquanto a mulher, por idênticos motivos, comporta-se de um jeito mais contido. Mas sempre resta uma margem de iniciativa naturalmente masculina em questões de sexo. Em todo caso, meu ponto de vista é favorável à igualdade de direitos, independentemente da dificuldade em praticar o que teorizo. Mas é bom lembrar sempre a relatividade do que se define como infidelidade. O essencial é não afetar a relação fundamental entre o homem e a mulher. O ato sexual isolado, o que você faz eventualmente com o corpo fora de casa não altera o que denomino a relação fundamental."

Guarnieri emite opiniões amparado na solidez de um casamento em que se evidencia um companheirismo para valer (sem prejuízo das tormentas esporádicas porque, afinal, ambos têm forte personalidade). "Sempre tive Vanya perto de mim, é meu ponto de referência. Acho que estamos juntos esses anos todos porque ela é uma mulher extraordinária. Devo salientar, todavia, que trago também um ponto de referência dentro de mim, meus valores, minha visão de mundo, meu passado. Devo a Vanya, mas devo a mim também, a garantia do nosso casamento. Se cometo algum deslize nesta área delicada onde o ciúme aparece, costumo chegar e contar logo para ela; e aguentar as consequências. Minha sorte é que sempre saio incólume dos infernos em que me meto e, se Vanya está comigo, é por ter compreensão deste processo."

Gianfrancesco Guarnieri pede outra cerveja. Faz uma pausa, passa a mão pelo rosto num gesto característico que deixa só os olhos marotos à mostra. Pensa, observa o interlocutor e balança a cabeça, rindo e comentando: "Mas veja só, nós aqui no bar e isto é uma entrevista". Acha engraçado porque até recentemente era avesso às confissões pessoais, e ainda resiste à intimidade fácil, comum em determinados setores artísticos.

Mais cerveja, mais evocações. Como a do momentoso casamento com Vanya Sant'Anna, moça de família, filha de um juiz, que estudou teatro e foi fazer uma peça no Arena, e lá encontra Guarnieri, recém-separado de Cecília Thompson, pai de dois filhos. Armou-se monumental deus nos acuda familiar na casa de Vanya.

A mãe achava um absurdo a filha andando com homem desquitado e, ainda por cima, de teatro. Já o pai, juiz singular, que frequentava cursos da Escola de Arte Dramática, achou normal o amor da filha pelo talentoso dramaturgo e ator: "Ele era meu admirador e estava ao meu lado. Tínhamos encontros na Confeitaria Vienense, na Barão de Itapetininga, onde traçávamos a estratégia do namoro e seu desenlace bem-sucedido. Um homem sensacional. A mãe de Vanya relutou bastante, mas acabamos amigos. Agora nos adoramos". Final feliz – tanto quanto possível – para todos. Cecília Thompson – que ficou com os filhos e os criou com inteligência e dedicação – tornou-se jornalista e tradutora. Vanya trocou o palco pelo curso de ciências sociais da USP, início de dinâmica carreira universitária. Guarnieri continuou impecavelmente Guarnieri: escrevendo e representando os dramas e as alegrias do homem brasileiro. Fiel a algumas convicções e gostos em arte e política. Aparentemente despreocupado com modismos estéticos e/ou ideológicos, comportamentos inusitados que duram o tempo de um verão. De esquerda, e não de agora, todos sabem. Mas arredio a caravanas, bandeiras ou facções demasiadamente óbvias. Teimosamente independente: "Meu compromisso é comigo, com minha história e com meu público". Temas aparentemente candentes, como homossexualidade, não tomam espaço especial entre suas preocupações. "Outro dia uma moça bonita me disse que o que ela gosta mesmo é beijar boca de mulher. Respondi: eu também. Este tipo de ostentação homossexual acaba cansando. O resto, tudo bem, cada um na sua." Feminismo, item inevitável: "Sou o maior feminista. A mulher deve lutar pelos seus direitos. O chato são os movimentos que extrapolam os problemas da mulher para cair naquela postura do 'anti-homem'". Bem, vamos ver agora Gianfrancesco Guarnieri segundo Vanya Sant'Anna. São declarações para outra revista e que confirmam quase tudo o que se registrou na presente matéria. Diz Vanya: "Guarnieri está meio gordo, ele nem se pesa para não saber com quantos quilos está. A gente tem um relacionamento bacana, de amigos. Eu tenho uma vida tão agitada quanto a dele. O Guarnieri é calmo, mas daquele calmo perigoso que, quando estoura, fica imprevisível. Ele é meio preguiçoso, não é muito de sair, fazer programa. Gosta muito de ler. Em televisão só vê filmes. A característica dele é a timidez. Quando a gente vai jantar em casa de alguma cerimônia, é um problema, mas, tomando dois uísques, fica logo à vontade. Raramente se encontra com os filhos da primeira mulher, mas, quando se encontra, é um pai muito bacana. Em casa eu faço as coisas, ele subvenciona. Não me ajuda geralmente, só quando preciso. Não sei fritar ovo, então, quando tem de fritar, ele vai. Mas, como raramente tenho que fritar ovo, nunca ele frita. Mas vive dizendo que sabe fritar ovo muito bem. A gente se gosta muito. Sou muito ciumenta, ele é muito ciumento. Quer dizer que é na base de um viver para o outro mesmo".

Quem conhece o casal sabe que o retrato acima não exige retoques de grande monta. Eles continuam assim. Ele continua assim. Um artista de talento, que sabe dizer limpidamente a que veio: "Sou um agente mobilizador de reivindicações. Nunca disse nada de novo, mas, isto sim, necessário. Não sou porta-voz de novidades. Geralmente os porta-vozes que aparecem por aí, nestes tempos difíceis, são oportunistas. Faturam em cima da perplexidade alheia. São os gurus ricos. Nunca tive condições ideais para fazer o que deveria como escritor teatral. Sempre lutando pela sobrevivência, escrevendo de madrugada ou nos meios-tempos". Por fim, o Guarnieri, homem de coragem apesar do jeitão meio esquivo, respeitado (ou mais: amado) pelos colegas. O Guarnieri do Morumbi ou dos botequins: "Jamais recusei os desafios e aventuras que a vida me propôs".

DEPOIS DAS MEMÓRIAS, UM ROMANCE DE
PEDRO NAVA MARÇO DE 1982

Pedro Nava vai escrever um romance. Assim que publicar o sexto – e último – aguardadíssimo volume de suas maravilhosas memórias, contará ficcionalmente a bonita e verídica "história da amigação entre um velho e uma prostitutazinha bem jovem". Título já escolhido: O conselheiro e a piranha.
Não poderia haver melhor notícia. O notável prosador que, aos 78 anos atuais, espanta ainda os amigos e a literatura transformando-se de renomado médico e discreto cidadão da Glória, Rio, em "nosso maior memorialista vivo" (Tristão de Athayde) tem outras preciosidades a oferecer. O enredo amoroso se passa em Andaraí, anos 1960, e é mesmo um fato romanesco de primeira: "O homem, meu amigo, teve um caso longo, apaixonado, com uma piranhazinha. Ligação que foi se transformando em algo semelhante à proteção paternal. Ele tinha consciência de que não podia durar muito e tratou de casar a moça direito, acertar a vida dela. O que realmente aconteceu, o amante transformado em padrinho, o noivo, homem superior, sabia de tudo. O casal é feliz e o conselheiro bem-vindo na casa deles como amigo".
Pedro Nava conta planos e comenta sua obra na tranquilidade da manhã carioca: domingo quente de sol chapado sobre a Glória, a igrejinha do outeiro, o mar, as ilhas, Niterói mais longe. O escritor abanca-se no cadeirão, pede cafezinho e água gelada. É um homem sólido e volumoso, voz redonda e forte. Aparentemente formal, quem sabe tímido ao primeiro contato, quem sabe uma pontinha de melancolia; mas a ironia escapa nos olhos sorridentes e o calor da gentileza chega aos poucos. Dona Nieta, a esposa, troca duas palavras com o visitante e vai ler o jornal na sala ao lado.

Apartamento de paredes altas, vasto, repleto de objetos de arte, móveis, quadros, medalhas, tudo coisas do antigamente. Um belo óleo numa parede – "pintura minha" – retratando uma esquina de Paris. Pedro Nava andou com os pincéis nos anos 1948-9. E dizer que, quase, quase, sua veia literária fica – como o quadro – restrita ao âmbito familiar. "*Baú de ossos* surgiu como apontamento doméstico, notas de conversas com minha mãe e outros parentes que viveram bastante, sempre lúcidos. Mas era um trabalho despretensioso. No máximo, faria cópia em xerox. Mas daí o Carlos Drummond de Andrade leu aquilo e disse: você tem que publicar. Achava que as memórias transcendiam minha pessoa, tinha valor documental e literário. Fernando Sabino e Otto Lara Resende foram da mesma opinião. Devo a eles a divulgação desses escritos."

Baú de ossos teve continuação em *Balão cativo, Chão de ferro, Beira-mar* e *Galo das trevas*. O volume final por enquanto está sem nome: "Geralmente tiro o título do próprio texto. Há duas exceções: *Beira-mar*, sugestão de Lúcio Costa, e *Galo das trevas*, que achei no dicionário quando procurava o significado de *O Galo branco*, que é um livro do Augusto Frederico Schmidt".

Médico formado em 1927 (junto com Juscelino Kubitschek), clinicou, ensinou medicina e dirigiu hospitais a maior parte da vida. No começo da carreira, andou pelo estado de São Paulo, radicado em Monte Aprazível. Escrever, mesmo, só textos científicos, muitos apresentados em congressos nacionais e estrangeiros: "Hoje me arrependo porque, nos últimos tempos, houve uma mudança no estudo da medicina. Tudo o que se escreveu há mais de cinco anos não é mais considerado. Então, perdi meu tempo. Não interessam os estudos. Nem se leva a sério Hipócrates, que está para a medicina assim como Platão para a filosofia". Durante décadas, Pedro Nava ficou apenas poeta bissexto (apreciado por Manuel Bandeira). Por que não voltar agora à poesia? "É que não gosto dela. Não tem hermetismo nem mistério. Do que escrevi antes, só se salva mesmo O *defunto*, o resto não tem importância."

Pedro Nava, mineiro ancorado no Rio. Ama o Rio: "Eu sempre busquei o mar", sem esquecer Minas. Mineiro de uma geração invulgar, companheiro de Juscelino, Afonso Arinos de Melo Franco; Milton Campos, Gustavo Capanema e Prado Kelly (na política); e Drummond, Emilio Moura, Ascânio Lopes, João Alphonsus e outros (na literatura). Conseguiu varar o tempo amigo de todos, apesar dos caminhos ideológicos, partidários e do poder não serem necessariamente coincidentes.

Nava, poucos sabem, pertenceu ao grupo que fundou a União Democrática Nacional (UDN), em 1945. "Entrei por causa do Virgílio de Melo Franco, meu amigo, e porque era combate à ditadura, ao Estado Novo. Mas não sou um liberal. Sou mais um socialista. Fui aluno do professor José Oiticica, anarquista famoso, que fazia verdadeiros comícios no Colégio D. Pedro II. Penso de um jeito mais à esquerda. Não vejo, por exemplo, saída para o Brasil sem reforma agrária. Para valer, não a brincadeira de dar títulos a uns tantos camponeses. Mas não tenho temperamento nem idade para a política. Se me meter nela e acabar preso, não aguento duas horas em pé na delegacia. Fico logo tonto e sou capaz de cair. O que, em absoluto, não me impede de, vendo o que se passa no país, dizer: sou contra e de maneira geral".

Despedidas do escritor e de dona Nieta; daqui a pouco, eles sairão para almoçar fora. Chega o elevador de grades douradas. Na moldura da porta com a pequena placa "Dr. Pedro Nava", o soberbo memorialista acena. Figura de grão-senhor e – mistério – simplicidade de gesto confirmando *Baú de ossos* em sua frase inicial: "Eu sou um pobre homem do Caminho Novo das Minas dos Matos Gerais".

***

POR QUE CACILDA BECKER FOI A MAIOR ATRIZ DO BRASIL

JUNHO DE 1979

Hoje faz dez anos que ela morreu, no auge de sua carreira, quando interpretava Esperando Godot, *de Beckett, um de seus maiores sucessos ao lado de* Quem tem medo de Virginia Woolf?, Pega-fogo *e* Anjo de pedra, *em mais de vinte anos de carreira. O amor e a luta pelo teatro foram seus maiores exemplos. E a herança que ela deixou*

Há dez anos falecia Cacilda Becker, vítima do rompimento de um aneurisma cerebral durante uma apresentação de *Esperando Godot*, de Samuel Beckett. A grande atriz sentiu-se mal em cena e foi conduzida às pressas para o Hospital São Luiz, onde foi levada à mesa de operação ainda com os trajes do personagem que representava, um terno preto e desajeitado como o de Carlitos.

Durante dias Cacilda resistiu ao derrame que a atacara, enquanto praticamente todo o teatro paulista se colocava em tensa vigília no saguão do hospital. No dia 14 de junho de 1969, porém, foi o fim.

Ao longo desses anos, durante os quais seu nome e prestígio mantiveram-se intocáveis em toda a força de um carisma raro nos palcos brasileiros, discutiu-se, e muito, a possibilidade, ou não, de alguém sucedê-la no posto unanimemente reconhecido de primeira dama do teatro. Trata-se, evidentemente, de um debate banal e de um falso problema, se visto exclusivamente pelo ângulo da mera curiosidade. Nem mesmo Cacilda Becker se preocupou seriamente em saber se chegou a ser a melhor atriz do país. O mesmo acontece hoje com Fernanda Montenegro, geralmente apontada como a verdadeira sucessora.

É mais importante tentar uma reflexão sobre as condições que permitiram a Cacilda uma carreira artisticamente digna, coerente e socialmente comprometida com os momentos de crise que se abateram sobre o teatro.

O veterano ator Sadi Cabral, com a tranquila experiência de quem trabalha ininterruptamente há 56 anos na profissão, faz algumas considerações dignas de nota. Em sua opinião, Cacilda Becker, além do talento invulgar, teve mais sorte que as demais atrizes de sua época ou que surgiram posteriormente. Foi uma questão de momento, afirma Sadi: "Se ela não tivesse entrado para o Teatro Brasileiro de Comédia (TBC) a sua carreira seria diferente, porque não iria fazer aquelas peças onde pôde mostrar sua capacidade".

Quer dizer, o TBC, apesar das veleidades europeizantes e, até mesmo, de um possível elitismo, proporcionou a um grupo de intérpretes a oportunidade de entrar em contato com textos importantes da dramaturgia universal através da direção de experientes diretores italianos. O TBC introduziu o profissionalismo e o tratamento verdadeiramente artístico ao espetáculo numa época em que o teatro ainda não abandonara, em São Paulo, o terreno do amadorismo ou das montagens centradas no ator principal. Sem preocupações de fazer a montagem como uma criação uniforme.

As condições socioculturais e econômicas do Brasil permitiram que boa parte da geração TBC pudesse constituir suas próprias companhias entre os anos 1950 e 1960. Cacilda Becker sempre trabalhou no seu teatro e geralmente com uma equipe identificada com ela. Assim, todo um potencial de atriz desenvolveu-se numa sucessão de saltos qualitativos que culminaram com as soberbas interpretações de *Quem tem medo de Virginia Woolf* e *Esperando Godot* (também um dos melhores trabalhos do diretor Flávio Rangel).

A especulação imobiliária, encarecendo escandalosamente os aluguéis dos teatros, os juros bancários, a dispersão do público em um período de consumo desenfreado e, finalmente, a censura dificultaram enormemente as frágeis tentativas de outros bons atores e atrizes em seguir uma trajetória ao menos parecida com a de Cacilda.

O que se tem visto nesta última década são atrizes de alto nível desgastarem-se em papéis ridículos em telenovelas. Foi o caso – para dar um exemplo forte – da maravilhosa Glauce Rocha, uma artista com talento para interpretar Sófocles e que morreu desempenhando um desses grotescos papéis de "mulher má" que abarrotam a TV. Casos semelhantes se multiplicam: Lélia Abramo, atriz para Shakespeare, Brecht ou Durrenmatt, mas obrigada a sobreviver como a eterna senhora italiana da televisão, ou Cleyde Yáconis, irmã de Cacilda, que não conseguiu até agora organizar uma companhia permanente.

O mesmo Sadi Cabral, ao recordar Cacilda Becker, não vacilou em acrescentar que Isabel Ribeiro, ainda jovem, "é uma atriz tão grande quanto Cacilda ou Fernanda Montenegro. Mas é uma atriz que só trabalha contratada, faz o que os outros mandam".

O teatro, na medida em que se torna uma atividade empresarial onde se jogam altos investimentos, e a televisão, que tem como lema não confesso a predominância da "juventude e beleza", estabelecem barreiras violentas aos talentos maduros, mas desprovidos de meios de gerir a parte comercial e financeira da arte que pretendem realizar. Nessas condições, realmente só Fernanda Montenegro pode sustentar uma linha de atividades como a de Cacilda Becker.

É preciso recordar, por fim, que Cacilda, mesmo sem possuir sólida formação política ou temperamento militante, tinha consciência do papel social do artista e não transigiu quando o teatro foi agredido pela censura ou outras formas de repressão. Nos dias perigosos de 1967-8, quando exercia a presidência da Comissão Estadual do Teatro – órgão oficial –, arriscou o cargo para estar ao lado dos seus companheiros nos momentos de proibição de peças ou invasão de teatros por grupos direitistas armados (agressão do elenco de *Roda viva*).

Na específica condição de atriz, procurou, na medida do possível, obras significativas para levar ao público. As exceções, constituídas por comédias de rotina, não afetaram um itinerário que abrange de Schiller a Samuel Beckett. Ela sabia que era uma atriz maior e fez bom uso de suas qualidades privilegiadas. A lição que deixou continua a ser – dez anos depois – estímulo e desafio aos que estão na luta.

A JOVEM E O PIANISTA

Sadi Cabral encontrou Cacilda Becker nos seus primeiros dias de profissão, após uma rápida passagem pelo Teatro do Estudante, de Paschoal Carlos Magno. Neste rápido depoimento, evoca os seus cuidados, os entreveros e a amizade final com a futura atriz consagrada:

"Conheci Cacilda Becker em 1944. Lembro-me perfeitamente dela: era linda, tinha um talento enorme e uma grande indisciplina. Ela era muito criança. Cacilda tinha pouco mais de 20 anos. Dirigi o seu primeiro espetáculo como atriz profissional. A peça chamava-se *Prometo ser infiel*, do italiano Dario Niccodemi, e estreou no Teatro Copacabana, no Rio, numa produção da companhia do Raul Roulien, que havia me contratado como ator e diretor de cena.

Eu perseguia a Cacilda por causa daquela indisciplina, atrasos nos ensaios etc. Uma vez o Roulien pediu autorização para a mãe dela para que Cacilda pudesse participar de uma excursão com a nossa companhia. A mãe respondeu que estava de acordo, mas pedia que não incluísse no elenco esse horroroso Sadi Cabral. Mas eu era duro apenas porque via nela um talento muito grande que deveria ser disciplinado. Um dia, na hora do ensaio, a Cacilda sumiu. Naquele tempo estava se apresentando no Golden Room do Copacabana aquele famoso pianista norte-americano, Eddy Duchin, que até teve sua biografia filmada com o Tyrone Power, o filme chamou-se *Melodia imortal*. Bom, procurei Cacilda em todo lugar e fui encontrá-la toda lângui-da reclinada sobre o piano de cauda, ao lado de Eddy Duchin, que ensaiava na sala vazia. Dei uma bronca tremenda nela e no próprio Eddy, que não entendeu nada."

"Depois nós nos tornamos amigos. Ela disse, anos depois, para todo o elenco do Teatro Brasileiro de Comédia e na minha presença: 'Eu odiava o Sadi, hoje estou contente de poder dizer que aprendi a amar e a respeitar o teatro com este homem'."

Cacilda tinha talento como uma porção de outras tinham. Ela sempre teve um problema de respiração em cena, o que desde seu começo foi apontado pela crítica como um pequeno defeito. Pois com respiração ou sem respiração per-feita, ela foi uma estrela. A *Maria Stuart* dela era maravilhosa, como *Virginia Woolf* também era um monumento.

CACILDA BECKER JUNHO DE 1994
Atriz fez os mais difíceis papéis modernos

Pequena, morena, rosto anguloso e olhar forte. Essa a impressão que se tinha de *Cacilda Becker* no contato pessoal. No palco ela teve o tamanho, a vibração e o temperamento que quis. Foi até menino, em *Pega-Fogo*, e homem/mendigo em *Esperando Godot*. Além do talento como atriz, tinha presença social afir-mativa que a tornou personalidade pública respeitada. Interpretou heroínas românticas (*A dama das camélias*), figuras históricas (*Maria Stuart*), mulheres vingativas (*A visita da velha senhora*) ou ressentidas (*Quem tem medo de Virginia Woolf?*). Fora do palco exerceu, entre 1968 e 1969, a liderança do teatro paulista contra arbitrariedades do regime militar. Uma homenagem à sua vida está no livro *Uma atriz: Cacilda Becker*, de Nanci Fernandes e Maria Thereza Vargas (Perspectiva). Um trabalho afetivo completo.

Um dos mistérios de Cacilda era a música da fala. O timbre cortante e a res-piração curta. E, no entanto, da aspereza aparente surgia o movimento verbal que prendia a atenção. Crispação vocal presente com poderoso efeito dra-mático em *Virginia Woolf*. Quanto ao estilo de interpretação, ela fazia parte da raça dos intérpretes que trabalham sem nenhuma precaução e se esgotam a cada peça. Sabia os refinamentos do ofício e colocava nele a vibração nervosa como marca fundamental. Décio de Almeida Prado, que a acompanhou por muitos anos como crítico de *O Estado*, observou que "Cacilda sobressaía pela intensidade, pelo fervor com que se entregava ao papel, inclusive desgastando-se fisicamente. Em seus melhores momentos, era pura chama ardendo diante de nós".

A chama ardeu nos dois últimos desempenhos. Atuando com Walmor Chagas em *Quem tem medo de Virginia Woolf?*, de Edward Albee, Cacilda paralisava o público no combate do casal que se destrói em cobranças. Em seguida, depois de espetáculos leves, e novamente com Walmor, encarnou a solidão metafísica de *Esperando Godot*, de Samuel Beckett. Na tarde de 6 de maio de 1969, uma insuportável dor de cabeça obrigou-a a interromper a sessão. Entrou no hospital vestindo o terno do mendigo da peça. Vítima de aneurisma cerebral, resistiu 38 dias. Tinha 48 anos.

CACILDA, MEMÓRIA CONSTRUÍDA
A PARTIR DE QUATRO CENAS JULHO DE 2013

CENA UM   Cacilda sentada na beira do palco. Naquele instante, ela era Estragon, o andarilho metafísico de *Esperando Godot*, de Samuel Beckett. O franzido da testa e olhar de angústia no infinito ficaram para sempre na lembrança do espectador que passaria a ser crítico teatral meses mais tarde. Não tive tempo para escrever sobre Cacilda, Walmor Chagas, Carlos Kroeber, Carlos Silveira e Carlos Martins dirigidos por Flávio Rangel. Todos que a viram naquele abril de 1969 jamais esquecem as figuras melancólicas da peça e, sobretudo, a maravilhosa criação de Cacilda. Doçura íntima e desalento.

VOLTA NO TEMPO   Quatro anos antes, em junho de 1965: estudante que ainda seria jornalista, estive pela primeira vez diante da sua devastadora emoção em *Quem tem medo de Virginia Woolf*, de Edward Albee, novamente ao lado do marido Walmor Chagas e com Lilian Lemmertz e Fúlvio Stefanini, direção de Maurice Vaneau. O enredo é um embate conjugal cruel que ela expressava em gestos bruscos e a ansiedade em cada frase.

CENA DOIS   Uma noite de 1968. A ditadura. Assembleia teatral no Teatro Ruth Escobar. Na pauta, a censura, prisões de artistas. Indignação e pouca clareza do que fazer objetivamente. Em meio à reunião, chega Cacilda Becker. Magra, elegância sóbria em um vestido negro, vinha de um encontro com o governador do estado.

Sobe lentamente ao palco. Olha os companheiros e diz pausadamente: "Sei que o que vou dizer aqui estará sendo escutado". Numa frase, nos avisava da infiltração policial no meio artístico. O que não a impediu de narrar suas atividades naquele dia e de deixar claro que o teatro iria resistir à repressão. Resistiu.

CENA TRÊS   Os 39 dias de Cacilda no Hospital São Luiz, vítima do rompimento de um aneurisma cerebral. Não saíamos de lá em revezamento diuturno de parentes, colegas e admiradores. A lembrança guarda a chegada do ator Sérgio Cardoso que estava no Rio de Janeiro, o nervosismo do diretor e crítico Alberto D'Aversa, a palidez da irmã Cleyde Yáconis, a aflição contida de Walmor e Flávio Rangel e da sempre leal amiga Maria Thereza Vargas, pesquisadora teatral e sua biógrafa. Em alguma hora de 14 de junho de 1969, Cacilda Becker partiu com Godot aos 48 anos.

CENA FINAL   Cacilda velada na igreja dos Dominicanos antes do cemitério do Araçá. O rosto agora sereno. O país tomara conhecimento, e seu nome e foto estavam em toda a imprensa. Uma dor silenciosa dizia que morrera a maior atriz de uma e de muitas épocas. Talento em permanente vibração e, também, a pessoa cotidiana e solidária. Uma mulher explícita em suas carências. O poeta Carlos Drummond de Andrade resumiu o sentimento geral de perda: "A morte emendou a gramática./ Morreram Cacilda Becker. [...]/ Era uma pessoa e era um teatro./ Morreram mil Cacildas em Cacilda".

***

PAULO AUTRAN: ENCONTRO E DESPEDIDA OUTUBRO DE 2007

Visitei Paulo Autran no dia 30 de setembro passado. Quando abriram a porta do apartamento, ele estava lá, sorridente e rosado, no sofá diante da janela para a alameda Casa Branca. Minha mulher e eu o beijamos – e ele, apesar da voz frágil, mas firme, começou a conversar sobre fatos simples. Com uma memória perfeita, lembrou-se de episódios ocorridos há décadas e perguntou sobre uma nossa parente, amiga de geração e de estudos no Externato Elvira Brandão: "Como vai a Heleninha?".

Tranquilamente fumou dois cigarros embora soubesse da gravidade do seu enfisema pulmonar (ao lado estava um tubo de oxigênio que destoava no ambiente sofisticado da casa). Contou casos engraçados de colegas do teatro e outros dos tempos de advogado militante durante quatro anos – "Fiz de tudo, menos júri, detestava aquilo". Formado pela São Francisco, teve escritório montado na rua 15 de Novembro enquanto fazia teatro amador. Com o tempo, seu pai, Walter Autran, também formado em Direito, tornou-se sócio do filho, e achou um despropósito quando Paulo avisou que seria apenas ator. "Isso é rabo de saia", resmungou o dr. Walter.

Era mesmo. A saia de Tônia Carrero, no esplendor dos seus 25 anos, que o convidava para parceiro em *Um deus dormiu lá em casa*, de Guilherme Figueiredo, sua estreia profissional no Teatro Copacabana, Rio de Janeiro. Começo de uma carreira gloriosa, que ele usufruiu com grandeza e elegância. Nunca fez nada contra a vontade, mesmo nas poucas peças menos bem-sucedidas. Encenou os clássicos, dos gregos a Shakespeare e Ibsen, com o mesmo à vontade com que se divertiu na comédia leve *Pato com laranja*, do inglês William Home. Ator do estilo formal franco-italiano estabelecido pelo Teatro Brasileiro de Comédia (1948-64), não teve problemas em atuar, em cinema, em uma vertente estética totalmente oposta: o barroquismo delirante de Glauber Rocha em *Terra em transe* e, nesse nosso último encontro, teve a generosidade de dizer que o melhor e menos elogiado desempenho do filme é o de Glauce Rocha, em um elenco masculino que, além dele mesmo, brilhante, tem Jardel Filho, José Lewgoy, Paulo Gracindo, Mario Lago, Hugo Carvana e Joffre Soares. Só não aderiu ao teatro agressivo, à nudez gratuita e à escatologia no período em que o palco achou que podia transformar a realidade constrangendo o público. O tempo lhe daria razão.

Na vida real, ou por trás das cortinas, manteve duas atitudes imutáveis. Discrição quanto à sua vida pessoal e uma permanente solidariedade aos colegas de ofício. Como empresário, sempre pagava bem a seus contratados, que tratava de igual para igual. Quando o iniciante ator Umberto Magnani, recém-casado, comprou um apartamento financiado, Paulo foi o avalista. Um dia, em Curitiba, achou que Ivam Cabral – hoje um dos líderes do grupo Os Satyros – estava triste e perguntou o motivo. Ivam, tímido, desconversou. Dias depois recebeu um cheque e um bilhete dele: "Acho que você está precisando de dinheiro", o que era fato.

Enfrentou males de saúde com altivez. Quando teve um enfarto, obrigado a colocar safena, nem assim parou de fumar, e avisando: "Não me amolem, já vivi bem e como gosto, o resto seja o que for". Tratava doenças sem alardes. Quando o dramaturgo Oduvaldo Vianna Filho teve câncer no pulmão, aos 38 anos, Paulo o levava a fazer quimioterapia conduzindo um fusca ("Gozado, tive três fusquinhas na vida", comentou).

No fundo sempre olhou a morte nos olhos. Não a perdoava por lhe ter roubado a mãe aos 35 anos (o que ele descreve no livro biográfico *Um homem no palco*, de Alberto Guzik). Perda que calou fundo no menino de 6 anos. Na entrevista a Guzik, não quis mencionar que ela – que já tinha duas meninas e Paulo – morrera de parto junto com o filho. O irmão que ele não teve. É este o Paulo Autran que saiu de cena na sexta-feira (16/10/2007). Um grão senhor bem-humorado (mas sabia brigar às vezes, e com veemência). O descendente de francês radicado na Bahia no século XIX (há uma rua Pedro Autran em Salvador). Se a família conservasse todos os sobrenomes, teria se chamado Paulo da Matta e Albuquerque Autran. Mas foi sempre o nosso Paulo. Na hora do adeus, de reverenciar seu talento e estatura humana, cabe evocar Shakespeare em *Hamlet*: "Boa noite, doce príncipe".

ÍTALO ROSSI AGOSTO DE 2011

Ítalo Balbo Di Fratti Coppola Rossi tinha magnificência cênica até no nome completo do descendente de italianos nascido em Botucatu, onde o pai teve um hotel antes de se transferir para São Paulo, no mesmo ramo, a cidade onde Ítalo se descobriu ator. Já na estreia, em 1956, chamou a atenção de Décio de Almeida Prado, influente crítico do jornal O *Estado de S. Paulo*. Ao assisti-lo em *A casa de chá do luar de agosto*, de John Patrick, direção de Maurice Vaneau, Décio escreveu que a ele "cabia a responsabilidade mais pesada: a de dar o tom de cada cena, ligando-as uma às outras. Ítalo é encantador, malicioso, sonso, simpaticíssimo [...]". Não foi pouca façanha, porque o jovem Ítalo contracenava com Eugênio Kusnet, Nathalia Timberg, Mauro Mendonça (também estreando) e Sérgio Britto com o qual, três anos mais tarde, fundaria no Rio de Janeiro o Teatro dos Sete ao lado do casal Fernanda Montenegro e Fernando Torres, Gianni Ratto – eram sete participantes no início, acabaram em cinco, mas o nome foi mantido enquanto a companhia existiu (1959-65).

Mais de meio século de protagonismo ou destaque em textos de todos os gêneros. Ítalo (1931-2011) com seu olhar insinuando insolência absoluta ou melancolia em contraste com o sorriso amplo. Assim foi em dezenas de desempenhos antológicos. As plateias recentes puderam vê-lo ainda dono do ofício, da técnica e maestria em, por exemplo, *Quatro vezes Beckett*, criação de Gerald Thomas, *Encontro com Fernando Pessoa*, em bela dupla com Walmor Chagas, ou um solo perfeito em *Comunicação a uma academia*, de Kafka, que encantou o Festival de Curitiba (1994). Isso tudo mais sua presença elegante e irônica em telenovelas. O permanente estado de nobreza e paixão artística.

SÉRGIO BRITTO AGOSTO DE 2011
Os caminhos de um ator apaixonado

Carioca, médico formado (realizou um parto, antes de desistir da carreira), torcedor do Fluminense, Sérgio Britto, nascido em 1923, era bonito e elegante. Os óculos de aros pretos, de míope, e os cabelos precocemente brancos davam-lhe seriedade natural. Impunha aos desempenhos um tom levemente melancólico ou irônico, com a voz entre o velado e o rouco, o que lhe caía bem. A imagem forte que fica é a da sua expressão atenta, o sorriso contido, o domínio da pausa; e o andar lento, cadenciado, expressivo. Assim, ele transitou pelo alto teatro ocidental em papéis desafiadores, de Shakespeare a Tchekhov e Pirandello e, entre os brasileiros, de Artur Azevedo a Oduvaldo Vianna Filho. Fez parte de um quinteto soberbo de criadores ao lado de Fernanda Montenegro, Ítalo Rossi, Fernando Torres e Gianni Ratto, grupo responsável por um capítulo fundamental das artes cênicas nacionais entre São Paulo e o Rio de Janeiro (só em teleteatro foram mais de 400 peças).

Houve, porém, um tempo em que se viu nele o artista só para determinados papéis. Essa história atesta como todos, dos diretores à crítica, podem se enganar um dia. Aliás, é do crítico Yan Michalski a sucinta e justa descrição de Sérgio Britto para a Enciclopédia Itaú Cultural: "Um homem de teatro completo [...]. Ator que na fase inicial da sua carreira teve de lutar muito para convencer o meio do seu talento; que posteriormente, e durante longo tempo, ficou conhecido basicamente como um ator de composição, graças à sua facilidade para esse tipo de trabalho, mas enfrentou a descrença de muitos quanto às possibilidades em outras tarefas interpretativas; que soube afinar pacientemente o seu instrumental, até tornar-se um dos atores brasileiros mais preparados para enfrentar, com elaborada precisão estilística, os mais variados gêneros de atuação".

Quem o viu em *Tango*, do polonês Slawomir Mrozek, um teatro do absurdo tardio, *A gaivota*, de Tchekhov, e *Assim é se lhe parece*, de Pirandello, *Quatro vezes Beckett*, espetáculo inicial de Gerald Thomas no Brasil, e, finalmente, o comovedor profissional, quase sem visão, aos 85 anos, em *A última gravação de Krapp*, de Samuel Beckett, entre as dezenas de títulos em sessenta anos de carreira, sabe que esteve diante de um dos mestres do palco. É preciso acrescentar que Sérgio embarcou na aventura do excepcional encenador argentino Victor García (1934-82) para montarem, em meio a empecilhos e imprevistos, *Autos Sacramentais*, de Calderón de La Barca, empreendimento de Ruth Escobar assistido apenas no exterior, do Festival de Teerã a Veneza.

Fora do tablado, destacou-se como homem de TV, pioneiro do teleteatro, como ator e diretor (em uma fase de sua carreira, fim dos anos 1960, morou em São Paulo como diretor na extinta TV-Excelsior). Além disso, dirigiu ópera, ajudou a criar boa escola de teatro (a Casa das Artes de Laranjeiras) e deixou um belo e corajoso testemunho de sua arte e do seu tempo no livro de memórias *Fábrica de ilusão* (escreveria a seguir *O teatro e eu*). Encerrou a primeira obra com serenidade e premonição: "Shakespeare, através da boca do Bobo, aconselhava Lear a ficar sábio antes de ficar velho. Tento no meu dia a dia o reencontro com essa sabedoria. Que Deus me ajude e me faça apaixonado pelo meu trabalho como aconteceu com estas memórias. E que seja para sempre, enquanto a vida durar". Sérgio Pedro Corrêa de Britto partiu, em 2011, apaixonado e sábio.

FAUZI ARAP DEZEMBRO DE 2012

Fauzi Arap foi um raro e luminoso ator. Antes dos 30 anos, porém, passou a ser exclusivamente diretor, dramaturgo e ourives de talentos que só precisavam do seu toque de mestre. Mas sempre fez falta, aos que o viram representar, o seu estilo, o clima ao seu redor quando mergulhado no papel. Algo metafísico quando ele, com seu jogo de mãos entre o pianista e o regente de orquestra, apontava para o alto ou para o fundo escuro do teatro enquanto os lábios tremiam ligeiramente e aparecia uma angústia no olhar. As inesquecíveis pausas de Fauzi Arap; e quando falava, havia um soluço na voz. Nesses segundos, aquele homem magro, cabelos crespos, sorriso melancólico e bonito era artista e mago. Um pouco desse encanto está no filme *O padre e a moça*, de Joaquim Pedro de Andrade.

Discute-se longamente – há tantas teorias – se o ator deve se transfigurar no personagem, ser "um outro" (como o xamã) ou seguir as linhas paralelas da racionalidade e emoção. Fauzi Arap reunia transe e objetividade, e eram momentos maravilhosos. Algo só dele, mas soubemos depois do seu polimento interior através de uma longa viagem psicoespiritual. Sua vida foi uma contínua procura. Formou-se em 1961 pela Escola Politécnica, o universo do cálculo por excelência (engenharia civil, que ele nunca exerceu), para dez anos mais tarde, em 1971, trabalhar como terapeuta voluntário na Casa das Palmeiras, no Rio de Janeiro, centro psiquiátrico inovador da doutora Nise da Silveira. Nesse percurso, Fauzi Arap vai dos estados alterados da consciência (o uso monitorado do LSD) às teorias de Carl Jung. Percurso de riscos e revelações diferente de uma contracultura dos anos 1960 que causou ruídos, instantes de beleza, liberdade, mas, sim, e é bom lembrar, desastres humanos. Para entender melhor tais opções, mudanças de rota e pontos de chegadas, é esclarecedor ler o seu escrito *Mare nostrum* (Editora Senac), que reúne confissão e manifesto existencial. Relato de opostos ou, arriscando-se um neologismo, minimalismo grandioso. No livro, como diz o subtítulo, estão "sonhos, viagens e outros caminhos" do homem enigmático que Fauzi Arap sempre foi, com sua timidez audaciosa e contida força agressiva, a compulsão pelo recolhimento (viveu anos sozinho nas imediações do Horto Florestal paulistano). Autobiografia que retrata a busca de diretrizes políticas e autoconhecimento, o que inclui a convivência com a arte engajada, trabalho com colegas da esquerda militante enquanto, aos poucos, segue para o território místico e esotérico onde se sente melhor. Itinerário de violência e ternura, porque Fauzi interpretou ou dirigiu peças extremamente agressivas, como *Dois perdidos na noite suja* e *Navalha na carne*, de Plínio Marcos, *Uma lição longe demais*, de Zeno de Wilde, e *O assalto*, de José Vicente de Paula – sua quase alma gêmea e outro poeta do teatro que só pode ser verdadeiramente entendido com a leitura do seu também autobiográfico *Os reis da terra* (Nova Fronteira, 1984, que deveria ser reeditado). Ao mesmo tempo, como dramaturgo, Fauzi seguiu uma linha de abstrações realistas, se se pode dizer, onde temas psicológicos carregam um fundo social e histórico desde *Pano de boca* (1975), balanço metafórico do teatro e de um país sem democracia, seguido do coloquial *O amor do não* e *Às margens do Ipiranga*, nova inflexão crítica e afetiva ao universo teatral e seus embates políticos. Por fim, a despedida com *Chorinho* (2012), delicado olhar sobre a solidão.

Suas qualidades de intérprete, os altos momentos de direção ensinaram muito aos artistas e ao público. Hoje são memória, mas o escritor dramático Fauzi Arap continua e é uma boa hora de se reavaliar o legado desse ser humano já lendário e tão querido.

A PRESENÇA DE TIMOCHENCO 2013

Quando o Comando de Caça aos Comunistas (CCC) invadiu o Teatro Ruth Escobar, na noite de 18 de julho de 1968, espancou o elenco e técnicos de *Roda viva*, texto de Chico Buarque com direção de José Celso Martinez Corrêa, os agressores disseram que estariam de volta se as vítimas não saíssem de cartaz. Imediatamente, os artistas e estudantes paulistas foram mobilizados para a defesa física do espetáculo.

No dia seguinte, Timochenco e eu estávamos entre os voluntários e, à entrada, recebemos um pedaço de madeira, verdadeiro tacape, para o que desse e viesse. A situação era grave e absurda ao mesmo tempo. Éramos rapazes, sem nenhuma vocação ou treino para a violência, armados com paus para barrar o grupo fascistoide que usava soco-inglês, cassetetes e revólveres. Aderimos por indignação política e apoio irrestrito ao teatro, mesmo sendo à época apenas espectadores. Timochenco cursava sociologia na USP, ainda na Maria Antônia, enquanto eu, jornalista, só em 1969 passaria a crítico teatral. É a evocação que me vem forte quando escrevo sobre um homem absolutamente pacífico, sempre com um sorriso irônico e melancólico.

Corta para outra cena, no ano seguinte.

Estamos no vagão-restaurante do trem de Campo Grande a Corumbá, viagem interminável na aventura de conhecer Machu Picchu via Bolívia e lago Titicaca. Horas de conversa, a sós, quando Timochenco falou de maneira franca da adolescência e da família, o pai severo que lhe deu o nome em homenagem ao famoso general russo da Segunda Guerra, sexo, amores e coerções na terra natal.

Algumas tristezas e muita fantasia literária e teatral. Ali estava por inteiro um dos meus primeiros grandes amigos de São Paulo, embora curiosamente interioranos da mesma região, a Sorocabana; ele de Presidente Prudente e eu de Ourinhos, o que nos deu imediata cumplicidade desde que Timochenco me foi apresentado por Dilma de Melo Silva, sua colega de faculdade e que também teria seu encontro com o teatro. Formamos um trio unido (Dilma participou da viagem ao Peru) que tinha ponto de encontro no apartamento de Timochenco. Na realidade, uma quitinete no Copan onde, inacreditavelmente, cabia tudo: festas agitadas, encontros amorosos, sonhos. Meu amigo, que só tratávamos por Timó, diminutivo da infância, tinha o dom de aglutinar pessoas, e essa é a característica que o distingue no panorama cultural de São Paulo nos poucos anos que teve para atuar. Seria fácil enfeixar aqui episódios curiosos sobre as horas festivas do Copan, mas prefiro relembrar as leituras iniciais de *A vinda do Messias* – sua primeira peça, interpretada por Berta Zemel –, as discussões do enredo com o diretor Emilio Di Biasi; e outras conversas sobre romances, música, cinema e teatro.

Naqueles dias, entre a euforia da contracultura e reuniões políticas clandestinas, o Copan abrigava outros talentos em seus primeiros passos, como Mário Prata, estudante de economia da USP e autor de um livro de contos que esboçava as cenas iniciais de *Cordão umbilical*, sua estreia no palco; o cineasta José Rubens Siqueira, que iria dirigir a obra de Prata; o artista plástico e estudante de arquitetura e filosofia Antonio Benetazzo, morto pela repressão aos 31 anos. Essa inquietação e insolência, um tipo de humor sarcástico e angústia mal disfarçada, estão nas artes e no jornalismo de toda uma geração da qual fazíamos parte. Nem sempre de forma explícita. Na dramaturgia de Timochenco Wehbi, a violência da realidade cotidiana não se expressa de forma política direta, mas em desencontros existenciais e várias formas de alienação. Como universitário e cidadão, Timó estava nas passeatas, nas assembleias estudantis e de teatro, mas, como ficcionista, o poeta que havia nele tinha um olhar compassivo para os solitários – no fundo seus irmãos –, as figuras excêntricas, banais, prostituídas, física e mentalmente gastas no labirinto da metrópole.

Mas não quero dessa vez ser crítico profissional ao falar do amigo das noites do restaurante Eduardo's que existia na rua Nestor Pestana. Outros tratarão do seu teatro, que tem consistência e que ficará. Para esse testemunho transcrevo, no entanto, a abertura da crítica de *A vinda do Messias* que escrevi para a *Folha de S.Paulo* (30/4/1970): *"Em Timochenco Wehbi coexistem o sociólogo e o sentimental quase exagerado. De um lado, temos o arguto observador de fenômenos sociais e, de outro, o emotivo com uma história dramalhônica, uma música dor de cotovelo. O homem crítico e o pierrô se encontram e se complementam na personalidade deste dramaturgo".*

Corto a cena outra vez e volto à sua capacidade de reunir alunos, o pessoal do teatro, colegas acadêmicos, amizades repentinas e sua turma fiel de Presidente Prudente. Como professor, na Fundação das Artes de São Caetano e Escola de Comunicação e Artes (ECA-USP), Timó aliava entusiasmo didático a informalidade sem perda de disciplina, o que o tornava estimado pelos alunos. Falava tanto de coisas passadas, como a era do rádio e seus cantores, os circos da infância, a arte rústica e os objetos *kitsch*, como de cinema japonês, que conhecia a fundo, e da sua paixão por Federico Fellini. Era preciso nas referências sociológicas, nos comentários sobre Bertolt Brecht ou Jean Duvignaud. Amava a poesia do cotidiano e a alta cultura, amava a magia do teatro (não fazia nenhuma questão em ser cerebral apesar da formação universitária).

Tentou organizar uma sociedade de dramaturgos, de breve duração. Amava São Paulo, mas jamais se apartou da província retratada na peça *Chuvas de verão*, que Dilma de Melo Silva dirigiu em Presidente Prudente. Tinha planos, sempre tinha planos. E, de repente, em 1986, Timochenco Wehbi se foi aos 42 anos.

JORGE ANDRADE FEVEREIRO DE 2013
O dramaturgo da terra e dos bens do sangue

A importância de Jorge Andrade é a mesma de Drummond, com quem ele se encontra nos sentimentos e evocações das famílias e dos bens do sangue. Dois fazendeiros do ar. Nostalgia mesclada de crítica sutil a um mundo que é apenas fotografia na parede. O dramaturgo paulista executou com emoção e maestria o conselho que lhe foi dado por Arthur Miller: "Volte para o seu país e procure descobrir por que os homens são o que são e não o que gostariam de ser, e escreva sobre a diferença". A humanidade de Jorge Andrade pertence a um universo rural cada vez mais só matéria de ficção.

O público urbano, sobretudo nas capitais onde acontece a maior parte da produção teatral, parece alheio à ideia do que foram as fazendas de café e sua estrutura social, psicológica e física. Ignora o que é um alqueire de terra, os ciclos de plantio e as "colônias", como se chamavam os ajuntamentos de casas dos trabalhadores, reunindo em vizinhança o caboclo brasileiro e os imigrantes italianos (maciçamente) e japoneses. Isso acabou e Jorge Andrade foi o poeta dramático do lento declínio de uma era econômica. Se o seu enfoque é afetivo-drummoniano, não descarta, porém, o lado duro da questão, como o faz em *Vereda da salvação*, teatralização do messianismo como fruto da miséria. Pode ser uma conclusão temerária, mas um teatro requintado na escrita e denso na mirada sobre os desajustes da sua gente não é tão encenado talvez por esbarrar, afora a indiferença citadina, na uniformização do campo por um sistema impessoal denominado, sem nenhum encanto, de agroindústria. A paisagem dos cafezais e os campos de algodão e seus habitantes deram lugar à monotonia infinda e lucrativa dos canaviais povoados por um campesinato meio servo da gleba, meio pária, mas crescentemente ator de reivindicações e confrontos com um rastro de sangue (descritos em *Viúvas da terra*, de Klester Cavalcanti, editora Planeta), o que sugere outra dramaturgia.

A obra de Jorge Andrade sempre será bem-vinda por sua visão humanista abrangente e de fundo atemporal, como a província de Tchekhov, e por sua documentação de contradições do Brasil. Além das encenações e leituras dramáticas recentes de Antunes Filho e dos grupos Tapa, Kaus e Latão, será sempre oportuno trazê-lo ao asfalto. Dentro das homenagens que prestam ao grande autor, que se resgate e divulgue o filme *Vereda da salvação*, dirigido por Anselmo Duarte. O original está protegido na Cinemateca, mas sem versão em DVD e esquecido pelas TVs.

AUGUSTO BOAL SETEMBRO DE 2013
Muitas ideias, mas sem mudar de opinião

Uma visita com Boal, ciceroneando artistas franceses ao terreiro de Olga de Alaketu, respeitada mãe de santo, em Salvador, é para mim a imagem-síntese dele como o praticante do sincretismo artístico. Homem de esquerda, versado na obra de Brecht, ele ao mesmo tempo adotou o psicologismo interpretativo de Stanislavski que aprendeu no Actor's Studio de

Nova York (Boal fora aos Estados Unidos estudar engenharia química e deixou o curso pelo teatro).

Do Brecht da primeira fase captou o estilo didático e musical que seriam seus instrumentos fundamentais como autor de alegorias políticas com um fundo de comédia de ideias, explícitas em *A revolução na América do Sul* (a versão original passava-se em um circo). O gosto por enredos panorâmicos – nos quais múltiplas facetas da realidade estão em peças que, na sua definição, parecem "quebradinhas", ou seja, recheadas de cenas, músicas, tipos humanos esboçados em traços rápidos – seria uma de suas marcas autorais. A dispersão do conjunto é aparente, porque Boal sempre manteve o poder de síntese do engenheiro que domina a química teatral.

Assim foram surgindo os musicais políticos. Primeiro, o show-protesto *Opinião*, que juntou a doçura de Nara Leão e, em seguida, a dramaticidade de Maria Bethânia, a força sertaneja do maranhense João do Vale (autor de "Carcará") e a malícia suburbana carioca de Zé Kéti. O espetáculo, intenso ao limite do passionalismo, continha um recado: o Brasil vítima do golpe de 1964 não iria mudar de opinião. Boal a seguir juntou-se em parceria dramatúrgica com Gianfrancesco Guarnieri e musical com Edu Lobo, o que resultou nos antológicos espetáculos *Arena conta Zumbi* e *Arena conta Tiradentes*. Textos em que a história nacional é revista do ponto de vista dos oprimidos sem perder a perspectiva otimista narrada pelo Sistema Coringa (um ator/personagem fixo e os demais se revezando em múltiplos papéis). Resultou bonito e eficaz. Essa resistência teatral com música teve ainda dois outros momentos em *Arena conta Bahia* e *Tempo de guerra* (com poemas de Brecht). No elenco ou direção musical, Caetano Veloso, Maria Bethânia, Tom Zé, Gilberto Gil e Gal Costa, em início de vitoriosa carreira, e Carlos Castilho (1933-85 – maestro, arranjador brilhante a ser mais homenageado). Ao mesmo tempo em que se firmava como dramaturgo, Boal não deixou de lado o melhor repertório internacional: Gógol (*O inspetor geral*), Brecht (*Arturo Ui*).

De repente, a prisão brutal e o exílio, a começar pela Argentina. Difícil desenraizamento que iria traduzir na peça *Murro em ponta de faca*.

Salto no tempo. Reencontro com Augusto Boal na Europa (1976-7), nós dois professores no Conservatório Nacional de Lisboa, e ele a encenar aos ex-colonizadores a mesma história de Tiradentes, o mártir da independência. Sucesso do grupo A Barraca. Depois, 26, *rue* de Rungis, seu endereço em Paris, a divulgação mundial do Teatro do Oprimido.

Finalmente, a volta ao Rio de Janeiro de Boal, o filho de portugueses e o mesmo nome de um bom vinho da ilha da Madeira.

UM PERFIL DE MARIA THEREZA VARGAS PRIMAVERA DE 2014
(*ou Nós que gostamos tanto dela*)

Maria Thereza Vargas dá um pequeno sorriso e usa a expressão "Eu me impingi" quando se refere à sua inestimável colaboração com Alfredo Mesquita, o fundador da Escola de Arte Dramática de São Paulo (EAD), Cacilda Becker, os críticos teatrais Décio de Almeida Prado e, sobretudo, Sábato Magaldi, quando este foi Secretário Municipal da Cultura. A amável autoironia da frase soa curiosa vinda de uma intelectual que prima pela discrição. O teatro paulista inteiro, e boa parte do brasileiro, considera Maria Thereza fundamental na pesquisa de sua história. Com mais de sessenta anos de atividade, pouco se sabe de sua vida. Fiel ao seu temperamento e aos seus princípios, fala apenas da cena, absolutamente alheia a lendas ou qualquer coisa que se baseie no "ouvi dizer". Senhorinha fiel ao seu tempo – nasceu em 1º de abril de 1929, quando ainda garoava na Pauliceia e as moças estudavam até o segundo grau (até hoje ainda se comenta a novidade da presença de Lygia Fagundes Telles no curso de direito do Largo de São Francisco, e isso já no início dos anos 1940).

Maria Thereza é filha do dr. Abel Vargas, primeiro diretor do Serviço Nacional da Malária, logo um dos pioneiros da epidemiologia no Brasil, na linhagem científica de Oswaldo Cruz. Como médico da antiga Light, realizou estudos e estabeleceu normas para se evitar focos do mosquito *anopheles*, o transmissor da doença, nas imediações das represas que começavam a ser construídas no Brasil. Thereza teve três irmãos, Nancy, Mabel e Milton Vargas, falecidos. O engenheiro eletricista Milton Vargas foi especialista em mecânica de solos do Instituto de Pesquisas Tecnológicas (IPT) e professor emérito da Escola Politécnica da Universidade de São Paulo. Colaborou na elaboração dos projetos das usinas hidrelétricas de Jupiá, Ilha Solteira, Tucuruí e outras. Por força das atividades do dr. Abel, em 1942 Maria Thereza estava no Rio de Janeiro enquanto ele trabalhava na construção da represa de Ribeirão das Lajes no interior fluminense. Foi quando tomou conhecimento dos programas de radioteatro de Anselmo Domingues, Celestino Silveira e Olavo de Barros, que valorizavam o teatro português. Diz ela que um dia "ouviu a entrevista da jovem atriz paulista Cacilda Becker". Aos poucos, Thereza chegou ao Teatro do Estudante do Brasil, fundado em 1938 por Paschoal Carlos Magno, onde conheceu Sônia Oiticica, destaque no grupo. "E aí fui me interessando e comecei a me impingir às pessoas."

A primeira, já em São Paulo e alguns anos depois, foi justamente Cacilda Becker, que em 1946 tinha na Rádio América o programa *Joias da literatura universal*, com adaptações de contos. "Enviei uma história envolvendo Joana D'Arc." Cacilda gostou, convidou-a para ouvir no estúdio a apresentação do texto e falou à novata sobre a existência do Grupo Universitário de Teatro, de Décio de Almeida Prado, onde iria representar o *Auto da barca do inferno*, de Gil Vicente, no Conservatório Dramático Musical de São Paulo. "E aí acabei me impingindo à Cacilda. Falávamos só de teatro, não de vida particular. Tanto é que me perguntam coisas pessoais dela e respondo: não sei. Que perfume ela usava, não sei. Que bebida tomava, não sei. Quem foi o namorado de Cacilda, não sei."

Silêncio elegante de Maria Thereza. Afinal, estamos em um tempo em que Cacilda Becker referia-se ao "senhor Ziembinski" quando mencionava o diretor de *Vestido de noiva*, de Nelson Rodrigues. O máximo que avança é dizer que Cacilda estava casada no civil e no religioso com o jornalista e locutor Tito Fleury Martins, "muito importante na sua vida nesta fase inicial de rádio-atriz, pai do seu filho Luiz Carlos". Mais tarde Cacilda se casaria com Walmor Chagas, companheiro de espetáculos memoráveis até sua morte, em 1969, vítima do rompimento de um aneurisma cerebral durante a representação de *Esperando Godot*, de Samuel Beckett.

Ainda em 1946, Cacilda voltou ao Rio para sua estreia no cinema em *A luz dos meus olhos*, direção de José Carlos Burle (elenco com ela, Grande Otelo, o cantor Silvio Caldas e Manuel Pêra, pai de Marília Pêra). A temporada carioca ampliou-se com Cacilda contratada como redatora da Rádio Nacional, uma participação no Teatro Experimental do Negro, de Abdias Nascimento, e na remontagem de *Vestido de noiva*, sucesso de Os Comediantes, para a temporada em São Paulo. Enquanto isso, Maria Thereza terminava os estudos de segundo grau. De volta a São Paulo, Cacilda resolveu estudar direito (Tito Fleury era advogado) e antes do exame foi seguir matérias complementares no Colégio Rio Branco, quando ela e Maria Thereza voltaram a se encontrar. "E daí em diante ficamos juntas para sempre. Conheci a família dela, a mãe e as irmãs Dirce, que não era do teatro, e Cleyde Yáconis." Cacilda desistiu do direito quando convidada por Alfredo Mesquita para ser professora na recém-criada Escola de Arte Dramática de São Paulo.

Salto no tempo e mudança de cenário: em 1950, enquanto Cacilda, já soberana no Teatro Brasileiro de Comédia (TBC), interpretava *Entre quatro paredes*, de Jean-Paul Sartre, Maria Thereza vivia um lado menos conhecido de sua biografia, próxima aos frades dominicanos com militância social. Havia tomado conhecimento do ideário do padre e economista francês Louis-Joseph Lebret, com importante atuação no Brasil em planejamento urbano que levava em conta as condições dos menos favorecidos. Identificou-se também com

Charles Péguy, poeta e filósofo que se dizia "católico sem igreja" e pregava um socialismo não marxista e republicano.

Por esses caminhos, Maria Thereza chegou ao frei João Batista dos Santos, adepto das ideias de Lebret e que estivera no movimento dos padres operários na região industrial entre Lyon e Marselha, sul da França; e com frei Benevenuto de Santa Cruz, que fundaria a livraria e editora Duas Cidades, um marco na vida cultural da cidade desde o início, em dezembro de 1954.

Os dominicanos iniciaram a construção da capela do Cristo Operário na Vila Brasílio Machado, no Alto do Ipiranga, empreendimento que uniu o Círculo Operário do bairro, religiosos e intelectuais ligados ao Museu de Arte Moderna (MAM). A capela, hoje tombada pelo Patrimônio Histórico, é decorada com obras de Alfredo Volpi, Yolanda Mohalyi, Geraldo de Barros e tem jardins de Roberto Burle Marx. Como extensão da igreja, surgiu o Centro Social Cristo Operário, com educação infantil, debates culturais, políticos e teatro. É ali que Maria Thereza atua com seu jovem amigo, o arquiteto, artista plástico e cenógrafo Flávio Império.

Nesse ir e vir contínuo, em 1956, Maria Thereza ingressa no Teatro Tablado, de Maria Clara Machado, no Rio de Janeiro, onde ajudou a editar os *Cadernos de teatro* e outras atividades do grupo carioca. Foi notada pelo diretor José Renato, formado na primeira turma da EAD, que a convidou para ser secretária do Teatro de Arena que ele e companheiros criaram em São Paulo. Entre 1957 e 1958, atuou nessa companhia como assistente do dr. Alfredo Mesquita em *A falecida senhora sua mãe*, de Georges Feydeau, *Casa de velhos*, de Octave Mirbeau, e trabalhou com Augusto Boal em *Juno e o pavão*, de Sean O'Casey. "Nessas temporadas, encontrei Oduvaldo Vianna Filho, uma pessoa fantástica, de uma integridade a toda prova. Nós nos demos muito bem pelo moralismo. Eu com o moralismo judaico-cristão, ele com o moralismo do Partido Comunista (*risos*). Fomos muito amigos, mas muito amigos mesmo. O Vianninha queria me converter ao comunismo, me dava livros, jornais. Quando ficou doente e já estava mal, fui ao Rio e almocei com ele." Terminada a fase Arena, Alfredo Mesquita levou Maria Thereza para a EAD como bibliotecária. "Fiquei bibliotecando durante um ano, organizando os livros doados pela Patrícia Galvão, a Pagu. Em seguida assumi toda a secretaria da escola." Quando a EAD, em 1969, uma instituição particular e, com justiça, sempre louvada, passou para a USP, Maria Thereza optou por não a acompanhar. "Até houve briga na minha família. Diziam que eu estava louca ao não ir para a universidade, mas eu não quis, não. Seria tudo muito diferente sem o dr. Alfredo." Enquanto esteve na EAD, foram dez anos (1958-68) convivendo com os futuros atores e atrizes, diretores, pesquisadores, professores, críticos e dramaturgos, como Ruthinéa de Moraes, Dorothy Leirner (professora da escola), Assunta Perez, Odavlas Petti, João José Pompeo. Myriam Muniz, Ilka Marinho Zanotto (crítica), Sérgio Mamberti, Sylvio Zilber, Silnei Siqueira, Araci Balabanian, Carlos Eugenio Marcondes de Moura (sociólogo pesquisador da cultura afro-brasileira), Edgar Gurgel Aranha, Luiz Nagib (dirigiu o Theatro Municipal de São Paulo), Claudia Gennari, Vanya Sant'Anna (atriz e socióloga que fez carreira na Fundação Getulio Vargas), Lourdes de Moraes, Eloy Araújo (dramaturgo), Roberto Azevedo, Yara Amaral, Teresa de Almeida, Paulo Villaça, Benedito Silva, Afonso Gentil, Celso Nunes, Alberto Guzik (crítico e ator), Francisco Solano, Gabriela Rabello, Luiz Carlos Arutin, Zanoni Ferrite, Analy Alvarez, Cecilia Maciel, Dilma de Melo Silva (professora da Escola de Comunicações e Artes da USP), Umberto Magnani, Antônio Petrin, Anibal Guedes, Antônio Natal, Isa Kopelman (professora na Unicamp), Célia Olga Benvenutti, Bri Fiocca, Cláudio Lucchesi (foi diretor da EAD), Ney Latorraca, Esther Góes, Jandira Martini, Cléo Ventura e Paulo Hesse. Trata-se de uma lista inevitavelmente incompleta, porque alguns formados não seguiram carreira ou foram para atividades culturais afins (pesquisa, ensino, dramaturgia, universidade, crítica, produção e administração). Como ocorre em cada geração, há os que depois do início deixaram a profissão e os que morreram jovens quando começavam a alçar voo (duas lembranças: Maura Arantes, Maria Antonieta Penteado). Conheci Maria Thereza de perto nos meus dois anos de EAD (1966-8), quando me desliguei da escola ao optar definitivamente pelo jornalismo.

Neste momento das evocações, Maria Thereza faz uma pausa, reflete e, em um excesso de autocrítica, acaba por dizer que não está segura de ter sido uma boa secretária da escola. Dezenas de alunos que passaram pelo edifício da avenida Tiradentes (hoje uma ala da Pinacoteca do Estado) estão prontos para discordar. Exagero de um espírito contido e de solidariedade. Não ficou na USP porque Alfredo Mesquita não estava no comando[4]. Prefere elogiar Geraldo Matheus, o primeiro secretário da EAD ("era um ótimo ator e ajudou muito o dr. Alfredo"). Geraldo formou-se pela escola onde conheceu e se casou com a colega Moná Delacy (são os pais de Christiane Torloni). Enquanto Moná seguiu a carreira, Geraldo realmente tornou-se um administrador (dirigiu o Teatro Municipal do Rio de Janeiro em meados dos anos 1970).

---

[4] A biografia desse mecenas e animador cultural exemplar está em *Alfredo Mesquita: um grã-fino na contramão*, de Marta Góes, São Paulo: Albatroz; Loqüi; Terceiro Nome, 2007.

Encerrado o ciclo EAD, Maria Thereza ocupou-se da organização do acervo pessoal de Alfredo Mesquita. Juntos produziram e realizaram teledramaturgia de contos brasileiros para a TV Cultura.

Em seguida tem início a sua longa e decisiva presença na consolidação do Idart (Departamento de Informação e Documentação Artística). Trata-se de mais uma grande obra de Sábato Magaldi enquanto secretário da Cultura de São Paulo (1975-9) ao avaliar a proposta da crítica Maria Eugênia Franco, então responsável pela Seção de Arte da Biblioteca Mário de Andrade, que formulou um projeto de pesquisa da arte brasileira contemporânea, sobretudo aquela produzida e veiculada na capital paulista (Lei 8.252, de 20 de maio de 1975). A meta multidisciplinar abrangia as seguintes áreas: artes cênicas (teatro, dança, circo), artes plásticas, artes gráficas, arquitetura, cinema, literatura, música, fotografia e comunicação de massa (publicidade, rádio e televisão). O Idart, na sua primeira fase, instalou-se na chamada Casa da Marquesa, sede da Secretaria de Cultura, ao lado do Pátio do Colégio. O trabalho estava centrado na Divisão de Pesquisa sobre Arte Brasileira, dirigida pelo poeta e ensaísta Décio Pignatari, e teve em sua equipe pioneira artistas e intelectuais de primeira linha como o pintor e artista gráfico Fernando Lemos e a curadora e crítica de artes plásticas Radha Abramo.

Em 1982, o Idart foi transferido para o Centro Cultural São Paulo, com a denominação de Arquivo Multimeios. É a fase de maior participação de Maria Thereza à frente de uma equipe de alto nível: Mariângela Alves de Lima, Lineu Dias, Maria Lúcia Pereira, Carlos Eugênio Marcondes de Moura, Isabel Garcia, Berenice Raulino, Tânia Marcondes, todos com sólidos conhecimentos nos setores pesquisados. O Arquivo Multimeios abriga mais de 900 mil documentos na forma de registros visuais (negativos, contatos, *slides*), audiovisuais (fitas de áudio, videoteipes, filmes 16 mm, super-8) e documentos escritos (roteiros, catálogos, cartazes, programas) disponíveis para consulta pública. Maria Thereza rememora o ponto de partida. "Maria Eugênia Franco deu um tema geral para todas as áreas: *São Paulo direito e avesso*. Lá fomos nós. No meu caso, era responsável pelo teatro consagrado e as atividades paralelas, como o teatro operário anarquista. Nos batemos para a periferia ver circo-drama como o clássico *O céu uniu dois corações*. Mariângela Alves de Lima sugeriu, além das pesquisas escritas, a documentação visual dos espetáculos para o arquivo. Não havia vídeo, era tudo fotografia, gravação em fita e alguns filmes em 8 mm. Adquirimos o acervo do ator e fotógrafo Fredi Kleemann, que abrange desde a primeira turma da EAD ao TBC, e, em seguida, o de Derly Marques, que realizou a documentação fotográfica de uma fase intensa do

Teatro de Arena." (Derly Marques, fotógrafo da *Folha de S.Paulo* e de teatro, tem uma obra que merece edição em livro.)

Maria Thereza trabalhou vinte anos na prefeitura. Aposentou-se em 1995. Sabe o valor do arquivo, porém sem deixar passar uma observação crítica: "Não deveria ser feita a sua junção ao Centro Cultural São Paulo, que é um lugar de ação, de espetáculos. As verbas serão destinadas mais para essas atividades imediatas, e não especificamente para um arquivo, um pensamento. Pagam mal os funcionários da burocracia interna, quando deveriam chamar pessoas de formação universitária na área de pesquisa. Mariângela e eu levamos o assunto ao comando da secretaria. Não fomos ouvidas".

Paralelamente ao CCSP, em expediente integral, Maria Thereza, em parceria com Nanci Fernandes, pesquisou e escreveu *Uma atriz: Cacilda Becker*[5], a mais completa biografia de uma das maiores personalidades do teatro brasileiro.

Valendo-se de meticulosa documentação, depoimentos inéditos e fugindo do tom laudatório, o livro traça com profundidade não isenta de emoção o que Thereza chama de "o legado humano e profissional de Cacilda". A obra, enriquecida pelo prefácio de Sábato Magaldi e as visões de seus colegas de palco, parentes, amigos, críticos e colaboradores, compõe o retrato da mulher e artista que Carlos Drummond de Andrade resumiu em um verso do poema *Atriz*: "Era uma pessoa e era um teatro". Maria Thereza voltaria ao encontro dessa vida fulgurante e breve em *Cacilda Becker – Uma mulher de muita importância*.

Há mais. Sempre há mais para Maria Thereza, de fortes princípios e capacidade de trabalho. Em 2011, com Sábato Magaldi, lançou o fundamental *Cem anos de teatro em São Paulo*[6], um vasto levantamento da produção cênica da capital, desde 1875, quando a cidade contava com uma só casa de espetáculos, até 1974. Chamada para colaborar com o Teatro Oficina na encenação/recriação da vida de Cacilda, lá está ela. Para levar sua experiência ao conselho do Teatro da USP (Tusp), lá está ela.

Há conceito-tradição de se dizer que o teatro é efêmero. Pode-se pensar diferente. A representação de uma noite é, de fato, única e irrepetível. Mas a memória cria sedimentos em quem viu um espetáculo e é possível repassar a emoção daquele momento a outras pessoas. Fato e lenda entrelaçados, encenação e intérpretes, acabam inesquecíveis. Esse é o lado da fantasia, ameaçada pelos

---

[5] São Paulo: Perspectiva, 1984.

[6] São Paulo: Senac, 2011, 454 p.

gadgets eletrônicos (celulares e seus acessórios), que estimulam a compulsão por fotografar antes de sentir. Superficialidade que se alastra enquanto uma ala do teatro esquece o sentido do rito, a solenidade cênica, a beleza das grandes vozes, os textos de alta força emocional. Tudo o que esteve entre os gregos e Jerzy Grotowski (que foi cultuado ao limite do exagero e hoje dele pouco se fala). O encenador e teórico polonês defendeu a introspecção do espectador. O silêncio do autoconhecimento. Se chegou a um radicalismo messiânico, mesmo assim deve-se muito à transcendência do seu teatro.

Maria Thereza Vagas, que por unanimidade recebeu o Grande Prêmio da Crítica de 2013, outorgado pela Associação Paulista de Críticos de Arte em razão de sua "longa e brilhante carreira de pesquisadora teatral", ajuda a manter essa linha de eterno retorno e continuidade. O teatro brasileiro, e sobretudo o paulista, não vai se desfazer em lembranças graças a lutadoras como ela.

MARIA DELLA COSTA: MARAVILHOSA COMO ATRIZ E MULHER JANEIRO DE 2015

"Eu queria ser tão maravilhosa." A frase pronunciada por Maria Della Costa há cinquenta anos ainda ecoa na memória de quem a assistiu em *Depois da queda*, de Arthur Miller, com direção de Flávio Rangel (1964). Encarnando uma personagem visivelmente inspirada em Marilyn Monroe, com quem Miller foi casado, Maria conseguiu realizar o desejo de Maggie, seu papel. Foi maravilhosa como atriz e mulher. A encenação aqueceu dentro do possível o aziago ano do golpe militar (um dos atores, Juca de Oliveira, passara semanas estrategicamente escondido na Bolívia em companhia de Gianfrancesco Guarnieri). Flávio Rangel seria preso no ano seguinte.

No texto, Paulo Autran, como Quentin, *o alter ego* de Miller, recorda o drama conjugal e os traumas causados pelo macarthismo, a histeria anticomunista gerada nos Estados Unidos e que chegaria ao Brasil. Analisando a peça e o espetáculo, o crítico Décio de Almeida Prado, de *O Estado de S. Paulo*, salientava que se Quentin é consciência e subjetividade, Maria Della Costa, no esplendor dos seus 38 anos, "pura animalidade, pura inconsciência". Só esse desempenho bastaria para colocá-la na primeira linha das atrizes brasileira – livre das fúteis comparações de beleza e talento entre ela e Tônia Carrero e Cacilda Becker (conversa que não faz justiça a Glauce Rocha, Cleyde Yáconis, Nydia Licia, Margarida Rey, Vanda Lacerda e outras de suas contemporâneas).

A gaúcha descendente de italianos (que manteria sempre um particular tipo de sonoridade na fala) vinha, porém, de outras atuações marcantes desde a sua estreia.

Havia nela elegância majestosa ao lado da naturalidade, o modo de ser intimamente simples de quem não estava preocupada em ser outro símbolo sensual. Anos mais tarde, residindo em Paraty, onde teve um hotel, andava pela cidade de bermuda e chinelo de dedo irradiando simpatia e os traços ainda visíveis da beleza.

Quando se afastou da profissão (excetuando ocasionais trabalhos na TV e a peça *Típico romântico*, de Otávio Frias Filho), Maria Della Costa era mais que uma lenda feminina e artística construída em desempenhos fortes em *O Anjo Negro*, de Nelson Rodrigues, *O canto da cotovia*, de Jean Anouih, *A alma boa de Setsuan*, de Brecht, *Gimba*, de Gianfrancesco Guanieri, e *Homens de papel*, de Plínio Marcos (a simples enumeração destes dramaturgos atesta seus recursos cênicos). Foi também uma contínua animadora cultural desde os primórdios, atuando no que se considera o início do moderno teatro brasileiro nos anos 1940: Os Comediantes, Teatro do Estudante do Brasil (Rio), o Teatro Brasileiro de Comédia (TBC), em São Paulo.

Com o marido Sandro Polloni, um dos melhores iluminadores do país, fundou o Teatro Popular de Arte (TPA), no Rio de Janeiro, que depois migrou para São Paulo e foi renomeado como Teatro Maria Della Costa. Há um sutil componente ideológico na sigla TPA e o repertório, no geral, foi coerente com um teatro politizado, não sectário e de alto nível literário e formal. O projeto conquistou plateias numerosas e fiéis e teve o reconhecimento no exterior quando excursionou a Portugal e Argentina (Maria estudou no Conservatório Nacional de Lisboa, onde seria homenageada em 1957). Paralelamente à sala da rua Paim, esteve aberta para as tensas e arriscadas assembleias teatrais quando o cerco da censura e as prisões aumentaram. Desta Gentile Maria Marchioro – consagrada como Maria Della Costa –, é justo e necessário usar a redundância: foi uma bela vida.

SÁBATO MAGALDI JULHO DE 2016
Quando se é o mestre imprescindível

Sábato Magaldi ficará entre os imprescindíveis. Aqueles mestres que nos acompanharão, sempre, pelo que ensinaram, deram de inteligência e afeto aos que tiveram o privilégio de conhecê-los. Sábato é dessa estirpe ao lado de Décio de Almeida Prado. A maior cortesia, sempre, assim como, sempre, a maior exigência consigo mesmo e com alunos de interpretação e iniciantes da dramaturgia que o procuravam. A paixão jamais esmorecida pelo teatro desde quando se iniciou na crítica, no *Diário Carioca*, no Rio (1950), à longa trajetória nos jornais do grupo *O Estado*, iniciada em 1956, como redator do *Suplemento Literário* (1956-69) e crítico do *Jornal da Tarde* (1966-88).

Nascido em Belo Horizonte, com um lado italiano, Sábato Antonio Magaldi integra a geração de mineiros talentosos, uns mais jovens, outros um pouco mais maduros, que iluminaram a cultura brasileira em todos os setores; uma lista incompleta no calor da despedida: Hélio Pellegrino (seu primo), Fernando Sabino, Jacques do Prado Brandão, Wilson Figueiredo, Francisco Iglesias, Autran Dourado. Poetas, romancistas, cronistas, ensaístas e críticos. Sábato conseguiu aliar a trabalhosa linha de frente jornalística com aulas na Escola de Arte Dramática (EAD), a convite de Alfredo Mesquita, e, posteriormente, na Universidade de São Paulo, onde chegou a professor emérito. Sem esquecer a atuação como secretário municipal da Cultura (1975-9), quando o regime militar, com ameaças e proibições, foi um desafio que soube enfrentar. Mais detalhes de sua longa carreira estarão em outros artigos e depoimentos. Cabe aqui apontamentos de quem teve o prazer de estar próximo dele e de sua mulher, a escritora Edla van Steen. Observações que vão desde o seu rigor extremado com as vírgulas à paciência em apontar fragilidades estruturais, de enredo ou estilo, em textos que viriam a ser dramaturgia bem-sucedida.

Quem o assistiu em aulas sabe muito bem como o mais alto conhecimento pode ser externado de forma clara, isenta do maneirismo das citações e bibliografias pesadas. Sábato era preciso e profundo em um tom coloquial marcado por algo entre o recato, o humor discreto e, sim, os momentos duros com a literatice, o teatro óbvio. Tinha autoridade para exigir mais, ele um dos primeiros a tirar de Nelson Rodrigues a etiqueta de escandaloso, se não pornográfico, para alçá-lo à dimensão de dramaturgo maior. Faria o mesmo por Plínio Marcos. Outros bons autores, como Consuelo de Castro, Leilah Assumpção e Maria Adelaide Amaral (uma amizade para sempre) lhe são devedores gratos. Sabemos disso por saber, por confidências entre amigos e agradecimentos públicos, porque Sábato encarava tudo como dever de ofício. Sem ostentações. Professor convidado da Sorbonne, membro da Academia Brasileira de Letras, integrante de conselhos de instituições de arte e cultura, era um conversador de primeira, o conselheiro perspicaz de novatos (o encenador Augusto Boal, um dia, foi um deles). Nenhum traço professoral, nenhuma palavra de ordem. Em política, pertenceu à geração marcada pelo Estado Novo e, portanto, sobre despotismos chegava aos palavrões. Jamais cedeu, no magistério, nas funções oficiais (secretário municipal, não temeu o SNI que quis interferir no teatro paulista). No jornalismo, quando alguém (episódio grotesco) insinuou o seu suposto apoio ao teatro de esquerda, Sábato usou a legendária interjeição de Minas: "Uai... me mostre o bom teatro de direita".

Sua obra é/será regra e compasso para quem entra no palco ou na plateia: críticas reunidas pela grande companheira, a escritora Edla, múltiplos ensaios – como o fundamental *Cem anos de teatro paulista*, nascido de um convite de *O Estado de S.*

Paulo, que completava seu centenário, trabalho dividido com a brilhante pesquisadora Maria Thereza Vargas. E mais e mais: aulas, conselhos particulares, palestras, sugestões, pareceres, orientação de teses. É esta vida plena que o teatro celebra e terá como referência. É do querido e imprescindível Sábato Magaldi de sorriso cordial que nos despedimos.

A PRESENÇA DE RUTH ESCOBAR OUTUBRO DE 2017

Ruth Escobar assistiu a *2001: uma odisseia no espaço* na noite de 18 de julho de 1968, uma quinta-feira. Ao sair da fantasia futurista de Stanley Kubrick, voltou no tempo. Um bando de extrema direita, como na Alemanha dos anos 1930, havia invadido e depredado a Sala Galpão do teatro que leva seu nome, na rua dos Ingleses, e que apresentava o espetáculo *Roda viva*, de Chico Buarque de Hollanda, com direção de José Celso Martinez Corrêa e um elenco liderado por Marília Pêra e Rodrigo Santiago. Intérpretes e técnicos foram espancados, alguns com gravidade, as mulheres tiveram as roupas rasgadas (uma delas, aos gritos, avisava estar grávida). A operação contou com apoio policial-militar camuflado. Mais tarde, os envolvidos reconheceriam terem sido os mentores da ação, definindo o ataque, com cassetetes e soco-inglês, como reação ao "esquerdismo e aos maus costumes" disseminados no palco.

No dia seguinte, *Roda viva* voltou com a proteção de colegas de profissão, estudantes e jornalistas. Um futuro crítico teatral estava entre eles com um pedaço de madeira debaixo do casaco, horrorizado diante da possibilidade de ter de usá-lo. Porque os atacantes avisaram que voltariam se o espetáculo não parasse. Não voltaram, porque os artistas criaram um fato político de grande repercussão, mas o confronto do teatro com a ditadura implantada em 1964 continuou. O Teatro Ruth Escobar, com ela à frente, foi a base operacional dessa resistência em São Paulo.

No outro espaço do edifício, a Sala Gil Vicente, estreou a *Primeira feira paulista de opinião*, com peças curtas de vários autores criticando a realidade brasileira. Considerando-se que o regime endurecia cada vez mais, e que se estava às vésperas do Ato Institucional nº 5 (AI-5), é fácil imaginar os textos de Plínio Marcos, Gianfrancesco Guarnieri, Lauro César Muniz, Augusto Boal, Jorge Andrade e Bráulio Pedroso, encenados por Boal e com composições de Caetano Veloso, Gilberto Gil, Sérgio Ricardo e Ary Toledo. A censura usou a proibição branca ao retardar sua decisão e depois impor 84 cortes. Foram rejeitados, e o espetáculo estreou em um ato de desobediência civil. Decisão tomada em mais uma das longas assembleias da categoria nas madrugadas do Ruth Escobar, uma delas presidida por Procópio Ferreira, já com 70 anos. Cacilda Becker sinalizou que o teatro não se dobraria à arbitrariedade: "O espetáculo vai começar", disse ela. Ruth Escobar, que abrirá as portas para muitas outras reuniões, tornou-se mais visada ainda.

A *Feira paulista* agrupava as pessoas e ficou na memória como um protesto vigoroso, assim como encenações semelhantes: O *show Opinião* (1964), com textos de Oduvaldo Vianna Filho, Paulo Pontes e Armando Costa, direção de Augusto Boal, e que revelou Maria Bethânia (substituindo Nara Leão) ao lado de Zé Keti e João do Vale; e *Liberdade, liberdade* (1965), de Millôr Fernandes e Flávio Rangel, também diretor, com Paulo Autran.

O PALCO DO MUNDO

Enquanto se batia pela cena livre, Ruth Escobar ampliou a animação cultural ao chamar o diretor argentino Victor García para a montagem de *Cemitério de automóveis*, de Fernando Arrabal (1968), que arrastou uma multidão de espectadores, sobretudo os jovens. Em seguida, o extraordinário Victor fez *O balcão*, de Jean Genet, trabalho de repercussão internacional e em cartaz de 1969 a 1971. Ruth atuou com força em um elenco primoroso (voltaria mais tarde a impressionar bem em *Torre de Babel*, novamente de Arrabal). Em 1974, ela lançou o I Festival Internacional de Teatro de São Paulo que, além do mérito artístico, era um fato político. Os espetáculos estrangeiros rompiam o isolamento cultural brasileiro. O crítico Sábato Magaldi, então secretário da Cultura do município, sofreu pressão do Serviço Nacional de Informações (SNI) para não apoiar o evento. Sábato resistiu e o festival foi um sucesso. Viriam outros.

Fora de cena, Ruth agia para libertar artistas presos, e sempre havia algo grave acontecendo. No dia 5 de maio de 1970, a atriz Nilda Maria não compareceu para seu papel em *O balcão*. Detida por razões políticas, passaria meses na prisão. A jovem Maura Arantes a substituiu. Simultaneamente, o teatro acolhia as primeiras discussões sobre a crise da democracia no país. Em setembro de 1976, chegou-se ao 1º Ciclo de Debates: Panorama da Cultura Brasileira, destinado a testar as proclamadas intenções de abertura do governo do general Ernesto Geisel. A proibição se deu quatro horas antes do início, e a relação dos signatários do protesto enviado à presidência revela o consenso pelo retorno à democracia plena. Pela ordem, assinaram o documento Ruth Escobar, Ruy Mesquita, Fernando Lemos, Perseu Abramo, Audálio Dantas, Paulo Duarte e Fernando Henrique Cardoso.

O ciclo foi liberado e, durante três meses, ouviram-se os melhores profissionais nas áreas de Jornalismo, Literatura, Esporte, Consumo e Propaganda, Humor e Quadrinho, Teatro, Política Cultural, Televisão, Cinema e Artes Plásticas. Como sinal de que a liberdade era ainda um caminho difícil, logo a seguir Ruth foi chamada à Polícia Federal para esclarecimentos no processo do governo contra o dramaturgo Plínio Marcos, acusado de calúnia aos censores. Por ironia, ou bastante intenção, o ciclo foi encerrado no dia 13 de dezembro, data da promulgação do AI-5, oito anos antes.

De junho a outubro de 1977, foi a vez do Seminário de Dramaturgia Brasileira para a leitura dramática de textos proibidos. A iniciativa reuniu mais de 5 mil pessoas e foram lidas as peças *Mulheres de Atenas*, de Augusto Boal; *Rasga coração*, de Oduvaldo Vianna Filho; *Trivial simples*, de Nelson Xavier; *A passagem da rainha*, de Antonio Bivar; *Barrela*, de Plínio Marcos; *Calabar, o elogio da traição*, de Chico Buarque e Ruy Guerra; *A cidade impossível de Pedro Santana*, de Consuelo de Castro; *Enquanto se vai morrer*, de Renata Pallottini; *Basta*, de Gianfrancesco Guarnieri; *A heroica pancada*, de Carlos Queiróz Telles; *Sinal de vida*, de Lauro César Muniz; e *Milagre da cela*, de Jorge Andrade. Nos debates, estiveram presentes juristas, políticos, jornalistas, intérpretes e acadêmicos; entre outros, Antonio Candido, Fernando Henrique Cardoso, Iberê Bandeira de Mello, Mino Carta, Almino Afonso, Marilena Chauí, José Álvaro Moisés, Paulo Sérgio Pinheiro. Com a redemocratização, os textos foram encenados e se provaram boa dramaturgia.

A CAMPANHA PELA ANISTIA

O Teatro Ruth Escobar tornou-se referência para novas atividades de caráter solidário ou político. Uma delas foi a seção paulista do Comitê Brasileiro pela Anistia. A entidade, instalada na Câmara Municipal, em 12 de maio de 1978, teve reuniões preparatórias no teatro. Ao mesmo tempo, houve ali o Ciclo de Debates Sobre a Conjuntura Política Nacional, com a participação de centros acadêmicos, entidades culturais e políticos.

O instante culminante dessas jornadas deu-se no I Congresso Nacional pela Anistia, de 2 a 5 de novembro de 1978. Os trabalhos desenvolveram-se no Teatro da Universidade Católica (Tuca) e no Instituto Sedes Sapientiae, mas com encerramento no teatro dela. Nessa noite, a assistência leu em coro o resumo da Carta de Princípios, que exigia o fim da repressão, da tortura, liberdade de organização, manifestação ampla, geral e irrestrita. Compareceu ao ato histórico o senador italiano Lelio Basso, presidente do Tribunal Internacional Bertrand Russel de Defesa dos Direitos Humanos. Presente também, como um expoente da inteligência brasileira, o crítico de artes plásticas Mário Pedrosa. O respeitado intelectual e político estava de volta depois de prisões e exílios.

Ruth cederia ainda o teatro para as seguintes manifestações: O I Congresso Brasileiro da Mulher Paulista (março de 1979); Debate sobre a Palestina, quando, pela primeira vez, o representante da Organização para a Libertação da Palestina (OLP) pôde defender publicamente a sua causa (janeiro de 1980); I Encontro Brasileiro de Homossexuais (abril de 1980); Fórum de Debates sobre a Mulher (março a novembro de 1980). O mesmo espaço esteve aberto para a Campanha pelas eleições diretas. No desdobramento do processo, com a eleição indireta, Ruth promoveu o primeiro encontro do candidato Tancredo Neves com os artistas de São Paulo. Ela mesma foi deputada estadual pelo PMDB em duas legislaturas, a de 1983-7 e da Constituinte, de 1987-91, quando recebeu 61.124 votos.

Quanto às admirações, polêmicas e restrições que gerou, ela própria tratou delas em *Maria Ruth* (Guanabara, 222 p., 1987), memórias de desconcertante sinceridade, com prefácio do psicanalista Hélio Pellegrino. No relato, dedicado aos cinco filhos, revelou saber muito bem que já tinha sido vista como inconsequente "portuguesa oportunista" etc. Mas lá estão também a intimidade familiar, os sonhos, casamentos e as fragilidades de uma mulher ao lado dos seus empreendimentos artísticos, prisão, processos e comprovados gestos de coragem. Apesar de algumas discutíveis aproximações políticas, que justificava pela necessidade de verbas para os festivais, esteve ao lado das causas libertárias e do melhor teatro. No sepultamento de Vladimir Herzog, em 1975, a dor e o medo impediam qualquer manifestação, e foi ela quem cortou o silêncio em voz bem alta: "Até quando enterraremos nossos mortos em silêncio?".

Os que puderam conhecê-la de perto descobriram a mulher calorosa, de riso largo e senso de humor. A pessoa além da *persona*. Esses fatos das artes, da política, do cotidiano e da história garantem a Ruth Escobar (1935-2017) um lugar na memória cultural e cívica do Brasil e na estima dos seus muitos amigos.

Índices

Índice cronológico (críticas)

1969
13 FALA BAIXO SENÃO
EU GRITO AGOSTO
14 OS CONVALESCENTES AGOSTO
15 NA SELVA DAS CIDADES SETEMBRO
17 AS MOÇAS OUTUBRO

1970
20 A VINDA DO MESSIAS ABRIL
21 CORDÃO UMBILICAL MAIO

1971
24 PEER GYNT MAIO

1977
27 TORRE DE BABEL JUNHO
29 ESPERANDO GODOT JULHO
30 A MORTE DO
CAIXEIRO-VIAJANTE AGOSTO
32 ESCUTA, ZÉ! SETEMBRO
35 O SANTO INQUÉRITO SETEMBRO

1978
38 INVESTIGAÇÃO NA
CLASSE DOMINANTE MARÇO
39 BODAS DE PAPEL JULHO
41 MURRO EM PONTA
DE FACA AGOSTO
43 O GRANDE AMOR DE

NOSSAS VIDAS OUTUBRO
44 MACUNAÍMA OUTUBRO
47 TRATE-ME LEÃO OUTUBRO
49 A VIDA É SONHO NOVEMBRO

1979
53 ORAÇÃO PARA UM
PÉ DE CHINELO JULHO
54 NA CARRERA DO
DIVINO SETEMBRO
56 ÓPERA DO MALANDRO NOVEMBRO
57 FÁBRICA DE CHOCOLATE DEZEMBRO

1980
60 OH! CAROL JANEIRO
62 CALABAR MAIO
64 PATÉTICA MAIO
66 DIVINAS PALAVRAS AGOSTO
68 O SENHOR GALÍNDEZ AGOSTO
70 GENI OUTUBRO
71 RASGA CORAÇÃO OUTUBRO
73 EL DÍA QUE ME QUIERAS NOVEMBRO

1981
76 TAMBORES NA NOITE JANEIRO
77 A AURORA DA MINHA VIDA AGOSTO
79 HAPPY END AGOSTO
81 39 SETEMBRO
82 LUA DE CETIM OUTUBRO

83 **PEGUE E NÃO PAGUE** OUTUBRO

85 **ANTI-NELSON RODRIGUES** NOVEMBRO

86 **EM DEFESA DO COMPANHEIRO GIGI DAMIANI** NOVEMBRO

88 **A SENHORITA DE TACNA** NOVEMBRO

1983

91 **UM DIBUK PARA DUAS PESSOAS** JULHO

1988

93 **SOLNESS, O CONSTRUTOR** SETEMBRO

1989

95 **O PREÇO** ABRIL

96 **PARAÍSO ZONA NORTE** MAIO

97 **O ÚLTIMO ENCONTRO** JUNHO

98 **UMA RELAÇÃO TÃO DELICADA** OUTUBRO

1990

101 **KELBILIM, O CÃO DA DIVINDADE** JANEIRO

102 **VEM BUSCAR-ME QUE AINDA SOU TEU** OUTUBRO

103 **PANTALEÃO E AS VISITADORAS** NOVEMBRO

1991

106 **SHIRLEY VALENTINE** JUNHO

107 **A VIDA É SONHO** OUTUBRO

1992

110 **THE FLASH AND CRASH DAYS** JANEIRO

111 **DOIS PERDIDOS NUMA NOITE SUJA** MAIO

112 **TRONO DE SANGUE** MAIO

113 **PROCURA-SE UM TENOR** SETEMBRO

1993

116 **MEDEAMATERIAL** JANEIRO

116 **RANCOR** ABRIL

117 **AUTO DA PAIXÃO** JULHO

118 **GRUPO SOBREVENTO** AGOSTO

119 **A CONFISSÃO DE LEONTINA** SETEMBRO

120 **A GUERRA SANTA** SETEMBRO

121 **VEREDA DA SALVAÇÃO** DEZEMBRO

1999

123 **O PODER DO HÁBITO** AGOSTO

2002

126 **TARSILA** JULHO

128 **ALMOÇO NA CASA DO SR. LUDWIG** OUTUBRO

129 **CAFÉ COM QUEIJO E INTERIOR** OUTUBRO

130 FRANKENSTEINS OUTUBRO
131 BLADE RUNNER NOS
BECOS DA CIDADE NOVEMBRO
132 A HORA EM QUE NÃO
SABÍAMOS NADA
UNS DOS OUTROS NOVEMBRO

2003
135 OS SERTÕES: A TERRA JANEIRO
136 LONGA JORNADA DE UM
DIA NOITE ADENTRO FEVEREIRO
138 ÂNSIA MARÇO
139 MIRE E VEJA ABRIL
139 A PAIXÃO SEGUNDO G.H. ABRIL
141 EXECUTIVOS MAIO
142 A PEÇA SOBRE O BEBÊ MAIO
143 VESTIR O PAI JUNHO

2007
146 O MANIFESTO MAIO
147 A JAVANESA JUNHO
149 SALMO 91 JULHO
150 NO RETROVISOR AGOSTO
152 UM DIA, NO VERÃO OUTUBRO
153 HOMEM SEM RUMO NOVEMBRO

2008
157 O CÉU CINCO MINUTOS
ANTES DA TEMPESTADE FEVEREIRO
158 MEU ABAJUR DE INJEÇÃO MARÇO
160 O HOMEM INESPERADO MARÇO

161 SENHORA DOS
AFOGADOS ABRIL
163 LOUCOS POR AMOR MAIO
164 MEMÓRIA DO MUNDO MAIO
166 CADELA DE VISON JUNHO
167 HAMLET JULHO
169 A NOITE DOS PALHAÇOS
MUDOS JULHO
171 OS POSSESSOS JULHO
172 IMPERADOR E GALILEU AGOSTO
174 CIDADANIA SETEMBRO
175 LENYA OUTUBRO
177 MÉNAGE NOVEMBRO
179 RAINHA(S) NOVEMBRO
180 O AMANTE DE LADY
CHATTERLEY DEZEMBRO
182 CALÍGULA DEZEMBRO

2009
186 LIZ MAIO
187 VESTIDO DE NOIVA MAIO
189 MEDIANO JUNHO
190 A ÚLTIMA GRAVAÇÃO JUNHO
192 A NOITE MAIS FRIA
DO ANO JULHO
193 ROMEU E JULIETA JULHO
195 PEDREIRA DAS ALMAS AGOSTO
196 MARIA STUART SETEMBRO
198 BRUTAL OUTUBRO
199 O FANTÁSTICO REPARADOR
DE FERIDAS OUTUBRO

2010

202 PIEDADE E CARTAS A UM JOVEM POETA MARÇO

203 AS MENINAS ABRIL

205 POLICARPO QUARESMA ABRIL

206 CINEMA MAIO

208 O GRANDE CERIMONIAL MAIO

209 SIDE MAN JUNHO

211 AS FOLHAS DO CEDRO AGOSTO

212 MENTE MENTIRA SETEMBRO

213 MIRADA (Festival Ibero-Americano de Artes Cênicas de Santos) SETEMBRO

215 A RELIGIOSA SETEMBRO

216 HELL E O VISITANTE OUTUBRO

2011

219 BIELSKI FEVEREIRO

220 DECIFRA-TE OU ME DEVORA MARÇO

221 O GRANDE GRITO ABRIL

223 ESPECTROS MAIO

225 A SERPENTE NO JARDIM MAIO

226 LUÍS ANTÔNIO-GABRIELA JUNHO

228 CIRANDA JULHO

229 CRUEL E DEUS DA CARNIFICINA JULHO

231 A IDADE DA AMEIXA AGOSTO

233 DISNEY KILLER SETEMBRO

234 A ILUSÃO CÔMICA SETEMBRO

235 3 CASAS OUTUBRO

237 CIRCUITO ORDINÁRIO OUTUBRO

239 CRÔNICA DA CASA ASSASSINADA OUTUBRO

240 TRÍPTICO OUTUBRO

242 CABARET STRAVAGANZA NOVEMBRO

243 PROMETHEUS: A TRAGÉDIA DO FOGO NOVEMBRO

245 TOMO SUAS MÃOS NAS MINHAS NOVEMBRO

2012

248 PALÁCIO DO FIM JANEIRO

249 BALANGANGUERI FEVEREIRO

251 ISSO É O QUE ELA PENSA MARÇO

252 SENHORA DAS IMAGENS MARÇO

254 A COLEÇÃO ABRIL

255 MARLENE DIETRICH: AS PERNAS DO SÉCULO ABRIL

257 VERMELHO ABRIL

259 PROCESSO DE GIORDANO BRUNO MAIO

260 NEM UM DIA SE PASSA SEM NOTÍCIAS SUAS MAIO

261 AMANTE JUNHO

263 BOM RETIRO 958 METROS JUNHO

265 BREU JUNHO

266 MACBETH JUNHO

268 FACAS NAS GALINHAS JULHO

269 BOCA DE OURO E A FALECIDA JULHO

271 A DOENÇA DA MORTE E O BOM CANÁRIO JULHO

272 ESTAMIRA JULHO

274 A DAMA DO MAR AGOSTO

275 AS POLACAS AGOSTO

277 JULIA SETEMBRO

278 A BOLA DA VEZ OUTUBRO

280 CABEÇA DE PAPELÃO OUTUBRO

281 HAMLET OUTUBRO

283 TODA NUDEZ SERÁ CASTIGADA OUTUBRO

284 CHORINHO NOVEMBRO

286 RAIMUNDA DEZEMBRO

287 TERRA DE NINGUÉM DEZEMBRO

2013

291 CRU FEVEREIRO

292 ENSAIO SOBRE A QUEDA FEVEREIRO

293 O HOMEM FEIO FEVEREIRO

294 A MARCA DA ÁGUA FEVEREIRO

296 AS ESTRELAS CADENTES DO MEU CÉU SÃO FEITAS DE BOMBAS DO INIMIGO MARÇO

297 SÃO MANUEL BUENO, MÁRTIR MARÇO

299 O DESAPARECIMENTO DO ELEFANTE ABRIL

300 A PRIMEIRA VISTA ABRIL

302 O CASAMENTO MAIO

303 ESTA CRIANÇA MAIO

304 A DAMA DO MAR JUNHO

306 AOS NOSSOS FILHOS JUNHO

308 SENHORITA JÚLIA JUNHO

309 DANÇANDO EM LÚNASSA JULHO

311 AZUL RESPLENDOR AGOSTO

313 JACINTA AGOSTO

314 OPERAÇÃO TREM-BALA AGOSTO

316 ZUCCO SETEMBRO

317 RETRATOS FALANTES SETEMBRO

319 TEATRO NOSSO DE CADA DIA OUTUBRO

320 TRIBOS OUTUBRO

322 A CASA DE BERNARDA ALBA NOVEMBRO

323 NOSSA CIDADE NOVEMBRO

325 EPITÁFIO E DUAS MULHERES QUE DANÇAM DEZEMBRO

327 TRÊS DIAS DE CHUVA DEZEMBRO

328 O PATRÃO CORDIAL DEZEMBRO

2014

331 ENTREDENTES ABRIL

332 MEU DEUS ABRIL

334 E SE ELAS FOSSEM PARA MOSCOU? E NÃO VEJO MOSCOU DA JANELA DO MEU QUARTO JUNHO

335 TRÁGICA.3 JUNHO

337 REI LEAR JULHO

338 CARTAS DE AMOR PARA STÁLIN SETEMBRO

340 PESSOAS PERFEITAS SETEMBRO

342 ILHADA EM MIM OUTUBRO

343 AS MOÇAS OUTUBRO

345 PALAVRA DE RAINHA OUTUBRO

346 A VOLTA PARA CASA DEZEMBRO

2015

349 **LUDWIG E SUAS IRMÃS** ABRIL

350 **A GAIVOTA** MAIO

352 **AQUI ESTAMOS COM MILHARES DE CÃES VINDOS DO MAR** JUNHO

354 **ESPLÊNDIDOS** JULHO

355 **KRUM** JULHO

357 **GALILEU GALILEI** AGOSTO

358 **A MERDA** AGOSTO

360 **DEPOIS DO ENSAIO** SETEMBRO

361 **A MÁQUINA TCHEKHOV** OUTUBRO

Índice alfabético (críticas)

235 3 CASAS

81 39

350 A GAIVOTA

128 ALMOÇO NA CASA DO SR. LUDWIG

261 AMANTE

180 AMANTE DE LADY CHATTERLEY, O

138 ÂNSIA

85 ANTI-NELSON RODRIGUES

352 AQUI ESTAMOS COM MILHARES
DE CÃES VINDOS DO MAR

77 AURORA DA MINHA VIDA, A

117 AUTO DA PAIXÃO

311 AZUL RESPLENDOR

249 BALANGANGUERI

219 BIELSKI

131 BLADE RUNNER NOS BECOS
DA CIDADE

269 BOCA DE OURO

39 BODAS DE PAPEL

278 BOLA DA VEZ, A

271 BOM CANÁRIO, O

263 BOM RETIRO 958 METROS

265 BREU

198 BRUTAL

242 CABARET STRAVAGANZA

280 CABEÇA DE PAPELÃO

166 CADELA DE VISON

129 CAFÉ COM QUEIJO

62 CALABAR

182 CALÍGULA

54 CARRERA DO DIVINO, NA

202 CARTAS A UM JOVEM POETA

338 CARTAS DE AMOR PARA STÁLIN

322 CASA DE BERNARDA ALBA, A

302 CASAMENTO, O

157 CÉU CINCO MINUTOS ANTES
DA TEMPESTADE, O

284 CHORINHO

174 CIDADANIA

206 CINEMA

228 CIRANDA

237 CIRCUITO ORDINÁRIO

254 COLEÇÃO, A

119 CONFISSÃO DE LEONTINA, A

14 CONVALESCENTES, OS

21 CORDÃO UMBILICAL

239 CRÔNICA DA CASA ASSASSINADA

291 CRU

229 CRUEL

274 DAMA DO MAR, A

304 DAMA DO MAR, A

309 DANÇANDO EM LÚNASSA

220 DECIFRA-TE OU ME DEVORA

86 DEFESA DO COMPANHEIRO
GIGI DAMIANI, EM

360 DEPOIS DO ENSAIO

299 DESAPARECIMENTO DO ELEFANTE, O

229 DEUS DA CARNIFICINA

73 DÍA QUE ME QUIERAS, EL	70 GENI
233 DISNEY KILLER	43 GRANDE AMOR DE NOSSAS
66 DIVINAS PALAVRAS	VIDAS, O
271 DOENÇA DA MORTE, A	208 GRANDE CERIMONIAL, O
111 DOIS PERDIDOS NUMA NOITE SUJA	221 GRANDE GRITO, O
325 DUAS MULHERES QUE DANÇAM	118 GRUPO SOBREVENTO
334 E SE ELAS FOSSEM PARA MOSCOU?	120 GUERRA SANTA, A
292 ENSAIO SOBRE A QUEDA	167 HAMLET
331 ENTREDENTES	281 HAMLET
325 EPITÁFIO	79 HAPPY END
32 ESCUTA, ZÉ	216 HELL
223 ESPECTROS	293 HOMEM FEIO, O
29 ESPERANDO GODOT	160 HOMEM INESPERADO, O
354 ESPLÊNDIDOS	153 HOMEM SEM RUMO
303 ESTA CRIANÇA	132 HORA EM QUE NÃO SABÍAMOS
272 ESTAMIRA	NADA UNS DOS OUTROS, A
296 ESTRELAS CADENTES DO MEU CÉU	231 IDADE DA AMEIXA, A
SÃO FEITAS DE BOMBAS	342 ILHADA EM MIM
DO INIMIGO, AS	234 ILUSÃO CÔMICA, A
141 EXECUTIVOS	172 IMPERADOR E GALILEU
57 FÁBRICA DE CHOCOLATE	129 INTERIOR
268 FACAS NAS GALINHAS	38 INVESTIGAÇÃO NA CLASSE
13 FALA BAIXO SENÃO EU GRITO	DOMINANTE
269 FALECIDA, A	251 ISSO É O QUE ELA PENSA
199 FANTÁSTICO REPARADOR	313 JACINTA
DE FERIDAS, O	147 JAVANESA, A
211 FOLHAS DO CEDRO, AS	277 JULIA
130 FRANKENSTEINS	101 KELBILIM, O CÃO DA DIVINDADE
357 GALILEU GALILEI	355 KRUM

175 LENYA
186 LIZ
136 LONGA JORNADA DE UM DIA
NOITE ADETRO
163 LOUCOS POR AMOR
82 LUA DE CETIM
349 LUDWIG E SUAS IRMÃS
226 LUÍS ANTÔNIO-GABRIELA
266 MACBETH
44 MACUNAÍMA
146 MANIFESTO, O
361 MÁQUINA TCHEKHOV, A
294 MARCA DA ÁGUA, A
196 MARIA STUART
255 MARLENE DIETRICH: AS PERNAS
DO SÉCULO
116 MEDEAMATERIAL
189 MEDIANO
164 MEMÓRIA DO MUNDO
177 MÉNAGE
203 MENINAS, AS
212 MENTE MENTIRA
358 MERDA, A
158 MEU ABAJUR DE INJEÇÃO
332 MEU DEUS
213 MIRADA (Festival Ibero-
-Americano de Artes
Cênicas de Santos)
139 MIRE E VEJA
17 MOÇAS, AS
343 MOÇAS, AS

30 MORTE DO CAIXEIRO-VIAJANTE, A
41 MURRO EM PONTA DE FACA
334 NÃO VEJO MOSCOU DA JANELA
DO MEU QUARTO
260 NEM UM DIA SE PASSA
SEM NOTÍCIAS SUAS
150 NO RETROVISOR
169 NOITE DOS PALHAÇOS MUDOS, A
192 NOITE MAIS FRIA DO ANO, A
323 NOSSA CIDADE
306 NOSSOS FILHOS, AOS
60 OH! CAROL
56 ÓPERA DO MALANDRO
314 OPERAÇÃO TREM-BALA
53 ORAÇÃO PARA UM PÉ DE CHINELO
139 PAIXÃO SEGUNDO G.H., A
248 PALÁCIO DO FIM
345 PALAVRA DE RAINHA
103 PANTALEÃO E AS VISITADORAS
96 PARAÍSO ZONA NORTE
64 PATÉTICA
328 PATRÃO CORDIAL, O
142 PEÇA SOBRE O BEBÊ, A
195 PEDREIRA DAS ALMAS
24 PEER GYNT
83 PEGUE E NÃO PAGUE
340 PESSOAS PERFEITAS
202 PIEDADE
123 PODER DO HÁBITO, O
275 POLACAS, AS
205 POLICARPO QUARESMA

171	POSSESSOS, OS	126	TARSILA
95	PREÇO, O	319	TEATRO NOSSO DE CADA DIA
300	PRIMEIRA VISTA, A	287	TERRA DE NINGUÉM
259	PROCESSO DE GIORDANO BRUNO	110	THE FLASH AND CRASH DAYS
113	PROCURA-SE UM TENOR	283	TODA NUDEZ SERÁ CASTIGADA
243	PROMETHEUS: A TRAGÉDIA DO FOGO	245	TOMO SUAS MÃOS NAS MINHAS
286	RAIMUNDA	27	TORRE DE BABEL
179	RAINHA(S)	335	TRÁGICA.3
116	RANCOR	47	TRATE-ME LEÃO
71	RASGA CORAÇÃO	327	TRÊS DIAS DE CHUVA
337	REI LEAR	320	TRIBOS
98	RELAÇÃO TÃO DELICADA, UMA	240	TRÍPTICO
215	RELIGIOSA, A	112	TRONO DE SANGUE
317	RETRATOS FALANTES	190	ÚLTIMA GRAVAÇÃO, A
193	ROMEU E JULIETA	97	ÚLTIMO ENCONTRO, O
149	SALMO 91	152	UM DIA, NO VERÃO
35	SANTO INQUÉRITO, O	91	UM DIBUK PARA DUAS PESSOAS
297	SÃO MANUEL BUENO, MÁRTIR	102	VEM BUSCAR-ME QUE AINDA SOU TEU
15	SELVA DAS CIDADES, NA	121	VEREDA DA SALVAÇÃO
68	SENHOR GALÍNDEZ, O	257	VERMELHO
252	SENHORA DAS IMAGENS	187	VESTIDO DE NOIVA
161	SENHORA DOS AFOGADOS	143	VESTIR O PAI
88	SENHORITA DE TACNA, A	49	VIDA É SONHO, A
308	SENHORITA JÚLIA	107	VIDA É SONHO, A
225	SERPENTE NO JARDIM, A	20	VINDA DO MESSIAS, A
135	SERTÕES: A TERRA, OS	216	VISITANTE, O
106	SHIRLEY VALENTINE	346	VOLTA PARA CASA, A
209	SIDE MAN	316	ZUCCO
93	SOLNESS, O CONSTRUTOR		
76	TAMBORES NA NOITE		

Índice (outros escritos)

ARTIGOS E RESENHAS

388 ANOS DE URGÊNCIA E RUPTURA
399 ATHOS ABRAMO
371 AVENTURAS DE UMA LÍNGUA ERRANTE (ÍDICHE)
389 CEM ANOS DE TEATRO EM SÃO PAULO
368 CLÁUDIO ABRAMO
388 CONSUELO DE CASTRO
397 EDWARD ALBEE
373 FERNANDO ARRABAL
388 GERAÇÃO 1970
391 HOMEM INDIGNADO, UM
371 JACÓ GUINSBURG
383 JERZY GROTOWSKI
378 JULIO CORTÁZAR
398 LEILAH ASSUMPÇÃO
394 MACBETH
389 MARIA THEREZA VARGAS
394 NELSON RODRIGUES
396 MÚSICA E TEATRO BRASILEIROS
365 ODUVALDO VIANNA FILHO (VIANNINHA)
368 REGRA DO JOGO, A
389 SÁBATO MAGALDI
391 WALMOR CHAGAS

ENTREVISTAS

441 ANTÓNIO LOBO ANTUNES
403 FERNANDA MONTENEGRO
424 JORGE LAVELLI
427 JOSÉ SARAMAGO
446 MARIA VELHO DA COSTA
437 PEDRO JUAN GUTIÉRREZ
412 RAUL CORTEZ

PERFIS

484 AUGUSTO BOAL
471 CACILDA BECKER
480 FAUZI ARAP
463 GIANFRANCESCO GUARNIERI
478 ÍTALO ROSSI
483 JORGE ANDRADE
492 MARIA DELLA COSTA
486 MARIA THEREZA VARGAS
453 MARILIA PÊRA
476 PAULO AUTRAN
469 PEDRO NAVA
495 RUTH ESCOBAR
493 SÁBATO MAGALDI
479 SÉRGIO BRITTO
458 SÔNIA BRAGA
481 TIMOCHENCO WEHBI

Fontes Freight Text e Arboria
Papel Pólen Soft 70g/m²
Impressão Coan Indústria Gráfica Ltda.
Data outubro de 2019